Hey Babe!
Irgendwann gehörst du mir

Subina Giuletti

Für meinen Mann – den besten, den man sich wünschen kann

Für eine schöne, lebenswerte Welt

und

Für »William«, wo immer du auch sein magst und was immer du gerade tust

Hey Babe!
Irgendwann gehörst du mir
Subina Giuletti

Dast-Verlag
Kirschäckerstaße 25
96052 Bamberg
dast-verlag@t-online.de
00049951-9949811

ISBN: 978-3-945098-09-7

Bibliografische Information der Deutschen Bibliothek
Die Deutsche Bibliothek verzeichnet diese Publikation in der Deutschen Nationalbibliografie; detaillierte bibliografische Daten sind im Internet über www.dnb.ddb.de abrufbar

Published by
Dast-Verlag
Printed 2016 Create Space
Erste Auflage November 2016
Coverbild: fotolia
Covergestaltung und Konzept: Diana Buidoso, Designcrowd
Lektorat: Cornelia Krause – www.conni-krause-texte.de

Der Inhalt des Buches basiert auf einer erfundenen Geschichte, gründet aber auf vielen, wahren Begebenheiten.

Internet: www.subina-giuletti.com
E-Mail: info@subina-giuletti.de

Sie starrte das Bild an. Die Chatleiste auf ihrem Facebook-Account war lang, das Foto das erste ganz oben.

»Und?«, schien es zu sagen. »Hast du Angst vor mir?«

Anna schaute weg und konzentrierte sich auf ihren Post. Aber das kleine Bild war wie ein dunkler, satter Fleck auf einer weißen Leinwand. Ein hypnotischer Fleck. Der Mann darauf sah sie unentwegt an. Seine Augen waren zwingend, sein schwarzer Drei-Tage-Bart wirkte verwegen, die leicht lockigen Haare waren kurz geschnitten, die Lippen blass, glatt, voll. Er trug ein rotes Poloshirt mit einem blauen, kleinen Herzen auf der Brusttasche, die verschränkten Arme betonten einen trainierten Bizeps und Oberkörper. Und dann dieses Lächeln, das eigentlich keines war ... es war nur der Ansatz davon, der Moment davor. Ein kaum geöffneter Mund mit der Frage, ob er denn nun lächeln sollte oder nicht. Ein Lächeln, das sich eher in den Augen als auf den Lippen offenbarte ... Augen, die sie auffordernd und belustigt anzusehen, zu scannen schienen, ihren Körper, ihr Gesicht. Mit Mühe riss Anna sich los.

»Verdammt«, murmelte sie.

Erneut widmete sie sich der Werbung, die sie posten wollte. Solche Dinge konnte sie meist erst abends machen, aber oft war sie für Kreatives dann schlicht zu müde. Ihr fiel nichts Rechtes ein ... es musste was Pfiffiges sein, was Freches ... was Neues – und zack – lag ihr Blick schon wieder auf dem Foto. Sie fühlte sich beobachtet.

»Hey«, schien der Mann darauf zu sagen. »Ich weiß, dass du mich willst.«

Erschrocken wandte sie ihren Blick ab. Um gleich nochmal hinzuschauen. Schließlich konnte er doch nicht wissen, dass sie ihn so oft musterte! Es war nur ein Bild!

Provozierend blickte der Mann zurück. Zog er die Augenbrauen hoch?

»Sag mal, Anna geht's noch?«, sagte sie ärgerlich zu sich selbst und schlug sich an die Stirn. Offensichtlich drehte sie wohl durch.

Warum hatte sie diese wahllos angenommenen Freundschaftsanfragen noch nicht gelöscht? Genau das sollte sie jetzt tun! Genau das! Gleich, wenn sie den verdammten Werbepost fertig hätte, würde sie ... unwillkürlich glitten ihre Augen wie von einem Magneten angezogen erneut auf die Chatleiste.

Ein grüner Punkt leuchtete neben seinem Namen auf, wie eine Ampel, die umschaltete und das Startzeichen gab - für was auch immer. Ein grüner Punkt, der roter nicht hätte sein können.

Mit leicht geöffnetem Mund fixierte sie das kleine Foto und ihr Herz fing unwillkürlich an zu klopfen.

»Komm mir nicht zu nah«, sagten seine Augen und diesmal schienen sie gefährlich zu glitzern. »Ich beiße.«

Hektisch schlug Anna den Laptop zu, bis ihr einfiel, dass das nichts nützte. Sie klappte ihn wieder auf, wollte sich ausloggen, als das Chatfenster mit einem so provozierenden Laut aufpoppte, als riefe er ihr zu: »Warte! Bleib hier!«

Das Foto sprach. Irgendwo auf der Welt war dieser Mensch lebendig und schrieb etwas an sie. Ihr Puls klopfte wie verrückt, als sie die Message las.

»Hey, Babe«, stand da. »How are you?«

Zwei Jahre vorher

»Hast Du eine Vorstellung davon, wie lange es gedauert hat, dich ausfindig zu machen? Du wechselst deine E-Mail-Adresse und sagst mir nicht Bescheid? Halloho?«

Unwillkürlich musste Anna angesichts dieser vorwurfsvollen Begrüßung grinsen.

»Scheint dich einen überdimensional anstrengenden Anruf bei meinen Eltern gekostet zu haben«, schmunzelte sie. »Wie geht es dir, Peggy?«

»Wie immer! Ich habe gerade meinen Job verloren!«

»Oh ... okay ... und welchen Job hast du gerade verloren?«

Die Frage war nicht so dumm, wie sie sich anhörte. Peggy war mit Abstand der größte Autodidakt, der Anna je unter die Augen gekommen war. Sie konnte einfach alles.

Ob verkaufen, managen, Kleider nähen, organisieren, Schulungen halten, Leute motivieren und ausbilden, Konzepte und Strategien entwerfen – es gab kaum etwas, was sie sich nicht angeeignet hatte – und wenn, erregte das sofort ihre Neugier und sie brachte es sich bei – um sich dann mit Feuereifer in den neuen Job zu stürzen – bis die nächste unerforschte Tätigkeit sie fesselte.

Angefangen hatte sie mit einem Management-Studium in Berlin. Dort hatten sie sich kennengelernt und miteinander die Bude geteilt. Während Anna die Ruhige von ihnen war, war Peggy notorisch motorisch und hatte heftig Feuer unterm Hintern.

So hatte sie neben dem Studium in einer Vertriebsfirma gejobbt, unzählige Praktika im In- und Ausland absolviert, schließlich einen Managerposten in einem mittelständischen Konzern übernommen, in dem sie nur deswegen für Jahre blieb, weil ihre Aufgaben mit der Größe der Firma gewachsen waren und damit für genügend Abwechslung gesorgt war. Und sie hatte zusätzlich in dieser Zeit mindestens einmal die Welt umrundet.

Peggy wollte weder Kinder noch Mann, noch wollte sie sich sesshaft machen – sie wollte in der Welt umherjetten, wie es ihr gerade einfiel, und das wurde stets zum Problem für ihre Arbeitgeber. Wenn sie einen Job verlor, weil sie ihrem Chef klarzumachen versuchte, dass sie unbedingt für ein Vierteljahr als Animateurin in die Türkei wollte, zweifelte sie nie daran, einen anderen zu bekommen. Wenn der weniger abwarf – pfeif drauf! Dann schränke ich mich eben ein!

Während der Studienzeit hatte Anna so manches Abenteuer mit Peggy überstanden, die immer fand, Anna sei zu brav und gar nicht so introvertiert, wie sie tue, während Anna auf dem Gegenteil bestand: Peggy sei gar nicht so extrovertiert, wie sie tue, und sie hatten sich – so gegensätzlich sie sich auch gaben – super verstanden. Anna hatte die Unternehmungslust von Peggy und diese die Stabilität und Ruhe von Anna genutzt.

»Naja«, antwortete Peggy also gleichmütig auf Annas Frage. »Der letzte Posten war echt mies. Schlecht bezahlt und langweilig. Ne kleine Firma in Berlin – ich dachte, aus der könnte ich mit ein paar pfiffigen Ideen ein Start-up zaubern, aber der fette Inhaber, weeßte, so'n Milchbubi, der wollte nicht. Saftsack!«

Sie lachte. »Bin wieder frei wie ein Vogel! Auch schön! Wo bist du denn? Deine Mutter hat gesagt, in Hamburg? Mann! Hamburg! Geile Stadt! Wie geht es dir? Was macht Christian? Und die Kinder?«

»Christian geht es gut ... und die Kinder wachsen und gedeihen! Alles super! Hab ein paar tolle Aufträge am Laufen. Das muss ich dir erzählen ... aber am liebsten persönlich! Wo bist du denn gerade?«

»Immer noch in Berlin! Ist ne umtriebige Stadt! Total unorganisiert! Die bräuchten mal jemanden, der Struktur in das Ganze bringt!«

»Bewirb dich doch!«

»Mal sehen, vielleicht mach ich das tatsächlich!« Peggy gluckste. »Aber du solltest dir endlich mal ein FB-Konto erstellen, damit ich dich erreichen kann, wenn du deine Adresse und deine Nummer änderst!«

»Hey, Peggy, ich wohne schon seit ein paar Jahren in Hamburg. Ich bin nicht so unstet wie du!«

»Unstet! Das ist das falsche Wort! Ich bin abenteuerlustig! Das würde dir auch mal wieder guttun! Mit Familie bist du noch braver geworden! Oh, Mann, Anna, ich schätze, du hast noch nicht mal einen Dildo!«

»Ach Peggy«, schmunzelte Anna. »Plastik ist nicht so meins ... ich mag's lieber naturell ... ich habe doch Christian!«

»Eben! Du bist zu brav! Und Christian auch!«

»Freu dich doch! Wir sind immer noch zusammen! Wir haben halt unsere Werte!«

»Ja, ja, Anna und ihre Werte. Darüber vergisst du wahrscheinlich das Wertvollste!«

»Und das wäre?«

»Du, ich muss Schluss machen, da läuft gerade ein *fantastischer* Mann über den Zebrastreifen – den muss ich unbedingt ansprechen! Ciao!«

Zack – und weg war sie.

Kopfschüttelnd legte Anna auf. Peggy. Ein echtes Phänomen!

Ein halbes Jahr später

»Anna ... wir haben doch so oft darüber gesprochen ...«

»Ich weiß«, flüsterte sie erstickt und krampfte ihre Finger um seine Hand. »Es ist trotzdem anders ... wenn es dann soweit ist ...«

Sie unterdrückte ihre Tränen, hatte Mühe weiterzusprechen. »... es ist ... diese Endgültigkeit ... weißt du ... das ist ...«, sie brach ab und flüsterte dann: »... es ist einfach grausam.«

Zärtlich drückte er ihre Hand, suchte ihre Augen. Die seinen waren ruhig. Sie schimmerten in einem Licht, das sie verzweifeln ließ und ihr eben diese Unwiderruflichkeit signalisierte, gegen die sie sich mit aller Macht wehrte.

»Warum kannst du nicht einfach bleiben?«, brach es aus ihr heraus. »Vielleicht hast du es einfach nicht richtig gewollt ... vielleicht haben wir nicht alles versucht ... es gibt doch Möglichkeiten! Es gibt sie immer noch ... wir könnten ...«

Ein Tränenstrom stürzte aus ihren Augen − ein verzweifeltes Aufbäumen, der Versuch, all das hier rückgängig zu machen, es nicht geschehen zu lassen.

»Anna«, unterbrach er sie sanft. »Bitte. Bitte mach es mir nicht so schwer. Mach es uns nicht so schwer. Es ist besser so, du weißt es.«

Sie nickte heftig mit dem Kopf. Ihre Augen blickten nach unten. Und ja, es stimmte ... sie hatten so oft darüber gesprochen, hatten sich versprochen, die Beziehung in Würde zu beenden. Tränen rollten unter ihren Wimpern hervor und mit beiden Händen umklammerte sie die seinen. Sie hob den Blick, sah sein Gesicht, betrachtete jedes Detail an ihm, und das Wissen, dass er gehen würde, ließ sie alles auf besonders schmerzhafte Weise wahrnehmen. Seinen Mund, der sie so oft geküsst, die Nase, die er so oft an ihre Wange gestupst hatte, seine warmen braunen Augen, die sie in allen Schattierungen und Ausdrücken kannte.

Hilflos, stumm presste sie die Lippen aufeinander.

»Lass mich gehen, Anna«, flüsterte er. »Du weißt, wir sehen uns irgendwann wieder.«

Wieder nickte sie und starrte den Boden an, im Bemühen dort Halt zu finden, die Fassung zu wahren. Sie war gefangen in einem Aufruhr, der ihren Kopf dumpf machte, der keinen vernünftigen Gedanken durchließ, an den sie sich hätte klammern können. Sie fühlte sich im wahrsten Sinne des Wortes betäubt. Ihre Kiefer drückten sich scharf durch ihre Gesichtshaut und ihr Blick hob sich erneut zu seinen Augen in dem mutigen Versuch, das alles durchzustehen. Sie wusste, sie musste stark sein, sie hatten das alles x-mal besprochen, dennoch wühlte der Schmerz wie ein Messer in ihr und ihr war, als bekäme sie keine Luft. Erst als sie merkte, dass ihre Verzweiflung sich auf ihn zu übertragen begann, gab sie sich einen Ruck. Sie löste ihre Hände aus den seinen, nestelte ein Taschentuch aus ihrer Hosentasche und putzte sich die Nase. Dann atmete sie tief durch.

»Es ist gut«, flüsterte sie. »Es ist gut, Christian. Bitte vergiss nie, dass ich dich immer lieben werde. Auf immer und ewig. Du bist einfach das Beste, was mir jemals im Leben passiert ist.«

»Anna, mein Liebling«, wisperte er zurück. »Versprich mir, dass du dich dem Leben nicht verschließt, nur, weil ich gehe. Du bist eine so schöne Frau und …«

»Männer wie du sind selten«, unterbrach sie und lächelte unter Tränen. »Das weißt du. Mein Niveau ist hoch – wegen dir. Keiner wird dir je das Wasser reichen können. Es wird nichts Besseres nachkommen. Ich will niemanden außer dir.«

»Ach, Anna … was heißt denn ›besser‹? Vergleichen ist nicht gut. Es kommt etwas anderes, und du weißt: Es wird genau das kommen, was du brauchst.«

Sie antwortete nicht darauf. In Gedanken sagte sie: »Ich brauche *dich*«. Aber sie sprach es nicht aus. Sie wusste, er würde das nicht gutheißen.

»Anna«, sagte er noch einmal eindringlich. »Komm her, meine Süße. Ich möchte dir noch etwas sagen, etwas sehr Wichtiges.«

Von Schmerz durchdrungen starrte sie ihn an, während er sie an sich zog. Sanft näherte sich sein Mund ihrem Gesicht, seine Stimme war dunkel, vibrierte in ihrem Ohr und schickte Schauer durch ihren ganzen Körper.

»Vergiss nie, Anna«, raunte er: »dass du an jedem Morgen, an dem du aufstehst, alles hast, was du brauchst. Immer. Geh mit diesem Vertrauen in deinen Tag und in dein Leben.«

Ihr Kopf lag auf seiner Brust, sie fühlte seine Hände, seinen Körper, seine Nähe und wieder schossen die Tränen in einer schmerzhaften Fontäne nach oben.

»Chris«, schluchzte sie verzweifelt. »… ich … bitte bleib hier … bitte lass es uns versuchen … bitte …«, brach es aus ihr heraus. »Oh, bitte, geh nicht … bitte bleib hier!«

Aber Christian sah sie mit einem liebevollen, tränenfeuchten Blick an. Und in diesem Blick lag eine ganze Welt. In diesem Blick lag sein Vertrauen in sie, Vertrauen in das, was geschah und eine Seligkeit, die sie nicht verstehen konnte.

»Anna«, flüsterte er. »… es geht nicht. Das weißt du.«

Sie nickte. Stumm. Tränenblind. Was hätte sie auch sagen sollen.

»In allem liegt etwas Schönes, Anna«, flüsterte er. »Gib dem Leben Gelegenheit, dir das zu zeigen.«

Er hielt sie noch lange im Arm, flüsterte ihr Worte zu, streichelte sie und endlich wurde sie ruhig. Endlich fand sie die Kraft, das zu tun, worum er sie gebeten hatte: Ihn gehen zu lassen. Vertrauen zu haben ... um vielleicht tatsächlich irgendwann das Schöne zu sehen.

Und dann ging er. Leise und sanft. So, wie er all die Jahre, seit sie ihn kannte, immer gewesen war: Er trennte sich von ihr mit einem Lächeln, mit nach oben gewölbten Lippenenden, ein Ausbund von Dankbarkeit für die Jahre, die sie gemeinsam verbracht hatten, voller Liebe und voller Zuversicht, dass der Weg, den er ging, der Richtige war. Er war vorbereitet, er war diszipliniert, ruhig und konzentriert – er war vollkommen gelöst.
Annas Blick hing an seinem Gesicht wie der einer Ertrinkenden.

Als er fort war, hing seine Liebe im Zimmer wie ein Duft. Sie wünschte, er würde nie vergehen. Und diese Liebe war ihr Halt, ihr Trost, ihre Zuflucht.

***

Die Kinder schienen es besser zu bewältigen als sie. Christian hatte viel und oft mit ihnen gesprochen, bevor er diesen Schritt gemacht hatte, und es schien sich auszuzahlen. Sie hatten ein unverrückbares Vertrauen in seine Worte und Anna beneidete sie darum.
Sie verbrachte viel Zeit mit ihnen, um ihnen Trost zu spenden, aber an nicht wenigen Tagen hatte sie das Gefühl, dass sie es war, die sich Trost und Zuversicht von ihren Kindern holte.
Nach einer Weile fragte der sechsjährige Tim: »Wann kommt der Papa wieder?« und sie antwortete:
»Ich weiß es nicht, Timmi.«
Und ihre achtjährige Tochter Lea, die besonnen und tiefgehend wie ihr Vater war, meinte: »Papa hat gesagt, es geht ihm gut – und dass er uns besucht. Und dass wir immer mit ihm reden können ... und dass er auf uns aufpasst.«
»Ja, mein Schatz, das tut er.«
»Du musst also nicht so traurig sein«, schlussfolgerte Lea und legte ihre kleine Hand auf den Arm ihrer Mutter. »Ich habe gestern mit ihm geredet.«
»Hast du das, mein Herz?«
»Ja – und er hat gesagt, du sollst auch mit ihm reden. Außerdem hat er gesagt, wir bekommen einen zweiten Papa. Und du sollst ihn suchen.«
Anna musste lächeln.
»Ja, ich weiß, das hat er gesagt. Aber im Moment ist es noch zu früh dafür.«
Lea sah sie forschend an.

»Wir suchen dir einen, Mama. Tim und ich haben uns schon Gedanken gemacht.«

Wieder musste Anna lächeln und umarmte ihre zwei Kleinen, aber in ihren Augen standen Tränen. Für sie gab es niemanden nach Christian. Er hatte wirklich alles gehabt, was sie sich von einem Mann gewünscht hatte. Es tat oft genug noch weh, dass er nicht mehr an ihrer Seite war. Doch ihre angeborene Heiterkeit, ihr sonniges Gemüt und die Liebe zu ihren Kindern halfen ihr, die schönen Dinge im Leben zu sehen und dankbar für die Zeit mit ihm zu sein. Wenn sie eines während der Partnerschaft mit Christian gelernt hatte, dann, dass auch in scheinbar Negativem Schönheit verborgen lag. Sie lag tiefer - und war gehaltvoller.

Das Leben ging weiter. Sie musste arbeiten. Sie musste Geld verdienen. Sie war fünfunddreißig und eine alleinerziehende Frau.

New life

»Anna, wie geht es dir? Kommst du zurecht ohne Christian?«

»Ja, alles okay, Mama, danke.«

»Was macht dein Job?«

»Ach, ja!«, sprudelte Anna. »Das wollte ich dir noch erzählen, stell dir vor! Ich habe an einem Wettbewerb für eine neue Naturkosmetik-Linie teilgenommen ... und gewonnen! In der nächsten Zeit habe ich richtig viel zu tun! Die Einnahmen für dieses Jahr sind schon mal gesichert!«

»Ach, Anna, das ist ja wunderbar! Ich freu mich für dich!«

»Hey, Mam, was ist los? Du klingst komisch ... und du freust dich nicht wirklich.«

»Ach Gottchen, Anna«, lachte ihre Mutter nervös. »Vor dir kann man aber auch gar nichts verbergen ... ja ... mir liegt was auf der Seele – wir müssen ein paar Entscheidungen treffen, die auch dich angehen. Kannst du für ein paar Tage nach Hause kommen?«

***

Der Anruf ihrer Mutter rumorte in Annas Kopf. Sie konnte nicht schlafen, wälzte sich von einer Seite auf die andere. Natürlich hatte sie nachgebohrt, ob gesundheitlich mit ihren Eltern alles okay wäre, was ihre Mutter Gott sei Dank ohne Zögern bejaht hatte. Aber sie hatte am Telefon jede Auskunft verweigert und darauf bestanden, dass Anna mit den Kindern am Wochenende zu ihnen nach Hause fahren sollte.

»Dann sehen wir Lea und Tim endlich wieder mal«, hatte sie sich gefreut.

Und so fuhr sie nun die weite Strecke von Hamburg in den Schwarzwald, vom Norden in den Süden, von einem Leben in das andere. Lea und Tim waren wie aufgedreht. Sie liebten ihre Großeltern und je weiter sie in den Süden kamen, umso mehr lebten sie auf.

Anna wurde das schmerzlich bewusst. Wieder wurde ihr klar, dass ihre Kinder lieber auf dem Land als in der Stadt lebten, wo sie selbst ihre ersten Jahrzehnte, mit Unterbrechungen durch das Studium in Berlin und einigen Auslandsaufenthalten, verbracht hatte. Sie hatten die Kinder bekommen und Christian war ein paar Jahre später von seiner Firma mit einem lukrativen Angebot konfrontiert worden. Er konnte, falls er mit dem Umzug nach Hamburg einverstanden war, eine gehobene Position in einem Schwesterunternehmen antreten, die seine Karriere um einiges beschleunigte und sein Gehalt ziemlich nach oben schraubte. Tim war fast drei und Lea gerade fünf geworden und es war ihnen verdammt schwergefallen, von den Großeltern, ihrem Onkel, ihren Freunden und der ländlichen Gegend fortzuziehen. Allein der Umzug dauerte Wochen und die Kinder gewöhnten sich nur schwer an die neue Umgebung. Lea war in die Schule gekommen, hatte sich mit den norddeutschen Stadtkindern arrangiert, sich aber nie wirklich wohl gefühlt. Und auch Tim vermisste unterbewusst die Hügel und Täler und das beschauliche Dasein im Schwarzwald, denn er deutete in Kinderbüchern immer auf die Zeichnungen mit Wäldern, fragte oft – auffallend oft – nach Oma und Opa und Onkel Lenny.

Anna selbst war neugierig auf das Leben in Hamburg gewesen, hatte sich viele Impulse und Inspirationen von dieser schönen Stadt erhofft, sie war grundsätzlich offen für Neues. Und sie hatte auch all das gefunden, wovon sie geträumt hatte. Hamburg war eine tolle Stadt, das Tor zu anderen Ländern im Norden, aber letztlich hatten ihr Mann und sie gar keine Gelegenheit gefunden, die Aktionen und kleinen Reisen zu unternehmen, die sie vor ihrem Umzug so enthusiastisch geplant hatten.

Christian war in den neuen Job stärker eingebunden, als ihnen allen lieb war. Er musste lange arbeiten, ab und zu reisen, sah die Kinder am Morgen und an den Wochenenden, die zu kurz waren, um das alles wieder aufzuholen. Ja, und Anna hatte sich als Produkt-Designerin selbständig gemacht. Durch einen gesegneten Zufall hatte sie den Auftrag ergattert, den Flakon für das neueste Parfum eines weltweiten Unternehmens für Luxusgüter zu entwerfen, und ihre Arbeit war so gut angekommen, dass sie sich dadurch eine gehörige Reputation und Folgeaufträge hatte verschaffen können.

Trotzdem musste sie immer wieder um Aufträge kämpfen. Die Konkurrenz war groß und Ideen gab es viele. Sie nahm an etlichen Wettbewerben und Ausschreibungen teil, aber für sie standen die Familie und ihre Kinder an vorderster Stelle. Christian war schon genug unterwegs, da wollte sie nicht auch noch einer Karriere hinterherrennen. Sie hatte es auch nicht nötig – Christian verdiente mehr als gut und ihr Job ergab ein willkommenes zusätzliches Nebeneinkommen, mit dem sie Urlaube oder zusätzliche Ausgaben beglichen, und von dem der Rest auf ein Sparkonto floss.

Für Anna war es ein tolles Gefühl, nicht von ihrem Verdienst abhängig zu sein. Es gab ihr bei ihren Verhandlungen die nötige Gelassenheit und Stärke, hinter ihren Vorschlägen zu stehen. Sie musste die Aufträge nicht haben.

Das Leben war einfach nur schön gewesen, satt, rund, voll, es hatte ihnen an nichts gefehlt.

Bis der Paukenschlag kam.

Nie würde sie den Tag vergessen, als Christian nach Hause gekommen war und ihr eröffnet hatte, dass er gehen wolle. Eine Welt war für sie zusammengebrochen, und alles hatte sich geändert. Alles, was vorher selbstverständlich gewesen war, wurde mit einem Mal zu einer Kostbarkeit.

Es dauerte eine Weile, bis Christian sie endgültig verließ. Und diese Phase wurde zu einer der intensivsten, schmerzlichsten und tiefsten in ihrem Leben. Obwohl er ihr Zeit gegeben hatte, damit fertig zu werden, obwohl er so viel mit den Kindern, vor allem aber auch mit ihr gesprochen hatte, war der Tag seines Abschieds in Anna eingebrannt wie ein Brandmal.

Ihre Eltern unterstützten sie, riefen oft an, besuchten sie, aber der Weg war weit, sie hatten selbst ein kleines Unternehmen und konnten nicht so oft weg. Anna stürzte sich umso mehr in ihre Arbeit. Die Kinder waren den Vormittag über in der Schule und sie kam gut voran. Gerade mit ihrem neuen Auftrag würde sie ihre Karriere festigen können. Die Tochter eines Multimillionärs wollte eine exklusive Naturkosmetik-Linie in die Läden bringen - und Anna sollte das Design dafür kreieren. Sie wusste, das war ihr Sprungbrett in eine höhere Klientel und sie würde ihre Karriereleiter um einige Stufen nach oben klettern. Beruflich war das eine wichtige Zeit und sie wollte sie meistern. Allein schon der Kinder wegen – und doch – sie vermisste Christian schrecklich.

Mit einem Seufzen schaute sie auf die vorbeiziehende Landschaft draußen.

Nein, sie wollte nicht wieder diese Gedanken in ihrem Kopf wälzen. Es war unnütz. Sie musste nach vorne blicken. Und das tat sie. Jeden Tag aufs Neue. Christians Abschiedssatz: »Denk dran, an jedem Morgen, an dem du aufwachst, hast du alles, was du brauchst. Hab Vertrauen«, war keine leichte Übung, aber eine sehr nützliche.

Weil ihre Kinder sich so freuten, zu Oma und Opa in den Schwarzwald zu fahren, hatte sie beschlossen, für zwei Wochen zu bleiben. Sie brauchte zum Arbeiten ja nur ihren Laptop und ihr Telefon, die Kinder hatten Ferien und sie selbst sehnte sich auch sehr danach, ihre Eltern wiederzusehen. Oh, das würde schön werden! Mal wieder die Füße unter den Tisch zu stecken und von Mama mit Spätzle oder Kuchen verwöhnt zu werden, Wanderungen in der hügeligen Natur, den Geruch nach Heimat und Geborgenheit in der Nase, Kaminfeuer am Abend und Gespräche mit alten Freunden ... sie lächelte. Ja, sie vermisste den Schwarzwald auch.

***

Seine Finger klickten unentwegt Fotos auf Facebook durch. Frauen, Frauen, Frauen ... blond, brünett, rot, hager, dick, kurvig, elegant, hässlich, schön, gepflegt, schlampig, geschminkt, ungeschminkt, bearbeitet, Amateuraufnahmen ... Frauen mit Titel, ohne Titel ... ein Rummelplatz weiblicher Gene, ein Laboratorium ... und so viele, die darauf warteten, angesprochen zu werden.
Es war wie damals in der Disco. Hunderte von Menschen um dich herum und du kennst kaum jemanden. Wartest drauf, dass sich was Interessantes zeigt. Und dass die, die du ansprichst, kein Blindgänger ist. Aber Frauen ... waren eben Frauen. Sie schienen so vielfältig zu sein – und doch waren sie alle gleich.

***

Die Landschaft, das Gefühl, hier zu Hause zu sein, nahm Anna in den ersten Minuten gefangen, auch die besondere Atmosphäre dieses Landstriches. Stille Täler, dunkelgrün bewaldete Hügel, satte Wiesen, schmucke Häuser mit Blumenwolken an Balkongeländern, die glitzernde, riesige Fläche des Bodensees, die weit unten ab und an zwischen Baumgruppen durchblitzte. Allein durch ihre Heimat zu fahren, versetzte sie in Hochstimmung.
Dann die Ankunft an ihrem Elternhaus: Mama und Papa, ihr Bruder Lennart, die sie lächelnd und winkend an der Haustür willkommen hießen, die Kinder, die wie toll aus dem Auto stürzten und in offene Arme flogen, innige Umarmungen, Küsse auf die Wangen, Sonne im Gesicht, den rauen Schwarzwaldwind um die Nase ... unwillkürlich atmete Anna auf.
Sie war zu Hause! Oh, mein Gott, das tat so gut!

***

»Okay, jetzt erzählt mal«, forderte sie ihre Eltern auf, als sie am zweiten Abend am Tisch saßen. Ihre Mutter hatte fantastisch und wie immer zu viel gekocht. Aber das Schönste war zusammen am Tisch zu sitzen – drei Generationen

13

vereint, miteinander zu reden, zu lachen ... sie hatte ganz vergessen, wie sich das anfühlte. Heimlich beobachtete sie ihre Kinder. Ihre roten Bäckchen, die leuchtenden Augen, wenn sie ihrem Onkel Lenny oder ihren Großeltern etwas erzählten, wie sie lachten und umhersprangen.

Anna machte sich Vorwürfe angesichts der recht stillen und fast einsamen Abende in ihrer Hamburger Wohnung, in der sie oft so schnell wie möglich vom Tisch aufstehen und die Kinder ins Bett hatte verfrachten wollen, weil sie nachts noch arbeiten musste. Ihre Kinder waren zu ernst geworden und das kam hier so richtig zum Vorschein.

»Wir bringen die Kinder ins Bett und dann reden wir«, erklärte ihr Vater resolut auf ihre Frage.

Eine Stunde später lagen Lea und Tim selig schlafend in den Federn und die vier Erwachsenen hatten sich wieder am Tisch zusammengefunden. Annas Vater öffnete eine Flasche Rotwein, im Ofen prasselte ein Feuer und der Kuckuck der alten, wertvollen Uhr an der Wand stieß neunmal seinen Ruf aus. Wie es seine Art war kam Herr Rossberg ohne Umschweife zum Thema. Noch während er den Wein in die Gläser schenkte, fing er an zu reden.

»Wir wollten es dir eigentlich schon viel früher sagen«, eröffnete er die Runde. »Aber dann kam die Sache mit Christian dazwischen und uns war klar, dass wir dich nicht noch mehr belasten können.«

Anna schluckte. Belasten wollte sie sich jetzt, eineinhalb Jahre später, auch nicht schon wieder. Es war für sie immer noch frisch. Ihr Vater bemerkte ihren Blick.

»Es ist nichts Schlimmes, Anna. Es ist nur so, dass wir an einem Scheideweg stehen und wir müssen uns überlegen, wie wir weitermachen. Wie du weißt, ist seit dem 11. September 2001 unser Amerika-Geschäft ziemlich zusammengebrochen. Zuerst dachten wir, es erholt sich wieder. Aber dem war nicht so.«

Mit einem Stirnrunzeln sah Anna von ihrem Vater zu ihrer Mutter und von da zu Lenny.

»Seit 2001? Seit fünfzehn Jahren? Ihr habt mir nie was davon erzählt!«

»Naja, wir waren ja der Meinung, dass sich das mit den Jahren wieder gibt. Hat es aber nicht. Die Armee in Deutschland wurde reduziert ... die Amis reisen nicht mehr so viel, der Wechselkurs hat sich extrem verschlechtert, sie kaufen lieber billige Imitate, statt echte Uhren ... und das Geschäft in Europa ist ohnehin leicht rückläufig.«

»Aber – Moment mal!«, warf Anna ein. »Wenn die Geschäfte so schlecht laufen, wieso habt ihr mir dann jeden Monat meinen Anteil ausbezahlt?«

»Wir haben ja Aufträge ... und die Firma hat einen guten Grundwert und wir, also, deine Mutter, Lenny und ich, waren überzeugt, dass wir das hinkriegen.«

Anna wurde rot.

»Sagt mal, habt ihr sie noch alle? Das ... das ist doch ... das ist ...«

»Reg dich ab, Schwesterherz«, hakte Lenny ein. »Wir zahlen ja erst seit zwei Jahren – so viel ist das nun auch wieder nicht. Und es steht dir ja auch zu. Es ist nur so, wie Papa gesagt hat: Wir müssen eine Entscheidung treffen.«

»Worüber? Was heißt das genau?«, wollte Anna wissen. »Dass es schon zu spät ist? Seid ihr bankrott?«

Mit Entsetzen dachte sie an die Folgen. Mussten sie das Haus verkaufen? Ihr Elternhaus? Die traditionelle Firma, die seit über 100 Jahren bestand – mussten sie sie auflösen? Was würden ihre Eltern tun? Das war doch ihr Leben hier!

»Nein, natürlich nicht«, beruhigte sie ihr Vater.

In knappen Worten erklärten sie Anna die Situation: Ihre Eltern führten die älteste und bekannteste Kuckucksuhrenfabrik im Schwarzwald in der nunmehr vierten Generation. Aber die Nachfrage nach traditionellen Kuckucksuhren war in Deutschland zurückgegangen, der amerikanische Markt nach 2001 zusammengebrochen, der asiatische schwer zu erreichen und ihre Ansätze dort nicht stabil genug, um davon leben zu können.

»Die Crux ist: Wir sind ein Familienunternehmen. Lenny und ich sind die Uhrenbauer – und du weißt, da ich die Technik weiterentwickelt habe, sind wir die einzigen, die die Uhren in dieser Qualität und Technik liefern können. Das ist nicht so leicht zu multiplizieren. Und ich fertige nicht nur die Uhren, ich entwerfe sie ja auch – zusammen mit deiner Mutter. Wäre das ihre einzige Tätigkeit, wäre es vielleicht noch zu meistern. Aber sie ist ja außerdem Spezialistin im Bemalen von historischen Schilderuhren, tja und dann gibt es ja noch die Büroarbeit, die stemmen wir auch zusammen. Was im Argen liegt, ist der Vertrieb. Da haben wir niemanden – und so sind wir sozusagen gezwungen zuzusehen, wie unser Kundenstamm immer kleiner wird.«

»Und nun hat auch noch Brigitte, die in der Verpackung angestellt war, gekündigt – aus gesundheitlichen Gründen«, fuhr Frau Rossberg fort. »Das heißt, wir rennen zwischen Fertigung, Büro, Neuentwürfen, Lieferung, Haushalt und Sonstigem hin und her.«

»Genau. Wir müssen die Nachfrage ankurbeln, um leben zu können, könnten aber gar keine höheren Stückzahlen produzieren, weil wir ja ausgelastet sind. Entweder Uhren bauen oder Vertrieb. Beides zusammen geht nicht ... verstehst du?«

»Ja«, sagte Anna zögernd. »Einerseits muss der Umsatz höher sein, um Gewinn zu erwirtschaften, andererseits könnt ihr aber ein größeres Bestellvolumen nicht bedienen. Das ... hört sich irgendwie widersinnig an.«

»Nein, das hört sich nicht gut an«, bestätigte Lenny. Er war hobbymäßig Poetry Slammer und rappte ab und an, demgemäß machte er Witze über jede sich ihm bietende Situation – aber heute ging ihm Sarkasmus wie Humor gänzlich ab.

»Und ... habt ihr schon eine Lösung angedacht, über die ihr mit mir reden wollt, oder geht es darum, eine zu finden?«

»Letzteres«, erklärte ihr Dad. »Tatsache ist, wir können dir vorerst kein Geld mehr überweisen.«

»Klar, kein Thema«, erwiderte Anna. »Ich ärgere mich ohnehin, dass ihr was gezahlt habt, obwohl die Firma es doch im Moment nicht hergibt.«

»Aber Robert«, unterbrach Annas Mutter. »Was du sagst, stimmt doch gar nicht! Wir haben doch schon über eine Lösung nachgedacht!«

Unsicher sah Herr Rossberg zu seiner Frau.

»Und die wäre?«, fragte Anna hoffnungsvoll.

»Die wäre«, sagte ihr Vater. »... dass du zu uns zurückkommst. Und die Firma übernimmst.«

***

Nachts lag Anna wach im Bett. Sie konnte nicht schlafen.

Diesem für sie weltveränderndem Satz war eine heiße Diskussion gefolgt, deren Inhalt ihre Welt von einer Sekunde auf die andere verändert hatte.

»Was soll ich denn in der Firma?«, hatte sie zunächst gerufen. »Kuckucksuhren! Ich bin Designerin! Für Flakons! Für Luxusartikel! Und überhaupt! Was soll ich mit *meinen* Aufträgen machen!? Für die hätte ich ja dann gar keine Zeit mehr!«

»Nu mal langsam. Es ist ja nur erst eine Idee«, hatte ihre Mutter sie zu beschwichtigen versucht. »Aber du bist nun mal diejenige, die als Einzige eine Managementausbildung hat. Du hast Ahnung von Vertrieb. Du hast Zugang zu Märkten, die wir nicht kennen. Du könntest Leute einstellen, die dir helfen ...«

»Moment mal – wie soll ich Leute einstellen, wenn kein Geld da ist?«

»Das ist nicht die Frage«, hatte ihr Vater klargestellt. »Wir haben Geld. Die Frage ist, ob wir weitermachen. Wenn wir aber weitermachen, müssen wir anders agieren, um am Markt bestehen zu können. Wir brauchen ein anderes Konzept. Wir müssten Risiken auf uns nehmen, müssten investieren...«

»Ja«, hatte Lenny eingeworfen. »Vielleicht hast du Ideen, kannst mit der Bank verhandeln ...«

»Aber ... ich liebe meine Arbeit! Und Vertrieb und Management habe ich nur in der Theorie kennengelernt! Ich bin – wie ihr alle – künstlerisch tätig! Und das will ich auch bleiben!«

Es war hin und her gegangen, bis Anna die entscheidende Frage gestellt hatte: »Was ist denn die Alternative, wenn ich das nicht mache?«

Betreten hatten ihre Eltern und Lenny sich angeschaut und Anna hatte erahnt, dass es noch etwas gab, was bislang nicht auf den Tisch gekommen war.

»Tja,«, hatte ihr Vater schließlich gesagt. »Du wirst lachen. Wir haben zwei Alternativen. Da wir in den letzten Jahren kaum ins Plus gekommen sind und der Wert der Firma sinkt ... wäre jetzt ein guter Zeitpunkt zu verkaufen, bevor es noch weiter bergab geht. Wir haben einen Käufer, der die Firma übernehmen würde. Aber ... er ist Amerikaner. Er hat keine Ahnung von unseren Traditionen und ob er die Firma so weiterführt, sei dahingestellt. Außerdem würden wir ganz sicher den Unmut der Bevölkerung auf uns laden, wenn wir das tun.«

Er presste die Lippen zusammen und sah Anna an.

»Der Kaufinteressent hat uns bis Mitte nächsten Jahres Zeit gegeben, uns zu entscheiden, solange hält er sein Angebot aufrecht. Ja, und die zweite Alternative, solltest du den Laden nicht übernehmen wollen, ist: Wir schließen die Firma.«

Entscheidungen

Fassungslos hatte Anna ihre Gesichter der Reihe nach angesehen und dann einen tiefen Schluck Rotwein genommen. Ihre Eltern hatten die Runde abgebrochen, sie musste das alles erst mal sacken lassen, das war ihnen allen klar.

Aufgewühlt war sie nach draußen gelaufen, hinter das Haus, hatte sich an den großen Holzstoß gelehnt und über dem gebrütet, was sie gerade gehört hatte. Was war mit ihrer Karriere!? Mann, gerade jetzt wäre es so wichtig gewesen am Ball zu bleiben! Und überhaupt ... *Kuckucksuhren*! Das war so weit weg von dem, was sie jetzt machte! Moderne, originelle Flakons – verrückte, aufsehenerregende Verpackungen – das war ihre Welt! Und nun sollte sie geschnitzte Kuckucksuhren vermarkten? Verflixt ... das konnte sie nicht!

Aber sie durfte doch auch ihre Eltern nicht im Stich lassen – das war schlicht unmöglich! Sie wusste, was im Raum gehangen hatte, als ihr Vater von der Schließung der Firma gesprochen hatte: Wovon sollten ihre Eltern denn leben? Sie mussten verkaufen, sonst war ihr Ruhestand in Gefahr. Die Worte ihres Vaters kamen ihr wieder in den Sinn:

»Anna, wir wollen dich nicht zu etwas überreden, was du nicht möchtest. Aber ich muss dir das alles so klar sagen, denn du hättest es ja auch nicht gutgeheißen, wenn ich die Firma, ohne dich zu fragen, einfach verkauft hätte.

Ich möchte dir heute Abend nur anbieten, bei uns einzusteigen. Du bist die dritte Alternative. Aber bedenke: Es ist eine von dreien.«

Anna war sich bewusst, was passieren würde, wenn sie nein sagte: Lenny würde seine Arbeit, ihre Eltern ihre Lebensaufgabe verlieren. Es hörte sich so einfach an: Dann verkaufen wir halt, aber damit verknüpft war eine Vielzahl von Emotionen und Konsequenzen, damit verknüpft war ein Leben voll liebevoller Arbeit, Generationen, die das aufgebaut hatten, was nun da war. Und auch sie konnte sich mit dem Gedanken nicht anfreunden, einem Fremden die Firma zu übergeben, der Gott weiß was mit den Uhren anstellen würde. Sie wälzte die Gedanken hin und her, aber letztendlich sah sie sich mit der Tatsache konfrontiert, ihr bisheriges Leben aufzugeben, wieder zurück nach Hause zu ziehen und eine Firma zu übernehmen, deren Produkte ihr außer einem nostalgischen Wert nichts gaben.
Ihr Leben mit Christian in Hamburg schien damit endgültig zu Ende.
Doch dann fiel ihr ein: Auch Christian war hierher zurückgekehrt. Vielleicht sollte es so sein? Hier hatte ihre Liebesgeschichte begonnen ... Vielleicht ... vielleicht würde ja hier etwas Neues entstehen?
Aber, Herrgott nochmal ... Kuckucksuhren! Das war so gar nicht ihr Ding! Was war mit ihren eigenen Aufträgen? Neue könnte sie auf gar keinen Fall mehr annehmen – und die alten musste sie unbedingt ausführen, sie hatte ja Verträge mit den Unternehmen. Das bedeutete, dass sie eine Zeitlang doppelgleisig fahren musste – wenn sie diesen Schritt tatsächlich wagte.
Aber vielleicht konnte sie die Firma ihrer Eltern mit der Zeit so gestalten, dass sie auch wieder Freiheit für ihre eigenen Passionen hatte. Und das möglichst schnell, damit sie den Anschluss an ihr eigenes Handwerk nicht verlor. Ja, das müsste doch gehen ... das müsste möglich sein. Es wäre zumindest einen Versuch wert, auch, wenn es viel Arbeit bedeutete.
Mit diesem letzten Resümee wurde sie ruhig und konnte einschlafen. Vielleicht sollte es so sein. Sie hatte gelernt, die Dinge so zu nehmen, wie sie kamen. Es steckte immer etwas Gutes darin. Immer. Man konnte es zu Beginn nur nicht gleich sehen.
Ihr Mund lächelte leicht, als sie wegdämmerte. Das Leben steckte doch immer wieder voller Überraschungen.

***

Die Reaktion ihrer Kinder, als sie sie fragte, was sie davon halten würden, ganz bei Oma und Opa zu wohnen, bestätigte sie in ihrem Entschluss: Sie führten einen Freudentanz auf, schrien die ganze Bude zusammen und ihre Augen strahlten wie Sterne. Anna war perplex. Hatten sie sich in Hamburg so unwohl gefühlt?

Ihr Elternhaus war groß, ihr Vater hatte eine schnucklige Ferienwohnung angebaut, die für sie und die Kinder bis auf Weiteres ausreichend war – und die Kinder waren aufgehoben. Oma, Opa und Onkel waren hier, die kleine Firma mit der Fertigung fünfzig Meter vom Wohnhaus entfernt und die Kinder konnten jederzeit ins Büro kommen.

Überrascht merkte Anna schon nach kurzer Zeit, um wie viel freier Lea und Tim – und damit auch sie – auf dem Land waren als in der Stadt, und sie fragte sich, wie sie all das hatte vergessen können – schließlich war sie doch auch so aufgewachsen! Die beiden fanden sofort Anschluss an alte und neue Kameraden aus Kindergarten und Schule. Die Haustüren standen in diesem Teil Deutschlands stets offen, oft steckte sogar von außen der Schlüssel. Die Straßen waren wenig befahren, man konnte Kinder gefahrlos zum Spielen rausschicken, es gab genügend Bäume, auf die sie klettern, oder Hüpfspiele, die sie mitten auf der Straße machen konnten. Anna merkte, wie viel mehr Bewegung ihre Kinder hier hatten als in der Hamburger Stadtwohnung. Dort hatte sie zwar oft etwas mit ihnen unternommen, aber dennoch hatten sich die Kinder so manches Mal gelangweilt, einfach, weil sie nicht alleine rauskonnten. Und wenn sie mit Freunden hatten spielen wollen, hatte Anna sie fahren müssen. Im Hamburger Verkehr Lea für drei Stunden zu einer Spielkameradin zu bringen war unproduktiv. Sie brauchte zwanzig Minuten hin, zwanzig zurück. Außerdem war da ja noch Tim, der mochte nicht mit Mädchen spielen, also war sie mit ihm auf Spielplätze, ins Kino, oder ins Schwimmbad gegangen, bis sie Lea wieder hatte abholen können. Erst nachts, wenn die Kinder im Bett lagen, war sie zu ihrer eigentlichen Arbeit gekommen.

Ihre Mutter machte sich Sorgen, weil Anna zu viel Gewicht verloren hatte. Durch ihr zartes Gesicht drückten sich die Wangenknochen, was allerdings reizvoll aussah. Ihre blaugrünen Augen wirkten riesig und sie hatte ihr hellbraunes Haar aus Zeitgründen einfach wachsen lassen. Inzwischen hing es ihr in sanften Wellen bis in den Rücken. Anna war es egal, sie band es einfach zu einem Pferdeschwanz oder Knoten zusammen – die Zeit in Hamburg war hektisch und gleichzeitig so anonym gewesen, dass sie nicht mehr groß auf sich geachtet hatte.

Tatsache war: Hier auf dem Land waren ihre Kinder glücklich – das war so schön zu sehen, es erleichterte Anna ungemein. Und auch ihr tat ihre Heimat gut, mehr, als sie geahnt hatte.

In den folgenden Wochen kündigte sie die Wohnung in Hamburg, plante mit Lenny den Umzug und besah sich den elterlichen Betrieb sowie Bilanzen und

Kundenlisten, deren Inhalt sie nächtelang nicht schlafen ließen, weil das alles so neu war und sie intensiv nach Ideen suchte, mit dem Ziel, den Umsatz der Kuckucksuhren anzuheben, bestehende Märkte zu beleben und neue zu erobern. Zusammen mit ihrem Vater erstellte sie Kalkulationen, was an Expansionskosten auf sie zukäme, wenn dieser Schritt gelänge. Sie bräuchten in jedem Bereich mehr Personal, allem voran Hilfe im Büro, neue Software und neue Räumlichkeiten, denn alle gefertigten Uhren mussten mindestens 48 Stunden kontrolllaufen und durften erst dann ausgeliefert werden. Sie brauchten ein gewinnbringendes Konzept, das Fertigung, Lagerung und Lieferung im Gleichgewicht hielt.

War sie früher mit freudigem Blick durch das Gemäuer aus dem vorigen Jahrhundert gelaufen, hatte gerührt die alten Holzladen aufgeklappt, in denen früher Mehl, Zucker und andere Lebensmittel zum Verkauf angeboten worden waren und die nun Behälter für Zapfen, Federn und alle möglichen Bestandteile für Uhren waren, schaute sie sie nun mit dem Blick eines Bankers an, der ein Unternehmen einschätzen musste. Die uralten Räume, das kleine Büro, das gleichzeitig auch der ›Showroom‹ war, da an den Wänden die Uhren mit den unterschiedlichsten und doch immer wieder gleichen Motiven hingen: ein mehr oder minder ausgebautes Schwarzwaldhaus mit Holzgeländer ... oder die Schwarzwaldlandschaft, ein Mann, eine Frau, ein Wanderer mit Vesperbeutel am Stock ... der Kuckuck.

Ihre Mutter machte sie auf die Feinheiten aufmerksam, die Lenny geschnitzt hatte – jede Uhr war ein Kunstwerk.

»Schau doch nur, was passiert, wenn der Kuckuck bei dieser Uhr rauskommt ... ich finde, Lenny hat sich selbst übertroffen!«

Die Uhr zeigte die Vorderseite eines Holzhauses, reich geschmückt mit Blumen, Laternchen, Bäumen, Holzbänken und Kaminholz vor der Fassade, sogar ein Miniaturnamensschild war an der kleinen Eingangstür zu sehen, eine kleine Katze auf dem Holzstoß ... es war so idyllisch und mit einer solchen Liebe zum Detail ausgearbeitet, dass einem die Tränen kamen. Die Mutter zog die Pendel auf und stellte den Zeiger so, dass das Türchen mit dem Kuckuck aufklappte. Der Vogel erschien und in diesem Moment bewegte sich der junge Mann auf das in Schwarzwaldtracht gekleidete Mädchen mit dem Bollenhut zu. Sein Arm, den er auf dem Rücken hielt, glitt nach vorne und in seiner Hand hielt er ein Schächtelchen mit einem Ring.

Mit leuchtenden Augen wandte sich Frau Rossberg ihrer Tochter zu.

»Das ist doch herzallerliebst, nicht?«, strahlte sie. »Das muss man doch mögen!«

»Ja, du hast recht«, lächelte Anna und legte den Arm um die Schultern ihrer Mutter, während der Kuckuck zum letzten Mal rief. »Das muss man mögen.«

Und sie hoffte von Herzen, dass andere, möglichst viele, das auch finden würden.

***

Anna sprach mit den Banken, um einschätzen zu können, ob sie in die Firma investieren würden, denn das Wichtigste war nun: Zeit. Zeit, um ein echtes Konzept zu entwickeln. Sie hatte noch kein durchgreifendes, aber sie hoffte mit den wenigen Änderungen schon mal Eindruck schinden zu können.

So versprach sie ihnen die Erneuerung der Website, PR-Aktionen, von denen sie noch keine Ahnung hatte, wie sie sie gestalten sollte, und war froh, dass der Banker die momentane Aussichtslosigkeit ihres Unterfangens nicht erkannte. Denn selbst wenn diese dürftigen Maßnahmen die Produktion in die erforderliche Höhe schrauben würden, war immer noch unklar, wie sie diese bedienen sollten.

Doch je mehr sie sich in die Materie vertiefte, umso begeisterter wurde sie. Die Firma ihres Vaters war die einzige, die die Technik in den Uhren ausgereift und verfeinert hatte, ihre Mutter schon seit über 35 Jahren als Künstlerin etabliert und die historischen Schilderuhren, die sie bemalte, waren sehr gefragt und von außerordentlicher Qualität. Ihre Firma wies so einige Alleinstellungsmerkmale auf, aber ein Kunde konnte das ja weder wissen noch erkennen!

Der asiatische Markt war riesig ... aber wie sollten sie den erreichen? Werbung in diesem Ausmaß würde Unsummen verschlingen und zudem fehlte Anna dafür das Knowhow. Vielleicht konnte sie zunächst den amerikanischen Markt über die alten bestehenden Kontakte zurückgewinnen? Hm ... und der europäische Markt ... selbst die Deutschen wollten keine Kuckucksuhren mehr in ihren modernen Wohnzimmern!

Als Anna mit ihren Überlegungen an dieser Stelle angekommen war, schoss ihr eine Idee durch den Kopf. Sie machte sich eine Notiz in ihrem Kalender und wandte sich erst mal den dringenderen organisatorischen Aufgaben zu.

Lenny witzelte derweil wie immer blöd herum und brachte die ganze Familie regelmäßig zum Lachen. Als Anna an einem Tag genervt von einer Besprechung mit einem erzkonservativen Banker zurück kam, sagte er: »Frag mich! Lenny – moderner Finanzberater! Ich hab nen Schnellkurs im Internet gemacht! Ich weiß genau, wie man mit dem Geld umgeht!«

»Okay, Warren Buffett, dann sag mir, wie«, entgegnete Anna und zog die Jacke aus.

»Ganz einfach, ein moderner Finanzberater tätowiert sich einen Geldschein auf seinen Penis. Er erlebt täglich das Auf und Ab seines Geldes, freut sich,

wenn sein Geld wächst, und vor allem, wenn die Frau zum Geld greift ... und er entscheidet selbst, wohin sein Geld gesteckt wird. Echt genial, oder?«
»Oh, Mann, Lenny!«, prustete Anna los. »Du bist ja pervers!«
»Das ist einer seiner harmlosen Witze«, grummelte ihr Vater, aber er musste sich das Lachen verbeißen. Lenny sah es und feuerte nach. Er gab noch weitere Sachen zum Besten, bis sich alle vor Lachen bogen.

***

Die Tage waren von Beginn an randvoll. Anna tauchte ein in die Welt der Kuckucksuhren, sah ihrer Mutter zu, wie sie liebevoll Schilderuhren bemalte - die ursprüngliche Form der Kuckucksuhr - erlebte ihren Vater, wie er eine antike Knödelfresser-Uhr reparierte, deren Figur sich je nach Uhrzeit die entsprechende Anzahl Knödel in den Mund warf, beobachtete ihren zwei Jahre jüngeren Bruder, wie er gewissenhaft und präzise Uhrwerke einbaute, dazwischen seine Witze riss, und entdeckte im Lager sogar noch eine uralte Johannes-der Täufer-Uhr, mit einem Johannes, der immer um Punkt zwölf aufs Neue geköpft wurde.
Sie schrieb eine lange Liste mit PR-Maßnahmen, die sie ständig zu erweitern suchte, analysierte den Markt, arbeitete Möglichkeiten heraus, wie sie an ihr Klientel kommen könnte: die ältere Generation, die noch Eiche im Wohnzimmer hatte, Nostalgiker, Sammler ... ebay, Foren, Sammlerecken im Internet, Stammkunden, Liebhaber ... sie brauchte neue Flyer, neue Prospekte – und sie musste sich mit dem beschäftigen, was für sie Neuland und ihr bisher sehr zuwider gewesen war: Mit Internet-Werbung und Social Media.
Das war für sie eine komplett neue Welt und sie schob es immer wieder vor sich her, allein schon deshalb, weil ihre Aufgaben so vielfältig waren und der Tag nur 24 Stunden hatte. Sie begann, sich in die Bedingungen für google-Ads einzulesen und fand das unglaublich enervierend.
Nachts verfasste sie neue Texte für die Homepage, fotografierte die Uhren an ungewöhnlichen Standorten, machte Fotostrecken vom Fertigungsprozess und setzte die urige Umgebung, das Jahrhunderte alte Lagerhaus, in dem gearbeitet wurde, die antiken Holzböden, die feinen Zahnräder, alles, was besonders war, in Szene, erstellte wunderschöne Collagen und gestaltete damit die Homepage.
Sie richtete einen Zähler ein und alle hofften, mit der neuen Internetseite die Zahl der Besucher bald nach oben schrauben zu können. Doch nichts tat sich und den Zähler zu checken, wurde bald zum Frust-Event des Tages.
Zeitgleich ging Anna die bestehenden Vertriebswege durch, denn nach 100 Jahren Bestand war ein guter Grundstock an privaten und geschäftlichen

Abnehmern vorhanden und sie erarbeitete einen Promotion-Plan, mit dem sie zumindest diese wieder zum Leben erwecken konnte.

Sie machte sich einen strikten Zeitplan, der Zeit für die Kinder und die Bearbeitung ihrer eigenen Aufträge berücksichtigte, aber vieles war natürlich der Nacht vorbehalten und sie hatte oft vor Müdigkeit keine Ideen und schlief darüber ein.

Inzwischen hatte Herr Rossberg seiner Tochter erleichtert das Büro überlassen, widmete sich dem Bauen von Uhren und half im Lager. Ihre Mutter kümmerte sich neben ihrem künstlerischen Job um Auslieferung und Verpackung und mit Anna zusammen um Kinder und Haushalt. Jeder von ihnen war vollkommen ausgelastet, allein mit dem, was da war, – und ohne dass die Firma auch nur um einen Millimeter expandiert hatte.

Alte Bande und frischer Wind

»Sag mal, ahmst du mich nach, oder was ist los?«

»Peggy!« Es war elf Uhr nachts und Annas Kopf brummte. Sie saß über einem noch unfertigen Konzept, das sie Ende des Monats der Bank präsentieren wollte, um Geld für zusätzliche Investitionen zu erhalten. »Wie meinst du das? Und von wo aus rufst du an?«

»Das frag ich dich! Ich war in Hamburg! Wollte dich besuchen! Und was war? Der Vogel ist klammheimlich ausgeflogen! Und du bist immer noch nicht bei Facebook! Da hättest du doch wenigstens posten können, dass du umziehst! Das ist übrigens schon das zweite Mal, dass du so was bringst!«

»Genau deswegen habe ich keinen Facebook Account«, knurrte Anna und rieb sich die Schläfen. »Genau deswegen! Damit nicht die halbe Welt mitbekommt, dass ich gerade auf dem Klo sitze und Blähungen habe.«

Peggy lachte.

»Das will ich doch gar nicht wissen! Nur, wo du bist!«

»Zuhause. Im Schwarzwald. Und du? Was machst du?«

»Ich habe gerade meinen Job verloren!«

»Ach was. Damit hätte ich ja nun gar nicht gerechnet«, kicherte Anna.

»Kannst du mich für ein paar Tage aufnehmen, bis ich wieder klar sehen kann?«

»Hast du deine Wohnung auch gleich verloren? Wo warst du denn zuletzt?«

»Immer noch Berlin! Siehst du, ich bin doch so was wie sesshaft! Der Vermieter hat Eigenbedarf angemeldet ... aber ich brauche ja erst einen Job, sonst habe ich eine Wohnung in Berlin und Arbeit in München. Nicht gut.«

»Stimmt. Aber Peggy, hier ist der Bär los ... es ist viel passiert, seit wir uns das letzte Mal gesprochen haben.«

»Na, denn! Schieß los!«

Aber Anna verstummte so abrupt, dass Peggy hellhörig wurde. Als sich ihr Schweigen ausdehnte, sagte sie leise:

»Oje, Anna ... was Ernstes?«

Anna konnte am Telefon erspüren, wie sich eine steile Falte zwischen Peggys Augenbrauen bildete. Und als Anna immer noch nicht in der Lage war zu antworten, fragte sie schließlich vorsichtig:

»Anna ... wie ... ich meine ... wenn du wieder zu Hause bist ... ist alles okay mit dir und Christian? Geht es euch gut?«

»Es ... naja ... wir sind ... er ist ...« Annas Stimme knickte weg. Dann flüsterte sie: »Ich bin überzeugt, es geht ihm gut, Peggy.«

Am anderen Ende der Leitung war es still. Dann kam ein:

»Oh, nein, Anna, bitte nicht!«

Beide schwiegen sie. Schließlich sagte Peggy bedrückt:

»Das hätte ich nie von ihm gedacht ... du und er ... ihr wart das absolute Traumpaar! Nichts konnte euch trennen! Nichts! Christianna! Wie Brangelina! Ihr wart meine Hoffnung! Nimm mir nicht meine Illusionen, dass es wahre Liebe doch noch gibt!«

»Die gibt es, Peggy, davon bin ich mehr denn je überzeugt. Ich liebe ihn nach wie vor, auch wenn ich ihn nicht mehr an meiner Seite habe.«

»Ich weiß nicht, wie du das machst, Anna, in einer solchen Situation so ruhig zu bleiben ... warum trittst du ihm nicht ...«

»Ach, Peggy«, unterbrach Anna lächelnd und mit feuchten Augen. »... es ist ... ein wenig komplizierter...« Sie zögerte kurz: »Sagen wir mal so ... ich kann ihn gut verstehen.«

»Anna! Wie weit treibst du das noch? Du siehst immer nur das Positive! Aber in einer solchen Situation ist das doch völlig unangebracht!«

»Meinst du? Was hätte ich davon, wenn ich negativ reagiere? Und überhaupt ... ich glaube, du kannst das nicht beurteilen.«

»Nein, kann ich nicht! Er ist ein Blödel! Er weiß nicht, was er da aufgegeben hat!«

»Peggy. Warte einen Moment. Hast du Zeit? Dann erzähle ich es dir.«

Anna warf einen schuldbewussten Blick auf die Unterlagen und die unfertige Strategie, dann seufzte sie, schob den Ordner weg und schloss die Augen. Mit monotoner Stimme berichtete sie ihrer Freundin von den Ereignissen der letzten eineinhalb Jahre.

Schon inmitten ihrer Erzählung fing Peggy zu weinen an und konnte nicht aufhören, als Anna geendet hatte. Sie brauchte lange, bis sie wieder Worte fand.

»Anna ...«, krächzte sie und putzte sich die Nase. »Warum hast du nie was gesagt? Warum hast du nicht angerufen ...?«

»Ich konnte nicht, Peggy«, antwortete Anna. »Ich habe die Zeit für mich gebraucht, um damit fertig zu werden – und die Kinder ... sie brauchen immer noch viel Fürsorge. Ich muss die Situation so akzeptieren, wie sie ist. Auch, wenn es weh tut. Aber ich glaube, ich bin ganz gut gefestigt. Ich habe großes Glück, ich habe meine Eltern ... und nun bin ich sogar zu Hause. Anfangs dachte ich, das sei nicht gut wegen meiner eigenen Karriere, aber jetzt merke ich, dass es genau das Richtige ist.«

»Ja, ich bewundere das. Wie schaffst du es, nur das Gute in allen Dingen zu sehen? Auch in einer solchen Scheißsituation?«

»Weil es eben auch in einer Scheißsituation Gutes gibt, Peggy«, antwortete Anna ruhig. »Weil nur unser Kopf sagt, dass es Scheiße ist, was passiert. Wäre nicht dieser Gedanke, könnte man viel öfter den Segen einer Herausforderung erkennen. Aber ... glaub mir ... mir fiel das in Bezug auf Christian gar nicht leicht. Überhaupt nicht. Er fehlt mir. Er fehlt mir so sehr.«

Wieder brach sie ab.

»Und ... wie lange ist das jetzt her?«, fragte Peggy

»Über eineinhalb Jahre.«

»Ist nicht zu früh, um wieder auf die Balz zu gehen. Vielleicht würde das helfen. Du bist eine schöne Frau, Anna.«

Anna ließ ein paar Sekunden verstreichen, bevor sie sagte:

»Ja, das hat Chris auch gesagt, aber ich weiß nicht, ob ich jemals wieder einen Mann will, Peggy.«

»Anna! Spinnst du!? Du bist 37!«

»Ja, aber so jemanden wie Chris finde ich nie mehr! Er war einfach in allem perfekt!«

»Suchst du Perfektionismus oder einen Mann? Das schließt sich doch schon von alleine aus! Auch bei Chris! Er ist ... *zu* perfekt! Sein Perfektionismus ist schon wieder das, was nicht perfekt war, verstehst du, was ich meine? Er war zu ... zu brav! In dir steckt ein Vamp! Eine Schlampe! Du weißt es nur noch nicht! Chris hat nur die eine Seite aus dir herausgekitzelt!«

»Er war wundervoll, Peggy«, antwortete Anna still. »Er war perfekt für *mich*. Er hat nicht nur eine Seite aus mir herausgeholt, er hat das Beste aus mir herausgeholt. Ich zehre heute noch davon. Jede Sekunde.«

»Aber wenn er gegangen ist, bedeutet das doch, dass noch was anderes auf dich wartet!«

Anna zuckte zurück. Das waren auch Christians Worte gewesen. Doch trotzig antwortete sie:

»Vielleicht bedeutet es auch, dass ich niemanden mehr brauche! Ich müsste mich immer mit weniger zufrieden geben! Ich weiß nicht, ob ich das will ... eine neue Vertrautheit schaffen ... einen neuen Mann zu haben, der nicht weiß, wie du aussiehst, wenn du morgens aufwachst ... verstehst du ... ich weiß nicht, ob ich den Geruch eines anderen Mannes in meinem Bad ertragen könnte!«

»Jetzt redest du vollkommenen Schwachsinn! Du bist doch keine achtzig! Du ... du hast doch Bedürfnisse! Ich hoffe, du hast dir wenigstens einen Dildo zugelegt! Ich habe im Übrigen einen Super-Internet-Anbieter ausfindig gemacht! Die haben ein so krasses Teil ... ein Wunderding! Ich mail dir mal die Adresse ... und überhaupt! Erstell dir endlich einen FB-Account, dann ... »

»Peggy, geh mir weg mit Facebook! Im Moment muss ich das Schiff hier ins Laufen bringen ... ich habe gar keine Zeit für so einen Quatsch!«

»Fuck, Anna, wo lebst du denn? Du brauchst den FB-Account doch gerade für die Firma! Na, los, wirf den Computer an! Wir machen das jetzt gleich! Und du suchst schon mal alle Fotos zusammen, die wir da hochstellen! Wir bauen da mal eine professionelle Unternehmensseite für dich auf!«

»Eine Unternehmensseite? Ähm ... das geht?«

»Ach herrje, Anna, du lebst nicht nur physisch im Hinterwald!«

»Der Schwarzwald ist supermodern!«, konterte Anna beleidigt. »Es ist nur so, dass *ich* mich mit all dem Schrott nicht...«

»Und wie gut, dass ich auf Jobsuche bin!«, unterbrach Peggy sie erneut. »... und wie schön, dass du einen für mich hast! Ist das nicht herrlich?«

»Bitte?«

»Ich schmeiß dir das Büro und halt dir den Rücken frei – dann kannst du den Rest machen!«

»Peggy, wir können uns keine Bürokraft leisten!«

»Doch könnt ihr. Ich arbeite für Kost und Logis! Bedingung ist: ab und zu ein Glas Wein mit dir und die leckeren Spätzle von deiner Mom. Und ich hoffe, du bist ein bisschen bi, weil ich nie weiß, was passiert, wenn ich zu viel gekippt...«

»Mann, Peggy!«, lachte Anna und war ihr unwillkürlich dankbar, dass sie nicht auf eine Mitleids- und Wehmutsschiene gegangen war und sie damit vor dem Sturz ins Loch bewahrt hatte. »Das sind ja schöne Aussichten!«

»Findest du? Beruhigt mich sehr, dass du so offen bist! Machst du mit?«

»Was, ob ich mit dir und deinem Dildo ins Bett gehe ... oder dich als Bürokraft einstelle?«

»Beides!«

»Mann, du verrücktes Huhn! Bleib ernst ... du kämst wirklich für Kost und Logis?«

»Aber klar doch! Von Herzen gern! Wann soll ich da sein?«

Anna lächelte. Sie wusste, Peggy würde den Laden schmeißen – und sie selbst hätte dann Zeit für Ideen ... ja, genau ... Ideen, die ihr schon seit Tagen im Kopf herumgeisterten und die zu gleichen Teilen eine Lösung für ihr Problem, aber auch ein hohes Risiko bedeuteten ... es würde ihr guttun, mit Peggy darüber zu sprechen... ja, das fühlte sich gut an! Der Schwarzwald war alles andere als langweilig, er war modern, er war hip ... er hatte viel zu bieten ... und das könnte man doch ...

»Ich checke gerade die Zugverbindungen!«, sprudelte Peggy derweil ungebremst hervor. »Du hast mir damals auch geholfen und ich werde dir das nie vergessen. Ich bin dankbar, wenn ich wenigstens ein bisschen zurückgeben kann.«

»Du musst mir nichts zurückgeben, Peggy. Es ist alles gut! Also, wenn das bi keine Bedingung ist, dann komm! Du musst nämlich vorerst bei mir im Doppelbett schlafen.«

»Ich garantiere für nichts«, giggelte Peggy. »Stell schon mal den Rotwein bereit! Und deinen Elfenkörper! Bin so gut wie unterwegs!«

***

Den Tag, an dem sie Peggy vom Bahnhof abholten, würden sie nie vergessen. Geduldig wartete Anna zusammen mit Lenny und einem Coffee to go bestückt an einem der zwei Bahngleise auf den Bummelzug, der mit massiver Verspätung endlich eintrudelte. Wenige Leute stiegen ein. Wenige Leute stiegen aus. Peggy war nicht darunter. Verwundert blickte Anna den Bahnsteig hinauf und hinab.

»Vielleicht ist sie auf der falschen Seite ausgestiegen?«, mutmaßte sie, als plötzlich in voller Lautstärke Musik über den Bahnsteig donnerte und sie beide gehörig zusammenzuckten.

Mit wummernden Bässen dröhnte der Song »The way you make me feel« aus tragbaren Boxen. Entgeistert entdeckten Lenny und Anna – und alle anderen Anwesenden – den letzten Gast, der breitbeinig in der Tür des Zuges stand.

Es war Michael Jackson – in voller Montur, mit breitem Nieten-Strass-Gürtel, schwarzen Hosen, weißem Hemd, Sonnenbrille und gelockten schwarzem, nach hinten gebundenem Haar. Die behandschuhte Glitzerhand fuhr theatralisch mit dem Handrücken über den singenden Mund, während er zu den Bässen die typischen Tanzposen machte: den Kick mit dem Unterleib, den Schlenker mit dem Knie, um anschließend mit einem bühnengerechten Satz von der obersten Stufe auf den Bahnsteig zu springen. Er landete exakt auf den Takt – mit einer eleganten, präzise auf den Fersen ausgeführten Drehung, begleitet von seinem charakteristischen: »Heehee!«-Kiekser und legte einen satten Dancemove hin.

»Hey, pretty baby with the high heels on...!«, johlte Michael aus der Box und der Jackson vor ihnen sang es mit, während er langsam auf Anna und Lenny zu tanzte.

»Give me fever ... like I never ever known! Heehee!«

Mit offenem Mund starrten Lennart und Anna auf die Gestalt da vor ihnen.

Der Michael vor ihnen lachte lauthals und schrie: »Ey, Süße! Wo sind deine High Heels?«

»Ähm ... Peggy...?«, brachte Anna schließlich völlig verdattert hervor. »Bist du das?«

»Was glaubst du denn, wer ich bin? Michael Jackson?«

Sie machte einen Jackson-Move, quiekte laut: »Heehee!«, wieherte ausgelassen und freute sich diebisch über das Chaos, das sie angerichtet hatte. Nicht nur die Leute auf dem Bahnsteig glotzten sie an, auch die Mitarbeiter aus dem Kiosk und alle, die ihren Auftritt von Weitem mitbekamen, eilten herbei, um die schräge Gestalt zu begaffen. Die Musik ballerte weiterhin aus den Lautsprechern und Peggy genoss ihren Auftritt in vollen Zügen. Sie tanzte eine perfekte Choreografie und amüsierte die ganze Gesellschaft, die lachend einen Kreis um sie gebildet hatte, innerhalb von Sekunden mitgrooviten und nach ihrem Auftritt begeistert klatschten, pfiffen und nach einer Zugabe riefen.

Lennart war wie vor den Kopf geschlagen und verfolgte Peggys Auftritt mit ungläubiger Skepsis. Aber in seinen Augen glitzerte es.

»You really turn me on!«, grölte Peggy und boxte ihn an den Oberarm. »... my lonely days are gone!«

Dann lachte sie sich schief über Annas und Lennarts Gesichter, breitete die Arme aus und fiel Anna um den Hals.

»Mann!«, rief sie. »... tut das gut, mal wieder ein paar normale Leute zu sehen! Die Welt ist vollkommen durchgeknallt, findet ihr nicht?«

***

»Hey, Anna, die Frage war ernst gemeint!«, quiekte Peggy, als sie im Auto saßen.

»Welche Frage?« Anna wandte sich nach hinten.

»Na, die nach den High Heels! Du hast die hübschesten Füße der Welt – und steckst sie in Crocs? Das ist nicht dein Ernst, oder?«

Anna lachte. »Oh, Peggy, ich habe im Moment echt andere Sorgen!«

»Na, wahrscheinlich kommt die ganze Misere genau davon! Du vergisst die wesentlichen Dinge des Lebens! Das habe ich dir immer schon gesagt!«

»Und was ist wesentlich?«

»Dein FB-Account! Wie läuft der denn?«

»Na, gar nicht! Wie erwartet! Tote Hose! Und was die High Heels angeht: Ich gebe dir eine Woche, dann hast du die High-Heel-Tauglichkeit hier klar erkannt: Sie geht unter Null. Ich nehme auch stark an, dass du nach dieser Zeit fluchtartig die Gegend verlässt, weil du nicht nur keine High Heels anziehen kannst.«

»Da hast du dich aber geschnitten, meine Gute«, antwortete Peggy. »Ich verlasse die Gegend erst, wenn eure Firma auf dem richtigen Weg ist. So wahr ich Michael Jackson heiße!«

»Oh, mein Gott«, stöhnte Anna und musste lachen. »Peggy, du bist der Abschuss! Ich fürchte, der Schwarzwald ist nicht mehr der Gleiche, wenn du wieder gehst!«

»Worauf du einen lassen kannst! Das ist der Sinn des Ganzen! Wir fangen heute Nacht an!«

»Heute Nacht? Heute ist Sonntag!«

»Genau. Und FB hat 24/7 geöffnet. Das wird unser erster Clou!« Dann grinste sie Lenny herausfordernd an und fragte: »Hast du einen FB-Account?«

»Ja, klar«, konterte Lenny spöttisch. »Wie schön waren doch die Zeiten, als es das noch nicht gab! Da konnte man die Leute einfach aus den Augen verlieren!«

»Oh, es muss doch nicht gleich Liebe sein«, säuselte Peggy. »Sympathie auf den ersten Blick ist auch ganz schön! Hast du was gegen Mike?«

»Wie kommst du darauf? Ich wollte schon immer, dass Michael Jackson mich addet!« Lennys Stimme troff vor Sarkasmus, aber seine Augen glitzerten noch immer. »Ich bin voll promigeil! Das wird das Highlight meines Lebens! Sag mal, findest du es nicht pietätlos, dich als Toter zu verkleiden?«

Peggy verschlug es für eine Sekunde die Sprache. Dann prustete sie: »Besser als kleinkarierte Hemden und ein Haarschnitt wie aus den Sechzigern. Als was gehst du denn? Als Heintje auf der Kinderschokolade?«

»Du hast eindeutig zu viel Zeit für unsinnigen Scheiß!«

»Keine Spur! Ich nehme mir nur viel Zeit für unsinnigen Scheiß!«

»Gib's zu! Du hast die Gags aus dem Netz kopiert und auswendig gelernt!«

»Wozu denn? Ich mag es, wenn Leute denken, ich bin bekloppt. Das verschafft mir Freiheit und Ruhe!«

So ging es in einer Tour. Anna schwirrte der Kopf. Sie sah das Grinsen auf Lennys Gesicht und die Freude auf Peggys, während sie sich eine schlagfertige Antwort nach der anderen an den Kopf warfen. Es war ein Schlagabtausch wie bei den zwei alten Knackern in der Loge der Muppet Show. Anna lachte sich schief.

Meine Güte, das konnte ja heiter werden!

Herr und Frau Rossberg kannten die verrückte Peggy noch von früheren Besuchen in Berlin, daher war der Schock verkraftbar. Lea und Tim fanden sie ohnehin megacool, besonders, als Peggy ihnen einen Moonwalk vortanzte – überhaupt war es höchst erstaunlich, wie exakt sie die Tanzschritte von Michael Jackson einstudiert hatte. Die ganze Familie war fasziniert und nach dem Abendessen gab sie eine kleine Performance. Sie war so guter Laune und so ungezwungen, dass Lenny einen Witz nach dem anderen vom Stapel ließ, Peggy entsprechend zurückfeuerte und die ganze Familie sich vor Lachen kringelte.

Als Peggy »Beat it« performte, drückte ihr Lenny ein Mikro in die Hand und Peggy riss mit dem satten Rhythmus, ihrem authentischen Outfit und dem fantastischen Tanzstil die Stimmung der ganzen Familie so nach oben, dass am Schluss so etwas wie ein Familien-Flashmob entstand. Peggy machte vor, die anderen machten mit und lagen sich nach Abschluss des Medleys lachend und schwitzend in den Armen.

Peggy grinste selbstzufrieden.

»So muss das laufen«, sagte sie und stemmte die Hände in die Hüften. Dann boxte sie Lenny wieder an den Oberarm.

»Woher hast du das Mikro? Singst du?«

»Nee, ich versuche mich manchmal als Poetry Slammer ... oder als Rapper ... bin aber nicht gut ... nix Besonderes ... ich ...«

»Poetry Slammer?« Peggy nahm die Sonnenbrille ab und sah ihn von unten her forschend an. »Bist du schon mal aufgetreten?«

»Nee ... nur in meinem Zimmer ... hab keine Zeit und ... hier in der Ecke gibt es nicht viel Möglichkeiten ...«

»Halloho? In Freiburg ist jede Menge los!«

»Freiburg ist ne Stunde weg!«

»Heintje, ich bitte dich,«, stöhnte Peggy. »Eine Weltreise! Woher willst du wissen, ob du gut bist, wenn du noch nicht einmal aufgetreten bist? Hast du nen Text auf Lager? Los, ich will was hören! Mach einfach dein Ding! Irgendjemand findet es sowieso scheiße!«

»Tja, so ist das, Michael«, gab er zurück. »Hinter jedem ironischen Witz steckt eine eiskalte Wahrheit. Und die Wahrheit ist: Ich bin müde. Ich gehe jetzt schlafen!«

»Giraffen brauchen nur eine halbe Stunde Schlaf!«

»Wenn ich so wenig schlafen dürfte, hätte ich auch so einen Hals!«

»Trotzdem!«, rief Peggy. »Wenn du Lust hast, ein Auto zu klauen, mit mir ans Meer zu fahren, Sonnenaufgang zu gucken und dein Leben zu ruinieren ... ich bin noch wach!«

»Nee, lass mal ... Sonnenaufgang ist ja wunderschön, liegt nur zeitlich extrem ungünstig.«

Die Tür klappte, aber Peggy warf noch eine verbale Bombe hinter ihm her, die er Gott sei Dank nicht mehr mitbekam.

Kopfschüttelnd sah Herr Rossberg seinem Sohn nach und blickte dann in Peggys grinsendes Gesicht.

»Das kann ja heiter werden«, sagte auch er.

Neue Ideen

»Du bist echt eine Bereicherung«, lachte Anna, als sie dann zusammen in ihrer Wohnung noch ein Glas Wein tranken. »Warum machst du auf Michael Jackson?«

»Weil ich ihn bewundere. Weil er ein guter Mensch war. Ich habe gemerkt, dass ich auch ein guter Mensch sein will.«

»Und das willst du erreichen, indem du so tanzt und aussiehst wie er?«

»Nein, das ist persönliches Vergnügen. Gibt Schlimmeres, oder? Kennst mich doch. Ich provoziere halt gern. Jetzt sag: Was macht dein Liebesleben?«

»Muss ich dir den Rotwein wegnehmen?«

»Wehe!«, lachte Peggy. »Aber ich hoffe, du flirtest ein bisschen auf FB!«

»Ganz bestimmt nicht! Mein Account ist genauso ein Desaster wie unsere Homepage!«

Peggy runzelte die Stirn, schnappte sich ihren Laptop und rief Annas FB-Seite auf.

»Ach, du heilige Scheiße!«, schrie sie. »Was ist das denn? Das ist ja gruselig! Sag mal, tickst du noch ganz richtig? Du hast eine *Schwarzwalduhr* als Profilbild eingesetzt? Noch dazu die traditionellste, die du finden konntest? Warum nicht gleich den Knödelfresser? Wer ist so blöd und addet eine Uhr?«

Ungläubig starrte sie auf die reich verzierten Schnitzereien. »Ein Wunder, dass du überhaupt *dreizehn* Freunde hast! Sind das ehemalige Klassenkameraden? Oh, Mann, Anna, das ist doch krank – niemand will ein geschnitztes Hirschgeweih zum Freund! Ich bitte dich!«

»Ich will doch gar nicht angesprochen werden! Ich brauche die Seite nur als Admin für die Unternehmensseite!«

»Falsch, Süße. Du *willst* angesprochen werden, du weißt das nur noch nicht. Du bist Single. Du suchst eine neue Beziehung! Dann stürze dich mal ins Getümmel und nimm am Leben teil!«

»Peggy ...!«

»Und denk doch mal mit: Du siehst eine Schwarzwalduhr und drunter den Namen »Anna Fries«. Also, was denkst du als Mann? Die muss echt Scheiße aussehen, wenn sie sogar eine Schwarzwalduhr schöner findet.«

»Hör mal, wenn es Zeit ist für eine neue Beziehung, dann ziehe ich den klassischen Weg vor. So mit Rendezvous und sich persönlich treffen und sich in die Augen schauen ... aber nicht diese Balz per Internet!«

»Okay, und wen willst du treffen, wenn du keinen kennenlernst? Du bist voll out of order! Du bist als Hirschgeweih-Kuckucksuhr keine drei Wochen bei FB und schwingst großartige Reden über etwas, was du gar nicht bereit bist zu erfahren – das klingt ziemlich dämlich!«

Anna blieben bei diesem Argument die hitzigen Widerworte, die ihr auf der Zunge gelegen waren, im Hals stecken.

»Wir müssen dringend was ändern, das sehe ich schon!«, fuhr Peggy stürmisch fort. Wenn du deine Firma retten willst, musst du schon die Waffen einsetzen, die du hast.«

»Was meinst du denn damit?«

»Mann, wenn man so aussieht wie du, soll man nicht lange fragen! Du bist doch hübsch! Um nicht zu sagen, schön! Du siehst aus wie Keira Knightley, noch dazu mit blaugrünen Augen! Fehlt also nur noch dein Pirat!«

»Aber es geht doch um die Uhren, nicht um mich!«

»Das ist doch Quark! Die Leute sollen ruhig sehen, dass eine junge, sexy Person hinter diesen Dingen steht! Und dass der Schwarzwald nicht langweilig ist!«

Peggys Worte brachten viele Dinge in Anna zum Klingen, Gedanken, die sie in der letzten Zeit ständig hin- und her gewälzt hatte – und sie in ihren momentanen Ideen bestärkten.

Ihre Augen fingen an zu glitzern. Es stimmte schon: Sie wollten ja gerade junge Leute für Traditionen und ihre Artikel begeistern – und Generationen verbinden.

»Wir fahren erst mal ein bisschen Werbung für dich«, fuhr Peggy eifrig fort. »...und du addest *jeden*, der dich anschreibt, hörst du? Rausschmeißen kannst du hinterher. Wenn du eine persönliche Fangemeinde aufbaust, hast du schon mal einen Bodensatz für die Firma.«

»Ähm... okay«, erklärte sich Anna zögerlich einverstanden. »... Ich habe zwar keine Ahnung, wie das eine mit dem anderen zusammenhängt, aber ... meinetwegen!«

»Morgen bist du dran!«, drohte Peggy. »Ich mache Fotos von dir, wir schmeißen die Uhr aus deinem Account, dann stellen wir dich und die Firma in bestimmten Gruppen vor, machen Seitenwerbung und bauen die Likes auf ...«

Peggy sprudelte und sprudelte und Anna verstand immer weniger. Für sie waren das alles böhmische Dörfer, aber sie wollte die Firma voranbringen, also stimmte sie allem erst mal zu.

Endlich klappte Peggy den Laptop zu, gähnte herzhaft, verschwand im Bad, kämmte das (echte) schwarze Haar und warf sich aufs Bett.

»Kommst du?«, rief sie dann wie ein alter Ehepartner und klopfte lautstark auf die Decke neben ihr.

»Nee!«, rief Anna zurück. »... deine Gegenwart wirkt! Ist äußerst anregend! Ich muss noch schnell was aufzeichnen!«

Es war tatsächlich so: Eine Fülle von Ideen, Gedanken und Entwürfen brodelten in ihrem Kopf und wollte unbedingt nach außen. Anna setzte sich an den Küchentisch und zeichnete die ganze Nacht hindurch.

Um fünf Uhr früh fiel sie todmüde ins Bett und hoffte, Peggy würde das dämliche Facebook die nächsten Tage vergessen. Es gab so viel Wichtigeres zu tun und sie musste ihre Ideen unbedingt mit ihrer Familie besprechen! Unbedingt! So schnell wie möglich!

***

Aber das Erste, worauf Peggy nach dem Frühstück bestand, war Anna für ein FB-Foto zu schminken.

»Ach, Peggy, ich fühle mich heute echt zermatscht ...«

»Macht nix ... das gibt dir einen geilen Schlafzimmerblick ... der wirkt Wunder!«

»Ich will doch keine Sexseite betreiben! Außerdem ... ich gehe heute zum Friseur ... heute Abend, ich verspreche es dir. Aber erst müssen wir was arbeiten.«

Sie zeigte Peggy das Büro, erklärte ihr die Aufgaben und Peggy stürzte sich mit Feuereifer und Kennerblick ins Geschehen.

Herr Rossberg beobachtete Peggy, die sich wieder als Michael Jackson präsentierte, erst ein wenig argwöhnisch, dann sah er, dass sie ihr Metier verstand. Sie fragte ihn Löcher in den Bauch und bald waren sie tief in die Materie versunken. Peggy sah sofort, wo Verbesserungen nötig waren, sortierte, katalogisierte, prüfte, installierte neue Software für die Buchführung und betrachtete immer wieder mit skeptischen Blick die Wand mit den Kuckucksuhren, die das Büro als Showroom klassifizierte. In ihrem Kopf rotierte es genauso wie in dem von Anna.

Abends machte sie dann ihre Drohung wahr. Anna war vom Friseur mit einem attraktiven Jennifer-Aniston-Schnitt zurückgekehrt und Peggy, die natürlich auch einen Visagisten-Kurs absolviert hatte, schminkte sie nun für die Fotos.

Das war Anna sehr fremd. Sie war ewig bei keiner Kosmetikerin gewesen, Christian hatte Makeup nicht sonderlich gemocht und sie hatte lange keines mehr aufgetragen.

Daher warf das Ergebnis sie schier um. Ihre blaugrünen Augen glitzerten irisierend zwischen tiefschwarzen Wimpern, die mit der Tusche doppelt so lang erschienen wie sonst. Ihre Lippen wirkten durch den Gloss verführerisch aufgeworfen und voll, und ihr klar geschnittenes Gesicht wurde umrahmt von mit blonden Strähnchen aufgehelltem Haar.

»Wow! Ein Model!«, freute sich Peggy. »Und jetzt zieh mal einen Schmollmund für mich! Ja! Genauso! Mach mal einen Knopf mehr an deiner Bluse auf ... leck dir die Lippen ...!«

»Jetzt lass mal gut sein«, lachte Anna, während Peggy knipste und knipste. Aber die Fotos waren schön, sie gefielen ihr. Sie zeigten sie auf eine Weise, wie sie sich selbst nie wahrgenommen hatte und so war es Anna fast unangenehm, sie als Profilbild zu verwenden.

»Dann denkt ja jeder, dass ich immer so aussehe!«, wehrte sie sich. »Und wenn die mich mal ungeschminkt sehen, sind sie enttäuscht.«

»Werden ja die wenigsten«, erklärte Peggy. »Nur die Besten. Und die, die dich sehen dürfen, wissen dich auch ungeschminkt zu schätzen. Nicht alle Männer sind blöd.«

»Und du meinst, das Foto macht einen Unterschied.«

»Na, aber hallo! Ein paar mehr als deine dreizehn Freunde, die du bisher gesammelt hast, wird das schon ergeben!«

Sie luden das Bild hoch und Anna vergaß die Aktion so schnell wieder wie sie sich abgeschminkt hatte. Morgen hatte sie ein Gespräch mit ihrem Vater. Ein entscheidendes.

***

»Papa, wann ist eine Kuckucksuhr eine Kuckucksuhr?«

»Bitte? Wie soll ich das denn verstehen?«

»Ich will einfach wissen, welche Kriterien erfüllt sein müssen, damit eine Uhr als echte Kuckucksuhr klassifiziert ist.«

»Naja, sie muss im Schwarzwald gefertigt worden sein. Und sie muss ein mechanisches Uhrwerk haben.«

Anna wartete. Und als Herr Rossberg nichts weiter ausführte:

»Sonst nichts? Ich meine, darf auch etwas anderes aus dem Fenster herauskommen als ein Kuckuck? Muss ein Schwarzwaldmotiv auf die Vorderseite? Muss die Uhr aus Holz sein?«

Erstaunt sah ihr Vater sie an. »Anna ... was hast du vor?«

»Ganz einfach, Papa ... die Leute haben moderne Häuser. Und sie wollen darin keine altmodische Uhr. Können wir nicht die Kuckucksuhr modernisieren?«
»Modernisieren? Das schließt sich doch bei einem Traditionsprodukt von selbst aus! Anna, weißt du, was du da ...«
»Schau!«, unterbrach sie ihn eifrig. »Ich habe neulich Fotos vom Uhrwerk gemacht und sie danach aufbereitet ... die Zahnräder ... die Pendel ... und vor zwei Tagen hat mich jemand angeschrieben und mich gefragt, ob er eines der Fotos kaufen kann. Da kam mir die Idee eine Uhr zu machen ... eine Kuckucksuhr, die Einblick in das Innere gibt, eine aus Glas ... weißt du ... eine mit einem modernen Kuckuck ...«
»Was zum Teufel ist ein moderner Kuckuck?«, unterbrach sie ihr Vater. Ihm stand ins Gesicht geschrieben, was er davon hielt. »Ein Kuckuck ist ein Kuckuck!«
»Ja, aber er könnte ... er könnte doch zumindest ein moderneres Haus haben! Schau mal, ich habe ein paar Entwürfe gezeichnet ... wenn wir den Begriff »Kuckucksuhr« erhalten und etwas machen, was den Leuten gefällt ... dann hätten wir doch auch in Europa die Chance auf eine ausreichende und vor allem neue Klientel! Auf eine große Klientel! Auf die junge Generation! Wir machen die Kuckucksuhr hip!«
»Hipp hipp hurra!«, schrie Peggy aus ihrer Ecke und stand auf. »Das ist es! JAM! Yeah!«
In Sekunden hatte sie das Lied von Jackson aus ihrer i Tunes Liste geholt, stellte auf laut und die Musik donnerte in den kleinen Raum, während sie wie Michael und Rumpelstilzchen in einem um die beiden herumtanzte.
»Aber Anna!«, stotterte Herr Rossberg, fassungslos auf die Zeichnungen starrend, die seine Tochter ihm in die Hand drückte und zusätzlich gestresst durch die Musik, die in seine Ohren fetzte. »Das ist doch ... das sieht ... eigenartig aus!«
»Peggy, mach doch mal leiser!«, schrie Anna gegen die Musik an und an ihren Vater gewandt:
»Du musst dich erst dran gewöhnen! Aber diese modernen Teile lassen sich leichter fertigen als das Geschnitzte! So ein Gehäuse, wie zum Beispiel das hier, könnte auch extern hergestellt werden, so dass wir nur noch das Uhrwerk einbauen müssten ... und wenn wir gewisse Arbeitsprozesse auslagern, wären wir in der Lage, größere Stückzahlen zu fertigen!«
»Anna!«, protestierte ihr Vater erneut und sah von den Zeichnungen auf. »Das kauft doch kein Mensch!«
Entsetzt starrte er auf das stringente Gebilde, das Anna designt hatte.
»Woher willst du das wissen? Warum passen wir das Gehäuse der Uhren nicht an die Umgebung der Menschen an? Wenn zum Beispiel jemand eine

Kuckucksuhr für seine Garage will, weil er Autos liebt, könnten wir da nicht ein Auto als Gehäuse ...«

»Jetzt reicht es aber!«, rief Herr Rossberg vollkommen verstört. »Das hat doch mit einer Kuckucksuhr nichts mehr zu tun!«

»JAM!«, schrie Peggy, die die Musik nur um ein Fitzelchen nach unten gedreht hatte.

»Doch! Du hast doch selbst gesagt, die Uhr muss im Schwarzwald gefertigt und mechanisch sein – und das Geile ist: Wir könnten auch die Pendel verändern, modern machen ...«

»Penisse!«, krähte Peggy dazwischen und machte damit die Situation für Herrn Rossberg nicht leichter, drehte aber endlich die Musik nach unten. Anna ließ sich nicht beirren. Mit heißen Wangen breitete sie weitere Vorschläge vor ihrem Vater aus. Eine Uhr mit Engelsflügeln, für die Esoteriker, erklärte Anna, so etwas könnte Mama machen – sie ist prädestiniert dafür! Ein schlichter Holzkasten mit Glasfront, die das gesamte Innenleben der Uhr zeigte, ein Holzkasten mit einem zehn Zentimeter breiten Glasspalt, der nur andeutungsweise das Räderwerk preisgab. Dann hatte sie eine Reihe schmuckloser, länglicher Holzkästen gezeichnet, mit schlichtem Dach, Zeigern ohne Ziffernblatt und dem Loch für den Kuckuck. Alle waren in trendigen Farben wie neongrün, limonengelb oder magentarot wie iPods in verschiedenen Farben auf dem DIN A 3 Blatt aufgereiht. Herr Rossberg schnappte entsetzt nach Luft, aber Anna war nicht zu bremsen. Sie zeigte ihm eine puristische Holzkiste, deren rechte, untere Ecke mit einem Paisley Muster versehen war und dann eine, die Herrn Rossberg sogar auf Anhieb gefiel: kunstvoll holzgeschnittene rote Ornamente auf der Frontseite, dem Kuckucksloch unten statt oben und die Zeiger ohne Zahlen darüber gesetzt. Und je mehr Anna redete, desto mehr begann es in seinem eigenen Kopf zu arbeiten. Er starrte auf die großen Papierbögen auf seinem Schreibtisch, sein Blick fuhr unwillkürlich an die Wand mit den geschnitzten, traditionellen Uhren und wieder zurück auf die frischen Farben und originellen Formen.

»Anna«, stammelte er. »Das ist ... das ist ...«

Erwartungsvoll sah Anna ihn an.

»... genial!«, stieß er schließlich kopfschüttelnd hervor, unwillkürlich gefangen von dieser so ganz anderen Idee – um im nächsten Atemzug zu intervenieren: »Aber ... das verkauft sich nie! Niemals!«, ächzte er. »Und überhaupt! Der Verband wird dagegen einschreiten! Sie werden genau das sagen, was ich jetzt auch sage: Du zerstörst die Tradition!«

»Nein, wir mischen Tradition mit der Moderne, damit eben nicht das passiert, wovor alle Angst haben: dass sie ausstirbt! Wir lenken die Aufmerksamkeit auf die Kuckucksuhr, auf etwas Traditionelles ... und es wird genügend Leute geben, die sich dann auch für die klassische Variante begeistern! Wobei es darum aber gar nicht geht!«

»Und es rechnet sich nicht!«, ereiferte sich Rossberg weiter. »Du hast von Einzelanfertigungen geredet ... das haben wir jetzt auch schon! Davon können wir nicht leben!«

»Nein, das habe ich doch schon erklärt! Diese neuen Modelle sind so konzipiert, dass die Gehäuse extern gefertigt werden können. Das macht die Uhren für die Kunden bezahlbar! Und außerdem, Paps, du wolltest doch schon immer verrückte Sachen machen! Du hast mir einmal als Kind eine Drachen-Kuckucksuhr gebaut! Und Mama malt so schön und ist total kreativ! Sie hätte Freude daran, künstlerisch tätig zu sein! Wer weiß, welche Ideen ihr entwickelt, wenn ihr erst mal loslegt! Eine Gold-Kuckucksuhr! Eine mit Swarovski-Steinen! Wir kriegen das schon hin ... wir gehen einfach einen Schritt nach dem anderen! Und: Wir sind die Ersten, die moderne Kuckucksuhren machen! Allein das wäre schon ein Argument!«

Inzwischen waren ihre Mutter und Lennart, angelockt von dem lauten Wortwechsel und der Musik dazugekommen. Der Song endete. Annas letzte Worte hingen kommentarlos in der Luft. Alle sahen sich an und niemand wusste im ersten Moment etwas zu sagen.

»Ja, die Idee ist doch oberaffengeil!«, quiekte Peggy schließlich in die abwartende Stille hinein. »Und ich bestehe gleich mal auf einer Michael-Jackson-Uhr! Geht das? Der Miki, wie er aus dem Loch da oben raus- und reintanzt? Mit dem Moonwalk? Und statt ›Kuckuck‹ ruft er ›Heehee!‹? Kriegt ihr das hin?«

»Oh, mein Gott!«, stöhnte Herr Rossberg. »Siehst du? Und schon geht's los! Das genehmigt der Verband niemals! Michael Jackson im Schwarzwald! Der sich in den Schritt greift!«

»Yeah! He is still alive!«, schrie Peggy und packte Anna am Arm. »Und deine Ideen sind einfach oberkrass! Komm, Mädel, wir machen nen Sekt auf! A star is born! Wir müssen eine Werbestrategie ausarbeiten!«

**

Herr Rossberg war an diesem Tag nicht mehr ansprechbar. Alles, was Anna ihm an Zusagen abringen konnte, war, die Sache dem Verband vorzustellen, dessen Vorsitzender er seit achtzehn Jahren war.

»Oh, Gott«, stöhnte er. »Weiß der Geier, wo uns das hinführt!« Dennoch war er sichtlich elektrisiert von dieser Idee und er begann sich schneller damit zu identifizieren als gedacht.

»Es ist die Flucht nach vorne«, erklärte ihm Anna. »Alle Kuckucksuhrenbauer sind in der gleichen Situation. Mit dieser Idee gehen wir einfach mit der Zeit. Das hier ist eine Möglichkeit, die Tradition zu retten. Es lebe die Kuckucksuhr!«

»Es lebe die Kuckucksuhr«, wiederholte Herr Rossberg tonlos.

Am Abend saß Anna in ihrer Wohnung und öffnete ihren privaten Mail-Account. Mindestens hundert Facebook-Nachrichten verstopften ihren Eingangskorb. Jede begann mit:

»*Facebook notification*: xyz möchte mit dir befreundet sein«.

Es waren zu 99% Männer.

»Ach du liebe Zeit!«, stöhnte sie. Aber gemäß Peggys Empfehlung bestätigte sie jede Freundschaftsanfrage unbesehen. Sie hatte gar keine Zeit, die zu checken.

Am nächsten Tag war es dasselbe. Zwei Wochen lang ging das so. Danach aber wies ihr Konto 898 Freunde auf – und sie kannte gerade mal die dreizehn, die sie vorher geaddet hatte.

***

Die Zeit wurde hektisch. Ihr Vater erwärmte sich immer mehr für die Idee und begann eigene Entwürfe zu zeichnen. Sie legte ihm und ihrem noch skeptischen Bruder ein paar moderne Kuckucksuhr-Varianten vor und bat sie, diese so schnell wie möglich zu fertigen, damit sie etwas für die Homepage hatten. In der Zwischenzeit arbeitete sie an einer neuen Kalkulation für die Bank und mit Peggy zusammen an einer wirksamen Werbestrategie.

Als die ersten modernen Modelle fertig waren, setzten sie sie bildtechnisch in Szene und bauten die Unternehmensseite auf Facebook aus.

»Mit Musik wäre das noch besser!«, sagte Peggy. »Könnte Lenny nicht was komponieren? Er ist doch Musiker! Den Kuckucksuhrsong! Den Schwarzwald-Song! Was weiß ich!«

»Ja, gute Idee!«, murmelte Anna zerstreut, während sie sich an der Seite zu schaffen machte. »... ich frag ihn mal.«

»Wir müssen so viele Likes wie möglich bekommen«, erklärte Peggy. »Du bittest jetzt alle deine Freunde, deine Seite zu liken. Wenn wir dann was posten, macht das die Runde – und wollen wir hoffen, dass die Leute es teilen, wenn es ihnen gefällt!«

»Aber das sind keine Freunde, ich kenne die doch gar nicht!«

»Darauf können wir jetzt keine Rücksicht nehmen! Im Übrigen nennt man das netzwerken!«

Anna biss sich auf die Lippen. Sie empfand dieses Medium immer noch als schräg und ihre vorsichtigen Versuche, sich da einzufinden, waren nicht sehr ermutigend gewesen.

»Muss ich mit denen reden, wenn die mich im Chat anschreiben?«, fragte sie Peggy.

»Wäre angebracht!«

»Aber ... die sind so ... komisch! Der eine schickt mir immer nur einen Daumen! Und wenn ich was schreibe, schickt er wieder nur einen Daumen!«

»Dann schmeiß ihn raus!«

Anna schüttelte mit dem Kopf. Das war definitiv nicht ihr Ding. Da schrieben sie ekelhafte, alte Männer im Unterhemd mit »Na, du« an, andere fragten ungeschminkt nach Sex und Beziehungen und wieder andere schickten ihr blöde Sticker. Hasen mit einem Herzen vornedrauf und diesem unsagbaren Krampf, den Facebook so anbot. Nichts an Facebook war dezent.

Wenn sie auf ihrer Seite etwas änderte, erfuhr das die ganze Welt – sie konnte noch nicht mal herumexperimentieren – weil alles, einfach alles, von FB registriert wurde. Jeder Fehler, jedes Versehen, und oft fand sie die Funktion nicht, mit der man das ungeschehen machen konnte, weil es sie oft schlicht nicht gab.

Alle fünf Minuten sprang ein Chatfenster mit einem »Hiiiiii Sweetiiiiieeee!!!!« auf, andere schickten ihr vom Google Translator schlecht übersetzte Briefe, in denen sie ungefragt ihren Lebenslauf mitteilten – und was für Lebensläufe! Sie hätten in Cambridge studiert, waren Offiziere bei der Marine, Professoren, Schauspieler oder Firmenbesitzer – und alle hatten unisono ihre Frau in einem Autocrash verloren und suchten jetzt nach einer neuen, aufrichtigen Beziehung.

Manche sprachen sie ganz offen auf ein Date an, dann verwies sie höflich darauf, dass sie verheiratet war. Die meisten verschwanden dann nicht nur kommentarlos aus dem Chat, sondern auch aus ihrer Freundesliste. Andere blieben dran und baggerten sie an, unabhängig des Verweises auf ihren Beziehungsstatus.

Es war eine seltsame Welt. Ein virtueller Zirkus ohne Tiefgang, ein Wettkampf im Freunde-Sammeln, eine Art von Selbstdarstellung, die sie mit Staunen registrierte. Aber es schien wohl für viele leichter, virtuell einen Kontakt zu knüpfen, und sie erkannte auch, dass es einigen Menschen half.

So hatte sie Verständnis dafür und betrachtete das Treiben interessiert und ohne Urteil.

Da war Albert, der Rentner, der jeden Morgen, pünktlich um sieben, seinen 300 Freunden einen Guten Morgen wünschte und gegen zehn Uhr abends allen eine Gute Nacht. Der sein Frühstück, Mittagessen und Abendessen postete, den Cappuccino zwischendurch oder das Eis, das er sich gönnte – einfach, weil er einsam war und das Gefühl brauchte, mit Menschen verbunden zu sein. Es gab Günther, der täglich ein bearbeitetes Bild von sich ins Netz stellte, das ihn als lichtdurchflutete Gestalt zeigte. Und Dieter, der im Schnitt jede halbe Stunde ein Zitat oder eine Nachricht postete – er musste den ganzen Tag am Rechner sitzen. Unzählige Menschen stellten ihre Firmen vor, Autoren ihre Bücher, Künstler ihre Werke. Das Netz war voll von Umweltverzweifelten, die eine Petition nach der anderen starteten und Politik- und Systemverdrossenen, die sich heiße Debatten per Kommentar lieferten. Menschen teilten Fremden ihre medizinische wie Familienhistorie mit, ließen sie an so erstaunlichen Ereignissen wie: »Ich esse gerade Nudeln vor dem Fernseher!« teilhaben und protzten stolz mit ihren sportlichen Aktivitäten oder dem neuesten Kleid.

Sie ahnte, was die Menschen dazu trieb, sich so zu outen. Sie hatte oft mit Christian darüber gesprochen. Über die wahre Krankheit der Menschheit, die allem zugrunde lag, die der Gewalt, dem Hass, Rassismus, all dem Negativen Nahrung gab: Sie waren vollkommen nach außen orientiert. Sie verloren sich im eigenen Spiegelbild. Niemand suchte den Grund für all diese Auswüchse der Welt in sich selbst, niemand vermutete, dass die Welt nur zu heilen war, wenn man sich selbst heilen würde – das klang viel zu abgedreht, viel zu banal, viel zu sinnlos und unlogisch.

Und so beobachtete sie mit Faszination das Treiben in der Welt ihrer virtuellen ›Freunde‹, machte bei dem Spiel mehr oder weniger verhalten mit, ohne sich ganz hineinziehen zu lassen. Sie hatte auf einige Chat-Anfragen geantwortet, die nicht ganz so dumpf geklungen hatten und so waren einige ›Freundschaften‹ entstanden.

Mit Lars verstand sie sich super. Er war witzig und belesen und sie lieferte sich so manches Mal mit ihm einen humorvollen Schlagabtausch. Aber plötzlich fing er an, wegen Kleinigkeiten auszurasten, nannte sie aus heiterem Himmel ›Bitch‹, pöbelte sie an und war, bevor sie auch nur eine Erklärung dafür fand, so plötzlich wieder aus ihrem Facebook-Leben verschwunden, wie er darin aufgetaucht war.

Ja, und Konrad, der sagte, sie sähe aus wie seine zweite Frau, aber behauptete, glücklich verheiratet zu sein und ohne Scheu Pornoseiten teilte. Ahmed aus Marokko, der ihr den Unterschied zwischen den Amzighs und Arabern erklärte und in jeder Message klarmachte, dass er ein ehrlicher, aufrichtiger und fleißiger Mann sei. Und Niels, der ihr immer, wenn sie online war, einen Daumen schickte. Nach etwa zehn Daumen, dachte sie, er sei einfach nur schüchtern und schrieb ihm: »Hi! Wie geht es dir?«

Niels schickte einen Daumen. Anna versuchte es erneut.

»Wo kommst du her?«

Ein Daumen.

Unsicher schickte sie einen Daumen zurück. Machte man das so? Und siehe da, welche Überraschung: Niels schickte … einen Daumen. Nachdem er weitere fünf blaue Daumenhoch gesendet hatte, schrieb Anna. »Mann! Du kannst auch mit mir reden! Bzw. schreiben!«

Als Antwort schickte Niels einen Daumen. Sie seufzte. Vermutlich war er Analphabet.

»Verflixt, das nervt!«, rief sie Peggy zu, als sie wieder mal über fünfzig Freundschaftsanfragen in ihrem Mail-Postfach fand. »Wann hört das endlich auf?«

»Sei doch froh!«

»Bin ich aber nicht! Schau dir doch mal diese Typen an!«

Peggy kam angeschlendert und musterte einige der Profilbilder.

»Ach du Sch …«, sagte sie dann stirnrunzelnd. »Da sind ja ein paar ganz unschöne Vollkoffer dabei. Naja, die sehen, dass du Single bist … no problem! Wir ändern einfach deinen Status auf »Verheiratet«, dann dürfte Ruhe sein!«

Souverän klickte sie ein paar Mal hin und her. »So! Erledigt! Jetzt müsste sich das reduzieren mit den Anfragen!«

Damit hatte sie recht – es kamen deutlich weniger als vorher, dafür wurde Anna mit Glückwünschen überschüttet. Facebook hatte nicht einfach nur ihren Beziehungsstatus geändert, sondern geifernd und spotzend in einem maschinell erstellten Post öffentlich verkündet, dass sie gerade eben geheiratet hätte.

Anna war sauer. Sie mochte Facebook nicht, dennoch hoffte sie, dass das Netzwerk wenigstens geschäftlich etwas für sie tun konnte.

Facebook

Es wurde Frühling und sie arbeiteten mit Hochdruck am Erstellen neuer Uhren und deren Promotion. Sie wählten vier Modelle aus, die sie in unterschiedlichen Posts bewerben wollten, und Anna setzte sich wie immer nachts an ihren Rechner, um das fertigzustellen.

Inzwischen hatten sich die Tage in einem guten Rhythmus eingependelt. Sie frühstückte in aller Ruhe mit den Kindern, die sich, eingebunden in eine große Familie, pudelwohl fühlten. Um den Haushalt kümmerte sich ihre Mutter. Es stand ein Mittagessen für alle auf dem Tisch, wenn Lea und Tim von der Schule kamen, und es war herrlich, in der großen Runde zu essen. Peggy und Lenny fetzten sich meist und unterhielten alle anderen am Tisch. Danach machten sie gemeinsam die Küche sauber und Anna widmete sich ihren Kindern, unternahm etwas mit ihnen, wenn sie es wollten, aber da sie das ganze Dorf zum Spielen hatten, zog es sie meist nach draußen zu ihren Freunden, so dass sie ohne schlechtes Gewissen auch den Nachmittag beruflich nutzen konnte. Der Zusammenhalt in der Familie tat unendlich gut und zu sehen, wie Lea und Tim nach einem ausgefüllten Tag an der frischen Luft mit roten Backen durch die Tür stürmten, war einfach Glück pur. Sie liebte die beiden so sehr!

Waren die Kinder nach dem Abendessen im Bett, arbeitete sie nochmal drei bis vier Stunden – ihre liebste und kreativste Zeit –, kümmerte sich um Liegengebliebenes und um ihre eigenen Aufträge.

Mittlerweile hatte sie sich in die Thematik nicht nur gut eingefunden, sondern die Arbeit mit den Uhren machte auch unvermutet Spaß. Die ganze Familie identifizierte sich inzwischen mit der Idee, die Kuckucksuhr modern zu machen und das wiederum weckte in Anna das Bestreben, die Firma in ganz andere Gefilde zu hieven, allein schon, um ihre Eltern zu erfreuen.

Sie liebte die neuen Modelle und war überzeugt, dass damit was zu machen war.

Mit einem Lächeln widmete sie sich wieder ihrer Arbeit. Sie hatte die Glaskasten-Uhr für ein Foto im Wald aufgehängt und gewartet, bis die Sonne an der richtigen Stelle gewesen war. Das Ergebnis war einfach gigantisch – die Uhr sah super aus. Auch die anderen drei Modelle, die sie auf Facebook posten wollte, waren höchst attraktiv.

Nachdenklich beobachtete Anna den blauen Balken, der den Upload dokumentierte ... die erste Uhr erschien auf dem Bildschirm. Jetzt brauchte sie noch einen ansprechenden Text. Sie experimentierte mit verschiedenen Varianten, war unzufrieden, legte schließlich Musik auf, holte sich ein Glas Rotwein und zündete eine Kerze an. Sie brauchte die richtige Stimmung dazu.

»Tradition trifft Moderne – das originellste Geschenk, das Sie je hatten!«

»Design meets Kuckuck – ein Geschenk, das Aufsehen erregt!«

»Langweilige Geschenke? Immer dasselbe? Treffen Sie den Takt der Zeit!«

Hm ... nein, sie war nicht zufrieden. Sie wollte irgendwas mit Wortwitz ... vielleicht sogar etwas Zweideutiges ...

Für die Glas-Uhr: *»Ich mach mich nackig! Schau mir in die Augen, Kleines!«*

Zu frivol? Werbeslogans zu texten war nie ihre Stärke gewesen, so nahm sie noch einen tiefen Schluck Rotwein und schaute sich instinktiv nach Peggy um. Alk, Peggy und ein Brainstorming ... da wäre bestimmt etwas Witziges entstanden! Aber sie war heute nicht da und Anna vertiefte sich erneut in mögliche Aufreißer.

Verschiedene Chatfenster poppten auf. Lhou aus Tunesien, der ein Hotel hatte und sie ständig dazu zu überreden versuchte, bei ihm was zu buchen.

»Hi Sweetiiieee! How a yu?«

Sie schickte einen Smiley zurück. Nächster Plopp. Niels. Der blaue Daumen. Sie antwortete nicht, klickte ihn weg, als sich schon das nächste Fenster öffnete.

»Hallo schöne Frau.«

Im Profilbild: Eine Bierdose.

Sie konnte es sich nicht verkneifen zu fragen: »Der Hammer. Eine Bierdose, die spricht.« Woraufhin der Mann ungefragt ein Foto von sich schickte: geripptes Unterhemd, eine Bierflasche in der Hand, von unten fotografiert, am Küchentisch. Er wirkte betrunken. Mann Gottes, wen hatte sie da nur alles geaddet! Ihr kam es vor, als wäre sie auf die falsche Party gegangen! Sie warf ihn raus.

Genervt suchte sie nach einer Möglichkeit, den Chat zu deaktivieren, als ein weiterer Gast online kam und buchstäblich Bewegung in die Chatleiste brachte. Es war, als ob der Neuankömmling entschlossen und selbstbewusst alle anderen wegdrängte und sich an erste Stelle setzte. Unwillkürlich glitten ihre Augen auf das Bild. Der Typ war ihr schon bei den Freundschaftsanfragen aufgefallen, er sah markant aus. Neben seinem Bildchen erschienen die Ziffern: 1 min. Scheinbar hatte er sich wohl gleich wieder ausgeloggt.

Sie starrte das Foto an. Die Chatleiste ihrer Facebook-Seite war lang, sein Bild das erste ganz oben. Provokativ blickte der Typ sie an.

»Hey«, schien er zu sagen. »Hast du Angst vor mir?«

Anna schaute weg und konzentrierte sich wieder auf ihren Post. Aber das kleine Bild war wie ein dunkler, satter Fleck auf einer weißen Leinwand. Ein hypnotischer Fleck. Sie fühlte die Blicke dieses Mannes unentwegt auf sich gerichtet. Seine Augen wirkten zwingend, sein schwarzer Drei-Tage-Bart verwegen, seine leicht lockigen Haare waren kurz geschnitten, die Lippen blass, glatt, voll. Er trug ein rotes Poloshirt mit einem blauen, kleinen Herzen auf der Brusttasche, die verschränkten Arme akzentuierten einen trainierten Bizeps und definierte Brustmuskeln. Und dann dieses Lächeln, das eigentlich keines war. Es war eigentlich nur der Ansatz davon, der Moment davor. Ein kaum geöffneter Mund mit der Frage auf den Lippen: Wer bist du? Lohnt es sich zu lächeln? Ein Lächeln, das sich eher in den Augen als auf den Lippen widerspiegelte … Augen, die sie auffordernd und amüsiert verfolgten, jede Bewegung von ihr, die ihr Gesicht, ihren Körper zu scannen schienen … ein Kribbeln durchlief sie und mit Mühe riss Anna sich los.

»Verdammt«, murmelte sie.

Irritiert widmete sie sich dem Text und der Uhr, die sie posten wollte. Ihr wollte nichts Rechtes einfallen … es musste was Pfiffiges sein, was Freches, was Neues … zack! Schon wieder lag ihr Blick auf dem Foto.

»Komm schon,« schien der Mann darauf zu sagen. »Ich weiß, dass du mich willst.«

Er wirkte so siegesgewiss. So unverschämt lässig, als hätte er alle Zeit der Welt. Erschrocken wandte sie ihren Blick erneut ab. Um gleich nochmal hinzuschauen. Immerhin konnte er ja nicht wissen, dass sie ihn so intensiv musterte – es war doch nur ein Foto!

Herausfordernd blickte der Mann zurück. Zog er die Augenbrauen hoch? Sie erschauerte und fühlte sich wie ertappt.

»Sag mal, Anna geht's noch?«, sagte sie dann laut zu sich selbst und schlug sich an die Stirn. Offensichtlich drehte sie wohl durch.

Warum hatte sie all diese unkontrolliert angenommenen Freundesanfragen noch nicht gelöscht? Genau das sollte sie jetzt tun! Genau das! Gleich, wenn sie diesen verdammten Werbepost fertig hätte, würde sie ... unwillkürlich glitten ihre Augen ein weiteres Mal zur Chatleiste.

Ein grüner Punkt leuchtete neben seinem Namen auf, wie eine Ampel, die umschaltete und das Startzeichen gab – für was auch immer. Ein grüner Punkt, der roter nicht hätte sein können. Sie spürte, wie ihr der Schweiß am ganzen Körper ausbrach.

Mit leicht geöffnetem Mund starrte sie auf das kleine Foto und ihr Herz fing unwillkürlich an zu klopfen.

»Komm mir nicht zu nah«, sagten seine Augen und diesmal schienen sie gefährlich zu glitzern. »Ich beiße.«

Sie saß wie gelähmt vor dem Foto, während das Bild in ihrem Kopf weitersprach, raunend, bedrohlich: »Willst du wissen, wohin ich dich beißen würde? Ich zähle dir jede einzelne Stelle auf, in die ich meine Zähne grabe ... in deinen süßen Körper ... spürst du meine Hände auf deiner Haut? Komm schon, gib es zu ... du willst mich ... aber ... ich warne dich ... ich bin Treibsand ... Treibsand...«

Hektisch schlug sie den Laptop zu, bis ihr einfiel, dass das ja nichts nützte. Sie klappte ihn wieder auf, wollte sich ausloggen, als sich das Chatfenster mit einem so imperativen Signalton öffnete, als riefe er ihr zu: »Warte! Bleib hier!«

Das Foto sprach. Irgendwo auf der Welt war dieser Mensch lebendig und schrieb etwas an sie. Drei Punkte tanzten in dem Chatfenster vor ihren Augen auf und ab – die Verbindung war geknüpft. Ihr Puls klopfte wie verrückt, als sie die Nachricht las.

»Hey Babe«, stand da. »How are you?«

***

Sie antwortete nicht gleich. Ihr fehlte die Erfahrung. Sie hatte keine Ahnung, was sie von all dem halten sollte. Unsicher blieben ihre Augen auf seinem Namen haften: Davy Jones, und glitten wieder hoch zu seinem Foto. Er sah verwegen aus. Ihre Unterhaltung mit Peggy fiel ihr ein. »... jetzt fehlt dir nur noch dein Pirat!«

An dieser Stelle angekommen, musste sie leicht lächeln – und entspannte sich etwas.

»Hi«, schrieb sie schließlich zurück – und da er in Englisch geschrieben hatte: »I'm fine, thanks. Where are you from?«

Die Antwort kam postwendend.

»Du hast einen deutschen Namen. Sprichst du Deutsch?«

»Ja ... du also auch ... wie heißt du?«

Pause. Es kam nichts mehr. Sie starrte auf das kleine Chatfenster, aber es blieb leer. Als sie schon enttäuscht ihren Cursor auf »Abmelden« setzen wollte, sah sie die drei kleinen Punkte in der Sprechblase sich bewegen.

»Sorry, war gerade abgelenkt. Danke übrigens, dass du meine Freundschaft akzeptiert hast. Ja, bin Deutscher. Aber ich pendle beruflich zwischen England und Deutschland hin und her.«

»Darf ich fragen, wo in Deutschland?«

»Hamburg«

»Hamburg! Da habe ich bis vor kurzem auch gewohnt!«

»Ah ... okay.« Er wirkte uninteressiert. Sie antwortete nicht. Ihre Augen wanderten zu ihrem Word-Dokument, als seine nächste Message kam.

»Das heißt, du bist jetzt nicht mehr dort? Wo bist du jetzt?«

»Im Schwarzwald.«

»Okay. Nicht zu vergleichen mit Hamburg.«

»Ja, im Gegensatz zu Hamburg haben wir große Berge, feuchte Täler und jede Menge Wald.«

Als habe sie ihn mit dieser etwas frivolen Ansage angestoßen, kam etwas mehr Bewegung in seine Zeilen:

»Wie darf ich das denn verstehen?« Er setzte tatsächlich einen errötenden Smiley dahinter.

Annas Wangen wurden genauso farbig wie die des Emoticons. Einfallslos schrieb sie zurück:

»Ich meinte die Natur.«

»Schon klar. Du siehst übrigens süß aus. Dein Lächeln ist bezaubernd. Sehr sexy.«

»Ähm ... danke.«

»Es ist wie ein Sonnenstrahl in meinem Herzen. Bin sehr glücklich, dass du meine Freundschaftsanfrage akzeptiert hast.«

Anna fing an zu schwitzen. Was sollte sie denn darauf schreiben? Zu ihrer Erleichterung tanzten wieder die drei Punkte ihre La-Ola-Welle.

»Hatte heute echt einen anstrengenden Tag. Aber dann habe ich meinen Account geöffnet, nur um dein Bild anzuschauen ... hab gesehen, dass du on bist ... Honey, du hast mir den Tag versüßt!«

»Okay«, tippte sie entschieden zurück und fand ihr Gleichgewicht wieder. »Das ist ein bisschen viel, oder?«

Kleine Pause, dann:

»Was meinst du damit? Ehrlich, dein Lächeln ist umwerfend! Ich suche nach einer ernsthaften Beziehung. Was ist mit dir?«

Anna seufzte. Das war's dann wohl. Aber insgeheim war sie auch erleichtert. Der Mann sah so ... so beunruhigend aus! Besser er verschwand gleich!

»Das scheinen die meisten Männer hier auf Facebook zu tun«, schrieb sie gelassen zurück. »Aber vielleicht hast du nicht gesehen, dass ich verheiratet bin. Und nicht nur das. Ich bin sehr glücklich verheiratet.«

Erneute Pause. Sie wartete. Schaute auf die Chatleiste. Er war noch on. Sie checkte die Zahl ihrer Freunde. Er hatte sie nicht »unfriended«, wie es so viele getan hatten, nachdem sie ihren Beziehungsstatus offenbart hatte. Und tatsächlich kam noch eine Antwort von ihm – und sie klang, als habe er Zeit gebraucht, ihre Worte zu verdauen:

»Oh my gosh! Sag, dass das nicht wahr ist! Ich bin zutiefst enttäuscht! Da treffe ich eine so schöne Frau wie dich und du bist verheiratet! Dein Mann muss der glücklichste Mann unter der Sonne sein!«

Anna lächelte zweifelnd. Was sollte das denn werden?

»Können wir trotzdem Freunde sein?«, schrieb er weiter. »Vielleicht können wir uns ja ab und zu unterhalten. Uns austauschen. Einfach so.«

»Klar, kein Ding«, schrieb sie zurück. »Sehr gern. Aber jetzt muss ich was arbeiten ...« Sie sah auf die Uhr. Verflixt, es war schon kurz nach elf!

»Was? Jetzt noch? Du verkohlst mich!«

»Nein, gar nicht ... wir schreiben uns dann irgendwann! See you!«

Sie klickte so schnell auf ›Abmelden‹, dass sie nicht mehr sah, ob er noch etwas geantwortet hatte. Ihr Herz klopfte, als wäre sie vor jemandem geflüchtet. Mit erhitzten Wangen stand sie auf und starrte auf den Laptop. Dann klappte sie ihn zu, verschwand im Bad und warf sich Hände voll kalten Wassers ins Gesicht.

Doch als sie im Bett lag, tauchte ungewollt sein Profilbild hinter ihren geschlossenen Lidern auf. Der muskulöse Oberkörper. Sein zwingender Blick. Diese sie verfolgenden, amüsierten und gleichzeitig bedrohlichen Augen. Augen, die ihr dauernd unanständige Fragen stellten, die ihren Körper abrasterten, mit diesem Lächeln, das keines war. Augen, die Bilder und Gefühle heraufbeschworen, die sie schon lange nicht mehr gehabt hatte.

»Ich weiß, dass du mich willst.«

»Willst du wissen, wohin ich dich beiße ... was ich mit dir mache ... spürst du meine Hände auf deinem Körper?«

Ihr Mund murmelte unwillkürlich eine Verneinung, während sich zu ihrem Entsetzen ihr Körper leicht zusammenkrümmte und ihr Unterleib von Hitze durchströmt wurde. Sein Bild stand in ihrem Kopf. Lässig schien er sie zu beobachten, ihren lächerlichen Versuchen, ihn auszublenden, amüsiert beizuwohnen, genau zu wissen, was sie dachte. Mit verschränkten Armen stand er vor ihr und formulierte eine Antwort:

»Hey, Babe, lass es einfach. Du entkommst mir nicht. Irgendwann gehörst du mir.«

Sie konnte es sich nicht verkneifen, am nächsten Morgen als erstes in den Chat zu schauen. Unter ihrer hastig formulierten Nachricht: »Nein, gar nicht ... wir schreiben uns dann irgendwann! See you!« standen seine Abschiedsworte:

»... dann gute Nacht, schöner Engel. Hoffe, du bist bald wieder online.«

***

Sie war sich sicher, dass es besser war, ihn zu vergessen. Er beunruhigte sie zu sehr. Ihr war, als verhieße seine Präsenz in ihrem Leben nur Aufruhr und Chaos. Das konnte sie nicht brauchen, ihre momentane Situation war ohnehin aufregend genug und außerdem suchte er eine Beziehung – sie hingegen wollte ihre Ruhe.

Sie ging weder an diesem noch am nächsten Tag online. Das fiel ihr nicht schwer, es gab viel zu tun. Aber nach drei Tagen fand sie eine Mail in ihrem Postfach:

»Facebook notification. Sein Bild. Sein Name. Davy Jones.

»Hello pretty angel ... hoffe, du hast mich nicht vergessen. Wie geht es dir?«

Die Nachricht war zwei Stunden alt. Sie verbiss es sich, FB zu öffnen und zu antworten. Sie musste Lea in die Tanzstunde fahren und sie war froh darüber.

»Hello Pretty, gut geschlafen? Was machst du gerade?«

Sein fast lächelndes Gesicht stand aufreizend neben den Buchstaben. Wieder war er nicht on, sie hatte die Nachricht erst nach drei Stunden gesehen. Sie schrieb zurück:

»Ich arbeite – hab viel zu tun.«

Eine Stunde später:

»Hoffe, dein Job ist nicht zu hektisch. Wie lange musst du noch arbeiten?«
»Lange ... wird spät heute.« Und dann setzte sie hinzu: »Zu spät, um zu chatten.«

***

»Wer's glaubt«, knurrte er und in seinen Augen glitzerte es.
Am Abend loggte er sich ein – unter einem anderen Account. Mit dem Cursor fuhr er die Chatleiste ab. Sie war tatsächlich nicht on. Dann rief er ihre Seite auf und betrachtete nachdenklich ihr Profilbild. Seine Finger trommelten leicht auf die Tasten seines Rechners, aber er schrieb ihr nichts.

***

Aus irgendeinem Grund erzählte Anna Peggy nichts von diesem seltsamen Chat. Sie versuchte über die Person ›Davy Jones‹ etwas herauszubekommen, aber mit einem Namen aus einem Blockbuster war das natürlich nicht möglich. Außer dem Wikipedia-Eintrag, dass Davy Jones ein mit Legenden überhäufter Pirat gewesen war, der eine wesentliche Rolle in der Verfilmung von »Der Fluch der Karibik« spielte, und zwei Namensvettern, von denen der eine Mitglied der Band »The Monkees« gewesen und schon gestorben war, gab sein Name natürlich nichts her. Klar, wie auch! Davy Jones!
Sein Facebook-Account war gerade mal zwei Jahre alt. Sein Titelbild ein nichtssagender Mittelmeerhafen, seine Chronik nicht einsehbar, ebenso hatte er wohl alle andere Funktionen auf »Nur ich« gestellt. Sie hatte seine ganze Seite durchgeklickt und dabei inständig gehofft, die exhibitionssüchtige Petze Facebook würde ihm nicht verraten, dass sie das tat. Aber alles, was er auf seiner Seite angab, war, dass er in Hamburg lebte, Ingenieur, Single und an Frauen interessiert war. Sie musste wohl alles, was sie wissen wollte, von ihm selbst erfahren.
Aber sie wusste nicht, ob sie das wollte. Er war interessant, ja – und auf einen warmen, gefühlvollen Austausch hätte sie sich wohl eingelassen, aber irgendwie hatte sie das sichere Empfinden, dass das mit ihm nicht möglich war. Im Grunde hielt er sie von der Arbeit ab und es störte sie zutiefst, dass sie allein schon nach diesen paar nichtssagenden Zeilen öfter an ihn dachte, als ihr guttat. Allerdings tat er ziemlich viel, um nicht in Vergessenheit zu geraten. Kaum war sie online, meldete er sich schon wieder:
»Hey, Babe, viel zu tun?«
»Ja, wie immer – du vermutlich auch?«

»Klar, aber ich freue mich über jeden Buchstaben von dir. Wie ist das Wetter bei euch?«

»Windig und kalt – und in Hamburg?«

»Sonnig und warm. Merkst du was?«

»Das dürfte eine Ausnahme sein! Sag mal, wie heißt du überhaupt?«

»Du kannst mich Charles nennen.«

»Okay, das heißt, du heißt nicht Charles?«

»Hast du heute mal Zeit zu chatten?«

»Ich glaube nicht, Charles, oder wie auch immer. Vielleicht ein andermal.«

Unvermittelt begann sie, ihre Posts für FB am Vormittag einzusetzen, aber sie fühlte, das war keine ernstzunehmende Maßnahme, ihm zu entkommen.
Und so war es. Er begann, ihr Nachrichten zu schicken, am Morgen, mittags, abends ... ständig.

»Guten Morgen, sunshine, hoffe, du hast heute einen schönen Tag – hab wie immer als erstes FB aufgerufen ... muss dich ständig anschauen, trage dein Bild in meinem Herzen! Oh, es ist so schade, dass du schon vergeben bist!«

»Hello, Pretty ... wie war dein Tag? Meiner war gut. Bin aufgewacht und habe Facebook gecheckt ... keine Nachricht von dir. Aber dein Gesicht und dein Lächeln zu sehen ist der beste Start ever!«

»Hallo, mein Engel, kann mir nicht helfen, aber je öfter ich dich anschaue, um so begehrenswerter erscheinst du mir ... was machst du heute, Sweetheart?«

»Guten Morgen, Darling! ... wünsch dir einen schönen Tag! Du hast wirklich das wunderbarste Lächeln der Welt!«

»Hey Charles«, schrieb sie nach einer Woche und einer Vielzahl solcher Ansagen schließlich zurück. »Ich möchte, nicht, dass du mich so nennst. Meinst du nicht, dass du dich da gerade in etwas verrennst?!«

»Ist mir klar, dass du das denkst! Sowas kann man ja auch nicht erklären. Das kann ja selbst ich nicht. Ich bin echt durch den Wind wegen dir. Und glaub mir: Das ist mir noch nie so ergangen.«

»Entschuldige, aber das ist total unsinnig!«

Anna hatte ein mulmiges Gefühl in der Magengegend. Der Typ war ein Stalker! Ein Kranker!

»Nein, das ist es nicht«, schrieb er zurück. »Ich bin nicht der Typ, der Frauen braucht. Überhaupt nicht. Ich meine, versteh mich nicht falsch: Wenn ich

Single bin, dann, weil ich das bewusst so will. Ich hatte bislang einfach kein Interesse mich zu binden. Aber kennst du das? Eines Tages triffst du den Menschen, der dir das Gefühl gibt, du hättest dein Leben lang die Luft angehalten. Und plötzlich atmest du. Ich atme, seit ich dich kenne.«
»Charles, du hast mich nicht getroffen. Und wir kennen uns nicht.«
»Ich sehe dich, mein Herz. Jeden Tag. Ich spüre dich. Ob du willst oder nicht. Ob ich will oder nicht. Und eines kann ich dir versichern: Ich habe mich auch lange dagegen gewehrt.«
»Okay, Charles, ich muss arbeiten, bis irgendwann mal.«

Das war ihr alles nicht geheuer. Garantiert war das ein Stalker! Fing das so an? Jemand, der sich in eine Person verrannte und in dessen Hirn sich entsprechende Wahnvorstellungen fixierten?
Aber jedes Mal, wenn sie auf FB war, schaute sie auf die kleine Sprechblase, um sich dann über sich selbst zu ärgern. Er schrieb jeden Tag mindestens zweimal – er war in ihrem Leben präsent und ließ sie ein wenig an seinem teilhaben, ohne sich wirklich zu outen. Anna registrierte das mit Stirnrunzeln.
»Hier regnet es Bindfäden! Hoffe, ihr habt besseres Wetter!«
»Arbeit war heute nervig. Ein Meeting nach dem anderen. Wenn es mir zu langweilig wird, rufe ich einfach dein Bild auf. Das zaubert mir immer ein Lächeln ins Gesicht.«
»Wie ist dein Tag, pretty angel?«
Schließlich startete sie einen Versuch, wollte ihn testen und antwortete so, wie sie einem Freund geschrieben hätte:
»Danke, er war gut, Charles. Es gibt so vieles, für das man dankbar sein kann, findest du nicht?«
»Schön, dass du das so siehst, Honey.«
Sie fand, diese Antwort hatte eine Provokation verdient.
»Bin heute über einen weisen Satz gestolpert«, hackte sie in die Sprechblase.
»Da jede Aktion eine Reaktion verursacht, ist es so wichtig, dass du in jedem Moment deinem Schicksal zulächelst. Und warum? Weil dann dein Schicksal zurücklächelt. Das pflanzt den Samen für Glück in der Zukunft. ... Wie findest du das?«
Vehement drückte sie auf Senden. Damit hatte sie ihn doch hoffentlich vertrieben!
Es kam: nichts. Seine nächste Message, einen Tag später, war:
»Hallo mein eloquenter Engel, hab die Nacht von dir geträumt.«
Sie seufzte und begann ihn, innerlich abzuhaken, antwortete karg oder gar nicht auf seine immer gleichen Ansagen. Doch eines Tages schrieb er:

»Hey Babe, bitte versteh das nicht falsch, aber mein Gefühl für dich wird immer stärker – ich kann mich nicht dagegen wehren. Wann hast du mal Zeit für einen Chat?«

Aber sie scheute vor einem Chat zurück. Sie scheute vor *ihm* zurück. Sie antwortete mit nichtssagenden Zeilen auf nichtssagende Texte von ihm, aber er schien sich auf jede Nachricht von ihr zu stürzen und die seinen wurden immer drängender.

»Hey, Babe ... warum bist du nur verheiratet? Ich gönne dir dein Glück, wirklich – aber ich bin so unglücklich, weil du gebunden bist. Ich wünschte so sehr, wir wären uns früher begegnet, wünschte wirklich, wir hätten eine Chance gehabt. Ich bin so sicher, dass du die Frau meines Lebens bist – seit ich dein Bild auf FB gesehen habe. Ich weiß, ich muss akzeptieren, dass du gebunden bist ... es ist, wie es ist – und ich bin froh, wenigstens dein Freund zu sein, aber es gibt Momente am Tag, an denen ich heulen könnte, weil es noch nicht einmal den Hauch einer Chance gibt.«

»Darling, Anna, du hast das zauberhafteste Lächeln der Welt. Ich wünschte, es gehörte nur mir. Weißt du, dass du mir jeden Tag den Kick zum Aufstehen gibst?«

Er merkte, dass sie sich zurückzog, sobald er zu persönlich wurde. Dann bemühte er sich, etwas vorsichtiger zu sein. Sie sagte ihm, er soll die ›pretty angels‹ und ›Darlings‹ lassen – sie sei eine verheiratete Frau – und er entschuldigte sich und versuchte verkrampft, neutralere Sätze zu finden, was das Ganze noch flacher machte. Irgendwo schien keine Ebene für eine echte Konversation vorhanden zu sein. Sie überlegte, ob das an ihr lag, und ließ sich kurzzeitig auf ein paar Nachrichten von ihm ein. Schrieb, genau wie er, über das Wetter, beantwortete seine Frage über ihre Tagesgestaltung, ohne Details preiszugeben. Schließlich schickte sie ihm spontan ein paar Songs, die sie gerade gut fand, mit der Frage: »Wie ist dein Musikgeschmack und wie findest du die Lieder?«

Überraschenderweise erwähnte er auch die Songs – wie vor kurzem das Zitat – mit keinem Wort. Ihr Interesse stürzte rapide nach unten, während er ihr einfach weiterhin Avancen machte, die ihr mehr und mehr sinnlos vorkamen. So blieben ihre Antworten kurz, in der Hoffnung, er würde irgendwann aufgeben, aber sobald sie glaubte, es wäre endlich vorbei, kam die nächste Message. Es schien, als ob er die ganze Zeit nur an sie dächte.

Mit Verwunderung nahm sie wahr, dass sie sich trotz allem an seine Nachrichten gewöhnt hatte und registrierte entsetzt, dass sie unruhig wurde, wenn er sich mal nicht meldete. Sie bemerkte, wie sie sich einerseits wünschte, es wäre vorbei, und es andererseits bedauerte, dass er das Interesse an ihr verloren zu haben schien. Seine ›pretty angels‹ ›Hey, babes!‹ ›Darlings‹ und ›Sweeties‹ gingen nicht spurlos an ihr vorbei.

Mit ihren Gedanken an dieser Stelle angekommen, stoppte sie kurz, dachte nach und schüttelte dann lächelnd den Kopf. Okay, es war einfach die Frau in ihr, die sich angesprochen fühlte. Die Frau, die sich begehrt und umworben fühlen wollte. Sie wusste, es war ihr Ego, das auf seine Schmeicheleien reagierte, und das zu erkennen erlaubte ihr, die Situation mit Abstand zu betrachten – und sich davon zu lösen. Es war einfach die Sehnsucht nach Liebe – etwas, gegen das niemand gefeit war, aber Anna war geerdet. Sie hatte ihre Familie, eine wunderbare Beziehung hinter sich und sie meditierte lange genug, um zu wissen, dass Liebe niemals im Außen zu finden war. Ab diesem Moment konnte sie die Sache mit Humor sehen. Und war sich sicher: Irgendwann würde er aufgeben.

Und doch ... nachdenklich fiel ihr Blick auf sein Foto. Hinter seinem überaus männlichen Ausdruck schien noch etwas anderes zu lauern, etwas Subtiles, das sie ansprang – und sie ahnte, es war das, worauf sie eigentlich reagierte. Und was sie bisher davon abgehalten hatte, ihn einfach zu eliminieren. Sie hatte schon so viele, die ihr schräg vorgekommen waren, ohne jedes Bedauern und innerhalb einer Sekunde aus ihrem Freundeskreis geworfen. Bei Charles zögerte ihr Finger jedes Mal.

Doch letztendlich blieb es ein Eiertanz. Er schickte seine betörenden Nachrichten, sie schrieb wenig oder genauso Oberflächliches zurück.

***

Doch eines Nachts piepste ihr Handy mehrmals hintereinander. Sie stand auf. Vielleicht war es Lenny, der wollte, dass sie ihn abholte, weil er etwas getrunken hatte? Aber es waren keine WhatsApp-Nachrichten, sondern eingehende Mails von Facebook – von Charles – und es schien, als ob er gerade einen Sehnsuchtsflash nach dem anderen erlitt:

»Honey, I miss you. I miss you so much!«

»Warum nur bist du nicht bei mir?«

»Darling, ich denke an dich. Ich fühle mich einsam. Ich sehne mich schrecklich nach dir.«

Sie schaltete das Handy ab. Konnte nicht einschlafen. Wusste, da lief etwas ganz und gar nicht richtig. Und als sie am Morgen ihren Computer hochfuhr, lag ein längerer Text für sie im Posteingang, der wirkte, als ob er in eben dieser

Nacht den Mut gefunden hätte, ihr die wahre Tiefe seiner Leidenschaft zu offenbaren:

»Anna, Darling, es kostet mich viel Überwindung, diese Zeilen zu schreiben, aber zu wissen, dass du existierst, ist eine Quelle der Freude und des Leidens für mich geworden. Deine Existenz ist wie ein strahlender Stern am Himmel, doch zu ahnen, dass es noch nicht einmal den Ansatz einer Zukunft für uns gibt, stürzt mich in tiefe Verzweiflung. Ich wünschte, es gäbe ein Rezept, einen Weg, eine Möglichkeit, dich näher kennenzulernen, dich in meiner Nähe zu haben, dich wirklich und ganz zu spüren. Liebe ist das wunderbarste Gefühl der Welt, aber die Qual, dass du so unerreichbar bist, ist das Schrecklichste. Ich weiß, diese Zeilen werden dich erschrecken, aber ich fühle mich dennoch erleichtert, sie endlich geäußert zu haben.«

Eine zweite Nachricht hatte er kurz danach geschickt:

»Ich verzehre mich nach dir. Ich wünschte, du wärst an meiner Seite. Ich wünschte, du wärst hier. Ich möchte deinen Atem an meiner Haut spüren, möchte sehen, wie sich Sonnenstrahlen in deinen Augen reflektieren, möchte deine Hand in meiner fühlen. Ich wünsche mir so sehr, du wärst jetzt hier. Bei mir. Ich liebe dich.«

Ich liebe dich? Anna runzelte die Stirn, als sie das las. Sie empfand das Ganze als vollkommen krank und wusste, was zu tun war. Entschlossen tippte sie ihre Antwort:
»Lieber Charles, sei mir nicht böse – aber du suchst eine Beziehung und dafür bin ich die Falsche. Erstens bin ich glücklich verheiratet und vermisse gar nichts. Zweitens kenne ich dich nicht – und alles, was ich dir je angeboten habe, war meine Freundschaft. Aber das hier geht mir zu weit. Ich habe das Gefühl, dass ich dich ermutige, wenn ich zurückschreibe – und egal, wie oft ich dich in die Schranken weise – du reagierst nicht darauf. Du hast gesagt, du willst ein Freund sein – aber du verhältst dich nicht so. Ich möchte keine falschen Hoffnungen wecken und halte es für das Beste, unsere Konversationen zu beenden, damit du dich auf andere Frauen konzentrieren kannst. Wünsche dir viel Erfolg und hoffe von ganzem Herzen, dass du die Frau findest, die dich glücklich macht.«

Sie fühlte sich befreit, als sie die Nachricht abgeschickt hatte, wollte ihn noch aus der Freundesliste entfernen, aber Lea hatte sich das Knie geschürft und bis sie sie verarztet und mit einem dicken Pflaster versehen wieder zum Spielen geschickt hatte, rief ihre Mutter sie zum Kaffee. Sie hatte Apfelkuchen gebacken und Anna vergaß Charles und Facebook – bis zum Abend. Da lag seine Antwort in ihrem Facebook-Briefkasten.

»Bitte, Anna, ich schätze unsere Freundschaft sehr. Können wir nicht einfach weitermachen? Ich habe verstanden, was du geschrieben hast und bin sehr berührt davon. Ich werde es respektieren, wirklich. Es tut mir leid, wenn ich dir zu sehr auf die Pelle gerückt bin. Es war nicht richtig. Bitte lass uns Freunde bleiben!«

Wie so oft betrachtete sie nachdenklich sein Foto. Er war on.

»Okay, Charles« schrieb sie schließlich. »Meinetwegen. Es würde helfen, wenn du mal ein bisschen persönlicher schreiben könntest – du raspelst immer nur Süßholz – das ist erstens langweilig und außerdem lerne ich dich so gar nicht kennen!«

»Gern! Jederzeit! Ich bin absolut offen und erzähle dir alles, was du willst! Hast du Viber? Facebook ist mir zu indiskret.«

»Ähm, nein, ich werde mich erkundigen und gebe dir Bescheid.«

War das der Grund, warum er sich bislang so bedeckt gehalten hatte? Aber als sie herausfand, dass sie ihm für Viber ihre Handynummer würde geben müssen, ruderte sie zurück.

»Charles, tut mir leid, ich werde dir meine Nummer nicht geben. Ich würde vorschlagen, wir richten uns eine neutrale E-Mail-Adresse ein – über die können wir uns dann austauschen.«

»Ja, ist okay, Babe. Dann lass uns über die Mails und Facebook weitermachen. Nutzen wir beides.«

Es wirkte ein bisschen verdrießlich, und Anna, nicht glücklich über all das, wollte ihn, nachdem sie das mit den E-Mails selbst vorgeschlagen hatte, nicht einfach aus ihrer Freundesliste werfen und beschloss, ihn schlicht auszuhungern.

Sie gab ihm eine Mail-Adresse, die er postwendend nutzte.

»Hallo mein Engel«, schrieb er. »Danke für diesen Zugang. Wie ist das Wetter bei euch? Hoffe, dir geht es gut. Habe heute richtig viel zu tun. Wie geht es deiner Familie?«

Sie drehte die Augen nach oben. Und antwortete nichts. Was hätte sie auch groß schreiben sollen auf diese stereotypen Sprüche?

Sie ließ drei Tage vergehen – und schließlich schickte er ihr einen dieser unsäglichen Hasensticker von Facebook, die sie auf den Tod nicht ausstehen konnte. Es fiel ihr nicht schwer, auch das zu ignorieren.

Nach einer Woche Funkstille ihrerseits fand sie eine Message im Chatfenster von FB vor:

»ANNA! WIE GEHT ES DIR?«

Die Großbuchstaben wirkten geradezu panisch und verzweifelt und mit etwas Widerstreben schrieb sie:

»Alles gut, danke, viel zu tun.«

»Okay ... gut zu wissen.«

Dann: »Hab mir Sorgen gemacht, Anna.«

Sie kaute auf ihrer Lippe. Er schrieb:

»Bin im Moment in Asien. Hier ist es Nacht.«

»In Asien? Wo genau? Bist du geschäftlich dort?«

»Ja, muss ein paar Verhandlungen führen. Bin in Malaysien. Kuala Lumpur.«

Sie schaute auf die Weltuhr. In Asien war es ein Uhr morgens.

»Dann bist du sicher müde. Ich wünsche dir viel Erfolg bei allem, was du tust! Schlaf gut ... und träum was Schönes!«

Sie loggte sich aus. Sie wusste, er hatte trotz der für ihn späten Stunde auf einen Chat gehofft, aber sie wollte nicht.

Und doch schaute sie noch immer insgeheim, wenn sie auf FB war, auf die kleine Sprechblase, auf die Zahl daneben, die angab, ob jemand eine Nachricht hinterlassen hatte. Hoffte, dass er es war, der ihr geschrieben hatte. Sein Bild ließ sie nicht los und seine Hartnäckigkeit rührte sie irgendwie. Bisher hatte sie ihm ja auch nichts geboten. Bisher hatte sie sich selbst gegen einen Chat gewehrt.

Und es war nicht so, dass Charles der Einzige war, der sie anbaggerte. Es gab auch andere, die ihr den Hof und Komplimente machten, Nachrichten schickten, nach Dates fragten ... sie hatte bei keinem auch nur das geringste Zögern oder Reue verspürt, sie aus ihrer Freundesliste zu entfernen, wenn sie ihr zu aufdringlich geworden waren.

Nur bei Charles zauderte sie. Sie schoss ihn nicht ab, was doch ein Leichtes gewesen wäre und missmutig gestand sie sich ein, dass sie diese draufgängerische, unverschämte und gleichzeitig unbeholfene Art, die ihm zu eigen war, irgendwie mochte. Sie ertappte sich, wie sie auf ihr Handy starrte und eine kleine Message von ihm erwartete, um sich hinterher – wie so oft – über sich selbst zu ärgern.

Dann meldete er sich plötzlich ganze drei Tage lang nicht bei ihr und als sie ihren ersten Impuls, ihn zu fragen, was los sei, unterdrückt hatte, fühlte sie neben einem leisen Bedauern auch Erleichterung. Vielleicht war jetzt endlich Ruhe?

Doch dann:

»Sweetie, I miss you! I miss you so much! Gib's zu: Du willst mich aushungern! Du schreibst mir nicht, wenn ich dir nicht schreibe! Come on! Was soll das? Wo bist du? Ich ertappe mich dabei, meinen FB-Account nur wegen dir

aufzurufen, nur, um dein Lächeln zu sehen. Nur, damit du mir endlich wieder schreibst. Ich warte noch immer auf eine Mail von dir. Du hast mir nicht geantwortet! Und ich werde einfach weiter warten.«
Sie konnte sich nicht dagegen wehren – es ließ sie nicht unberührt.

Chat

»Hallo mein Engel, hast du Zeit?«
»Oh, hi, Charles, ja, sieht gut aus heute.«
Ihr Herz klopfte. Heute würde sie sich nicht ausloggen. Sie war bereit, mehr von ihm zu erfahren. Sieben Wochen waren ins Land gegangen, in denen er nicht lockergelassen hatte. Noch immer war sie misstrauisch, aber sie hatte beschlossen, sich etwas mehr auf ihn einzulassen, um ihre Fragen beantwortet zu bekommen.
»Und du loggst nicht gleich wieder nach drei Minuten aus, Darling?«
Sie seufzte und schickte einen entsprechenden Smiley voraus:
»Charles, sei so gut und nenn mich nicht so. Das macht mich nervös. Du weißt, ich bin verheiratet.«
»Hehehehe, warum macht dich das nervös?«
Die Buchstaben standen in der Sprechblase und unwillkürlich fragte sie sich, wie sich dieses geschriebene kleine Lachen real anhören würde. Sie starrte auf sein so überaus markantes Gesicht, seinen Drei-Tage-Bart, für den er wohl gerade mal zwei Stunden brauchte, auf diese fordernden Augen, sein undefinierbares Lächeln, auf den muskulösen Oberkörper, auf dem das Wort »Mann« fett und in Großbuchstaben zu stehen schien.
»Ich habe eine Frage«, tippte sie.
»Stell sie!«
»Siehst du wirklich so aus wie auf dem Foto?«
»Natürlich! Warum fragst du?«
»Könnte ja sein, dass es ein altes Foto von dir ist ... oder nicht deines.«
»Das wäre ja illegal.«
Sie biss sich auf die Lippen. »Sorry, Charles, aber ich habe bei FB schon die schrägsten Sachen erlebt. Außerdem hast du mir auch nicht deinen echten Namen genannt.«
Keine Antwort. Was sollte das? Da wartete der Typ Wochen darauf, dass sie endlich mal chatteten und dann kam ... nichts? Aber sie wusste inzwischen von Peggy, dass die meisten 1000 Dinge neben dem Chat machten. E-Mails beantworten, TV schauen und nebenbei an jemanden schreiben, den man gar nicht kannte. Und den man wohl auch gar nicht wirklich kennenlernen wollte. War das die Gesellschaft der heutigen Tage? Hier und da nichtssagende

Nachrichten absetzen, nur des Gefühls wegen doch nicht so allein zu sein, wie man tatsächlich war?

Anna war schneller genervt als ihr recht war. Es störte sie und sie vermisste Christian und dessen tiefgehende Art immer mehr. Für einen Moment wurde sie schrecklich mutlos und die Ereignisse der letzten zwei Jahre stürzten in vollem Maße auf sie ein. Sie wünschte sich jemanden, der sagte: »Lass mich mal machen. Lehn dich an. Wir kriegen das schon hin.«

Jemanden an ihrer Seite, bei dem man sich keine blöden Gedanken machen musste, der klar war, offen, immer ... jemanden wie Chris eben ... mit Mühe riss sie sich zusammen.

Positiv zu bleiben war das Gebot der Stunde. Von Christian hatte sie gelernt, all das aufzuzählen, was gut gelaufen war, alles, wofür sie dankbar sein konnte, und gerade, wenn nichts danach aussah, an Fülle, an Freude und Liebe zu glauben. In solch kritischen Momenten nahm sie sich die Zeit, ihrem Atem zu lauschen, horchte tief nach innen und merkte, wie sie dort mit etwas verbunden wurde, was ihr unendlich Kraft gab. Etwas, das ihr klarmachte, dass ihr Leben nur ein Spiel war – mit der Welt als Spielfeld – und dass es nichts gab, was zu ernst genommen werden sollte. Das war ihr Gleichgewicht, das erdete sie und das machte sie wunsch- aber nicht ziellos. Es ließ sie die Welt beobachten – mit Neugier und leiser Freude.

Verträumt klickte sie auf ihrem Rechner ein Bild von Christian an. Sein leuchtendes, sanftes Gesicht, seine unglaublich klaren, strahlenden Augen. Sie lächelte.

Er hatte sie immer dazu ermuntert mit Heiterkeit zu beobachten, was das Leben so brachte und wohin das Schicksal sie trieb. Hatte sie immer ermahnt, das Beste zu geben und daran zu glauben, dass dann auch das Beste für sie geschehen würde.

Doch gerade er war zu ihrer schwersten Prüfung geworden. Gerade in seinem Fall war ihr das sehr, sehr schwergefallen. Immer wieder verspürte sie in ihrer positiven Einstellung kleine Einbrüche.

Sie wusste nicht, ob sie die Firma zum Erfolg führen, ob sie all diesen Erwartungen gerecht werden konnte. Sie wusste nur, sie würde alles dafür tun. Sollte es nicht klappen, war das kein Misserfolg, sondern das Zeichen, einen anderen Weg einzuschlagen. Christian hatte so oft zu ihr gesagt, dass nicht Misserfolg das Problem sei, sondern das Klammern an ein bestimmtes Erfolgsbild.

»Erfolg hat so viele Gesichter, tauch nicht ab, wenn sich etwas Negatives in deinem Leben ereignet. Was du glaubst, was positiv ist, könnte etwas Nachteiliges sein. Und etwas scheinbar Negatives zu etwas absolut Wertvollem werden.«

Anna lehnte sich zurück und schloss die Augen, hatte seine Stimme im Ohr. »Was hast du davon, wenn du dein Schicksal verteufelst? Und wie viel mehr hättest du davon, wenn du lernst, deinem Schicksal, genauso, wie es ist, zuzulächeln? Wenn wir nicht lernen, dankbar zu sein für das, was ist, für das, was wir haben, werden wir immer ein Mangelgefühl verspüren. Wir werden immer glauben, zu wenig von allem zu haben ...«

Wieder lächelte sie in Erinnerung an die Situation, an seine Worte. Es war eine so schöne Zeit mit ihm gewesen, so schön ... und ja, sie war dankbar dafür, für jede Sekunde. Es war so viel. Es war genug für ein Leben. Es war einfach perfekt gewesen und ihr war klar, ein Partner wie Christian war ein absoluter Glücksfall – niemand würde ihm je auch nur den kleinen Finger reichen können. Ihre Erwartungen bezüglich anderer Männer waren gen Null geschraubt und Charles, der sie gerade minutenlang auf Antwort warten ließ, untermauerte ihre Ansicht umso mehr.

Bing! Da war er wieder. Riss sie aus ihren Erinnerungen.

»Entschuldige Anna, ich musste gerade noch was erledigen ... ja, ich möchte noch ein bisschen anonym bleiben, hoffe, du verstehst das.«

»Hm. Also du heißt nicht Charles.«

»Nein, ich heiße nicht wirklich Charles. Aber du heißt Anna?«

»Tja, mein Name ist echt.«

Unsanft aus ihren Träumen katapultiert, starrte sie erneut auf sein Bild. Dann atmete sie tief ein.

Ja, was soll's, Charles, oder wie auch immer, dachte sie. Lenk mich ein bisschen ab. Ich erwarte ja nichts von dir, du darfst mir also alles erzählen, was dir in den Kopf kommt. Du darfst lügen so viel du magst. Weiß der Geier, was du von mir willst. Ich werde einfach auf das reagieren, was du gerade bringst. Und wie immer bin ich gespannt, wohin das führt.

Einmal mehr spürte sie, wie ein Leben ohne Erwartungen sie schlicht freimachte. Diese Einstellung machte sie offen für ihn, weil sie auch ihm damit erlaubte, so zu sein, wie er nun mal war. Sie wollte nichts von ihm – und so konnte er folglich auch nichts tun, was sie verletzte oder enttäuschte. Immerhin hatte seine Hartnäckigkeit ihr in dieser hektischen, unsicheren Zeit oft ein Lächeln ins Gesicht gezaubert. Dafür war sie dankbar.

Während sie ihren Blick auf sein Foto richtete, füllte sich ihr Herz mit Zuneigung und Wärme und sie begann zum ersten Mal, sich voll auf ihn einzustellen. Mit dieser Wärme im Herzen fixierte sie sein Foto und schloss kurz die Augen. Als sie sie wieder öffnete, kündigten die tanzenden Punkte eine Nachricht an. Sie wartete.

»Dein Name ist so süß wie dein Lächeln.«

»Oh, f ..., Charles, hör auf damit, hast du nichts anderes drauf?« Sie setzte einen ärgerlichen Smiley dahinter. »Das ist ... so langweilig!«

»Du scheinst Komplimente nicht zu mögen.«

Es klang unsicher, soweit man das von einer geschriebenen Nachricht sagen konnte.

»Es nervt«, schrieb sie kurzerhand zurück. »Ist es auch möglich, ein bisschen was von dir zu erfahren? Ein bisschen tiefer einzutauchen? Oder willst du diese Unterhaltung auf Kindergartenniveau weiterführen? Sind dir generell Fragen zu indiskret? Dann sag es! Aber ich wüsste nicht, was dieses Geschreibsel dann für einen Sinn haben sollte!«

Es dauerte eine Weile, bis seine Antwort kam. Sie hätte nur zu gern gewusst, ob das daran lag, dass er sich nebenbei die Fingernägel feilte oder Zeit brauchte, um eine zu formulieren.

»Nein, Babe, gar nicht. Ich mag es, wenn du fragst. Ich meine, so lernt man sich ja letztlich kennen. Also, was machst du beruflich?«

Sowie er die Frage gestellt hatte, bemerkte sie ihren eigenen Widerstand, jemandem, den sie nicht kannte, Details aus ihrem Leben zu erzählen.

»Ich ... bin Designerin und in der Firma meiner Eltern beschäftigt. Was machst du?«

»Ingenieur, spezialisiert auf Erdöl und Gas ... ist meistens ziemlich anstrengend und hektisch.«

Anna konnte nicht gleich antworten. Das Blut schoss ihr in den Kopf und für Sekunden fühlte sie sich taub. Ihre Finger lagen untätig auf den Tasten. Schließlich tippte sie eine Nachricht, die sie gar nicht tippen wollte:

»Geht es dir gut? Ich meine, du bist wohlauf?«

Erst, als sie sie abgeschickt hatte, wurde ihr klar, dass das für ihn eine recht seltsame Reaktion sein musste. Aber seine Worte hatten in ihr etwas ausgelöst, über das sie nicht sprechen konnte. Etwas, was ihre Stimmung schlagartig nach unten stürzen ließ.

»Danke der Nachfrage«, antwortete er. »Alles okay.«

Er fragte nicht nach. Weder, warum sie diese Frage gestellt hatte, noch nach ihrer Arbeit, er wollte nicht wissen, was sie designte, welche Firma ihre Eltern hatte ... es war seltsam. Wollte er sie wirklich kennenlernen? Sie zwang sich weiter zu fragen:

»Bist du noch in Asien? Es muss doch toll sein, in einem Land zu arbeiten, das so alte Weisheiten beherbergt. Hast du dich mal damit beschäftigt?«

»Nein. Und ja, bin noch in Asien.«

»Wie lange bist du da noch?«

»Hängt von meinen Verhandlungen ab.«

»Ist das dein erster Versuch über FB eine Frau zu finden?«

»Ist es.«

»Und ... warst du schon mal verheiratet? Oder bist du es noch?«

»Bin Single. Immer schon gewesen.«

Sie war froh, dass er nicht behauptete, seine Frau in einem Autocrash verloren zu haben.

»Warum? Du siehst doch super aus. Oder ist das der Grund?«

»Wie meinst du das?«

»Naja, vielleicht bist du ja so eingebildet, dass du für jede Frau da sein willst. Viele gut aussehende Menschen wollen sich aus diesem Grund nicht binden.«

»Nein, das ist bei mir nicht so. Ich will mich binden. Hab dir doch geschrieben, dass ich auf der Suche bin. Und ich bin sicher, dass du es bist, die ich gesucht habe.«

Sie seufzte. »Here we are again. Lass das, Charles. Bitte.«

Pause. Schließlich fragte er:

»Hast du Kinder?«

Sie schüttelte leicht den Kopf aufgrund dieser sprunghaften Konversation, die immer wieder in die gleiche Aussage mündete. Irgendwie wirkte er linkisch auf sie, wenig einfühlsam und ja, auch wenig wirklich interessiert. Jedenfalls war es nicht die Unterhaltung, auf die sie insgeheim gehofft hatte und urplötzlich fühlte sie extreme Enttäuschung. Der Typ konnte ihr echt gestohlen bleiben!

»Ja, habe ich«, antwortete sie daher kurz und sah auf die Uhr. »Also, Davy Jones, du Pirat ohne Herz, ich muss weitermachen. Wünsch dir noch einen schönen Tag. Oder Nacht. Oder wie auch immer.«

Sie loggte sich aus.

Mochte der Typ ausschauen, wie er wollte – eine Bereicherung war er jedenfalls nicht.

***

»Fuck!«, schnaubte er verblüfft und lachte leicht wegen ihrer letzten Ansage.

»Sie hat sich ausgeloggt, das Biest! Schon wieder! Lässt mich da einfach im Regen stehen! Wie oft will sie das noch bringen?«

Mit ungläubigem Blick sah er auf die Chatleiste, auf ihr Profilbild und die Angabe, dass sie seit einer Minute offline war.

»Also gut«, murmelte er zwischen den Zähnen. »Bist eben eine harte Nuss, meine Schöne. Aber wir haben ja Zeit ... wir haben Zeit.«

Er sah auf den Kalender. Dann aufs Anna Profilbild. Seine Augen funkelten.

»Trotzdem ... dein Lächeln ist wirklich schön. Falls *du* so aussiehst wie auf dem Foto.«

***

Die erste Uhr war online – auf der Homepage und auf Facebook – und sie warteten gespannt auf Reaktionen. Aber: Nichts tat sich. Ein paar klickten den »gefällt mir« Button an, aber das war's auch schon.

»Nur nicht den Mut verlieren«, sagte Anna. »Fürs Weihnachtsgeschäft ist es noch zu früh und nun kommt es einfach darauf an, die Uhren in regelmäßigen Abständen zu präsentieren, damit die Leute darauf aufmerksam werden. Gut Ding will Weile haben.«

Das war nicht wirklich beruhigend, weil sie genau das, diese Weile, nicht hatten. Sie brauchten einen Boom – aber immerhin hatte Anna insofern recht, dass das Weihnachtsgeschäft genau diesen auslösen könnte, wenn sie am Ball blieben.

So konzentrierten sie sich auf Posts und Seitenwerbung, sammelten Likes und Anna hatte eine lange Liste mit den Vertriebspartnern in Europa vor sich, die sie in den nächsten Monaten abklappern wollte, um ihnen die Neuerungen persönlich vorzustellen. An alle hatten sie schon Prospekte, Briefe und Flyer verschickt, aber sie wusste, dass persönliche Ansprache das Effektivste war.

Doch die Resonanz auf die bisher getroffenen Maßnahmen war mager – kaum jemand reagierte auf ihre Anschreiben und viele wollten nicht, dass sie sie extra aufsuchte.

Die gesamte Familie schwitzte und sah mit einigem Bangen, obwohl erst Frühling war, dem Jahresende entgegen. Das war der zentrale Punkt, um den sich derzeit alles drehte, doch das Auftragsvolumen blieb weiterhin gering, am ehesten gingen tatsächlich noch die traditionellen Uhren.

So hielt jeder den Atem an und keiner mochte aussprechen, was so langsam alle heimlich dachten: Das mit den modernen Uhren war ein Flop, der nur unnötig Zeit, Geld und – was am schlimmsten war – Reputation gekostet hatte, denn der Verband hatte sich natürlich ziemlich echauffiert. Sie konnten es nicht verbieten, aber machten entsprechende Bemerkungen, mit der sie die Bevölkerung infiltrierten. Statt Bestellungen kamen Spitzen. Die Angriffe nahmen zu, der Erfolg blieb aus.

Anna machte allen Mut und beschwor sie, den eingeschlagenen Weg lang genug zu gehen, bis sich Erfolge abzeichneten. Sie war der ruhige und zentrierte Pol in der Familie und sie tat allen gut. Aber in ihr nagte es und es gab Zeiten, in denen auch sie sich gegen Zweifel nicht wehren konnte. Immer wieder war es Christian, an dessen Äußerungen sie sich in kritischen Momenten erinnerte, der ihr Kraft gab:

»Zweifel sind wie Nagetiere«, hatte er so oft gesagt. »Lass nicht zu, dass sie deine Ideale anknabbern. Tu deinen Job, so gut du kannst, so dass du dir nicht fehlendes Engagement vorwerfen musst. Alles andere musst du dem lieben Gott überlassen. Deinem inneren Selbst. Das weiß genau, was gut für dich ist.« Sie saß nächtelang in ihrer Küche und arbeitete an ihren Baustellen. Kalkulationen, Uhrentwürfe, Werbeslogans ... und die Kosmetik-Linie, für die sie ebenfalls eine Deadline hatte. Ende November musste sie nach Paris fliegen und ihre Skizzen vorstellen.

Tatsache blieb: Sie brauchten Kunden. Mehr noch: Sie brauchten Multiplikatoren, Leute, die sie international ins Gespräch brachten. Sie brauchten Propaganda. Sie konnte die Kunden nicht zwingen, das zu mögen, was sie machten. Aber sie wusste sehr genau, was Kunden dazu bewegen konnte, das zu mögen, was angeboten wurde. Sie brauchten, wenn möglich, prominente Käufer. Um genau die musste sie sich kümmern. Bald. Wenn sie sich ein bisschen freigeschaufelt hatte.

***

»Hello pretty angel ... hier ist dein Pirat. Ich denke an dich. Mehr als mir lieb ist!«

Seine Augen auf dem Bild fixierten sie wie stets. Sein Mund versprach Dinge, die sie sich nicht zugestehen wollte. Was hatte dieser Kerl nur an sich, dass sie ihn nicht abschoss? Vermutlich sah er gar nicht so aus wie auf dem Foto und war einer dieser abgehalfterten Typen im gerippten Unterhemd und Bierdose in der Hand ... sie musste das unbedingt demnächst herausfinden – und hoffte insgeheim, dass es so war, damit endlich wieder Ruhe in ihrem Inneren war.

»Okay – hast du sonst nichts zu tun?«, fetzte sie in die Sprechblase. »Es ist Mittag! Normale Leute arbeiten um diese Zeit.«

»In Asien ist es sieben Uhr abends ... ich mache Feierabend! Und du bist auch online, so wie's aussieht.«

»Um zu arbeiten. Ich mache meine Ads.«

»Okay. Ich auch.«

»Für Öl und Gas? Come on!«

Er schickte einen lachenden Smiley.

»Nein, ich hatte gehofft, dich hier zu treffen. Wie geht es dir, mein Engel?«

»Hey, haben wir nicht vereinbart, dass du mich nicht mehr so nennen sollst?«

»Liest dein Mann deine Chats?«

»Das nicht.«

»Wovor hast du dann Angst?«

»Ich habe keine Angst, ich finde es nur unpassend.«

»Du bist die erste Frau, die das ... unpassend findet.«

»Mal was anderes: Du sagst, du verwendest ein Pseudonym ... wie wahrscheinlich ist es dann, dass dein Foto echt ist?«

»Natürlich ist das echt. Warum sollte ich das faken? Hast du schon mal gefragt.«

Sie biss sich auf die Lippen, schon wieder so ein Chat, der ins Nichts führte.

»Okay, ist ja auch egal.« Sie war innerlich schon dabei, das Ding abzubrechen. Da fragte er:

»Es ist dir egal? Wirklich und echt egal?«

»Und wie mir das egal ist«, schrieb sie mit Blick auf die Uhr.

»Hey Babe, was soll das? Ich dachte, du magst mein Bild.«

»Ja, aber ich bin nicht so blöd wie du und verliebe mich in ein Foto! Was hast du eigentlich vor? Warum schreibst du mir?«

»Weil ich dein Lächeln einfach atemberaubend finde ... und weil ich der festen Überzeugung bin, dass du die Frau meines Lebens bist. Ich *weiß* das einfach. Du bist mein Glück, mein Kick für alles, was ich tue.«

Sie verdrehte entnervt die Augen.

»Charles! Ein letztes Mal! Hör auf damit! Du weißt gar nichts von mir!«

»Das muss ich auch nicht. Bei mir hat es einfach ausgesetzt, als ich dein Foto auf FB gesehen habe. Es ist eine Gewissheit, die du mir nicht nehmen kannst. In meinen Augen bist du eine der schönsten Frauen, die mir je untergekommen sind.«

»Halloho? Charles, bitte, ich bin nicht schön. Auf dem Foto bin ich kräftig geschminkt. Es gibt Schönere als mich! Das ganze Netz ist voll von Schönheiten! Such dir eine aus!«

»Aber keine hat mich so verzaubert wie du! Keine hat so ein magisches Lächeln! Ich weiß, du sagst, es ist nicht normal ... aber ich fühle nun mal so. Warum soll ich das verleugnen?«

»Das ist absoluter Bullshit, was du da schreibst.«

»Darling, du hast ja keine Ahnung! Ich kann nicht einschlafen, ohne dein Foto vorher betrachtet zu haben. Ich wünschte, ich könnte mein Leben mit dir verbringen. Für mich ist es schrecklich zu wissen, dass du verheiratet bist. Ich denke so oft darüber nach, was gewesen wäre, wenn ich dich früher getroffen hätte ... wenn du nicht gebunden wärst ... ich spüre einfach, dass das mit uns was geworden wäre, das spüre ich so deutlich, wie ich lebe. Ich träume von dir. Du kannst dir nicht vorstellen, wie ich mir wünschte, dass du frei wärst. Frei für mich. Frei für uns.«

Er schob noch nach: »Und bitte sag nicht, dass das krank ist. Ich bin mir sehr bewusst, was ich schreibe.«

Anna saß nach dieser Nachricht wieder einmal genervt vor dem Bildschirm. Das konnte der nicht ernst meinen! Sie zwang sich zur Ruhe.

»Nochmal: Du kennst mich nicht! Wir haben ein paar nichtssagende Zeilen gewechselt!«

»Nichtssagend? Ich habe dir viel gesagt. Immer und immer wieder. Aber du hast es jedes Mal abgeschmettert.«

»Nein, habe ich nicht. Und was das Kennen angeht: Ist dir nie in den Sinn gekommen, dass ich Gewohnheiten an mir haben könnte, die dich in den Wahnsinn treiben?«

»Das glaube ich nicht. Ich habe dieses tiefe Wissen, dass uns etwas verbindet.«

»Und selbst, wenn es so wäre«, schrieb sie echauffiert zurück. »Dann beruht das nicht auf Gegenseitigkeit! Ich weiß nichts über dich!«

»Frag mich! Ich teile mein ganzes Leben mit dir!«

Mit offenem Mund starrte Anna auf die Sprechblase.

»Okay!«, tippten ihre Finger. »Dann sag mir, wie du wirklich heißt! Zumindest deinen echten Vornamen!«

Sowie sie das schrieb, war ihr klar, dass er alle Namen der Welt erfinden konnte – und sie würde es ihm glauben müssen. In Nullkommanichts hatte er sie aus ihrer anfangs gefestigten Einstellung herausgerissen und sie fühlte sich völlig anders als zu Beginn des Chats. Ihre Stirn runzelte sich. Eine Freundschaft, die von vornherein auf Misstrauen gründete, wollte sie nicht. ›Bing!‹ klingelte Facebook in ihre Gedanken hinein.

»Okay. Für dich, pretty angel. Ich heiße William.«

»William.«

Pause. Dann schrieb sie: »Also, William. Ich bin erst mal raus. Das ist mir alles zu … schräg. Du kannst mir ja schreiben, wenn du Lust hast. Was über dich. Am besten etwas, was ich auch verifizieren kann. Ich werde es später lesen.«

Zack. Ausloggen. Programm schließen. Kaffee!!! Starken!

Sie schnaufte tief durch, als sie die stereotype Nachricht der Facebook-Seite las: ›Danke, dass du mal wieder vorbeigeschaut hast! Wir hoffen, dass du dich bald mal wieder anmeldest!‹

»Oh, Shit!«, dachte sie. »Ich wünschte, es gäbe dich nicht!«

Ihr war selbst nicht klar, ob sie damit William oder Facebook meinte. Oder beide.

***

Der Tag war hektisch und forderte sie immens. Die Bank rief an – eigentlich eine erfreuliche Nachricht. Sie gewährte ihrer Firma den Kredit, falls sie ihn brauchen sollte zu zwei Dritteln der angefragten Summe. Aber keiner von ihnen wusste, ob sie tatsächlich das Risiko eingehen wollten. Sie hatten Personal gefunden – und noch nicht zugesagt. Sie hatten Räumlichkeiten ausfindig gemacht, in die sie eine große Anzahl an Uhren für die Kontrollläufe hängen konnten und auch hier mussten sie sich entscheiden, ob sie diese nun mieten wollten oder nicht. Ob sie all die Kosten, die eine große Produktion mit sich brachte, auf sich nehmen wollten. Das war ein Schritt, vor dem alle noch zurückscheuten. Und alle hofften darauf, dass die Bestellungen anliefen, um der Entscheidung eine Rechtfertigung zu geben.

Dann bekam Tim Zahnweh und sie ergatterte noch einen letzten Termin beim Arzt, der grummelnd, weil er seinen Arbeitstag verlängern musste, den Kleinen behandelte. Müde saß Anna nach dem Abendessen vor ihrer Liste mit den Werbemaßnahmen, beschloss, nochmal eine Uhr auf FB zu posten. Doch noch während sie über den Text nachsann, waren ihre Gedanken automatisch bei William/Charles. Sie las den letzten Chat noch einmal durch, holte tief Luft, dann schrieb sie kurz entschlossen:

»Hey, William, ich habe beschlossen, unsere Chats hiermit endgültig zu beenden. Das hat alles keinen Sinn und sollte das, was du geschrieben hast, wahr sein, bist du ganz schön fixiert auf mich – es wäre nicht hilfreich, dich an mich zu binden, in dem ich dauernd antworte. Ist es nicht wahr, hat es sich ohnehin erübrigt. Was deine Überzeugung angeht, ich sei die Frau deines Lebens: Ich kann sie nicht sein, weil ich gebunden bin. Somit hat das Schicksal wohl eine andere Frau für dich im Sinn – und es wäre gut, wenn du dich für sie öffnest. Solange du aber an mir klebst, findest du das wohl nie heraus. Ich wiederhole mich, ich weiß. Das hatten wir alles schon mal. Und ... bevor du wieder das Übliche zurückschreibst: Ja, ich halte das Ganze für höchst krank! Wünsche dir noch alles Gute ... und vor allem, dass du die Frau findest, die du zu dir passt. Liebe Grüße und fair well, Anna.«

Diesmal warf sie ihn auch aus ihrer Liste. Unfriended. Endlich war er fort.

Sie atmete noch einmal tief durch. Die Erleichterung blieb irgendwie aus. Und unwillkürlich dachte sie: »Du wirst mir fehlen. Du und deine verdammten Pretty Angels«.

***

William öffnete ihre Nachricht beim Frühstück und drehte fast durch, als er sie las.

»Das darf nicht wahr sein!«, ächzte er. »Oh, mein Gott, lass das nicht wahr sein!«

Nervös nahm er einen Schluck Kaffee und dachte nach. Dann schrieb er:

»Anna... gerade habe ich deine Nachricht gelesen. Ich schätze unsere Freundschaft so sehr – mir bedeutet sie so viel. Mehr, als du meinst. Können wir nicht einfach einen Neuanfang machen? Bitte! Ich weiß nicht, was ich wieder falsch gemacht habe. Bitte gib mir zumindest die Chance, das zu erfahren.«

Sie war nicht on, also würde er nicht gleich eine Antwort bekommen. Verzweifelt schrieb er eine weitere Message:

»Bitte lass uns Freunde bleiben.«

Er schickte auch diese ab, als er von Facebook darauf aufmerksam gemacht wurde, dass Anna diesmal einen Schritt weitergegangen war: ›*Du bist nicht mit Anna Fries befreundet. Um zu sehen, was sie mit Freunden teilt, sende ihr eine Freundschaftsanfrage.*‹

Ein heißer Strom durchfuhr ihn. Sie hatte ihn entfreundet! Sie hatte die Verbindung einfach gekappt! Er musste etwas tun! Aber was? Sein Gehirn rotierte, seine Gedanken stolperten in seinem Kopf, suchten nach Umleitungen und kamen auf Wege, die er lange nicht mehr beschritten hatte. Er griff zum Telefon.

***

Anna setzte sich auf ihren Stuhl in dem kleinen Büro, ihre Mutter saß ihr gegenüber und sie hörten wie stets im Nebenzimmer Peggy und Lennart miteinander keifen. Man konnte nicht wirklich ausmachen, ob die beiden sich nun mochten oder nicht. Peggy war auf jeden Fall die mit Abstand Gelassenere, während Lenny es sich nicht verkneifen konnte, ständig Witze über ihre Michael-Jackson-Manie zu machen.

»Ich bin nicht manisch«, erklärte Peggy ihm gerade. Sie trug diesmal eine einfache Kombi aus schwarzer Hose und weißen T-Shirt mit V-Ausschnitt, dazu aber die Glitzersocken, die Tanzschuhe und natürlich ein entsprechendes Jackett, das sie selbst geschneidert hatte und das einfach super aussah. »Ich kopiere nur gute Eigenschaften von ihm, damit ich sie ganz in mich aufnehme. Das hört sich in jedem Fall gesünder an als dem Sarkasmus zu frönen, so wie du es tust!«

»Ich fröne nicht dem Sarkasmus! Ich stelle Dinge, die seltsam sind, in den Vordergrund! Damit man sie erkennt!«

»Ach, so, das heißt also, du findest, dass ich seltsam bin?«

»Ja, du bist seltsam. Du bist eine der seltsamsten Frauen, die mir je untergekommen sind!«

»Vielleicht bin ich nur ungewöhnlich!«

»Das bist du auch«, gab Lenny zu und Anna musste lächeln. Ständig ging es zwischen den beiden hin und her. Sie hatte oft den Eindruck, Lenny kam nur deswegen mit einem solchen Elan zur Arbeit, um mit Peggy herumstreiten zu können.

»Jedenfalls«, ließ Peggy sich vernehmen. »… täte es dir auch gut, wenn du mal etwas Sinnvolles aus deinen Talenten machen würdest.«

»Vorausgesetzt, es ist Talent.«

»Lass das das Publikum entscheiden! Ich habe nächste Woche einen Gig, kommst du mit? Du könntest auch auftreten, sofern du was auf Lager hast. Aber wahrscheinlich nennst du dich nur Poetry Slammer, damit du ein bisschen interessanter rüberkommst!«

»Pure Verleumdung!«

»Okay. Warum hast du dann in deinem Alter noch keine Freundin?«

»Mein Penis ist zu groß, ich habe Angst, jemanden zu verletzen. Warum hast du noch keinen Freund?«

»Mann, du Schwachkopf! Das liegt doch auf der Hand! Wer heiratet Michael Jackson? Ich bin zu berühmt! Die sind alle nur hinter meinem Geld her!«

Lenny musste ungewollt lachen. Dann fragte er:

»Du hast einen Gig? Wo denn?«

»Ja, im Wald natürlich! Vor Eulen und Wildsäuen! Wo sonst! Mann, du Schnarchnase! Los, wir kaufen dir eine durchlöcherte Jeans und ein Jackett! Du schnappst dir deine Gitarre und wir gehen! Im Café Kunstpause findet ein bunter Abend statt – jeder kann auftreten!«

Anna konnte es sich nicht verkneifen, sie schaute um die Ecke, um zu sehen, wie Lenny reagierte. Zu ihrer Überraschung kaute er nachdenklich auf seiner Lippe.

»Und … was performst du?«, fragte er Peggy.

»Den Earth Song von Michael. Ich hoffe, du gibst mir was in den Hut!«

»Wisst ihr was?«, beugte Anna einem weiteren Disput vor. »Wir könnten doch alle mal wieder ausgehen! Wir essen vorher was und schauen uns dann Peggys Auftritt an! Das haben wir uns verdient nach der vielen Arbeit, die hinter uns liegt!«

»Das ist eine super Idee«, freute sich Elke Rossberg. »Das machen wir!«

Peggy grinste zufrieden und boxte Lenny wie so oft an den Oberarm.

»Okay, Großer … was bist du? Restposten oder Einzelstück? Nimm deine Gitarre mit! Wir machen das zusammen falsch! Dann ist es nicht mehr so schlimm.«

Lenny musste schon wieder lachen.

»Oh, Mann, Peggy«, sagte er. »Du bist ein echtes Miststück!«

***

»Hey, Phil, ich weiß, es ist am Schluss nicht rund zwischen uns gelaufen ... aber würdest du mir helfen?«

Phil starrte auf den Monitor und konnte kaum glauben, wen er da vor sich hatte. William, in voller Präsenz und – charismatischer denn je.

»Ähm ... warte mal, William ... lass mich mal rekonstruieren, wie lange wir uns nicht gesprochen haben ... Jahre? Viele Jahre? Und ich soll dir helfen? Nach all der Zeit? Du ...« Er räusperte sich. »Du hast dich nie mehr gemeldet.«

»Ja, ich weiß, das hier kommt unvermutet ... hoffe, du sprichst noch mit mir.«

»Naja, gerade tu ich das.«

William lachte. »Also legst du nicht auf?«

»Vorerst nicht. Kommt drauf an, was du vorhast, ich meine, worum es geht. Wofür brauchst du meine Hilfe?«

»Phil ... ich fürchte, ich habe mich ernsthaft verliebt, und ...«

»Okay, warte, warte, warte!«, hakte Phil verblüfft ein. »Das muss ich erst mal sacken lassen! William, der niemals ernsthaft verliebt war und sich geschworen hat, das auch niemals zu sein, hat sich ernsthaft verliebt? Habe ich das gerade richtig verstanden?«

»Das stimmt nicht ganz, das weißt du. Aber ansonsten ... ähm ... ja, so in etwa.«

»So in etwa?« Phil war misstrauisch. »Was denn jetzt? Bist du's oder bist du's nicht?

»Doch ... zumindest habe ich das, was ich jetzt fühle, noch nie bei einer Frau gefühlt!«

»Okaaayy!«, machte Phil »... das muss nicht zwangsläufig bedeuten, dass du verliebt bist ... und ... ähm, wo liegt dein Problem?«

»Naja – die will nicht! Ich komm nicht so recht weiter bei der ... weiß auch nicht. Ist schwierig.«

»Die will nicht? Klingt ja sehr sympathisch! Du verwechselst aber jetzt nicht Liebe mit deinem Dauer-Ehrgeiz, eine Frau in dein Bett zu kriegen, die nicht sofort bei deinem Anblick umgefallen ist?«

»Nein! Gar nicht! Wirklich nicht! Kurioserweise entspricht sie noch nicht mal meinem Beuteschema!«

»Alles klar, sie hat also keine Doppel-D-Körbchen.«

»Nicht nur das! Sie ist ... richtig flach! Gibt es etwas unter A? Mini-A? Und überhaupt!«, entfuhr es William und es hörte sich eher wie eine Beschwerde als ein Hilferuf an. »Ich meine, ich verstehe das nicht! Sie ist hübsch, klar, aber ... naja ... sie ist – sie hat wirklich *null* Holz vor der Hütte! So gar nix! Keine Kurven! Und dann redet sie auch so ganz seltsam. Sie reagiert vollkommen unerwartet ... ich kann ihr noch nicht mal ein Kompliment machen, da beißt die schon gleich. Sie ist ... eben – anders.«

Erstaunt hörte Phil zu. William kratzte sich am Kinn. Auf Phil wirkte das alles nicht ganz stimmig.

»Was willst du dann von ihr?«, fragte er vorsichtig.

»Weiß nicht«, brummte William. »Irgendwie lässt diese Frau mich nicht los. Vielleicht will ich herausfinden, warum das so ist.«

»Ist auch eine Form von Ehrgeiz. Hat übrigens mit Liebe auch nichts zu tun, falls du weißt, was ich meine.«

»Phil ... ich denke dauernd darüber nach ... was ich falsch mache ... warum das bei der nicht klappt ... du weißt, das tue ich sonst nie!«

»Das stimmt«, antwortete Phil im Brustton der Überzeugung. »Aber so, wie ich dich in Erinnerung habe, war der Grund, warum du dich um Frauen bemühst, nie ein guter Grund. Also sei ehrlich, Will. Ich kenne dich zu lange, als dass du mir irgendeine rührselige Scheiße auf die Nase binden kannst.«

»Nein, im Ernst, Phil! Ich meine, ob sie mal eine Rolle in meinem Leben spielen wird, weiß ich nicht, dazu ist es zu früh, aber ich würde das zumindest gerne herausfinden. Wie gesagt, sie lässt mich nicht los. Ich schaue jeden Tag nach, ob sie mir eine Nachricht geschrieben hat – und wenn, dann freue ich mich. Und hoffe jedes Mal, dass sie endlich auf mich reagiert. Das ist doch ... bekloppt!«

»Also hat sie bisher nicht auf dich reagiert?«

»Nein, eben nicht. Um ehrlich zu sein: Sie hat mich mehrfach abgeschossen.«

»Abgeschossen?«

»Ja, ich bin auf FB mit ihr befreundet ... war ... und ich habe sie noch nicht mal zu einem anständigen Chat bewegen können. Und jetzt hat sie mich auch noch aus ihrer Freundesliste geworfen!«

Phil lachte. »Meine Güte, die Frau hat Charakter! Was hast du der geschrieben, dass sie dich rauswirft?«

»Wenn du das liest, verstehst du es noch weniger«, brummte Will.

»Okay. Dann lass sie doch gehen. Es dürfte für dich nicht schwer sein, eine andere zu finden.«

»Aber Phil – sie hat ein echt süßes Lächeln!«, setzte William hilflos auf Phils wenig empathischen Kommentar hinzu.

»Ein *süßes Lächeln*?«, ächzte Phil perplex. »Sagt das Will, der sich bisher nur für Körbchengrößen interessiert hat? Hey, Will, wenn eine nicht wollte, hast du es einfach bei der Nächsten versucht! Dafür hast du auch keinen Rat gebraucht.«

»Mann, Phil, kapier doch, ich bin nicht mehr so. Ich glaube, mich hat es echt erwischt. Ich kann es nicht wirklich erklären.«

Phils Augen richteten sich auf Will, beobachteten ihn aufmerksam, um herauszufinden, was sein alter Kumpel im Schilde führte. Er traute ihm nicht so ganz. Sie hatten sich vor Jahren im Streit getrennt, etwas, was sich keiner von ihnen je hatte vorstellen können.

Phil und Will – ihre Namen waren Legende im Internat und auf dem Campus der Uni gewesen, Phil und Will, das unzertrennliche Paar, die beiden Schwerenöter, die beiden Genies, die Anführer jeder Gang, das Dreamteam, die Jungs, die jeder dabei haben wollte – ob für Veranstaltungen, für Semesterfeiern, als WG-Partner. Phil und Will waren für alles zuständig, die Kapitäne am Campus ... Aber dann war es zwischen ihnen zum Eklat gekommen und Will hatte auf Phils Versöhnungsversuche nie reagiert.

Das hatte auch Phil verletzt und da viele Jahre Funkstille zwischen ihnen geherrscht hatte, wunderte es ihn umso mehr, dass Will sich meldete – noch dazu mit einer solchen Anfrage – und ohne ihren vorherigen Streit klären oder die Situation ins Reine bringen zu wollen. Aber er hatte ihn oft genug vermisst, seinen alten Kumpel Will.

»Also ... welche Art von Hilfe hast du dir denn vorgestellt?«, fragte er vorsichtig nach.

»Phil, ich weiß, dass das jetzt komisch klingt ... aber vielleicht könntest du mir einfach Hilfestellung geben, wie ich mich verhalten soll? Ich meine, du kennst mich. Es fällt mir nicht leicht, mich auf andere einzustellen. Aber ich fürchte, genau das muss ich jetzt tun – und ich habe Angst, dass ich das Ding kaputt mache, bevor ich überhaupt von einer Chance sprechen kann. Hab's ja vielleicht sogar schon versaut!«

Nun war Phil erst recht verblüfft. Er zweifelte keine Sekunde mehr daran, dass es seinen alten Kumpel William vollkommen erwischt haben musste. Er hatte ihn noch nie davon reden hören, dass er sich ändern wolle, um einer Frau zu gefallen.

Spontan sagte er seine Hilfe zu. Aber etwas tief in ihm mutmaßte, dass er das vor allem deswegen tat, um die Frau kennenzulernen, die das bei jemandem wie William ausgelöst hatte. Kaum jemand kannte Will besser, als Phil es tat. Es gab wenige. Sehr wenige.

***

»Mama! Papa! Stellt euch vor! Wir bekommen einen Artikel in der Tageszeitung! Ein Reporter will über unsere neuen Uhren berichten!«

Aufgeregt stürmte Anna in das Büro, in dem ihr Vater mit Timmi saß, der ihm mit Hingabe bei seiner Arbeit zusah und ihm Federn und Werkzeug reichte.

»Ein Artikel?«, jubelte Elke Rossberg. »Oh, super, das könnte der Kick werden!«

»Genau! Sie wollen ein Interview mit uns allen machen und hier alles anschauen! Und vielleicht schaffen wir es sogar ins Regionalfernsehen ... und von da noch weiter!«

»Was heißt das, sie wollen alle interviewen?«, meldete sich Lenny. »Mich auch?«

»Klar, dich auch!«, rief Anna mit heißen Wangen. »Du bist eine der wichtigsten Säulen hier!«

»Dann müssen wir dich aber neu stylen!«, ließ Peggy sich vernehmen. »Einen anderen Look verpassen! Du musst heiß wirken! Jung, dynamisch! Begehrenswert! Falls du weißt, was das ist. Eine hippe Uhr von einem hippen Uhrmacher!«

»Was meinst du damit?«, hakte Lenny beleidigt nach. »Dass ich nicht jung, dynamisch und begehrenswert bin?«

»Ähm ... doch! Natürlich!«, erwiderte Peggy und zog ihre Nase kraus. »Aber vielleicht ... sollten wir trotzdem mal so vorsichtig über einen anderen Haarschnitt nachdenken, lieber Heintje. Ist auch gut für deinen Auftritt! Ich hoffe, du hast geübt!«

Sie sah ihn an und merkte, dass sie ihn verletzt hatte.

»Hey, Lenny«, erklärte sie gutmütig. »Ich denke halt einfach, dass aus dir noch mehr herauszuholen wäre! Wie wär's, wenn du mich mal machen lässt?«

»Okay, das heißt hoffentlich nicht, dass wir uns nun alle als Rockstars verkleiden müssen«, ließ Herr Rossberg sich vernehmen. »Nur, damit unsere Uhren hip sind.«

»Ja, aber – wartet mal«, warf Anna elektrisiert ein. »Peggys Idee hat was! Ich meine ... da könnten wir noch mehr draus machen – die Art, wie wir uns nach außen zeigen ...!«

»Genau!«, rief Peggy, froh über die Unterstützung. »Also, ich würde zum Beispiel kein kariertes Hemd empfehlen ... und nix mit Schwarzwaldtracht! Anna, versprich mir, dass du keinen Bollenhut aufsetzt!«

»Aber Peggy, gerade der Hut ist total scharf! Den setze ich auf! Ganz bestimmt!«

»Oh, mein Gott«, stöhnte Peggy und vergrub ihr Gesicht in ihren Händen. »Das kannst du mir nicht antun!«

»Doch ... genau das ist doch genial!«, ereiferte sich Anna und die Ideen in ihr formten sich immer klarer. »Das ist DIE Idee! Wir stellen unsere neuen Uhren vor – die Verbindung von Tradition mit Moderne – und zeigen das auch mit unserem Outfit! Was meint ihr? Zumindest Lenny und ich könnten das machen ... ich finde Papa und Mama sollten so bleiben, wie sie sind. Papa mit Jeans und Hemd – und ja – Mama in der Tracht ... das gibt doch eine coole Mischung!«

»Und wie präsentierst du dich?«, wollte Peggy wissen.

Anna zwinkerte ihr zu:

»Na, wie wohl? Ich ziehe meine schwarzen Lederleggins und die kurze Lederjacke an, drunter eine Glitzer-Korsage mit Push-up, Boots mit Nieten und Ketten oder krasse High Heels, Lederarmbänder – und – ganz wichtig: den Bollenhut und Sonnenbrille!«

»Geil!«, kreischte Peggy. »Das ist supergeil! Das klingt hervorragend! Hey, Lenny, du kannst unmöglich daneben stehen mit Stoffhose und kleinkariertem Hemd! Wir müssen unbedingt ...«

»Das war ein Witz! Ein Witz!«, unterbrach Anna lachend. »Du glaubst doch nicht, dass ich so in unserem Tagesblatt posiere! Da könntest du ja gleich das Rotlicht einschalten!«

»Oh, mein Gott, nein! Das tust du mir jetzt nicht an!«, grätschte Peggy geradezu verzweifelt dazwischen. »Das war kein Witz! Auf gar keinen Fall war das ein Witz! Das ist die sensationellste Idee des Jahrhunderts! Wir mischen auf dem Foto Tradition mit Moderne – und du –« sie boxte Lenny so kräftig auf den Arm, dass er vor Schmerz zusammenzuckte. »Du stehst für MODERNE ... damit wir uns gleich mal richtig verstehen! Wir gehen einkaufen! Und zum Friseur!«

Lennys Gesichtsausdruck sprach Bände.

»Na, komm schon, mach mit, Lenny!«, rief Peggy.

»Ich ... ich werde drüber nachdenken«, räumte er widerwillig ein, ungewollt gefangen von dem Projekt. »Ob ich auf alles eingehe, was du mir dann vorschlägst, weiß ich nicht.«

»Oh, du wirst einverstanden sein!«, rief Peggy. »Ich weiß schon genau, welcher Haarschnitt dir steht und neulich habe ich in einem Katalog ein Outfit entdeckt, das genau für dich passen würde ...«

»Oh, wow, du scheinst dich ja ganz schön mit Lenny beschäftigt zu haben«, warf Anna schmunzelnd ein. »Ist dir sein Aussehen so wichtig?«

Peggy wurde rot. »Naja, wir sind jeden Tag zusammen«, verteidigte sie sich. »Da macht man sich halt Gedanken ... und wie du weißt, habe ich ein paar Jahre Modestudium hinter mir. Außerdem reizt mich dieses Foto immens!«

»Und ... was ist mit dir?«, meldete sich Lenny. »Willst du auch mit aufs Foto, Peggy?«

»Also, ich bin dabei!«, krähte sie, machte eine Michael-Jackson-Drehung, reckte den Arm in die Luft und schrie »Heehee!«. Dann aber lockerte sie ihre Haltung und sagte: »Nein, natürlich nicht. Ich gehöre doch nicht zur Familie.«

»Du kannst schon mit aufs Foto. Aber als *Peggy* und nicht als MJ!«, schoss es aus Lenny heraus.

»Lenny, ich habe große Bedenken, ob du mich verkraftest!«, antwortete sie und zwinkerte ihm zu. »Aber ich mache fast alles, wenn du nur mit mir einkaufen gehst! Und zu dem Gig!«

Operation Anna

Phil und Will skypten ein paar Tage später.

»Hast du ein Foto von ihr?«

»Logisch – hab sie ja über FB kennen gelernt.«

Phil loggte sich ein und gab ›Anna Fries‹ in die Suchleiste ein. Als er sie sah, fiel er fast um.

»Jetzt glaube ich dir, dass du dich geändert haben musst«, sagte er fast ehrfürchtig. »Das ist ja weit weg von dem, was du sonst so abgeschleppt hast. William, das ist ja ... eine Klassefrau!«

»Findest du?« Will kratzte sich den Dreitage-Bart am Kinn.

»Ja!«, stieß Phil hervor und betrachtete das Foto intensiver. »Meinst du, sie sieht so aus wie auf dem Foto?«

»Ich hatte bislang nicht das Gefühl, dass die der Typ ist, der gefakte Fotos ins Netz stellt. Sie war sogar sehr bemüht, mir zu sagen, dass sie darauf geschminkt ist – als ob ich das nicht selbst sehe. Aber vielleicht ist sie am Ende doch eine alte Trulla mit Birkenstocks, fettem Hintern und grauen Haaren – und das Foto zwanzig Jahre alt. Vielleicht ist sie deshalb immer so schnell aus den Chats verschwunden ... Mann, Scheiße, jetzt, wo du es sagst ... könnte echt sein, dass sie gar nicht so aussieht!«

»Na, du hast sie doch bestimmt gegoogelt«, antwortete Phil zerstreut, seinen Blick auf Anna gerichtet.

»Klar habe ich das. Aber da war nix zu finden.«

»Das ist schon mal seltsam. So ein paar Uni-Bilder sind doch von jedem im Netz!«

William musterte seinen alten Freund Phil, der aufmerksam – und begeistert – Annas Gesicht betrachtete und besah es sich selbst noch mal genauer. Es gefiel ihm, dass sie bei Phil gut ankam. Es war das erste Mal seit langer Zeit, dass sie den gleichen Geschmack zu haben schienen. Und plötzlich fielen ihm noch ein paar andere Dinge an Anna auf, die ihm vorher entgangen waren: Die Grübchen in den Wangen, wenn sie lachte, ihre weißen, geraden Zähne, ihr seidiges Haar, ihr klares Gesicht ... und ... wow ... diese großen, blaugrünen Augen. Wie bei einer Libelle. Unwillkürlich klickte er auf ihr Foto und vergrößerte es. Ob sie Kontaktlinsen trug? Zum ersten Mal ging er auf ihre Fotogalerie – aber es gab nur dieses eine Foto und plötzlich wurde er wieder misstrauisch und hätte am liebsten sofort überprüft, ob das Foto echt war oder nicht.

»Ihr Lächeln ist schön, nicht?«, sagte er mehr zu sich selbst als zu Phil.

»Ja, absolut!«, antwortete Phil. »Und nicht nur ihr Lächeln! Was macht sie beruflich?«

»Sie ist Designerin ... und Grafikerin.«

»Okay – ja, das passt zu ihr.«

»Ähm ... woran siehst du das?«

»Aber ... warte mal, Will, da steht, dass sie verheiratet ist. ...!?«

»Sie ist nicht verheiratet. Sie hat den Beziehungsstatus auf verheiratet geändert, damit sie nicht ständig angegraben wird. Zuerst war sie nämlich Single, dann hat sie plötzlich verkündet, geheiratet zu haben. Ohne Hochzeitsfoto und so. Das glaubt ihr doch kein Mensch.«

»Okay, ja, das kann stimmen. Sie trägt keinen Ring am Finger.«

William stutzte, auch das war ihm nicht aufgefallen. Verdammt, vielleicht war sie wirklich nicht verheiratet? Sein Herz weitete sich ungewollt bei dieser Annahme. Aber nicht nur das hob seine Laune an. Sie stieg aus mehreren Gründen. Einmal, weil er von Phil wertvolle Hilfe bekommen würde, zum anderen fühlte es sich so gut an, wieder mit ihm in Kontakt zu sein. Und ein weiterer Umstand gab ihm zu denken: Dass Phil ihm ohne großes Aufheben zu helfen bereit war. Eine Welle von Dankbarkeit durchflutete ihn. Etwas, was er seit langem nicht mehr gefühlt hatte: Wärme für einen anderen Menschen. Das wärmte auch ihn.

»Hey, Phil«, sagte er mit dieser Zuneigung in der Stimme. »Ich freue mich so, dass du mir hilfst. Nach all dem. Danke, Kumpel. Bist ein echter Freund.«

»Schon gut, Alter«, sagte Phil und kam aus dem Staunen nicht mehr raus. Auch das hatte er noch nie von William gehört. Vor allem nicht mit diesem gefühlvollen Timbre in der Stimme. Diese Frau musste wirklich Eindruck auf ihn machen! Und das, ohne dass er ihr je begegnet war!

»Bin froh, dass ich wieder dein Freund sein kann«, fuhr William fort und lächelte ihn über den Monitor an.

»Ich auch, Kumpel«, antwortete Phil. »War echt langweilig ohne dich! Du hast mir gefehlt!! Auch wenn du die meiste Zeit ein Arsch bist!«

Sie unterhielten sich noch eine Weile zwanglos, füllten die Lücken zwischen dem Abbruch ihrer Freundschaft und dem jetzigen Moment – und lachten viel. Als sie auflegten, fühlte sich William wie auf Wolken. Fast.

Dennoch – er hatte ein Hochgefühl dieser Art schon lange nicht mehr gehabt. Allein das zu spüren war ein erster Impuls, der Absprung zu etwas Größerem. Aber das konnte er noch nicht wissen. Und das war auch ganz gut so.

***

Ein paar Tage später ging er mit Phil den bisherigen Chatverlauf zwischen Anna und ihm durch.

»Das ist alles?«, fragte Phil erschüttert. »Du ... du weißt ja gar nichts!«

»Weil das Gör sich ständig ausloggt, wenn es ein bisschen persönlicher wird! Ist doch kein Wunder!«

»Naja, eher ist es so, dass du unpersönlich reagierst. Sag mal, interessierst du dich wirklich für sie?«, hakte Phil belustigt nach, als er sich den Ausdruck vornahm.

»Klar, Mann, was meinst du, wozu ich diesen Aufwand betreibe?«, protestierte William.

Immer noch zweifelnd sah Phil zu ihm hoch. »Aber ... du schreibst immer dasselbe! Nichtssagende Standardsätze! Du gehst null auf sie ein! Sie hat dir einen Song geschickt! Nein, drei sogar!«

»Sie hat Songs geschickt? Ach ja ... da war mal was. Hab ich nie angeklickt.«

»Warum nicht? Das hat sie getan, um dich zu erkunden ... und dir ein bisschen Einblick in ihren Geschmack zu geben ... und du nutzt das nicht? Und hier – sie hat dir mehrfach gesagt, du sollst die Koseworte lassen ... das hat dich überhaupt nicht tangiert!«

»Jede Frau mag Koseworte! Sie fahren alle darauf ab! Alle!«

William reagierte so unangemessen heftig, dass Phil erstaunt die Augenbrauen hochzog.

»Sie eben nicht. Sie schreibt es sogar! Und genau deswegen hat sie dich rausgeworfen!«

»Frauen meinen nie, was sie sagen! Und schon gar nicht, wenn es um Koseworte geht!«, ereiferte sich Will und Phil konnte förmlich sehen, wie sich Will in eine Kabine voller vorgefertigter Meinungen schloss, blind für alle anderen Möglichkeiten.

»Hey, Will, die Frauen, die du bisher kennengelernt hast, haben vielleicht nicht gesagt, was sie wirklich denken. Aber das hier ist eine andere Klasse. Sie hat durchaus Versuche gestartet, dir näherzukommen – und du hast sie schlicht abgeschmettert. Du willst nicht wissen, wie alt ihre Kinder sind, wie sie heißen ... du weißt noch nicht mal, welches Geschlecht sie haben ... was ihr Mann macht, wenn sie einen hat ... wo sie lebt ...«

»Doch! In der langweiligsten Gegend Deutschlands! Im Schwarzwald!«

»Der ist alles andere als langweilig!«

»Genau das behauptet sie auch. Große Berge, feuchte Täler und jede Menge Wald. Da hatte ich zum ersten Mal die Hoffnung, dass sie ein bisschen tickt wie ich. Aber weit gefehlt! Die war schneller aus dem Chat verschwunden, als ich gucken konnte. Schwarzwald! Bollenhüte! Kuckucksuhren! Voll aufregend! Fehlt nur noch, dass sie was damit zu tun hat!«

»Eben ... hast du sie schon danach gefragt? Was genau designt sie denn?«

»Oh, Mann!« William vergrub den Kopf in seinen Händen. »Das ist ja richtig anstrengend!«

Wenn du was Besonderes willst, musst du dich immer anstrengen«, gluckste Phil. »Das weißt du besser als ich.«

»Ja, Mann, ich weiß noch nicht mal, ob das Mädel das wert ist!«

»Hast du immer noch nicht herausgefunden, ob das Foto echt ist? Okay, du stellst in den nächsten Tagen sicher, dass sie nicht die Trulla ist, die du befürchtest, sonst brauchen wir ja gar nicht erst anfangen.«

Dann redete er mit William über den nötigen Änderungsbedarf – Phil hatte einen Plan. Einen, der gewaltig nach Arbeit roch. Er redete mit ihm darüber, wie schön es war, jemanden zu erforschen, gerade diese erste Zeit des Kennenlernens ... wie wichtig es war, auf Kleinigkeiten zu achten, und dass Will auf ihre Worte eingehen und darüber nachdenken müsse, und er gab ihm Bücher, damit er auf ihre leicht philosophischen Ansätze, sollten die sich vertiefen, etwas parat hatte. William wäre es lieber gewesen, es wäre schneller gegangen, einfacher, unkomplizierter, so wie er es gewohnt war. Er grummelte, aber er machte mit.

***

Das Interview mit der Zeitung wurde dann so kurzfristig vereinbart, dass sie keine Zeit fanden, ihre gewagten Neu-Inszenierungspläne umzusetzen. Es wurde – sehr zum Ärger von Peggy – ein ganz normales Interview.

Insgeheim waren alle ein bisschen froh darüber, denn sie wussten ja, dass die modernen Uhren nicht nur nicht so gut ankamen wie erwartet, sondern sogar Widerstand hervorriefen. Gerade deswegen erhofften sie sich von dem Artikel einen entsprechenden Anschub.

Der Journalist war ehrlich interessiert und er fand die Umgebung, das uralte Haus, diesen ehemaligen Lebensmittelladen, dessen Einrichtung trotz der anderen Verwendung nicht groß geändert worden war, urig und witzig.

»Das ist fantastisch«, freute er sich und die ganze Familie stellte sich so, wie sie gerade war – zum weiteren Missfallen von Peggy –, vor der Wand mit den Uhren auf. Alle hofften auf ein entsprechendes Echo und vor allem auf die lang ersehnten Aufträge.

Aber wieder tat sich nicht viel. Das, was eintrudelte, waren Tropfen auf dem heißen Stein. Sie hatten zwar versucht, ihre Erwartungen nicht allzu hoch zu schrauben – immerhin war es ja nur eine Lokalzeitung gewesen, die über sie berichtet hatte –, aber trotzdem waren sie sich sicher gewesen, damit ein

Sprungbrett für eine größere Publicity, den Startschuss in eine höhere Liga zu haben. Sie hatten gehofft, dass weiterreichende Medien auf sie aufmerksam werden würden - jeder hatte insgeheim einen Anstieg der Bestellungen erwartet. Aber mit dem, was der Artikel letztlich bewirkte – damit hatte keiner gerechnet.

***

»Paps, was ist los? Warum machst du so ein Gesicht? Hat die Innung den neuen Uhren nicht zugestimmt?«

»Sie müssen nicht zustimmen, Anna. Wir können die Kuckucksuhr so designen, wie wir das für richtig halten. Die meisten von ihnen wollen das natürlich nicht ... sie sind nicht begeistert, aber sie legen uns auch keine Steine in den Weg.«

»Das hört sich doch gut an! Wo ist dann das Problem?«

Anna sah ihre Eltern an. Ihre Mutter war gerade vom Einkaufen nach Hause gekommen, die vollgepackten Taschen standen noch auf der Theke und Frau Rossberg hatte sich - ganz gegen ihre Gewohnheit – *vor* dem Aufräumen der Einkäufe einen Kaffee aus der Maschine geholt und sich an den Tisch gesetzt. Sie sah aufgewühlt aus. Annas Blick ging von ihrem Vater zu ihrer Mutter.

»Wenn es nicht die Innung ist ... was ist es dann?«

»Die Bevölkerung!«, antwortete ihre Mutter. »Die Leute hier! Ich fasse es nicht! Sie haben mich beim Einkaufen angepöbelt! Sie haben gesagt, dass es eine Schande ist, wie wir die Kuckucksuhr verunstalten und die Traditionen im Schwarzwald kaputtmachen! Sie haben mich richtig beschimpft!«

»Oh, nein«, rief Anna, lief zu ihrer Mutter und legte den Arm um sie. »Das tut mir so leid!«

»Ja, stell dir vor, eine Frau hat sogar vor mir auf den Boden gespuckt! Sie hat gemeint, wir würden mit den modernen Kuckucksuhren den Schwarzwald asozial machen und Rocker und Banden hierher einladen!«

»Asozial?!«, rief Lenny, der dazu gekommen war. »Das ist doch ... das ist doch ...«

»Das ist halt so, wenn Traditionen aufgelockert werden«, sagte Anna. »Wir müssen jetzt ruhig bleiben – und vor allem uns nicht vom Weg abbringen lassen.«

»Aber Anna, wenn die Leute bei uns schon so denken – was werden die anderen sagen? Die wollen doch erst recht ein Stück Tradition! Das ist der Grund, warum sie eine Kuckucksuhr kaufen! Und wenn die Uhr nicht mehr traditionell ist, dann gewinnen wir gar nichts!«, rief Frau Rossberg.

»*Manche* Leute hier denken so ...«, stellte Anna richtig. »Sie verbinden das eben mit Heimat. Und die sollte immer so bleiben, wie sie war. Aber das ist eine

Farce! Nichts bleibt, wie es war! Jeder hat inzwischen einen Fernseher im Wohnzimmer und ein Navi im Auto! Wir dürfen uns nicht entmutigen lassen!« Frau Rossberg straffte sich. »Ja«, sagte sie. »Du hast recht. Als ich die Frau fragte, ob sie denn eine Kuckucksuhr habe, sagte sie, sie hätte noch nie eine besessen.«

Anna lächelte.

»Änderungen brauchen Zeit – und die müssen wir den Leuten geben. Bitte haltet durch. Irgendetwas wird sicher passieren und dann geht es vorwärts. Wir müssen nur dranbleiben!«

Aber dann fanden sie Zettel vor der Firmentür mit wütenden Sprüchen darauf, sie sollten aus dem Schwarzwald verschwinden, bevor sie ihn ganz kaputt gemacht hätten. Sie sollten schöne Dinge schön sein lassen und sie nicht verunstalten.

»Künstlerfamilie!«, stand auf dem einen Pamphlet. »Dass ich nicht lache! Schrott-Familie! Haut ab!«

»Lasst unseren Schwarzwald so wie er ist! Wir wollen unsere Heimat erhalten!«

Es war nicht leicht. Annas Augen verdunkelten sich, als sie das las. Ihr Vater hatte sie zu einer Krisensitzung zusammengerufen und sie saßen mit einer Tasse Kaffee um den Tisch.

»Und was jetzt?«, fragte Peggy. Alle sahen auf Anna.

»Na, meine Lieben, was wohl«, antwortete sie. »Jetzt erst recht! Es gibt nur die Flucht nach vorne. Also wappnet euch.«

Aber ihr war nicht wohl zumute. Wenn das Ding schiefließ, war sie dafür verantwortlich.

For a better world

»Komm schon, Lenny! Sei nicht feige! Du weißt doch: Mut ist, zu wissen, dass andere noch viel feiger sind als wir!«

Die aufmunternden Worte kamen von Peggy. »Du musst doch kein Star sein! Wovor hast du Angst? Aber über andere meckern, die sich was trauen! Das kannst du! Hast keinen Arsch in der Hose!«

»Ey, Peggy, mach halblang. Ich geh mit ... vielleicht ... okay? Aber ich muss nicht auftreten!«

»Aber verdammt noch mal ... du bist gut! Ich habe dich doch gehört! Deine Gags sind super!«

»Es reicht mir, wenn ich das weiß!«

»Aber du könntest doch auch was Gutes damit bewirken!«

»Häh? Spinnst du? Meinst du, dass jemand sein Leben ändert, weil er meine Slams gehört hat?«

»Nein, ich meine was anderes«, sagte Peggy bockig.

»Und was? Dass auf die Bühne gehen geil ist? Ist man dann interessanter als vorher? Oder attraktiver?«

Lenny war geradezu bissig, was ungewöhnlich war, und ebenso seltsam war, dass Peggy nichts darauf erwiderte. Sie nahm nur die Sonnenbrille ab und sah ihn mit ihren grünen Augen an.

»Fuck, Peggy, du willst nur auffallen!«, griff er sie an. »Sonst nichts! Weiß der Geier, was du damit erreichen willst! Aber wenn es dir den Kick gibt ... bitteschön! Nur – lass mich dabei aus dem Spiel!«

Er rannte aus dem Zimmer und warf die Tür hinter sich zu.

Anna stand auf und ging zu Peggy in das Nebenzimmer. Ihr Blick war traurig, aber als sie Anna kommen sah, setzte sie eilig die Sonnenbrille auf.

»Tja«, meinte sie. »Die schwerste aller Sprachen ist Klartext. Das Leben ist zu kurz, um sich über so was aufzuregen. Man sollte sich von Idioten und alkoholfreiem Bier fernhalten.«

Dann grinste sie und wackelte wie Michael mit dem Kopf. »Donald Trump, Brexit, Pokemon Go und dein Bruder ... die nächste Staffel von South Park wird super!«

Anna lachte, aber sie sah Peggy mit einem eigentümlichen Blick an.

»Meinst du, er geht heute Abend mit?«, fragte Peggy und wich Annas Augen aus.

»Keine Ahnung«, antwortete Anna. »Die Hoffnung stirbt zuletzt. Und vorher bringt sie einen um.«

***

Lenny ging mit. Grummelig zwar und ohne seine Gitarre, aber er ging mit. Sie saßen beim Inder, ließen sich die Currysoßen schmecken und Lenny sprach dem Wein etwas mehr zu, als gut war. Aber immerhin machte ihn das locker und das Abendessen wurde lustig und entspannt. Das Café war nur wenige Meter vom Restaurant entfernt und gutgelaunt machten sich alle auf den Weg.

Peggy wirkte ein bisschen nervös und Anna nahm sie in den Arm und sagte: »Toi, toi, toi, meine Süße, das kriegst du bestimmt super hin!«

Sie nickte und verschwand in der Garderobe, während der Rest der Familie sich im Café umsah. Die Location selbst war überraschend geräumig. Es gab eine Bühne, viel Fläche davor, die mit Stehtischen ausgekleidet war und sogar eine Galerie, von wo aus man einen guten Blick auf die einzelnen Vorstellungen hatte. Der Moderator verkündete, dass sich allein für diesen Abend fünfundzwanzig Interpreten angemeldet hätten und als Anna und ihre

Familie eintrafen, waren zehn davon schon aufgetreten. Die Künstler traten nonstop auf. Sie wurden kurz angekündigt und mussten sofort loslegen. Peggys Auftritt war in circa einer halben Stunde geplant und Lenny verfolgte gespannt die einzelnen Darbietungen, unter denen einige von Poetry Slammer waren. Anna merkte, wie er sich verglich und immer aufgeregter wurde. Ob es wegen Peggy war oder einfach, weil er ahnte, dass er durchaus hätte mithalten können, wusste sie nicht.

Der letzte Interpret, ein Comedian, oder einer, der es werden wollte, trat mit mäßigem Applaus ab und entgegen der sonstigen Vorgehensweise sagte der Moderator diesmal den Nachfolger nicht an.

Die Leute unterhielten sich, die Bühne blieb leer, aber dann gingen auf einmal für fünf Sekunden die Lichter aus und die Menschen im Raum wurden automatisch still. Musik setzte ein. Das Piano des Earthsongs perlte in den Raum und auf der Leinwand hinter der Bühne waren atemberaubende Naturszenen zu sehen. Schließlich richtete sich ein warmer Scheinwerfer auf die Bühne und man konnte eine kauernde Gestalt vor der Leinwand ausmachen, die mit den ersten Silben des Songs aufstand und eine Choreografie passend zu den Bildern auf der Leinwand tanzte, so akkurat und zielgenau, dass einem der Atem wegblieb. Aus der Entfernung war Peggy von Michael nicht zu unterscheiden. Sie war klein und zierlich wie er und ihre Bewegungen dermaßen auf ihn abgestimmt, dass man zeitweise dachte, Michael wäre wieder auferstanden.

Die wunderbaren Naturbilder im Hintergrund wichen einer grausamen Realität: Riesige Bagger, die Tropenwälder vernichteten, Meere, die verschmutzt wurden, Delfine und Wale, die im Blutbad schwammen, Gift, das in Flüsse strömte oder als Rauch die Atmosphäre verseuchte. Und vor diesen Bildern tanzte Peggy mit einer unglaublichen Leidenschaft, unterstrich die Bilder, gab ihnen noch mehr Gewicht und schaffte es mit ihren Bewegungen, die Menge so zu bewegen, dass sich alle betroffen fühlten und gemeinsam mit ihr mit erhobenen Armen und Feuerzeugen skandierten:

»What about us? What about us?«

Alle waren voll mit dabei, doch mit Ende des Lieds änderte sich der Rhythmus schlagartig und Peggy gab ein wahres Tanzfeuerwerk mit »Billie Jean« zum Besten. Die Leute johlten, klatschten und schrien begeistert nach einer Zugabe, als sie geendet hatte. Sie hatte alle mitgerissen, hatte alle bewegt und eine Wahnsinnsshow hingelegt. Dankbar und sichtlich gerührt verbeugte sie sich.

Annas Blick streifte Lennys Gesicht. Der hing wie gebannt an der Bühne, es war kaum auszumachen, was er dachte, aber Anna meinte, eine ganz leise Abfälligkeit in seinem Lächeln zu sehen, die besagte: »Ich hatte recht. Sie geilt sich an diesem Erfolg auf!«

Doch Peggys Vorstellung war noch nicht zu Ende. Sie stellte sich ans Mikrofon, noch heftig atmend von ihrem Auftritt; sie war sehr ernst und versuchte, sich zu sammeln. Schließlich erhob sie ihre Stimme:

»Leute, danke! Danke für euren Applaus. Aber bevor ich mit meinem Hut herumgehe, möchte ich euch wissen lassen, wofür das Geld sein wird, das ihr da reinwerft. Es ist ganz sicher nicht für mich.«

Sie machte eine kurze Pause, hielt das Mikro von ihrem Mund weg und atmete nochmal tief aus und ein.

»Ich habe noch einen Clip für euch, den wir uns gleich anschauen werden. Vorher möchte ich dennoch verbal versuchen, zu vermitteln, warum ich in dieser Montur herumlaufe. Viele lachen drüber. Viele verstehen das nicht. Aber es gibt einen handfesten Grund – es ist nicht nur Jux und Tollerei. Wie wir alle wissen, hat Michael Jackson Unmengen an Geld für bedürftige Kinder in dieser Welt gespendet. Und da er nicht mehr unter uns ist, bin ich sozusagen eine lebende Mahnung für euch. Denn diese Kinder, denen es nicht gut geht, die gibt es noch immer. Und es wird sie immer geben. Aber wir ... wir können helfen. Heute zum Beispiel ist eine solche Gelegenheit. Also schaut bitte nicht weg. Schaut hin! Es gibt Kinder, die unter Gewalt leiden, Kinder, die missbraucht werden, Kinder, die krank sind, Kinder, die vernachlässigt werden. Sie haben niemanden außer uns, der ihnen helfen kann. Verschließt nicht eure Augen, denn heute möchte ich eure Aufmerksamkeit auf zwei Gruppen lenken, die alles dafür tun, Kindern ihr Leben etwas leichter zu machen.«

Ein Bild erschien im Hintergrund, ein Krankenhaus, eine Kinderstation, kahl und dürftig.

»Es gibt Kinder, die an Krebs erkrankt sind, die nicht, wie ihr alle hier, die Möglichkeit haben ihr Leben zu leben. Vielleicht habt ihr so viel Herz, für die Kinderonkologie in dieser Stadt zu spenden, damit wir bunte Tapeten, Spielzeug und andere Dinge kaufen können, um ihnen den Aufenthalt dort etwas angenehmer zu machen. Wollen wir hoffen, dass sie gesund aus der Sache hervorgehen. Es ist schlimm genug, überhaupt so etwas durchmachen zu müssen. Und es ist leichter, positiv zu denken, wenn man ein paar Farben und eine gemütliche Umgebung um sich hat.«

Ein erstauntes Grummeln ging durch den Raum, aber Peggy hatte schon das nächste Bild auf der Leinwand.

»Der zweite Verein ist Kindern gewidmet, denen klar ist, dass sie es nicht schaffen werden. Die ihr Todesurteil schon mit so jungen Jahren in der Tasche haben und doch noch so viel erleben wollten. Deren Leben vorbei ist, bevor es richtig angefangen hat. Dieser Verein erfüllt Kindern ihre letzten Wünsche, bevor sie von dieser Erde gehen müssen. Das kann ein Tag im Europapark sein oder ein Treffen mit einem Promi, den sie bewundern ... Es ist meist wenig, was Kinder als letzten Wunsch äußern, und vielleicht bewegt es euer Herz, denn sie haben keine Zukunft so wie ihr. Sie müssen mit ihrem Leben abschließen und alles, was wir tun können, ist, ihnen den Abschied so schön wie möglich zu gestalten. Alles, was wir tun können, ist, dafür zu sorgen, dass sie mit einem Lächeln von dieser Erde gehen.«

Sie schaltete den Beamer ein und die Gesichter von glatzköpfigen, glücklich lächelnden, todgeweihten Kindern erschienen auf der großen Leinwand. Sie freuten sich über eine Fahrt in der Achterbahn, strahlten mit Zahnlücken neben einem Promi, bestaunten mit großen Augen Künstler in einer Vorstellung, die sie sich schon lange mal hatten ansehen wollen – oft kleine Dinge nur, die ihre Eltern ihnen nicht hatten zahlen können. Darunter standen die Vornamen, das Alter und – der Todestag dieser Kinder.

Aber nicht eines von ihnen blies Trübsal. Sie alle lachten und freuten sich mit einer Intensität, die ans Herz ging, einem Glück, das beschämte.

Der Saal war still, als der Zwei-Minuten-Clip endete. Leise klangen die ersten Takte von »Heal the World« in den Raum, ertönte die Kinderstimme, die um eine bessere Welt bat, und Peggy ging mit ihrem Hut umher und sammelte Geld ein. Viele nickten ihr zu. Es gab nicht einen, der nichts gab. Alle öffneten ihre Geldbeutel und etliche mit Tränen in den Augen. Und als Peggy wieder vorne stand, das Lied endete und sie eine typische Michael-Jackson-Verbeugung machte, applaudierte der Saal. Die Leute standen auf und gaben ihr Standing Ovation.

Lenny aber war still. Er war sehr, sehr still.

Er fuhr mit dem Taxi nach Hause. Und nahm sich den nächsten Tag frei.

William

Anna saß am Rechner, es war Nachmittag, ihre Kinder turnten um sie herum, als eine Mail von Facebook im oberen rechten Eck ihres Monitors erschien: Davy Jones hat dir eine Freundschaftsanfrage geschickt.

»Oh, Mann«, murmelte sie. »Du hast mir gerade noch in meiner Sammlung gefehlt.«

Sie löschte sie. Sie hatte im Moment andere Sorgen. Doch als sie ihre E-Mails checkte, fand sie fünf Nachrichten von William vor. Verflixt! Sie hatte ganz vergessen, dass er ja auch eine E-Mail-Adresse von ihr hatte! Sie hatte total verschwitzt, die zu deaktivieren!

Entschlossen markierte sie alle von ihm geschriebenen Mails, ihr Cursor bewegte sich auf die Löschtaste zu, doch die Worte in der Betreffzeile der ersten Nachricht ließen sie innehalten:

»Bitte lösch mich nicht«.

Sie atmete stoßartig aus – und merkte erst jetzt, dass sie die Luft angehalten hatte. Dann sackten ihre Schultern wie nach einer Kapitulation nach unten.

»Okay, William«, murmelte sie. »Schauen wir mal, was du diesmal zu sagen hast.«

Sie klickte auf die Mail:

»Liebe Anna,

es tut mir schrecklich leid, dass ich dich so überfallen und genervt habe. Zweimal habe ich dich schon um einen Neuanfang gebeten – und nun tue ich es ein drittes Mal – diesmal mit dem festen Versprechen, mich zu bemühen, diese dritte Chance – wenn du sie mir gibst – nicht zu verpatzen. Ich möchte dich kennen lernen, einfach als Freund, auch, wenn sich das seltsam anhört. Ich weiß, ich habe das schon oft gesagt. Mein Alltag ist hektisch und echte Freunde zu finden, nicht leicht. Du erscheinst mir einfach als jemand, mit dem ich ein gutes Gespräch führen könnte. Und natürlich respektiere ich deine Ehe, das ist wirklich keine Frage für mich. Bisher haben wir uns leider nie wirklich unterhalten können, da du immer sehr schnell aus den Chats verschwunden bist. Vielleicht können wir das nachholen? Irgendwie besser machen?«

Sie öffnete die zweite Mail: »Hast du die erste gelesen?«

Dritte Mail: »Denkst du drüber nach?«

»Vierte Mail: »Meine größte Angst ist, dass du alle Mails zusammen löschst.«

Fünfte Mail: »Hier mein Text aus der ersten Mail, falls du die ersten Nachrichten ungelesen nacheinander gelöscht haben solltest. Bitte gib mir noch eine Chance.«

Unwillkürlich musste Anna lächeln.

Es war nicht logisch, es war nicht konsequent, es war mit hoher Wahrscheinlichkeit einfach dumm, aber sie bestätigte seine Freundschaftsanfrage.

***

»Guten Abend, Anna, störe ich dich?«

Er sah, dass sie on war und wartete auf ihre Antwort. Aber anscheinend saß sie nicht vor ihrem Rechner, denn es dauerte eine halbe Stunde, bis die Punkte tanzten.

»Hi William, nein, du störst nicht. Alles gut.«

»Du hast meine Anfrage bestätigt – ich bin so dankbar! Freunde?«

»Ja, Freunde können wir gern sein.«

»Danke, Anna. Es bedeutet mir viel, weißt du. Und ich werde dich nicht mehr so überfallen. Bin nur manchmal einfach ... naja ... impulsiv. Ich wollte dich nicht verletzen. Wirklich nicht.«

»Du hast mich nicht verletzt. Nur genervt.«

»Oh, okay.« Ein grummeliger Smiley folgte. »Können wir so was wie ein Reset machen?«

Anna schüttelte verwundert mit dem Kopf und lächelte leicht. Er klang heute so anders. Er nannte sie Anna, nicht Honey oder Babe. Oder war sie es, die anders war? Sie hatte Musik laufen, ein Glas Rotwein neben sich – und fühlte sich einsam. Peggy war unterwegs. Die Kinder schliefen heute bei Freunden – sie hatte die kleine, kuschelige Wohnung zum ersten Mal seit langer Zeit für sich. Sie genoss das Alleinsein, gleichzeitig machte es sie ein wenig melancholisch. Die geschäftliche Situation war zur Dauerbelastung geworden und der Druck nahm täglich zu. Die neuen Uhren hatten statt Beifall dort Widerstand ausgelöst, wo sie ihn am wenigsten erwartet hatten. Über ihre Sorgen wollte sie mit ihrer Familie nicht reden, die waren ja genauso belastet wie sie selbst. Am Morgen hatte wieder ein Zettel vor der Haustür gelegen und das Bestellvolumen war noch immer besorgniserregend niedrig.

An diesem Abend war sie schlicht frustriert, hatte genau deshalb eine Flasche Rotwein geöffnet und war schon ein bisschen beschwipst.

»Okay«, schrieb sie zurück und nahm einen weiteren, großzügigen Schluck aus dem Glas. »Ein Reset. Gern! Mal sehen, ob sich dadurch etwas ändert. Ist eher fraglich, was?«

»Warum glaubst du das? Vielleicht habe ich ja auch meine Software aktualisiert. Wobei ... vielleicht war die alte gar nicht mal so schlecht ... vielleicht haben wir nur die falschen Buttons gedrückt!«

Anna gluckste. Der war ja heute richtig geistreich! Sie wollte schreiben: »Hoffe, die Hardware auf dem Profilbild stimmt wenigstens!«, als sie merkte, wie frivol das klang. Sie löschte es wieder.

»Okay«, tippte sie stattdessen. »Mal sehen, ob unsere Systeme nun eher kompatibel sind.«

Er schickte einen Smiley und dann:

»Geht es dir gut?«

»Ja, geht mir gut. Und dir?«

Anna schloss die Augen und hatte Wills attraktives Foto in ihrem Kopf. Irgendwo saß der Typ gerade ... wo wohl? Sie begann, sich auf ihr Herz zu konzentrieren und sich auf ihn einzustimmen, seine Gegenwart zu erfassen.

Und William dachte an Phil, der ihm eingetrichtert hatte, auf Nuancen zu achten. Der gesagt hatte, er müsse versuchen, die Stimmung aufzugreifen – und dass es dazu nötig war, sich auf den Gesprächspartner einzustellen. Auch er blickte auf ihr Foto und auch er schloss die Augen. Mit einem Mal wurde es merkwürdig still in ihm. Er fühlte die Stille wie eine Präsenz, wie etwas Lebendiges – und wagte kaum zu atmen, so tief ging dieses Gefühl. Das war etwas, was er noch nie gespürt hatte. Und in diesem Moment tat sich eine ganze

Welt in ihm auf. Es war, als beträte er eine andere Dimension, als öffne sich ein weiteres Universum. Überrascht spürte er dem nach und ihm wurde fast schwindlig dabei. Als er sich auf Anna konzentrierte, als er ganz ablief von seinen eigenen Wünschen und Interessen und sich voll ihr widmete, meinte er so etwas wie Verzweiflung zu spüren. Oder Trauer? Konnte das sein? Er war nicht verzweifelt ... und auch nicht traurig. Also musste es von ihr kommen. Seine Finger setzten sich automatisch auf die Tasten und drückten eine Reihenfolge, deren Ergebnis ihn selbst erstaunte:

»Ich habe gerade nicht das Gefühl, dass es dir gut geht. Was ist los?«

Als sein Satz stand, erschrak er geradezu. Das war ... Magie! Irgendetwas flammte plötzlich in ihm hoch, etwas Uraltes, vergraben, verschüttet, das sich erhob wie Phoenix aus der Asche. Etwas, das er mit diesem Nach-innen-gehen wie einen Geist zum Leben erweckt hatte. Es war, als hätte er eine Tür aufgestoßen und eine völlig andere Lebensebene betreten. Wieder wurde ihm anders. Zwischen ihm und ihr hin schwang plötzlich etwas hin und her, es begann zu flimmern, als hätte seine Konzentration auf sie eine unsichtbare Verbindung geschaffen. Eine Verbindung, die Anna mühelos empfing, dessen war er sich seltsam gewiss – sie war empfangsbereit für ihn, für seine Frequenzen. War sie das immer schon gewesen? Hatte er seine Frequenzen heute Abend hoch genug eingestellt, dass er eine Chance hatte, mit ihr in eine echte Verbindung zu treten?

Er wusste nicht, was das war, aber er war fasziniert und so sammelte er sich noch mehr, und dieses Unbekannte in ihm wurde stärker, bewegte sein Herz und er fühlte deutlich, wie es warm wurde, wie etwas daraus hervorströmte. Dann sah er auf das kleine Gesprächskästchen und zog es größer, als wolle er die Zeit ausdehnen, die er für diesen Chat wollte und brauchte.

Auch Anna schluckte. Die Kommunikation verlief diesmal vollkommen anders als sonst. Die Stimmung war so ... tief und erhaben. Sie fühlte eine Öffnung, es war als hätte er ihr einen roten Teppich ausgerollt, auf dem sie zu ihm gelangen konnte. Wollte sie das? Er wartete auf ihre Antwort und während ihres beiderseitigen Schweigens baute sich eine ganze Gefühlswelt zwischen ihnen auf. Unschlüssig, was sie davon halten sollte, saß sie vor der Tastatur.

»Willst du es nicht sagen?«, schrieb er. »Du musst nicht, wenn du nicht willst.«

Oh, Gott, das klang so ... so einfühlsam! Sie biss sich auf die Lippen. Dann schrieb sie:

»Danke, dass du fragst. Ja, du hast recht. Bin im Moment ein wenig belastet.«

»Und? Sagst du mir, warum?«

»Hm. Weiß nicht.«

»Was hält dich ab?«

»Die Tatsache, dass ich dich nicht kenne.«

»Das kann manchmal hilfreich sein.«

Sie musste lächeln. »Stimmt.«

»Oder ist es zu persönlich?«

»Nein ... ja ... es ist geschäftlich. Wir versuchen derzeit unsere Firma zu sanieren und der Durchbruch, den wir brauchen, kommt einfach nicht.«

»Die Firma deiner Eltern, in der du arbeitest? Was ist das für eine Firma?«

»Wir stellen Kuckucksuhren her.«

»Nein!«, schrie William und sprang so abrupt von seinem Stuhl hoch, dass der auf seinen Rollen nach hinten gegen den Schrank donnerte. »Das darf nicht wahr sein! Kuckucksuhren! Ich fass es nicht! Ich fass es nicht! Oh, mein Gott! Wenn ich das Phil erzähle! Ach du Scheiße! Kuckucksuhren!«

Einen Lachanfall unterdrückend setzte er sich wieder hin und schrieb:

»Ist bestimmt schwierig in der heutigen Zeit so altmodische Uhren zu vertreiben. Ich meine, ich will nicht vorlaut sein, aber die Generation, die sich Eiche und Polstersessel mit gehäkelten Kissen ins Wohnzimmer stellt, stirbt so langsam aus. Wenn sie's nicht schon ist.«

»Ja, das ist der Punkt. Soweit sind wir auch schon. Deshalb gehen wir neue Wege. Meine Eltern und ich haben einige moderne Varianten entworfen. Aber irgendwie klappt das mit dem Marketing nicht.«

»Moderne Varianten? Von einer Kuckucksuhr? Das geht? Zeig mir die mal!«

»Geh einfach auf unsere Homepage ...«

Sie gab ihm die Adresse durch und William klickte sich durch die ersten sechs Modelle, die sie online gestellt hatten. Sie musste zehn Minuten auf seine Antwort warten. Zehn Minuten, in denen sie nervös war – und mehrere Schlucke aus ihrem Glas nahm.

»Wow!«, schrieb er dann. »Die Uhren sehen geil aus! Grandios!«

»Ja, bringt aber auch viel Widerstand mit sich.« Sie erzählte ihm von den Schmähzetteln und den Bedenken der Bevölkerung.

»Honey«, schrieb er. »Das ist ganz einfach. Ihr müsst die Sau rauslassen! Für einen heftigen Erfolg braucht ihr einen heftigen Auftritt!«

»Ähm ... ich glaube eher, dann werden wir vollends eingestampft!«

»Falsch! Ihr werdet eingestampft, weil ihr so zögerlich seid und die Leute spüren, dass ihr ein schlechtes Gewissen habt! Macht ihr auch Einzelanfertigungen?«

»Ja, machen wir.«

»Ich kaufe eine! Aber nur, wenn du ein Püppchen machst, das aussieht wie du! Und es soll zur Mittags- und zur Geisterstunde aus der Öffnung kommen und zwölf Mal meinen Namen rufen! William! William!«

»Na, klasse!«, prustete Anna. »An Selbstbewusstsein fehlt es dir nicht!« Sie lachte laut auf.

»Nicht wirklich. Das war nie mein Problem. Also. Auch, wenn ein blöder Vogel im Loch steckt – ich kaufe das.«

»Im Ernst? William, bitte kauf sie nicht wegen mir! Und bitte nicht aus Mitleid!«

»Nein, ich kaufe sie, weil sie klasse aussehen! Du bist richtig gut, Anna! Schick sie mir!«

»Danke, William! Ich freue mich, dass sie dir gefallen. Welche willst du denn haben?«

»Na, von jeder eine!«

»Bitte? Alle sechs Modelle?«

»Yepp, meine Süße, du kannst sie an meine Firmenadresse schicken.«

»Ich dachte, du bist Ingenieur!«

»Ingenieur habe ich gelernt und ich arbeite auch als solcher, wenn's gebraucht wird. Aber ich bin wie du selbständig.«

»Okay«, sagte sie unsicher. »Und du meinst das wirklich ernst mit den Uhren?«

»Hast du noch mehr? Dann kaufe ich die auch. Aber nur, wenn du sie persönlich signierst. Und leg einen Prospekt dazu.«

Sie lachte wieder und ihr wurde unvermutet sehr heiß, als sich ihr Blick wie so oft auf sein Profilbild senkte.

»Was willst du denn mit so vielen Uhren?«

»Weiß ich noch nicht. Entweder bestücke ich eine ganze Wand damit ... oder behalte eine und verschenke die anderen. Damit habe ich schon mal meine Weihnachtsgeschenke sicher. Ist total originell! Damit rechnet keiner! Ne moderne Kuckucksuhr! Geil, echt!«

»Aber willst du nicht vorher wissen, was sie kosten? Sie sind nicht billig.«

»Hab ich auch nicht erwartet. Hey, Babe, geht's dir jetzt besser? Lachst du gerade?«

Sie musste tatsächlich lachen. William war wirklich ... ungewöhnlich!

»Ich hoffe, du kaufst nicht jedes Mal Uhren, nur damit ich mich besser fühle«, schrieb sie mit roten Wangen und leuchtenden Augen zurück.

»Wenn dich das besser fühlen lässt, würde ich das machen.«

»Oh, William, ich weiß gar nicht, was ich sagen soll ... DANKE! Du hast mir den Abend gerettet!«

Er nannte ihr eine Adresse, die sie sofort googelte. Es war ein Verpackungsunternehmen – sie konnte keine Assoziation zu einer Erdöl- und Gasgesellschaft feststellen. Das alles war sonderbar, aber sie wollte nicht nachbohren, nachdem er gerade sechs Uhren von ihr gekauft hatte. Eher war sie begierig, mehr von ihm zu erfahren.

»Hey, Babe«, schrieb er. »... ich muss los. In Asien ist es jetzt sechs Uhr morgens – dein Tag ist zu Ende und meiner beginnt. Träum was Schönes!«

»Oh, Shit«, murmelte sie. »Bitte logg dich jetzt nicht aus.«

Doch es war diesmal tatsächlich er, der sich ausklinkte. Und sie, die das schade fand. Äußerst schade. Da saß sie mit ihrem Glas Rotwein vor dem Laptop – allein. Eine letzte Nachricht stand im Chat:

»Träum was Schönes, pretty angel.«

Sie ging mit einem Lächeln ins Bett – und war William dankbar dafür.

***

Als wäre Williams Bestellung der Startschuss, trudelten erste, einzelne Aufträge über den Einzelhandel ein und alle schöpften Hoffnung.

Auf Facebook fand Anna noch eine Nachricht von William:

»Guten Morgen, Sweetie, gut geschlafen? Ich gehe jetzt ins Bett ... und du beginnst deinen Tag ... wünsch dir viel Erfolg!«

Ihr Telefon in der Hand haltend wollte sie gerade aus der Tür, als es schon wieder brummte:

»Misch den Schwarzwald auf!«

Sie lächelte und steckte ihr Handy in die Tasche. Sein Gesicht verfolgte sie, als sie ins Büro ging – und es kam ihr vor, als verleihe ihr sein kriegerischer, selbstbewusster Ausdruck Kraft für den Tag.

Aber nach diesen Mini-Erfolgen tat sich wieder mal gar nichts und mit jedem neuen Tag wurde klar, dass es wohl mehr oder weniger Eintagsfliegen gewesen waren.

»Das muss sich erst herumsprechen, das dauert halt«, meinte Peggy. »Die Promotion-Tour bringt bestimmt einiges. Und die Messe im Frühling.«

Anna seufzte. Es musste doch möglich sein, noch so etwas wie ein Vor-Weihnachtsgeschäft zustande zu bringen!

Peggy warf Anna einen vielsagenden Blick zu. In ihrem Kopf brodelte es, man konnte es ihr richtig ansehen.

»Anna«, sagte sie. »Wenn der nächste Journalist kommt ... wie wollt ihr euch präsentieren?«

Anna hielt ihr den letzten Schmähzettel als Antwort hin.

»Was würdest du machen?«, fragte sie.

Peggy war zum ersten Mal unschlüssig.

»Du kennst mich«, sagte sie zögerlich. »Ich würde es wagen.«

»Aber Peggy, dann ist hier die Hölle los!«, widersprach Anna. »Sie zerreißen uns doch eh schon! Wir müssen die Leute schrittweise an diese Veränderungen heranführen.«

»Hm. Das fühlt sich nicht richtig an«, murmelte Peggy und Anna dachte an William. Der war ja der gleichen Meinung.

Wills Interesse schien geweckt. Er fing an, sich mit Annas Tätigkeit auseinanderzusetzen.

»Hey, Babe«, meldete er sich. »Wenn ich das anmerken darf: Warum ist kein Bild von euch auf der Homepage? Wenn du gewinnen willst, musst du voll ans Limit gehen ... du musst alles geben! Verrückt sein! Glaub mir, das war schon immer das, was am besten funktioniert hat!«

Anna deutete das als einen Versuch von ihm, ein aktuelles Foto von ihr zu bekommen – womit sie nicht ganz unrecht hatte. Aber sie gab dem natürlich nicht nach. Wenn er ein Foto wollte, sollte er sie fragen. Aber abends chattete er mit ihr und sie berichtete detaillierter über die Pamphlete, die sie bekamen und von ihrem vorsichtigen Vorgehen.

»Anna, das ist nicht richtig«, schrieb er und wirkte klar und kompromisslos. »Du bist zu brav und zögerlich. Steh zu dem, was du tust.«

»Wir versuchen nur, behutsam an die Sache heranzugehen.«

»Aber wenn ihr vor den Leuten in die Knie geht, wird nie was passieren! Die Glühbirne wäre heute noch nicht erfunden, wenn jeder so gedacht hätte!«

»Ja, da ist was dran«, antwortete sie. »Wenn es nur mich beträfe, wäre es einfacher. Aber da sind noch meine Eltern ...«

»Deren Zukunft du gerade untergräbst. Sei mutig! Trau dich! Mach dein Ding! Wenn der nächste Zeitungsfritze kommt, dann haut auf den Putz! Wenn ich eines in meinem Leben gelernt habe, dann, dass du deinen Weg gehen sollst, wenn er sich für dich richtig anfühlt.«

Anna zuckte zusammen. Seine Worte waren nicht nur wahr, sie weckten Erinnerungen in ihr. Es waren Worte, die schon mal jemand zu ihr gesagt hatte. Und es rührte und verwirrte sie, dass er mit einem Mal so einen Anteil an ihrem Leben nahm.

Sie schickten sich Botschaften hin und her. Witziges, Einfühlsames, gute Wünsche ... was ihnen gerade so einfiel. Anna traute sich auch wieder, mal das eine oder andere Zitat zu schicken, das ihr gefallen hatte, oder ihm ein Foto von ihrer Riesenkaffeetasse zu senden, wenn sie nachts noch arbeiten musste, während er tatsächlich begann, auf all das Geschriebene einzugehen, sogar auf die Kaffeetasse, sogar auf die Zitate. Und er vergaß nie, ihr eine gute Nacht zu wünschen, bevor er seinen Arbeitstag in Asien begann.

Er stellte, nicht nur mit seinem Interesse an ihrem geschäftlichen Fortschritt, bei ihr einen Fuß in die Tür. Sie konnte nicht verhindern, dass sie mittlerweile ein Lächeln im Gesicht hatte, wenn sie an ihn dachte. Und in diesen Momenten schickte sie ihm all die Wärme, die sie in ihrem Herzen für ihn verspürte.

∗∗∗

»Darling, wie läuft dein Geschäft?«

»Hey, William! Wie geht es dir?«

»Oh, danke, mein Liebling, es geht mir gut. Vor allem, wenn du mit mir chattest.«

»Würdest du das trotzdem lassen mit den »Darlings« und »Sweeties?«

»Das hat mich schon immer interessiert: Du weißt doch, ich will nur dein Freund sein. Du weißt, dass ich weiß, dass du verheiratet bist und ich das respektiere. Wieso stört es dich dann?«

Anna hatte Peggy durch die Blume gefragt, ob diese Anreden normal seien und die hatte bestätigt, dass Menschen in englisch-sprachigen Ländern oft schnell mit dieser Art aufwarteten, ohne sich was dabei zu denken. Sweetheart, Darling, my dear, Lovely, Pretty ... Anna war ein bisschen relaxter nach Peggys Aussage, aber trotzdem verblüfft, welche Wirkung solche Worte auf die Seele einer Frau hatten. Aber gerade nach Williams letzten Aktionen wollte sie einen Schritt weitergehen – sie wollte so viel herausfinden und verifizieren, wie nur möglich.

»Es ist einfach ... sehr intim, William«, antwortete sie.

»Liest denn dein Mann deine Chats?«

»Nein, das tut er nicht ... ich finde es trotzdem unpassend ... aber lassen wir das. Erzähl mir was von dir!«

»Was willst du wissen?«

»Was du so tust, wie dein Leben aussieht. Was machst du beruflich?«

»Hab ich doch gesagt. Bin Ingenieur.«

»Die Adresse neulich war eine Verpackungsfirma.«

»Du hast das gegoogelt?«

»Klar.«

Es kam ein paar Minuten lang nichts. Dann:

»Ich wohne eben da. Ist ein Loft oben drin.«

»Oh ... okay.«

»Ich habe auch mal eine Frage: Warum gibt es von dir keine Bilder im Netz, wenn du doch Designer bist? Du müsstest doch zumindest eine Homepage haben!«

»Alles klar, du hast also auch gegoogelt«, schmunzelte sie. »Im Gegensatz zu mir hast du ja meinen richtigen Namen ... aber als Designerin agiere ich unter einem Pseudonym. Das ich dir nicht enthüllen werde. Das nur vorneweg, aber ...«

»Aber?«

»Ich wäre froh, wenn du mir weitere Fotos von dir schicken würdest. Würdest du das machen?«

Sie begriff in dem Moment, in dem sie das schrieb, dass ihn das auch nicht identifizierte. Denn wenn er ein gefaktes Foto verwendete, hatte er bestimmt mehrere von der gleichen Person in petto. Sie presste vor dem Rechner die Lippen zusammen und auf einmal passte es ihr überhaupt nicht, ihm gegenüber so viel Misstrauen haben zu müssen. Sie wollte Klarheit. Aber die würde sie nur dadurch haben, wenn sie sich sahen. Per Kamera oder live.

»Klar, kein Ding. Aber irgendwie kommen wir uns dadurch auch nicht näher«, bestätigte er ihre Überlegungen. Sie stellte missmutig fest – er wollte umgekehrt keine weiteren Fotos von ihr. Sie stellte außerdem fest: Das störte sie. Und als er nichts weiter dazu schrieb, fragte sie:

»Hast du die Uhren schon bekommen?«

»Ja, bestimmt, die liegen sicher bei mir im Flur. Bin noch in Asien.«

»Was? Immer noch? Wie lange bist du schon von zu Hause weg? Das müssen doch Wochen sein!«

»Zu Hause ist da, wo ich arbeite. Ich habe zwar meine Wohnung, aber da bin ich fast nie.«

»Du bist so viel unterwegs?«

»Bringt der Job so mit sich.«

»Ja, eben, erzähl mir. Wie verbringst du deinen Tag?«

»Hm, ja, es ist anstrengend.«

»Kannst du nicht konkreter werden? Ich würde gern mehr wissen. Ich habe dir ja auch von meinem Job erzählt. Was tust du?«

»Naja, ich ... es ist sehr vielfältig ... an uns Ingenieure werden verdammt hohe Anforderungen gestellt. Ein Fehler kostet gleich mehrere Millionen und daher musst du in vielen Bereichen Spezialist sein. Viel wissen. Allein schon, um zum Beispiel hochqualifizierte Fachkräfte für jeden Sektor einstellen zu können.«

»Ja ... ich habe mich mal damit befasst«, tippten ihre Finger zögernd. »Die Einsätze sind vergleichbar kompliziert und anspruchsvoll wie in der Raumfahrt. Es gibt Unterwassereinsätze in großen Tiefen und man hat teilweise mit arktischen Bedingungen zu kämpfen, oder eben mit extremer Hitze. Dafür braucht man Kenntnisse von Thermohydraulik, Bodenmechanik, Geophysik, Lagerstättenkunde, Bohrtechnik ... all das.«

»Woher weißt du das? Das wissen die wenigsten!«

»Hatte einen Freund, den ich während des Studiums kennengelernt habe, der das gemacht hat. Der hat mir einiges erklärt.«

»Oh ... okay ... ist selten, dass sich jemand damit beschäftigt – bin gerade etwas perplex.«

»Ja ... und weil ich da ein bisschen Einblick gewonnen habe, wollte ich eben wissen, ob du jemand bist, der Spezialist in einem der Bereiche ist ... ob du

Unterwassereinsätze hast ... oder mehr an Land bist ... oder ob du alles koordinierst.«

»Ich koordiniere.«

»Oh, gut! Das ist gut!«

William stutzte. Ihre Antwort war so schnell gekommen, dass er sich nicht dagegen wehren konnte, Erleichterung darin zu lesen – und das rührte ihn ungewollt. Wie gebannt saß er vor seinem Laptop und merkte, wie etwas Warmes seinen Körper durchlief und ein Lächeln über sein Gesicht glitt, während sie schon einen weiteren Satz getippt hatte.

»Wow! Dann musst du auch BWL studiert haben, wenn du das machst!«

»Hey, Anna, du kennst dich wirklich gut aus!«

»Nein ... nicht wirklich. Aber zumindest weiß ich jetzt, dass du einen sehr stressigen Job hast.« Sie zögerte. »Das dürfte dann der eigentliche Grund sein, warum du nicht gebunden bist?«

»Ja, das ist einer davon.«

»Und darf ich die anderen Gründe auch erfahren?«

»Hab halt die Richtige noch nicht gefunden.«

Hm. Anna lehnte sich in ihrem Stuhl zurück. Eine Standardantwort.

»Bevor du wieder schreibst, dass du glaubst, dass ich die Richtige bin ... wie alt bist du, William?«

»43. Und du?«

»37«.

»Im besten Alter.«

»Tja.«

Eine Pause entstand. Keiner von ihnen wusste, wie er weitermachen sollte. Anna wollte nicht wieder mit diesem »sorry, muss arbeiten«-Ding« den Chat abbrechen, und so überlegte sie fieberhaft, was sie schreiben sollte, bis ihr überhaupt bewusst wurde, wie und dass sie verkrampft war. Sie atmete tief durch.

»Wie geht es dir generell?«, fragte sie schließlich. »Bist du nicht einsam, so vergraben in deine Arbeit?«

»Ich bin nicht einsam. Momentan habe ich ein Meeting nach dem anderen. Dauernd Leute um mich herum. Bin froh, wenn ich mal für mich allein bin. Und ich freue mich immer, wenn ich mit dir in Kontakt sein kann. Das ist im Moment meine größte Freude, Darling ...«

»Aber wie *geht* es dir?«

»Gut«.

»Nein, ich meine, wie geht es dir wirklich? Du hast neulich gespürt, dass es mir nicht gut geht. Und heute spüre ich, dass ... dass ... sagen wir mal ... irgendetwas mit dir nicht in Ordnung ist.«

Wieder ließ Will die Finger untätig auf den Tasten liegen. Er hatte heute tatsächlich einen sehr schweren Tag gehabt. Die Verhandlungen mit den Chinesen liefen nicht so, wie er wollte, und er hatte keine Ahnung, was er falsch machte. Er wusste, dass er der Beste für diesen Auftrag war. Und die Chinesen wussten das auch. Er war nicht der Billigste, aber Qualität hatte nun mal ihren Preis! Wenn er eines in seinem Leben geschafft hatte, dann, sich diesen Ruf aufzubauen. Dass er der Beste war. Das war das, worauf er sich stützen konnte, es war etwas Verlässliches und Sicheres in seinem sonst so unsteten Leben.

Und doch war kein konkreter Abschluss in Sicht, obwohl er doch schon so lange mit den Geschäftsführern und Finanzvorständen, den, CEOs und CFOs, verhandelte. Seine Erfahrung hatte ihn gelehrt, dass Verhandlungen mit Chinesen stets viel Geduld erforderten, aber diese hier zogen sich überdimensional in die Länge. Wäre es nicht um einen so monumentalen Auftrag gegangen, hätte er schon längst alles hingeworfen. Aber das Volumen rechtfertigte eine längere Verhandlungsphase – es wäre ein Jahrzehnt-Auftrag, wenn nicht sogar noch mehr. Wenn er nur wüsste, was diese Leute von der Unterzeichnung abhielt!

Und nun war da Anna ... und sie schien ehrlich interessiert an seinem Gefühlszustand zu sein. Das war neu für ihn. Es kostete ihn immens Überwindung, aber eingedenk von Phils Ratschlägen sprang er über seinen Schatten.

»Ich muss schwere Verhandlungen führen, das nervt«, schrieb er schließlich. »Ich hatte geglaubt, schon längst wieder in Europa sein zu können, aber irgendwas klemmt, irgendetwas passt denen nicht – und ich finde nicht heraus, was es ist.«

»Hast du deine Verhandlungspartner gefragt, was der Grund für ihr Zögern ist?«

»Ähm ... nein.«

»Warum nicht?«

»Weil es keinen gibt!«

Anna lächelte amüsiert.

»William, es muss einen geben – sonst hätten sie doch längst unterschrieben. Frag sie doch einfach.«

William kratzte sich ungeduldig am Bart. »Mäuschen,«, schrieb er dann. »Wenn das so einfach wäre.«

»Es *ist* einfach. Du fragst, sie antworten.«

»Sei mir nicht böse, ich weiß nicht, ob du das so beurteilen kannst.«

»Klar, William, ich bin nicht in deiner Branche zuhause, aber das sind einfache zwischenmenschliche Grundregeln. Werte wie Offenheit. Ehrlichkeit ... das schätzt jeder. In jeder Nationalität. Die Leute wollen Fairness. Sie mögen

Freundlichkeit, Integrität und Aufrichtigkeit. Natürlich muss man die Mentalität berücksichtigen und das entsprechend anbringen. Aber ...«

»Honey, du redest Schwachsinn«, konterte er grob. »Menschen sind nicht ehrlich. Sie sind nur darauf aus, dich über den Tisch zu ziehen. Gerade in unserer Branche! Alle haben Hintergedanken! Alle! Es geht im Leben immer nur darum, den Kopf über Wasser zu halten – während die anderen versuchen, dich unterzutauchen. Alle wollen beschissen werden.«

»Das heißt, du bescheißt deine Partner?«

»Ähm ... so krass würde ich das nicht ausdrücken, aber bei den Worten Aufrichtigkeit und Freundlichkeit krieg ich grüne Punkte vor die Augen.«

»Oh, Mann«, sagte sie und lachte. »Du bist vielleicht ein Arschloch! Schämst du dich denn gar nicht?«

Verdutzt stutzte er. Sie fand also, er war ein Arschloch. Okay, das war er gewohnt. Aber ... sie lachte drüber? Ungläubig blickte er auf die Phalanx von Smileys, die sie mitgeschickt hatte.

»Findest du gut, dass ich eines bin?«, fragte er mit gerunzelter Stirn.

»Nein, natürlich nicht! Also weißt du, dass du eines bist?«

»Ähm ... ja, irgendwie schon.«

»Fein. Der erste Schritt zur Besserung.«

»Wer sagt, dass ich mich bessern will? Hab nie Bedarf empfunden. Ich fühl mich ganz wohl so.«

»Als Arschloch?«

»Genau.«

»Warum willst du das sein?«

»Weil es hilfreicher ist, als ein ... Lulli zu sein?«

»Woher weißt du das? Und woher weißt du, dass das Gegenteil von Arschloch ein Lulli ist? Ist vielleicht das dein Problem?«

»Ich habe überhaupt kein Problem!«

»Naja, ich würde sagen, du hast ein massives Problem!«

»Und das wäre?«

»Dass du nicht an Ehrlichkeit glaubst? Was ist denn das für eine Einstellung? Niemand will betrogen werden. Im Gegenteil – es tut gut, zu wissen, dass man es mit einem ehrlichen Menschen zu tun hat.«

»Ja, nur kann das keiner wissen. Sie tun immer nur so, als seien sie ehrlich, aber sie sind es nie.«

»Wie kommst du denn auf diese schräge Meinung? Schlechte Erfahrungen gemacht?«

»Was heißt schlecht. Ich würde sagen, realistische. Ich habe eben festgestellt, dass man keinem trauen sollte.«

»Uuuh«, schrieb Anna und lachte. »Damit wirst du aber nicht sehr weit kommen.«

»Das sei mal dahingestellt«, antwortete er süffisant. »Die Wahrscheinlichkeit, dass du mit deiner Gutmensch-Einstellung eher absäufst, ist hoch! Sehr hoch! Du siehst die Welt eindeutig zu blauäugig!«

»Nein, das tue ich nicht«, erwiderte sie. »Ich sehe, dass es schlimme Dinge gibt – und glaube dennoch an das Gute. Ich denke, dass es sogar meine Pflicht ist, gerade dann, wenn Schlimmes passiert, wenn Menschen einander betrügen, wenn sie lügen, sich gegenseitig hassen, anderen Schlechtes tun – gerade dann an das Gute zu glauben. Denn wenn ich eines weiß, dann, dass Gutes Gutes hervorruft – wenn auch nicht gleich. Und böse Taten haben demnach auch ihre Konsequenzen. Es ist nur nicht immer gleich ersichtlich. Und selbst wenn dem nicht so wäre: Es geht ja vorrangig um *mich* bei der Sache. Und ich möchte nicht mit dem Gefühl ins Bett gehen, jemanden betrogen oder unglücklich gemacht zu haben.«

William schwieg eine Weile und in seinem Bauch entstand ein ungutes Gefühl.

»Und zum anderen«, fuhr sie fort. »beginnt es genau hier: Wenn du aufhörst, Tugenden zu leben (verzeih mir das Wort, ich weiß, es ist altmodisch), wenn du nicht ehrlich bist, forderst du andere auch dazu auf. Du erschaffst dir doch deine Welt!«

»Anna, du lebst in deinem beschaulichen Schwarzwald«, antwortete er schließlich. »Und hast keine Ahnung von der Welt da draußen!«

»Das ist doch Quatsch!«, konterte sie leidenschaftlich. »Die Welt ist hier genauso wie woanders! Und Werte sind Werte. Es liegt doch an dir, sie zu leben oder nicht.«

»Warum soll ich etwas leben, was nicht geschätzt wird? Was würdest du denn tun, wenn du merkst, dass jemand dich über den Tisch zieht? Würdest du nicht alles tun, um das zu vermeiden?«

»Natürlich, das ist legitim. Aber ich würde ganz sicher nicht die gleichen Methoden wählen wie der, dessen Methoden ich verdamme. Deine Einstellung zieht Kreise. Wenn du ehrlich bist, landest du früher oder später bei Menschen, die es ehrlich mit dir meinen.«

»Das ist nicht wahr, sie bescheißen dich alle! Im Leben geht es einfach nur darum, wer wen als Erstes fertigmacht«, hatte William bereits weitergeschrieben. Ihre Nachrichten überkreuzten sich gerade. Manchmal schrieben sie so schnell, dass Antworten und Fragen nicht immer chronologisch auf dem Bildschirm erschienen.

»William, meinst du das gerade ernst, was du da sagst?«, fragte Anna mit gerunzelter Stirn. »Das ist doch menschenunwürdig. Es ist deiner nicht würdig! Du degradierst dich gerade!«

»Anna! Du bist diejenige, die Blech redet!«

»Aber du müsstest doch wissen, dass alles im Leben zurück kommt! Früher oder später. Willst du nicht dein Leben nach dieser Prämisse leben? Und wenn du das tust, dann weißt du doch, dass du dein Glück selbst verspielst, wenn du nicht rechtschaffen handelst. Werte wie Liebe und Güte, Aufrichtigkeit, Mut und Freundschaft. Das sind alles Dinge, die das Leben lebenswerter machen als Egoismus!«

»Oh, Mann, Anna, nimm es mir nicht übel, aber ich kotze gleich! Wirklich!«

Anna verstummte. Auch William schrieb nichts mehr. Ihre Finger fuhren über die Tasten, setzten an, stoppten wieder, begannen erneut, löschten die Buchstaben, bis endlich eine Frage in der Gesprächsblase stand, die, so wusste sie inzwischen, William zu intensiv sein würde:

»William ... was hast du erlebt, dass du so eine Einstellung hast? Darf ich das fragen?«

»Genug, um mitreden zu können«, sagte er und es kam, obwohl nur geschrieben, äußerst grob und abweisend rüber. »Genug, um zu wissen, dass ich recht habe. Und jemand, der ab und zu mal ne Kuckucksuhr verkauft und im Geschäftsranking noch ganz weit unten steht, wird mich ganz bestimmt nicht umstimmen.«

Zu seiner Überraschung reagierte sie nicht auf seine Beleidigung.

»William, ich will dich nicht umstimmen ... ich finde es nur ...«

»Du bist naiv, Anna«, hackte die nächste Sprechblase mitten in ihren Satz und plötzlich sah sie ihn vor ihrem inneren Auge: Wie er wütend, mit fast blindem Blick in die Tasten hieb, voll von einer Emotion, die über Buchstaben und Elektronik zu ihr herüber schwappte. Sie nahm die Finger von den Tasten.

»Du bist in deiner Heile-Welt-Bollenhut-Idylle aufgewachsen ... und projizierst das auf die Welt! Du tust so, als sei die ganze Welt lieb und nett und nur ein paar Ausnahmen anders! Und dann kommst du mit deinem Gelaber von Ehrlichkeit und meinst, damit die Welt kurieren zu können! Ganz ehrlich, ich bekomme Anfälle, wenn ich das lese!«

Anna saß ruhig vor dem Bildschirm. William stellte sich nun auf ein Kreuzfeuer ein und – er freute sich schon drauf – endlich konnte er mal vom Leder ziehen, endlich mal seiner Wut freien Lauf lassen, endlich diesem Süßholzgeraspel ein Ende machen! Aber dann wurde ihm klar, dass er sie gerade ziemlich heftig angepisst hatte. Und dass er sich nach den Chats mit Anna immer besser fühlte als vorher. Eigentlich, das fiel ihm jetzt erst auf, holte er sich Energie von ihr ... sie gab ihm Kraft ... dieser Gedanke schoss wie ein infizierter Pfeil durch sein Hirn und landete irgendwo. Für den Moment vergaß er ihn aber, diesen Pfeil der Erkenntnis, und stellte sich auf das ein, was er gewohnt war: auf

Kampf. Und da kam sie schon: Annas Antwort. Ihm fiel die Kinnlade herunter, als er sie las.

»Oh, William«, schrieb sie. »Wie gern wäre ich jetzt bei dir und würde dich in den Arm nehmen. Ich vermute, das ist etwas, was du in deinem Leben vielleicht zu wenig hattest ... ich meine, ich weiß nicht, wie es so verlaufen ist ... ich weiß nur, dass es nicht rosig gewesen sein kann, wenn du so etwas sagst.«

William fiel auf diese Ansage nichts ein. Absolut gar nichts. Sie hatte einfach wie ein Judoka seinen Schwung genutzt und ihn damit flachgelegt. Ohne Mühe und ohne jede Gewalt.

»Und ich will dich nicht vom Gegenteil überzeugen«, erklärte sie weiter. »Warum sollte ich? Behalt deine Meinung, wenn du sie für richtig hältst.«

»Du hast nicht vor, mich zu ändern?«, fragte er und klang sarkastisch.

»Wozu denn?«, schrieb sie belustigt. »Nein, das habe ich ganz bestimmt nicht vor. Niemand kann einen Menschen ändern. Das ist erstens hoffnungslos, zweitens funktioniert es nicht und drittens tut es weh.«

Sendepause.

»Hattest du jemals das Gefühl, wir reden, weil ich an dir herumdoktern will?«, fragte sie nach ein paar Minuten. »Das wäre ja fatal!«

»Du bist die erste Frau, die das so sieht. Frauen sind erst recht darauf aus, einen unterzutauchen!«

Die Anklage in seinen letzten Sätzen hing wie dicker Rauch in der Luft.

»Oh, mein Gott, das alles ... deine Lebenseinstellung, deine Meinung über Frauen ... hört sich stressig an«, schrieb sie betroffen zurück. »So macht doch das Leben keinen Spaß!«

»Doch, wenn du oben bleibst! Wenn du der Sieger bist!«

»Und das soll schön sein? Entspannung ist anders.«

»Ja, aber du hast doch dieselbe Kacke in klein an der Backe! Die Leute regen sich darüber auf, dass ihr was *verändert*! Dass ihr Uhren baut, die anders aussehen als vor 100 Jahren! Daran kannst du es doch ersehen!«

»Mein Blickwinkel ist anders. Sie brauchen Zeit, zu verstehen. Das ist alles. Die Leute sind nicht böse. Sie haben Angst, dass wir ihnen etwas nehmen, das ihnen wichtig ist – das ist ein großer Unterschied. Und wenn du so argumentierst, wie du es gerade tust, dann zeigt mir das, dass du auch Angst hast.«

Damit war sie wohl in das größte Fettnäpfchen getreten, das sie finden konnte.

»ANGST? ICH? Anna, jetzt spinnst du komplett! Wenn du mich wirklich kennen würdest, würdest du das nicht sagen!«

»Ich lerne dich ja gerade kennen. Und versuche meine Schlüsse aus dem zu ziehen, was du schreibst.«

»Falsche Schlüsse! Absolut falsche Schlüsse!!!«

»Okay, William, mal langsam. Es ist doch ganz einfach: Wer ständig bemüht ist, oben zu bleiben, hat Angst untergetaucht zu werden. Punkt. Also: Du hast Angst, untergetaucht zu werden und für dich ist Leben Kampf. Hm. Das lässt doch tief blicken, nicht? Könntest du das mal lassen, wenn du mit anderen verhandelst? Ich denke, dass es auf jeden Fall besser wäre, mit einer respektvollen Einstellung in die Besprechung zu gehen und das Gute in den Leuten zu sehen. So was kann man üben. Jeder hat was Gutes in sich. In jedem Menschen sind alle Tugenden vergraben. In dir wie in jedem anderen. Du musst sie dir nicht einpflanzen, sie sind schon da. Du musst sie nur entdecken. Und außerdem: Die Leute spüren doch, wie du über sie denkst! Wenn du glaubst, sie seien Ganoven, denken sie dasselbe über dich! Und diese Haltung kann nicht hilfreich sein! Was hast du denn im Kopf, wenn du mit ihnen verhandelst?«

William brauchte Zeit, um ihre Antwort zu lesen, und während sie wartete und ihren Blick, wie so oft, auf sein Foto richtete, spiegelten sich seine Gedanken so klar in ihr selbst wider, dass es sie schier umwarf. Es waren wütende Gedanken, Schimpfworte, Ungeduld, Gereiztheit ... und allem voran spürte sie eine tiefe Verletzung, die sich in ebenso tiefer Verachtung äußerte. Bevor er überhaupt etwas antworten konnte, hatten sich ihre Finger selbständig gemacht:

»Oh, mein Gott, William, wie willst du jemals zu einem Abschluss kommen, wenn du so übel über die Leute denkst! Du beschimpfst sie ja!«

»Hä? Bitte? Anna? Ich habe doch gar nichts geschrieben!«

»Aber ich habe es gespürt!«

Nichts kam mehr.

Anna blieb ebenfalls stumm. Sie wartete fünf Minuten, sie wartete zehn. Dann schickte sie ein vorsichtiges:

»William? Bist du noch da?«, an die Front. Keine Antwort. »Ähm ... bist du sauer?«

Endlich wallten die Punkte auf und nieder. Er schrieb etwas.

»Bin noch da, Babe. Nein, bin nicht sauer. Sorry, muss gerade was klären. Warte einen Moment.«

William saß wie betäubt vor seinem Rechner und wusste nicht, was er von dem Chat halten sollte. Gerade die letzten Sätze hatten ihn schockiert. Er war in Gedanken tatsächlich bei seinen Verhandlungspartnern gewesen, er hatte sie innerlich beschimpft ... und Anna hatte es *gespürt*. Aber das Schlimmste war: Er hatte gespürt, dass sie es gespürt hatte, und ihm brach der Schweiß aus, als ihm das klar wurde. Denn wenn sie es auf die Entfernung spüren konnte, wie war es, wenn er unmittelbar vor Menschen *stand* und dachte, was er dachte? Vor allem: Was sollte er jetzt tun? Sein Kopf fasste nur noch einen klaren Gedanken: Er musste Plan B aktivieren. Und zwar schnell!

Die Minuten verstrichen, er musste sich beeilen, sonst loggte sie sich aus.

»Bin gleich zurück!«, fetzte er in das Kästchen, während er gleichzeitig mit seinem iPhone hantierte.

Anna hatte in der Wartezeit eine Mail an einen Kunden beantwortet und war müde. Es war Mitternacht und sie wollte ins Bett. Gerade schrieb sie ein paar Abschiedsworte, als er sich wieder zurückmeldete.

»Anna, verzeih, aber ich musste das eben gerade verdauen. Ich war ... naja ... ziemlich schockiert, weil du das so klar gespürt hast. Und ich schäme mich deswegen. Es sind tatsächlich Gedanken, die ich oft im Kopf habe.«

Erstaunt sah sie auf die Zeilen. Wow, das klang ja auf einmal ziemlich einlenkend! Er war doch gerade noch so in Angriffsstellung gewesen!

»Das wollte ich ganz bestimmt nicht, William«, tippte sie. »Dich beschämen oder dich brüskieren. Ich weiß, dass du ein guter Mensch bist. Aber manchmal ist es schwer, diese gute Einstellung sich selbst und anderen gegenüber beizubehalten, wenn es nicht so läuft, wie der Kopf es will. Das weiß ich selbst. Aber vielleicht kommt es genau darauf an im Leben. Vielleicht macht genau das das Leben lebenswert.«

»Ja, du hast recht. Es ist für mich nur so ungewohnt, darüber zu schreiben. Es ist nicht so einfach, wenn man mit Erbsenzählern und Schlimmeren zu tun hat.«

»Was meinst du mit Schlimmeren?«

»Naja, es gibt tatsächlich Ganoven.«

»Ja, aber das heißt ja nicht, dass du genauso sein musst. Und vor allem: Wenn du genauso wärst, ziehst du ja diese Leute erst recht an!«

Zu ihrer Überraschung antwortete ihr ein laut auflachender Smiley. »Ganz meine Meinung!«

»Ganz deine Meinung? Ähm ... hattest du nicht vor wenigen Minuten noch eine völlig andere?«

»Ja, aber deine Argumentation hat mich überzeugt! Morgen gehe ich in die Verhandlung und werde versuchen, das umzusetzen. Ich glaube, das hat Premiere für mich!«

»Was? Das Gute in Menschen zu sehen? Meinst du das gerade ernst?«

»Ja! Leider! Das Leben hat mich eben bisher anderes gelehrt. Aber nachdem ich nun mit meiner Methode nicht weitergekommen bin, werde ich tatsächlich mal deine Sichtweise testen. Das Gute in den Leuten zu sehen. Okay. Ich sage mir, dass diese Leute vollkommen liebenswert sind. Und genauso werde ich sie behandeln!«

Anna lachte, als sie das las. »Will, du verascht mich aber nicht gerade, oder?«

»Nein! Keine Spur! Ich meine das ernst. Und mehr noch: Ich erstatte dir Bericht, wie es gelaufen ist, okay?«

»Okay!«, schrieb sie erfreut und leicht verunsichert. »Ich bin mega gespannt!« Mehr fiel ihr dazu gar nicht ein. Irgendwie wirkte William anders als zuvor. Diese untergründige Wut war weg. Es klang freier und ... ja, unbelasteter. Fast amüsiert. Aber schon die nächste Nachricht wirkte wieder wie der William vorher:

»Und was machst du, wenn dich diese Menschen furchtbar nerven?«, fragte er. »Das tun sie nämlich meistens! Was machst du, wenn sie alles tun, um dir zu zeigen, dass du ein Arschloch bist? Wie schaffst du es dann, positiv über sie zu denken? Das ist nicht einfach, weißt du.«

»Ja«, schrieb sie zögernd. »Das weiß ich. Warum nur habe ich das Gefühl, dass du dich übergibst, wenn ich dir meine Einstellung dazu verrate?«

Er lachte – mit einem Smiley. »Keine Sorge, ich werde mich beherrschen!«

»Okay ... also ... zwei Punkte dazu: Der erste ist: Du weißt nie, was ein gutes Wort von dir verändern kann. Bestimmt mehr als ein böses. Versuch zu verstehen, dass deine Geschäftspartner genau wie du gewinnen wollen. Du kannst sie also nicht für etwas verurteilen, was du selbst willst. Das nächste ist: Was liegt denn dem ›Gewinnen‹ zugrunde? Ohne das groß ausführen zu wollen, ist es immer die Sehnsucht nach Glück, die jeden antreibt. Jeden, dich, mich, alle Menschen. Wir alle leben unser Leben auf unsere Weise, weil wir Glück haben und Leid vermeiden wollen. Das zu wissen aktiviert eine Eigenschaft in dir, die Mitgefühl heißt.«

Sie schickte es ab und kaute auf ihrer Lippe. Wahrscheinlich würde er ihr mit dem nackten Hintern ins Gesicht springen, wenn er das las. Trotzdem machte sie weiter:

»Und jetzt tritt einen Schritt zurück – und stell dir vor, dass es dir egal ist, ob du diesen Auftrag bekommst oder nicht. Mach dir klar, es wäre kein Weltuntergang, wenn es nicht klappt. Vielleicht schaffst du es, das Ganze als ein Spiel zu betrachten, in dem es nicht darum geht, andere unter Wasser zu drücken, damit du frei atmen kannst. Es geht darum, dass beide Partner ans Ufer kommen. Es geht darum, etwas gemeinsam zu erreichen. Kannst du eine Win-Win-Situation daraus machen? Und nicht nur eine, die du deinem Partner als eine solche verkaufst, sondern eine echte?«

Sie schickte auch das ab, damit er es schon mal lesen konnte, und schrieb weiter:

»Nur, wenn wir etwas wichtig nehmen, hat es Macht über uns. Also, damit das Ganze ein Spiel bleibt: Nimm die Wichtigkeit raus. Nur dein Kopf meint, dass du dies und das erreichen musst, um glücklich zu sein, und dass es enorm wichtig wäre.«

»Anna, es *ist* aber wichtig! Es ist ein großes Geschäft! Ein sehr großes!«

»Aber wenn du wüsstest, dass du nur noch einen Monat zu leben hättest ... wie wichtig wäre es dann? Ich finde es immer recht hilfreich, die Dinge in Relation zum Tod zu sehen. Das gibt ein immenses Unterscheidungsvermögen.«

Wieder drückte sie auf Senden.

»Das heißt nicht, dass du dich nicht anstrengen sollst oder dich nicht bemühen sollst, den Vertrag zu bekommen. Es geht nur darum, den Druck rauszunehmen. Für dich. Mit einem Zitat ausgedrückt: Lebensweisheit bedeutet, alle Dinge möglichst wichtig, aber keines völlig ernst zu nehmen. Das ist von Arthur Schnitzler. Und ich finde, er hat recht.«

»Aber es ist für mich nicht nur ein Spiel! Es ist meine Existenz!«

»Ein Geschäft ist nie deine Existenz. Es ist deine Spielwiese. Wäre es denn existenzbedrohend, wenn du das Geschäft nicht bekommst?«

Es dauerte ein bisschen, bis die Antwort kam.

»Nein. Aber es wäre ein sehr großer Verlust. Auch imagemäßig. Wenn auch verkraftbar.«

»Wo liegt dann das Problem? Es ist doch herrlich, ohne Erwartung in eine Verhandlung gehen zu können! Aber ich finde, du musst ein reines Gewissen haben. Du musst wissen, dass du das beste Angebot hast – nicht nur für dich – auch für deine Partner. Damit du ruhig schlafen und mit Recht auf deinen Standpunkten beharren kannst. Das kannst du aber nur, wenn dein Angebot zu 100% fair ist.«

»Ich hasse es, zu verlieren! Und ich bin der Beste, den sie kriegen können!«

Anna musste lächeln. Sie mochte seine ungestüme Art irgendwie. Das war trotz allem echt und unverfälscht an ihm.

»Das ist prima, dass du der Beste bist!«, schrieb sie. »Aber haben sie mit dir auch den besten und fairsten Vertrag?«

Pause.

»Will?«

»Naja, ich könnte ... ein paar Dinge könnte man ändern. Vielleicht.«

»Ähm, William, bitte, ich will dir da nicht zu nahe treten – das sind allein deine Entscheidungen. Aber wenn du Fairness im Leben erwartest, musst du erst mal bereit sein, das alles selbst zu geben und zu leben.«

Er reagierte sarkastisch:

»Und dann läuft alles wie von selbst. Hurra.«

»Nein, gar nicht. Alles kostet Mühe und Arbeit. Aber *du* hast ein reines Gewissen. Damit ziehst du Leute an, die das Gleiche wollen. Und ich bin sicher, dann geschieht alles zu deinem Besten. Wer weiß, wenn du den Auftrag mit ein bisschen Beschiss hier und da ergatterst, was der dir hinterher noch an

Ärger bereitet? Vielleicht sogar so viel, dass der Gewinn es gar nicht wert ist!?
Also sieh es als interessantes Spiel! Nimm dein Ego raus!«

»Mein Ego rausnehmen – du ahnst nicht, was du da von mir verlangst!«

»Deine Antwort zeigt mir, dass du dich zumindest schon mal mit deinem Ego
beschäftigt haben musst.«

Pause.

»Aber du kämpfst doch auch um deine Kuckucksuhren! Sogar um deine
Existenz! Ist das ein Spiel?«

»Ja, das ist es! Ein Spiel! Wenn es nicht klappen soll, soll es nicht klappen. Ich
werde mein Bestes geben, es aber nicht erzwingen. Und das macht mich frei.
Ich habe keine Erwartungen.«

»Du hast keine Erwartungen.«

»Nein.«

»Das glaube ich dir nicht. Du warst belastet neulich. Genau deswegen!«

»Ja, das stimmt. Die Frage ist halt, für wie lange. Solange ich Mensch bin, werde
ich Gefühle haben. Die zu unterdrücken empfinde ich als nicht richtig.«

»Das hört sich jetzt gerade sehr widersprüchlich an.«

»Ja, ich weiß, es ist auch nicht leicht zu verstehen. Gefühle wirst du immer
haben. Die meisten Menschen versinken allerdings darin. Sie glauben, sie
müssten dem Gefühl folgen. Sie glauben, sie *sind* ihre Gefühle. Und das stimmt
nicht. Sie bringen damit Subjekt und Objekt durcheinander.«

»Oh, Mann, Anna! Fuck! Was wird das alles!«

»Zu viel? Ich sagte ja, es ist schwer zu erklären. Du kannst ein Gefühl oder
einen Gedanken behandeln wie ein Objekt – wie einen Gegenstand. Und wenn
du das tust, fällt es dir leichter, dich auch wieder davon zu lösen.«

»Warum sollte ich das tun?«

»Weil Gefühle dich immer an etwas binden. Du bist wütend – und wirst es
nicht mehr los. Du hast Angst –und sie verfolgt dich. Du steigerst dich rein.
Oder du bist traurig ... auch davon lösen sich die Menschen nicht. Das heißt
dann Depressionen. Sie haben etwas Negatives erlebt ... daraus resultieren
negative Gefühle, die sich zu Mustern verfestigen, die wie ein
Automatikprogramm ablaufen. Schuld ist aber nicht unbedingt das Ereignis –
ich meine, es hat die Gefühle ausgelöst, klar. Aber dann kommt der Kopf und
hält sie fest. Wir denken immer das Gleiche – das schafft eine Rille in unserem
neuronalen System – eine Schiene, auf der wir abfahren, die uns festhält. Du
bist dann nichts anderes als der Sklave deiner neuronalen Muster. Das ist doch
gruselig, oder?«

Keine Antwort. Schließlich fragte er - und es kam ihr griesgrämig vor:

»Und was ist das Subjekt?«

Ein bisschen unsicher schrieb sie:

»Dein Innerstes ... William, ich weiß, das klingt alles so furchtbar abgedreht – und ich will dich nicht zutexten, vor allem, wenn du nichts damit anfangen kannst.«

»Doch, Anna, das kann ich! Bitte logg dich nicht wieder aus!«

»Hatte ich nicht vor!«, schmunzelte sie.

»Es ist nur ungewohnt! Also heißt das, du wärst nicht lange belastet gewesen und ich habe die Uhren umsonst gekauft?«

Diesmal lachte sie laut auf und schickte einen entsprechenden Smiley mit.

»Oh, William! Ich hab's geahnt! Willst du sie zurückschicken?«

»Auf keinen Fall! Ich habe sie ja noch gar nicht ausgepackt!«

»Was das angeht: Ich habe diesen Abend neulich sehr genossen – und nicht deswegen, weil du die Uhren gekauft hast.«

»Sondern?«

»Weil du gefragt hast, wie es mir geht – und weil ich das Gefühl hatte, dass du ...« Sie überlegte, wie sie das ausdrücken sollte und kam aus Versehen auf die Sendetaste. Der halbe Satz wurde abgeschickt. William schrieb:

»... dass ich ...?«

»Ich hatte das erste Mal das Gefühl, dass du auf mich eingehst, dass du ehrlich wissen wolltest, wie es mir geht. Ich weiß nicht ... es war einfach anders. Schöner. Tiefer. Nicht so ein oberflächliches Blabla wie sonst.«

»Okay. Dann war ich dir bislang also zu oberflächlich?«

»Ja, total. Wenig einfühlsam. Eben das, was auch der Hemmschuh für deine Vertragspartner sein könnte.«

»Da geht es doch ums Geschäft. Harte Fakten.«

»Unterm Strich geht es immer nur um Menschen, Will.«

»Und um das Erreichen von Zielen. Die wollen was. Und ich will was. Und das deckt sich nicht.«

»Ja, schon. Aber wenn ich eines im Leben gelernt habe, dann, dass Wünsche egoistisch machen. Sie machen dich blind für alles andere um dich herum. Du denkst nur noch daran, dein Ziel zu erreichen, du bist schlecht gelaunt, wenn es nicht klappt. Das macht dich unsensibel für alles andere, nimmt dir jede Wertschätzung für das Schöne im Leben. Klar, die meisten denken, sie haben versagt, wenn etwas nicht klappt. Sie sehen nicht mehr das, wofür sie dankbar sein können. Und damit fangen sie an, ein Loch zu buddeln, in das sie schließlich fallen. Denn wenn du nicht dankbar sein kannst, spürst du auch keine Zufriedenheit. Und wenn du die nicht spürst, ist dir nichts genug. Du agierst immer aus Mangel. Du willst immer nur mehr. Du siehst immer nur, was du nicht hast. Und so bekommst du mit der Zeit das Gefühl, dass das Leben dir die wichtigsten Dinge verweigert und siehst nicht, dass du sie schon längst hast. Und das Fatalste daran ist, dass dir all das den Spaß am Leben nimmt, die Intensität, die Freude, die Liebe, vor allem auch die Lockerheit, den Spaß ... zum Beispiel an so einer Verhandlung ... du nimmst alles bierernst. Es geht nur noch ums Gewinnen oder Verlieren. Und selbst wenn du gewinnst, befriedigt dich das nicht, weil Undankbarkeit und Unzufriedenheit zu deiner zweiten Natur geworden sind, verstehst du?«

Wieder dauerte es eine Weile, bis er ihren Text gelesen hatte. Sie stellte sich auf heftigen Widerstand ein, aber seine Antwort verblüffte sie:

»Anna, ich fürchte, du hast mich gerade charakterisiert.«

Verdutzt sah sie auf sein Bild, auf seine Augen, die Kampf und Widerspruch, Sieg und Eroberung gepachtet zu haben schienen.

»Das ist so wahr, was du schreibst. Danke, Anna. Besser hätte man es wohl nicht ausdrücken können.«

»Ähm ... du bist nicht sauer?«

»Nein, woher denn! Das ist grandios, dass mir das mal einer sagt! Also – was rätst du mir?«

Etwas perplex, weil William wieder so zahm reagierte, schrieb sie:

»Geh mit einem Lächeln dorthin. Versuch, deine Partner zu verstehen. Es wird Forderungen geben, die sind berechtigt – und welche, die sind es nicht, aber wenn du die Menschen dahinter siehst und ihnen Respekt entgegenbringst, werden sie das umgekehrt auch tun.«

Sie setzte hinterher: »Mit der Zeit.«

Und als er wieder nichts antwortete: »Bleib einfach locker. Versuch, deinen Geschäftspartner zu schätzen, so wie du geschätzt werden willst. Sei einfach freundlich und fair.«

»Okay, Babe, also, ich werde es versuchen. Nur für dich.« Ein verzweifelt schauender Smiley folgte.

»Für mich musst du gar nichts tun, Will.«

»Ja, gut, für mich! Natürlich! Ich erstatte Bericht, okay?« Diesmal setzte er einen bestens gelaunten Smiley hinterher.

»Na, dann, Will«, schrieb sie mit einem Lächeln. »Viel Glück und Erfolg! Und vor allem viel Spaß!«

Am Morgen fand sie eine weitere Message von ihm in ihrem Postfach, die er eine Stunde nach ihrem Chat abgesendet hatte:

»Hey, Babe, ich habe keine Ahnung, auf was ich mich da eingelassen habe und warum! Fuck! Das passt mir gar nicht! Ich muss verrückt sein! Bin nämlich der festen Überzeugung, dass die meisten Menschen für die Tonne sind! Letztlich enttäuschen sie dich immer.«

Sie lächelte verblüfft. Da wohnten wohl zwei Seelen in seiner Brust.

***

»Was für eine Scheiße ist das?«, brüllte William und raufte sich die Haare. Wütend stapfte er vor seinem Monitor auf und ab. »Hast du eine Ahnung, in was du mich da reingeritten hast?«

»Nun mal langsam, mein Freund. Du musst doch gar nichts tun, wenn du nicht willst.«

»Fuck! Ich soll *Bericht erstatten*! Das ist doch krank! Ich habe noch nie jemandem *Bericht erstattet*!«

»Will«, beruhigte ihn Phil und konnte sich das Lachen kaum verkneifen. »Es ist doch nichts passiert! Sie hat dir nur geraten, die Verträge so zu ändern, dass sie fair sind. Und Menschen Respekt entgegenzubringen, damit dir das gleiche geschieht. Wo ist das Problem?«

William blieb stehen und stierte seinen Freund wütend an.

»Ich komme mir vor wie ein Schulbub!«, schrie er. »Das ist das Problem!«

»Ich dachte, du bist ernsthaft verliebt!«

William grummelte etwas in seinen Drei-Tage-Bart und seine Augen funkelten. Phil beobachtete ihn.

»Sag mal«, wollte er wissen. »Hast du überhaupt schon gecheckt, ob sie so aussieht wie auf ihrem Profilbild?«

»Nein! Vielleicht habe ich wirklich zurzeit andere Probleme im Kopf?«

»Brauchst du mehr Zeit?«

»Ja, verdammt! Dieser Chinese macht mich wahnsinnig! Ich muss das erst mal klären, bevor ich mich wieder mit Anna beschäftige!«

»Okay, kein Problem. Du hast doch Doktor Phil hier. Ich kümmere mich.«

»Was? Wie meinst du das?«

»Wir kriegen das schon hin, Alter. Sag mir, was bei deinen Verhandlungen rausgekommen ist. Und ob du ihren Rat befolgt hast. Wir chatten und du schickst mir allen Schriftverkehr, damit ich informiert bleibe. Ansonsten: Lass mich nur mal machen, das wird schon, Will.«

***

Will kochte. Nachdem Phil sich verabschiedet hatte, rannte er ins Fitness-Studio des Hotels und reagierte sich ab. Er lief zig Kilometer auf dem Laufband, laute Musik im Ohr und stemmte hinterher Gewichte, bis die Muskeln versagten. Dann duschte er, legte sich auf sein Bett und starrte den geschlossenen Laptop an, der dort lag.

Er klappte ihn auf. Rief Facebook auf, deaktivierte den Chat, so dass niemand sah, dass er online war und las sich den Gesprächsverlauf noch einmal durch.

Verdammte Scheiße, das war kein Chat, das war eine Philosophie-Stunde! Verträge ändern! Freundlich sein! Zu diesen schlitzäugigen Ganoven, deren Chef es noch nicht mal für nötig hielt, sich persönlich blicken zu lassen! Er überließ alles seinen CEOs und CFOs, so dass die bei jeder Verhandlungsrunde sagen konnten: Wir müssen noch mit dem Chef Rücksprache halten! Diesen Trumpf hatten sie immer offen – und das war oberfies. Sie hungerten ihn aus, diese Bande, weil sie ihn finanziell schröpfen wollten! Und zu denen sollte er *freundlich* sein! Und ihnen *Respekt* entgegenbringen! *Ihr Streben nach Glück berücksichtigen!* SCHEISSE!!!

»Oh, was für ein saudummes Gelaber!«, knurrte er und hieb wütend mit der Faust auf sein Kissen. Aber das mit Anna war zu einem fixen Ziel in seinem Leben geworden. Er konnte nicht verlieren, er wollte nicht verlieren! Er spürte, wie er in einen Rausch geriet, so wie bei Auktionen, wenn man sich vornahm, nur bis zu einer gewissen Summe mitzubieten, dann aber dem Bann der letzten Gebote und dem unbedingten Wunsch, das zu ersteigernde Objekt zu bekommen, erlag, und aller Vernunft zum Trotz doch noch weiter ging, als es vernünftig gewesen wäre.

Es bimmelte in seinem Laptop, sein Chatfenster öffnete sich. Es war Anna.

»Hey, Will, stell dir vor! Eventuell bekommen wir im Lokal-Fernsehen eine Drei-Minuten-Reportage! Und die Tageszeitung will auch noch mal über uns berichten! Drück uns die Daumen!«

Ihr Gesicht lachte ihn an und plötzlich wollte er unbedingt wissen, ob das Foto echt war.

Er zog den Rechner zu sich her. Seine Finger trommelten auf die Tasten. Dann stand er auf, holte sich einen Whisky und kippte ihn in einem Zug hinunter. In seinem Kopf begann es zu wirbeln.

»Süße, das ist super! Natürlich drücke ich die Daumen«, schrieb er zurück. »I cross all my fingers for you! Und denk dran: Sei frech! Trau dich was!«

»Ist nicht so einfach im Schwarzwald ... wir müssen die Leute an all das Neue gewöhnen.«

»Das ist Unsinn«, tippte er zurück. »Du schockierst sie ohnehin mit dem, was du machst. Dann mach es gleich und heftig und so stark du kannst! Kapier's doch endlich!«

»Oh... Sch... ich habe das Gefühl, wir therapieren uns gegenseitig!«

»Ja, Babe! Das ist einfach so! Du lässt die armen Schwarzwäldler tausend Tode sterben, immer ein bisschen mehr ... bis sie euch hassen! Schock sie gleich, dann ist Ruhe! Hau drauf!«

In Gedanken hörte er sie lachen, obwohl er ihre Stimme noch nie gehört hatte.

»Hört sich ... provokativ an!«, schrieb sie dazu.

»Ja, das ist sicher etwas, was vielleicht ganz heilsam für dich wäre!«

»Was soll denn die Ansage?«, fragte sie belustigt zurück. »Denkst du, ich bin langweilig? Wegen der letzten Unterhaltung? Denkst du, ich bin jemand, der mit der Bibel in der Hand dasitzt und Strümpfe strickt?«

»Würde dich schon gern mal sehen«, tippte er. »Erleben.«

»Ja, kein Ding. Komm mal auf nen Kaffee vorbei.«

»Meinst du das ernst?«

»Klar!«

»Und dein Mann?«

Es dauerte ein bisschen, bis sie antwortete. Das konnte viele Gründe haben. Klingeln an der Haustür, oder ihre Kinder, ein Anruf … aber Will wusste, sie saß vor dem Rechner und zögerte.

»Den stell ich dir dann vor, Will.«

»Okay.« Er kratzte sich am Kinn. Verdammt! Auf ihren Mann hatte er keinen Bock! Er wollte sie sehen! Gleich! Jetzt! Er wollte, dass sie eine Trulla mit Jesuslatschen war, deren Ratschläge für die Pfeife waren! Er wollte, dass sie eine billige Stimme, einen schmalen, verkniffenen Mund, O- oder X-Beine hatte, fette Hüften und Pickel im Gesicht, die sie auf dem Foto mit einem Kilo Schminke übertüncht hatte! Er wollte, dass sie jemand war, den er getrost vergessen konnte! Damit sie endlich nicht mehr in seinem Kopf war. Damit er das endlich hinter sich hatte! Damit er endlich wieder atmen konnte!

»William«, schrieb sie. »Würde es dir etwas ausmachen, mit mir zu sprechen? Vielleicht fällt uns das beiden leichter als Schreiben? Wir müssen ja nicht die Kamera anmachen. Ich würde gern mal deine Stimme hören.«

»Nur die Stimme?«

»Würde mir reichen – für den Anfang.«

»Ähm … willst du gleich reden?«

»Nein, es ist nach Mitternacht bei dir. Du musst doch schlafen, du brauchst für morgen einen klaren Kopf. Eigentlich bin ich nur noch mal on gegangen, um dir viel Erfolg zu wünschen.«

»Das … das ist sehr … nett von dir«, schrieb er und konnte sich nicht dagegen wehren, gerührt zu sein. »Das ist wirklich nett.«

»Ja, dann, Honey, alles Gute!«

»Hast du mich gerade Honey genannt?«

Aber sie hatte schon weitergeschrieben, bevor sie seine Antwort gelesen hatte.

»Meine Gedanken sind bei dir. Bis demnächst dann. Und ach ja, was ich auch unbedingt noch loswerden wollte: Du musst mir nicht Bericht erstatten. Deine Geschäfte gehen mich nichts an. Und auch nicht, wie du deine Verhandlungen führst. Ich wünsche dir nur viel Glück dafür. Alles Liebe, Anna.«

Patsch. Der grüne Punkt war verschwunden. Sie hatte sich, ohne auf seine Frage zu antworten, ausgeloggt.

Und sie hatte »meine Gedanken sind bei dir« auf Englisch geschrieben. »My heart goes out for you.« Das konnte man wörtlich übersetzt leicht missverstehen.

William lag auf dem Bett. Er wollte es missverstehen. Und wünschte sich mit aller Macht, dass der grüne Punkt noch einmal aufleuchtete.

Beide saßen sie noch eine Weile vor ihrem Laptop. Und beide stellten sich plötzlich die Frage, was wohl der Grund sein könnte, dass keiner von ihnen die Kamera benutzen wollte.

***

Dass Will in ihrem Leben eine Rolle spielte, seine Art, seine wenigen Gedanken, die er bisher in den Raum geworfen hatte, merkte Anna allein daran, dass sie seine Äußerungen über ihre Selbst-Inszenierung nicht aus dem Kopf bekam. Genauso wenig wie ihn. Irgendwie machte das gerade Spaß und sie freute sich inzwischen, dass er in ihrem Leben war.

Und ja ... diese Aussage: »Sei frech! Trau dich was!« rumorte ständig in ihrem Kopf. Peggy hatte ohnehin schon gleiche Samen ausgestreut und Anna fühlte, wie das alles zu keimen begann.

Sie rief noch mal die Familie zusammen und brachte diesen Punkt angesichts der geplanten Fernsehsendung auf den Tisch. Mit Überraschung merkte sie, wie sie sich der Worte von Will bediente:

»Vielleicht sind wir einfach zu soft, vielleicht würde ein Paukenschlag einen mächtigen Wirbel verursachen, aber dann wäre mal Ruhe im Karton – und vielleicht würden sie uns dann einfach als Kult-Objekt akzeptieren, eher, als wenn wir sie einen Tod nach dem anderen sterben lassen!«

»YEAH!«, schrie Peggy. »Endlich wachst du auf! Fantastisch, Anna!« Und dann, an Lenny gewandt: »Jetzt bist du dran, mein Guter! Jetzt gibt es kein Zurück mehr! Wir gehen einkaufen ... und zum Friseur!«

Lenny drehte die Augen nach oben, aber er sagte kein Wort und Anna kam es vor, als unterdrücke er ein leichtes Lächeln.

»Okay«, meldete sich Herr Rossberg zu Wort. »Dann springen wir eben mal ganz ins kalte Wasser. Vielleicht habt ihr recht. Wenigstens wissen wir dann, woran wir sind.«

Der Gedanke, sich komplett neu zu inszenieren und damit auch der Firma ein vollkommen anderes Image zu verpassen, schwelte ab diesem Nachmittag in jedem. Anna bemerkte es, als sie ihren Vater vor seinem Schrank fand und er verschiedene Hemden, Jeans und Schuhe zusammenstellte, die er schon lange nicht mehr getragen hatte. Sie merkte es daran, dass er mit noch größerem

Enthusiasmus neue Modelle zeichnete, frische Ideen hatte und Sendungen im TV oder Artikel verfolgte, die Einblick in den Geschmack junger Leute gaben. Nur Annas Mutter war entspannt – sie würde in ihrer Schwarzwaldtracht posieren –, während Lenny der aufgeregteste war – er wusste ja nicht, was bei seiner Verwandlung herauskommen würde. Er stritt sich jeden Tag mit Peggy über verschiedene Möglichkeiten.

»Du machst mir nicht den Rocker!«, hörte Anna sie aus dem Büro rufen. »Anna ist schon rockig mit ihrem Lederoutfit! Wir brauchen einen Gegensatz!«

Lenny nörgelte irgendeinen Protest und Anna sah die beiden, die Nasen in Modekataloge vergraben, die verschiedenen Modeltypen studierend und über Haarschnitt und Kleidung diskutierend.

»Warum machst du nicht endlich einen Song über die Uhren?«, hörte sie Peggy fragen.

»Das ist eine geniale Idee!«, schrie Anna ins Nebenzimmer. »Lenny! Mach den Kuckucksuhr-Rap!«

»Ja, genau, Lenny, einen Rap und ... du spielst doch Klavier! Komponier mal was!«

»Warum nicht gleich ein Film?«, schnappte Lenny zurück und beide, Anna und Peggy, johlten auf:

»Genau! Ein Kurzvideo über die Uhrenherstellung! Das ist es! Lenny, du bist der Beste!«

»Oh, Scheiße, ich sag gar nichts mehr! Ihr seid ja beide durchgeknallt! Das war ein Witz!«

»Dann bring weiter solche Witze! Ist vielleicht doch nicht zu spät mit dir ... na, los! Wir machen einen Film!«

Anna lachte. Alle waren aufgeheizt, auch sie stand vor dem Spiegel und zog Sachen an, die sie lange nicht mehr getragen hatte ... das Lederoutfit, das sie neulich scherzhaft erwähnt hatte ... und das ihr eigentlich zu gewagt war. Aber Peggy, die Alleskönnerin, legte ihr drei Tage später eine fantastische, selbstgeschneiderte Korsage aufs Bett – dunkelblauer und smaragdgrüner Brokat mit Goldspitzen – Farben, die wunderbar mit ihrer Augenfarbe harmonierten. Anna tuschte kräftig ihre Wimpern, zog die Sachen an und drehte sich vor dem Spiegel. Die Korsage presste ihren kleinen Busen nach oben, die dunkle Kluft ließ ihr Haar heller erscheinen, der schwarze Eyeliner machte aus ihren Augen Juwelen und die High Heels verlängerten ihre schlanken Beine.

Peggy schrie auf, als sie aus dem Bad kam, drehte die Musikanlage auf und holte ihre Spiegelreflexkamera, worauf Anna anfing in Peggys Sachen zu wühlen und ihr ein Teil nach dem anderen hinhielt.

»Das hast du schon lange nicht mehr angehabt!«, schrie sie gegen die Musik an, die Peggy voll aufgedreht hatte. ›Sweet home Alabama‹ dröhnte durch die kleine Wohnung in voller Lautstärke und lockte die Kinder an, die sich ohne zu zögern und mit Freudengeheul ins Getümmel stürzten, sich Schnurrbärte anmalten oder Lippenstift auftrugen und sich ebenfalls fleißig an den Schränken zu schaffen machten. Lea stöckelte in Annas High Heels durch die Wohnung und zog ihre Kleider an, während Tim die Kiste mit den Faschingskostümen fand und sich ins Batman-Kostüm warf. Innerhalb kürzester Zeit war in der kleinen Wohnung das Chaos ausgebrochen, Kleider, Schuhe, Schminkkästen und Accessoires belagerten jedes freie Fleckchen. Anna tanzte vor Vergnügen, schickte Peggy ins Bad und warf ihr einen Stapel Kleider hinterher:

»Und wehe du kommst als Michael wieder raus!«, drohte sie. »Zieh das rote Abendkleid an! Sonst kündige dir die Freundschaft!«

»Faktisch unmöglich!«, gellte es durch die Tür.

»Und spar bloß nicht mit Schminke!«, schrie Anna. »Ich will eine Femme fatale sehen!«

Peggy lachte, öffnete die Tür nur so weit, dass ihre Hand durchpasste: »Schampus!«, schrie sie in die Vibrationen der Musik und die wummernden Bässe hinein. »Gleich kommt mein großer Auftritt!«

»Oh, mein Gott!«, quietschte Anna. »Wir rollen schon mal den roten Teppich aus!«

Sie rannte in die Küche, um den Champagner zu holen, stieß mit Peggy durch die Tür an, drehte die Musik noch lauter auf, schnappte sich die Kamera, tanzte im Wohnzimmer herum und knipste wild drauflos. Wohn- und Schlafzimmer waren in Messie-Räume verwandelt und gewannen damit einen ganz eigenen Charme. Die Kinder sangen durch die Gegend und hüpften wild umher. Der Alkohol enthemmte Anna auf schöne Weise und sie nahm Leas kleine Hände und wirbelte mit ihr lachend durch das Wohnzimmer, während Timmi im Batman-Kostüm auf der Kommode stand und im freien Flug und mit Freudengeheul auf die Couch klatschte.

Dann kam Peggy aus der Tür und alle jauchzten begeistert auf. Sie war nicht wiederzuerkennen. Sie hatte ihr Haar geglättet, ihre grünen Augen betont und war perfekt geschminkt. Das rote Kleid fiel in langen Stoffbahnen nach unten, betonte ihre schmale Taille und umschmeichelte ihre Beine.

»Wow, Peggy!«, rief Anna und drückte sie. »Du siehst atemberaubend aus! Sobald wir mit unserer Firma ins Reine gekommen sind, müssen wir eine Fete organisieren, auf der du genauso auftreten musst!«

Peggy lachte fast ein bisschen unsicher, dann stürzte sie das Glas Sekt fast ex hinunter, was ihre Laune schlagartig nach oben sausen ließ. Gemeinsam tanzten sie durch die ganze Wohnung, erinnerten sich an Anekdoten aus der Studienzeit, bogen sich vor Lachen und innerhalb von wenigen Minuten brannte durch die Kombination von Alkohol, Musik und guter Laune die ganze Bude. Ausgelassen fegten sie durch das Wohnzimmer und begannen, die Kinder und sich selbst zu fotografieren.

Durch den Sekt und das Lachen gelöst ließ sich Anna von Peggy zu Fotos hinreißen, zu denen sie sonst wohl nie den Mut gehabt hätte. Peggy knipste sie auf dem Bauch liegend, während Anna einen Schmollmund in die Linse schickte, auf der Seite liegend vor dem lebensgroßen Spiegel, während sie ausgelassen tanzte, sie filmte eine lachende, ungehemmte Anna, die sich mit ausgebreiteten Armen um sich selbst drehte, Anna in der Hocke und auf einem Stuhl, die Hände lässig auf den Oberschenkeln, so dass die Lederbänder, die sie um die Armgelenke geschlungen hatte, zur Geltung kamen, Anna, die verführerisch über die Schulter in die Kamera lächelte, frech grinste oder einen Kussmund machte.

»Und jetzt der Bollenhut!«, rief sie und holte das Teil aus dem Schrank.

»Oh, Mann, das werden supergeile Fotos!«, schrie Peggy und hatte den Finger ständig auf dem Auslöser. Anna setzte sich den Bollenhut kess schräg auf, kippte ihn nach hinten, zog ihn nach vorne, lugte unter dem Rand hervor, schob sich eine XXL-Sonnenbrille auf die Nase, setzte sich geziert wie Audrey Hepburn in dem berühmten Film »Frühstück bei Tiffany« aufrecht auf einen Stuhl, den Hut auf dem Kopf, die Brille auf der Nase, einen Bleistift als imaginäre Zigarette in der Hand – es waren geniale Einstellungen – bis sie sich plötzlich beide mit glänzenden Augen wie elektrisiert ansahen und gleichzeitig schrien:

»Die Kuckucksuhren!«

»Leg den Bleistift weg!«, schrie Peggy. »Hast du einen Zapfen von einer Kuckucksuhr hier?«

Sie fanden einen in Bronze, den Anna dann geziert – er wirkte wie eine vergoldete Zigarre – zwischen den Fingern hielt, eine der Uhren auf ihrem Schoß, während sie mit dem anderen, mit Lederbändern reich bestückten Arm das Gehäuse umschlang.

Danach holten sie die Uhr mit den geschnittenen Holzornamenten und Anna stellte ein Bein auf einen Stuhl, die Uhr auf den Oberschenkel platziert und blickte mit einer Mischung aus frech, trotzig und fast ein wenig schüchtern in die Kamera.

Die Ideen wollten kein Ende nehmen. Lea kletterte – in einem Kleid von Anna auf deren Schoß und die Kleine hielt die Uhr ... als Zeichen der Verbundenheit von Generationen ... sie schossen Bilder mit der Uhr zwischen ihren beiden

Gesichtern oder mit Timmi, der die Uhr stolz in seinem Batman-Kostüm präsentierte.

»Eine Uhr für Helden!«, titelte Anna und notierte sich das gleich auf einem Blatt. »Oh, mein Gott, das ist einfach gigantisch!!!«

Sie drehte sich mit Peggy, mit Timmi und Lea in ihrem kleinen Wohnzimmer und tanzte ausgelassen durch die Kleiderbündel. Die Stimmung steigerte sich mehr und mehr.

Dann war Peggy dran, die mit ihrem roten, langen Abendkleid, dem schwarzen Haar und dem Bollenhut einfach klasse aussah – wie eine Grande Dame. Sie posierte als Diva, nahm den Zapfen in die Hand und tat so, als ob sie Rauch ausblies und Anna knipste Peggy mit den verschiedensten Gesichtsausdrücken – von arrogant bis ausgelassen. Sie waren inspiriert bis an die Oberkante und gaben sich gegenseitig Kommandos für die jeweiligen Motive.

Peggy, die sich auf die Seite legte, im roten Kleid, Schlafzimmerblick und einer goldenen, mit Engelsflügeln kreierten Uhr auf der Hüfte, auf die sie grazil eine schwarz behandschuhte Hand legte. Das Foto wirkte frivol, weil die Zapfen der Uhr genau über ihrem Unterleib hingen – und doch konnte man nichts sagen – sie war vollständig angezogen und daneben lag der Bollenhut mit schwarzen Kugeln – das Zeichen für eine verheiratete Frau.

»Überschrift! Unsere Uhren ticken an der richtigen Stelle!« oder: »Jede Uhr an ihrem Platz!«

Dann wieder Anna im Lederoutfit, die einen mit High Heel bestückten Fuß auf die Uhr aus Glas setzte, als wolle sie sie zertreten, und herausfordernd in die Kamera starrte.

Lea knipste Peggy und Anna, wie sie sich auf den Mund küssten, beide je eine Uhr in der Hand haltend. Peggy die typische Schwarzwalduhr, Anna eine moderne Variante.

»Überschrift: Eine für jeden Geschmack!«

Sie lachten sich schief über die Zweideutigkeit und dann war Lea dran ... ein kleines, blondes, zierliches Mädchen, das mitten im mit Kleidungsstücken, Faschingskostümen, Schuhen und Schminke übersäten Wohnzimmer saß – in einem zu großen Kleid von Anna, ihre Ärmchen um eine moderne Uhr gelegt oder mit dem Gesicht ganz nah an der Öffnung, aus der sie den Kuckuck schießen ließen und genau in dem Moment abdrückten, als er die Nase des Mädchens berührte und sie deswegen laut auflachte.

Sie kamen von einer Idee zur der nächsten, auch Tim in seinem Batman-Kostüm musste mehrmals herhalten. Er hielt eine Schwarzwalduhr unter seinem Unterarm wie ein Rennfahrer seinen Helm und stellte sich in Positur wie sein Vorbild.

»Wie gut, dass es noch Helden und Kuckucksuhren gibt! Es lebe die Tradition!«

Sie schrieben die Slogans auf Einkaufszettel, Briefumschläge und Zeitungsecken, waren beide total beschwipst, die Stimmung an der Decke und die Fotosession eines der schönsten Erlebnisse, an die sich Anna erinnern konnte. Erst als sie sahen, dass Tim auf einem Kleiderstapel eingeschlafen war, fuhren sie langsam runter, zumindest soweit, dass sie die Kinder ins Bett bringen konnten.

Unter großem Gekicher schauten sie sich hinterher die Fotos an und lachten sich schief über alle, die nicht gelungen waren. Viele aber waren witzig und ungewöhnlich und gaben die ausgelassene Stimmung wieder – sie waren authentisch und absolut ansprechend.

»Hey, Anna«, sagte Peggy. »Die mit dem Bollenhut und der Sonnenbrille ... die sind oberkrass, findest du nicht?«

»Ja, die haben was«, bestätigte Anna. »Die mit dir und dem roten Kleid aber erst recht – einfach super ... und die mit Lea und Tim ... das sollten wir mal im Hinterkopf behalten.«

»Im Hinterkopf? Das muss raus! Das muss die Welt sehen! Das ist unser Durchbruch!«, sagte Peggy mit voller Überzeugung. »Schau doch mal! Die hier! Die sind so rattenscharf!«

Sie deutete auf die ersten Fotos von Anna in ihrem Lederoutfit. Eines war dabei, das Anna zeigte, wie sie von unten in die Kamera blickte und ihre blaugrünen Augen schillerten mit der Korsage, um die Wette. Ansonsten dominierte das Schwarz des Leders, hob das Blaugrün auf markante Weise hervor, während ihr hellbraunes Haar ihr klares Gesicht umspielte.

»Oh, wow, Anna«, sagte Peggy leise. »Das sieht einfach KLASSE aus.«

Anna betrachtete das Bild und unwillkürlich fragte sie sich, was William sagen würde, wenn sie das Bild online stellen würde. Dann fiel ihr ein, dass er nicht gerade erpicht auf Fotos von ihr gewesen war ... und dass er nicht widersprochen hatte, als sie gesagt hatte, sie könnten auf die Kamera verzichten. Der Gedanke freute sie nicht, erhöhte er doch die Wahrscheinlichkeit, dass er einfach nur ein alter, perverser Knacker war.

Verhandlungen

Mr. Xie, der CEO von Wang Enterprises saß diesmal ohne den CFO am Verhandlungstisch. William wusste nicht, ob das ein gutes oder schlechtes Zeichen war. Des Weiteren waren Wangs Ingenieure und Techniker anwesend sowie die Sekretärin, die das Meeting minutiös festhalten würde. William hatte wie immer niemanden mitgebracht.

»Mr. Sanders«, begrüßte ihn Li Xie überrascht. »Sie sind pünktlich. Welch eine Ehre.«

»Es tut mir leid, dass ich mich die letzten Male verspätet habe«, antwortete Will. »Wie Sie wissen, bin ich, was Verhandlungen angeht, eine One-Man-Show und da ist es oft nicht leicht, das Pensum zu schaffen. Aber ich respektiere Ihre Zeit und werde mich bemühen, dass es nicht wieder vorkommt.«

Will kam sich unendlich blöd vor, als er das von sich gab, aber Xie zog die Augenbrauen hoch. Einen Millimeter, einen Hauch nur, kaum sichtbar. William spürte es eher, als dass er es sah, und diese Magie, dieses feine Empfinden, zu dem der Mensch fähig war und das er gerade schrittweise entdeckte, faszinierte ihn.

»Ich bin auch die Verträge nochmals durchgegangen«, fuhr er fort und holte tief Luft. Es kam ihm wie Schwäche vor, aber er biss innerlich die Zähne zusammen. »... und habe einige Punkte entdeckt, die wir vielleicht verbessern könnten. Sie würden mir sehr helfen, wenn Sie mir sagen, welche Vorstellungen Sie dazu haben.«

Diesmal hüpften die Augenbrauen merklich in die Höhe. Aber Xie sagte kein Wort. Er sah William nur an und dem wurde unbehaglich zumute. Er schwieg. Xie war am Zug.

Schließlich nickte der seiner Sekretärin zu, ihm Kaffee einzuschenken. Im Laufe der Verhandlungen hatte die Führungsriege von Wang Enterprises ihre Missachtung William gegenüber dadurch bekundet, keine Getränke auf den Tisch zu stellen. Xies Sekretärin hatte alles auf einem kleinen Tisch in ihrem Rücken und es war zum bissigen Brauch geworden, William nicht zu fragen, ob er etwas wollte. Er hätte, wenn er etwas trinken wollte, den Hotelservice bemühen müssen. Was er nie tat, egal, wie lange die Sitzungen dauerten.

Will setzte sich auf einen der vielen Stühle und fühlte sich komisch. Er wusste, dass Xie das Ritual mit dem Kaffee nur zelebrierte, um ihm klarzumachen, was er von ihm hielt. Kurz schloss er die Augen. Sein Ego war kurz davor auszurasten, aber er beherrschte sich und starrte auf die Papiere. Sein Smartphone lag daneben und das Display poppte auf. Anna hatte einen Smiley geschickt. Es musste nach Mitternacht bei ihr sein! Nein, frühe Morgenstunden! Und plötzlich erinnerte er sich an ihre letzte Unterhaltung. Dass Gefühle Objekte waren, dass diese Regung, wütend sein zu wollen, steuerbar war. Dass er diesen unguten Emotionen nicht nachgeben musste. Sowie er das dachte, war die Wut schon zu etwas Beherrschbarem zusammengesunken. Er war verblüfft.

»Welche Punkte würden Sie denn *verbessern* wollen?«, fragte Xie, während er durch die Seiten blätterte und der Sarkasmus aus seinen Worten tropfte. William klappte seine Mappe auf.

»Hier«, erklärte er und tippte auf einen Absatz. »Ich könnte mir vorstellen, die Kosten für diesen Abschnitt komplett zu übernehmen, das ist ein gewaltiger Posten. Damit möchte ich Ihnen entgegenkommen und Ihnen ... äh ... meine Wertschätzung erweisen, weil ...«, er räusperte sich. »... die Projekte mit Wang Enterprises immer sauber gelaufen sind ... und das schätze ich sehr.«

Xie blieb stumm. Ihm war keine Gefühlsregung anzumerken. William verstand das. Er hätte sich ebenso verhalten. Doch dann hob sich Xies Blick und darin lag völliges Erstaunen.

»Das ist wirklich ein gewaltiger Posten«, bemerkte er.

»Ja, ich dachte mir, vielleicht ist das einer der Stolpersteine. Aber wie gesagt, Sie würden mir helfen, wenn Sie mir sagten, woran es liegt, dass wir nicht schon längst beide unterschrieben haben. Ich weiß es nämlich nicht. Und wenn ich es wüsste, hätte ich eine Chance zu reagieren. Dann würde nämlich klar, ob wir überhaupt zusammenkommen, und wir vertun beide nicht unsere wertvolle Zeit.«

»Ich denke, dass Sie mehr davon haben, den Auftrag zu bekommen als wir.«

»Nein, ich denke, dass Sie mehr davon haben, den Auftrag an mich zu vergeben als an jemand anderen«, konterte Will. »Ihnen ist sehr klar, dass ich der Beste bin, den Sie kriegen können. Ich habe die qualifiziertesten Spezialisten. Ich kenne das Terrain wie kein anderer, ich habe die Erfahrung und ich gebe mein Bestes, um meinen Ruf als Bester zu erhalten.«

»Ja, das stimmt«, sagte Xie und auf seinen Lippen lag die Andeutung eines Lächelns.

»Gut, dann sagen Sie mir, was ich Ihrer Meinung nach ändern sollte, damit wir ins Geschäft kommen.«

»Da gibt es einige Punkte.«

Xie führte sie auf und wenige Minuten später tauchten sie ein in eine inhaltlich ergiebige Verhandlung, in der William zum ersten Mal das Gefühl hatte, nicht gegen Windmühlenflügel zu kämpfen.

Drei Stunden später waren sie sich über das Vertragswerk einig. Die Sekretärin hatte frischen Kaffee gebracht und schenkte Xie eine Tasse ein.

»Möchten Sie auch einen?«, fragte er William. Der zuckte zusammen.

»Gern«, antwortete er und ihm wurde tatsächlich heiß.

Die hübsche Chinesin schenkte mit gesenktem Blick formvollendet die Tasse voll, schob Milchkännchen und Zucker zu ihm hin und wagte einen winzigen Blick in Wills Augen. Es war eine klare Aufforderung, aber Will reagierte nicht. Stattdessen war Anna in seinem Kopf. Ihr sexy Lächeln, der gestrige Gesprächsverlauf. Er lächelte. Und es war ein offenes Lächeln. Es war ein geradezu verträumtes Lächeln. Ihm war nicht bewusst, dass Xie ihn aufmerksam musterte.

»Mr. Xie«, sagte William im Nachhall des Erstaunens, mit einer einzigen Verhandlung plötzlich zum entscheidenden Punkt gekommen zu sein. »... ich möchte Ihnen danken, dass Sie so offen waren. Ich ... ähm ... weiß das sehr zu schätzen.«

Er brach ab. Solche Worte waren einfach ungewohnt für seine Zunge. Sie hörten sich an wie blöde Schleimerei! Aber verdammt – Xie hatte ihm Kaffee angeboten!

»Ich habe zu danken, dass Sie auf die Punkte eingegangen sind«, antwortete Xie mit knappem Nicken.

»Dann ... ist alles besprochen? Und für den Abschluss bereit?«

»Ja, was den Vertrag angeht, schon.« Unbehaglich fingerte Xie am Knoten seiner Krawatte herum, als sei sie ihm zu eng.

»Ähm ... es gibt noch etwas?«

Was sollte denn jetzt noch sein? Aber inzwischen war William einfach nur neugierig, allein schon deshalb, weil die Verhandlung zum ersten Mal kein Kampf gewesen und er fast schon begierig war, die nächste Hürde zu nehmen. Das war zu leicht gewesen!

»Ja, da gibt es noch was ... und so leid es mir tut – ich fürchte, das lässt sich mit keiner vertraglichen Sonderregelung lösen.«

»Bitte?« William setzte sich gerade hin.

»Mr. Sanders, was den Vertrag angeht: Er reizt mich sehr. Mit diesen Änderungen mehr denn je. Sie haben mich gebeten, offen zu sein. Das will ich tun, vor allem, nachdem Sie uns in einem wirklich unerwarteten Maße entgegengekommen sind. Sie können dann selbst entscheiden, wie Sie mit den Informationen umgehen. Wobei ich befürchte, dass Sie in diesem Falle wenig bis gar keinen Handlungsspielraum haben.«

Verdutzt hörte William zu. Verdutzt nahm er wahr, wie Xie alle seine Assistenten aus dem Zimmer schickte. Als die Tür hinter dem Letzten ins Schloss gefallen war, sah er William an. Seine Finger spielten nervös mit dem Löffel der Espressotasse. William war unbehaglich zumute. Er erinnerte sich an alle Situationen, in denen er das Vertragswerk zu seinen Gunsten bis an die Grenzen ausgereizt hatte, die Bedingungen für seine Vertragspartner oft im Nachhinein zu deren Nachteil anders ausgelegt hatte, wohl wissend, dass sie mitten im Prozess keinen anderen mehr beauftragen konnten. War es das, was Xie meinte?

Xie lehnte sich zurück und fing an zu reden. William fiel aus allen Wolken.

Wenn er mit allem gerechnet hätte - aber bestimmt nicht mit dem, was Xie ihm da nun zu verstehen gab. Es warf ihn schlicht um. Fassungslos sah er Xie an. Er hatte recht. Das letzte Hindernis, das gegen den Vertragsabschluss sprach, war nicht zu bewältigen.

***

»Liebe Anna,
der letzte Chatverlauf hat mich schwer beeindruckt. Es hört sich an, als hättest
du dich mit östlichen Philosophien beschäftigt. Ich würde wirklich gerne mehr
über deine Lebenseinstellung erfahren und freue mich, wenn wir endlich mal
reden könnten. Wenn man sich in der Welt so umsieht, ist es nicht so leicht an
das Gute zu glauben. An allen Ecken und Enden findet man Korruption,
Ausbeutung und Lügen. Aber du hast recht: Verloren ist die Welt erst, wenn
man aufhört, daran zu glauben, dass das Gute stärker ist, und wenn man selbst
keine Werte und Ideale mehr hat. Seit du das gesagt hast, ist mir bewusst
geworden, dass die Leute, die das tun, die eigentlichen Fackelträger dieser Welt
sind. Es scheint so wenig und doch ist es so viel. Eigentlich ist es alles. Ich
beginne zu verstehen, dass es vor allem um die eigene Entwicklung geht,
zumindest habe ich das aus deinen Worten so herausgehört. Seit wir diesen
Austausch hatten, versuche ich meinen Fokus auf das Schöne zu richten – und
was soll ich sagen: Es wirkt! Plötzlich sehe ich so vieles, was bemerkenswert
ist. Es ist ein Umgewöhnungsprozess und er fällt mir nicht leicht. Gerade bei
Mitmenschen, die nachweislich unfair spielen, die Menschenrechte verletzen,
tue ich mir schwer.
Die Gespräche mit dir fangen tatsächlich an, meine Wahrnehmung zu ändern,
mich zu ändern. All das lässt ein warmes Gefühl in mir entstehen. Und allein
dafür danke ich dir.
Alles Liebe, Will.«

Sie antwortete: »Lieber Will, danke für diese schöne Mail! Wann hast du die
geschrieben? Du steckst doch mitten in deinen Verhandlungen? Will dich nicht
stören, bin selbst auf dem Sprung, will dir nur schnell einen Satz mitgeben, der
mir spontan eingefallen ist, eines meiner Lieblingszitate von einem japanischen
Mönch:
›Auf dem Gipfel des Berges ist die ganze Welt in meinem Bewusstsein. Auf dem überfüllten
Marktplatz trage ich den Berg unter meinem Gewand.‹
Für mich ist das nicht nur ein mentales Konzept. Es ist die Konzentration auf
die Essenz in dir, die dir dein Leben gibt. Und das lässt mich ruhig werden und
Gefühle, Emotionen, Geschehnisse, Ereignisse ... als das sehen, was sie sind:
Erscheinungen, die kommen und gehen. Ich glaube an dieses innere Selbst,
weil ich weiß, dass es mich liebt – klar, ich bin ja schließlich seine Schöpfung
– und mich nie im Stich lässt. Das ist eine Liebe, die niemals stirbt, auch, wenn
der Körper vergeht. In dem Song, den ich vor Wochen mal geschickt habe, ist
ein wunderschöner Satz: ›Remember where you came from, because one day you will be

there again‹. Und ein Mönch hat mal zu mir gesagt: *Das Herz lebt weiter, wenn der physische Körper zerfällt. Was du für dein Herz tust, währt ewig.*
Uff, jetzt habe ich doch schon wieder so viel geschrieben! Hätte nie gedacht, dass ich mich mal mit dir über so etwas austauschen kann.«
Sowie sie das abschickte, hatte sie Sorge, dass ihm das zu abgefahren sein könnte. Aber er schickte ein »Wow, Anna, das hört sich so schön an«, zurück.
Anna war verwundert. Es wohnten tatsächlich zwei Seelen in seiner Brust. Aber sie mochte beide.

Ein paar Stunden später hatte er schon wieder geschrieben und klang völlig anders.
»Hello pretty angel! Darling! Sweetheart! My precious jewel!
An dieser Stelle schüttelte sie mit einem konsternierten Lächeln den Kopf.
» ... Verhandlungen sind gut verlaufen, habe aber immer noch keinen Abschluss in der Tasche. Damn! Doch dank unserer letzten Unterhaltung bin ich ein ganzes Stück weitergekommen. Darling, seit du in meinem Leben bist, entwickeln sich die Dinge überraschend und es macht was mit mir. Ich weiß, du willst nicht, dass ich schreibe, was ich für dich empfinde und Gott weiß, dass mir so etwas wirklich noch nie passiert ist – dass ich mich, wie du so oft vorwurfsvoll geschrieben hast – in ein Foto verliebt habe. Habe ich nicht. Das Foto spricht mit mir. Ich weiß, da ist mehr. And please: Don't call me insane! Die Wahrscheinlichkeit, dass du genauso bist, wie ich das in meiner Fantasie ausmale, ist, rational gesehen, nicht sehr hoch. Aber vielleicht ist meine Fantasie gar keine Fantasie, sondern etwas, was mein Herz eher erkennt als der Kopf.
Was machen die Kuckucksuhren? Und deine Reportagen? Hoffe, du hast die Pferde ein bisschen scheu gemacht! Bin inzwischen auf dem Rückflug von Kuala Lumpur nach Europa. Werde endlich deine Uhren auspacken können und wenn die erste ›Kuckuck‹ ruft, denke ich an dich.
Apropos: Stimme hören und so. Hast du mal Zeit für einen Chat? Hier meine Handynummer – falls du Viber nutzen willst – falls nicht, geht auch über Skype. Du findest mich über DavyJones.
Love and a passionate kiss, William«

»Hi William,
wie schön von dir zu lesen! Schade, dass es mit dem Abschluss noch nicht geklappt hat, aber das ist sicher nur noch eine Frage der Zeit! Ich drücke jedenfalls weiter die Daumen! Finde es toll von dir, wie du versuchst, den Fokus auf das Schöne zu richten und du deine Wahrnehmung änderst – das ist erstaunlich! Hab mich so gefreut, dass du das geschrieben hast!«

»Hab ich das geschrieben? Was meint sie damit?«, murmelte William und runzelte die Stirn. In der Hoffnung, es möge sich in den nächsten Zeilen klären, las er weiter:

»... ja, die Kuckucksuhren ... es geht nicht wirklich vorwärts. Nächste Woche kommt ein weiterer Journalist. Das mit der TV-Reportage zieht sich noch hin. Public Relation müssen wir sozusagen erst erkunden ... das ist neu für uns. Vorher hatten wir einfach unsere gewachsene Stammkundschaft, die für genügend Umsatz gesorgt hat. Bei den modernen Varianten halten sich aber alle zurück. Bin in den nächsten Wochen in ganz Deutschland unterwegs, um die Uhren zu promoten. Wenn ich im Hotel bin, werde ich sicher mal Zeit für einen Chat haben, nachdem du mich nun zweimal aufgefordert hast. Freue mich auch, deine Stimme kennen zu lernen.
Herzlichst, Anna.

William starrte auf die Mail und tausend Gedanken gingen ihm durch den Kopf. Hatte er sie zweimal zum Chat aufgefordert? Er dachte an das Riesengeschäft, das ihm durch die Lappen gegangen war – aus Gründen, die er nie für möglich gehalten hatte.
Automatisch griff er zu dem Whiskyglas neben sich und stürzte den Inhalt hinunter. Dann öffnete er seinen Facebook-Account und betrachtete Annas Foto. Ihre Worte kamen ihm in den Sinn und er scrollte den Chatverlauf durch. An den Zeilen »Wünsche machen egoistisch. Sie machen dich blind für alles um dich herum« blieben seine Augen unwillkürlich haften.
Schließlich griff er zum Telefon und rief einen alten Kumpel an. Er hatte ihn in seinen dunkelsten Tagen kennengelernt – und der war ihm noch was schuldig.

You Wang Enterprises

»Mit diesem Mann mache ich keine Geschäfte. Er kann so gut sein, wie er will.« Seine Augen, die ohnehin schon schmal waren, verengten sich noch mehr. Mr. Wangs Lippen wurden zu einem dünnen Strich. Er trug einen westlichen Anzug – die traditionellen Sun-Yat-sen- oder Mao-Zedong-Anzüge erinnerten ihn an zu viel Leid.
You Wang war politischer Flüchtling. Als er in den 60ern in Hainan geboren wurde, herrschte als Folge der politischen Kampagne »Der große Sprung nach vorne« eine entsetzliche Hungersnot in China, die 20 Millionen Tote forderte und die, wäre das nicht schon schrecklich genug, nahezu nahtlos in die nächste,

nicht weniger verheerende Katastrophe, die berüchtigte »Kulturrevolution«, überging.

You bekam das gesamte menschen- und traditionsverachtende Desaster dieser Kampagnen mit. 400 000 Todesopfer durch physiologische und psychologische Folter, massive Menschenrechtsverletzungen und politische Morde ... es war grauenvoll und war es noch.

Seine adlige Herkunft wurde zum Stolperstein in seinem Leben. Adlig zu sein war in Zeiten der Kulturrevolution ein Stigma. Wie so viele musste You um sein Leben fürchten, wie so viele ertrug er klaglos die von einer unzumutbaren Regierung auferlegten Demütigungen und die verheerende Misswirtschaft. Sein Vater war ein ehrenwerter Mann, seine Mutter eine sanftmütige Frau und beide prägten ihn auf eine Weise, die weder sie noch er zeigen durften. Sie schafften es, ihm in einer menschenunwürdigen Umgebung und unter einer mit fragwürdigen Werten und Absichten bestückten Macht menschliche Grundrechte und Philosophien zu vermitteln, brachten ihm den Buddhismus nahe und erlaubten ihm zu meditieren, obschon das verboten war und mit unmenschlichen Maßnahmen bestraft wurde.

Die Kulturrevolution hing wie ein blutrotes Schwert über allem. Traditionen, Menschenrechte wurden mit Füßen getreten, Tempel zerstört, Menschen, die man am Tag mit geschlossenen Augen entdeckte, der Meditation (Teufelszeug!) angeklagt und ins Gefängnis geworfen. You Wang hatte erlebt, wie Menschen zu Tieren wurden, nur um sich selbst zu schützen, wie sie andere aus Angst denunzierten, wie Freunde von ihm abgeführt und eingesperrt wurden, die er nie mehr oder nur psychisch und physisch stark traumatisiert wiedersah. Er hatte hautnah erlebt, wie eine gewachsene Kultur systematisch zerstört wurde und mit ihr alle Werte, die das Leben menschenwürdig machten. Es war eine grausame Zeit.

You hatte anfangs die Schule nicht besuchen dürfen und musste auf dem Land arbeiten. Wären seine Eltern nicht gewesen, die ihm heimlich Bildung zukommen ließen - er wüsste nicht, wo er gelandet wäre. Es war wie ein Wunder, dass niemand herausfand, dass seine Eltern ihn unterrichteten. Es war ein Wunder, dass niemand ihnen genau das unterstellte, denn in diesen Zeiten klagten sich die Menschen gegenseitig an, einfach, weil die Anzeige eines Mitbürgers in der Partei Pluspunkte brachte.

Doch nachdem die unglückliche Mao-Zedong-Zeit weitgehend überstanden war – und er und seine Eltern sie überlebt hatten, ohne an Hunger oder Folter zu sterben – studierte er Deutsch und Englisch an der Sun-Yat-sen-Universität in Guangzhou und ergatterte einen Job als Dolmetscher bei einem der führenden deutschen Automobil-Hersteller in Shanghai. You war ehrgeizig, er war fleißig. Er hielt seine Augen und Ohren offen und lernte, so viel er nur konnte.

Doch noch immer war das Regime in China diktatorisch und totalitär und schließlich wurde sein Vater wegen einer Lappalie verhaftet und sein Schicksal war besiegelt. Noch bevor sie ihn holten, wurde er gewarnt und Lee Wang rief seinen Sohn zu sich, drückte ihm Geld und Adressen in die Hand und befahl ihm, dem Mann zu folgen, der ihn, You, am frühen Morgen abholen würde. Der Mann war ein Grenzgänger – und er schleuste You auf einer beschwerlichen, gefährlichen Reise, in der sie nur zu oft tagelang in einem Erdloch ausharren mussten, um Häschern zu entgehen, über die nepalesische Grenze nach Indien. Von dort flog You nach Singapur zu entfernten Verwandten.

Es brach ihm das Herz, seine Eltern, die zu gebrechlich für diese Flucht waren, zurücklassen zu müssen und er sann über tausend Wege nach, sie nachzuholen. Aber vorerst zeichnete sich nicht die geringste Möglichkeit ab. Er litt sehr darunter, versuchte aber, das Beste daraus zu machen. Er lernte weiter, was ihm unter die Finger kam, denn wenn er eines hassen gelernt hatte, dann die Einstellung seines Volkes, das jedes Mal gejubelt hatte, weil es jubeln sollte Sie hatten gejubelt, als Deng Xiaoping an die Macht gekommen war. Sie hatten gejubelt, als er gestürzt wurde und sie jubelten, als er danach erneut wieder eingesetzt wurde. Sie taten es, weil sie es nicht besser wussten. Er wollte nicht zu dieser Masse gehören, er wollte etwas verändern.

Die Tatsache, letztendlich in Singapur gelandet zu sein, entpuppte sich als Segen, denn das Charakteristikum dieses Stadtstaates – viele Religionen auf engstem Raum und eine sehr hohe, strenge Ethik – prägten ihn immens.

You wuchs in einem Mischmasch religiöser Strömungen auf, die in Singapur friedlich nebeneinander existierten. Moscheen, Kirchen, Tempel – alles war auf engstem Raum vereint. Die zusätzliche konfuzianisch orientierte Ethik, die strengen Gesetze, aber auch der hohe Grad an Überwachung, die zu einer der niedrigsten Kriminalitätsraten der Welt führten, machten auf den jungen You ebenso Eindruck wie die florierende Wirtschaft seiner Wahlheimat. Es gab in Singapur keine Arbeitslosigkeit. Auch die Tatsache, dass in dem kleinen Land die 100 reichsten Familien der Welt lebten, ging nicht an ihm vorbei. Doch ihm war durchaus bewusst, dass diese gewaltlose Koexistenz Ergebnis jahrelanger Anstrengung, jahrelangen Schulens von Gleichberechtigung und Respekt war – eine Einstellung, die tief in das Innere von You gedrungen war und die auch sein Geschäftsleben prägte.

You Wang war allergisch gegen Unrecht. Er war allergisch gegen Disziplinlosigkeit und Unmoral.

Selbst keiner Religion zugehörig suchte er in ihnen die verbindenden Elemente statt die trennenden – und verbindende gab es viele. Er hatte für sich herausgefunden, dass, je tiefer man in die Thesen einer Religion eindrang, die Kernaussage in allen gleich war – nur, was die Institutionen an Ritualen, an Traditionen, Gewohnheiten und Verhaltensregeln daraus machten, war unterschiedlich. Und selbst das nur teilweise. Er hatte schon Eucharistiefeiern in Deutschland besucht und keinen großen Unterschied zu den hinduistischen Ritualen in indischen Tempeln finden können. In beiden Religionen stellten sich die Leute in einer langen Schlange an, um entweder eine Hostie oder eben Prasad vom Priester zu bekommen.

You Wang lernte und kletterte Schritt für Schritt eine steile Karriereleiter nach oben.

In jungen Jahren hatte er in internationale Konzerne schnuppern können, er hatte Freundschaften gepflegt, sein Netzwerk aufgebaut, Partner gefunden, Gelegenheiten beim Schopf ergriffen, hart gearbeitet, sein Unternehmen erfolgreich in mehreren Sparten diversifiziert – und zählte nun zu einem der erfolgreichsten Konzerninhaber weltweit.

Nun hatte er diesen neuen Deal am Haken und er brauchte dafür einen qualifizierten Partner.

Seine Leute hatten ihm – wie stets – die Marktführer und Besten vorgeschlagen, hatten vorsortiert, Gespräche geführt und ihm die Auswertungen vorgelegt. Wang oblag die letzte Wahl. Nun lag die Akte, die Li Xie ihm vorgelegt hatte, auf dem Tisch.

»Nein«, wiederholte Wang. »Mit diesem Mann mache ich keine Geschäfte. Er ist unehrenhaft. Er hat einen schlechten Lebensstil. Er hat keine Werte.«

»Sir, wenn ich bemerken darf: Man hat ihm nie etwas Negatives nachweisen können. Er ist der Beste, was das Metier angeht und das Vertragswerk ist attraktiver, als erwartet.«

»Mag sein, dass er der Beste ist, mag sein, dass man ihm nichts hat nachweisen können ... aber ich weiß, dass er etliche über den Tisch gezogen hat. Und glauben Sie mir: Die haben die Verträge bis ins kleinste Detail geprüft! Aber, wie Sie sagten: Sie konnten ihm eben nichts nachweisen. Er ist klug, das muss ich ihm zugestehen. Aber ich möchte mit niemandem Geschäfte machen, bei dem ich hinterher die Finger an meiner Hand nachzählen muss.«

Wang beäugte ablehnend die Akte mit dem Foto, das darauf zu sehen war.

»Ist das Bild aktuell?«

»Ja, ist es.«

»Er erinnert mich an diesen brasilianischen Schauspieler ... diesen Fernsehstar, wie heißt der noch mal? Nur die Augenfarbe ist anders. Aber ... wie dem auch sei – dieser Mann entspricht nicht unserem Maßstab.«

Sein Geschäftsführer schwieg. You Wang war eben rigoros, was die Wahl seiner Geschäftspartner anging. Er prüfte sie auf Herz und Nieren und der Lebensstil von William Sanders war ihm schon immer gegen den Strich gegangen.

»Vielleicht geben Sie ihm zumindest eine Chance«, wandte Xie ein. »Die Verhandlung war diesmal ... anders. Immerhin ist es Jahre her – und in dieser Zeit kann man sich ändern. Sie sind doch der Erste, der das einem Menschen zugesteht.«

Wang sah seinen CEO an und in seinen Augen blitzte es schalkhaft auf.

»Sie kennen mich, Xie«, sagte er und lächelte dünn. »Sie wissen genau, wie Sie mich anpacken müssen.«

Er sah auf den Vertrag und blätterte ihn nachdenklich durch.

»Also gut. Er kommt in die Auswahl. Ich werde mit ihm sprechen. Aber Sie werden Folgendes für mich tun ...«

Er setzte sich an seinen Schreibtisch und nahm sich ein Blatt Papier, auf das er etliche Anweisungen schrieb.

***

»Oh, mein Gott! Ich fass es nicht! Ich fass es nicht!«

»Was? Was ist los?« Peggy kam gerade mit einem Stapel Dokumente herein und schaute auf Anna, die mit dem Hörer in der Hand vor dem zweiten Schreibtisch stand.

»Weißt du, mit wem ich gerade telefoniert habe?«, ächzte sie. »Mit Stefan Strumbel!«

»Ist nicht dein Ernst! *Der* Stefan Strumbel? Hat bei dir angerufen? Was wollte er?«

»Er will sich mit uns treffen! Unsere Kuckucksuhren anschauen!« Und dann, als ob sie es jetzt selbst richtig verstehen könne: »Peggy! *Stefan Strumbel*! Weißt du, was das bedeutet?«

»Nein! Was will denn Strumbel mit unseren Kuckucksuhren?«

»Aber Peggy! Er ist bekannt dafür, Traditionsobjekte mit Street und Pop Art zu überzeichnen! Also, wenn eine Kuckucksuhr kein Traditionsobjekt ist ...!«

»Ähm, du meinst, er will sich so ein Teil schnappen und ...«

»Ich hoffe es, Peggy«, antwortete Anna und ihre Augen leuchteten. »Oh, Mann, das wäre einfach fantastisch!«

***

»Mr. Sanders, wo sind Sie?«

»Gerade in Frankfurt gelandet.«

»Können Sie in zwei Tagen in Singapur sein?«

William, der gerade seinen Koffer vom Band wuchtete, erstarrte mitten in der Bewegung. Der Koffer knallte unsanft gegen seine Beine und er ließ fast sein Handy fallen.

»Xie, Sie Tausendsassa! Wie haben Sie das geschafft? Ich habe einen Termin mit Wang?«

Verblüfft fuhr Will sich mit der Hand durch sein Haar und verkniff sich in letzter Sekunde das ›Fuck!‹. Er war wie paralysiert.

»Ich habe einen Termin mit Wang?«, fragte er nochmal ungläubig nach.

»Sie haben einen Termin mit Wang«, bestätigte Xie.

William brachte kein Wort hervor. Eine Unmenge von Empfindungen stürzte wie loses Geröll in seinen Magen. Schließlich fragte er wieder:

»Xie ... seien Sie ehrlich: Wie haben Sie das geschafft?«

»Ich war ehrlich.«

»Nein ... ich meine, wie ...«

»Hab ich doch gerade gesagt: Ich war ehrlich. Zu Mr. Wang.«

»Okay – und was heißt das?«

»Ich habe ihm berichtet, wie unser Gespräch verlaufen ist.«

William gingen tausend Gedanken durch den Kopf.

»Und wie ist es verlaufen?«, fragte er schließlich.

»Ehrlich«, antwortete Xie. »Also, Sanders. Sie haben den Termin am Samstag, um 15.00 Uhr Ortszeit. Wang Tower, Penthouse. Sie werden an der Rezeption abgeholt. Alles klar?«

»Alles klar, Xie.«

»Ja, dann ... guten Flug. Wir sehen uns«, sagte Xie und wollte auflegen.

»Xie! Warten Sie! Eine Sekunde noch! Sind Sie noch dran?«

»Ja, bin noch dran.«

»Ist es, weil ich Ihnen mit diesem großen Posten entgegengekommen bin? War es das, was Sie Wang erzählt haben?«

»Natürlich habe ich ihm das erzählt«, sagte Xie. »Aber das war nicht das Ausschlaggebende.«

»Was war es dann?«

»Ich sagte ihm, dass die Möglichkeit besteht, dass Sie sich geändert haben könnten.«

»Bitte?«

Wieder verschlug es William die Sprache. Seine Augen starrten auf den Getränkeautomaten, ohne ihn wirklich zu sehen. »Dass ich mich ... geändert haben könnte? Das ist Wang wichtig? Er ist Geschäftsmann!«

»Ja, aber er ist auch Mensch, Sanders«, erklärte Xie. »Das ist er in erster Linie. Wie Sie. Das ist das, was viele Geschäftsleute zu vergessen pflegen. Bei sich und bei anderen.«

William hielt sich den Hörer stumm ans Ohr.

»Auf Wiedersehen, Sanders«, sagte der kleine Chinese.

»Warten Sie! Xie, eine Sekunde noch!«

»Okay, Sanders«, seufzte Xie. »Was gibt es noch?«

»Danke, Mann«, sagte William. »Ich wollte nur Danke sagen«. Er räusperte sich. »Bis Samstag dann.«

Xie blickte auf sein Smartphone, bevor er schließlich das rote Hörer-Symbol berührte. Ein leichtes Lächeln lag auf seinem sonst so undurchdringlichen Gesicht.

***

»William! Gute Neuigkeiten! Will's dir gar nicht schreiben! Können wir reden? Hast du Zeit?«

»Klar, mein hübscher Engel! Für dich immer! Ich warte schon lange darauf, deine Stimme zu hören! Sag mir, wann du kannst!«

»Okay! Ich melde mich!«

William war gerade in seiner Hamburger Wohnung angekommen, als ihn Annas Nachricht erreichte. Er fühlte sich zum ersten Mal seit langem irgendwie überrollt. Überrollt von Gefühlen, die ewig keinen Zugang mehr zu ihm gefunden hatten.

Die Sache mit Wang, mit Xie ... und mit Anna. Die Ereignisse der letzten Wochen rührten an etwas in ihm, das jahrelang bewusst verschüttet gewesen war. Und das nicht unbedingt angenehme Gefühle erweckte. Ja, und dann ... Anna. Er hatte schweißnasse Hände, nur, weil er wusste, dass er bald ihre Stimme hören würde. Wieder fühlte er sich wie ein Schuljunge, aber diesmal war es ein aufregendes Gefühl.

Er stellte seinen Koffer ab. Die Wohnung war still. Sie war leer. Nachdenklich sah er sich in dem teuren Penthouse um, das aussah wie ein Muster aus einem Einrichtungshaus. Nichts wirkte benutzt. Dann erspähte er die Pakete, die seine Reinigungskraft fein säuberlich im Flur aufgestapelt hatte. Annas Uhren! Von unterwegs aus hatte er seinen persönlichen Assistenten, den er nur PA nannte, weil er schon so viele gefeuert hatte und sich den aktuellen Namen nicht merken konnte, angerufen, damit der ihm den nächsten Flug nach Singapur buchen solle – er würde gerade mal ein paar Stunden hier in seiner

Wohnung sein. Das Vernünftigste wäre, zu duschen und die wenigen Stunden zu schlafen.

Aber er holte ein Messer aus der Küche, kniete sich hin und öffnete die Pakete. Es waren sieben – er hatte doch nur sechs Uhren gekauft?

Als er sie nacheinander auspackte, sah er, dass Anna ihm auch eine traditionelle Uhr mitgeschickt hatte. Sie war ein Kunstwerk. Er hatte noch nie eine echte Kuckucksuhr aus der Nähe gesehen und die, die Anna für ihn ausgesucht hatte, war reich an Details. Ein Schwarzwaldhaus mit Balkon – allein das Geländer war kunstvoll verziert –, auf dem sich Figuren befanden, die Uhr in der Mitte, ein Mühlrad an der Seite, eine allerliebst aufgebaute Landschaft vor dem Haus, eine Bank, Milch – und Blumenkübel vor der Tür, ein Wassertrog, ein Reh, Tannenbäume und ein Mädchen in Schwarzwaldtracht, das einen Krug auf dem Kopf balancierte. Fasziniert betrachtete William diese Uhr und ein Sturm an Gefühlen stob durch ihn hindurch. Die Uhr roch nach etwas, das er nie gekannt hatte. Sie roch nach Heimat ... nach Zuhause ... und nach so vielem mehr. Als er die Uhr anhob, um sie an die Wand zu lehnen, entdeckte er ein Kuvert im Paket. Anna hatte ihm einen handgeschriebenen Brief beigelegt.

»Lieber William,
es war sehr lieb von dir, unsere modernen Uhren zu kaufen! Als Dankeschön möchte ich Dir gerne eine klassische schenken. Es ist eine Acht-Tage-Kuckucksuhr und wenn du sie schlagen lässt, bewegen sich die Figuren oben auf dem Balkon, das Mädchen tanzt, das Reh trabt ein Stück nach vorne und auch das Mühlrad dreht sich zur Musik. Aus technischen Gründen ist es nicht möglich, dass der Kuckuck deinen Namen ruft, aber mein Vater ist der Einzige, der es geschafft hat, den Kuckucksruf weiterzuentwickeln. Es gibt nun auch einen Eulenruf sowie die Kombination von Kuckuck und mechanischem Singvogel. Aber dieser Kuckuck ruft ganz klassisch seinen eigenen Namen.
Ich hoffe, du, oder wer immer sie bekommt, hat viel Freude damit. Alles Liebe, Anna.«

Andächtig lehnte er die Uhren an die Wand. Die Zapfen lagen leblos auf dem Boden. Jedes Modell war schön, jedes hatte seinen Reiz, jedes versprühte etwas, was ihn rührte, was er im ersten Moment gar nicht erfassen konnte. Als er darüber nachdachte, kam ihm der Gedanke, dass es tatsächlich der Begriff Heimat war. Irgendwo willkommen zu sein, heimzukommen, anzukommen. Dort zu ruhen und zu verweilen, wo man Kraft tanken konnte. Sehnsucht füllte sein Herz und immer wieder glitt sein Blick zu der traditionellen Uhr. Sie strahlte eine Geborgenheit aus, die ihn schmerzte.

Aber alle Modelle waren grandios. Seine Hände fuhren über die Uhr mit den geschnittenen Holzornamenten und er konnte die Liebe und die Hingabe spüren, mit der sie gemacht worden war. Diese Uhren hatten eine Seele, sie wirkten lebendig und tief in seinem Inneren begriff er, dass auch er allen Dingen und Aktionen seine Energie verlieh. Und dass er, wenn er sie mit Freude und Liebe tat, genau das in die Welt trug. Es war eine subtile Revolution.

Fast eine halbe Stunde saß er im Schneidersitz vor diesen Uhren. Es war lange her, dass er überhaupt irgendwo mal eine halbe Stunde ruhig gesessen war. Ihm war, als ob Anna ihm damit nahe wäre und er wollte nicht aufstehen.

Doch er musste noch packen, er war müde ... und so raffte er sich auf.

Dann schoss ihm durch den Kopf, dass er Wang als Dankeschön eine der Uhren mitbringen könnte. Das war zwar gewagt – ein Chinese konnte wohl mit einer Schwarzwalduhr wenig anfangen – und er hatte noch nie einem Geschäftspartner etwas geschenkt. Und Xie! Xie, der ihm aus unerfindlichen Gründen den Rücken gestärkt hatte ... dem würde er auch eine mitbringen!

Der Gedanke wärmte ihn. Er hatte nicht gewusst, dass es so guttat, jemand anderem eine Freude zu machen.

***

»Will! Wo bist du?«

»Ich fliege gerade nach Singapur!«

»Hast du nicht gesagt, du fliegst nach Hause?

»Da war ich – für satte vier Stunden ... kannst mir wieder mal den Daumen drücken ... hab einen Termin mit dem Obermufti. Wenn ich den überzeugen kann, habe ich das Geschäft in der Tasche!«

»Oh, wow! Das hört sich ja super an! Ich freue mich für dich! Und natürlich drücke ich alle Daumen! Kennst du ihn?«

»Ja, und ich weiß sicher, dass er mich nicht mag.«

»Sicher?«

»Sicher. Ich habe zwar den Termin bekommen – aber das Ding steht auf sehr wackligen Füßen ... offensichtlich bin ich ihm in meiner ... äh ... Sturm- und Drangzeit mal gehörig auf die Zehen getreten. Das nimmt er mir übel.«

»Immerhin nicht so übel, dass er dir keinen Termin mehr gibt«, lächelte sie.

»Wenn er das tut, ist das eine Chance, das zu bereinigen, was zwischen euch steht.«

»Ich will aber mit ihm übers Geschäft reden. Bei allem anderen bewege ich mich auf zu dünnem Eis.«

»Will, das geht nicht. Ich will nicht wissen, was vorgefallen ist – das geht nur dich was an. Aber wenn du etwas falsch gemacht hast, dann musst du es wiedergutmachen. Wenn du nichts falsch gemacht hast und dein Partner das nur glaubt, finde einen Weg, ihm das klarzumachen.«

Will antwortete eine Weile nicht. Zu viele Gedanken stürmten auf ihn ein. Schließlich tippte er:

»Wenn Leute etwas glauben wollen, wollen sie das glauben.«

»Ja, das stimmt. Aber jeder Mensch will Verständnis. Vielleicht kannst du ihm das geben.«

»Er hat doch auch kein Verständnis für mich! Er ist der *Letzte*, der Verständnis für andere ...«

»Also, Will, das kann schon mal nicht sein«, unterbrach sie seine Sätze. »Gerade haben wir darüber gesprochen, dass er dir einen Termin gegeben hat.«

»Vermutlich, um mich fertigzumachen!«

»Das ist ein Vorurteil.«

»Glaub mir, das ist es nicht!«

»Und wie findest du raus, wie es wirklich ist? Indem du hingehst und ihn nicht von vornherein schlechtmachst.«

»Wie soll ich jemandem Verständnis entgegenbringen, den ich nicht mag? Und der nur Nachteiliges in mir sieht!«

»Mann, Will, du gehst doch hin, *damit* er nichts Nachteiliges mehr in dir sieht! Und warum magst du ihn nicht? *Weil* er Nachteiliges in dir sieht? Lach! Merkst du was? Schlüpf in seine Haut!«

»Kannst du in die Haut eines Diktators schlüpfen, Anna?«

»Es wäre die einzige Chance, ihn dort abzuholen, wo er steht. Aber Will, mal ehrlich, wenn der Mann so ein Mistkerl ist, wie du mir gerade zu verkaufen versuchst ... oder eben Diktator ... warum machst du dann mit ihm Geschäfte? Das kann doch nicht gut gehen!«

»Weil er nun mal mit einem Riesenauftrag winkt.«

»Dann vergiss – zumindest bei der Verhandlung – den Auftrag.«

»Ähm ... Anna? Hört sich voll logisch an!«

»Wie schon mal erwähnt: Die größte Hürde für Menschen ist, uns freizumachen von Bindungen an Dinge, die wir nicht haben. Das ist wahre Freiheit. Also, versuch doch einfach dich von jedem gewünschten Ergebnis, von jeder Erwartung zu lösen. Dann kommst du in Kontakt mit dir selbst.«

»Ich komme in *Kontakt mit mir selbst*? Was zum Teufel meinst du damit?«

»Wenn du nicht an das Ergebnis denkst, hast du die Geduld, die du für die Verhandlung brauchst. Und du wirst offen für die Menschen um dich herum.

128

Vielleicht siehst du dann Dinge, die du vorher nicht gesehen hast. Wenn du dich vom Ergebnis löst, hast du einfach die Geduld, etwas Höheres in dir die Arbeit tun zu lassen. Und dieses Höhere weiß, was gut für dich ist.« Ein verzweifelt lachender Smiley folgte. »Ich weiß, hört sich schräg an. Aber es gibt einfach eine Instanz in dir, die dich leitet. Der musst du vertrauen.«
»???«, tippte er und murmelte für sich: »Ach du heilige Scheiße!«
»Das ist die Instanz, die dich hat wissen lassen, dass es mir an dem einen Abend nicht gut ging. Das funktioniert auch bei Wang.«
Er wollte noch fragen, wie sie sich das vorstelle, aber sie schrieb eine abschließende Message und loggte sich aus.
Will hatte noch ein paar Stunden Flug vor sich und damit Zeit, über all das nachzudenken.
Trotz und Stolz regten sich in ihm. Seine Geschäfte machte er immer noch so, wie er es für richtig hielt! Basta! Aber wenn er Anna wollte, musste er sich auf sie einstellen, ob er wollte oder nicht. Er hatte ja alles schriftlich, das war ein Vorteil – er las es immer und immer wieder durch. Auch die vorherigen Gesprächsverläufe. Auch die Bücher von Phil. Das blieb nicht wirkungslos.

✳✳✳

Stefan Strumbel kam gleich in den nächsten Tagen, warf einen äußerst interessierten Blick auf Peggy, lächelte sie äußerst amüsiert an und unterhielt sich dann äußerst intensiv mit der gesamten Familie. Er war ein sehr cooler Typ, attraktiv, mit Tattoos auf den Armen, Hut auf dem Kopf und trotz seines Erfolges bodenständig. Vor allem aber wusste er, was er wollte und schon in den ersten Minuten wurde deutlich, dass er sich für seine Ideale um keinen Zentimeter verbiegen würde. Doch sie verstanden sich alle auf Anhieb und er blieb viel länger als geplant. Mit Kennerblick besah er die alten und neuen Uhren und die Rossbergs berichteten ihm, wie sehr sich ein Teil der hiesigen Bevölkerung von ihren neuen Entwürfen vor den Kopf gestoßen fühlte.
»Ja«, sagte Stefan. »Das ist das Ding mit der ›Heimat‹. Ein Phänomen. Jeder möchte, dass alles so bleibt, wie es war. Menschen fürchten die Veränderung. Und sie suchen deshalb im Außen Dinge, die sich nicht verändern. Dabei ist die Natur, also ihre Heimat, das erste, das sich ständig und immerzu erneuert und verändert.«
Schließlich schnappte er sich einige der traditionellen Rohformen und verschwand wieder.
Als die Tür hinter ihm klappte, sahen sich alle erwartungsvoll an.
»Meinst du, das bringt uns was?«, fragte Lenny.

»Es hat uns doch schon was gebracht«, antwortete Anna. »Wir haben Stefan kennen gelernt!«

Sie merkte, dass Peggy grummelnd auf ihrem Platz saß, und sie wusste, sie müsste sie fragen, welche Laus ihr über die Leber gelaufen war, aber sie wollte erst die Kinder ins Bett bringen und – ja, nachschauen, ob William schon etwas über seine Verhandlung berichtet hatte.

Obwohl er doch total unter Spannung stehen musste, hatte er es tatsächlich geschafft, ihr eine Mail zu schreiben. So rau er sich manchmal gab, so sanft konnte er auch sein. Seine Mails zeugten davon, dass er so viel mehr auf Lager hatte als nur sein Pretty-angel- und Darling- Gesäusel. Obwohl sie das auch irgendwie mochte. Aber diese Mail hier von ihm, die war besonders einfühlsam. Er hatte sich nach ihren Kindern erkundigt, nach vielen Details aus ihrem Leben gefragt, hatte an die philosophischen Ansätze ihres letzten Chats angeknüpft, auf eine Weise, die ihr zeigte, dass er auf diesem Gebiet nicht unbewandert sein konnte. Wenn sie mit ihm chattete, tat er allerdings immer so, als wäre alles Neuland für ihn. Sie vermutete, dass er beim Schreiben der Mails einfach mehr Zeit und Ruhe hatte. Aber bald ... bald würden sie REDEN: Und Tatsache war:

Sie war aufgeregt.

***

Will hatte nicht damit gerechnet, dass Wang überaus freundlich zu ihm sein würde, aber dessen offensichtliche Missachtung und Feindseligkeit waren dennoch wie eine eisige Dusche. Vor allem nach den Chats mit Anna und dem Gefühl, das die Kuckucksuhren in ihm ausgelöst hatten, empfand er Wangs Abwehr wie eine Mauer, gegen die er prallte. Früher war ihm das egal gewesen – er hätte es als willkommene Kampfansage gewertet und sich ohne Rücksicht auf Verluste ins Gefecht gestürzt. Aber nun war er unsicher. Er wünschte, er hätte Gelegenheit gehabt, sich noch länger mit Anna zu unterhalten – wie immer hatte er morgens nach einer Nachricht von ihr geschaut, aber sie hatte nichts mehr geschrieben.

Wang tat derweil alles, ihm zu zeigen, was er von ihm hielt. Ohne ihm etwas anbieten zu lassen, ließ er ihn seit nunmehr eineinhalb Stunden im Foyer des Konferenzsaales warten. Will nutzte die Zeit, Anna kurze Nachrichten zu schreiben.

»Der Arsch taucht nicht auf!«

In Deutschland war es neun Uhr abends. Es war Samstag und unwillkürlich fragte er sich, was sie an einem Sommertag am Samstag machte. Sie war bestimmt unterwegs. Mit ihrem Mann? Hm.

»Sag nicht Arsch«, antwortete sie zu seiner Überraschung. »Hi, Will.«

»Anna! Du bist on! Oh, fuck, der Saftsack lässt mich am ausgestreckten Arm verhungern!«

Sie gluckste. »Macht nichts. Bleib locker. Immerhin ist er doch noch sauer auf dich. Was hättest du denn gemacht? Bin gespannt, ob du das hinkriegst!«

»Ich hau ihm eine auf die Fresse!«

»Will! Das passt aber gar nicht zu deiner letzten Mail! Ich dachte, du hast es kapiert!«

»Letzte Mail? Welche meinst du?«

»Na, die von gestern!«

»Oh... okay ... ja ... klar, das mit auf die Fresse hauen war ein Scherz.«

»Weiß ich doch. Mach das Gegenteil! Du musst dich verneigen! Das machen doch die Chinesen so!«

»Was? Bist du wahnsinnig? Ich verneige mich nicht! Auf gar keinen Fall! Hab ich noch nie gemacht! Könnte ich gar nicht! Das verbietet mir meine gesamte Anatomie! Die ist nicht dafür geeignet!«

»Lach! Oh, das liebe Ego! Deines ist ja meterhoch! Will, geh auf die Toilette! Und üb vor dem Spiegel!«

»Anna, du hast sie doch nicht mehr alle!«

Es war halb ernst, halb Spaß ... sie lieferten sich wieder mal einen saftigen Schlagabtausch, versahen alles mit den entsprechenden Smileys, flachsten hin und her und in Wills Gesicht war ein Dauergrinsen geschraubt, während seine Finger nur so über die Tastatur flogen. Und gerade lachte er über eine besonders witzige Antwort von ihr laut auf, als er gewahr wurde, dass Wangs strenge Sekretärin vor ihm stand, ihm einen eigentümlichen Blick zuwarf und ihn endlich ins Konferenzzimmer bat.

Williams Lächeln erlosch, sowie er den Raum betrat. Die Atmosphäre war auf Tiefkühlniveau.

Wang würdigte ihn nicht eines Blickes. Kalt sah er an ihm vorbei, als wäre er Luft. Seine Abneigung war so deutlich, dass William noch nicht einmal seinen Arm im Ansatz zur Begrüßung hob. Wang würde seine Hand nicht nehmen, soviel war sicher und die Demütigung, sie zurückziehen zu müssen, wollte er nicht erleben. Steif stand er also vor dem kleinen Mogul, den er um eineinhalb Köpfe überragte, während dieser ostentativ an ihm vorbei sah. In Will schoss die Wut in einer solchen Fontäne nach oben, dass ihm fast schlecht wurde, und mit diesem Zorn kam der unbedingte Wunsch, diesen Mann genauso zu verletzen, wie er es gerade mit ihm tat.

Wie ein Warnsignal vibrierte sein Handy in seiner Hosentasche. Verflixt, er hatte es noch an! Er hatte den Chat mit Anna so schnell abbrechen müssen, dass er ihr nicht hatte Bescheid geben können, dass er schon im

Konferenzzimmer stand! Will ignorierte das Brummen, das ihm zumindest die misslaunige Aufmerksamkeit von Wang beschert hatte, holte tief Luft und brachte ein kurzes Kopfneigen zustande. Es war hölzern, aber immerhin: Es war eine Geste, eine, die Wang mit einem winzigen Augenzucken registrierte, aber nicht erwiderte. Will fühlte sich doppelt geohrfeigt.

Des Moguls Stimme bellte in den Raum.

»Mr. Sanders. Long time no see.«

Er hätte genauso gut sagen können: »Warum verschwinden Sie nicht gleich?«.

»Ja, das ist wahr, Mr. Wang«, zwang sich Will zu antworten und hätte sich am liebsten mit seinen Worten übergeben. Früher hätte er diesem eingebildeten Fatzke eine entsprechende Antwort hingeknallt, so nach dem Motto: »Ich habe Sie nicht wirklich vermisst, Mr. Wang«, und hätte in Gedanken noch dahinter gesetzt: Du Arschloch! Aber nun erinnerte er sich an sein Gespräch mit Anna. Er biss sich kurz auf die Innenseiten seiner Wangen und fuhr fort: »...umso mehr freue ich mich, dass Sie mir die Gelegenheit zu einem persönlichen Gespräch geben.«

Eine unbehagliche Pause entstand. Will wusste nicht, was er sagen sollte. Wang bot ihm keinen Platz an. Beide standen sie wie Holzfiguren auf einer Bühne – Wangs Berater als Publikum im Hintergrund, die sich ebenfalls nicht setzten, bevor sie es nicht taten. Will kam sich vor wie in einem Kampfring, und ein vertrautes Gefühl kam ihn ihm hoch: Das Gefühl, unbedingt gewinnen zu müssen, unbedingt die Oberhand behalten zu müssen, nicht vor diesen Leuten klein beizugeben, den anderen unterzutauchen, bevor der es mit ihm tat.

»Lass los«, hörte er Anna sagen. »Trenn dich vom Ergebnis. Denk nicht darüber nach«.

Die Sekunden dehnten sich. Die Pause wurde peinlich. Wang machte keine Anstalten, ein Gespräch zu beginnen, und in Will begannen die Gedanken zu toben. ›Dieses arrogante Miststück! Ich hab's gewusst, er hat mich nur kommen lassen, um mich auflaufen zu lassen! Schickt mich in der Welt umher, stiehlt bewusst meine Zeit! Nur, um mich anzuschweigen! Das nächste, was er macht, ist, dass er mich ohne Begründung rausschmeißt!‹

Sein Zorn loderte erneut auf, seine Gedanken sannen im Automatik-Modus auf Rache und es kostete ihn unmenschliche Anstrengung, sich eine bissige Bemerkung zu verkneifen. Gereizt dachte er daran, dass seine grätigen Gedanken die Atmosphäre nicht besser machten.

Erneute Vibration in seiner Hosentasche. Automatisch glitt seine Hand dorthin, als sein Blick auf Wang fiel. Ihm fiel es wie Schuppen von den Augen. Plötzlich wusste er mit tiefer Sicherheit, dass Wang genau das machte, was Anna ihm geraten hatte: Er versuchte, zu erspüren, mit wem er es zu tun hatte, wie er, Will, drauf war. Wang stand nicht untätig herum! Er nahm seine Schwingungen auf! Oh Scheiße! Was hatte Will gerade über ihn gedacht?

Instinktiv zog Will das iPhone aus der Tasche – er brauchte ein Reset, er musste seine miesen Gedanken umleiten und das schaffte er, indem er auf das Handy sah. Auch, wenn das erst recht das Missfallen des Moguls erweckte – denn es war ein absolutes No-Go, das Smartphone bei einer Verhandlung eingeschaltet zu lassen.

Mit einer leise gemurmelten Entschuldigung sah Will auf das Display. Anna. »Trau dich!«, hatte sie geschrieben. »Er ist auch nur ein Mensch und muss aufs Klo!«

Unwillkürlich musste er lächeln. Er steckte das Phone zurück und schaffte es, das Lächeln, das Anna galt, auf Wang zu übertragen. Dessen Gesicht blieb unbeweglich und doch wusste Will, dass etwas in ihm passierte. Und plötzlich kamen die Worte von allein:

»Mr. Wang«, sagte er. »Ich denke, es gibt da so einiges, was Ihnen aufstößt. Dinge, die passiert sind. Dinge, die ich nicht rückgängig machen kann. Aber es sind sicher Dinge, die mir leid tun und für die ich ... ähm ... um Verzeihung bitten möchte. Und ... über die wir reden könnten...«

Verdammt, er schleimte! Innerlich knirschte er mit den Zähnen, dann aber vibrierte sein Handy erneut. Er konnte es nicht schon wieder herausnehmen, aber es war ganz sicher Anna und das gab ihm Kraft, weiterzumachen:

»Vielleicht wäre es gut, wenn wir erst bereinigen, was Ihnen auf der Seele liegt, bevor wir uns den Vertrag vornehmen«, fuhr er fort und versuchte Wang in die Augen zu schauen. Zu seiner Überraschung wandte der sich ihm zu, aber er lächelte noch immer nicht. Blieb noch immer enervierend stumm. Wieder standen sie schweigend im Raum und Will wollte gerade erneut ansetzen, als Wang mit einem kurzen Nicken seinen Leuten Zeichen gab, sich auf ihre Plätze zu begeben. Es kam Bewegung in die Gruppe, Stühle rückten, Kugelschreiber klickten, Blätter raschelten.

Wang setzte sich. Wortlos deutete er auf den Stuhl zu seiner Rechten. Er ließ sich Tee bringen und bot Will nichts an.

Zu Wills Überraschung bestand Wang darauf, zuerst den Vertrag durchzusprechen. Wang war ein harter Verhandlungspartner – das war Will auch, aber nachdem er mit Xie schon alles vorverhandelt hatte, kam es ihm vor, als wolle Wang nur noch überprüfen, ob er zu dem stand, was er seinem CEO zugesagt hatte – was ja in der Vergangenheit nicht immer der Fall gewesen war.

Wang handelte noch ein paar Kleinigkeiten für seine Firma heraus, die ihm Will ohne zu zögern gewährte. Es ging leicht. Leichter als gedacht. Anna hatte so recht – darauf kam es wirklich nicht an. Jetzt, wo er den Vertrag so gut wie in der Tasche hatte, spürte er, wie es war zu verhandeln, ohne dem Ergebnis verhaftet zu sein. Er war locker, aber das vorrangige Gefühl – und das gefiel ihm gar nicht –, war Dankbarkeit. Zeit seines Lebens hatte er Dankbarkeit als Schwäche angesehen. Er hatte dafür gesorgt, immer derjenige zu sein, dem man dankbar sein musste – auf keinen Fall aber wollte er sich bei anderen bedanken müssen! Das war einfach ätzend! Es zeugte von Abhängigkeit!

Aber nun war diese Dankbarkeit einfach da. Er war Anna dankbar. Er war Xie dankbar, Phil, sogar Facebook und er war Wang dankbar. Das Gefühl floss über und ein leichtes Lächeln kam auf seine Lippen. Ein Lächeln, das den Gesprächsverlauf fließen ließ. Sie unterhielten sich einigermaßen locker über Banalitäten, solange die Änderungen von der Sekretärin in die Verträge eingepflegt wurden.

Doch als diese die neu ausgedruckten Verträge vorlegte und es um den Termin für den Notar ging, legte Wang demonstrativ seinen Stift neben die Unterlagen. Wills Gesichtszüge entgleisten.

Patsch! Nun konnte er ernsthaft üben, nicht verhaftet zu sein! In seinem Kopf wirbelten die Gedanken umher und er bekam kaum mit, dass Wang, wie vor wenigen Tagen Xie, sein Personal hinausschickte, sich aufrecht hinsetzte und Will direkt in die Augen sah.

»So, Mr. Sanders. Nun müssten wir noch das klären, was mir aufstößt. Sie haben recht: Da gibt es einiges.«

Will lehnte sich zurück.

»Bitte«, sagte er. »Lassen Sie hören.«

»Im Grunde geht es mich nichts an«, sagte Wang. »Trotzdem möchte ich keine Geschäfte mit Menschen machen, die in meinen Augen moralisch nicht sauber sind.«

William zuckte zusammen. Er kannte die strenge Ethik Singapurs – wobei sein bisheriger Lebensstil wohl in keinem Land der Erde auf Zustimmung gestoßen wäre.

»Verstehen Sie mich nicht falsch – Sie können leben, wie Sie wollen, das ist Ihre ganz persönliche Freiheit. Aber ich bin auch frei. Ich kann mir nämlich aussuchen, mit wem ich Verträge schließen will. Und so leid es mir tut – Ihr Lebensstil entspricht mir nicht. Ihre Moral entspricht mir nicht. Ihr Umgang mit anderen Menschen entspricht mir nicht.«

Will starrte ihn an.

»Ich glaube, dass Menschen, die privat keine Moral haben, das im Geschäftsleben nicht viel anders sehen. Und Sie ... Sie trinken, Sie ... benutzen Frauen ... Sie haben keine feste Beziehung. Sie haben keine Werte. Sie ziehen Geschäftspartner über den Tisch. Sie verwüsten Hotelzimmer. Übrigens sind auch welche von meinen Hotels dabei gewesen – ich weiß also Bescheid.«

»Ist das eine abschließende Bemerkung oder eine Aufforderung, Sie zu überzeugen, dass ich es doch wert bin, mit mir Geschäfte zu machen?«

»Letzteres. Ich hätte Sie sonst nicht kommen lassen.«

In Gedanken leistete William Abbitte, weil er Wang genau das unterstellt hatte. Eine Bemerkung Annas kam ihm in den Sinn: »Wenn du von jemandem schlecht denkst, projizierst du nur deine eigenen Gedanken auf ihn.« Er wurde rot.

»Mr. Wang, wie erwähnt, ich kann die Vergangenheit nicht ändern. Aber ... ähm ... ich kann mich ändern. So dass ich die Zukunft ändern kann ... und ...«

»Was hat Sie denn zu der Änderung bewogen, Mr. Sanders? Ich meine, woher soll ich wissen, dass Sie nicht wieder in Ihre fragwürdigen Werte versinken, wenn das Geschäft abgewickelt ist und Sie haben, was Sie wollen?«

»Immerhin habe ich mir ein erfolgreiches Geschäft aufgebaut, Mr. Wang. Das bitte ich doch zu bedenken. Wäre ich so undiszipliniert, wie Sie sagen, wäre mir das nie gelungen.«

»Sie sind aber undiszipliniert. Äußerst undiszipliniert sogar. Ich empfinde das so. Warum sollten Sie sich auf einmal geändert haben?«

In diesem Moment vibrierte wieder Wills iPhone. Entgegen der Etikette griff er danach. Annas Profilbild war auf dem Display.

»Und?«, schrieb sie. »Wie war's? Hab die ganze Zeit an dich gedacht und wie versprochen Daumen gedrückt! Sie sind blau!«

Sie schickte einen blauen Daumen von FB mit. Will musste lächeln und schob dem überraschten Wang das iPhone hin.

»Sie ist der Grund, warum ich mich geändert habe«, sagte er und ihm wurde heiß, als ihm bewusst wurde, was er da tat. Und dass es stimmte.

Wang sah auf das Display, dann nahm er überrascht Wills Telefon in die Hand.

»Ihre Freundin?«

»Ja ... meine Freundin.«

FB-Freundin! setzte er in Gedanken hinterher. *Es ist nicht gelogen!* Damit fielen ihm die Pakete ein, die er am Eingang hatte platzieren lassen.

»Oh, warten Sie! Ich habe Ihnen ein Geschenk von uns beiden mitgebracht.«

An dieser Stelle fiel Wang die Kinnlade runter.

»Ein Geschenk? Von ihnen *beiden*? Um mich zu bestechen?«

»Nein, als Dankeschön dafür, dass Sie mir den Termin gegeben haben! Anna war der Meinung ...«

Er stand auf und holte die Kartons mit den Uhren. Er hatte alle sieben mitgebracht, weil er Xie und Wang wählen lassen wollte. Als er die erste auspackte, bekam Wang große Augen.

»Was ist denn das?«, rief er und sprang aus seinem Sessel. Verdutzt starrte Will ihn an.

»Ähm … eine Kuckucksuhr. Aus dem Schwarzwald«, erklärte er unsicher. »Meine Freundin ist Inhaberin der ältesten Kuckucksuhrfabrik und sie haben eine neue Linie entworfen, in der sie Tradition mit Moderne verbinden und sie …«

Aber Wang hörte ihm gar nicht mehr zu und war mit einem Mal wie ausgewechselt. Mit leuchtenden Augen stand er vor den Päckchen wie ein Kind vor dem Weihnachtsbaum und strahlte von einem Ohr zum anderen. Erfüllt von einer Begeisterung, die Will nicht verstand, packte er eine Uhr nach der anderen aus und war auf einmal der gesprächigste Mann unter der Sonne. »Woher haben Sie gewusst, dass ich in Stuttgart studiert habe?«, fragte er freudestrahlend. »Ich liebe Deutschland! Und vor allem den Schwarzwald! Hab lange Jahre in Baden-Württemberg gewohnt! Und ich liebe diese Traditionen! Bei uns in China wurde alles zerstört – dort wird alles erhalten! Ich hoffe, die alten Uhren werden auch noch hergestellt! Oh! Oh! Das ist ja eine! Da ist ja eine! Sie haben mir eine traditionelle Uhr mitgebracht!«

Mit glänzenden Augen hob Wang die Uhr aus dem Paket und Will erklärte ihm, dass das Mühlrad sich drehe und die Figuren tanzten. Wang war im siebten Himmel und Will verstand die Welt nicht mehr.

»Eine wunderschöne Uhr!«, rief er. »Und diese modernen Varianten … das ist ganz außergewöhnlich, finden Sie nicht? Eine tolle Idee: Moderne und Tradition!«

»Ja, das stimmt! Anna, meine Freundin, ist gerade dabei, den amerikanischen und asiatischen Markt zu erkunden … sie steht noch am Anfang und …«

»Seit wann kennen Sie sie?«

Wang und er kamen ins Gespräch, wie er noch nie mit ihm ins Gespräch gekommen war. Der Chinese bewunderte die Uhren, schwärmte ihm von seiner Zeit in Deutschland vor, Will erzählte von seinem Leben in London und Hamburg. Sie lachten zusammen und entdeckten ihre gemeinsame Leidenschaft für Oldtimer.

»Ich dachte, Sie stehen nur auf diese neuen Flitzer«, sagte Wang. »Fahren Sie nicht einen Ferrari?«

»Einen alten! Die neuen Autos haben für mich keine echte Form, Oldtimer sind für mich etwas ganz Besonderes.«

»Tatsächlich?«

»Ja, sie haben mir mal buchstäblich mein Leben gerettet.«

Wang sah ihn an und in seine Augen kam ein Ausdruck, den Will dort noch nie gesehen hatte. Und den er deshalb auch nicht deuten konnte.

»Wissen Sie was?«, sagte Wang schließlich. »Ich möchte ihre Freundin Anna kennen lernen. Bringen Sie sie zur Vertragsunterzeichnung in vier Wochen mit! Ich gebe eine Party – sie wird auf den Seychellen stattfinden, in einem meiner

Hotels, und ihre Lebenspartnerin ist sehr herzlich eingeladen. Und bitte richten Sie ihr meinen Dank aus ... und beste Grüße! Ich möchte noch eine Schwarzwalduhr kaufen. Sie soll mir eine aussuchen und mir die Rechnung schicken.«

Alles verrückt

Stefan Strumbel rief an und teilte mit, dass er ein paar Uhren veredelt hätte. Als er sie ihnen vorstellte, war selbst Anna still.
»Ähm ... das ist ... äußerst ... äußerst originell«, meinte sie schließlich. »Ganz ehrlich, Stefan ... ich muss mich dran gewöhnen.«
»Das kenne ich irgendwoher«, sagte er und lächelte verhalten.
Vor ihnen lagen drei Kuckucksuhren, die so etwas Ähnliches wie ein Flachdach hatten, auf die zwei Totenköpfe mit zwei Säbeln drunter montiert waren. Das Zifferblatt wurde rechts und links von zwei Walen umrahmt, oben wuchs zwischen den Totenköpfen ein Kreuz aus dem Dach und unten überkreuzte, weiße Knochen aus der Uhr.
»Okaaaaay«, sagte Lenny gedehnt. »Eine Piraten-Kuckucksuhr? Also, Stefan, alles was recht ist, aber es war mir eine Lehre, dich kennenzulernen.«
Das abgefahrenste aber war eine Sprühlackuhr in der grellsten Farbzusammenstellung, die sie je gesehen hatten.
Das Dach der Uhr war quietschrosa, überdimensional nach außen gezogen, und gekrönt von einem schwarzen Hirschkopf mit gelbem Geweih. Als wäre das Rosa nicht genug, hatte Stefan orangefarbene Eichenblätter darauf befestigt, der Kuckuck darunter kam auf so etwas wie fliederfarbenen Kacheln heraus. Das Zifferblatt hatte einen blauen, aufgesetzten Rand wie ein Schwimmring und wurde von einem knallgelben, nach unten stürzenden Eichhörnchen und von einem Vogel, wahrscheinlich ein Papagei, umrandet. Hinter der Uhr blitzten wieder die sich überkreuzenden Knochen hervor und auch ansonsten hatte Stefan nicht mit poppigen Details gespart. Aber das Beste war eine üppige Sprechblase in grellgelb auf dem rosa Dach, auf der stand: »WHAT THE FUCK IS HEIMAT?«
Eines war klar: Provokativer ging es nicht.
Von den Rossbergs brachte keiner ein Wort hervor. Nur Peggy sagte:
»Geil, Mann, endlich mal was komplett Verrücktes! Wo hängst du das auf?«
»Ich habe nächste Woche eine Ausstellung in der ufoArtgallery in Hong Kong. Da gehen die Stücke mit.«
»Hong Kong!«, rief Lenny gequält. »Okay. Vielleicht stehen die ja auf so was.«

»Also«, meinte Anna und begriff so langsam, was Stefan mit der Uhr aussagen wollte. »Das Ding ist wirklich genial! Es ist eine echte Kuckucksuhr. Alle Kriterien sind erfüllt. Es lebe die Heimat!«

Sie grinste ihn an und Stefan grinste zurück, packte seine Uhren wieder ein – und verschwand.

Peggy kicherte.

»Meine Fresse«, sagte sie. »Die armen Schwarzwäldler. Wenn die diese Uhren sehen, dürfte hier die Hölle los sein!«

»Das werden die wenigsten«, antwortete Herr Rossberg. »Die meisten interessieren sich ja nicht für Kunst. Ich fürchte, das Ding geht einfach irgendwo in der Masse unter.«

***

»Anna, Darling! Mein allerliebster Engel! Ich muss dich sprechen! Unbedingt! Wann hast du Zeit?«

Will war komplett aus dem Häuschen und das Erste, was er gemacht hatte, als er aus der Konferenz kam, war Anna eine Nachricht zu schicken und um einen Chat zu bitten. Er hoffte nun umso mehr, dass ihr Foto nicht schon zig Jahre alt oder geschönt war. Sonst musste er sich was einfallen lassen! Aber die Entwicklung, die sein Leben gerade machte, war grandios! Da kam ja alles zusammen! Er würde alles erreichen, was er sich vorgenommen hatte! Er würde gewinnen!

Doch es war genau dieser Gedanke, der ein gewisses Unwohlsein verursachte und seinen Enthusiasmus etwas bremste – der Gedanke, dass er auf allen Ebenen gewinnen würde. Und was er dafür zu tun bereit war.

Er schob den Gedanken weg und konzentrierte sich auf das Positive:

In seinem Kalender war der Termin mit Anna fixiert, der Termin, an dem er ihre Stimme hören würde.

Er konnte es drehen und wenden, wie er wollte: Er war mächtig gespannt ... und: aufgeregter denn je.

***

Die Kinder waren im Bett. Anna saß am Küchentisch und hatte die dicken Stumpenkerzen angezündet. Es dämmerte draußen, die Nacht brach herein. Durch die großen Terrassenfenster konnte Anna, wenn sie den Blick vom Monitor hob, einen klaren Sichelmond sehen, den einzelne schmale Wolken wie Luftschiffe umschwebten. Sie aktivierte Skype auf ihrem Rechner und wartete. Er hatte in diesem Account das Foto hochgeladen, mit dem er sie die ersten Male auf FB angesprochen hatte. Das mit dem roten Poloshirt und dem blauen Herzchen auf der Brusttasche. Danach hatte er es auf Facebook geändert in ein anderes, nicht weniger attraktives, aber dieses hier mochte sie doch noch am liebsten.

Sie setzte die Kopfhörer auf. Es klingelte. Sie nahm ab. Ihr Herz klopfte. Und da war er. Nach Monaten drang endlich seine Stimme an ihr Ohr.

»Hey, Babe«, sagte er sanft. Sie schloss die Augen und dachte unwillkürlich: »*Oh. Mein. Gott.*«

Seine Stimme war tief, leicht rau und schickte besorgniserregende Schauer über ihren Rücken. Anna öffnete ihre Augen wieder.

»Hi, William«, antwortete sie lächelnd. »Schön, deine Stimme zu hören.«

Ihre Stimme klang jung, hatte aber einen warmen, satten Unterton. William war angenehm überrascht und sein Gesicht hellte sich unvermittelt auf. Eine delikate Pause entstand, in der sich zwischen ihnen etwas Tiefes, greifbar Zärtliches aufbaute.

»Ja, das ist wirklich schön«, erwiderte er schließlich. »Nach all der Zeit.«

»Nach all der Zeit...«, sagte sie verträumt. Seine Stimme gefiel ihr und sie lauschte ihr wie einem schönen Lied. »Wie lange ist es eigentlich her, dass du mir das erste Mal geschrieben hast? Ich weiß das gar nicht!«

Sie lachte ansteckend, er spürte dem Klang nach und lächelte unwillkürlich mit.

»Fünfeinhalb Monate, Babe. Du bist ein ziemliches Biest.«

»Ja, offensichtlich«, prustete sie. »Aber erzähl doch mal, wie ist es mit deinem Geschäftstermin gelaufen? Ich bin so gespannt! Hat es geklappt?«

»Ob es geklappt hat? Anna, ich weiß gar nicht, wo ich anfangen soll! Ach ja — als erstes: Danke für die Uhren! Vor allem für die siebte! Ich ... das war ... sehr lieb von dir, mir etwas zu schenken. In echt sehen die Uhren noch schöner aus als im Internet!«

»Freut mich, wenn sie dir gefallen. Aber wie ist es denn nun gelaufen? Hast du seine Unterschrift?«

»Nein, Honey, die habe ich nicht.«

»Nicht?«, wiederholte sie und klang so enttäuscht, als ob sie es wäre, die das Geschäft nicht bekommen hätte. Will lachte leicht und sie hörte zum ersten Mal, wie sich sein geschriebenes »hehehehe« anhörte, das er des Öfteren in die Chats gesetzt hatte. Es klang überaus sexy. Ihre Lippenenden wölbten sich nach oben und ihr wurde unwillkürlich heiß.

»Babe«, erwiderte er. »Was soll ich sagen ... also ... nein, Darling, er hat nicht unterschrieben. Aber ich habe mit ihm geredet, so wie du es gewollt hast – und ich muss zugeben, es hat Wunder gewirkt. Ja, und dann habe ich ihm deine Uhren gezeigt. Bitte sei jetzt nicht böse, aber ich muss gestehen, dass ich keine mehr habe. Mr. Wang hat sie alle beschlagnahmt! Eigentlich wollte ich ihm nur eine schenken und ihn eine aussuchen lassen, aber ich konnte noch nicht einmal die Uhr vor seinen Krallen retten, die du mir persönlich geschenkt hast. Die mit dem Schwarzwaldmädel. Er war total begeistert! Er will alle eure Uhren sehen, ich meine den Katalog!«

»Ähm ... warte mal ... William, verarschst du mich gerade?«

»Keine Spur!«

»Du hast Mr. Wang unsere Uhren gezeigt?«

»Yepp!«

»Und ... sie haben ihm *gefallen*?« Anna konnte es nicht fassen. Die Bedeutung dieser Sätze drang nur langsam in ihr Bewusstsein. »William, unsere Uhren haben ihm gefallen? Die modernen Varianten?«

»Gefallen ist kein Ausdruck! Die neuen und die alten! Jetzt halt dich fest: Er will von dir die wertvollste Uhr, die ihr besitzt! Die will er kaufen! Die anderen habe ich ihm natürlich geschenkt – die findet er grandios! Und er meinte, er hat genügend Kontakte, um dir den Aufbau in Asien zu erleichtern. Na, Babe, was sagst du nun?«

»Will!«, schrie Anna und sprang vom Sessel auf. »Das ist ja bombastisch! Das ist so super! Das ... das ist ja Wahnsinn! Das ist ... unglaublich!«

»Sag mal, sitzt du noch vor dem Laptop und tanzt du gerade im Zimmer umher?«, fragte er lachend und freute sich über seine gelungene Überraschung. »Deine Stimme ist so weit weg!«

»Du liebe Zeit, William! Ob ich mich freue? Da fragst du noch? Ich kann dir gar nicht sagen, wie ich mich freue!«, quietschte sie. »Danke, William! Tausend Mal Danke! Das kann ich ja niemals wiedergutmachen!«

»Doch, mein schöner Engel, das kannst du! Ich habe ein Anliegen!«

»Okay! Schieß los!«

»Hey, Babe, jetzt setz dich bitte erst mal hin und hör zu. Lass es dir ganz ruhig durch den Kopf gehen, okay?«

»Klar, Will!« Mit leuchtenden Augen setzte sich Anna wieder auf ihren Sessel. »Also: Mr. Wang will in vier Wochen die Verträge unterschreiben ...«

»Will! Das sagst du so nebenbei! Herzlichen Glückwunsch!!! Meinen allerherzlichsten Glückwunsch! Du hast es geschafft!«

»Ja, ich bin noch etwas zurückhaltend. Geschafft ist es erst, wenn wir beide die Unterschrift geleistet haben. Ein Monat ist lang – und dazwischen kann viel passieren. Ich habe schon Pferde kotzen sehen in dieser Branche.«

»Aber Mr. Wang ist ein Ehrenmann, davon bin ich überzeugt!«

Wieder musste Will über ihren nicht totzukriegenden Glauben ans Gute lächeln.

»Also, mein Herz, Mr. Wang gibt anlässlich dieses wirklich großen Joint Ventures eine Party auf den Seychellen ... auf der wir offiziell unterschreiben, so mit Pressefoto und dem ganzen Gedöns. Und er möchte dich kennenlernen. Ich übrigens auch. Ich meine, ich ganz besonders. Das kannst du dir ja denken.«

»Was ... was heißt das?«, fragte Anna und ihr Herz setzte für einen Schlag aus.

»Das heißt, dass du auf diese Party eingeladen bist. Du sollst Prospekte und die Kuckucksuhr mitbringen. Wobei er extra ausrichten lässt, dass du sie ihm nicht schenken sollst. Er will sie kaufen. Wang Enterprises ist ein Riesending. Der kann was für dich tun.«

Nun war Anna ganz still geworden. Sie brachte kein Wort hervor.

»Honey, Süße, darf ich dich was fragen?«

»Ähm ... ja, natürlich.«

»Hast du ein Abendkleid? Ein so richtig schickes? Ich meine, das sollte nicht von H&M sein.«

»Nein, natürlich nicht«, antwortete sie mechanisch und die Bedeutung seiner letzten Sätze wurde ihr erst jetzt voll bewusst. »Will ... habe ich das jetzt richtig gehört? Ich soll in den Indischen Ozean fliegen? Auf eine Party ... *mit dir* ...? Und dort *Mr. Wang* treffen?«

»Wäre das ein Problem für dich?«

Als sie schwieg, setzte er vorsichtig hinzu: »Beziehungsweise für deinen Mann?«

»Nein, der hätte damit kein Problem.«

»Nicht?«, fragte er erstaunt. »Auch nicht, wenn du mit mir fliegst?«

»Ähm ... wir würden zusammen fliegen?«

»Weshalb sollten wir getrennt fliegen?«

Anna verstummte erneut. Das Gespräch überrollte sie massiv. Auch ihr Kopf meldete sich. Ihre Vernunft. Sie kannte ihn doch gar nicht! William erriet ihre Gedanken.

»Du bekommst eine Einladung von Wang Enterprises«, sagte er. »Den kannst du ja googeln. Wang ist ne echte Größe in der Geschäftswelt. Und sie zahlen auch den Flug. Ich meine, sie buchen die Tickets, arrangieren alles und wahrscheinlich sitzen wir dann wohl nebeneinander.«

»Sie zahlen ... den Flug?«

»Ja, sie zahlen alles! Musst dir keine Sorgen machen. Die können sich das leisten. Das Hotel gehört Mr. Wang. Unter anderem.«

»Will, ich bin ... komplett überwältigt! Die Seychellen!«

»Also ... würdest du mit auf die Party gehen?«, fragte er nach. »Mit mir als Begleitung?«

»Aber natürlich, Will! Immerhin bist du der Einzige, den ich dort kenne – und wenn mir Mr. Wang ein paar Tipps für den asiatischen Markt gibt ... das ist ja eine Geschäftsreise, was meinst du?«

»Das ist der Plan, Babe! Keine Frage! Aber ich hätte noch ein Anliegen ... also, eigentlich eher ein ... naja ... ein Dankeschön, ein kleines Geschenk, wenn du so willst.«

»Okay. Und das wäre?« Inzwischen fühlte sich Anna komplett niedergewalzt von diesem so unerwarteten Gespräch, von seiner Stimme, von seinem bärbeißigen Charme, von einfach allem. Sie spürte, wie er zögerte und versuchte, die richtigen Worte zu finden.

»Anna, ohne dich wäre ich bei Mr. Wang keinen Zentimeter vorangekommen. Du hast mir entscheidende Tipps gegeben. Und die Kuckucksuhren waren einfach der Knaller. «

»Ja, aber du hast sie doch mitgenommen! Es ist dein Verdienst.«

»Stell mal dein Licht nicht unter den Scheffel, Sweetie, wir wissen beide, wie ich vor fünf Monaten drauf war.«

Verdutzt hielt er inne. Verdammt, das war wahr! Ihm war ein bisschen mulmig deswegen, aber er fuhr fort:

»Daher habe ich mir gedacht, ich mache dir eine kleine Freude: Ich habe eine Bekannte in Hamburg, der gehört der ›Tempel‹, kennst du den?«

»Uh, Will, es wird doch hoffentlich nicht schlüpfrig! Hört sich nach thailändischer Massage an!«

Will lachte und wieder spürte sie diesem tiefen Klang nach und dem, was er in ihr auslöste. Ihr war so kribblig, so hatte sie sich schon lange nicht mehr gefühlt!

»Nein! Es ist eine Boutique!«, erklärte Will derweil. »Die Inhaberin ist eine liebe Freundin und sie verkauft exklusive Abendkleider. Sehr exklusive. Sie sind teuer ... aber du wirst für Mr. Wangs Party ein solches brauchen. Ich habe mit Edith gesprochen und sie würde dir für den Abend eines leihen.«

»Das ... das hört sich vernünftig an, Will«, lächelte Anna. »Das ist ein tolles Geschenk! Danke!«

»Nein, da würde ich mich ja selbst in die Tonne treten, wenn ich als Geschenk mit einem geliehenen Kleid aufwarte!«

»Was, noch was? Das war es nicht, was du gemeint hast?«

»Nein ... ja ... ich meine, ich wollte dich fragen, ob du Lust hast, das Kleid mit mir zusammen auszusuchen und ... einen Tag mit mir in Hamburg zu verbringen. Damit wir uns kennenlernen ... und nicht erst im Flugzeug aufeinanderprallen.«

Anna stockte kurz. Dann antwortete sie:

»Okay, William, gute Idee. Ich bin bereit dazu. Wenn du mir deinen Nachnamen verrätst. Wie siehst du das?«

»Mich interessiert es eher, wie dein Mann das sieht.«

»Ich sagte dir doch schon: Er vertraut mir.«

»Er hat nichts dagegen, dass du dich mit einem Mann triffst, den du über Facebook kennengelernt hast? Geschäftsreise hin oder her?«

»Nein«, lächelte sie wehmütig, aber das konnte er nicht sehen. »Er hat nichts dagegen, wenn ich einen *Freund* treffe, den ich über Facebook kennen gelernt habe.«

»Kann ich nicht glauben.«

»Macht nichts«, antwortete sie. »Es reicht, wenn er und ich das glauben und wissen.«

William passte ihre Antwort gar nicht und wusste nicht recht, warum. Er rief sich ins Gedächtnis, dass er kurz vor seinem Ziel stand. Dass endlich das eintreten würde, was er seit einem halben Jahr gewollt hatte: Anna treffen. Wollte er das nicht mehr? Nein, das war es nicht. Er wollte sie mehr denn je treffen. Dann ging ihm auf, warum ihre Antwort ihn irritierte: Zum ersten Mal machte es ihm etwas aus, dass sein Date verheiratet war. Zum ersten Mal machte er sich Gedanken darüber, was wohl ihr Mann empfinden musste.

»Babe«, antwortete er leise. »Ich muss dir das jetzt glauben. Aber du weißt, wie ich zu dir stehe. Ich weiß nicht, ob dein Mann so relaxed wäre, wenn er das wüsste.«

»Lass das meine Sorge sein.«

Was er von dieser Antwort halten sollte, wusste er auch nicht. Es veränderte das klare Bild, das er von Anna hatte – und das störte ihn. Er wollte weiterhin diese ungetrübte, aufrichtige Ansicht von ihr haben, andererseits hatte er da bei Wang was angeleiert, was schlecht rückgängig zu machen war. Nachdem er nichts sagte, ahnte sie zumindest teilweise, was ihn umtrieb:

»William«, sagte sie fest. »Für mich ist das kein Date, sondern ein Treffen mit einem Freund. Das ist ein Unterschied. Sonst würde ich das nicht machen. Es wäre schön, wenn du das auch so sehen könntest. Meinem Mann sage ich natürlich Bescheid. Aber wenn du damit nicht klarkommst, weil du andere Gefühle zu haben scheinst ...«

»Scheinst? Warum zweifelst du ständig daran?«, ereiferte er sich sofort.

»Weil du nach wie vor nicht weißt, wer und wie ich bin. Und daher nicht wissen kannst, ob deine Gefühle echt oder nur eingebildet sind. Genau deshalb will ich dich treffen ... vielleicht kuriert es dich. Außerdem will ich spüren und wissen, wer du bist.«

Auf diese Ansage hin fühlte sich William überhaupt nicht wohl. Sie wollte spüren, wer er war? Verdammt, inzwischen wusste er selbst, dass das funktionierte und plötzlich hatte er Herzklopfen wegen diesem Treffen.

»... ich meine, ich will dir keine Hoffnungen machen«, fuhr Anna fort. »Vielleicht will ich dich einfach nur davon überzeugen, dass ich nicht die Partnerin bin, die du suchst. So ein Zusammentreffen kann mitunter ganz heilsam sein. Und dann wärst du auch endlich wieder frei – für die wahre Liebe in deinem Leben.«

»Okay«, sagte er und grinste. »Wenn du das so siehst ... dann ist ein Treffen voll legitim!«

Sie lachte wieder.

»Also, ich bin dabei!«

»Ich auch, Babe! Schlag du was vor! Ich komme hin!«

***

Sie vereinbarten, sich in einer Woche in Hamburg zu treffen und Anna verriet ihren Eltern nichts von William. Aus irgendeinem Grund konnte und wollte sie das nicht. Sie hatte sich von ihm die E-Mail-Adresse der persönlichen Assistentin von Mr. Wang erfragt, weil sie sich bei ihm bedanken wollte, vor allem aber, um sich zu vergewissern, dass es stimmte, was William ihr erzählt hatte.

Sie war nicht blauäugig, sie traf ihre Vorkehrungen und checkte jedes Detail ab.

Aber Mr. Wang schrieb ihr sogar persönlich, bedankte sich für die Uhren, drückte seine Wertschätzung und seine Freude darüber aus, sie mit Will auf den Seychellen in seinem Hotel begrüßen zu dürfen. Sie googelte Wang Enterprises und war schwer beeindruckt, als sie erfuhr, dass es ein weltweites Unternehmen mit Rang und Namen war.

Überglücklich – und erleichtert – bedankte sie sich bei William für diese Chance noch einmal in Gedanken und freute sich tierisch, ihrer Familie endlich eine positive Nachricht bezüglich der Firma geben zu können.

So erklärte sie am Abend ihrer Familie mit leuchtenden Augen, dass sie einen Termin auf den Seychellen bei einem asiatischen Großunternehmer habe, der auf ihre Uhren aufmerksam geworden war. Die ganze Familie war aus dem Häuschen und konnte kaum glauben, was sie berichtete. Ihr Vater und Peggy wollten unbedingt eine Flasche Sekt öffnen, aber Anna wiegelte ab.

»Gibt noch keinen Grund zum Feiern«, bremste sie die Begeisterung. »Lasst uns doch erst mal sehen, wie das läuft, was er will ... und ob überhaupt etwas daraus entsteht!«

Aber ihr Vater ließ sich nicht abhalten, sie feierten ausgelassen den ganzen Abend hindurch und Anna musste immer wieder an William denken, der ihr das ermöglicht hatte.

Gehörig beschwipst öffnete sie Stunden später in ihrer kleinen Wohnung ihren Facebook-Account und hoffte, dass er on war. Aber neben seinem Namen stand ›5min‹. Sie hatte ihn verpasst. Hatte er nach ihr geschaut? Hm ... aber er

hatte keine Nachricht für sie hinterlassen. Warum nicht? Hatte er mit anderen gechattet? Mit wem? Unwillkürlich fragte sie sich, was er sonst so auf FB trieb. Oh, verflixt ... und sie war so voller Mitteilungsbedürfnis und Freude, sie hätte so gern mit ihm gesprochen! So gern nochmal seine Stimme gehört! Aber ... er hatte ihr seine Handynummer gegeben ... sie sah auf die Uhr. Fast Mitternacht. Nein, das war zu spät. Kurz entschlossen schrieb sie ihm eine Mail:
»Lieber Will, hab es heute meiner Familie erzählt! Es hat sie umgehauen! Auch von ihnen liebe Grüße an dich und ein Riesendankeschön! War gerade auf FB, hab dich leider verpasst. Also, da wir uns bald sehen: Hier hast du auch meine Nummer.«

Niemand wusste etwas von William.
Auch Peggy erfuhr kaum etwas. Aber die schmorte ohnehin im Moment in einer Laune, die sich keiner erklären konnte. Peggy hatte sich inzwischen eine eigene Wohnung genommen und Anna wartete auf eine Gelegenheit, sie nach dem Grund ihres Trübsinns fragen zu können. Aber die Zeit war so hektisch und angefüllt mit so vielen Dingen, es wollte sich partout nichts Passendes ergeben.
Schließlich plante Peggy Annas Promotion-Tour durch Deutschland, die Schweiz und Österreich und Anna fragte sie, ob sie nicht die paar Tage in die Schweiz mitwolle. Es wären drei Tage und sie hätten dann genug Zeit zum Reden – es gab auf beiden Seiten Dinge, die besprochen werden mussten. Peggy sagte erleichtert zu. Zuvor stand allerdings Deutschland auf dem Plan. Sie hatten mehrere Geschäftspartner im Norden und Anna ließ die Termine so legen, dass sie das Treffen mit Will damit verbinden konnte.
Doch dann überschlugen sich die Ereignisse und innerhalb der nächsten drei Wochen sollte für Anna nichts mehr so sein, wie es mal war.

***

William hoffte, endlich einen Hinweis zu bekommen, wie Anna wirklich aussah. Er war zusammen mit Phil zu dem nicht ganz so prickelnden Schluss gekommen, dass das Foto auf FB ein altes sein musste - sie sah für jemanden, der auf die vierzig zuging, zu jung aus.
Williams Gesicht sprach Bände. Phil fand darin eine seltsame Mischung aus Enttäuschung, aber kurioserweise auch Erleichterung, die er sich nur mit Wills bisher so hart verteidigtem und hochgelobtem Single-Dasein erklären konnte.
»Hey, William«, sagte Phil. »Das heißt doch nicht, dass sie weniger attraktiv ist. Ich finde das schön, wenn Frauen ihren Babyspeck im Gesicht verlieren und

markanter werden. Wir werden doch auch älter. Willst du wirklich eine 25-Jährige neben dir haben? Wo du selbst auf die fünfzig zugehst?«

»43, Alter! 43! Ich bin noch weit weg davon!«

»Oh, mein Gott!«, quiekte Phil in Falsettstimme. »Was ist das denn? Ist das etwa eine Falte in Wills Gesicht? Da! Unter dem Auge!«

»Ey, Mann, geh weg!«, schnauzte ihn William an, aber dann lachte er. »Ich mag meine Falten!«

»Ja, dann gesteh das auch den Frauen zu!«

»Das ist der Unterschied zwischen Mann und Frau ... unter anderem! Uns machen die Falten interessanter, Frauen machen sie einfach nur älter.«

»Oh, Will, du bist ein elender Chauvinist! Das ist wie diese blöde Theorie, dass Männer Helden sind, wenn sie viele Frauen vögeln, und Frauen Schlampen, wenn sie viele Männer haben! Echt unfair!«

»Phil«, konterte Will. »... das ist ganz einfach zu erklären: Wenn du ein Schloss hast, in das jeder Schlüssel passt, dann ist das ein billiges Schloss. Aber wenn du einen Schlüssel hast, der in jedes Schloss passt, hast du einfach den Masterkey!«

»Ich wusste, du bist ein hoffnungsloses Arschloch. Nix zu machen mit dir!« Sie lachten beide und blickten dann wieder unisono auf den Bildschirm.

»Hast du ihre letzten Beiträge gelesen? Was denkst du?«

»Hm. Sie hat klar gesagt, dass sie nichts von dir will. Es ist eine Geschäftsreise.«

»Come on! Welche Frau würde das denn zugeben? Die tun nur immer so rechtschaffen! Ich denke, das Treffen wird entscheidend sein. Da wird sie Farbe bekennen.«

»Klar. Die Stunde der Wahrheit«, sagte Phil und wirkte fast nervöser als Will.

»Ihre Stimme ist schön«, berichtete Will.

»Wirklich?« Phil lächelte. »Wo trefft ihr euch?«

»Das bestimmt Anna. Sie wird überhaupt alles arrangieren. Sie soll sich ja sicher fühlen.«

»Und du bist immer noch sicher, dass sie die Frau deines Lebens ist?«

»Mehr denn je«, sagte Will und schaute in seinen Terminkalender. »... wird Zeit für eine Mail zwischendurch, was meinst du?«

»Können wir gerne machen. Hast du das Buch gelesen, das ich dir gegeben habe? Das ist wohl ziemlich heftig für dich, was?«

»Nein, ja ... ich meine, es ist interessant. Wirklich. Ganz neue Gedanken.«

»Und? Kommst du zurecht? Nicht, dass es dich dann im Gespräch kalt erwischt.«

»Nein, ich lese es, keine Sorge.«

***

Je näher der Termin rückte, desto nervöser wurde Will. Schließlich startete er noch einen Versuch, etwas mehr über sie herauszufinden:

»Hey, Sweetie, welche Größe hast du? Edith bestellt gerade Kleider. Hat aber schon ein paar sehr schöne im Laden, die zu dir passen könnten. Ich habe ihr dein Bild auf FB gezeigt. Sie war ganz begeistert, hat gemeint, du siehst aus wie fünfundzwanzig!«

Anna schickte einen Smiley.

»Ja, da wären wir alle gerne wieder«, scherzte sie. »Fünfundzwanzig! Da war ich noch jung und knackig!«

»Bist du doch immer noch! Oder ist das Foto älter?«

Sie verstand, was er wissen wollte. Noch immer wunderte sie sich, dass er bis jetzt nie nach aktuellen Fotos von ihr gefragt hatte. Vor allem, weil er weitere von sich geschickt hatte. Da war er zu sehen: Im Anzug, in der Badehose und leger in Jeans und kariertem Hemd. Auf jedem sah er super aus, auf jedem wirkte er irgendwie gefährlich, auf jedem schien er sie mit seinen Augen zu verfolgen. In Anna meldete sich die Frau zu Wort und sie beschloss, ein bisschen mit ihm zu spielen.

»Tja«, meinte sie. »Wir Frauen haben es ja nicht so leicht. 25% mehr Fettzellen als Männer. Zwei Schwangerschaften ... das verändert schon den Körper! Stell dir vor, ich habe bei jedem Kind zweiundzwanzig Kilo zugenommen!«

William erschrak.

»Fuck!«, dachte er. »Sie ist fett! Oh, du meine Scheiße! Ich wusste, es ist ein Haken an der Sache!«

Nächste Nachricht: »Ja, dann zwei Jahre Stillzeit ... man wird eben nicht jünger ... die Sitzerei den ganzen Tag ... und dann kommen die grauen Haare ... seufz ... wie alt bist du eigentlich auf dem Foto? Auch nicht dreiundvierzig, oder?«

»Fast«, schrieb er ernüchtert zurück und in seinem Magen entstand ein fieses Gefühl. Er war den ganzen Tag über schlecht gelaunt. Jetzt wusste er, was sie mit dem Satz gemeint hatte »*So ein Treffen kann doch mitunter ganz heilsam sein*«. Und er ahnte nun auch, warum sie das so locker sah!

Er schwankte wieder zwischen Enttäuschung und Erleichterung. Aber letztlich gewann die Enttäuschung. Er war schlechter drauf, als er selbst geglaubt hätte. Es hätte ihm doch auch egal sein können. Eigentlich.

∗∗∗

»Herr Rossberg! Anna!«, schrie Peggy. Sie saß am Telefon und hielt noch immer den Hörer ans Ohr, obwohl sie das Gespräch schon beendet hatte.

»Anna! Komm her! Anna, wo bist du!? Wir müssen deine Promotion-Tour verschieben!«

»Was? Wie? Was ist los, Peggy?«

»Das Fernsehen kommt! Aber nicht nur ein Lokalsender! Das wird bundesweit ausgestrahlt! Sie wollen eine zehn-minütige Sendung über uns machen!«

Herrn Rossberg fiel der Stift aus der Hand und Anna blieb wie angewurzelt in dem kleinen Büro stehen.

Innerhalb von einer Minute war die gesamte Familie versammelt und führte einen Freudentanz auf. Der Sender bat um Terminvorschläge – der Regisseur hatte zwei Tage für den Dreh und verschiedene Interviews eingeplant.

»Wie sind die denn auf uns gekommen?«, fragte Lenny erstaunt. »Ich meine: Zehn Minuten! Du kannst schon froh sein, mal irgendwo in einem kleinen Lokalsender zwei Minuten Sendezeit zu bekommen!«

»Genau das will ich auch wissen«, sagte Anna. »Wir rufen an! Wir müssen eh nachfragen, ob wir etwas vorbereiten sollen!«

Sie griff zum Hörer, stellte auf laut und ließ sich mit der entsprechenden Person verbinden. Nachdem die Formalitäten geklärt waren, fragte sie:

»Wie sind Sie denn auf uns aufmerksam geworden?«

»Na, hören Sie mal, wenn ein so prominenter Mensch eine Uhr von Ihnen kauft ...!«

Anna sah ihre Familienmitglieder an. Wang! Das war das, was sie alle im Sinn hatten.

»Ja, aber dass das so schnell nach Deutschland gedrungen ist, wundert uns eben«, antwortete sie.

Die Redakteurin lachte. »Ich schätze mal, bezogen auf Bedeutung und Größe der Messe und den heutigen Kommunikationsmöglichkeiten ist das keine große Sache mehr.«

»Ähm ... Messe?«, hakte Anna nach. »Was ... welche Messe meinen Sie denn?«

»Na die ufoArtgallery in Hongkong! Karl Lagerfeld hat die Sprühlackuhr gekauft und sich damit ablichten lassen! Was er sonst nie macht! Das ist zwar ein Kunstwerk von Strumbel – aber das Uhrwerk ist doch von Ihnen, oder? Und Sie machen doch moderne Kuckucksuhren ... dass das Furore macht, können Sie sich ja vorstellen!«

Nach einigen ungläubigen Nachfragen und Blick auf die offenen Münder reihum verabschiedete sich Anna schließlich und legte auf.

Der Schrei, der allen in der Kehle gesteckt hatte, brach, sowie das Telefonat beendet war, aus allen gleichzeitig hervor. Sie brüllten so laut durcheinander, dass keiner mehr den anderen verstand.

»Karl Lagerfeld!«

»Hat Stefans Uhr gekauft!«

»Er hat sich damit ablichten lassen!«
»Er macht nie Werbung für irgendetwas! Nie!«
»Aber mit unserer Uhr hat er sich ablichten lassen!«
»Leute, es ist Stefans Uhr!«
»Aber unser Uhrwerk!«
Endlich kam jemand auf die Idee, das Ereignis zu googeln. Gebannt drängelten sich alle vor dem Monitor – und bing! Da war er! Auf dem Bildschirm erschien ein hocheleganter Karl Lagerfeld, das weiße Haar wie stets zu einem Zopf zusammengebunden –, und in seinen behandschuhten Händen hielt er die Sprühlackuhr mit der Aufschrift: »WHAT THE FUCK IS HEIMAT?«

Danach trudelten die Aufträge nur so herein. Die Promotion-Tour war fast nicht mehr nötig und Anna strich die kleinen Läden und beschloss, nur die zu besuchen, die auch höhere Stückzahlen abnehmen konnten. Es gab zwei neue Modelle von ihrem unermüdlichen Vater und ihrer kreativen Mutter, so dass sie noch einmal die Flyer überarbeiteten und mit einem entsprechenden Schreiben an alle Geschäftspartner hinausschickten.
Und diesmal kam Resonanz.
Annas Augen glänzten. Sie lag im Bett und hatte Williams Stimme im Ohr.
»Trau dich! Misch den Schwarzwald auf!«
Vielleicht hatte er recht und es war besser, mal so richtig auf den Putz zu hauen? Sie hatten noch zwei Fernsehreportagen vor sich, die kleine und die große. Sie sollten es wagen. Und in zwei Tagen würde sie William treffen!

Hamburg

Anna reiste einen Tag eher an, da sie am Vormittag ihre eigenen Termine absolvieren wollte. Nachmittags um 15.00 Uhr wollte sie sich dann mit William treffen. Jedes Mal, wenn sie daran dachte, rann Adrenalin durch ihren Körper. Ob er so aussah wie auf dem Foto? Wäre sicher besser, nicht damit zu rechnen. Und ... was würde er von ihr denken? Sie nahm sich zusammen. Dachte an Christian, dachte daran, dass das Leben ein wunderbares Spiel war, das man nicht allzu ernst nehmen sollte. Das zauberte ihr wieder ein Lächeln ins Gesicht. Es war doch jetzt schon toll, was alles aus dieser Freundschaft entstanden war! Sie würde einfach jede Sekunde genießen, egal, wie er aussah! Jede Sekunde dieses Tages – und hoffte, William würde das auch tun.
Die Inhaber der Geschäfte waren von ihrer Präsentation schlichtweg begeistert. Verschämt gestanden sie, dass sie die Flyer und den Brief ... ähäm ... entsorgt hätten, weil noch einige der alten Uhren auf Lager waren und sie daher keinen Bedarf für Neu-Bestellungen gesehen hätten.

Als sie aber entdeckten, dass das Sortiment sich gewaltig geändert hatte, unterstützt von der verrückten Uhr von Stefan und seinen prominenten Käufern – inzwischen war auch Herbert Burda hinzugekommen – bekamen sie leuchtende Augen und fantasierten in den hellsten Farben darüber, eine eigene Wand nur für diese Uhren bereitzustellen, sie entsprechend zu beleuchten, die Uhren in ihre Werbekampagne einzubauen und und und. Obwohl Anna wusste, dass sie wahrscheinlich nur ein Drittel von dem verwirklichen würden, was sie im ersten Moment von sich gaben, war sie im siebten Himmel. Sie besprachen Möglichkeiten wie Joint-Ventures mit Möbeldesignern oder Auftritten von Herrn Rossberg, in denen er über Herstellung und Besonderheiten berichten konnte, zum Beispiel an verkaufsoffenen Sonntagen oder in langen Verkaufsnächten, sie orderten auch gleich eine schöne Anzahl an Uhren ... summa summarum waren diese Treffen ertragreicher, als Anna sich das vorgestellt hatte, und entsprechend schwebte sie ins Hotel, aß eine Kleinigkeit und stellte sich dann nochmal unter die Dusche.

Für ihr Date wählte sie ein einfaches Outfit. Eine enge Jeans, die ihre schlanke Gestalt und die für ihre Körpergröße langen Beine betonte, eine lässige mintfarbene Seidenbluse, grazile High Heels, eine dünne, kurze Lederjacke, dazu ein Glitzerarmband, fertig. Die Haare ließ sie offen, schminkte sich dezent und betrachtete sich im Spiegel.

»Christian«, flüsterte sie. »Das ist mein erstes Date nach dir ... Ich denke an dich.«

Sie freute sich auf William, freute sich, jemanden kennenzulernen, der ihr so geholfen hatte. Es war ihr egal, wie er aussah. Ihr Herz hüpfte, sie breitete die Arme aus und drehte sich um sich selbst. Liebe durchströmte sie. Für sich, für die Welt und für das Leben. Dankbarkeit für die schönen Erlebnisse, für die Freude, die sie empfand und für alle Seelen, die dazu beigetragen hatten. Einmal mehr fühlte sie sich frei, fühlte sich froh, weil sie so unbelastet in dieses Treffen gehen konnte.

Bevor sie aus der Tür ihres Zimmers ging, warf sie noch einmal einen Blick in den Spiegel.

»Okay, William«, murmelte sie lächelnd. »Ich wäre dann soweit.«

***

William war mäßig aufgeregt. Nach ihrem letzten ernüchternden Chat hatte sich keiner mehr beim anderen gemeldet – für ihn ein Zeichen, dass seine Befürchtungen wahr waren. Aber gut, das war nun nicht mehr zu ändern. Letztendlich würde es die Sache erleichtern und er konnte wieder zu den gewohnten Gleisen zurückkehren. Endlich! Er merkte, wie sehr ihn die letzten Monate mit Anna gefangen genommen, aufgewühlt ... und verändert hatten. Auf eine Weise, mit der er noch immer nicht richtig klarkam.

Ungläubig lächelnd schüttelte er leicht den Kopf. Auch er stand vor dem Schrank, mit noch nacktem Oberkörper. Sollte er sich rasieren? Das rote Poloshirt mit dem blauen Herz anziehen? Er entschied sich gegen beides. Seine Wahl fiel auf eine schwarze Jeans, ein anthrazitfarbenes Hemd und ein legeres Jackett. Auch er blickte in den Spiegel und fixierte seine Augen.

»Okay, Anna«, sagte er. »Ich wäre dann soweit!«

Und doch klopfte auf der Fahrt zum Hotel sein Herz, das wohl hoffte, dass sie mit ihrem Foto nicht ganz so krass geschummelt hatte. Aber er hasste Enttäuschungen und so stellte er sich auf die letzte Variante ein, die er sich in den letzten Tagen ins Hirn geschraubt hatte: eine 37-jährige, pummelige, verheiratete Frau mit zwei Kindern und ergrauendem Haar, die mal in ihrer Jugend ganz gut ausgesehen hatte. Und das wohl noch immer von sich glaubte – wie alle Frauen. Das war hilfreicher als sich unnötigen Fantasien hinzugeben. Das Leben bot keine angenehmen Überraschungen, das hatte er immer schon gewusst – und gerade gab es ihm mal wieder recht.

Anna hatte eines der teuersten Hotels in Hamburg als Treffpunkt gewählt: das Grand Elysee an der Alster und dem Moorweidenpark. Will wusste, warum. Dort waren genügend Security und gehobenes Ambiente vertreten und wäre er eine Frau gewesen, hätte er das auch so gemacht. Andererseits gefiel ihm die Umgebung natürlich auch. Er mochte Luxus und liebte schöne Dinge.

Das Foyer war ein Boulevard mit vier Restaurants, der Bourbon Street Bar (die er schon des Öfteren aufgesucht hatte) und dem Boulevard Café. Es war großzügig und weitläufig angelegt, mit viel Parkett, Naturstein und Pflanzen, und das Foyer bot einladende Sitzgelegenheiten.

Wie es sich gehörte, war er ein bisschen zu früh dran und setzte sich in eine Nische, die er extra hatte reservieren lassen, als sie ihm die Hotelwahl durchgegeben hatte. Sowie er Platz genommen hatte, schrieb er ihr eine WhatsApp-Nachricht:

»Hello pretty angel!« Er grinste sarkastisch, als er das schrieb, aber löschte es nicht. »Bin hier! Das Foyer ist groß. Frag einfach an der Rezeption nach William.«

Anna befand sich schon auf dem Weg, als die Nachricht sie erreichte.

William. Okay. Er hatte ihr immer noch nicht seinen Nachnamen verraten! Wahrscheinlich hatte er verhindern wollen, dass sie ihn googelte.

»Ach, was soll's?«, dachte sie und lächelte wieder. »Egal! Mal sehen, ob er inzwischen graue Haare und einen Bierbauch hat, weil er sich vorher nicht zu erkennen geben will!«

Sie lachte leise und ein Mann, der ihr galant die Tür aufhielt, lachte erfreut mit. Sie schenkte ihm ein strahlendes Lächeln und er sagte:

»Egal, wo Sie jetzt hingehen, ich wünschte, ich wäre an dessen Stelle!«

Ihr Lächeln wurde noch ein bisschen breiter. Bestens gelaunt lief sie Richtung Rezeption mit der Absicht, einen der Angestellten nach William zu fragen.

Ein Bus war am Eingang vorgefahren und spuckte eine Menge Leute aus, die just in dem Moment, als Anna die Rezeption erreichte, durch die Eingangstür strömten. Innerhalb einer Minute war das Foyer trotz seiner Größe gefüllt und jeder Rezeptionist umlagert. Unsicher, ob sie warten sollte, bis jemand frei wurde oder es besser wäre, Will auf eigene Faust zu suchen, stand sie inmitten der Menschenmenge und versuchte, einen Blick auf die Sitzecken zu erhaschen. Vielleicht sah er sie und winkte ihr?

Es war 15.00 Uhr.

William lugte nach vorne und sah, wie sich die Menschenmenge vor dem Desk der Rezeptionisten tummelte. Er konnte sie in der Masse der Leute nicht ausfindig machen. Mist! Und das Personal war mit den Neuankömmlingen beschäftigt! Das konnte dauern, wenn die alle einchecken wollten! Gerade wollte er sein Smartphone betätigen, als er eine Frau mittleren Alters und dickem Makeup auf einen Kellner zugehen und ihn etwas fragen sah.

Sie hatte grau-blondes Haar, etwa 20 Kilo zu viel, die sich aus den Jeans über den Bund wälzten und sich über dicke Oberschenkel spannten. Eine zerknautschte Bluse drückte sich an einen flachen Oberkörper, ihre geschwollenen Füße steckten in zu kleinen Sandalen, Ferse und Zehen ragten über die Sohle hinaus. Jetzt richtete sich ihr schwarz geschminkter Blick fragend Richtung Sitzecken, ihr knallroter, schmaler Mund formte Worte, ihr Finger zeigte Richtung Lounge. Suchend glitt ihr Blick über die Menschen, die hier saßen. Der Ober nickte diensteifrig und setzte sich mit ihr in Bewegung.

William seufzte und sein Kopf sackte nach unten. Anna aus dem Schwarzwald. Hinter der er ein sattes halbes Jahr her gewesen war. Eine vernachlässigte Hausfrau! Wie hatte er nur etwas anderes erwarten können! Oh Scheiße, er hätte es wissen müssen!

Mit dem Gedanken: »Okay, William, bringen wir's hinter uns«, stand er auf, um sie zu begrüßen.

Da hörte er von der Seite einen leichten Pfiff. Neugierig ließ er seine Augen schweifen und entdeckte eine schlanke Gestalt, die von hinten durch das Foyer kam. Sie tänzelte fast, versprühte mit jedem Schritt gute Laune und Frohsinn.

Ihr Mund lächelte und zielstrebig bewegte sie sich auf die Sitzgruppen zu. Entgeistert sah William sich um. Jeder Mann im Foyer, der sie bemerkte, drehte sich nach ihr um, folgte ihr mit den Blicken und einer von ihnen hatte bei ihrem Anblick leise gepfiffen. Sein Blick wanderte verwirrt zu der pummeligen Enddreißigerin, die vom Kellner an einen leeren Platz geführt worden war, sich ächzend auf die Polster fallen ließ und erleichtert Kaffee bestellte.

Sein Herz machte einen Satz, als diese Frau, nach der sich alle umsahen, weiterhin zügig in seine Richtung unterwegs war und mit jedem Schritt, den sie näher kam, fühlte er ein Band, fühlte er etwas Magisches, fühlte er Sehnsucht und eine Freude, die bereits aus dieser Entfernung von ihr auf ihn übersprang, fühlte er, wie etwas mit seinem Herzen geschah, wie es weit und offen wurde, so ungewohnt weit und offen, dass er automatisch seine Hand dorthin legte und seine Lippen sich nach oben wölbten.

Und jetzt hatte sie ihren Blick vollends auf ihn gerichtet, jetzt sprang diese Freude von ihren Augen in die seinen, teilten sich ihre Lippen und ihre regelmäßigen, weißen Zähne zauberten dieses fantastische Lächeln in ihr Gesicht, das er in den letzten Monaten so oft angestarrt hatte. Und nun war dieses Lächeln lebendig! Es war wahr! Es war da! Und dann geschah etwas für ihn absolut Seltsames, etwas, was ihn innerlich umwarf. Schon fünf Meter, bevor sie bei ihm war, breitete sie ihre Arme ganz weit aus, segelte auf ihn zu und hieß ihn bedingungslos willkommen. Diese offenen Arme, dieses Lachen ... William spürte zu seinem Entsetzen, wie seine Augen feucht wurden, registrierte, wie sich auch seine Arme reflexartig öffneten, bereit, sie zu empfangen, bereit, sie an sein Herz zu drücken.

Eine Sekunde später lag sie an seiner Brust, spürte er ihren Atem an seinen Hals, die Wärme und Festigkeit ihres Körpers an seinem, ihr seidiges Haar, das über seine Hände rann, hörte er ihr leichtes Lachen und ihre Stimme, die in sein Ohr raunte:

»Hey, Davy Jones, hoffe, du hast dein Herz nicht in der Kiste vergessen!«

Dann lachte sie wieder, löste sich ein wenig von ihm, ließ ihre Hände auf seinen Schultern liegen, sah ihm in die verwirrten Augen und sagte:

»Oh, Mann, William, du siehst noch besser aus als auf dem Foto!« Ein perlendes Lachen folgte. »Und ... wow! Und du hast ja gar keinen Bierbauch! Wie schön, dich endlich persönlich kennenzulernen! Ich freue mich!«

Damit ließ sie ihn los. Williams Hände zuckten automatisch nach vorne, als wolle er den Kontakt wiederherstellen. Er brachte kein Wort hervor. Nicht eines.

***

Er war froh, dass sie feinfühlig die Führung übernahm.

»Hast du schon was bestellt?«, fragte sie ihn und lächelte ihn an. William war schon von vielen Frauen angelächelt worden, von sehr vielen Frauen, aber in Annas Blick, in ihrem Lächeln lag etwas, was er vorher noch nie bei einer hatte feststellen können: Es war ohne jeden Hintergedanken, es war ohne Falsch, ohne jede Berechnung, ohne jede Koketterie, es war einfach ein freundliches, aufrichtiges, fröhliches Lächeln. Es war das Lächeln von jemandem, der vollkommen mit sich im Reinen war. Und ihm war seltsam gewahr, dass diese Fröhlichkeit auf etwas Tieferem gründete als nur guter Laune. Sie strahlte Glück aus. Lebenslust. Gleichmut. Liebe. Alles auf einmal. Er konnte es nicht fassen. Er konnte es nicht einordnen. Er war komplett überwältigt. Nichts von dem, was sie je in den Chats von sich gegeben hatte, war gelogen oder geschönt – noch nicht einmal ihr Äußeres.

»Nein, noch nicht«, brachte er endlich hervor und versuchte, sich zu fassen. »Ich ... ich wollte auf dich warten.«

»Trinkst du Alkohol? Oder bist du Abstinenzler?«

Der Kellner war gerade neben ihnen aufgetaucht und auch er lächelte Anna warm an.

»Champagner,«, sagte Will knapp zum ihm, obwohl der Anna ansah. »Grand cru und eisgekühlte Gläser.«

Es kam fast ein bisschen rau rüber und Anna bedankte sich bei dem Mann, bevor er ging, was dieser freundlich quittierte.

Williams Aufmerksamkeit richtete sich wieder, diesmal mit klarem, neugierigem Blick, auf sie. Seine Augen fingen an zu glänzen.

»Anna«, sagte er. »Ich kann kaum glauben, dass wir uns endlich sehen!«

»Ich auch nicht!«, lachte sie. »Ich will ja nicht unverschämt sein, aber ich hatte befürchtet, dass du in Wahrheit eine Wampe hast und 20 Jahre älter bist als auf dem Bild!«

»Und du bist trotzdem gekommen?« Er lächelte, fasste sie am Arm und bugsierte sie auf die Couch. »Ehrlich, seit unserem letzten Chat habe ich das auch von dir geglaubt!«

Anna grinste frech zurück und er lachte leise:

»Du hast es provoziert, du Biest!«

»Und du, Davy Jones?«, fragte sie verschmitzt zurück. »Das ist meine erste Frage: Warum hast du diesen Namen gewählt? Hoffentlich nicht mit der Absicht, die ich dahinter vermute?«

»Welche Absicht ... oh, Mann, Anna ... du gehst mal wieder voll ins Detail! Dabei haben wir noch kaum drei Worte miteinander gewechselt!«

»William, das stimmt nicht! Wir haben zig Tausende Worte gewechselt! Ich habe mir schon überlegt, ob ich mal unsere gesamte Konversation ausdrucke und die Wörter zähle ... das gibt ein hübsches Sümmchen, oder? Gerade deine Mails sind superschön ... und superlang! Ich liebe deine Mails! Ich lese sie manchmal heute noch! Da kommst du oft ganz anders rüber als im Chat!«

»Wie denn?«

»Naja ... philosophischer. Ruhiger. Nicht so ...«

Der Kellner kam und rollte den Wagen mit dem Champagner an, auf dem auch eine Platte mit winzigen Kanapees zu sehen war. Er schenkte ein und Will reichte ihr ein Glas.

»Mach weiter ... nicht so ...?«

»Nicht so ... ungestüm. Nicht so ... piratenhaft. Wobei ich auch das mag. Ich mag beides!« Wieder lachte sie und hob ihr Glas. »Auf deine zweigeteilte Seele, du Freibeuter!«

William stieß mit ihr an und sah ihr in die Augen. Sein Herz war warm und weit und ihm war tatsächlich, als läute eine helle Glocke in ihm. Anna strahlte ihn an und beide tranken sie in dem Bewusstsein, dass sie sich auf Anhieb verstanden und die nächsten Stunden wie im Flug vergingen. Ein Wort gab das andere, wie in den Chats, sie hatten den gleichen Humor und Will hatte schon lange nicht mehr so viel gelacht wie in dieser kurzen Zeit. Anna war witzig und heiter, aber das war es nicht, was er so faszinierend fand. Am schönsten war ihre Natürlichkeit. Sie schien, obwohl sie richtig gut aussah, vollkommen uneitel, war sich ihrer Wirkung bewusst, gab aber nichts drauf. Sie merkte, dass andere Männer sie anlächelten und fühlte sich nicht geschmeichelt, sondern lächelte einfach herzlich zurück. Sie musste als Frau ja wissen, was dieses Lächeln von Männern bedeutete – aber sie sah darin einfach eine nette Geste, sonst nichts – und wies sie genau damit in ihre Schranken. William wurde nicht müde, sie zu beobachten, wie sie redete, wie sich die kleinen Fältchen beim Lachen um die Augen bildeten, ihre Lippen sich teilten, ihre Zähne zum Vorschein kamen. Wie sich ihr Blick unter den schwarzen Wimpern hob, wenn sie ihn schelmisch etwas fragte oder sanft neckte. Er saß dicht neben ihr und beim Erzählen rückte sie immer etwas von ihm ab, weil sie mit ihren Händen so ausladend herumfuchtelte.

In diesen Momenten hätte er am liebsten seinen Arm um ihre Mitte geschlungen, sie an sich gezogen und ihre Lippen geschmeckt, ihren Körper gefühlt, ihr Haar in seiner Hand, ihre Haut an der seinen. Dieses Gefühl war so stark und überflutete ihn in einem Maße, dass er geradezu schockiert war. Er hatte schon oft sexuelle Anziehungskraft verspürt, triebhafte, aber das hier war anders. Das hier war süßer, getränkt von etwas, gegen das er sich instinktiv wehrte. Und auch Anna fühlte diese Anziehung, das wusste er. Sie sah ihn an und rückte wieder etwas weiter ab, ihr Gesicht rötete sich und er wusste, er hoffte, er wünschte sich mit einer Sehnsucht, die ihn geradezu erschreckte, dass sie diesen alle Fasern seines Seins durchdringenden Magnetismus ebenso empfand wie er. Sie lachten und redeten, redeten und lachten, sahen sich in die Augen und manchmal berührte Anna beim Erzählen ungezwungen sein Bein oder seinen Oberarm. William fühlte sich, wie er sich noch nie gefühlt hatte: absolut gelöst und frei. Er schwebte.

Der Schampus war fast leer, Annas Gesicht erhitzt, ihre Augen glänzten und sie sah auf die Uhr.

»Davy Jones«, brabbelte sie. »Ich bin vollkommen beschwipst. Unvernünftigerweise an der Grenze zum Betrunkensein. Aber wir müssen doch noch zu deiner Freundin!«

»Zu meiner ... ach, du liebe Zeit! Edith!« Erschrocken sah auch er auf seine Uhr. »Fuck!«, entfuhr es ihm. »Es ist sechs! Wo ist die Zeit hin! Es war doch gerade erst drei!«

»Das schaffen wir wohl nicht mehr, was?«, sagte sie und lachte gleichmütig. »Das macht nichts. Ich habe eine Freundin, Peggy, die schneidert alles, wie es im Katalog steht. Sie ist einfach fantastisch! Wird zwar ein bisschen stressig, weil wir nur noch drei Wochen haben, aber ...«

»Nein, nein, warte«, sagte er, zückte sein Smartphone und wandte sich beim Sprechen etwas ab. »Edith!«, rief er in den Hörer. »Es tut mir so leid ... wir haben die Zeit vergessen! Dürfen wir trotzdem noch kommen?«

Eine rauchige Frauenstimme drang durch den Lautsprecher und entlockte William ein breites Lächeln. »Du bist die Beste!«, sagte er. »Wir sind auf dem Weg!«

Sie tranken beide noch einen doppelten Espresso, um einigermaßen nüchtern zu werden, zumindest Anna – Will schien der Alkohol nichts auszumachen – und machten sich auf den Weg.

Es war nicht weit bis zu den Collonaden und Ediths Geschäft, dem ›Tempel‹, und sie beschlossen, zu Fuß zu gehen. Während des kurzen Spaziergangs blödelten sie hin und her, kamen an einem Straßenmusikanten vorbei und Anna tanzte, beschwipst wie sie war, mit ausgebreiteten Armen für ein paar Sekunden zum Rhythmus auf der Straße. Will packte sie um die Taille, ergriff ihre rechte Hand und schwang sie ein paar Schritte herum. Die Passanten lachten und manche applaudierten im Vorbeigehen. Schließlich löste sich Anna von Will, warf einen Schein in den Gitarrenkasten und hakte sich dann wieder bei ihm unter.

Sie hätte am liebsten mit ihm weitergetanzt, sich gewünscht, er würde sie fester halten. Auch sie war überwältigt von dieser Synergie, dieser extremen Anziehungskraft zwischen ihnen und seiner widersprüchlichen Ausstrahlung. Neugierig warf sie einen Blick auf ihn. Er war schwer einzuordnen ... er war tatsächlich so charismatisch wie auf dem Foto ... aber es ging etwas von ihm aus, was sie darüber hinaus faszinierte. Ihm war, trotz dieser massiven Männlichkeit eine gewisse Unschuld zu eigen ... etwas, was sie nicht orten konnte und was sie unglaublich anzog.

»Im Übrigen haben wir jetzt die ultimative Uhr für dich!«, erzählte sie ihm und schenkte ihm wieder dieses verschmitzte Lächeln, bei dem sich ihre Nasenwurzel so süß kräuselte und von dem er nicht genug bekommen konnte.

»Nachdem du ja deine Uhren an Mr. Wang abtreten musstest! Und die darfst du nicht kaufen! Die schenke ich dir!«

»Okay, und wie sieht die aus?«

»Dreimal darfst du raten! Stefan Strumbel hat eine Piraten-Kuckucksuhr kreiert! Habe ich dir überhaupt schon von Stefan erzählt? Das war der Hammer!«

Sie berichtete ihm von der glücklichen Fügung. »Als er uns diese Uhren brachte, musste ich automatisch an dich denken!«

William lachte in sich hinein und fuhr sich mit der Hand über den Drei-Tage-Bart.

»Ach nein! Stefan Strumbel hat also eine Piratenuhr gebaut! Du hast ihm aber hoffentlich nicht den Auftrag dazu gegeben?«

»Wie käme ich dazu? Wir waren sowieso total von den Socken, als er bei uns anrief. Ich meine *Stefan Strumbel!*«

»Ja, er ist derzeit in aller Munde«, sagte William. »Ich denke, er hat's verdient!«

»Ganz sicher! Aber das Beste weißt du noch gar nicht!«

Mit kindlicher Begeisterung, aus dem das Staunen noch immer herauszuhören war, berichtete sie von der Sprühlackuhr und Karl Lagerfeld.

»What the fuck ...!«, rief William vergnügt und dirigierte Anna zur Eingangstür vom Tempel. »Der Junge hat echt Ideen!«

»Und Karl Lagerfeld Geschmack!«

Laut lachend betraten sie den Laden.

Edith stand auf der Treppe, die nach oben zu den Abendkleidern führte, ein breites Lächeln ging über ihr Gesicht, als sie die beiden sah und Anna ging mit ausgestreckten Armen auf sie zu und ergriff ihre Hände.

»Hallo Edith!«, sagte sie. »Ich bin Anna! Lieben Dank, dass Sie extra für uns Überstunden machen!«

Edith lächelte sie an.

»So. Sie sind also Anna«, sagte sie mit ihrer rauchigen Stimme. Sie trug Motorradstiefel mit Schnallen und war auch sonst in schwarze Rockerkluft gewandet. Ihr Gesicht war nicht mehr jung, ihr Haar zu einem Knoten nach hinten gebunden und sie war vollkommen ungeschminkt. Neugierig musterte sie Anna, ohne ihre Hände loszulassen, dann aber wandte sich ihr Blick William zu, der etwas im Hintergrund geblieben war. Ihre Augen bekamen einen besonderen Glanz, ihre raue Stimme wurde sanft und warm.

»Will!«, sagte sie leise. Sie ließ Annas Hände los und wandte sich ihm zu. Eine kleine Pause entstand. Stumm sahen die beiden sich an. Schließlich sagte Edith leise:

»Es ist wunderbar, dich zu sehen.«

Wurden Wills Augen feucht? Anna musste zweimal hinsehen, aber dann war sie sicher: Ja, sie waren feucht. Edith war die Stufen nach unten gegangen und streckte ihre Arme nach ihm aus. Innig drückte Will die kleine Rockerfrau an sich und sekundenlang standen sie in einer stillen Umarmung. Ein ganzes Feld von Empfindungen baute sich im Raum auf, die der überschäumenden Stimmung der letzten Stunden eine Tiefe verlieh, die Anna direkt ans Herz ging. Irgendetwas Besonderes schwang zwischen Will und Edith und sie wünschte sich unwillkürlich, eines Tages zu erfahren, was die beiden verband. Dann aber sah Edith wieder zu Anna. Ihre Augen waren nass.

»Abendkleider«, sagte sie, räusperte sich und deutete nach oben. »Ich habe eine Flut davon, Herzchen. Alles, was du willst. Oscar de la Renta, Alexander McQueen, Chanel ... aber ich glaube, ich habe eines, das perfekt zu dir passt. Komm mit!«

»Edith, tu mir einen Gefallen!«, meldete sich William. »Lass sie ein paar anprobieren, bevor du ihr dein Über-Kleid zeigst. Ich fürchte nämlich, dass wir sonst in fünf Minuten fertig sind! Das nimmt uns ja den ganzen Spaß!«

»Wow«, sagte Anna und drehte sich zu ihm um. »Wärst du nicht froh, wenn wir in fünf Minuten fertig wären?«

»Nein, mein Engel, absolut nicht. Ich werde das hier von der ersten bis zur letzten Sekunde genießen«, antwortete William und schenkte ihr ein so dreckiges Räuberlächeln, dass Anna losprusten musste. Sie zog wieder die Nase kraus und lachte Edith an.

»Der Erste, der nicht einschläft, wenn Frauen shoppen!«

»Er ist der beste Berater, den du haben kannst! Ich fürchte fast, dass du eher die Geduld verlierst als er! Also fang an, Herzchen! Schau dich um!«

Edith schickte Anna durch ihre exklusiven Ständer und registrierte, was sie herauszog. Bald waren sie im Gespräch über das eine oder andere Kleid und Anna probierte etliche an. Ein goldfarbenes Ballkleid im Cinderella-Stil, das ihr zwar stand, sie aber als übertrieben empfand, ein schlichtes, schwarzes One-Shoulder/Full-Skirt-Kleid, das super mit ihrem hellen Haar kontrastierte, ein kornblumenblaues Kleid in Neopren-Optik im Meerjungfrauenschnitt ... ein Glitzeroutfit im Bollywood-Stil ... Edith brachte ein Kleid nach dem anderen, während William in einem der riesigen Sessel saß, Espresso trank und gehaltvolle Kommentare abgab. Seine Augen leuchteten, er hatte satt Gelegenheit, Anna anzuschauen, und er wirkte vollkommen entspannt.

»Langweilt dich das wirklich nicht?«, fragte ihn Anna.

»Ich habe mich nie besser unterhalten«, entgegnete er warm. Edith warf ihm einen Blick zu und lächelte leicht.

»Welches gefällt dir bisher am besten?«, wollte er wissen.

»Es hat jedes was für sich«, sagte sie. »Aber wir haben Ediths Kleid noch nicht gesehen.«

»Das wird auch der Abschuss«, antwortete Edith mit einer Überzeugung, dass sie alle lachen mussten.

Als sie es endlich holte, entfuhr William und Anna simultan ein kleiner Aufschrei.

»Oh, mein Gott! Das ist es!«, rief Anna. »Das ist es wirklich! Oh, Edith, du hattest so recht!«

William war aufgestanden und stellte sich neben sie, als ihre Hand bewundernd über den seidigen Stoff fuhr. Sie spürte seine markante Nähe und Hitze durchströmte sie. Hitze, die in jede Zelle ihres Körpers drang, bis in ihr Gesicht, und sie hoffte, keiner der beiden würde bemerken, dass alles an ihr glühte. William wirkte auf sie einfach animalisch sexy. Aus ihm strömte etwas, was ihre Hormone Achterbahn fahren ließ, und Anna war unglaublich froh, als Edith sie in die Umkleidekabine lotste, sie aus dem Neoprenkleid schälte und ihr in das neue Kleid hineinhalf.

»Das ist von Armani privè«, erklärte sie. »Eines der schönsten, die sie in der letzten Zeit entworfen haben. Es ist wie für dich gemacht.«

Das schulterfreie Kleid war lavendelfarben mit einem Touch hellgrün und blau. Normalerweise mochte Anna keine schulterfreien Kleider, weil sie nicht ständig darauf achten wollte, keine peinlichen Einblicke entstehen zu lassen. Außerdem war ihr Busen generell für so etwas zu klein.

Aber dieses hier war genial geschnitten. Wie zwei überkreuzte Flügel ragte vor der Brust geraffter, steif-plissierter Stoff von der Taille bis hoch an die Schultern, wo er sich galant auffächerte und damit keinen großen Ausschnitt zuließ. Der Rock fiel in seidigen Bahnen nach unten, umspielte die Beine, während der plissierte Stoff, der über die Brust verlief in einer weiteren Bahn vorne nach unten fiel. Die Farben changierten im Licht und betonten das Blaugrün von Annas Augen.

Als Anna in dem Kleid aus der Kabine trat, blieben Edith wie William stumm. Fast andächtig trat sie vor den großen Spiegel und sah hinein.

»Es ... ist einfach wunderschön«, sagte sie leise. »Danke, Edith, das ist wirklich mein Kleid.«

»Es ist etwas zu lang«, bemerkte die. »Selbst mit einem High Heel trittst du auf den Saum. Steig mal auf den Tritt hier – ich stecke es ab.«

»Aber ...« Anna stutzte, dann griff ihre Hand nach dem Preisschild und sie erschrak. »Oh, Schande, das kostet 4900 Euro?«

»Ist doch kein Problem«, meldete sich William. »Du leihst es doch nur.«

»Ja, aber Edith muss es kürzen und dann ist es doch kein Original mehr!«

»Lass das mal meine Sorge sein«, erklärte Edith rigoros. »Die meisten Kundinnen haben keine Model-Größen, also dürfte es kein Problem sein, das weiterzuverkaufen.«

»Schade, dass es so teuer ist«, sagte Anna. »Ich hätte es dir so gern abgekauft.« Edith lächelte und machte sich an die Arbeit. Will trank den dritten Espresso und unterhielt sich mit den beiden Frauen, während Edith den Rock absteckte und dann Anna vorsichtig aus dem Kleid half.

Mit vielen Dankeschöns und Küssen standen sie eine halbe Stunde später wieder auf der Straße. Es war acht Uhr abends und sie hatten beide Hunger.

»Wo gehen wir hin?«, fragte Anna.

»Nur den Jungfernstieg entlang, wir können laufen«, sagte William. »Ich habe im Se7ven Oceans reserviert.«

»Wow, mit Michelinstern. Du lässt heute aber gar nichts aus!«, lachte sie.

»Kennst du es?«

»Klar, Mann! Ich habe vielleicht ein paar Jahre hier gewohnt?«

»Aber nicht jeder geht ins Se7ven essen.«

»Ja, das ist wohl wahr«, erwiderte sie. Dann zog sie ihre Börse aus der Tasche, klaubte alle Euro- und 50-Cent-Stücke zusammen und steckte sie in ihre Jackentasche. William beobachtete sie verdutzt. Als sie auf den ersten Bettler trafen, warf sie eine Münze in den Hut. Zehn Meter saß der nächste und das nächste Geldstück wanderte in den Becher.

»Was wird das jetzt?«, fragte Will neugierig. »Du weißt aber schon, dass die meisten Bettler gar keine sind und Geld haben?«

»Nein, das weiß ich nicht«, erwiderte sie. »Manche vielleicht. Aber manche auch nicht. Manche nutzen es aus, anderen hilft es. Und da ich das nicht wissen kann, gebe ich jedem. Oder fast jedem. Vielleicht ist es eine Chance.«

William lachte verdutzt. Und Anna setzte hinzu:

»Mir geht es auf jeden Fall besser als jemandem, der bettelt. Und die paar Cent tun nicht weh.«

»Interessante Idee«, meinte er, als sie die Stufen zum Se7ven hochgingen und der Kellner sie zu ihrem Tisch geleitete. »Du scheinst überhaupt ein Philanthrop zu sein.«

»Ich glaube an das Gute im Menschen«, erwiderte sie. »Das war ja auch oft Inhalt unserer Gespräche.«

William schluckte. Solange sie nur ein Foto gewesen war, hatte ihn das nicht so berührt wie jetzt, da er sie zum ersten Mal live sah und er am eigenen Leib spüren konnte, dass sie lebte, was sie sagte. Sie strahlte einfach etwas aus, was ihm völlig fremd war: Eine Zufriedenheit, die tiefer ging, als das Wort im ersten Moment vermuten ließ. Sie war gesättigt von etwas, das Sehnsucht in ihm weckte. Die Sehnsucht, das auch empfinden zu können. Sehnsucht nach Ruhe, nach diesem Zentrum. Ja, das, was Anna ausstrahlte, war eine Zufriedenheit, die aller Hetze ein Ende bereitete, und er fühlte sich sehr seltsam, als ihm all das durch den Kopf ging. Er fühlte sich seltsam, *weil* ihm das durch den Kopf ging.

Gerade kam sie von der Toilette zurück, der Ober sagte auf dem Weg etwas zu ihr und sie gab lachend einen Kommentar dazu. Immer wieder fiel ihm auf, wie sehr sie Lebensfreude verkörperte, wie ungekünstelt sie war, wie sehr das auf ihre Umgebung wirkte, wie sehr die Menschen das wahrnahmen und ihre Nähe suchten. So wie er.

»Hey, Pirat, was ist?«, fragte sie, als sie sich setzte. »Du wirkst nachdenklich. Alles okay?«

»Ja, alles bestens, Honey. Ich genieße das nur sehr mit dir, weißt du.«

»Hm. Ja, ich auch mit dir. Es ist schön! Ich meine, wir haben ja beide nicht gewusst, was uns erwartet, aber dass du *so* saugut aussiehst, haut mir doch wirklich den Vogel raus!«

Will lachte unwillkürlich laut auf.

»Ich hoffe, das ist nicht das Einzige, das dich freut«, schmunzelte er. Sie betrachtete ihn interessiert.

»Natürlich nicht! Ich bin zum Beispiel verdammt froh, dass du diesen sexy Drei-Tage-Bart drangelassen hast! Gib's zu, du warst bestimmt kurz davor, ihn abzusäbeln!«

Will kam aus dem Lachen nicht mehr heraus. »Woher weißt du das, du Göre?«

»Das weiß ich, weil ich genau wie du vor meinem Kleiderschrank gestanden habe ... das ist nun mal so.« Sie kicherte. »Aber erzähl mir doch was über dich! Und über Mr. Wang! Du hast mir immer noch nicht deinen Nachnamen verraten! Ich hoffe, ich kann dich googeln! Sonst fliege ich nicht mit dir!«

»Naja, über mich ist nicht viel im Netz – ich halte mich gern bedeckt«, antwortete er. »Aber du kannst mir ja sagen, was das Internet über mich berichtet ... und im Übrigen ... kann ich all deine Komplimente potenziert zurückgeben ...«

Schwupps waren sie wieder in ihre Gespräche vertieft und unterhielten sich angeregt das gesamte ausgezeichnete Essen hindurch, kamen mit dem englischen Ober ins Gespräch, der ihnen voller Begeisterung als Urlaubsziel Cotswolds empfahl, und lachten viel.

Schließlich saßen sie bei ihrem letzten Espresso und beschlossen noch einen Absacker in einer Bar zu trinken. Draußen war es kühl. William sah, dass sie fror, aber er wagte nicht, den Arm um sie zu legen.

»Du frierst«, brummte er und dirigierte sie in die nächstbeste Bar. Es waren gerade noch zwei Plätze in einer Ecke frei. Leute drängelten ständig an ihnen vorbei, so dass sie beide instinktiv näher an die Wand rückten. Das kleine Tischchen zwischen ihnen war schmal, sehr schmal, und ihre Hände berührten sich fast. Zum ersten Mal entstand eine kleine Pause zwischen ihnen.

William blickte ihr in die Augen und Anna durchfuhr ein Stromstoß. Ihr Mund öffnete sich leicht und sie senkte den Blick, versuchte mehr Abstand zu ihm zu gewinnen, aber sie stieß bereits an den Stuhl ihres Hintermannes und um sie herum waren so viele Leute ... es gab keine Möglichkeit, auszuweichen. Gebannt sah sie zurück, ihre Hände um das Glas geklammert. Um Williams Mund zuckte es.

»Hey, Babe«, sagte er. »... was ich dich schon immer fragen wollte ... bist du wirklich verheiratet?«

»Warum fragst du, William?«

»Weil du keinen Ring am Finger hast.«

»Oh ... okay ... mein Mann hat auch keinen.«

Schlagartig war die Stimmung eine andere, in Anna wirbelten Gedanken umher, aber William konnte hören, wie ihre Tonlage einen Tick dunkler geworden war. Es war erstaunlich – früher waren ihm solche Dinge nie aufgefallen, aber jetzt sah er an allen Ecken und Enden Signale und Zeichen, die ihm halfen, das Innenleben seines Gegenübers zu erkunden. Vielleicht hatte er auch zum ersten Mal Interesse am Innenleben eines anderen.

»Seid ihr geschieden?«

»Nein«, sagte sie so spontan, dass er am Wahrheitsgehalt kaum zweifeln konnte. »Das sind wir ganz sicher nicht. Wir sind für immer und ewig verbunden.«

Sie schwieg eine Weile und William wusste nicht, was er sagen sollte.

»Wir haben einfach keine Ringe getauscht«, erklärte sie schließlich ruhig. »Wir wollten es beide nicht.«

Er sah sie an, sie starrte zurück, dann richtete sie die Augen auf ihr Ramazotti-Glas. Will kämpfte mit sich.

»Anna ... wie ist das Verhältnis zu deinem Mann? Ich meine ... inzwischen ist unsere Freundschaft ... eine echte Freundschaft. Sie ist ... irgendwie ... tief ... ich meine ... ich hatte so was noch nie. Mag sein, dass du das anders empfindest, dass es für dich normal ist – für mich ist es das nicht.«

Er brach ab.

»Du hast so etwas wirklich noch nie erlebt?«, fragte sie leise.

»Nicht mit einer Frau.«

»Es gab keine in deinem Leben, die dir je etwas bedeutet hat? Ich meine, du bist dreiundvierzig! Nicht eine?«

»Keine. Hab mir wohl immer die falschen gesucht.«

»Und ... männliche Freunde ...?«, fragte sie vorsichtig weiter.

»Doch ... da sieht es schon besser aus.« Er lachte leise und rau dieses »Hehehe-Lachen« mit seinem Lausbuben-Räubergesicht und ihr Gesicht heiterte sich auf.

»Also, wie ist das mit deinem Mann?«, bohrte er nach. »Hat er keine Bedenken, wenn du dich so intensiv mit einem anderen unterhältst? Und dich sogar mit ihm triffst? Mit einer Facebook-Bekanntschaft?«

»Nein, hat er nicht«, antwortete sie. »Ganz sicher nicht. Immerhin sind ja gerade durch dich geschäftlich einige Dinge ins Rollen gekommen. Als wir geheiratet haben, habe ich ihm versprochen, mit ihm alt zu werden. Und glaub mir ...« sie beugte sich mit einem so intensiven Blick vor, dass ihm anders wurde. »Glaub mir«, wiederholte sie leise. »Es ist wunderbar, miteinander alt werden zu dürfen. Es ist ein Segen. Zu wissen, dass du einen Partner hast, der jede Falte und Runzel in deinem Gesicht lieben wird. Dem es egal ist, ob dein Haar langsam grau wird und dein Körper alt. Es ist wunderbar, jemandem zu haben, dem man bedingungslos vertrauen kann. Der die Redewendung ›in guten wie in schlechten Zeiten füreinander da zu sein‹ noch ernst nimmt und bei Schwierigkeiten nicht gleich abhaut. Er vertraut mir. Und ich vertraue ihm. Das weiß er. Deswegen bist du für ihn keine Gefahr.«

William schwieg. Diesmal war sein Ego angekratzt. Er war keine Gefahr! Das hörte er überhaupt nicht gern.

»Wie ist das dann mit den Seychellen?«, fragte er. »Wir fliegen zusammen hin. Wir werden dort für eine Weile sein. Das macht jeden Mann eifersüchtig.«

»Es ist eine Promotion-Reise«, erklärte sie. »Es sind doch nur zwei Tage! Für meine Deutschland-Tour bin ich Wochen unterwegs! Wenn ich ihn betrügen wollte, könnte ich das auch zu Hause tun.«

»Ja,«, sagte er und blickte nach unten. »Ja, das stimmt wohl.«

»Mann, William, ich bin dir immer noch so dankbar, dass du den Kontakt zu Mr. Wang für mich möglich gemacht hast!«

Sie strahlte ihn wieder an und alles, was er hatte sagen wollen, flutschte mit diesem Lächeln aus seinem Hirn. Alles, was er vorhatte, gewann einen äußerst fahlen Anstrich neben ihren so aufrichtig gemeinten Sätzen. Er wandte den Blick ab. Es war Zeit, abzubrechen, sonst machte er noch einen groben Fehler.

»Du bist müde, Babe«, sagte er. »Ich bringe dich ins Hotel.«

Es waren nur noch wenige Minuten bis zum Elysee, die sie diesmal schweigend nebeneinander gingen. Beide in Gedanken versunken. Beide spürten sie, dass es zwischen ihnen glühte, dass ein einziger Hautkontakt einen Flächenbrand auslösen konnte. Es war eine so starke Verbindung, dass Anna zeitweise die Augen schloss, um sie noch mehr zu genießen.

Galant brachte er sie bis zu ihrer Zimmertür und sie lehnte sich dagegen, sah zu ihm hoch. Er stützte seine Hand auf den Türrahmen, den anderen Arm gegen das Holz. Sie war eingekesselt und die Leidenschaft, schwelte zwischen ihnen wie ein hungriges Feuer, bereit auszubrechen, bereit, alles niederzubrennen. William fühlte das deutlich. Bei sich und bei ihr. Und doch erschien sie ihm ruhig und seltsam losgelöst.

»Danke, Will«, sagte sie leise. »... für den schönen Abend. Und für deine Freundschaft.«

Er lächelte unsicher. Seine Hand legte sich sanft an ihre Wange, fuhr mit den Fingern weiter in ihr Haar. Sie war warm, diese Hand. Sie war kräftig. Sein Körper kam ein paar Zentimeter näher. Anna schloss die Augen.

»Du bist wirklich sexy«, murmelte sie. »Eine echte Versuchung.«

Will starrte sie an, er wollte ihren Körper an seinem spüren, wollte, dass sie ihre Arme um ihn legte, wollte ihre Lippen schmecken ... wieder kam er ein paar Zentimeter näher.

Anna schlug die Augen auf, im Mundwinkel ein kleines Lächeln. Dann griff sie nach seiner Hand, nahm sie von ihrem Nacken, drehte sich um, schloss auf, ging durch die Tür und wandte sich ihm nochmal zu.

»Gute Nacht, Will«, sagte sie leise. »Schlaf schön.«

Klapp. Die Tür war zu.

Will stand noch eine Weile davor und roch ihren Duft. Sein Kopf konnte keinen klaren Gedanken fassen.

Langsam, sehr langsam, ging er ins Foyer und ließ sich ein Taxi rufen.

***

»Hey, Will, wie war's? Melde dich, sobald du kannst. Ich bin gespannt wie ein Flitzebogen!«

William hörte die Nachricht auf seinem AB, als er zuhause ankam. Aber es war ihm unmöglich, zu antworten, auch, wenn er es Phil schuldig war. Er spürte der Stimmung des Abends nach wie einem schönen Song und als er einschlief, hatte er zum ersten Mal seit langer, langer Zeit ein seliges Lächeln auf seinem Gesicht.

Er meldete sich bei seinem Freund erst am nächsten Morgen.

»Phil! Guten Morgen! Ausgeschlafen?«

Er wusste, dass Phil Langschläfer war, während er meist die Morgenstunden nutzte, um zu arbeiten.

»Oh, Mann, Will«, gähnte Phil. »... du schaffst es immer, Leute zu verärgern. Auch ein Talent.«

»Du hast es doch so dringend gemacht! Willst du nicht wissen, wie es gestern gelaufen ist?«

Er hörte ein Geräusch. Es hörte sich an, als ob Phil hochschoss und schlagartig wach war.

»Ja, stimmt! Genau! Der Abend mit Anna! Wie ist sie? Wie gefällt sie dir?«

»Phil, wir haben uns umsonst Sorgen gemacht! Sie sieht super aus! Aber das ist es noch nicht einmal, was mich so fasziniert. Sie ist so ... so ... sonnig, weißt du. So heiter! Irgendwie vollkommen anders!«

Er suchte nach Worten und es fiel ihm nichts ein. »Sie ist einfach ganz anders als alle anderen Frauen«, wiederholte er schließlich hilflos. »Du musst sie erleben, um zu wissen, was ich meine.«

»Und ... wart ihr ... habt ihr ...«

»Wo denkst du hin! Ich habe noch nie einen so anständigen Menschen kennengelernt. Sie hat gesagt, sie steht zu ihrem Mann auf immer und ewig.«

»Okay«, sagte Phil. »Interessant. Hm. Das ... lässt ... naja ... tief blicken. Sie steht zu ihrem Mann.«

Das war mehr eine Feststellung als eine Frage, aber Will fiel das nicht auf.

»Phil ... sie ist so ... lebenslustig, so unkompliziert ... einfach so lebendig!«

»Du hörst dich ganz anders an als sonst, Will«, sagte Phil und fuhr sich durch sein Haar. »Macht es dir nichts aus, dass sie einen kleinen Busen hat?«

»Einen kleinen ... ähm, ganz ehrlich, das ... ist mir nicht aufgefallen.«

»Oh, Alter, Alter, Alter ... schlimme Sache. Ganz schlimm! Jetzt sag nur noch, du weißt, welche Augenfarbe sie hat und ich werfe mich vor den Zug!«

William lachte.

»Hey, Phil, ich brauche dich«, sagte er. »Ich habe was vor ... und keine Ahnung, wie ich das anstellen soll ... «

»Warte mal, Kumpel«, unterbrach Phil. »Bevor du weitermachst ... ich glaube, ich kann das nicht mehr.«

»Was kannst du nicht mehr?« Konsterniert hielt William inne. »Bedeutet das ... du willst aussteigen?«

»Sozusagen. Ich meine, ich finde es besser, wenn du ab jetzt alleine weitermachst. Es soll ja deine Beziehung werden.«

»Warum?«, fragte Will verständnislos. »Wir stehen doch erst am Anfang! Ich brauche dich jetzt erst recht! Du musst mir noch mehr Bücher geben und ...«

»Bücher kann ich dir geben«, erwiderte Phil. »Ich habe ganze Listen hier. Aber der Rest ... ich finde es einfach ehrlicher, wenn du die Sache selbst in die Hand nimmst.«
William nagte an seiner Unterlippe. »Okay, wenn du meinst«, sagte er. Dann straffte er sich. »Du hast recht«, bekräftigte er dann. »Danke, Kumpel, dass du mir bis hierhin geholfen hast. Aber ich kann dich anrufen und um Rat fragen?«
»Unbedingt! Ich will doch wissen, wie es weitergeht!«
Phil legte auf, den Kopf voller Gedanken. Er war deutlich besser informiert als William – und er wunderte sich über so manche von Annas Äußerungen. Er wunderte sich auch, dass William nicht wusste, was er wusste. Es wäre doch für ihn ein Leichtes gewesen, das herauszufinden.

***

Das Fernsehteam hatte einen Fragenkatalog geschickt, sie bekamen weitere Anfragen von Zeitungen und Anna überlegte sich, ob sie den Schritt wagen sollten, den William so oft angesprochen hatte: Verrückt aufzutreten und zu dem neuen Image zu stehen. Einfach in die hippe Künstlerwelt einbrechen mit ihren Uhren, ihrem neuen Konzept ... das zu tun, was Stefan ihnen im Prinzip schon erfolgreich vorgemacht hatte.
Inzwischen ließ Anna die Schwarzwalduhr, den Award Winner of »Clock of the year«, eine Acht-Tage-Kuckucksuhr mit Musikwerk einpacken, die von der *Association of Black Forest Clock* preisgekrönt worden war. Daneben lag die neueste moderne Variante, ein Stapel Flyer und Prospekte, um die Mr. Wang extra gebeten hatte.
Die Zeit raste. Anna absolvierte einen kleinen Teil ihrer Promotion-Tour, aber wegen der Kinder nie mehr als zwei Tage am Stück. Es war eine Erleichterung zu wissen, dass es ihnen gut ging und sie nichts vermissten, trotzdem wollte Anna sich die Zeit mit den Kindern nicht nehmen lassen. Lieber arbeitete sie nachts. Und gemeinsam mit Lea und Tim besuchte sie auch regelmäßig Christian – so wie sie es vereinbart hatten. Das blieben ihre innigsten und schönsten Stunden.
Familie und Geschäft hielten sie auf Trab. Anna kam zu nichts sonst, noch nicht einmal groß zum Nachdenken, dabei hatte sie das erste Treffen mit William so gern Revue passieren lassen wollen. Er war in ihrem Kopf präsent – und nicht nur das – der Tag in Hamburg war einfach so schön gewesen! Sein Bild verfolgte sie, sie träumte nachts von ihm und der Gedanke an die Reise auf die Seychellen jagte weitere Stromstöße durch ihren Körper.

Edith schickte das Kleid mit einer handgeschriebenen Notiz dazu:

»Liebe Anna, wenn du mal Zeit hast und wieder in Hamburg bist, würde ich mich freuen, wenn wir einen (langen) Kaffee miteinander trinken könnten. Es war wunderbar, dich kennengelernt zu haben und ich hoffe, du mischst die Gesellschaft bei Mr. Wang mit dem Kleid und deinen schönen Augen gewaltig auf.«

Anna lächelte und nahm sich vor, Edith auf jeden Fall zu besuchen. Sie musste ohnehin das Kleid zurückbringen. Noch gute zwei Wochen, dann war sie unterwegs auf die Seychellen! Oh, sie war so aufgeregt! Aber es würde stressig werden. Der Flug dauerte zwölf Stunden und sie hatte nur die zwei Nächte eingeplant, die Mr. Wang bezahlte. Mehr mochte sie sich nicht leisten. Das Hotel war affenteuer – eine Nacht im einfachsten Zimmer kostete 600 Euro. Außerdem wollte sie so bald wie möglich wieder hier sein. Die Bestellungen hatten zwar zugenommen, aber nicht in dem Maße, den Schritt vom kleinen Familienunternehmen zu etwas Größerem zu wagen. Der Umsatz hing auf Halbmast und sprach im Moment weder für noch gegen eine Vergrößerung. William hatte sich einige Tage nicht gemeldet – sehr untypisch für ihn. Und sie hatte nicht die Erste sein wollen nach diesem Tag in Hamburg.

Dann endlich kam eine Nachricht von ihm und ihr Herz hüpfte, als ihr Smartphone die Message anzeigte:

»Hey Babe! Der Tag mit dir war so schön! Hast du Zeit zum Skypen?«

»Hi Will! Ja! Gegen Mitternacht! Wo bist du?«

»Hamburg.«

»Okay, ich ruf dich an!«

Anna saß wie immer am Küchentisch. Sie hatte die Kopfhörer auf, weil sie nicht wollte, dass die Kinder mithörten, falls sie zufällig aufwachten. Diesmal hatten sie die Kamera an und sowie sein Bild auf dem Monitor erschien, strahlte seine dominante Präsenz in den Raum. Anna war wie immer gefangen davon – Will erschien ihr wie ein Tiger. Schön und gefährlich. Faszinierend anzuschauen, aber irgendwie wollte man ihm doch nicht nahekommen … vielleicht, weil man ahnte, dass er nicht so kuschlig war, wie er aussah? Dass er zubiss, wenn er konnte? Dass womöglich sein Reptiliengehirn, sein Trieb mit ihm durchging? War es das? So ganz war sie noch nicht dahintergekommen. Er war nicht glatt und nonchalant wie so manche Männer, aber genau das hatte ihr gefallen. Er konnte ungestüm sein wie ein kleines Kind, redete gern drauflos, teilweise war er rau und ja … dann war da diese Unbeholfenheit, die sie immer wieder aufs Neue rührte. Sie lächelte.

»Darling, mein Engel«, sagte er. »Wie war dein Tag?«

»Hi Will, danke gut! Wie geht es dir?«

»Bestens, pretty angel, seit du in meinem Leben bist, läuft einfach alles grandios. Aber du siehst müde aus.«

»Es ist Mitternacht, Will.«

»Okay, sorry, ähm ... danke, dass du zu so später Zeit noch mit mir skypst. Ich wollte dir aber unbedingt sagen, dass es ... ein so wundervoller Abend war ... und ... und ...«

»Ja, der Tag war total schön«, lächelte sie. »Hab ihn auch sehr genossen.«

»Ja ... hätte länger gehen müssen, nicht? Aber da wäre noch was ... also ... es ist ... ich hoffe, du ...«

»Sag's einfach, Will«, half sie ihm.

»Naja, weißt du ... ich wollte dich fragen, ob du Lust hast, ein paar Tage eher auf die Seychellen zu fliegen. Ich meine, zwei Tage sind Stress pur! Du kommst an, bist erledigt, leidest unter Jetlag, musst auf die Party, bist erst recht erledigt, fliegst wieder heim und bist das dritte Mal erledigt. Dauer-erledigt! Das geht nicht!«

»Ich weiß, Will«, sagte sie. »Aber hast du gesehen, was ein Zimmer in dem Hotel kostet?«

»Ja, klar, aber ich wohne in der Präsidentensuite. Und die hat drei Schlafzimmer und zwei Badezimmer. Ich muss eher hin, weil wir noch an den Verträgen basteln. Ich bin neun Tage dort. Gehst du mit?«

Patsch. Anna hatte es nachhaltig die Sprache verschlagen. Sie saß gefühlt eine geschlagene Minute stumm vor dem Rechner.

»Anna?«

»Ähm ... ja, William. Ich ...« Sie stockte, dann fasste sie sich. »Sorry, Will, aber das geht nicht. Immerhin haben wir uns erst einmal getroffen. Im Grunde kenne ich dich immer noch nicht. Du hast mir übrigens noch immer nicht gesagt, wie du heißt.«

»Echt? Scheiße! Ich dachte, das hätten wir geklärt! Ich heiße Sanders.«

»Trotzdem. Du bist ein Mann, den ich erst einmal getroffen habe. Streng genommen könntest du mich auf den Seychellen verschleppen und niemand würde mehr was von mir hören.«

»Ja, das könnte ich tun«, gluckste William. »Dann gehörst du mir! Mir ganz allein! Aber ich glaube, du denkst zu viel.«

»Ja, kann sein«, erwiderte sie. »Wovon ich mir immer zu viel mache sind Reis, Nudeln und Gedanken.

William lachte.

»Du alte Grüblerin! Du zergrübelst dein ganzes Leben statt einfach mal drauflos zu machen! Ihr habt übrigens immer noch die alten Bilder online! Du hast die Homepage noch nicht aufgemöbelt! Trau dich doch mal! Wie wär's, wenn du einfach mal genießt, was dir das Leben bietet? Ohne lange zu fragen!?«

»Genießen, was das ...«, wiederholte sie. Unversehens fühlte sie sich getroffen. Lachte leicht, aber konnte nicht verhindern, dass Sehnsucht ihre Stimme tränkte. Mit dem Instinkt eines Tieres merkte William, dass er ihre Achillessehne entdeckt hatte.

»Ja, Babe«, drängte er. »... einfach mal spontan sein, drauflos leben, genießen ... na ... lockt dich das nicht?«

Sie sah ihn an. Dieses leichte Lächeln mit den blassen Lippen, der zwingende Blick, das lockige kurze schwarze Haar. Wie immer war sie hypnotisiert von seinem Bild und schluckte. Will wartete.

»Doch«, brachte sie schließlich hervor, um überhaupt etwas zu sagen. »Doch ... manchmal schon ... manchmal denke ich ... denke ich ... ich ...«. Sie brach ab.

»Was? ... Was denkst du, Babe«, fragte er mit sanfter Stimme. »... sagst du es mir?«

Sie presste die Kopfhörer unwillkürlich dichter an ihr Ohr, um das Kribbeln, das seine Stimme in ihrem Körper auslöste, noch intensiver zu spüren. Lässig saß er auf der Couch, hatte den Laptop auf dem Tisch davor und beugte sich gerade zu ihr vor. Ihr wurde heiß und sie wich auf ihrem Küchenstuhl instinktiv ein wenig zurück. Schweigend sahen sie sich an. Schließlich sagte sie leise:

»Ich denke ... dass du ... dass du recht haben könntest ... aber ... Will, hier ist der Bär los ... ich habe so viele Termine ...!«

Mühsam riss sie ihren Blick von ihm los und klickte auf den Outlook-Kalender. Ihre Augen fixierten einen Termin, den sie rot markiert hatte. Eine Stimme, weit weg, wisperte sanft in ihr Ohr; »... versprich mir, dass du dich dem Leben nicht verschließt, nur, weil ich gehe. »

Tausend Gedanken schossen ihr durch den Kopf. Ihr Leben mit Christian, das Wunderbare, das sie geteilt hatten, ein Leben, das für sie perfekter nicht hätte sein können, die Erlebnisse mit ihm – und doch – Christian war fort. Und hier war Will. Will, der in ihr Ohr raunte:

»Hey, pretty angel, come on ... sei ein bisschen verrückt ... das Leben ist zu kurz, um nach Benimmregeln zu leben, die ein anderer aufgestellt hat ... würdest du mit mir ein paar Tage auf den Seychellen verbringen?«

Sie zögerte.

»Aber William, eine Woche auf die Seychellen mit einem mir fremden Mann? In einer Suite?«

»Ich bin nicht fremd! Und du hast ja dein eigenes Zimmer ... und dein eigenes Bad. Das Ding ist so groß ... wir wären uns näher, wenn wir zwei Hotelzimmer nebeneinander hätten! Aber ich weiß ... dein Mann ... ich meine, ich will dich nicht in eine missliche Lage bringen ...» William brach ab. Anna antwortete nicht. Er wartete.

»... mal ne andere Frage: Wie läuft's denn so mit ihm? Alles gut?«

»Ja, alles gut«, antwortete sie mechanisch, während sich ihr Gehirn wegen seines Angebots in totalem Aufruhr befand. William allerdings frohlockte. Sie würde »ja« sagen - er wusste es, er ahnte es, er hatte es im Urin!

»Umso wichtiger ist mal ne Auszeit«, setzte er nach. »Mal raus! Mal was anderes erleben! Mal den Kopf freikriegen! Das belebt jede Ehe! Na, komm, mein Engel, gib dir nen Schubs. Es wäre so viel stressfreier für dich. Dein Mann versteht das sicher.«

»Oh, wenn du wüsstest ...«, dachte sie und ihre Augen verdunkelten sich. Ihre Gedanken waren bei Christian und William spürte, wie sie ihm entglitt.

»Ich sage dir morgen Bescheid«, sagte sie dann plötzlich. »Reicht das?«

»Ja, sicher«, antwortete er verblüfft. Verflixt, sie hatte doch schon fast »ja« gesagt!

»Und ... falls ich mitgehe ... wie ist das mit den Tickets für den Hinflug? Regelst du das mit Mr. Wang? Ich möchte ihm keine Schwierigkeiten machen. Oder gar Kosten verursachen.«

»Ich regle das. Ganz sicher.«

»Okay, dann gute Nacht, Will, schlaf gut. Und vorerst schon mal danke für das Angebot!«

Zack. Weg war sie.

William schüttelte den Kopf. So richtig schlau wurde er aus ihr nicht. Aber das musste er ja auch nicht. Letztendlich.

Tags darauf erreichte ihn eine WhatsApp Nachricht:

»Ich komme mit! Sag mir, wann und wo wir uns treffen.«

William starrte auf die Nachricht. Sie ging mit. Eine ganze Woche mit Anna. Wie so oft in der letzten Zeit stritt ein Meer an Gefühlen in ihm.

***

Anna besprach sich mit ihrer Familie und ihren Kindern und regelte alles. Sie arbeitete so viel auf, wie sie nur konnte und bereitete sich auf den Abflug vor. Den Abflug in eine andere, neue Welt. Der Gedanke an William machte die Sache nicht leichter, aber wie stets war sie offen, wie immer wünschte sie sich, es möge das Beste für sie alle geschehen.

Goldener Sommer

Anna war noch nie Business-Class geflogen und der ungewohnte Komfort machte schon den Flug zu einem Erlebnis. Sie hätte im Prinzip auf diesem sensationell bequemen Sitz den größten Teil der zwölf Stunden verschlafen können, aber das gesamte Ambiente war so schön, dass sie alles in vollen Zügen genießen wollte.

Es gab Champagner und Gourmet-Gerichte auf Porzellan, kuschlige Decken, Filme ohne Ende, hilfsbereite, superfreundliche Flugbegleiterinnen – und Will. Will, der aufgezogen war wie ein Brummkreisel und einen Witz nach dem anderen riss. Will, der die ganze Kabine zum Lachen brachte und die Flugbegleiterinnen heillos verwirrte. Will, der ihren Sitz zurückfuhr und sich dabei gefährlich nah über sie beugte, bis ihre Gesichter sich fast berührten. Will, der unglaublich glücklich schien, dass sie neben ihm saß und sich freute wie ein kleines Kind.

In ihr kribbelte es. Will war ein Mann, den man über Meter hinweg spürte. Er gefiel ihr, das konnte sie weiß Gott nicht leugnen. Es gefiel ihr auch, dass er sie wollte, dass er sich so hartnäckig um sie bemühte. Ihr gefiel dieser glitzernde Blick und sein überaus dreckiges Grinsen. Niemand konnte so unverschämt und gleichzeitig so charmant grinsen wie er. Allein der Gedanke an dieses Raubtierlächeln ließ in ihrem Unterleib einen Vulkan ausbrechen und schickte Feuer durch ihren gesamten Körper. Er war auf dem Foto schon magnetisch, aber sein Lächeln live zu sehen, seinen Körper dicht neben sich zu spüren, seine grünen Augen auf sich gerichtet zu wissen, machte sie schwach. Sie musste sich beherrschen, ihn nicht einfach zu berühren. Er drang bis an ihr Herz und die Art, wie er sie behandelte, machte die Sache nicht einfacher.

Will stopfte nach einem Film und dem leckeren Abendessen fürsorglich die Decke um ihre Schultern und verharrte kurz vor ihrem Gesicht. Eine Sekunde voller Erotik, voll unausgesprochener Wünsche und Sehnsüchte. Eine Sekunde voller Verheißung und Versprechungen. Eine ewige Sekunde. Mit unmenschlicher Anstrengung drehte Anna den Kopf weg und William ließ sich in seinen Sitz zurückfallen.

Seine Augen funkelten, sein Gehirn war durcheinander und sie lagen beide auf ihren Stühlen und taten so, als ob sie schliefen. Doch endlich döste Anna wirklich ein.

Als sie aufwachte, befanden sie sich bereits im Landeanflug. Die Businessgäste durften als erste aussteigen und da der Flughafen auf Mahé aus genau einer Halle bestand, waren sie schnell draußen, wo eine Stretch Limousine bereits wartend an der Straße stand.

Anna musste sich um gar nichts kümmern, selbst das Gepäck wurde für sie vom Band geholt. Es war schlicht für alles gesorgt. Im Auto gab es Wasser und Sekt, Obst, Gebäck und Kaffee.

Sie fühlte sich wie in einer anderen Welt. Und das war sie auch. Sie war auf den Seychellen, einer der schönsten Inselgruppen der Welt.

Der Fahrer freute sich über die Begeisterung seines hübschen Fahrgastes für seine Heimat, fuhr in Serpentinen die Straße nach oben und hielt an Plätzen, die atemberaubenden Ausblick über die Insel gaben und auf die Blütenpracht und Artenvielfalt Mahés.

Anna war von Beginn an hin und weg und quietschte jedes Mal begeistert auf, wenn sie etwas Schönes sah. Und da sie gewohnt war, auf Schönes zu achten, bekam sie fast den Mund nicht mehr zu und rüttelte dauernd an Williams Arm, um ihm dies zu zeigen und auf jenes aufmerksam zu machen.

»Oh, wie schön!«, rief sie. »... hast du gesehen, wie hoch diese Bougainvilleas hier wachsen! Das sind doch bestimmt zwanzig, dreißig Meter! Und in welcher Fülle sie da hängen! Oh, zwick mich, Will ... das ist ja gigantisch!«

Will freute sich wie der Fahrer über ihre Begeisterung und genoss ihre Frohnatur. Dauernd zeigte ihr Finger staunend auf etwas, auf die schroffen Felswände, auf die riesigen Palmen, auf die kleinen Hüttchen dazwischen. Sie hüpfte auf ihrem Sitz auf und ab wie ein kleines Kind und William lachte sich schief über ihren Enthusiasmus. Er war überaus ansteckend und hatte er sich ohnehin schon auf die paar Tage gefreut, steigerte sich das nun umso mehr.

Zum ersten Mal betrachtete er die Insel aus ihrem Blickwinkel und ihm wurden tatsächlich viele, viele Dinge bewusst, an denen er so oft unbeachtet vorbeigefahren war.

So erlebte er schon die Ankunft als einen berauschenden Auftakt und freute sich auf ihr Gesicht und ihre Reaktion, wenn sie die Präsidentensuite sah. Aber Anna war allein vom Anblick des Hotels restlos begeistert. Das Foyer duftete nach Vanille und sie mussten sich nicht, wie sie es sonst kannte, durch den ganzen Check-in-Prozess plagen, sondern wurden, nachdem ihnen duftende, heiße Tücher und ein alkoholfreier Cocktail als Erfrischung gereicht worden waren, in einen Buggy gesetzt, dessen Fahrer ihr auf der Fahrt zu ihrem Domizil das Gelände erklärte. Das Hotel hatte sechs Restaurants, mindestens genauso viele Pools, die so über das riesige Areal verteilt waren, dass man sie nicht alle auf einmal sehen konnte. Es gab viele idyllische Nischen mit Liegestühlen unter Palmen und blühenden Sträuchern, die mit Blick auf ein türkisfarbenes, kristallklares Meer zum Verweilen einluden.

Sie fuhren an stilvollen Appartements vorbei, die sich formschön in die Landschaft einfügten, aber der Hotelangestellte nahm Kurs auf einen bewaldeten Hügel und brachte sie ganz nach oben, und da, auf der äußersten Spitze thronte eine eigene Anlage: die Präsidentensuite.

Will hatte nicht gelogen: Sie hatte drei geräumige Schlafzimmer, jeweils mit King Size-Betten, zwei ebenso so großzügige, elegante Badezimmer, die wie das Foyer nach Vanille dufteten, ein geräumiges, achtzig Quadratmeter großes, stilvoll eingerichtetes Wohnzimmer mit Panoramafenster, durch das man auf den privaten Infinity-Pool schaute, der optisch mit dem Meer verbunden war. Gerade ging die Sonne in einem hinreißenden Farbenspiel unter, tauchte Ozean und Himmel in ein unglaubliches Orange und Pink, ließ sie verschmelzen, zauberte goldene Ränder auf dunkelgraue Wolken, spiegelte sich im Wasser, beleuchtete kleine, springende Fische und veränderte mit ihrer Laufbahn jede Sekunde die Kulisse.

Anna trieb es angesichts dieser Schönheit die Tränen in die Augen und unwillkürlich schmiegte sie sich an Will, der den Arm um ihre Schulter schlang und mit ihr dieses Naturschauspiel bewunderte. Es war lange her, dass er sich die Zeit für so etwas genommen hatte. Es war lange her, sehr lange, jemanden neben sich zu haben, dem so etwas mehr als nur eine hingeworfene Bemerkung wert war.

Ein Butler (der ihnen Tag und Nacht zur Verfügung stand), war aufgetaucht, hatte unauffällig Champagner eingeschenkt, reichte jedem von ihnen ein Glas und stellte eine Platte mit erlesenen Happen auf den Gartentisch. Dann fragte er Anna, ob er ihr ein Bad einlassen solle was sie dankbar annahm. Lautlos huschte er hinaus.

Will zeigte ihr den Rest des Hauses: Es gab einen Jacuzzi im Pool, ein eigenes Fitnessstudio, das in den Dschungel hineingebaut war, einen eigenen Spa-Bereich, einen kleinen Garten ... insgesamt war die Suite knapp 1000 qm groß und sie verfügten sogar über einen Privatstrand, den sie über eine Treppe, die in die Felswand geschlagen worden war, in einer Minute erreichen konnten.

Als Anna wieder zurück in ihr Zimmer kam, hatte der Butler ihren Koffer ausgepackt, den Inhalt fein säuberlich in die Schränke verstaut und das Bad eingelassen. Das Badewasser war mit Essenzen getränkt und der duftende Schaum mit Rosenblättern übersät.

»Das ist so lieb von Ihnen!«, rief sie dem Butler zu, der gerade noch eine Jasminblüte auf ein flauschiges Badetuch legte. »Wie heißen Sie? Und wo kommen Sie her?«

»Ich heiße Kumar, Madame, und ich komme aus Sri Lanka. Ich freue mich, wenn es Ihnen gefällt.«

»Kumar! Ich bin Anna! Danke! Sie sind wirklich großartig!« Anna lächelte ihn an und er legte mit einem breiten Lächeln die Hände einander und verneigte sich.

Es war ein Paradies, ein wunderschönes, luxuriöses, süchtig machendes Paradies.

»Oh, mein Gott«, dachte sie, als sie in das nach Orange duftende, warme Wasser stieg. »Und fast hätte ich ›nein‹ gesagt!«

Nach dem Bad saß sie eingewickelt in einen dicken Bademantel, ein zweites Glas Champagner in der Hand, mit Will draußen auf der Terrasse und sah übers Meer.

»Bist du müde, mein Engel?«

»Sehr! Macht es dir was aus, wenn wir morgen alles Weitere besprechen?«

»Nein, gar nicht. Wie wäre es mit Frühstück am Bett?«

Sie lachte. »Oh, nein, danke, in dieser herrlichen Umgebung möchte ich nicht im Bett bleiben. Wir frühstücken nicht mit den anderen Gästen?«

»Alles, wie du willst, meine Süße. Aber normalerweise kommt der Butler und deckt hier ein. Wenn du Sonderwünsche hast, musst du ihm das nur sagen.«

»Dann bleiben wir erst mal hier, okay?«, grinste sie und dehnte sich wohlig.

»Danke, Will! Danke für das alles! Es ist so schön hier!«

Sie stand auf und lächelte ihn an. »Gute Nacht, Will!«

Er wollte ihre Hand greifen, es erschien ihm als eine so natürliche Geste, aber sie hatte sich, obwohl sie die Bewegung gespürt hatte, schon umgedreht. Kurz zögerte sie, dann ging sie dennoch.

Im Bett hatte sie noch mindestens eine halbe Stunde lang die Augen offen. Eigentlich hatte sie William noch sagen wollen, dass er sie nicht dauernd mit so kuschligen Namen anreden sollte. Hier in dieser romantischen Umgebung war das gefährlicher denn je. Sie spürte, wie sie immer stärker in den Sog seiner Präsenz geriet, in den Sog seiner Koseworte, seiner Augen, seines Körpers, einfach allem. Aber sie hatte ihm das schon so oft erfolglos gesagt ... und ... ja, verdammt ... sie genoss es ja auch, sie konnte es nicht leugnen.

Sein Satz kam ihr in den Sinn: »Warum genießt du nicht einfach?«

Anna drehte sich auf die Seite und starrte die Wand an. Ja, warum genoss sie nicht einfach? Sie war doch frei, sie durfte tun, was sie wollte – aber das wusste er ja nicht. Ganz bewusst hatte sie bis jetzt die Vorstellung aufrechterhalten, sie sei eine verheiratete Frau. Obwohl sie ahnte, dass das für jemanden wie Will ein äußerst mickriger Schutzschild war. Testete sie ihn? Ja, irgendwie schon. Denn obwohl diese Anziehungskraft zwischen ihnen zweifellos da war, wussten sie im Prinzip beide nichts voneinander. Sie wollte, dass er ihr sagte, wer er war. Und sie wollte wissen, warum er bislang so wenig über ihr Leben, über sie, hatte wissen wollen. Warum er nicht eine der typischen Fragen gestellt hatte, die man stellte, wenn man sich kennenlernen wollte. Sie wollte diese intensive Zeit nutzen, um all das herauszufinden.

***

Eine traumhafte Zeit begann.

Als Anna am nächsten Morgen aufstand, hatte Kumar einen wunderbaren Tisch gedeckt. Sie frühstückten lange und ausgiebig und machten sich dann daran, das Hotelgelände zu erkunden, planschten im seichten, kristallklaren Meer und Anna kriegte sich fast nicht mehr ein, als plötzlich eine Schar von kleinen, nahezu frisch geschlüpften Hammerhaien um ihre Waden schwamm. William war ein paar Meter entfernt, holte sein Smartphone und machte Fotos. Sie hockte sich ganz vorsichtig ins Wasser, streckte ihre Hände aus und die Mini-Hammerhaie schwammen unter ihren Armen, durch die angewinkelten Beine hindurch und berührten ihre Hände.

»Ein Wunder!«, strahlte sie, als die Haie ihrer Wege schwammen und sie sich aus dem Wasser erhob. »Das ist unglaublich!«

William betrachtete sie interessiert und ziemlich ungeniert. Sie war nass, sie hatte keinen gepolsterten Bikini an, wie er es eigentlich erwartet hätte, und ihr Busen spannte sich unter einem sehr kleinen Stoffdreieck. Es war ein bisschen frisch an diesem Vormittag, der Wind trieb Regenwolken über den Himmel und Anna fröstelte, als sie aus dem Wasser kam. Ihr Busen war zwar klein, aber fest und ihre Brustwarzen wurden in dem kühlen Wind steif und drückten sich scharf durch den nassen Stoff. Unwillkürlich blieb Wills Blick darauf haften. Anna bemerkte es, aber sie bedeckte ihren Oberkörper nicht mit ihren Armen – was er ebenso erwartet hätte. Sie lief, vollkommen unbeeindruckt von seinem Blick, zur Liege, schnappte sich das Handtuch und trocknete sich ab.

Noch immer lagen seine Augen auf ihr, auf ihren langen, schlanken Beinen, dem schönen Rücken, überhaupt ihrer grazilen, geraden Gestalt ... und nun drehte sie sich zu ihm um, ihre Konturen waren immer noch deutlich erkennbar, sehr deutlich, und Wills Körper reagierte so unerwartet schnell, dass er sich hastig umwandte und das Handtuch um seine Hüften schlang.

Eine Sekunde später stand sie neben ihm und boxte ihn an den Oberarm.

»Tja, Davy Jones«, meinte sie unbekümmert und grinste ihn frech an. »Nicht alles von dir liegt in der Kiste, scheint's.«

Sie stand viel zu nah bei ihm, er hatte seinen Unterleib nicht unter Kontrolle und zwischen ihnen knisterte es laut und vernehmlich. Seine Augen sagten ihr alles: Er hätte sie sich am liebsten auf der Stelle geschnappt, diesen leicht feuchten, fröstelnden, von Gänsehaut prickelnden Körper an sich gedrückt und ... Sie registrierte den Raubtierblick in seinen Augen und wich automatisch ein paar Schritte zurück.

»Oh, oh...«, machte sie und tat so, als sei sie furchtbar erschrocken und wolle flüchten. Doch im nächsten Moment hatte sie sein Badetuch gepackt und es ihm von der Hüfte gerissen. »Fuck!«, entfuhr es ihr. »Das ist ... ja ... echt ... oh, Gott, Will! Ich glaube, es ist besser, ich buche mir doch ein anderes Zimmer!« »Anna!«, fauchte er und griff sich sein Handtuch. »Du elendes Biest! Du ...«
»Was denn? Ist doch keiner da! Privatstrand!«, rief sie und feixte ihn an. Wieder glitt ihr Blick auf seinen Unterleib, wieder grinste sie so unverschämt, dass Will, einen Fluch auf den Lippen, nach ihr greifen wollte. Sie kreischte auf und rannte lachend davon, er hinterher. Er hatte Mühe, sie einzuholen, der Sand und das Wasser stob unter ihren Füßen, spritzte ihnen ins Gesicht, aber er erwischte sie, packte sie um die Mitte und schleuderte sie herum, dass ihre Beine nur so flogen. Sie krallte sich an seinem Hals fest und schrie vor Vergnügen. Erschauernd spürte sie seine gewaltige Kraft, spürte, wie ungezähmt sie war, wie unberechenbar und gleichzeitig wie unschuldig, wenn er ihr freien Lauf ließ.
Aber genau davor scheute sie zurück. Und sie ahnte, dass es ihm genauso ging. Sie ahnte, dass er seiner Kraft noch nie freien Lauf gelassen hatte – weil er selbst Angst davor zu haben schien.
Er ließ sie nach unten gleiten, bis ihre Füße wieder den Sand berührten. Aber er atmete schwer und Anna ließ ihre Hände noch eine lange Sekunde an seinen Schultern, obwohl sie schon stand. Stetige Wellen spülten den Sand unter ihren Füßen weg und sie zog ihn ins Meer und ließ sich mit ihm ins Wasser fallen.
Eine Weile tobten sie am Strand umher, spritzten sich voll und schwammen ein bisschen hinaus. Die Sonne kam hervor und beleuchtete das wunderschöne Panorama. Der Privatstrand war seitlich begrenzt von dicken, dunkelgrauen Felsbrocken, die sich meterhoch auftürmten und um die Insel herum verliefen. Wie Kinder kletterten sie darauf herum, Anna stieg immer höher und stellte sich schließlich mit ausgebreiteten Armen auf den obersten Stein.
»Verdammt, Anna! Komm da runter!«, rief Will.
»Was denn?«, rief sie zurück. »Sag bloß, du bist nicht schwindelfrei!«
»Doch! Aber normalerweise trinken Frauen Prosecco auf der Terrasse und gehen in den Boutiquen shoppen!«, rief er zurück und stemmte die Hände in die Hüften. »Ist weit weniger anstrengend als dieses Geklettere hier!«
»Langweilig!«, lachte Anna. »Los, wir versuchen, bis auf die andere Seite zu kommen!«
Will schüttelte den Kopf und folgte ihr. Sie schien unermüdlich, freute sich über die Muscheln zwischen den Steinen, über die unzähligen Krebse, die im Seitwärtsgang urplötzlich aus ihren Sandlöchern herausschossen oder ebenso schnell wieder darin verschwanden.

Schließlich legten sie sich auf einen flachen, von der Sonne aufgeheizten Felsblock.

Anna genoss die Wärme, die von oben und von unten kam und döste ein wenig weg. Aber Will lag neben ihr und konnte sich kaum beherrschen. Sein Körper reagierte schon wieder, aber diesmal sah sie es Gott sei Dank nicht. So stützte er sich auf und betrachtete sie, wie er es in der letzten Zeit so oft getan hatte. Sie war nicht perfekt. Ihre unteren Zähne waren leicht schief, sie hatte eine leichte Progenie und auch sonst hätte man sicher kleine Makel finden können. Und doch. Es war die Gesamtheit ihrer Erscheinung, ihres Gemüts, das ihn die Aufmerksamkeit auf andere Dinge lenken ließ. Ihr Haar floss wie Gold über den Felsen, ihr Körper war knackig, sie hatte einen hübschen Hintern, schöne Beine, einen flachen Bauch, die Beckenknochen standen ein bisschen hervor, als sie so dalag. Sein Blick wanderte höher. Die Rippen ihres Brustkorbes schienen genauso hoch zu sein wie ihr Busen. Ein Busen, der in dieser liegenden Stellung in einer kaum wahrnehmbaren Wölbung auszumachen war. Wills Blick verweilte dort.

»Er muss dir nicht gefallen«, sagte sie plötzlich und er erschrak. Sie war wach und sah, worauf seine Augen ruhten. Unter halb geöffneten Lidern fixierte sie ihn, dann stützte sie sich auf ihre Ellbogen.

»Enttäuscht?«

Er konnte es nicht fassen, aber ihre Mundwinkel wölbten sich tatsächlich nach oben. Es war nicht ein Hauch von Spott darin zu erkennen. »Hilft es dir, von dieser ... Fixierung auf mich loszukommen?«

»Es ist keine Fixierung!«, entfuhr es ihm spontan. Und noch impulsiver setzte er hinterher: »Anna ... hast du deswegen ›ja‹ gesagt? Bist du nur mitgekommen in der Hoffnung, mich zu enttäuschen? Um eine ... Fixierung zu lösen?«

»Naja«, antwortete sie leise. »In erster Linie bin ich mitgekommen, weil ich dich kennenlernen möchte ... und ... auch, um dich ... hm ... ja, doch ... es stimmt schon: Ein Stück weit hatte ich die Hoffnung, dass du ... enttäuscht bist.«

»Hoffnung, dass ich...? Keine Frau will einen Mann enttäuschen! Egal, ob sie ihn will oder nicht!«

»Das sei mal dahingestellt«, antwortete sie leichtfüßig, lächelte wieder und fragte mit echter Neugier: »Und? Ist er dir nun zu klein?«

Ungeniert legte sie ihre Hände auf ihre Brüste. »Kannst du ruhig sagen. Das macht mir gar nichts aus.«

»Das macht dir nichts aus?«, fragte er verständnislos. »Jede Frau fühlt sich zurückgesetzt, wenn sie merkt, dass sie oder ihr Körper einem Mann nicht gefällt.«

»Ja, das stimmt«, sagte Anna und schwieg eine Weile. »Es wäre sicher gelogen, zu sagen, es hätte mir gar nichts ausgemacht. Vielleicht wäre ich ein paar Stunden lang traurig gewesen.«

»Ein paar Stunden?«

»Ui, ja, du hast recht«, gluckste sie und lachte schon wieder. »Das wäre schon zu lang! Mehr ist das die Sache nicht wert! Überleg doch mal: Soll ich mich mein restliches Leben fertigmachen, weil *dir* mein Busen zu klein ist? Halloho? Hört sich ziemlich sinnlos an, nicht? Außerdem ...«, sie hob ein Bein in die Höhe und betrachtete es. »... gefällt mir mein Körper. Statt an mir rumzukritteln, suche ich mir lieber jemanden, der mich liebt, so wie ich bin.« Gleichmütig schaute sie aufs Meer.

»Genauso wenig solltest du dich fertigmachen, wenn ich nicht die Frau deines Lebens bin, so wie du es dir und mir ständig einreden willst«, fuhr sie mit dieser Leichtfüßigkeit fort. »Es ist nur ein Gedanke, sonst nichts. Und ein Gedanke ist eine Gewohnheit. Und Gewohnheiten kann man ändern.«

In Will legte sich bei ihren Worten ein Schalter um. Er fühlte, wie etwas in ihm hochstieg, das er nicht kontrollieren konnte ... dieser leichtfüßige Ton von ihr ... diese ... Gleichgültigkeit ... das machte ihn krank, setzte eine Bombe in seinen Magen.

»Anna, warum bist du mitgekommen?«, zischte er. »Sag mir die Wahrheit!«

Erstaunt wandte sie sich ihm zu und ihr Lächeln schwand in dieser Sekunde abrupt aus ihrem Gesicht. Wills Augen waren bodenlos in ihrem Ausdruck und Anna war schockiert. Schlagartig wurde ihr klar, dass diese Unterhaltung für ihn alles andere als lustig war. Er konnte auf ihren leichten Unterton gar nicht eingehen. Da war etwas sehr Altes, das da in ihm vergraben lag und an das sie mit ihren Worten gerührt hatte.

Er rückte näher und sie studierte den Ausdruck in seinen Augen. Es war darin nichts Draufgängerisches mehr zu sehen, nur nackte Verwundung. Nur unendliche Wut. Nur die verächtliche Gewissheit, enttäuscht zu werden. Es war kein Spiel mehr.

»Warum«, wiederholte er und seine Stimme klang heiser. »Warum hast du ja gesagt?«

»Wegen dir«, erwiderte sie leise, setzte sich auf und legte einen Finger auf seine Brust. Langsam fuhr sie damit Richtung Bauchnabel und da Will selbst auf diese kleine Berührung im Sekundenbruchteil reagierte, packte er grob ihr Handgelenk und stoppte sie. Er keuchte leicht.

»Hey, Babe«, knurrte er. »Ist es das, was du willst?«

»Nein, Will. Ich sagte, ich bin wegen dir mitgekommen.«

Er schwieg. In seinem Kopf rumorte es sichtlich, seine Augen schossen Blitze.

»Ich weiß, dass die meisten Männer große Brüste mögen«, knüpfte sie behutsam an das alte Thema an. Er hatte seine Finger noch immer um ihr Handgelenk geschlungen. Fest, sehr fest. Er quetschte es zusammen, aber er merkte es nicht. Eher spürte Anna, wie Panik in ihm aufstieg und ihr war, als hielte er sich mehr an ihrer Hand fest, als sie davon abzuhalten, weiter nach unten zu gleiten.

»Das ist doch okay«, fuhr sie leise fort. »Selbst ich als Frau schaue mir gern schöne Brüste an. Aber ich habe mal gehört, dass diese Sehnsucht nach einem großen Busen manchmal schlicht die Sehnsucht nach der Mutterbrust ist. Dass Männer, die stark darauf fixiert sind, oft Mütter hatten, die ihnen ihre Liebe verweigerten, oder ihren Busen ... ihre Lebensquelle ... Nahrung ... Geborgenheit. Sie ...«

»Anna, sei still«, schnappte Will. Jäh ließ er ihre Hand los, schleuderte sie fast von sich und sah sich um, als wolle er Fluchtmöglichkeiten erkunden. Und tatsächlich. Er rappelte sich auf, atmete stoßweise und sein Blick war unkoordiniert. Man hätte denken können, er sei von ihrem Gerede nur furchtbar genervt, aber Anna wusste, da war mehr.

Will stand auf dem Felsen, ein Pirat, ein Bär von einem Mann, seine Hände zuckten, sein Hirn arbeitete, sein Herz schlug heftig gegen seine Rippen. Er wirkte irgendwie furchtbar verloren, als er da auf diesem Stein stand und sichtlich nicht wusste, was er tun sollte. Annas Instinkt hieß sie aufstehen und sich neben ihn stellen. Sanft schob sie ihre Hand in die seine, schloss ihre Finger fest um sie, schloss Kontakt, versuchte, ihre Energie in ihn fließen zu lassen.

Mit der Zeit wurde er tatsächlich ruhiger, sein Atem gleichmäßiger. Sie wagte einen Seitenblick zu ihm, aber er sah blind aufs Meer und in seinen Augen stand ein Schmerz, der sie schier umwarf.

»Will«, sagte sie leise. »Komm. Wir laufen ein bisschen.«

Sachte zog sie ihn an der Hand, darauf bedacht, ihn nicht loszulassen und er folgte ihr. Irgendwann mussten sie ihre Hände voneinander lösen, weil sie sie beim Klettern über die Steine zum Abstützen brauchten, aber sowie sie Sand unter den Füßen hatten, griff Anna wieder nach seiner Hand. William ließ es zu, aber er blieb stumm. Seine Finger klammerten sich um die ihren und so liefen sie die Bucht entlang, bis sie wieder an ihrem Privatstrand angekommen waren.

»Müde?«, fragte sie ihn. Sie klang wie eine Mutter, die ihr Kind fragt. Es war erst halb vier am Nachmittag, aber er nickte. Sie stiegen die Steinstufen zu ihrer riesigen Suite nach oben und Will ging in sein Badezimmer. Noch immer hatte er kein Wort gesprochen.

Anna hörte ihn duschen. Sie aktivierte die »Nicht stören«-Funktion per Haustelefon, tat es ihm gleich, wusch sich Sand und Salz vom Körper und aus den Haaren, warf sich ein leichtes Kleid über und ging dann in die Küche, um eine Flasche Wasser aus dem Kühlschrank zu holen.

Als Will aus der Dusche kam – er hatte mindestens zwanzig Minuten gebraucht – sah er sie auf der Wohnzimmercouch sitzen. Sie stand auf und reichte ihm ein Glas Wasser.

»Geht es dir besser?«, fragte sie.

»Ja, alles gut. Versteh gar nicht, dass ich so müde bin. Die Zeitverschiebung beträgt doch nur zwei Stunden.«

»Geh schlafen, Will. Ich glaube, das brauchst du jetzt.«

»Und du?«

»Ich komme klar.«

»Und heute Abend? Unser erstes Essen hier?«

»Wir bleiben spontan. Wenn du rechtzeitig wach wirst und Lust hast, gehen wir. Ansonsten kann uns Kumar auch was bringen. Und Obst haben wir auch.«

»Okay«, sagte er und wirkte wie ein kleines Kind. »Ist gut.«

Er legte sich aufs Bett, sie setzte sich wieder im Wohnzimmer auf die Couch. Aber die Verbindung zwischen ihnen war so stark, dass sie spürte, dass er nicht schlafen konnte, dass ihm tausend Gedanken durch den Kopf gingen, dass ihre Worte eine Tür in seinem Inneren geöffnet hatten, durch die er nicht hindurchkonnte.

Sie stand auf, näherte sich leise seinem Zimmer und klopfte sacht an die nur angelehnte Tür.

»Komm rein«, sagte er. Seine Augen waren offen, er starrte an die Decke. Anna setzte sich zu ihm an die Bettkante.

»Du bist nicht zugedeckt«, flüsterte sie. Vorsichtig zog sie die dünne Decke hoch und strich ihm, wie sie es so oft bei Lea und Tim getan hatte, über die Stirn, ließ ihre Hand kurz dort innehalten und weiter über sein Haar gleiten. Dann drückte sie ihm einen Kuss auf die Stirn und umschloss mit beiden Händen seine Hand. Es war die perfekte Haltung einer Mutter, die bei ihrem kranken Kind weilt.

»Schlaf«, wisperte sie. »Ich bin da.«

Sie sahen sich an und sie konnte sein Herz bis hierher schlagen hören. Irgendetwas quälte ihn, das spürte sie deutlich und plötzlich wusste sie, was er brauchte.

Wortlos legte sie sich neben ihn, bettete ihren Kopf an seine Schulter, ihren Arm über seinen Brustkorb. Er griff danach, als wolle er sichergehen, dass sie nicht fortlief – und atmete aus. Ein paar Minuten später waren sie beide eingeschlafen.

***

Als sie aufwachten, war es sechs Uhr abends. Gähnend setzte Anna sich auf. »Ich hab verteufelt Hunger«, verkündete sie gutgelaunt. »Wie geht es dir?« Will war noch gefangen in einer wohligen Schläfrigkeit, dem angenehmen Gefühl, neben jemanden aufgewacht zu sein, der nicht eine Forderung an ihn gestellt hatte. Im Gegenteil. Obwohl in diesen zwei Stunden nichts zwischen ihnen passiert war, war doch etwas fühlbar anders. Will lächelte sie an. Es schien ihm wieder gut zu gehen.

»Genauso! Wirf dich in Schale, Honey, ich habe einen Tisch für acht Uhr reserviert!«

Sie hatte ein weißrosa-farbenes Maxikleid an, als sie aus dem Bad kam und sah darin bezaubernd aus. Williams Wahl war auf einen dunklen Anzug mit weißem Hemd und offenem Kragen gefallen. Zum ersten Mal hatte er sich den Bart abrasiert und seine Locken waren, seit sie ihn in Hamburg das erste Mal gesehen hatte, länger geworden. Er wirkte anders und mit Erstaunen registrierte sie leicht rundliche Wangen, die ihn kindlicher und jünger erscheinen ließen.

Fasziniert sah Anna ihn an: »Du bist echt wandlungsfähig«, sagte sie. »Du siehst komplett anders aus, selbst wenn du nur ein Detail an dir änderst.«

Dennoch wirkte er männlich bis zum Umfallen und Anna schluckte. Er gefiel ihr. Er reizte sie. Neben ihm zu liegen hatte sich so richtig angefühlt, so wohlig, so natürlich. Sie mochte seinen Körper, mochte, wie er sich bewegte, mochte, wie er sie ansah, und sie merkte, wie stark sie auf all das reagierte. William schien sie zu nehmen, wie sie war – und das war ein gutes Gefühl.

Auf dem Weg zum Restaurant zog sie die Sandalen aus und schlenderte mit ihm auf den romantischen Pfaden durch den Garten. Es war eine laue Sommernacht, Tausende von Grillen zirpten, Nachtvögel zwitscherten ihr Lied und sie wurden in einer exklusiven kleinen Laube platziert, die über einem wunderschön angelegten Teich thronte. Unzählige kleine Lichter waren in den Bäumen befestigt und im Teich unter ihnen trieben Schwimmkerzen in Lotusblütenform. Der unvermutete Verlauf des Nachmittags hatte eine gewisse Tiefe geschaffen und Anna hoffte, Will würde sich ein wenig mehr öffnen.

Er erzählte ihr, dass auf den Seychellen eine der größten Pflanzen- und Vogelvielfalt zu finden sei und machte Vorschläge, was sie in den kommenden Tagen alles unternehmen könnten, bevor sie in Mr. Wangs Hotel fahren würden. Sie beschlossen, La Digue and Praslin, die nächstgrößeren

Nachbarinseln, zu besuchen und Anna wollte unbedingt auch eine Schnorcheltour machen.

»Das wird super!«, freute sie sich. »Bin richtig froh, dass ich mitgekommen bin! Es macht total Spaß mit dir, Will!«

»Mit dir auch, Anna«, antwortete er lächelnd und schob seine Hand über den Tisch. Sie ergriff sie, ihre Finger strichen über seinen Handrücken und sie sagte: »Erzählst du mir ein bisschen was über dich?«

»Was denn?« Es klang nicht sehr einladend.

»Darf ich fragen, wie das bisher für dich mit Frauen war? Und ... wie ... wie du aufgewachsen bist? Und wo? Und ... ob du Geschwister hast ... wie deine Eltern so sind?«

»Wozu willst du das wissen?«, fragte er und zog seine Hand weg.

»Weil ... weil wir Freunde sind?«

»Ja, aber noch nicht so lange.«

Sie stutzte. »Du hattest kein Problem, mir schon nach zwei Wochen eine Liebeserklärung nach der anderen zu senden.«

»Ähm, ja, Darling, das habe ich ja auch ernst gemeint.«

»Okay, aber du willst nichts von dir erzählen? Wovor hast du Angst?«

»Ich habe keine Angst.«

»Klar hast du die. Und du weißt es auch. Du weißt doch, dass ich nichts von dir will, also ...«

Aber mit diesen Worten hatte sie ihn erst recht vergrault.

»Hey, Sweetie ... ganz kurz ... ich bin in jeder Hinsicht Single, okay?«

»Was heißt das?«, fragte sie mit gerunzelter Stirn.

»Keine Eltern, keine Geschwister, keine Haustiere, keine Frauen ... können wir über was anderes reden?« Er sah sie nicht an, als er das sagte.

»Können wir«, antwortete sie. »Kein Problem. Reden wir übers Wetter.«

Er fühlte sich sichtlich unbehaglich, rutschte auf seinem Stuhl hin und her und wirkte zerstreut und fahrig. Um nicht zu sagen nervös.

Auch Anna wusste nach einer Weile nichts mehr zu sagen und drehte nachdenklich ihr Weinglas hin und her. Ab und zu schickte sie ihm einen Blick, den er finster und unsicher zurückgab, und ihre vorsichtigen Fragen nach seinem Alltag wehrte er mit Standardsätzen ab. Er unterhielt sie und sie hörte höflich zu. Und er trank. Schnell. Hochprozentiges. Schließlich schlug sie vor, den Abend zu beenden.

Als sie mit dem Buggy zurück in ihre Suite gebracht worden waren, leuchtete ein klarer Sternenhimmel über ihnen. Kumar hatte alles aufgeräumt und frischen Champagner in den Eiskübel gestellt. William schenkte zwei Gläser voll und kam zu Anna auf die Terrasse. Sie saß zwischen dicken Kissen auf den gemütlichen Lounge-Möbeln und betrachtete diese überirdisch schöne Kulisse.

Schmale, federleichte Wolken glitten sanft über einen glitzernden Mond, der die Schaumkronen im Wasser beleuchtete. Ein leiser Wind bewegte Palmen und Bäume und die Grillen zirpten ihre unendliche Symphonie. Die nächtliche Stille, die samtene Atmosphäre der Nacht nahmen Anna gefangen und mit leuchtenden Augen sah sie zu William hoch, der ihr eines der Gläser reichte und sich zu ihr setzte.

»Es ist einfach ein Traum«, sagte sie leise. »Hier zu sein. Mit dir.«

Er zuckte bei ihren letzten Worten leicht zusammen.

»Wäre es ohne mich nicht genauso schön?« Er hörte sich sarkastisch an. »Die Natur ist, wie sie ist. Und die Umgebung ... das Hotel ... die Suite ... ich meine ...«

Sie wandte sich ihm zu, wohl wissend, was er dachte.

»Ja, man könnte meinen, es wäre der Luxus hier, der alles verzaubert ...aber ... es ist mit dir schön, Will. *Du* bist der Grund, warum es hier schön ist.«

Er sah sie stumm an, sie wussten beide, das eben war eine Aufforderung. Aber er nahm sie nicht an. Etwas hemmte ihn und Anna wollte plötzlich unbedingt herausfinden, was das war. Er hatte so oft in seinen Mails und Chats geschrieben, dass er sie liebe – sie hatte es ihm nie geglaubt.

Aber seine letzten Mails nach dem Rauswurf ... dieser lange Chat mit ihm ... und dieser Tag in Hamburg ... oh, dieser Tag in Hamburg! ... das hatte alles in ein anderes Licht getaucht.

Sie hatte in dieser Menschenmenge gestanden, hatte gesehen, wie er aufgestanden war und etwas in ihr hatte *Klick* gemacht. Sie hatte auf einmal eine solche Gewissheit gefühlt, dass das Date richtig und gut war, und eine solche Freude verspürt, ihn zu treffen, als sei er jemand längst Verschollener. Eigentlich hatte sie gar nicht vorgehabt, ihn gleich zu umarmen, aber etwas in ihr hatte sich selbständig gemacht – und es fühlte sich immer noch gut an, diese erste Umarmung, dieser erste Kontakt ... und auch alles, was sie danach mit ihm erlebt hatte, war schön gewesen.

Es war nicht diese romantische und luxuriöse Umgebung, die sie so fühlen ließ. Nein. Es war etwas Rührendes an ihm, etwas, was sie selbst noch nicht begriff. Ihr Arm streckte sich aus, ihre Hand berührte seinen Brustkorb.

William brauchte eine Weile, um zu merken, was ihn verstörte. So viele Frauen hatten ihn im Laufe seines Lebens berührt – und doch war irgendetwas hier grundlegend anders. Er fühlte sich seltsam, aber es war nicht unangenehm. Dann erkannte er, was es war: Diese Sanftheit war ihm unbekannt. Es war nichts Forderndes in ihrer Bewegung. Es lag reine Zärtlichkeit darin und in ihren Augen sah er, wie sehr sie es genoss, mit ihren Fingern seine Haut entlangzufahren. Er sah in ihren Augen die Sehnsucht, ihn erkunden und spüren zu wollen, und doch war es nicht der Wunsch nach Sex. Es war der Wunsch nach ihm. Sein Herz schnürte sich unwillkürlich zusammen. Sein Kopf schaltete sich ein. Das konnte nicht sein! Sie spielte nur mit ihm! Sie machte das nur eben besonders geschickt! Wie am Nachmittag ergriff er hart ihre Hand und sah ihr wütend in die Augen.

»Okay, Anna. Was bin ich für dich? Jemand, der dir diese luxuriöse Umgebung ermöglicht?«

Sein aggressiver Unterton war schwer zu überhören ... und gerade schenkte er sich noch einmal die Sektflöte voll, obwohl er doch schon im Restaurant dem Alkohol reichlich zugesprochen hatte. Aufmerksam blickte sie zurück.

»Das ist nur Beiwerk, sonst nichts«, sagte sie vorsichtig. »Das ist sicher nicht die Hauptsache.«

»Ach ja?«, entgegnete er bissig. »Und was ist die Hauptsache? Dass du dein Asiengeschäft aufbauen kannst? Und obendrein mit mir in einer Präsidentensuite sitzt, die 5000 Euro die Nacht kostet?«

Sie schwieg kurz. Dann sagte sie: »Nein, Will, natürlich nicht.«

»Ich will nur klarstellen, dass Wang die bezahlt! Ich könnte mir die nicht leisten! Und? Was sagst du nun? Bist du enttäuscht?« Sein Ton troff inzwischen vor Zynismus.

»Will«, sagte sie ruhig. »Das weiß ich. Ich weiß, dass du kein Geld hast ... oder zumindest dringend diesen Deal brauchst. Meinst du, ich wäre mit dir hierher geflogen, ohne zu recherchieren? Mein Vater hätte mich zu Hause angebunden, wenn er nur ahnte, was ich da mache! Und selbstredend hat eine Freundin von mir deinen Namen und weiß Bescheid. Ganz so blauäugig bin ich nicht, Will. Ich habe selbstverständlich Infos über dich eingeholt ... von Wang hatte ich deinen Nachnamen, bevor du ihn mir genannt hast. Und ich weiß auch, dass du mit deiner Firma Insolvenz angemeldet hast.«

Er wurde bleich und höhnisch fragte er:

»Ja, super! Und wo hast du Infos eingeholt? Bei Mr. Google?«

»Auch – und bei Edith.«

»Bei ...«

»Sag mal, glaubst du, ich bin blöd?«, schnappte sie. »Was hättest du denn an meiner Stelle gemacht?«

»Was ... was hat Edith gesagt?«

»Nicht viel. Nur, dass ich dir vertrauen kann. Und weißt du was? Ich glaube ihr immer noch!« Trotzig sah sie ihm in die Augen. Und als er ihren Blick betroffen erwiderte, wiederholte sie:

»Will, diese zusätzlichen Tage ... die habe ich wirklich wegen dir möglich gemacht.«

Bevor er nachdenken konnte, kräuselten sich seine Lippen erneut und fauchten bissige Fragen:

»Weil es so schön ist, dass es jemanden gibt, der in dich verliebt ist? Ist es das?«

»Nein, Will. Ich sagte dir doch schon: Ich glaube nicht, dass du in mich verliebt bist. Ich glaube eher, dass du dir das einbildest. Aus welchem Grund auch immer.«

Sanft legte sie ihre Hand auf sein Bein, fühlte seine angespannten Muskeln.

»Lass gut sein, Will. Schau ... du musst mir doch nichts geben, nichts machen, nichts tun ... ich bin dir dankbar für das, was du bereits getan hast.«

Sie nahm ihre Hand von seinem Bein, das Champagnerglas vom Tisch, zog die Knie hoch und kuschelte sich in die äußerste Ecke der Couch.

Zu seinem Entsetzen bemerkte er, wie seine Kehle sich verstopfte und Tränen seine Augen füllten, registrierte er, wie er die Luft anhielt, wie seine Gedanken rotierten und er wieder ihre verdammte Hand auf seinem Bein spüren wollte. Seit diesem merkwürdigen Nachmittag, nein, überhaupt, seit er mit Anna in Kontakt stand, passierte ständig etwas mit ihm. Etwas Schleichendes, etwas Subtiles, etwas jenseits seines gewohnten Horizontes, etwas, was ihm seine Lebensregeln nahm und sein Gleichgewicht. Und doch hatte diese kurze Bekanntschaft so viel Positives bewirkt ... den Vertrag mit Wang, der ihm so wichtig, der ein absoluter Höhepunkt in seinem Geschäft war. Er war mit alten Freunden wieder in Kontakt gekommen ... Edith, Phil ... sein Leben hatte eine Wendung genommen. Aber er wusste nicht, ob es eine gute war. Ob er da überhaupt hinwollte.

Sie stand auf. Er wollte nicht, dass sie aufstand. Sie stellte ihr Glas ab, wandte sich zum Gehen. Er wollte nicht, dass sie ging. Sein Blick war wirr und in ihm wirbelte es. Er hatte sie doch die ganze Zeit gewollt! Darauf hingearbeitet! Und nun schleuderte er ihr solche Dinge ins Gesicht? Tickte er noch richtig?

»Anna«, sagte er heiser. »Bitte ... sei nicht sauer ...«

Sie wandte sich ihm mit einem so aufrichtigen Lächeln zu, dass er ganz schwach wurde.

»Aber, Will, warum sollte ich sauer sein? Ich finde es toll von dir, dass du die Situation nicht ausnutzt – das spricht sehr für dich. Du bist einfach ein Gentleman und ich mag das. Sehr sogar.«

William schluckte gewaltig, als sie das sagte.

»Anna«, begann er. »Du ... du hast gesagt, du willst nichts von mir.«

»Ja, das ist richtig. Das habe ich gesagt.«

»Aber gerade ... ich meine vorhin ... hat es den Anschein erweckt, du wolltest doch was von mir!«

Sie sah ihn voll an.

»Willst du, dass ich was von dir will?«

Sein Herz, alles in ihm schrie: »Ja, verdammt noch mal! Ja, ich will, dass du *mich* willst!«

Und der Schrei war so laut, dass sie es hörte, während sein Mund stumm blieb. Sie zögerte kurz. Dann setzte sie sich dicht zu ihm, so nahe, dass ihre Gesichter sich fast berührten. Er saß wie in Schockstarre. Er konnte nicht glauben, dass sie wusste, was er da gerade gedacht hatte, dass sie so in sein Innerstes schauen konnte. Will war total konfus, aber sie nahm sein Gesicht in ihre Hände und drückte ihm einen sanften, einen sehr sanften Kuss auf die Lippen, setzte sich dann mit einer einzigen, geschmeidigen Bewegung rittlings im Fersensitz auf seinen Schoß, schlang ihre Arme um seinen Nacken und schmiegte ihr Gesicht an das seine. Will atmete aus, als ihre Körper sich berührten und sekundenlang saßen sie in dieser Stellung, hielten sich und Will spürte Annas winzige Bewegungen auf seinem Unterleib, spürte, wie sie sich beherrschte, ihr Mund sein Ohr berührte, wie sie diesen Hautkontakt mit ihm genoss, hörte, wie sie leise, ganz leise keuchte.

Wortlos umfasste er mit beiden Armen ihren Po und trug sie in sein Zimmer. Anna fühlte sein warmes Gesicht an ihrem und eine Welle von Zärtlichkeit überkam sie.

Er setzte sich mit ihr aufs Bett, auf die Kante, und wieder spürte sie seinen Widerstand, obwohl er sichtlich erregt war.

Ihre Hand zitterte, als sie langsam Wills Hemd aufknöpfte, es aus der Hose zog – und dieses Zittern rührte ihn. Ihre Hände streichelten sanft über seinen Körper und er hörte sie aufseufzen. Ihre Hand war warm, liebkoste ihn, wanderte nach oben um seinen Nacken, ihr Gesicht näherte sich dem seinen, ihr Mund stoppte vor seinen Lippen, ihre blaugrünen Augen, die wie tiefe Seen glitzerten, senkten sich in die seinen.

Stumm sah Will sie an, er fühlte ihre Finger, die in seinem Haar spielten, die alles und nichts zu fordern schienen.

»Du bist schön, Will, weißt du das?«, flüsterte sie und lächelte leicht. »Du bist so schön ... und ... du fühlst dich so gut an.«

Sie drückte ihn sanft nach hinten und wie am Nachmittag legte sie sich neben ihn, den Kopf an seiner Schulter und ließ ihre Hand genießerisch über seine Haut gleiten. Ihre Finger strichen unter seinem Hosenbund entlang, drangen in das Innere, soweit es die geschlossene Hose zuließ.

Sie hob den Kopf und sah ihn fragend an, aber er war nicht in der Lage, etwas zu sagen. Er starrte nur zurück, wusste nicht, warum er sie nicht einfach packte und das machte, was er doch so oft schon mit Frauen getan hatte – aber nichts davon war ihm möglich. Wie gelähmt lag er auf dem Bett und versuchte zu begreifen, warum er seinem Verlangen nicht einfach freien Lauf ließ.

Anna senkte die Wimpern, löste langsam seine Gürtelschnalle, öffnete den Knopf, zog den Reißverschluss nach unten. Ihr Blick hob sich erneut zu ihm, er wusste, sie bat ihn um Erlaubnis und das war so neu für ihn, so ungewohnt, es trieb ihm die Tränen in die Augen. Mit Erstaunen nahm sie das wahr, hauchte ihm einen Kuss auf den Bauchnabel und entkleidete ihn, als wäre er ein Kunstwerk.

Der Mond schien durch das Fenster, das Meer rauschte unter ihnen in stetem Rhythmus, Blätter raschelten im Wind. Es war eine magische Nacht und beide fühlten den Zauber, sahen ihre vom blau-silbernen Licht des Mondes diffus beleuchteten Körper.

Anna zog sich hoch, kniete auf dem Bett, ihre Hände umrahmten Wills Gesicht und ihr Mund näherte sich seinen Lippen. Sie schloss die Augen, als sie sie berührte, als sie ihn zum ersten Mal richtig schmeckte, ihm zum ersten Mal ihre Zunge zwischen seine leicht widerstrebenden Lippen schob. Noch immer machte er nicht wirklich mit, als könne er es nicht glauben, dass sie nach all der Zeit auf diese Weise zusammen waren. Er berührte sie mit nichts außer dem Mund, seine Arme lagen untätig neben ihm.

Anna gab ihm Zeit. Er lehnte sich gegen den Bettrücken, sie küsste, wie einem kleinen Kind, seine Augenlider, die Nase, die Wangen ... dann aber setzte sie sich wie draußen auf der Couch auf seinen Unterleib und schmiegte sich an seinen nackten Körper.

Endlich schlossen sich seine Hände um ihre Taille und die Wärme, die Kraft in seinen Händen machten Anna schwach. Mit einem Seufzen drängte sie sich gegen ihn.

Will keuchte leicht auf, als er ihren nackten Oberkörper an seinem fühlte. Ihr Unterleib war auf dem seinen, sie bewegte sich leicht, sehr leicht – und sie spürten mit jeder Sekunde, wie die Leidenschaft in ihnen wuchs, wie sie begann, ihre Körper zu durchfluten, bereit, hemmungslos hochzujagen.

In Will stritten die Gefühle. Er war am Ziel! Der Gedanke berauschte ihn und er wollte seiner Leidenschaft freien Lauf lassen, spürte das Verlangen, ihren Körper zu packen, jede Zelle ihrer Haut zu erkunden, in sie einzudringen, so tief wie nur irgendwie möglich. Und doch bremste ihn etwas – er wusste, was es war, und es war ihm unerträglich ... er konnte nicht weitermachen.

»Anna«, flüsterte er. »Anna ... ich ... ich muss dir ... bitte ... erst muss ich dir ...«

»Sch... sch...«, machte sie und wisperte: »Was immer du sagen willst ... sag es morgen ... lass uns diese Nacht genießen ... du bist so schön, Will ... ich glaube, ich habe dich gewollt, in dem Moment, als ich dein Foto das erste Mal auf Facebook gesehen habe ...«

»Du ... du willst wirklich ... willst du das wirklich?«, flüsterte er zurück. Er konnte sich inzwischen kaum beherrschen. Anna fühlte, er stand kurz vorm

Explodieren, er war wie ein Vulkan, der ausbrechen wollte. Sein hartes Glied drängte gegen ihren Körper. Er hatte sie auf den Rücken gedreht, sich über sie gebeugt und als Antwort auf seine Frage, schlang sie ihre Arme fest um seinen Nacken, zog ihn zu sich und öffnete so bereitwillig ihren Mund, dass er aufstöhnte.

Und endlich machte er mit, endlich brach seine Zunge in sie ein, schoss die unterdrückte Leidenschaft in ihnen zügellos nach oben.

Oh, Jesus, das fühlte sich so gut an! Sein Körper war so warm, so sexy, so ungeheuer männlich! Sie drückte sich gegen ihn und Wills Dämme brachen endgültig. Sein Arm glitt unter ihre schmale Taille und hob sie an, ihr Kopf sank nach hinten und seine Hand glitt an ihren Hinterkopf, presste ihr Gesicht an seines. Seine Küsse wurden hart und Anna stöhnte auf. Er zog sie auf die Knie, diesmal war er es, der ihr Gesicht mit beiden Händen umfasste, fest und fordernd. Er packte sie an der Hüfte, presste seinen Unterleib an den ihren, versuchte, einen Rhythmus aufzunehmen, warf sie wieder auf den Rücken, machte sich an ihrer Brust zu schaffen, während seine Finger zwischen ihren Beinen waren, wieder nach oben griffen, über ihren Körper fuhren und ihr professionell Lust verschaffen wollten. Und mehr und mehr gewann Anna das Gefühl, dass er einem Automatismus unterlag, der jede Romantik ersterben ließ. Es war Mechanik. Er bearbeitete sie.

Mit einem Ruck entzog sie sich ihm und setzte sich auf.

»Will«, sagte sie verstört und winkelte die Beine an. »Was wird das?«

»Was?« Herausgerissen aus seinen Bemühungen sah er sie an.

»Das ... ist nicht das, was ich will, und es nicht das, was du willst!«

Mit noch immer verständnislosem Blick starrte er sie an.

»Ich will das zusammen mit dir« flüsterte sie. »Zusammen. Mit dir. Das ist kein ›Ich besorg es dir und du besorgst es mir‹-Ding. Ich will nicht von dir befriedigt werden. Ich will dich spüren, will das zusammen mit dir erleben.«

»Aber ... das ... das tun wir doch!«

»Nein, das ist weit weg davon!«

Bestürzt sah er sie an. Dann senkten sich seine Schultern nach unten.

»Ich kann das nicht, Anna ... bitte ... ich ...«

»Doch«, flüsterte sie. »Wir können das. Lass dich einfach treiben ... okay? Du musst gar nichts tun, gar nichts, was du nicht willst ... du musst nur genießen, sonst nichts ... versuchst du das? Bitte ... mir zuliebe ... leg dich einfach hin, Will ... du musst gar nichts tun ...«

Er blieb stumm. Ließ sich von Anna in die Kissen drücken. Sie beugte sich über ihn, ihr Haar glitt über seine Haut, und wie er so dalag, mit diesem fragenden Blick, ja, in fast ängstlicher Erwartung, kam er ihr mit einem Mal vor wie ein kleiner Junge, ein misshandelter Junge, der viel zu früh hatte erwachsen werden müssen, der dem Leben verzweifelte Regeln abgerungen hatte, die nur begrenzt funktionierten. Regeln, die nie zum Glück führten, die ihn ständig nur weiterhetzten ... von einer Hoffnung zur nächsten, nur, um ihn jedes Mal erneut unerfüllt zurück zu lassen. Ihre Augen verdunkelten sich, waren in die seinen versenkt, sprachen Bände, sagten ihm, dass sie ihn durchschaute, tiefer, als es je jemand getan hatte, tiefer, als er es zulassen wollte. Ihm wurde schwindlig.

Ihr Finger strich über seine Lippen, ihr Mund war kurz vor dem seinen, aber sie küsste ihn nicht.

»Will«, flüsterte sie. »... ich will, dass du einfach genießt ... ich will, dass du heute Nacht vergisst, was vorher war ...«

Er schloss die Augen, sein Atem flatterte, als er ausatmete und endlich überließ er sich ihr.

Ihre Hände, ihr Mund waren überall, ihr geschmeidiger Körper schlang sich um ihn, ihre Beine, ihre Arme, ihre Brüste waren auf seiner Haut ... und ihre Hände machten ihn fast wahnsinnig. Sie packte zu und hörte wieder auf, entzog sie sich ihm ständig in letzter Sekunde, so dass er bald wie von Sinnen war und keinen klaren Gedanken mehr fassen konnte. Sie war nicht scheu, sie ließ ihn wissen, was sie wollte. Und sie war überaus empfindsam. Allein ein Hauch von Berührung über ihre harten Brustwarzen ließ sie sich aufbäumen, keuchen, stöhnen. Sie kostete seinen ganzen Körper, kostete aus, was er mit ihr tat. Will stand kurz vor dem Platzen, er fühlte ihren Körper überall, ihre heiße Haut, den leichten Schweißfilm auf ihrem Körper, seine Gedanken drehten sich, bis er mit ihr verschmolz, bevor er überhaupt in sie eingedrungen war, es gar nicht mehr wollte, weil es jetzt schon so schön war und er es nicht enden lassen mochte. Annas graziler Körper schien sich um ihn zu schlingen, ihre Beine fesselten seine Hüften, ihr Haar glitt über alle möglichen Stellen seiner Haut, ihr Mund war überall und er stöhnte laut auf, als sie sich auf ihn setzte, sich für ihn öffnete und sie in einen Rhythmus fielen, der beide in unendliche Lust hochschaukelte.

»Anna«, keuchte er. »Anna ... Anna ...«

Sie war wie er in absoluter Ekstase, genoss das Spiel, genoss ihn. Sie schwangen hoch in diesem gemeinsamen Tanz, ihrem Höhepunkt entgegen und als er kam, explodierte alles an ihm. Sein Unterleib, sein Kopf, sein Herz, es machte ihn leer, es machte ihn voll, er schrie verwundert auf, während sie auf ihm zuckte und pulsierte, ihre Ekstase in süßen Lauten an sein Ohr drang und ihr Oberkörper sich schließlich erlöst auf seinen Brustkorb senkte. Ihr heißes Gesicht lag an seiner Wange und aus ihrem Mund kam sein Name.

»Will«, sie weinte fast. »Oh, Will, Will ...«

Seine Arme schlossen sich um sie, hielten sie, ihre kleinen, nachklingenden Seufzer drangen an sein Ohr, ließen letzte Schauer über seinen Rücken rieseln. So lagen sie lange.

Doch schließlich löste sie sich von ihm, streckte ihren Körper neben ihm aus, seufzte glücklich, fasste mit ihrem Arm um seinen Brustkorb und zog ihn an sich. Das war für ihn ein unglaubliches Gefühl, dieses An-sich-Ziehen, dieser Wunsch nach Nähe nach dem Sex. Ihr Gesicht kuschelte sich in seine Halsbeuge, ihr Bein lag angewinkelt über seinem und ihr Mund drückte ihm einen letzten Kuss auf den Hals, bevor sie erschöpft und mit einem seligen Lächeln auf dem Gesicht einschlief.

Williams Herz klopfte noch immer wie wild. Noch nie hatte er eine Nacht in dieser Intensität erlebt. Immer war es für ihn nur um Sex gegangen. Er hatte das nie anders gewollt. Aber das hier war anders. Hier war es um sie beide gegangen. Anna war es um ihn gegangen. Es war ihr wichtig gewesen, es zusammen mit ihm zu erleben. Sex war für Will bisher nur ein Geschäft gewesen. Doch mit Anna war es ein Erlebnis. Eines, das er nie mehr vergessen wollte. Eines, das ihn für den Rest seines Lebens veränderte. Eines, das ihm zeigte, wie sehr Liebe jeden Akt veredelte.

Er streichelte ihren Rücken und sein Herz war voller Qual.

***

Als er aufwachte, lag sie nicht neben ihm. Verschlafen sah er auf die Uhr. Es war erst halb acht. Drüben im Esszimmer hörte er Kumar den Tisch decken, aber er hörte keine Stimmen, bestimmt war sie unter der Dusche. Schade, er hätte sie gern noch ein wenig gespürt, noch ein wenig genossen. Er ließ sich wieder in die Kissen fallen und dachte an die Nacht, dachte an Anna. Dann zog ein fieser Gedanke durch sein Hirn:

Sie hatte mit ihm geschlafen – sie hatte ihren Mann betrogen. Das war für ihn etwas Normales – in seiner Welt war es üblicher als Treue. Aber bei Anna störte es ihn. Seine Augen wurden dunkler, als er sich an einen Satz aus ihren Chats erinnerte, der damals etwas in ihm zum Klingen gebracht hatte: »Will, ich stehe zu meinem Mann. Ich habe ihm versprochen, mein Leben mit ihm zu verbringen – und wenn du mein Mann gewesen wärst, hätte ich dasselbe für dich getan.«

Schönes Gefasel? Wie bei so vielen?

Unruhig geworden stand er auf, wollte mit ihr reden. Aber Anna war nicht im Bad. Er ging ins Esszimmer und sah Kumar, der so leise und behutsam das Besteck neben die Teller legte, dass es fast schon übertrieben wirkte.

»Musst dich nicht bemühen, Kumar, wir sind wach«, sagte Will, aber Kumar sah hastig auf und legte den Finger an die Lippen. Dann deutete er nach draußen. Will verstand nicht. Kumar stellte sich ans Fenster, deutete erneut, und legte wieder den Finger an die Lippen – da sah er sie. Sie hatte einen Schal um sich geschlungen und saß vollkommen bewegungslos mit geschlossenen Augen unter einem Jasminstrauch. Um ihren Mund lag ein seliges Lächeln und sie wirkte so in sich versunken, als sei sie in einer völlig anderen Welt.

»Was macht sie da?«, flüsterte Will verständnislos. »Schläft sie?«

»Aber Mr. Sanders! Sie meditiert«, wisperte Kumar. »Ganz tief. Sie hat mich gar nicht kommen hören. Eine feine Lady haben Sie diesmal, Mr. Sanders. Ich hoffe, Sie machen sie glücklich.«

Flüchtig sah Kumar Will in die Augen, dann verbeugte er sich mit aneinander gelegten Händen und ging zurück zum Frühstückstisch.

Fünfzehn Minuten später kam Anna herein.

»Guten Morgen, Will, du bist ja schon wach«, lächelte sie. Auf ihrem Gesicht lag ein Glanz, der Will bei einem Menschen noch nie aufgefallen war. »Guten Morgen, Kumar«, begrüßte sie dann den schmalen Singhalesen. »Ich habe heute morgen einen wunderbaren Satz aus dem Ramayama gelesen - ist die Mahabharata nicht in Sri Lanka entstanden?«

»Ja, das ist sie, Madame«, strahlte Kumar. »Was haben Sie gelesen?«

»Der Satz ist absolut genial! Das Ramayana sagt: *Es gibt drei wirkliche Dinge: Gott, die menschliche Narretei und das Lachen. Die beiden ersten übersteigen unser Begriffsvermögen, also müssen wir so viel wie möglich aus dem dritten machen*.«

Die beiden brachen in Lachen aus, Will schmunzelte. Wie schaffte sie das nur, dass sie bei allen den richtigen Ton traf und die Menschen sie einfach mochten? Genau das fragte er sie, als sie beim Frühstück saßen. Sie hatten Kumar freigegeben, damit sie sich in Ruhe unterhalten konnten.

»Ganz einfach«, antwortete Anna. »Ich mag mich. Ich mag mich wirklich sehr.«

»Häh?« Wills Gesichtsausdruck sprach Bände und Anna lachte sich schief.

»Das Beste, was du tun kannst, wenn du Liebe willst! Dich lieben! Warum sollen andere mich lieben, wenn ich es nicht tue? Wäre doch sinnlos, mich nur zu lieben, weil ein anderer mich liebt ... und wenn er das nicht mehr tut, an mir zu zweifeln. Und wie soll ich andere lieben können, wenn ich nur dauernd von ihnen Liebe will? Also fange ich jeden Morgen bei mir an – und versenke mich in mein Inneres. Da finde ich so wundervolle Dinge, dass ich jedes Mal aufs Neue begeistert bin!«

»Von dir selbst? Verarschst du mich gerade?«

»Wie käme ich dazu! Nein, nicht von mir selbst. Von dem in mir drin.«

»Und was ist da drin?«

»Ach ...«, wich sie aus »Das musst du selbst erleben. Das ist nichts, was man mit Worten beschreiben kann. Und es dauert natürlich ein Weilchen, bis es sich zeigt.«

»Aber was siehst du in dir?«

»Eine ganze Welt!«, lachte sie. »Das, was in uns allen ist. Unsere Quelle sozusagen, die Energie, die uns geformt hat, die uns leben lässt. Was glaubst du denn, woher du kommst? Es ist ... wie eine Tankstelle, verstehst du? Eine unendliche, nie versiegende Quelle, aus der ich alles schöpfe, was ich brauche. Eine, die mich einfach glücklich macht. Oder zumindest meinen Geist beruhigt. Jeden Morgen.«

»Okay«, brachte William hervor. »Das ist mir alles ... einigermaßen fremd. Um nicht zu sagen: suspekt«.

»Seltsam. Du hast doch so viel mit Asiaten zu tun. Für die ist Meditation doch das täglich Brot. Warst du nie neugierig?«

»Nein, nicht die Spur. Für mich ist das so unnötig wie Leberflecken-Zählen.«

Anna lachte. »Du verpasst was! Es ist das Genialste überhaupt! Außer natürlich mit dir Sex zu haben. Das ist auch genial.«

Sie sah ihn mit leuchtenden Augen an. »Es war wunderbar, Will, danke, dass du so auf mich eingegangen bist.«

»Ähm... ich hatte eher das umgekehrte Gefühl.«

»Das spricht für dich! Oh, Jesus, das war so schön! Und du warst so ... süß! Danke, Will, ich weiß, dass dich das Überwindung gekostet hat.«

»Sex hat mich noch nie Überwindung gekostet!«, rief er entrüstet.

»Am Nachmittag hat das aber noch anders ausgesehen.«

»Ja, ein kurzer Schwächeanfall. Gott weiß, was das war.«

»Tja«, meinte Anna. »Höchstwahrscheinlich etwas, was dringend bearbeitet werden muss.«

»Ach, du Schande, was kommt jetzt? Eine Therapie?«

»Yepp! Eine Therapie! Guter Ansatz!«

Sie tupfte sich den Mund mit der Serviette und stand auf. »Bist du fertig?«

»Hey, Babe, was hast du vor? Willst du mich jetzt tatsächlich therap...«

»Na, und ob«, antwortete sie, setzte sich rittlings auf seinen Schoß, legte die Arme auf seine Schultern, lehnte ihre Stirn an die seine und flüsterte: »Meinst du, wir kriegen das noch mal so hin?«

Der Blick in ihre Augen war wie das Zünden einer Rakete in seinen Lenden. Will küsste sie mit einer Leidenschaft, die sie schwach machte, zog ihre Bluse hoch, machte ihre erotischsten Stellen ausfindig und war glücklich, sie innerhalb von wenigen Sekunden sich auf ihm winden zu sehen. Ihr Gesicht war gerötet und sie glühte am ganzen Körper, die Hitze ihrer Haut kribbelte unter seinen Fingerspitzen, wenn sie ihren Rücken hochstrichen und der leichte Schweißfilm auf ihrem Körper machte ihn an. Er drückte sie an sich und sie küsste ihn überall, wo ihr Mund gerade landete. Als er ihre Lippen suchte und seine Zunge in sie eindrang, hatte sie das Gefühl, ohnmächtig zu werden, ihre Muskeln entbehrten jeder Spannung und sie war so weich, gab sich ihm in einer solchen Bereitschaft hin, dass er erneut das Gefühl hatte, völlig mit ihr zu verschmelzen – nur durch diesen Kuss. Anna war schwindlig. Wills Körper zu fühlen, ihn zu fühlen war so berauschend, machte sie süchtig, sie klammerte sich an ihn, suchte Hautkontakt, suchte Öffnungen, in die sie in ihn eindringen konnte, nach Möglichkeiten, ihn noch mehr zu spüren. Will war leidenschaftliche Frauen gewohnt, er hatte viele in seinem Leben gehabt, trotzdem war es anders mit Anna. Es war anders, weil sie so eine Freude daran hatte, ihn glücklich zu sehen, ohne sich selbst zu vernachlässigen. Sie achtete in ihrer Erregung immer auch auf ihn und war sich bewusst, dass sie ihn mit ihrer Lust aufpeitschte. Der gestrige Abend war sanft, zart und verbindend gewesen, aber heute entwickelte sie eine Leidenschaft, die ihm schier den Atem raubte.

Will hatte keine Ahnung, wie das ging, dass er innerhalb von einer Minute nackt auf seinem Stuhl am Frühstückstisch saß und Anna Dinge mit ihm machte, die er nie für möglich gehalten hatte. Sie war hemmungslos und rücksichtsvoll auf einmal, vergewisserte sich, dass er mochte, was sie tat, aber probierte alles aus, was ihr einfiel. Und sie ließ sich auch begeistert auf seine Vorhaben ein ... als er die Teller auf dem Tisch zur Seite schob, sie auf die Platte hob und sein Mund Dinge tat, die Anna fast wahnsinnig machten. Er heizte sie so sehr auf und machte sie so wild, dass sich etwas in ihr selbständig machte. Sie stieß ihn in den Stuhl zurück, setzte sich auf ihn und rotierte, bis sie beide fast das Bewusstsein verloren, der Stuhl gefährlich kippelte und sie einen Höhepunkt heraufbeschworen, der ihre Vorstellungen vollständig überschritt. Will blieb die Luft weg, als sie in einem gewaltigen, gemeinsamen Orgasmus ihre Arme um ihn schlang, sich an ihn presste, ihr Mund seinen Namen stammelte und sie vor Ekstase nichts weiter tun konnte, als sich an ihm festzukrallen und diese köstlichen Zuckungen auszukosten. Beide empfanden sich wie in der Nacht zuvor als einen Körper, es war ein vollkommenes, seliges Verschmelzen. Er fühlte ihr heißes Fleisch, fühlte, wie sie da unten pochte und vibrierte, wie ihr Körper sich an seinen presste und sie beide von Pulsationen überwältigt wurden, die nicht enden wollten.

Endlich wurden sie ruhiger. Annas Arme lagen noch immer fest um ihn, ihr Oberkörper, ihr Gesicht an ihn geschmiegt – sie war noch immer entrückt und hatte Mühe, zurückzukommen. Und auch Will kam nur langsam zu sich und realisierte, was da gerade abgelaufen war.

»Du ... du hast mich vergewaltigt«, ächzte er in ungläubigem Staunen. »Du hast mich tatsächlich ... du ...«

Anna legte, noch immer schwer atmend, den Finger auf seine Lippen. Ihre Herzen pochten. Sie pochten gemeinsam und sie genoss das Gefühl, lehnte sich wieder an ihn, um seine Haut zu spüren, seinen Pulsschlag, seinen Schweiß. Er sagte nichts mehr, aber seine Arme umfassten ihre schlanke Gestalt und leicht rieb er sein Gesicht an ihrer Wange, noch immer gefangen in diesem Rausch, noch immer ekstatisch. So etwas Erfüllendes hatte er noch nie erlebt! Er wollte nicht, dass es vorbei war! Vorsichtig legte er wie gestern Abend seine Arme als Stütze unter ihren Po, presste sie fest an sich und stand auf. Sie überkreuzte ihre Füße hinter seinem Rücken und er trug sie zum Bett, schaffte es, sich mit ihr darauf niederzulassen, ohne dass sie sich voneinander lösten.

Annas Augen weiteten sich leicht, er war noch immer erregt - oder schon wieder. Er wuchs in ihr und das Gefühl war gigantisch.

»Beweg dich...«, murmelte er mit geschlossenen Augen und legte sich zurück. »Ich will dich spüren.«

Und Anna bewegte sich. Erst leicht, subtil, gab sich und ihm Zeit, rieb ihren Unterkörper an ihm, küsste seinen Brustkorb, spürte seine Erregung, sein Becken, das auf alles reagierte, was sie tat und was sie empfand. Auch sie schloss die Augen, überließ sich dem noch sanften Rhythmus, hörte, wie er ihren Namen stammelte, war glücklich darüber, so glücklich ... Anna ... Anna ... Anna ... sie sah auf sein ekstatisches, entrücktes Gesicht, bewegte sich heftiger, bis er laut aufstöhnte, bis er sich restlos zu verlieren schien. Und es war so schön, das zu sehen, es war schön, ihn so losgelöst zu erleben, so aufgelöst in seiner Lust, aufgelöst in ihrem gemeinsamen Empfinden. Annas Blick verklärte sich, als das Verlangen vollends überhandnahm und sie nicht mehr Herr über das war, was sie tat.

Will wurde immer stürmischer, bäumte sich nach oben, sie hielt mit ihrem Becken dagegen, genoss den leichten Schmerz, genoss ihn, genoss seine Männlichkeit. Und als sie sich vornüberbeugte und ihre Zunge in seinen Mund bohrte, packte er sie mit einer zugleich wilden und geschmeidigen Bewegung, drängte sie auf den Rücken und stieß dann bewusst und mit voller Kraft zu, nicht, weil seine Lust ihn dazu trieb, sondern, weil etwas in ihm sich mit ihr vereinigen wollte auf eine Art und Weise, wie er es noch nie von einer Frau gewollt hatte.

Anna schrie vor Lust. Sie lag auf dem Bett, er hielt ihre Arme, sie bäumte sich auf, sich ihm entgegen, fühlte seine Kraft, seine Wildheit und genoss jede einzelne Nuance. Er sah es an ihrem Gesicht, er merkte es an ihren Bewegungen und tiefe Befriedigung überkam ihn. Ein Vertrauen zu ihr, das ihn schier umwarf, das Gefühl, dass das hier richtig, dass nichts davon gekünstelt war, dass sie sich ihm hingab mit allem, was sie ausmachte. Und die tiefe Freude und Gewissheit, dass er es war, den sie wollte.

Anna war echt, er war echt, das Gefühl war echt und in diesem Moment, als er das dachte, überkam ihn eine nie geahnte Seligkeit, ein Verharren in einem überirdischen Moment, einem elysischen Stillstand, bevor alles in ihm explodierte. Sein Unterleib, sein Kopf, sein Körper, seine Synapsen, sein Hirn, sämtliche Verbindungen darin spielten verrückt, schienen ihre eingefahrenen Bahnen zu verlassen und frei in der Luft zu schweben. Will hatte das Empfinden, nicht existent zu sein, und doch hatte er sich nie lebendiger gefühlt als in diesen Sekunden. Sein Orgasmus war so gewaltig, so auflösend und gleichzeitig so vereinigend, dass er nicht wusste, ob er lachen oder weinen sollte. Er schoss ihn in Sphären, die schlicht göttlich waren.

Schwer atmend ließ er sich schließlich neben sie fallen und legte seine Hand auf ihr Herz. Es schlug wild und heftig wie seins.

»Anna«, flüsterte er. »Anna ...«

»Komm her«, wisperte sie, zog ihn an sich, sah ihn lächelnd an, er sah fast staunend zurück, dann bettete sie ihren Kopf an seine Schulter, breitete die Bettdecke über sie beide, legte ihren Arm um seinen Brustkorb, ihr Bein halb auf ihn drauf. Glücklich schmiegte sich ihr Gesicht an seinen Hals, so schlief sie ein.

Sie konnte nicht sehen, dass ihm nach einer Zeit eine Träne über die Wange lief. Sanft schloss sich sein Arm noch etwas fester um sie. Sie schnurrte wie ein Kätzchen. Er war noch nie so erfüllt und zerrissen gewesen wie in diesen Sekunden.

***

»Du bist so schön«, murmelte er. Sie war aufgewacht, es war fast Mittag.

»Ach, nein, Will, ich bin nicht schön. Ich war es nie. Aber ... vielleicht spielt es ja keine Rolle.«

»Doch, du bist schön«, antwortete er. »Und du hast irgendwie auch recht: Es spielt keine Rolle.«

Wieder betrachtete er sie. Sie lag auf der Seite, hielt die Bettdecke vor ihren Oberkörper, aber ihr war warm, so hatte sie sich ab der Hüfte aufgedeckt. Wills Blick fuhr über ihr langes, wohlgeformtes Bein, über den knackigen Po und dem verführerischen Knick zwischen Hüfte und Taille, über ihr zerzaustes Haar, das leicht verschmierte Makeup, das ihr das Aussehen eines Vamps gab. Er lächelte.

»Unglaublich schön«, wiederholte er leise. Anna lachte leise und schloss die Augen. Er lächelte und schnappte sich sein Smartphone, das auf der Kommode lag. Dieses Bild wollte er festhalten. Ihre schöne Silhouette, das Haar wild über die Kissen gebreitet. Es war die schönste Nacht und der schönste Morgen seines Lebens gewesen. Und hoffentlich blieb es nicht dabei. Das hoffte er zutiefst. In ihm war etwas aufgebrochen, es war verstörend ... es war neu, es war beunruhigend und hoffnungsvoll zugleich.

Noch während er im Bad war, dachte er darüber nach. Er war voller Enthusiasmus und voll von diesem Gefühl, das er gar nicht zu benennen wusste. Aber es gab nur einen Ausdruck dafür: Er war glücklich. Es war ein warmes Glück. Ein Glück, das mit keinem Geschäftserfolg, mit keinem Sieg, mit keinem Hochgefühl sonst zu vergleichen war.

Als er sich wieder zu ihr legte, kuschelte sie sich erneut an ihn. Er hielt ihren Arm fest, den sie über seinen Brustkorb gelegt hatte. Sie war da. Lebendig und süß. Und sie schien nichts weiter zu wollen als bei ihm zu sein. Sie war einfach da. Ganz selbstverständlich an seiner Seite. In Will begann etwas zu fallen – und es fühlte sich komisch an.

Sie blieben noch eine Stunde im Bett, dann beschlossen sie, etwas zu unternehmen.

»Wir könnten nach Praslin«, sagte Will. »Da ist nicht viel los. Dafür reicht ein Nachmittag.«

»Alles klar, dann lass uns ein Boot mieten!«

Sie schlug die Decke zurück und wollte aus dem Bett springen, aber er hielt sie zurück. Es gab einiges, was ihm auf der Seele brannte.

»Hey, Babe«, sagte er. »Warte. Ich muss eines unbedingt wissen. Du hast gesagt, dass du deinem Mann treu sein wirst. Du hast gesagt, du hast den besten Mann der Welt.«

Sein ganzes Sein war in Habacht-Stellung.

»Ja, Will, das stimmt.« Ihr Blick wurde dunkel. »Aber wir leben nicht mehr zusammen.«

»Ihr ... lebt nicht ... du bist ... seit wann?«

»Seit mehr als zwei Jahren.«

»Ihr seid getrennt?«

»Nicht wirklich.«

»Was heißt das?«

»Wir haben uns nicht scheiden lassen, Will. Und wir haben Kinder, das weißt du. Ich habe dich nie angelogen. Und das werde ich auch nie.«

»Okay.« Er verstummte erst mal auf diese klare Antwort. Und gerade diese Klarheit löste Unbehagen in ihm aus.

»Warum hast du es mir nicht gesagt?«

Sie sah ihn mit hochgezogenen Augenbrauen an und grinste leicht.

»Oh, Mann, du bist echt ein Luder, Anna! Wie lange wart ihr zusammen?«

»Fünfzehn Jahre.« Anna saß mit dem Rücken zu ihm, er hatte sich hochgezogen, lehnte am Kopfteil des Bettes; er konnte ihr Gesicht nicht sehen. Unsicher fragte er:

»Das heißt ... ihr habt euch vor zwei Jahren getrennt? Warum? Bist du ... bist du traurig deswegen?«

Sie wandte sich nur leicht um. »Nein, Will. Ich vermisse ihn, klar, das bleibt nicht aus. Fünfzehn Jahre sind eine lange Zeit. Und wir waren glücklich. Wirklich richtig glücklich. Ich bin dankbar für jede Sekunde, die ich mit ihm hatte. Aber er ... er wollte gehen.«

Sie biss sich auf die Lippen und machte wieder Anstalten, das Bett zu verlassen.

»Wie ... wie war er?«, fragte er. »Erinnere ich dich an ihn?«

»Nein, Will.« Diesmal lächelte sie breit. »Du bist anders. Vollkommen anders.«

»Aber... wie war er denn?«

Sie verharrte kurz. Dann sagte sie leise:

»Er war... perfekt. Es gibt nichts, was ich hätte ändern wollen. Absolut gar nichts. Es war eine wundervolle Zeit.«

Damit stand sie auf und ging in ihr Bad. Sie blieb lange dort. Will kam es vor - länger als sonst. In ihm entstanden noch mehr seltsame Gefühle, die er gar nicht alle auf einmal sortieren konnte.

***

Doch beide hatten sich insgeheim vorgenommen, die Zeit zusammen schlicht zu genießen, ohne große Fragen, und war sie vorher schon schön gewesen, wurden die Tage nach diesen Erlebnissen einfach himmlisch.

Sie blödelten schon beim Frühstück herum, bezogen Kumar in ihre Scherze ein und kamen oft aus dem Lachen nicht heraus. Kumar strahlte, wenn er ihnen irgendetwas bringen konnte, merkte sich, was Anna gerne aß, und stellte ihr Früchte oder andere Leckereien hin, die sie dann fand, wenn sie und Will von ihren Ausflügen zurückkamen.

»Für mich hat er das noch nie gemacht!«, beschwerte sich Will.

»Du bist öfter hier?«

»Schon.«

»Und immer in der Präsidentensuite?«

»Yepp – da habe ich meine Ruhe. Aber ich hatte oft ... ähm ... Besuch. Freunde und so.«

Sie bohrte nicht nach, obwohl er doch vorher behauptet hatte, kein Geld für so eine Suite zu haben und Wang würde sie zahlen. Will ahnte, sie wartete darauf, dass er freiwillig von sich erzählte, aber er schaffte es, sich mit ihr zu unterhalten, ohne großartig etwas von seinem Geschäft preiszugeben – und privat herrschte komplette Funkstille. Da kam gar nichts. Immer wieder bemerkte sie an ihm eine gewisse Anspannung und fragte ihn:

»Bist du aufgeregt wegen dem Vertrag?«

»Ja ... bin ich. Ich muss das Ding eintüten! Das ist der Coup meines Lebens! Und jetzt hat Wang tatsächlich noch mal von Änderungen gesprochen ... verdammt, das passt mir gar nicht!«

»Heißt das, wir müssen früher von hier aufbrechen?«

»Ja, Honey, zumindest ich muss für die Verhandlungen einen Tag weg. Aber Mahé ist nicht groß – ich bin hoffentlich am Abend wieder zurück.«

Will und Anna besuchten Praslin, besichtigten die dortigen Hotelanlagen, liefen an menschenleeren Stränden entlang, küssten sich unter Palmen, tranken Cocktails, spielten Fangen und plantschten wie Kinder im Pool.

Sie unternahmen am Tag darauf eine Bootstour nach La Digue, der zweitgrößten Insel neben Mahé, und auf dem Weg dorthin erzählte ihnen die Crew etwas über die Seychellen, ihre Bauten, ihre Natur, ihre Schönheit. Die Inselbewohner waren überaus darauf bedacht, die Natur zu erhalten. Deswegen gab es auf den Seychellen, vor allem auf Mahé, nur Luxushotels, weil sie den Massentourismus gar nicht wollten. Die Inselbewohner und ihre Regierung identifizierten sich sehr mit ihrem Land, schützten ihr Paradies und die Lebewesen darin, hatten mehrere Areale als Meeresschutzgebiete gekennzeichnet, in denen eine besonders hohe Dichte an Artenvielfalt zu finden war, und Anna fand das wunderbar.

Auf dem Weg nach La Digue schnorchelte sie mit Will vor einer menschenleeren Bucht und erlebte schon in diesen geringen Tiefen eine wunderbare Unterwasserwelt. Die Fische waren teilweise so groß, dass sie sie von Bord aus fotografieren konnten. Sie begegneten Wasserschildkröten, Blaustreifen-Doktorfischen, Koffer- und Falterfischen, Federschwanz-Stechrochen und bunten, in einer unglaublichen Farbpracht schillernden Korallenriffen.

Von der Crew erfuhr sie, dass es über fünfzig verschiedene Fischarten hier gab, und Anna konnte sich nicht sattsehen an dieser wunderbaren Landschaft, den markanten schwarzen, großen Felsen überall, dem klaren Wasser und den weißen Stränden.

Als sie in La Digue anlegten, bekamen sie ein Mittagessen bei Big Mama, die ein Restaurant am Hafen betrieb, alles selbst kochte und Will als alten

Bekannten begrüßte. Es schmeckte fantastisch – gerade nach dem stundenlangen Schnorcheln im Meer hatten Anna und Will kräftig Hunger und stürzten sich auf ihre kreolischen Köstlichkeiten, für die sie bekannt war. Danach schlenderten sie durch La Digue, besuchten den Strand Anse Source d´Argent, an dem wegen seiner bizarren Felsformationen und besonderen Schönheit ständig Foto-Shootings mit Models und Schauspielern stattfanden. Bis auf wenige Ausnahmen waren Autos in La Digue verboten. Es gab Ochsenkarren und Fahrräder und so war der Geräuschpegel auf der Insel extrem niedrig. Anna kaufte auf Empfehlung von Big Mama Gewürze bei einem Händler, sie besuchten das Gehege mit den jahrhundertealten Landschildkröten, die Vanille-Plantage und schafften es noch zum wunderschönen und fast menschenleeren Strand Anse Reunion, bevor das Boot ablegte und sie wieder Kurs auf Mahé nahmen.

Die Crew breitete für sie beide eine Decke aus, auf der sie sich langlegen konnten. Der Motor des Bootes tuckerte mit monotonen, einschläfernden Geräuschen vor sich hin und Anna nickte weg. Wie immer hatte sie ihre Hand auf Wills Körper, wie immer hielt er sie fest.

Als das Ufer sichtbar war, weckte er sie. Schlaftrunken rutschte sie nach oben und legte ihre Arme um seinen Hals.

»Oh, Mann, du fühlst dich so verdammt gut an«, murmelte sie in sein Ohr. »Ich glaube, ich werde süchtig nach dir.«

Wills Augen fingen zärtlich an zu leuchten. Er zog sie näher zu sich und drückte ihr einen Kuss auf den Scheitel.

Die Tage waren sorglos und schön, Anna braungebrannt und glücklich.

Sie liebten sich jeden Tag und jede Nacht, und für Will war das Schönste am Akt nicht der Orgasmus, sondern das Gefühl, wenn Anna sich danach an ihn kuschelte, ihren Arm um ihn schlang und halb auf ihm drauf liegend einschlief. Wenn er am Morgen aufwachte und irgendein Körperteil von ihr spürte. Wenn ihr Haar seinen Arm streifte. Wenn ihr Atem über seine Brust strich.

»Hey, Babe«, sagte er am vierten Tag und beugte sich über sie »Ich bin verrückt nach dir. Mir ist so etwas noch nie passiert, glaubst du mir das?«

»Ja, Will, irgendwie schon. Mir geht es ähnlich. Es ist so tief und stark, dass es mich fast erschreckt. Aber ich glaube auch, dass du mir noch einiges erzählen solltest.«

»Naja, du mir vielleicht auch.«

»Ja, ich auch«, lächelte sie. »Aber irgendetwas sagt mir, dass du die interessantere Story hast.«

Wills Gesicht anlässlich solcher Ansagen war aufschlussreich. Er war noch nicht bereit dafür, aber sie drängte auch nicht. Doch endlich fing er an, ihr

Fragen zu stellen, sich nach ihrem Leben zu erkundigen. Etwas, was sie die ganzen Monate vermisst – und worüber sie sich auch gewundert hatte.

»Was magst du so?«, wollte er plötzlich unbeholfen wissen. »Und was magst du gar nicht?«

Sie musste schmunzeln.

»Ich mag keine Zahnlückenmodels und Socken, die mir vorschreiben, an welchem Fuß ich sie tragen soll. Und ich liebe Filme, bei denen man für fünf Sekunden die Augen zumachen kann und trotzdem nichts verpasst.«

Will lachte.

»Und warum meditierst du jeden Tag?«, bohrte er weiter.

»Weil es schön ist. Weil es mich das Leben auf eine Weise leben lässt, die mich unabhängig vom Auf und Ab dieser Welt macht.«

»Das hört sich ... naiv an, sorry, aber ich konnte so ein Gerede noch nie ertragen. Die Welt besteht aus Auf und Ab.«

»Das stimmt. Aber du muss nicht drunter leiden.«

»Wenn etwas weh tut, tut es weh. Basta.«

»Was tut dir denn weh?«, fragte sie sanft.

»Gar nichts.«

Sie schwieg eine Weile.

»Es ist wohl lange her, Will?«

Er hatte eine abwehrende Antwort auf den Lippen, aber zu seiner und ihrer Überraschung antwortete er:

»Ja, es ist lange her, aber Zeit heilt keine Wunden.«

»Doch, Will, das tut sie, denn die Zeit erlaubt uns, zu verstehen. Dafür ist sie da, die Zeit. Wir können die Dinge durchschauen. Und dann kannst du sie in der Tiefe loslassen. Nur das Ego suhlt sich im Leid und lässt die Zeit nutzlos verstreichen, dein Herz aber möchte frei sein. Unangenehme Dinge sind immer ein wunderbares Mittel, diese Freiheit zu erlangen. Früher oder später wirst du den Mut haben müssen, dich damit zu beschäftigen. Dir das anzuschauen, was dich quält.«

»Mich quält nichts«, insistierte er mit grimmigen Gesicht. »Ich habe es im Griff!«

»Okay«, sagte sie und dehnte sich auf dem Bett. »Ein Widerspruch in sich. Du hast etwas im Griff, was dich gar nicht quält? Oder meinst du, dass es dich quälen würde, wenn du es nicht im Griff hättest? Hört sich beides nicht logisch an.«

Sie grinste ihn verschmitzt an und er wusste, dass sie sich diebisch über seine Verwirrung freute.

»Du ... du glaubst mir nicht?«

»Wieso sollte ich?«

Verständnislos blickte er sie an. Sie lachte.

»Will, ich habe noch nie jemanden kennengelernt, der sich weniger im Griff hatte als du! Du bist ziemlich gekettet an deine Gefühle und Empfindungen. Die haben *dich* im Griff, aber nicht du sie. Und du erkennst es nicht einmal. Du kommst ja noch nicht mal aus deinem Ärger raus! Geschweige denn aus deinem Schmerz.«

Die letzten Worte hatte sie leise gesagt, aber er reagierte nicht darauf.

»Ist doch normal, dass man sich über Dinge ärgert, die nicht gut laufen«, knurrte er gekränkt.

»Ja, klar«, sagte Anna. »Die Frage ist, wie neulich schon, für wie lange. Gehst du mit dem Schmerz eine Verbindung ein? Hältst du den Schmerz für Realität? Und wenn ja ... Ist dir nicht klar, dass das Blödsinn ist, wenn doch das Schöne daneben genauso existiert? Warum sollte der Schmerz realer sein als das Schöne, das trotz allem genauso präsent ist? Ich meine, man könnte auch eine Verbindung mit dem Schönen eingehen ... verstehst du, was ich meine? Aber bei den meisten Menschen ist es so, dass das Negative überwiegt und sie sagen: Ich ertrinke darin. Mir geht es so schlecht. Mir ist das und das passiert. Sie sehen nur das. Sie haben keinen Anker. Und weil der fehlt, verlieren sie sich in Wut und Trauer. Sie denken ständig das Gleiche und formen damit eine Gewohnheit. Gedanken und Gefühle furchen Rillen in unser Gehirn. Aber du kannst doch wählen, welche Rillen du bilden willst. Es ist dein Hirn, und du bist doch der Herr in deinem Haus, der bestimmt, welche Bahnen er schaffen will. Du kannst Ärger und Wut auch als etwas sehen, das wieder vorbeigeht, als etwas, das keine Furche im Gehirn wert ist. Etwas, das dich im Innersten nicht wirklich berührt.«

»Wie kann es mich im Innersten nicht berühren, wenn es schmerzt?«

»Weil eben dieses Innerste absolut unabhängig von Schmerz und Freude ist. Es ist ... ich weiß, du köpfst mich gleich ... aber dieses Innere ist absolute Glückseligkeit. Und das bedeutet nicht, dass du dann keine Gefühle mehr hast. Wir sind Menschen und werden immer fühlen und werden immer denken. Die Lunge ist dafür da, dass sie atmet. Das Hirn ist dafür da, dass es denkt. Es geht nicht darum, einen gedankenfreien Zustand zu erreichen. Aber wenn ich zwischen zwei Gedanken wählen kann, wer ist es dann, der wählt? So viele Leute sagen, es sei so schwer, positiv zu denken – und das stimmt. Es ist dann schwer, wenn man nicht lernt, an den Ursprung der Gedanken zu gehen. Denn wenn du das tust, dann nimmst du deine Gedanken wie Gegenstände wahr, mit denen du dein Zimmer einrichtest. Der eine ist hässlich, der andere schön. So wählst du das Schöne. Und dann folgt eines dem anderen. Du bist voll mit dem Schönen, identifizierst dich mit Fülle und daraus entsteht wiederum Fülle.«

»Okay, Honey, und warum haben dann die meisten Esoteriker Kutten und ausgelatschte Sandalen an und jede Menge Geldprobleme?«

Sie lachte. »Hey, Will! Ich habe zum Beispiel keine Kutte an und auch keine Geldprobleme. Und lebe trotzdem in Fülle. Mir fehlt nichts.«

»Das war ein Punkt für dich, Babe. Aber den Rest finde ich Scheiße.«

»Ach, Will! Du bist echt süß!« Sie kringelte sich vor Lachen.

Erstaunt über ihre Reaktion, aber noch selbst in seinem Protest gefangen, sagte er hitzig:

»Anna, du redest, als ob es das Leichteste auf der Welt ist, sich von Gedanken zu lösen!«

»Nein, habe ich nicht. Hab doch gesagt, dass man es üben muss. Und je mehr du geübt hast, Herr über deine Gefühle zu sein, desto kürzer ist die Spanne, in der du Ärger oder überhaupt Negatives verspürst. Wie gesagt: Wir sind Menschen. Wir werden immer wieder mal Trauer, Wut, Angst, oder was weiß ich verspüren. Das ist normal. Nicht normal ist, wenn wir uns darin verrennen.«

»Ist wieder mal so ne Sache, über die sich leicht reden lässt«, knurrte er. »Denn wenn du in der Emotion drin steckst, sitzt du auf der Schiene und fährst das volle Programm ab!«

»Meine Rede! Du hast es kapiert!«, antwortete sie heiter. »Die Rille im Hirn.«

»Anna ... ist das nicht einfach nur blöder Esoterik-Quark?«

»Nein«, sagte sie entschieden. »Das ist es nicht. Es ist, wenn du es genau wissen willst, das Wichtigste auf der Welt: Sein eigenes Herz zu finden, sein höheres Selbst, sein Licht oder wie du es nun nennen willst. Früher oder später musst du es tun. Du hast dein Leben mit all deinen Herausforderungen genau deswegen bekommen. Damit du genau dieses Ziel erkennst. Damit du dich endlich in deinem Herzen findest, statt es einfach nur herauszuschneiden! Das ist Symptombehandlung! Was weh tut, muss weg!«

»Mann, wozu soll das gut sein?«, grollte er. »Warum soll ich mich in meinem Herzen finden?«

»Weil du dort zu Hause bist«, antwortete sie ruhig. »Weil du dann das hast, was sich alle Menschen wünschen: Glück, Liebe ... das tiefe Wissen, geliebt zu sein und gleichzeitig unabhängig zu sein von der Liebe einer bestimmten Person. Eigentlich unabhängig von allem zu sein. Diese Liebe zu entdecken – darum geht es doch im Leben – um nichts sonst.«

Mit ihren letzten Worten hatte sie eine kleine Öffnung in William geschaffen. Sie spürte es.

Er machte nämlich ein bärbeißiges Gesicht und lenkte wie so oft, wenn er etwas sacken lassen musste, ab.

»Ey, Sweetie!«, grummelte er schlecht gelaunt. »Los, wir gehen was trinken!«

Sie lachte und boxte ihn an den Oberarm:
»Gute Idee! Gehen wir heute mal in dieses kleine Bistro am Strand? Da waren wir noch nie.«

Nie war sie beleidigt, wenn er die Unterhaltungen auf diese Weise abbrach. Sie hatte Verständnis dafür und ihr war klar, dass er diese Dinge nur häppchenweise verdauen konnte. Und obwohl er diese Diskurse völlig schräg fand und mittendrin am liebsten abgebrochen hätte, war es immer wieder er, der darauf zurückkam. Ob er wollte oder nicht: Die Dinge arbeiteten in ihm. Diese Dialoge waren nicht leicht und Anna spürte, dass sie sich oft an der Klippe bewegte. Aber nie provozierte sie ein solches Gespräch.
Will merkte deutlich, dass ihre Sätze kein Geschwafel waren. Sie lebte tatsächlich, was sie von sich gab, und es war ihre Integrität und Authentizität, die ihm zu schaffen machte. Sehr zu schaffen machte. Mehr, als sie ahnte.

∗∗

»Hör mal«, begann er bei einem Strandspaziergang. »Das, was du da neulich gesagt hast ... unabhängige Liebe und der Quatsch ... dann wäre ja jede persönliche Liebe überflüssig! Was ist mit der Liebe zwischen zwei Menschen? Brauchst du das dann gar nicht? Oder willst du mir weismachen, dass deine Kinder deine Liebe nicht brauchen?«
»Will, jeder Mensch braucht Liebe. Dafür ist sie ja da. Dass sie gelebt wird. Liebe zwischen Menschen ist wunderbar – es gibt nichts Schöneres! Aber die meisten machen ihren Partner für ihr Glück verantwortlich ... oder ihre Eltern ... oder wen auch immer. Und wenn sie das nicht haben ... oder es aus irgendeinem Grund nicht mehr da ist, fallen sie in ein tiefes Loch – und das ist dann das wirklich Schlimme. Dann sagt ihnen ihr Kopf: Siehst du! Hättest du dich mal nicht verliebt! Hättest du doch andere Eltern gehabt! Der Kopf zieht immer falsche Schlüsse! Natürlich liebe ich meine Kinder! Ich liebe sie wie verrückt! Aber glaub mir, sie wissen, dass die Liebe, die sie mir gegenüber fühlen, aus ihrem eigenen Inneren kommt – nicht von mir. Und dass die Liebe immer noch da wäre, auch, wenn es mich mal nicht mehr gibt.«
»Das kann man einem Kind nicht erklären!«, stieß er hervor und wirkte mit einem Mal mehr als aufgebracht.
»Ja, es ist nicht leicht«, räumte sie ein. »Aber möglich.«
»Anna, du redest wieder mal absoluten Stuss!«
»Nein, tu ich nicht. Es ist dir nur fremd. Dabei hättest du es dringend nötig!«
»Was?«
»Dass du dich damit befasst!«

»Sag mal, hast du sie noch alle? Ich habe es nötig? Wie kommst du da drauf?«
»Weil du dich weigerst, auch nur ein Quäntchen von dir preiszugeben! Du
erzählst mir gar nichts! Warum?«
Auf diese Frage schwieg William. Sie blieb stehen. Wartete. Nichts kam.
»Warum, Will?«, fragte sie leise und sah zu ihm hoch.
»Ist nicht wirklich interessant«, antwortete er. »Mein Leben ist ganz einfach. Es
geht ums Gewinnen und Verlieren, sonst nichts.«
»Komm schon«, schnaubte sie. »Das ist billig! Etwas sagt mir, dass du auch
nicht glücklich bist, wenn du nach deinen Maßstäben gewonnen hast. Du bist
nicht glücklich, Will Sanders, denn du musst es dir ein paar Zeittakte später
erneut beweisen!«
Will starrte sie stumm an. Konnte das Weib Gedanken lesen? Was wusste sie?
Woher? Und was hatte sie vor? Ihm wurde mulmig zumute.
Anna sah ihm neugierig fragend in die Augen. »Hast du ein schlechtes
Gewissen?«, lachte sie. »Du wirkst ... nervös! Aber die Frage, die du dir stellen
solltest, ist: Wieso tust du das Ganze? Das Gewinnen-Verlieren-Ding? Warum?
Wofür? Was willst du wirklich?«
Die Frage traf ihn mehr, als er vermutet hätte. Als er weiterhin schwieg, schob
sie die Sonnenbrille auf die Nase, ließ sich auf dem warmen Sand nieder und
stützte sich auf ihre Ellbogen. Wellen umspülten ihre Füße, das Wasser kam
und ging, kam und ging. Fast widerstrebend setzte er sich neben sie.
»Und was willst du?«, hörte er sich grob zurückfragen und hätte sich wegen
seines kalten Tonfalls selbst ohrfeigen können. »Hast du dich das schon mal
gefragt?«
»O ja«, antwortete sie im Brustton der Überzeugung. »Oft. Sehr oft sogar. Und
sehr intensiv, das darfst du mir glauben.«
Sie sah ihn von der Seite her an. Dann sagte sie leise: »Ich will mit gutem
Gewissen von dieser Erde gehen können, Will. Ich möchte mit mir im Reinen
sein, denn alles, was ich jetzt nicht löse, habe ich wie einen Rucksack auf dem
Buckel ... es wird mich begleiten, bis ich es entsorgt habe. Und irgendwann ...
irgendwann, Will, will man doch frei sein, will man doch wissen, wie das ist,
wirklich glücklich zu sein, will man doch all das, was Leid verursacht, hinter
sich lassen.«
Gequält sah er zurück. Sie wusste nicht, ob es deswegen war, weil ihn ihr
Gerede wieder mal nervte – oder weil es eine Saite in ihm zum Klingen
gebracht hatte. Steif und unbehaglich saß er auf dem Sand.
»Schau«, versuchte sie es erneut. »Das Leben ist kurz. Wir haben vielleicht nicht
so lange Zeit, wie wir glauben. Wer weiß schon, wie lange wir noch leben, Will
...«

Sie war noch nicht fertig mit ihren Ausführungen, als William so heftig zusammenzuckte, dass sie erschrocken die Brille abnahm. Das Blut war ihm aus dem Gesicht gewichen und er sah unter seiner Bräune aschfahl aus. Er wirkte, als hätte sie ihm einen Stromschlag versetzt. Er war aufgestanden und sie sah, dass sein Herz heftig klopfte. Bestürzt stand auch sie auf.

»Was heißt das?«, fauchte er und packte sie an den Schultern. Fassungslos sah Anna ihn an.

»Gottverdammich! Sag mir, was das heißt!«, schrie er.

»Hey, Will, mal langsam ... komm runter ... bitte!«

Noch immer umklammerte er sie, drückte sie wie in einem Schraubstock zusammen, Anna hatte seine Handgelenke umfasst und versuchte, sie von ihren Schultern zu streifen. Aber Will war blind für ihre Bemühungen. Seine Augen waren in der Vergangenheit, ihre Worte hatten etwas heraufbeschworen, das tief in ihm vergraben lag.

Anna wehrte sich nicht mehr gegen den Druck, den er nach wie vor auf ihren Oberkörper ausübte. Gespannt wartete sie ab. Vielleicht war das endlich die Öffnung, nach der sie suchte? Doch Wills Blick kam aus dem Inneren zurück, wurde wieder klar, er ließ seine Hände von ihren Schultern fallen und sagte verlegen:

»Entschuldige, Anna, ich ... es muss die Sonne sein ... ich weiß nicht ...« Er drehte sich um.

»Will ...!«

Aber er reagierte nicht. Hastig stieg er die Stufen hinauf ins Haus. Sie lief ihm nach, aber er verschwand im Bad und als er herauskam, hatte er eine lange Hose und ein Hemd an. Sie stand im Wohnzimmer, aber er bemerkte sie gar nicht. Kurze Zeit später hörte sie ihn nach Kumar rufen, unfreundlich, ungeduldig, vor sich hin schimpfend, weil der nicht gleich kam. Dann vernahm sie das elektrische Surren des Buggys. Will war verschwunden.

Anna verbrachte den Rest des Nachmittags allein. Er kam auch nicht zum Abendessen. Sie ließ sich von Kumar ein paar Kleinigkeiten bringen und fragte ihn nach Will. Er wusste nicht, wo er war, oder wollte es nicht sagen.

Spät in der Nacht kam Will zurück. Sturzbetrunken.

Sie hörte ihn gegen die Möbel donnern, hörte ihn fluchen und musste lachen. Amüsiert stand sie auf und machte Licht.

»Hey, Davy Jones«, kicherte sie. »Hast du dein Herz ertränkt?«

Aus roten Augen sah er sie an. »sss...liegt in der Kiste«, lallte er. »Das Scheiß-Herz.«

»Fein«, sagte sie leichthin. »Jetzt ist es wenigstens konserviert.«

Sie lachte leise, wollte sich umdrehen und in ihr Bett zurückgehen, da packte er sie grob und stieß sie mit erhobenen Armen gegen die Wand. Sein Blick war drohend, fordernd, wollüstig ... und gewaltbereit. Er wartete auf eine Provokation von ihr und die Emotionen wechselten in seinen Augen ab wie die Farbfolge einer Laserkugel. Anna reckte ihr Kinn hoch und starrte herausfordernd zurück.

»Und?«, fragte sie ihn. »Ist das jetzt die Stelle, in der Davy Jones fragt: Fürchtest du den Tod?«

»Sprich mir nicht vom Tod«, keuchte er und drückte sie noch fester gegen die Wand.

»Warum? Bist du es, der ihn fürchtet, Davy Jones?«, gab sie zurück.

Sie wusste, sie forderte ihn heraus, aber der Drang, endlich etwas Persönliches aus ihm herauszukitzeln, war zu stark, und die Worte flossen nur so aus ihrem Mund:

»Wovor hast du Angst? Dein Herz ist doch schon in der Kiste! Du lebst doch gar nicht mehr!«

»Anna«, drohte er und schlug ihre Hände leicht gegen die Wand. »Geh nicht zu weit!«

Furchtlos blitzte sie ihn an. Sie standen voreinander, sein alkoholisierter Atem keuchte ihr ins Gesicht, sein Körper berührte fast den ihren, seine Hände pressten mühelos ihre Arme nach oben. Anna schloss die Augen. Er hatte einfach eine animalische Ausstrahlung, die sie selbst in diesem Augenblick genoss, sie konnte es nicht leugnen. Sie genoss es, dass er sie so hielt, genoss seine Nähe – und wenn es alles war, was er heute aufgrund seiner Trunkenheit zu bieten hatte – dann würde sie diesen Moment voll aufgeladener Gefühle und Verlangen auskosten. Als sie die Augen wieder aufschlug, merkte sie, dass er sie die gesamte Zeit beobachtet hatte und verwirrt war. Sie wehrte sich nicht. Sie hatte keine Angst und sie war nicht beeindruckt. Sie provozierte keine sexuelle Handlung, obwohl sie doch in einem kleinen Nichts vor ihm stand. Sie genoss nur den Moment, so wie er war. Sie genoss ihn, Will.

Unversehens ließ er ihre Handgelenke los.

»Entschuldige«, stammelte er und seine Schultern sackten nach unten. »Ich ... ich gehe wohl besser ins Bett.«

Mühsam stieß er sich von der Wand ab und schwankte leicht.

»Brauchst du Hilfe? Ist dir schlecht?«

»Nein, bin nur besoffen«.

»Das sehe ich«, gluckste sie. »Okay, William. Dann gute Nacht.«

Sie drehte sich um und wollte in ihr Zimmer.

»Anna!«

Es klang wie ein Hilfeschrei. Sie blieb stehen und wandte sich langsam zu ihm um. Er sagte kein Wort, aber in seinem Blick lag eine ganze Welt.

»Oh, Mann ... du hast getrunken«, seufzte sie. »... also wirst du wahrscheinlich ziemlich schnarchen heute Nacht.«

Er sagte immer noch nichts, aber seine Augen sprachen Bände und sie musste lächeln.

»Okay, Will. Aber wenn es mir zu laut wird, gehe ich.«

»Ich schnarche nicht!«, beteuerte er.

Sie lachte, während sie Kurs auf sein Bett nahm. »Bleib nicht zu lang im Bad, okay?«, rief sie ihm hinterher.

»Warum?«

»Weil ich sonst schon schlafe, wenn du kommst. Und das wäre schade. Ich will dich noch ein wenig spüren.«

Er beeilte sich und legte sich glücklich neben sie. Er hatte keine Ahnung, warum sie weder eine Szene gemacht hatte, noch sauer war, und auch nicht, wie sie es geschafft hatte, dass sie nun so friedlich nebeneinander im Bett lagen, obwohl er doch sichtlich ein Ekel gewesen war. Er spürte ihren Körper, ihre Haut, ihr Haar und schlang ihren Arm um sie. Es war einfach ein fantastisches Gefühl.

»Oh, Darling, pretty angel«, murmelte er in ihr Haar. »Es ist so schön mit dir.«

Sie seufzte wohlig und drückte ihr Hinterteil dichter an ihn. »O ja, Davy Jones, und du bist einfach süß. Ich glaube, ich habe mich ganz schrecklich in dich verliebt.«

Mit einem weiteren Seufzen schlief sie ein. Aber ihre achtlos dahingeworfenen Worte hielten Will trotz des Alkoholgehaltes in seinem Blut noch lange wach.

Natürlich schnarchte er in dieser Nacht und als sie irgendwann die Decke zurückschlug, um doch in ihr eigenes Bett zu gehen, wachte er auf.

»Hey, Darling«, brummte er. »Bleib. Lieber schlafe ich nicht. Bleib hier.«

Wortlos legte sie sich zurück. Sie waren beide wach.

»Wie ist das mit deinem Mann?«, murmelte er. »Du hast gesagt, du liebst ihn.«

»Das tue ich auch.«

»Willst du ihn zurück?«

»Es ist vorbei, Will. Es hat keinen Sinn, darüber nachzudenken.«

∗∗∗

Diese Nacht hatte etwas in ihm bewegt. Mehr als die Gespräche vorher, wahrscheinlich wirkten aber auch alle Faktoren zusammen. Nach diesem Abend ging Will noch inniger mit ihr um, suchte ständig Körperkontakt, wollte nichts ohne sie unternehmen, ergriff ihre Hand, wann immer sich die Gelegenheit bot. Und er fing immer wieder von diesen Themen an, obwohl es ihm oft schwerfiel, darüber zu reden. Anna bewunderte das an ihm.

»Du glaubst also, dass ich in Mustern gefangen bin?«, knüpfte er unaufgefordert an eine der letzten Unterhaltungen an.

»Das ist jeder, Will. Geht halt nur drum, es irgendwann mal auflösen zu wollen.«

»Hm. Meditation kostet aber ganz schön Zeit.«

»Weiß nicht. Wenn man mal kapiert hat, was Meditation ist, geht das locker während des Tages. Und im Übrigen: Menschen verbringen so viel Zeit damit, sich schlecht zu fühlen. Oder andere schlecht zu machen. Sie denken den ganzen Tag miese Dinge. Rennen zu Psychologen und zu Ärzten. Aber Zeit zum Meditieren finden sie nicht.«

»Ist aber auch kein Allheilmittel.«

»Nein, will ich ja auch nicht behaupten. Aber im Buddhismus gibt es zum Beispiel diese wunderbaren Grundsätze: *Möge jedes fühlende Wesen Glück und die Ursachen des Glücks besitzen. Mögen alle fühlenden Wesen getrennt sein vom Leid und den Ursachen des Leids.* Könntest du das nicht für dich übernehmen? Und dir vorstellen, was passiert, wenn du das dir und anderen wünschst? Wenn ich meditiere, bin ich an der Quelle und du glaubst gar nicht, wie viel Freude und Liebe ich dort verspüre. Es ist einfach unfassbar. Es ist nicht mit Worten zu erklären. Und es geht noch nicht einmal darum, das Glück in sich zu finden. Eigentlich geht es darum, den Geist zur Ruhe zu bringen, damit er nicht mit uns umherspringt, wie er will. Wie ist das mit dir, Will? Mit dir und deinem Geist? Was macht er mit dir?«

Sie sah ihm in die Augen und er wusste, sie würde wieder eine Frage stellen, die ihn aus dem Gleichgewicht brachte.

»Lässt du deinen Geist denken, was er will? Bist du der Sklave deiner neuronalen Muster, die sich im Laufe der Zeit in dich eingegraben haben? Von wem oder was lässt du dein Leben bestimmen? Von falschen Gedanken, die dich leiden lassen? Oder von deinem inneren Selbst, das pures Glück ist?«

Er wirkte immer leicht verstört nach diesen Unterhaltungen und Anna achtete darauf, dass sie sie nicht zu sehr ausdehnte. Sie fühlte sehr klar, er war noch nicht bereit dafür. Sie wusste, dass ihm etwas auf dem Herzen lag, aber er musste den ersten Schritt machen, er musste es ansprechen und auflösen wollen. Und so wartete sie.

So oft sah er sie an. So oft hatte sie das Gefühl, dass er den Sprung wagen wollte. So oft spürte sie, dass er kurz davor war, ihr zu sagen, was ihn belastete. Aber es war eben immer nur kurz davor. Und so wartete sie.

Anna konnte es drehen und wenden, wie sie wollte: Sie hatte sich vollständig und komplett in ihn verliebt. Er war so anrührend in seiner so raubeinigen und gleichzeitig charmanten Art, sie liebte dieses Jungenhafte an ihm und auch den rüden Piraten, den er so oft herauskehrte. Aber wenn er schlief und sie unbemerkt sein Gesicht betrachtete, kamen seine kindlichen Gesichtszüge zur Geltung. Gesichtszüge, die in ihr unendliche Zärtlichkeit auslösten.

Altweibersommer

Will und sie genossen jede Sekunde und am liebsten wäre es ihnen gewesen, die Party von Mr. Wang würde nie stattfinden.
Aber die Tage waren schnell zu Ende und Will musste überdies einen Tag früher zu Besprechungen aufbrechen. Anna fragte ihn, ob sie mitkommen könne, um Mr. Wang die Uhren zu geben.
»Auf der Party selbst ist das wohl eher ungünstig«, meinte sie.
»Ja, klar, komm mit, meine Süße«, sagte Will. »Ich freue mich, wenn ich dich um mich habe. Wenn es dich langweilt, bringt dich Kumar wieder zurück.«

Will war so glücklich wie noch nie zuvor. Es kam ihm vor, als hätte er in seinem Leben noch nie so viel gelacht – und noch nie so viele schöne, innige Momente erlebt. Er liebte es, mit Anna Hand in Hand den Strand entlangzugehen, mit ihr auf der Terrasse eisgekühlten Weißwein zu trinken ... oder Tee, weil sie während des Tages nicht gern Alkohol trank. Jede Aktion mit ihr, jede Kleinigkeit machte ihm Freude, jeder Tag vertiefte ihre Verbindung, an jedem Tag tat sie etwas, was in ihm ungewohnte Gefühle auslöste. So hatte sie neulich für sie beide, als sie in einem der Strandrestaurants waren, Apfelsaft bestellt, bevor er den Mund überhaupt öffnen und seinen Whisky hatte ordern können. Sie busselte ihn am Strand mit einer Liebe ab, die ihn sprachlos machte, und saß mit ihm schweigend auf der Terrasse und bewunderte den Sonnenuntergang. Will kannte all das nicht. Mit jemandem zu schweigen und doch so innig verbunden zu sein, war ihm vollkommen neu. Überhaupt war sie so ganz anders als die Frauen, die er sonst mit hier gehabt hatte. Sie war bisher noch in keiner der Boutiquen gewesen und hatte auch keine Lust dazu, bestand darauf, dass er genügend schlief, und unterhielt sich mit ihm auf langen Spaziergängen. All das infiltrierte ihn.
Sie war da. Sie hatte sich so selbstverständlich an seine Seite gesellt. Wenn er morgens aufwachte, lag ihre Hand auf ihm oder ihr Po an seinem Bauch. Sie las ihm Passagen aus ihrem Buch vor, ließ ihn ihre Musik hören, zusammen schauten sie sich Filme an, sie erzählte ihm von Lea und Tim, wie sehr sie sie

liebte und was sie für ein Glück mit den beiden hatte, von ihren Eltern, ihrem Bruder, von Peggy. Nichts aus ihrem Mund war negativ.

Außer der Trennung von ihrem Mann schien sie nie etwas Gravierendes erlebt zu haben, das ihren Gutglauben in die Menschheit auch nur einen Hauch erschüttert hätte, aber Will wusste instinktiv: Dieser Glaube ging bei ihr tiefer. Das war keine pharisäische Zufriedenheit, es war mehr.

An einem Regentag verbrachten sie den gesamten Tag im Bett. Sie liebten sich, liebkosten sich, entdeckten sich immer wieder neu, spürten sich, sprachen kaum, und Anna beugte sich nach einem besonders intensiven Akt über ihn, strich ihm das Haar aus dem Gesicht und sah ihm in die Augen.

»Will«, sagte sie leise. »Ich liebe dich«.

Er öffnete den Mund und nichts kam heraus. Wie leicht waren ihm diese Worte gefallen, als er sie ihr immer und immer wieder geschrieben hatte. Aber nun brachte er keinen Laut hervor. Gequält sah er zurück, sie musterte ihn aufmerksam, hauchte ihm einen Kuss auf den Mund und drehte sich zur Seite. Will fühlte sich fast panisch, legte seinen Arm um sie und presste sie an sich, als ob er sich für sein Schweigen entschuldigen wolle.

Ab diesem Moment sprach sie nie mehr von sich. Und fragte ihn nie mehr nach seinem Leben. Er wusste, sie wartete auf ihn. Will wurde übel, wenn er nur daran dachte.

Aber schließlich reifte in ihm ein Entschluss.

***

»Mr. Wang, ich habe, was Sie wollten.«

»Oh, gut, ich bin in einer Minute bei Ihnen.«

Er gab seinem persönlichen Assistenten noch ein paar Anweisungen, dann bat er seinen Besuch, Platz zu nehmen.

»Was haben Sie?«, fragte er. »Ist es das, was ich befürchte?«

»Hm ... nein. Es scheint alles seine Richtigkeit zu haben.«

Der Mann reichte Wang einen Stick, der öffnete die Datei und nahm Einsicht. Stumm klickte der sich durch den Inhalt des Ordners.

»Ja ... das sieht ja ... wirklich ... äußerst erfreulich aus«, sagte er schließlich und blickte nachdenklich auf die Inhalte der Datei. Dann begann er leicht zu lächeln. »Schön«, bemerkte er mehr für sich als für sein Gegenüber. »Sehr schön!«

»Allerdings«, meldete der sich wieder zu Wort. »... sind wir noch an einer etwas seltsamen Sache dran, die wir in den nächsten Tagen nachliefern werden.«

Überrascht blickte Wang auf. Sein Lächeln schwand.

»Wenn Sie noch etwas haben, brauche ich das bis zum Freitag«, sagte er. »Schaffen Sie das?«

»Müssten wir hinbekommen.«

***

Anna hatte keine geschäftsmäßige Kleidung mitgenommen und so erschien sie zur Konferenz in ihrem weiß-rosa Maxikleid. Sie war mächtig gespannt auf You Wang und fragte William vorher ein Loch in den Bauch. Wie er war, was er mochte, ob er Familie hatte, wie alt seine Kinder waren ... welchem Glauben er anhing ...

»Wozu willst du das alles wissen?«, fragte William erstaunt.

»Um mich auf ihn einzustellen«, gab sie ebenso erstaunt zurück. »Sonst trete ich in große Fettnäpfchen und ich will ihn doch nicht brüskieren, nachdem er uns so großzügig eingeladen hat.«

William musste zugeben, nur wenig Privates über Wang zu wissen. Aber er konnte im Detail auflisten, was Wang alles gehörte, wie sein Imperium aufgestellt war und welche Rolle er in der Geschäftswelt spielte. Anna schüttelte mit dem Kopf.

»Unglaublich«, sagte sie. »Du hättest doch vorher schon herausfinden können, dass er auf Deutschland steht! Und auf Kuckucksuhren! Naja, macht nichts! Dann gibt es noch viel, was ich ihn fragen kann!«

»Na, dann viel Spaß!«, schnappte Will, dessen Ego nach ihren Worten ziemlich angekratzt war. »Mit ihm wird man nicht gleich warm. Und über Privates redet er nicht! Schon gar nicht mit Fremden! Ich finde, er ist komisch.«

Grummelnd lehnte er sich im Fonds zurück und Anna lachte in sich hinein. Er war mal wieder ganz der beleidigte Pirat, aber statt sich daran zu stoßen, musste sie über seinen griesgrämigen Blick schließlich so lachen, dass er sich in gespieltem Zorn auf sie stürzte, sie kitzelte, bis sie quiekte und ihr mit einem heftigen Kuss den Mund verschloss.

»Will!«, rief sie und richtete sich lachend auf. »Benimm dich!«

»Wenn du dich benimmst!«, grollte er. »Gib acht, Weib! Sonst lass ich dich sieben Tage das Deck schrubben!«

»Was soll das denn heißen?«, giggelte sie. »Schrubben? Was meinst du denn mit Schrubben? Und welches Deck?« Ihr Blick ging eindeutig Richtung Unterleib und William wurde rot und warf einen verlegenen Blick auf den Fahrer.

Der konnte sich das Lachen kaum verkneifen.

Wills Warnung, dass diese Konferenz sehr förmlich ablaufen würde und sie sich besser auf eine etwas unterkühlte Atmosphäre, besonders seitens Mr.

Wang, einstellen solle, schien an Anna gänzlich vorbei gegangen zu sein. Sie knackte die stets etwas steife Businessmannschaft mit ihrer enthusiastischen, natürlichen Art, indem sie jeden anstrahlte, jedem die Hand gab – was Will bisher noch nicht einmal im Ansatz in den Sinn gekommen war – und für jeden auch noch eine freundliche Bemerkung fand. Als dann Mr. Wang den Saal betrat, leuchteten ihre Augen auf und, obwohl William noch versuchte, sie zurückzuhalten, rauschte sie entgegen aller Etikette mit einem strahlenden Lächeln auf ihn zu, streckte schon zwei Meter vorher ihre Hand aus und rief: »Mr. Wang! Wie schön, Sie persönlich kennenzulernen! Ganz lieben Dank für die Einladung! Sie können sich gar nicht vorstellen, wie sehr ich mich darüber gefreut habe!«

Wills Blick ging zu Wangs Assistenten und zu seinem Erstaunen lächelten sie alle in einer Mischung von gerührt bis amüsiert. Dann schweifte er zu Wang und sah, dass der Annas Hand mit seinen beiden umschlossen hielt und seine Augen ebenso leuchteten wie die ihren. Er konnte es nicht fassen.

»Miss Anna«, sagte Wang mit einem Lächeln. »Die Freude ist ganz meinerseits. Ich hoffe, Sie haben die Uhr mitgebracht!«

»Aber natürlich! Und nachdem ich Ihnen die eine nicht schenken darf, möchte ich das zumindest mit einer anderen tun ...«

Sie überreichte ihm zwei stilvoll eingepackte Geschenke – auch das war ein Talent ihrer Mutter: Sie machte schon aus einer Verpackung ein Kunstwerk.

»Ich dachte, ich gebe Sie Ihnen lieber jetzt. Am Wochenende haben Sie sicher alle Hände voll zu tun.«

»Das ist ein kluger Gedanke, Miss Anna. Ich danke Ihnen!«

Andächtig packte You Wang die Uhren aus und bewunderte sie. »Fantastisch, was Sie da machen«, sagte er.

»Diese hier hat mein Vater entworfen«, erklärte sie und erläuterte ihm die Feinheiten der Werke. »Und hier ist der neueste Prospekt ... meine Mutter ist eher für die verspielteren Formen zuständig, aber diesmal hat sie eine ganz gewagte Uhr gemacht ...«

Sie waren ins Gespräch vertieft und Will merkte einmal mehr, wie ungekünstelt Anna war. Inzwischen wusste er ja, dass es ihr finanziell zwar nicht schlecht ging, aber es war weit, weit weg von diesem Niveau hier. Dennoch behandelte sie alle gleichgestellt – vor allem sich selbst. Er dachte daran, wie sie ihm gesagt hatte, dass sie sich darin übe, in jedem das Gute zu sehen, sich ständig daran zu erinnern, dass in jedem diese Instanz war – gerade bei denen, die ihr unsympathisch waren. Und er ahnte, dass sie das nur konnte, weil sie es schlicht jeden Tag praktizierte.

Plötzlich begriff er, woher ihre Leichtigkeit kam: Sie nahm nichts wirklich ernst. Das war diese Subjekt-Objekt Geschichte, die er so furchtbar abstrus gefunden hatte, als er das erste Mal davon gehört hatte. Gedanken als ein Produkt anzusehen, das von etwas im Inneren produziert wurde. Dass diese Innere das Wichtige war, nicht das Produkt. Etwas, was sie ›das Selbst‹, ihr Herz und manchmal sogar Gott nannte. »Daher ist jeder Gedanke per se okay«, hatte sie versucht, zu erklären. »Weil er von dieser Quelle kommt. Es ist bei manchen Gedanken nur einfach fatal, wenn man sie verfestigt und verfolgt – und daraus die eigene Realität strickt. Man sagt immer, Gott hat uns den freien Willen gegeben, das aus unserem Leben zu machen, was wir wollen – das, was in diesem Leben gut für uns ist. Und genau wie ein Tisch im Grunde nicht aus fester Materie besteht, tun Gedanken das erst recht nicht. Sie kommen und gehen, erscheinen und verschwinden, Gedanken haben keine Substanz. Es sei denn, wir geben sie ihnen. Es sei denn, wir bilden eine Beziehung zu ihnen, bis ein Muster daraus entsteht, ein Automatikprogramm, von dem wir glauben, es sei unser Charakter, von dem wir glauben, wir *müssen* tun, was wir tun, und fühlen, was wir fühlen.«

Als er sie so beobachtete, verstand er, es war mehr als Leichtigkeit, was sie ausstrahlte. Es war Gleichmut. Sie erkannte die Flüchtigkeit der Welt, die Narretei der Menschen, sich in Ideen zu verrennen, deren Sklave zu werden und sich selbst in schwarze Löcher zu stampfen. Eine ganze Welt an Erkenntnissen öffnete sich in seinem Kopf, als er begriff, welche Konsequenzen es hatte, wie frei er wirklich wäre, wenn er sich vom Diktat seiner Gedanken und Gefühle lösen könnte.

Die Liebe zu Anna ließ so vieles in ihm schmelzen, ließ ihn so vieles in einem völlig anderen Licht sehen und das in einer Geschwindigkeit, die ihn selbst verblüffte. Wieder brach ein Stück Mauer aus seinem Herzen, fiel mehr Sonne hinein und erhellte den Raum in ihm. Und urplötzlich ergriff ihn eine so tiefe Dankbarkeit für diese Einsichten, Dankbarkeit für Anna, dass ihm fast schwindlig wurde. Gerade lachte sie glockenhell über etwas, das Wang gesagt hatte, wandte sich ihm mit leuchtendem Blick zu und schenkte ihm dieses Lachen.

Will stellte sich neben sie und legte sanft den Arm um ihre Schulter. Sein Herz zerfloss, als sie sich an ihn schmiegte. Es gab ihm ein so tiefes Glücksgefühl, dass er Wang wohl zum ersten Mal in seinem Leben vollkommen herzlich anlächelte. Er drückte Anna einen Kuss auf ihren Scheitel und schloss kurz die Augen. Er sah nicht, wie Wang fast ein bisschen vor ihm zurückwich.

»Mr. Sanders ...«, sagte er. »Sie wirken ... glücklich.«

»Das bin ich, Mr. Wang«, sagte Will und zog Anna noch fester an sich. »Das bin ich wirklich.«

Anna sah mit glänzenden Augen zu ihm hoch, ihr Arm, den sie um ihn gelegt hatte, rutschte, unsichtbar für andere, ein klein wenig tiefer und ihr Blick sprach

Bände. Er sah ihr in die Augen und lachte ganz leise, er wusste genau, was sie dachte ... und dass sie wusste, dass er wusste, was sie dachte. Er beugte sich zu ihr hinunter und flüsterte nur für sie hörbar in ihr Ohr: »Du Luder! Hör sofort auf damit! Sonst muss ich deinetwegen auf die Toilette!«

Anna wandte sich ungeniert und mit diesem Glanz in den Augen Mr. Wang zu, während sich Will tatsächlich entschuldigte und die Waschräume aufsuchte. Wangs Blick folgte ihm ein wenig, er schien erfreut und sein Mund lächelte breit.

»Werden Sie bei den Vertragsänderungen dabei sein?«, fragte er sie gerade, als Will zurückkam.

»Nein ... das sind böhmische Dörfer für mich. Ich habe mit Wills Geschäft nichts am Hut.«

»Aber das werden Sie doch irgendwann mal ... ich meine ... es ist doch interessant zu wissen, womit sich der Partner beschäftigt. Kommen Sie mit, Miss Anna, es wird nicht lange dauern, wir müssen uns im Grunde nur entscheiden, ob wir auf ein paar Forderungen von außen eingehen wollen, die uns ziemliche Kosten verursachen würden.«

»Ich soll auf die Sitzung mitgehen? Aber ich verstehe nichts von Verträgen! Schon gar nicht in dieser Branche und in dieser Größenordnung!«

»Das müssen Sie nicht. Aber wenn Sie eine Meinung äußern wollen, können Sie das gerne tun. Manchmal verhilft der Blick eines Unbeteiligten zu mehr Klarheit.«

Obwohl das doch eine schöne Geste von Wang war, fühlte sich Anna sichtlich unwohl. Und nicht nur das: Sie schien bleich zu werden unter ihrer Sonnenbräune und in ihre Augen kam ein nervöser, flackernder, ja fast verzweifelter Ausdruck. Zum ersten Mal sah William, wie sich ihr Mund verkniff und sie sich sehr widerstrebend in Bewegung setzte. Er wunderte sich. Die Anna, die er bisher kennengelernt hatte, hätte sich gefreut, dabei sein zu können. Sie hätte mit strahlenden Augen »ja« gesagt! Waren ihr Geschäftsleute zuwider? Nein, das konnte nicht sein. Sie war doch selbst Unternehmerin!

Will fasste sie am Arm, um ihr Halt zu geben, doch diesmal entlockte ihr das keine Reaktion. Sie war mit einem Mal steif wie ein Brett und ihr Widerstand, mitzugehen, so groß, dass er sie förmlich in den Konferenzraum schieben musste.

»Hey, Babe«, flüsterte er beunruhigt in ihr Ohr. »Was hast du?«

Aber sie gab keine Antwort und setzte sich stumm auf den ihr zugewiesenen Platz. Es waren elf Leute im Raum und Wang stellte sie vor: seine persönliche Assistentin, CEO, CFO ... der Geophysiker, die Logistiker ... an Anna glitten die Bezeichnungen wie die Namen vorbei. Sie wirkte abwesend.

»... und das hier ist Herr Belling, vom Verband Wirtschaftsgemeinschaft Erdöl- und Gasgewinnung e.V., daneben Mr. Carter, Spezialist für Umweltfragen. Wir haben eine Anfrage von mehreren Umweltorganisationen und Aufsichtsbehörden bekommen bezüglich radioaktiver Strahlenbelastung in den Rohren.«

Anna zuckte zusammen und ihre Hände krampften sich in ihrem Schoß ineinander. Aber kaum jemand achtete auf sie, weil fast jeder sich wunderte, was Erdölförderung mit Radioaktivität zu tun hatte.

Mr. Wang erteilte dem Verbandssprecher, Herrn Belling, das Wort, der umständlich und langweilig klarzumachen versuchte, dass das Thema doch eigentlich gar keines war.

»Es geht nicht um die Ölförderung per se, sondern um die Abfälle«, leitete er ein. »Überall, wo Gas und Öl gefördert werden, entstehen Abfälle mit radioaktiver Belastung. Allerdings haben wir es hier mit *natürlicher* Radioaktivität zu tun, noch dazu in einem relativ gering aktiven Bereich ... das ist alles im Rahmen ...«, erklärte er lapidar. »Die Umweltschützer machen mal wieder aus einer Mücke einen Elefanten. Nach unseren Informationen liegt der Mittelwert um die 20 Becquerel.«

»20 Becquerel pro Gramm Abfall? Wie hoch ist denn die natürliche Radioaktivität der Erde?«, wollte Wang wissen. Er fragte nicht Belling, sondern Carter, den neutralen Spezialisten.

»0,03 Becquerel pro Gramm, Mr. Wang«, antwortete der wie aus der Pistole geschossen. »20 Becquerel sind also das 700-fache der normalen Belastung. Und wie Herr Belling richtig erwähnt hat: 20 Becquerel ist ein Mittelwert! Es gibt Spitzenwerte von 15000 Becquerel pro Gramm! Die deutsche Öl- und Gasproduktion ist zwar im Weltvergleich unbedeutend, aber immerhin sprechen wir doch über eine Trockenmasse von 1000 bis 2000 Tonnen Radioaktivität im Jahr, deren Entsorgung noch immer ungeklärt ist.«

Ein Raunen ging durch den Raum.

Anna saß stumm am Tisch. Sie war aschfahl. Ihre Lippen pressten sich aufeinander. Will warf ihr besorgte Blicke zu. Was hatte sie?

»Die Frage ist«, nahm Belling den Faden unsensibel wieder auf, als habe Carter nichts gesagt: »... wie wir die Medien zufriedenstellen ... welche Strategie wir verfolgen wollen, welche Zahlen an die Öffentlichkeit dringen dür ...«

»Mr. Wang«, durchschnitt plötzlich Annas Stimme den monotonen Singsang des Herrn Belling. »Ich hoffe, es geht Ihnen nicht darum, die Öffentlichkeit mit geschönten Zahlen zu täuschen ... oder Medien zufriedenzustellen, die von ihrem Recht Gebrauch machen, Fragen zu stellen.«

Im Raum war es totenstill. Will schaute sie bestürzt an. Sie saß ihm gegenüber, an Mr. Wangs Seite und ihre Augen waren dunkel. Hatte er nicht vor wenigen Minuten ihre Leichtigkeit bewundert?

»Ich meine, ich weiß nicht, ob Ihnen bewusst ist, was da gerade abläuft«, sagte sie heiser. »Die Ölförderanlagen müssen gewartet werden. Und Sie alle wissen, dass sich im Laufe der Zeit in den Rohren Ablagerungen bilden, unter anderem das hochgiftige und extrem langlebige Radium 226.«

Mit einem lauten Geräusch rutschte Wills Stuhl ein Stückchen nach hinten. Auch er wurde bleich. Aber er war nicht der Einzige, der sie völlig entgeistert ansah. Alle anderen im Raum blickten verblüfft auf Anna. Die einzigen, die es eher mit Interesse taten, waren Mr. Wang und Mr. Carter.

Anna schluckte schwer, ihre Stimme war tonlos, als sie fortfuhr:

»Radium 226 ist ein Zerfallsprodukt von Uran 238, das sich in tieferen Schichten fast überall in der Erdkruste befindet. Deswegen spricht man von natürlicher Radioaktivität. Sie wären natürlich und ungefährlich, wenn sie da unten bleiben würden. Aber wie Sie gerade gehört haben, kommen diese Stoffe bei der Erdölförderung an die Oberfläche. Und bilden Ablagerungen in den Rohren ... die entsorgt werden müssen. Doch von fachgerechter Entsorgung kann keine Rede sein, denn alles, was man tut, ist, das Quecksilber aus diesen Abfällen herauszudestillieren. Und zurück bleibt Staub. Radioaktiver Staub. Tödlicher Staub.« Sie biss sich auf die Lippen, bevor sie fortfuhr.

»Aber um den Profit hochzuhalten ... oder weil sie selbst keine Ahnung haben ... oder kein Pflichtbewusstsein, behaupten die Unternehmen, die damit zu tun haben, alles läge im Normbereich und sei keine Gefahr. So wie jahrzehntelang behauptet wurde, dass Asbest kein Problem sei.«

Wieder presste sie die Lippen zusammen.

»Ich weiß nicht, wie Sie hier alle ticken«, stieß sie dann hervor. »Aber vielleicht ist wenigstens einer hier, der bereit ist, Verantwortung für seine Mitarbeiter, für die Menschen dieser Welt und für die Erde selbst zu übernehmen. Ich meine, ich kann mir beim besten Willen nicht vorstellen, dass Sie Menschen auf dem Gewissen haben wollen, wenn Sie *wissen*, dass es so ist!«

Noch immer war es totenstill. Annas Augen waren groß, sie wirkte innerlich erstarrt und ihr Blick war nicht hier, nicht in diesem Konferenzraum, sie war ganz weit weg, in einer anderen Dimension und Will hätte sein Leben dafür gegeben, zu wissen, was ihr durch den Kopf ging.

Behutsam ergriff Mr. Wang Annas Hand.

»Miss Anna«, sagte er mitfühlend. »Ich danke Ihnen. Ich wusste, Sie würden eine Bereicherung sein. Wir werden uns um diese Punkte kümmern, das verspreche ich Ihnen. Wir werden die Verträge erst unterzeichnen, wenn für alles gesorgt ist, egal, wie viel mehr das kostet.«

Sie sah ihn gequält an, nickte stumm, schob ihren Stuhl zurück und verließ das Zimmer. Will wollte ihr hinterher, aber Wang hielt ihn zurück.

»Lassen Sie sie alleine«, sagte er leise. »Sie braucht das jetzt. Und wir brauchen Sie hier.«

***

In Anna war ein Schmerz präsent, der nicht weichen wollte. Und sie hatte gedacht, sie hätte all das hinter sich gelassen! Um ihre Brust lag eine Eisenklammer und all der Luxus um sie herum ekelte sie mit einem Mal an. Womit hatten diese Leute sich das erkauft? Ihr Blick war blind, sie fühlte sich verloren und sehnte sich mit einem Mal schrecklich nach ihren Kindern. Und nach Christian. Die Sehnsucht nach ihrer Familie loderte wie Feuer in ihr. Noch zwei Tage! Dann war sie endlich wieder zu Hause bei ihren Kleinen! Hastig nahm sie ihr Handy aus der Handtasche und tippte an beide eine Nachricht mit vielen Herzchen und Küssen. Das Foto der beiden süßen, prallen Gesichter auf ihrem Display ließ ihre Liebe hervorströmen und vermischte sich mit Wehmut.

Es war noch ein Abendessen geplant, auf das sie null Lust hatte. Wollte sie zurück in die Suite? Nein. Wollte sie, dass Will bei ihr war? Nein. Wollte sie allein sein? Auch nein.

Sie stand in der Halle des Hotels und wusste überhaupt nicht, was sie tun wollte oder sollte.

In ihrem Frust setzte sie sich in den Computerraum des Hotels und beschloss, zum ersten Mal seit Tagen ihre Mails zu checken. Wenn es etwas Dringendes gegeben hätte, wäre sie angerufen worden, so hatte sie bisher getrost den Laptop in der Ecke lassen können.

Fahrig klickte sie sich durch die Mails.

Ihre Mutter hatte ihr geschrieben und sie gebeten, die Fragen des Fernsehsenders zu beantworten.

»Die Regisseurin hat die Fragen nochmal mitgeschickt, für den Fall, dass du die Mail von ihr nicht bekommen hast. Und sie meinte, du sollst auch mal im Spamordner nachschauen, vielleicht sind sie ja da gelandet.«

»Die habe ich doch schon längst beantwortet«, murmelte Anna und suchte die bereits gesendete Datei. Aber sie konnte sie nicht finden. Mist! Jetzt musste sie den ganzen Sums noch einmal beantworten! Sie beschloss, zuerst ihren E-Mail-Ordner aufzuräumen und sich dann um den Bogen zu kümmern. Und der Ordner war voll – mit Werbung, Anfragen und Facebook.

Noch immer bekam sie etliche Freundschaftsanfragen – noch immer größtenteils von Männern und sie überlegte, ob sie nicht wieder eine Uhr als

Profilbild einsetzen sollte – oder ein Familienfoto. Ja, genau, eines von denen, die sie im Wald geschossen hatten, da war auch Peggy mit drauf und damit drei Frauen. Keiner konnte wissen, wer sie war. Sie suchte das Foto, bis ihr einfiel, dass sie es gar nicht hatte. Es war auf einem Stick in ihrem Büro. Aber gleich, wenn sie nach Hause kam, würde sie das Foto ändern.

Die nächste Freundschaftsanfrage trudelte herein: ein Profilloser. P.C. Reuther. Sie löschte sie.

Dann sah sie, dass ihr der Profillose sogar eine Nachricht auf Facebook geschrieben hatte:

»Liebe Anna, Sie kennen mich nicht ... blabla ... wichtige Informationen für Sie ...«

Unwillig löschte sie auch diese Nachricht. Sie hatte die Nase gestrichen voll von all den Typen, die am Ende nur was verkaufen wollten oder einen Virus parat hatten.

Stirnrunzelnd warf sie alles Unnötige in die virtuelle Tonne und suchte nach der Mail der Regisseurin. Sie fand sie nicht und schaute schließlich in den Spamordner.

Da lag sie. Und auch etliche andere., Ralf Wild, Stefan Schuster, Timo Deich, P.C. Reuter ... und alle wollten ihr was unterjubeln. »Bitte besuchen Sie unsere Website, Schufa Kredit, Viagra, Potenzmittel für Frauen, ich habe dich in einem Video gesehen, klicke hier ... und dieser Reuter hatte sogar Anhänge mitgeschickt. »Bitte öffnen Sie den Anhang«. Für wie blöd hielten die sie? Da winkten ja Viren und Trojaner schon von weitem! Sie löschte sie alle.

Die Mails hatten nichts besser gemacht, sie nicht abgelenkt, eher noch mehr Unruhe gestiftet. Sie fühlte sich mit einem Mal, als ob sie gefährlich nah am Abgrund entlang trudelte und konnte sich das Gefühl nicht wirklich erklären. Schließlich setzte sie sich in den wunderschönen Garten des Hotels und ließ sich Kaffee bringen. Etwa zwanzig Minuten später spürte sie eine leise Bewegung neben sich. You Wang stand vor ihr.

»Darf ich?«, fragte er.

»Ich bitte Sie! Natürlich!« Sie rutschte einladend ein bisschen zur Seite, aber die Couch war riesig, es wäre gar nicht nötig gewesen. Wang nickte dankend, setzte sich und bat den Ober, der ihm nachgeeilt war, um Tee. Für eine Weile schwiegen sie beide.

»Wie geht es Ihnen, Miss Anna?«, fragte er schließlich.

»Danke, Mr. Wang, es geht mir gut.«

Und nachdem er sie forschend ansah, lächelte sie ihn warm an und sagte:

»Es geht mir wirklich gut. Vielen Dank, dass Sie fragen. Es ist nur ... manchmal ... wird man mit Dingen konfrontiert, von denen man glaubte, sie längst überwunden zu haben.«

»Ja«, nickte er. »Ich weiß. Ich glaube, das geht jedem so.«

»Und es gibt Zeiten, da frage ich mich wirklich, wie ich dieser Welt gegenüberstehen, wie ich mich verhalten soll«, setzte sie mehr für sich als für ihn nach. »Ob es nicht doch besser ist, auf die Barrikaden zu gehen, Krieg zu führen gegen die, die so achtlos mit Menschenleben und mit unserer Erde umgehen.«

»Gewalt erzeugt Gewalt«, antwortete er. »Das ist ein alter Hut. Nur begriffen hat es noch keiner.«

»Vielleicht liegt es einfach daran, dass die Gewaltlosen in der Minderzahl sind?«

»Nein, ich glaube, es liegt daran, dass die Gewaltlosen oft selbst nicht an das glauben, was sie sagen. Letzen Endes haben sie keine andere Lösung, als auch zur Gewalt zu greifen, oder finden nur negative Gefühle als Antwort. Vor allem, wenn es persönlich wird. Das ist verständlich.«

»Und was ist die Antwort?«, fragte Anna. »Stillhalten ist keine Alternative.«

»Nein, stillhalten hat auch etwas mit Gewalt zu tun«, erwiderte er ernst. »Stillhalten heißt: Gewalt akzeptieren. Das ist nicht gut.«

»Aber wie reagieren Sie, wenn Sie mit Gewalt konfrontiert werden? Wenn Sie die Zeitung aufschlagen und sehen, dass der Rassismus überall auf der Welt grassiert ... dass es Gewalt gibt, Unternehmen und Verbände, die Tatsachen totschweigen ... oder solche Dinge passieren wie 9/11 oder ...«

»Ich tue aktiv etwas dagegen«, unterbrach er und sah ihr in die Augen. »Ich setze mich sofort auf meine Matte und meditiere. Ich gehe in mein Herz und lasse so viel Liebe nach außen strahlen wie ich nur kann. Das ist die Antwort.«

»Naja ...«, sagte Anna und räusperte sich. »Das war auch meine Lösung ... aber es ... es hört sich trotzdem ziemlich nach Stillhalten an.«

»Nein, ich sagte doch. Ich bin aktiv. Ich setze mich bewusst hin. Ich aktiviere alle meine positiven Kräfte. Ich negiere nicht, was geschehen ist. Es ist, obwohl es nicht so aussieht, das tiefgründigste und wirksamste Mittel gegen Gewalt.«

Als sie ihn zweifelnd ansah, schwieg er. Sie wusste, er gab ihr Zeit, nachzudenken. Schließlich sagte sie in die Pause hinein:

»Ich kann mir nicht helfen. Es wirkt ... wie Verdrängung. Es hört sich ... zu einfach an ... zu wirkungslos ... zu ...« Sie brach ab.

Er lächelte leicht.

»Es ist nicht wirkungslos. Und es ist auch nicht einfach. Sagen Sie mir ... wenn Sie eine harte Situation in Ihrem Leben bewältigen mussten ... und das mussten Sie ganz sicher mal ... wie schwer ist es Ihnen gefallen, in diesem Moment Liebe zu empfinden? Wie schwer fällt es, positiv über einen Menschen zu denken, der Ihnen Unrecht getan hat? Wie schwer ist es, einen negativen Gedanken vorbeifliegen zu lassen, ohne ihn zu verfolgen? Sie wissen selbst, dass das sehr, sehr schwer ist.«

Anna nickte langsam.

»Wie können Sie dann sagen, es sei einfach? An Liebe und das Gute zu glauben, obwohl die Dinge im Außen etwas Gegenteiliges zu sagen scheinen, ist alles andere als leicht. Es ist die schwerste Übung überhaupt. Es ist die Übung, die die Welt besser machen würde, an der aber die ganze Menschheit scheitert. Fast die ganze.«

Verstehend sah sie ihn an. Ihre Lippen zuckten.

»Die Crux ist, dass der Wunsch, nobel zu sein, gute Dinge zu kultivieren, von jedem selbst kommen muss. Man kann von außen versuchen, es zu fördern, aber letztendlich ist es eine Entscheidung im Menschen selbst. Aber was tun Menschen, denen Unrecht und Leid geschieht? Sie empfinden Hass. Sie empfinden Trauer, Wut, Unverständnis, Ärger, Leid ... alles, was man an negativen Gefühlen nur so aufbringen kann. Weil sie nicht verstehen. Sie lesen Zeitung, schauen fern und frönen ihrer Sensationslust. Sie empfinden noch mehr Ohnmacht, Trauer und Hass ... und genau das schicken sie dann in die Welt und wundern sich dann über den Spiegel, wundern sich, warum die Welt so bleibt, wie sie ist, ohne zu verstehen, dass sie einen gehörigen Anteil dazu leisten. Meinen Sie, das erhöht unsere Chance auf Frieden? Hat Ghandi jemals eine Waffe gegen jemanden erhoben? Hat er jemals einen Menschen beschimpft? Nein. Er ist eines der besten Beispiele, wenn es darum geht, dass Gewaltlosigkeit Wirkung hat. Er hat damit ein ganzes Volk befreit! Aber er hatte auch ein reines Herz – und das ist das, woran die meisten kranken. Das ist der Grund, warum es bislang nicht funktioniert. Alle suchen Frieden im Außen und führen Krieg in ihrem eigenen Herzen. Sie warten darauf, dass die Welt in Frieden lebt, damit sie Frieden empfinden können, aber sie sind mit sich selbst nicht in Frieden und in ihrem Inneren herrscht Wut und der Gedanke an Rache. Und das Bild, das ihnen ihr Inneres zurückwirft, ist genau diese Welt.«

»So sind Sie der Meinung, dass jeder seine eigene Erlösung finden muss, um die Welt zu erlösen?«

»Genau das. Aber alle kämpfen nur mit den von ihnen geschaffenen Erscheinungen. Keiner denkt daran, sein eigenes Herz rein zu halten.«

»Mr. Wang«, fragte sie und neigte sich ihm zu. »Was haben Sie gemacht, als 2001 das Flugzeug in die Twin Towers flog?«

»Ich habe meine gesamte Familie zusammengerufen und wir haben meditiert und gebetet. Über Wochen. Wir haben alles getan, um gute Schwingungen in die Welt zu schicken. Ich habe mir bekannte Priester beauftragt, Mantras zu singen ... wir haben uns mit unserer Quelle verbunden – und nicht mit der Gewalt, die im Außen wütete. Denn hätten wir das getan, hätten wir Angst, Trauer, Wut und Hass potenziert.«

Sie nickte. Das Lächeln war in ihr Gesicht zurückgekehrt.

»Natürlich haben wir auch materiell geholfen«, setzte Wang nach. »Das versteht sich von selbst.«

»Danke, Mr. Wang«, sagte Anna. »Sie sind ein guter Mensch. Ich hoffe, Sie kommen uns mal im Schwarzwald besuchen. Ich würde mich sehr freuen.«

»Ich komme, Miss Anna. Ganz bestimmt«, sagte er herzlich und nahm ihre Hände. »Eine solche Einladung lasse ich ganz bestimmt nicht verfallen!«

Er erhob sich, drei seiner Berater standen in respektvoller Distanz vor der Gartencouch. Die Konferenz schien weiterzugehen.

»Wie weit sind Sie?«, fragte Anna. »Ich meine, wenn es noch länger dauert, würde ich lieber ins Hotel zurück ...«

»Ich meditiere immer vor einer großen Entscheidung«, antwortete Mr. Wang. »Es kann sich noch hinziehen.«

»Sie meditieren vor einer Entscheidung?«

»Oder eben, wenn ich eine getroffen habe ... das ist mir ein Bedürfnis. Ich hole mir Segen für das, was ich vorhabe. Ich möchte, dass das, was ich tue, niemandem schadet. Früher haben die Menschen das Land geehrt, bevor sie es bestellt haben, um die Energie zu erwecken. Es ist ein Zeichen innerer wie äußerer Wertschätzung und Dankbarkeit.«

»Darf ich mit?«, fragte sie spontan. Sie merkte, wie seine Berater zurückzuckten. Offensichtlich war sie wohl gerade in ein Fettnäpfchen getreten und wollte eben zurückrudern, als Wang Anna nachdenklich ansah und fragte:

»Wie lange können Sie sitzen?«

»Zwei bis drei Stunden?«

»Gut«, lächelte er. »Dann kommen Sie. Es wird mir eine Ehre sein.«

Will sah Anna mit Wang verschwinden. Er hörte Wangs Leute tuscheln und konnte sich auf all das keinen Reim machen. Man hatte ihm nur gesagt, dass Mr. Wang noch etwas brauche, um die letzten Details in den Vertrag einpflegen zu lassen.

Er wollte zu Anna. Er wollte unbedingt wissen, warum sie so reagiert hatte. Was mit ihr los war. Er war in totalem Aufruhr.

Unruhig schaltete er sein Handy ein. Eine Flut an WhatsApp- und Messenger Nachrichten erreichten ihn. Er musste sich irgendwie ablenken und so las er sie durch.

»Keine Chance, Alter, was?«

»Du verliiiiiieeerst haushoch!«

»Von wegen Wahnsinnsvertrag! Der hier bringt dich zum Scheitern!«

»Will verliert! Jungs! Diesmal muss er die Hosen runterlassen! Er kriegt das nicht hin!«

In Will schoss so schnell etwas nach oben, dass er noch nicht einmal merkte, wie sein Geist auf einen Highway in seinem Gehirn einschwenkte, der ihn in eine vorgegebene Richtung rasen ließ, an allen möglichen Ausfahrten vorbei. Grimmig setzte er seine Antworten darunter:

»Ich verliere NIE, merkt euch das!«, fetzte er in das Textfeld. Kaum hatte er auf Senden gedrückt, schrieb er schon die nächste:

»Lasst euch sagen, Jungs – ich habe dermaßen gewonnen! Ich habe so was von gewonnen!«

»Näheres folgt!«

Seine Finger flogen über die Tasten. Seine Augen waren blind. Er würde das Ganze auf seine Weise lösen.

Ein paar Tage vorher

Phil saß vor dem Rechner und hatte Facebook und Annas Profil aufgerufen. Nachdenklich betrachtete er sie. Sie hatte noch immer das alte Foto drin, ihr persönlicher Account lag ziemlich brach. Es gab keine Posts, keine Kommentare, gar nichts. Anscheinend hatte sie die gleiche Meinung über Facebook wie er. Seine Gedanken wanderten zu Will. Seit über vier Wochen hatte der nun nichts mehr von sich hören lassen ... seit dem Tag, nachdem er Anna das erste Mal live gesehen hatte. Und obwohl er versprochen hatte, ihn über den Stand der Dinge zu informieren, war nicht eine Nachricht von ihm gekommen. Er rief Wills Profil auf und schrieb ihm eine Nachricht.

»Du untreue Tomate ... was ist los? Wolltest du mich nicht auf dem Laufenden halten?«

Er hatte sie kaum abgeschickt, als schon ein Chatfenster aufsprang – aber es war nicht Will. Es war Ron. Der allergrößte und typischste Sohn unter der Sonne. Langzeitstudent mit bequemen 10 000 Euro im Monat, ohne Abschluss geblieben, schließlich in Papis Firma untergekommen, dort entsprechenden Mist gebaut ... auf einen Posten gesetzt worden, wo er nicht allzu viel Unheil anrichten konnte ... zu viel Alkohol, zu viel Designer-Drogen, zu viel High Life, kurz, Phil hielt nichts von Ron. Gar nichts.

»Ey, Phil!!!!!! Duuuuu auf Facebook??????? Na, das ist ja mal n Knaller!!!!!« Er hatte fünf Rechtschreibfehler in diesem kurzen Satz und Phil antwortete grob:

»Und du? Gerade mal wieder besoffen? Nüchtern wäre mal n' Knaller! Falls du überhaupt noch weißt, wie sich das anfühlt.«

»Phil, der Streber, warst schon immer n' sarkastisches Arschloch ... bist echt voll der Nerd ... wo iss Will?«

»Wieso fragst du?«

»Weil der Sauhund sich nicht meldet! Seit zwei Wochen ... nix!«

»Seit zwei Wochen ... hast du ihn gesprochen?«

»Nee, geschrieben ... Ist auf die Seychellen geflogen ... hab echt keine Ahnung, wie der das macht.«

»Was macht?«

»Na, wie der die Weiber immer rumkriegt!«

»Tja, Talent, würde ich sagen.«

»HIHIHIHIHI!«

Das Kichern sah so albern aus, dass Phil kaum glauben konnte, dass er mit einem erwachsenen Mann chattete.

»Er schreibt noch nich mal in der Piratengruppe,« brabbelte Ron. »Der Scheißpirat!«

»Piratengruppe? Meinst du so was wie der Club der toten Dichter?«

»Äh ... was? Du redest echt voll den Scheiß.«

»Und du bist sturzbetrunken – oder noch schlimmer! Welche Droge wirkt da grade in dir?«

»Oh, Mann, du Sack, ich bin nicht auf Drogen! Hab mir nur ein Gläschen gegönnt, weil ich einen echten Coup gelandet hab!«

»Okay« Phil wollte gar nicht wissen, um was es ging. Er wollte diesen versoffenen Typen nur so schnell wie möglich wieder loswerden, aber er hoffte, noch etwas über Wills Verbleib und Absichten zu erfahren.

»Hör mal, Will ist inzwischen auf den Seychellen?«

»YEPP! Der tütet seine Dinger ein.« Ron fing an zu kichern ob der Doppeldeutigkeit seiner Worte, die nur er verstehen konnte.

»Welche Dinger?«

»Den Vertrag mit dem Mogul ... tütet sie ein! Das passt, was! Tütet sie ein!«

Wenn geschriebene Worte lallen könnten ... sie konnten es. Phil war überzeugt, dass Ron kaum in der Lage war, die Zunge zu bewegen, geschweige denn die Finger, denn die trafen immer öfter falsche Buchstaben. Aber Phil war alarmiert.

»Ron, ich weiß gerade nicht, was schlimmer ist. Deine Orthografie oder dein Geschmack. Wovon sprichst du?«

»Bist du nun ein Pirat oder nicht?«

»Klar bin ich einer«, schrieb Phil. »Aber wie ...«

»Du bist ja gar nicht in der geheimen Gruppe!«

»Ja, bin aus Versehen raus. Kannst du mich noch mal reinsetzen?«

»Klaro. Patsch! Bist hinzugefügt. Ich sag dir, das Ding war der Deal meines Lebens!«

»Fein«, sagte Phil. »Dann wünsche ich dir noch viel Spaß beim Feiern.«

Er klickte ihn weg. Das Fenster poppte sofort wieder auf.

»Und dir viel Spaß beim Rosinenkacken, du Saftnerd!«

Rons grüner Punkt verschwand Gott sei Dank und Phil klickte auf den Button »Die Piraten«. Es war eine geheime Gruppe mit nur wenigen Mitgliedern. Eine Seite voller Fotos und Kommentare öffnete sich. Jemand hatte sich sogar die Mühe gemacht und ein Banner erstellt, in dem sieben seiner ehemaligen Studienkumpane, darunter Will, auf einem gemeinsamen Foto zu sehen waren. Drüber stand:

»DIE PIRATEN – die ultimative Challenge: **Will Sanders tritt an – gegen den Rest der Welt!**«

An dieser Stelle musste Phil noch lächeln, das war typisch Will! Er forderte alles und jeden heraus! Doch dann las er weiter und seine Gesichtszüge entgleisten.

Seine Augen flogen über die Kommentare und schon bei den ersten stöhnte er auf:

»Nein, Will, nein, nein, nein, nein!!!! Oh, bitte nicht, oh, mein Gott!«

Er las und las und las und je mehr sich das Bild verdichtete, je mehr sich das Puzzle zusammenfügte, desto entsetzter war er, desto mehr war er außer sich, desto ruheloser saß er auf diesem Stuhl ... ertrug es fast nicht, alles zu lesen, aber er wusste, er musste sitzen bleiben, musste sich durch jeden Buchstaben quälen .... und als er endlich am Ende angekommen war, sprang er so heftig auf, dass der schwere Bürostuhl kippte und auf den Boden krachte. Fassungslos hielt Phil seine Hände ans Gesicht, er atmete schwer, konnte im ersten Moment keinen klaren Gedanken fassen. Schließlich verdunkelten Wut und Abscheu seine Augen und er setzte sich in Bewegung.

***

Will rannte in der Suite herum wie ein Tiger.

Anna war nach ihrer Meditationssession mit Wang anders gewesen. Irgendwie entrückt und Will hatte den Eindruck: uninteressiert an ihm. Wang hatte ihn sogar zur Seite genommen und ihm gesagt, er möge sie ein paar Stunden in Ruhe lassen.

Anna hatte still, sehr still im Wagen gesessen, der sie beide zurück in ihr Hotel gebracht hatte und war ohne einen Blick für ihn in ihr Zimmer verschwunden. Sie hatte kein Wort mit ihm gewechselt! Nicht eines! In Will war mit einem Mal massive Angst hochgeschossen. Was war los? Warum redete sie nicht mit ihm?

Panik glomm in ihm, alte Panik, bekannte Panik und sie nährte ein so negatives Gefühl in ihm, so stark, so immens, dass ihm fast schlecht davon wurde. In diesen Sekunden wurde ihm bewusst, wie sehr er sie liebte, wie sehr er sie brauchte, wie wenig bereit er war, auf sie jemals wieder zu verzichten. Und auch, wenn er sich all die Tage nie wirklich darüber Gedanken gemacht hatte, wie es nach dem Urlaub weitergehen würde, geriet für ihn die Vorstellung, das hier wäre alles gewesen, zum Albtraum. Bestürzt hielt er inne: Fuck! Er hatte sich tatsächlich vollkommen in sie verliebt, mit Haut und Haar, mit jeder Faser seiner Existenz!

Der Gedanke machte ihm Angst. Er konnte nicht mit jemandem zusammenleben! Er hatte es nie gekonnt! Aber ohne Anna wollte er auch nicht mehr leben! Sie hatte in all den Monaten so viel Licht in sein Leben gebracht, sie hatte ihn zu einem besseren Menschen gemacht. Sich diese Liebe einzugestehen, überhaupt Liebe für einen anderen Menschen zuzugeben, war neu für ihn ... es fühlte sich an wie eine Niederlage.

Wenigstens, so versuchte sich sein Kopf abzulenken, hatte Wang den Deal nochmal bestätigt. Morgen Vormittag würden sie die letzte Verhandlung um den Entsorgungskram führen, dann war das Ding im Kasten. Abends war die Party, auf der alles besiegelt werden würde. Ein Auftrag, der ihm für fünfzehn Jahre eine überaus sichere Existenz gewährleistete.

Aber Will konnte sich nicht so darüber freuen, wie er das erwartet hatte. Er stand vor ihrer Zimmertür und ihm fielen urplötzlich all die Fragen ein, die er Anna im Laufe dieser Monate hätte fragen, all die Gespräche, die sie hätten führen können, all das, was er jetzt auf der Stelle von ihr wissen wollte ... und ja, er war sogar bereit, sie von ihm wissen zu lassen. Obwohl ihm genau das Bauchschmerzen bereitete und er instinktiv davor zurückscheute.

Ihm wurde schmerzhaft klar, dass sie jeden Tag darauf gewartet hatte, ohne zu drängen, dass sie sich ihm hingegeben hatte, ohne zu fordern.

»Wünsche machen dich egoistisch, sie lassen dich alles um dich herum vergessen ... all das Schöne ... alles, wofür du doch dankbar sein könntest ...«

Oh, mein Gott, es war so wahr, so verdammt wahr! So schrecklich wahr!

Immer wieder blieb er vor ihrer Tür stehen und horchte hinein. Schließlich hielt er es nicht mehr aus. Leise klopfte er an das Holz.

»Anna?«

Sie antwortete nicht.

Er zögerte kurz. Dann drückte er leise die Klinke herunter. Sie lag auf dem Bett und umarmte ihr Kissen. Hatte sie geweint? Vorsichtig näherte er sich ihr. Setzte sich, so wie sie es bei ihm am ersten Tag getan hatte, auf die Bettkante und strich ihr sanft über die Wange. Anna schlug die Augen auf und streckte die Arme nach ihm aus. Will stieg ein Kloß in den Hals. Immer hieß sie ihn willkommen. Egal, wie es ihr ging. Egal, was sie gerade erlebt hatte – sie öffnete die Arme für ihn. Es trieb ihm die Tränen in die Augen und er umschlang sie so fest, dass sie aufstöhnte.

»Tut mir leid, tut mir so leid ...«, murmelte er. »Ich bin ... bin nur so froh, dass du .... dass ich ... geht es dir gut, Anna?«

Wieder drückte er sie zu fest, unbeholfen, gefangen in seinen Gefühlen. Anna hatte ihre Arme um seinen Nacken geschlungen, aber sie war nicht wirklich bei ihm.

Behutsam legte er sich zu ihr, diesmal brauchte sie ihn, das spürte er. Aber die Situation war so ungewohnt, er wusste nicht, wie und was er ihr geben könnte und fühlte sich schrecklich hilflos.

»Anna, was hast du?«, fragte er schließlich leise. »Bitte sag es mir.«

»Nicht heute, Will«, murmelte sie. »Nicht jetzt.«

Er schwieg. Sie lag auf der Seite und er konnte nichts weiter tun, als ihr seine Wärme zu geben. Sacht schob er seinen Körper an den ihren, schlang seinen kräftigen Arm um ihre Taille und sie setzte ihren Po ein Stückchen zurück, so dass er in die Mulde seines Unterleibs passte, wie ein Puzzlestück ins andere. Er war so dankbar für diese Geste, dass ihm erneut die Tränen hochschossen und er seinen Mund in ihr duftendes Haar senkte.

»Anna«, flüsterte er. »Anna ... können wir reden? Bitte ... ich ... muss ... ich muss dir unbedingt etwas ...«

»Nein, Will, bitte ... nicht heute. Ich will dich einfach nur spüren ... aber nicht reden, okay?«

»Okay«, flüsterte er. »Ist okay. Alles ist okay. Ich liebe dich, Babe, hörst du? Ich liebe dich.«

Anna kuschelte sich dichter an ihn und schlief ein. Er hielt sie die ganze Nacht in seinem Arm, streichelte sie, küsste sie. Schlief selbst ein, wachte immer wieder auf. Musste sich immer vergewissern, dass sie noch da war.

Bis der Morgen anbrach.

Abschied vom Sommer

Anna wachte auf. Sie lag in Wills Armen. Es tat gut, dass er sie hielt, und doch schweiften ihre Gedanken zu der gestrigen Meditationssession und den Minuten danach.

Die Meditation mit Wang war so schön gewesen, sie hatte lange in diesem von jahrelangen Gesängen und Meditationen gesättigten Raum mit ihm gesessen. Sobald sie das Zimmer betreten hatte, war sie ruhig geworden und hatte einmal mehr gestaunt, wie stark reine Gedanken, Gebete und Musik greifbar positive Schwingungen schafften. Es war sehr leicht gewesen in die Meditation einzutauchen, mehr noch: Sowie sie in diesem Raum gestanden hatte, hatte sie ein so dringendes Bedürfnis danach verspürt, dass sie es kaum hatte erwarten können, bis Wang das Zeremoniell, das er vor der Meditation abhielt, beendet hatte. Sie hatte da schon kaum noch stehen können und Wang hatte ihr mit einem kurzen Blick ins Gesicht ihren Platz zugewiesen.

Anna konnte sich an fast nichts mehr erinnern außer an eine unglaubliche Ruhe, einen intensiven Frieden, der ihr ganzes Sein ergriff. Sie fühlte, wie ihr Körper sich ausdehnte über den Raum hinweg wie Nebelschwaden, die im Licht der Sonne verdunsteten. Sie war nichts, sie war alles, sie schwamm in der Fülle des Universums, den Möglichkeiten, der Leere, die so voll war und die all diese Formen ins Entstehen brachte.

Ein seliges Lächeln lag auf ihrem Gesicht, als ihre Ohren ein silberhelles Glöckchen hörten, das sie sanft aus der Meditation auftauchen ließ. Sie war wieder da gelandet, wo sie hingehörte.

Voller Dankbarkeit hatte sie sich vor Wang verneigt und alle Gefühle, die sie für ihn empfand, in die Geste hineingelegt. You Wang verstand sie ohne ein Wort. Sie war vollkommen im Gleichklang mit ihm.

Sie ließen die Stille bei einer Tasse Tee nachwirken, schließlich sah Wang auf die Uhr. Ein karger Wortwechsel entstand, beide wollten sie diese delikate Ruhe so lange wie möglich bewahren.

Dann sah er sie an. Zögerte. Fragend sah sie zurück. Sein Blick wandte sich wieder der Teetasse zu. Er lächelte.

»Wissen Sie, dass ich Sie wirklich mag, Anna?«, sagte er. »Ich hoffe, Mr. Sanders weiß, was er an Ihnen hat.«

Anna lächelte zurück, aber es war ihr vollkommen klar, dass er eigentlich etwas völlig anderes hatte sagen wollen. Und dass er mehr wusste, als er zugab.

***

»Anna?«

Sanft rüttelte Will an ihrer Schulter. »Guten Morgen, mein Engel ... frühstückst du mit mir?«

Es klang wie ein Flehen. Sie drehte sich von der Seite auf den Rücken und sah ihn forschend an. Was wusste *er*? Aber sie konnte in seinen Augen nichts entdecken, außer der Sorge um ihr momentanes Verhalten und so schlang sie ihre Arme um ihn und flüsterte in sein Ohr:

»Heute ist dein großer Tag, William! Freust du dich?«

»Ja, ich freue mich«, antwortete er. »Aber nicht wegen des Vertrags. Ich freue mich, weil du hier bist, Honey. Und ich kann es kaum erwarten, dich in diesem Kleid zu sehen! Du wirst das Juwel an diesem Abend sein!«

»Ach ja, das Kleid!«, sagte sie. »Stimmt! Das hat ja heute auch Premiere!«

Will sah ihr kopfschüttelnd nach, als sie ins Bad ging. Jede andere Frau hätte nichts anderes als die Vorbereitungen für den Abend im Kopf gehabt, um möglichst viel Aufsehen zu erregen.

Er blieb noch liegen, er wollte mit ihr reden. Mit geschlossenen Augen lag er auf dem Bett. Anna kam aus dem Bad zurück und lehnte sich an die Tür des Schlafzimmers. Nachdenklich musterte sie ihn. Er hatte sich seine Locken für die Verhandlungen abschneiden lassen, trug sein Haar kurz – wieder wirkte er ganz anders. Aber immer gefährlich, immer verboten erotisch. Anna merkte, wie es in ihr zu kribbeln begann und mit einem Mal sehnte sie sich so sehr nach seiner Wärme, seinen Händen, seinem Körper, so sehr nach dem ganzen Kerl, dass das Verlangen wie eine Flamme in ihr hochschoss.

Will wollte gerade aufstehen um nach ihr zu sehen, als er sie am Türrahmen entdeckte. Sie sahen sich an und der Funke sprang fast schmerzhaft auf sie beide über. Sie lief auf ihn zu und warf sich in seine Arme. Sekunden später liebten sie sich mit einer Heftigkeit, die die Anspannung der letzten Stunden verriet. William nahm Annas Gesicht mit einer Präzision wahr, die ihn schwindeln ließ. Sie gab sich ihm vollkommen hin, öffnete sich, hielt nichts zurück, sie gab ihm einfach alles. Will nahm das mit einer Dankbarkeit und Erleichterung wahr, die ihm schier den Atem raubten, die ihn in seinem Entschluss bestärkten.

»Hey, Babe«, flüsterte er, als sie erschöpft beieinander lagen. »Ich liebe dich. Ich liebe dich. Oh, mein Gott, ich liebe dich.«

Er war so glücklich. Noch nie war er so glücklich gewesen. Er würde dieses Glück nicht hergeben.

***

»Mr. Wang, es hat leider etwas länger gedauert, wir haben tatsächlich noch etwas Interessantes ausfindig gemacht.«

»Es ist gut. Vielen Dank. Ich schaue mir das später an.«

Wangs Beauftragter zögerte, nickte kurz und ging. Wang sah ihm hinterher. Nachdenklich. Er nahm sich vor, das Material am Nachmittag durchzusehen.

***

Es war nur noch Zeit für ein hastiges Frühstück, eine schnelle Tasse Kaffee, dann musste Will gehen.

Sie stand am Gartentor der Villa, als Kumar ihn mit dem Buggy zum Foyer brachte, von dort brachte ihn ein Taxi zu Mr. Wangs Hotel. Anna würde am Nachmittag nachkommen – mit ihrem Gepäck, denn da das Hotel von Mr. Wang näher am Flughafen lag, würden sie die letzte Nacht dort verbringen.

Sie winkte ihm nach und lief noch ein paar Schritte mit, bevor der Buggy hinter der letzten Biegung verschwand.

»Viel Erfolg!«, rief sie ihm hinterher. Dann drehte sie sich um und ging ins Haus. Sie machte noch einen langen Strandspaziergang, bevor sie packen und Abschied von der Präsidentensuite nehmen musste. Es wurde ohnehin Zeit, wieder an den Alltag zu denken. Mit der heutigen Party war diese Märchenkulisse erst mal vorbei – und sie musste sich klarwerden, was sie wollte. Und was Will wollte. Es war so schön mit ihm! Aber zwischen ihnen war dennoch nichts geklärt, er war immer noch jemand, der sich in Geheimnisse hüllte ... sie wussten beide zu wenig voneinander. Trotzdem war sie zuversichtlich, dass er sich nach diesen Tagen endlich öffnen würde.

Er hatte den Vertrag in der Tasche, sie wussten, dass es zwischen ihnen funktionieren könnte und so freute sie sich auf die kommende Zeit, auf die Gespräche mit ihm, auch, wenn sie ahnte, dass es nicht leicht werden würde.

Am Nachmittag befand sie sich in der nächsten Suite – diesmal in Mr. Wangs Hotel. Wie immer standen Champagner, frisches Obst und vergoldetes Konfekt auf dem Tisch. Auch hier hatten sie einen Butler. Die Sonne schien, sie ließ sich Tee auf die Terrasse bringen und beschloss zu checken, ob die Regisseurin ihren Fragebogen bekommen hatte.

Den Laptop auf dem Schoß, nahm sie einen Schluck Tee. Oh, Mann, diese verdammten Spam-Meldungen! Ihr Postfach war schon wieder überschwemmt mit Angeboten über Sofort-Kredite, Dating-Börsen, Viagra und Potenzmittel ... wie gestern markierte sie alle am Stück und wollte sie löschen, als ihr Blick auf die Betreffzeile der ersten Mail fiel:

»Das betrifft Will Sanders – und Sie, Anna. Bitte lesen Sie das!«

Sie wusste nicht, warum, aber auf einmal klopfte ihr Herz. Es klopfte laut und unruhig und ihr Finger rutschte auf dem Pad ein bisschen höher, dahin, wo das große X für Löschen war. Ein Klick – und die Mail wäre weg. Sie sah auf den Absender. P.C. Reuter. Der schon wieder? Etwas in ihr reagierte anders, als sie wollte, statt auf das X klickte ihr Finger auf Öffnen und der Text entfaltete sich vor ihren Augen. Es war kein Spam – es war ein persönlicher Brief.

»Liebe Anna,
Sie kennen mich nicht, aber ich kenne Sie. In den letzten Monaten durfte ich Sie auf eine Weise kennenlernen, die Ihnen ungewöhnlich vorkommen mag. Aber dazu komme ich später. Wen ich aber besonders gut kenne, weil er jahrelang mein bester Freund war, ist Will Sanders. Ich weiß, dass Sie momentan mit ihm auf den Seychellen sind und hoffe von Herzen, dass ich mit meiner Mail noch Schlimmeres verhindern kann.
Aber bevor ich hier irgendetwas schreibe, was Sie mir unter Umständen ohnehin nicht glauben, bitte ich Sie, Ihren Facebook-Account aufzurufen. Ich habe Sie einer geheimen Gruppe hinzugefügt, die von William gegründet wurde. Sie heißt: »Die Piraten«.
Ich bitte Sie inständig, sich so bald wie möglich den Inhalt dieser Seite anzusehen. Das wird Ihnen Aufschluss und Klarheit geben. Und bitte lassen Sie uns danach in Verbindung treten ... ich kann Ihnen ganz sicher noch einige Dinge dazu erklären.
Herzlichst,
Phil Reuter«

Die Piraten

Ihr Herz schlug inzwischen hart gegen ihre Rippen und ihre Hände schwitzten, als sie Facebook öffnete und die Gruppe »Die Piraten« entdeckte.
Die Seite baute sich auf – und das Erste, was sie sah, war ein Foto von ihr. Sie, Anna, in Seitenlage auf dem Bett, die Decke an den Oberkörper gedrückt, ihr Bein darüber, es war klar erkennbar, dass sie nackt war, ihr Haar war über das Kissen verteilt und verdeckte ihr Gesicht.
Darunter ein Kommentar von William:
»Ich verliere NIE, merkt euch das!« Und eine Minute später:
»Lasst euch sagen, Jungs – ich habe dermaßen gewonnen! Ich habe so was von gewonnen!« »Näheres folgt!«
In Anna stürzte das Blut so schnell nach unten, dass sie zum ersten Mal in ihrem Leben das Gefühl hatte, ohnmächtig zu werden. Und es sogar

herbeisehnte. Sie sehnte sich danach, umzufallen, aufzuwachen und festzustellen: Das alles war nur ein böser Traum. Sie zitterte am ganzen Körper und ihr Blick raste über die unzähligen Kommentare, Videoaufnahmen und Fotos der Seite. Kommentare, die in unregelmäßigen Zeitabständen geschrieben worden waren. Ihre Augen fuhren nach oben: »Die ultimative Challenge – Will Sanders gegen den Rest der Welt!«, fuhren wieder zurück, versuchten, sich zu orientieren, aber in ihrem Kopf war Leere, sie war unfähig, systematisch vorzugehen. Anna las und klickte, wo ihr Auge hinfiel. Mit zitternden Fingern scrollte sie die Kommentare unter ihrem Nacktfoto durch, wollte von unten anfangen, aber immer wieder blieben ihre Augen an Worten haften, die sich wie schwarze Tentakeln um ihr Herz schlangen:

»Ne Schwarzwaldzicke, Männer, ihr ahnt nicht, was die teilweise für Mist schreibt!«

»Die krieg ich schon noch rum, keine Sorge.«

»Fuck ... die schickt mir *Zitate!* Voll esoterisch, das Weib, oh, meine Fresse, das überleb ich nicht!«

Allein diese wenigen Worte und die ungeheuerliche Tatsache, dass er ein Nacktfoto von ihr hochgestellt hatte, taten weh, so weh, dass sie nicht mehr atmen konnte, dass sie nicht mehr lesen mochte ... und doch blieb sie auf der Seite und zwang sich schließlich, logisch vorzugehen, um sich einen Überblick zu verschaffen.

Das Nächste, was sie ansprang, war ein Video, ein Video mit der Überschrift: Das *Beweis-Video.* Mit zitternden Fingern drückte sie den Play-Button. Es war ein mit dem Handy gefilmter Mitschnitt, ziemlich verwackelt, allein schon deshalb, weil die ganze Meute, die sie da auf dem Film zu sehen bekam, sturzbesoffen war. Sechs Kerle saßen, standen und lagen in einem luxuriösen Zimmer, darunter William, der mit einer Flasche Whisky in der Hand den Ton angab und irgendetwas brüllte, was sie nicht verstand. Aber dann ging der Handybesitzer näher ran und Bild wie Ton wurden etwas besser.

»Ron«, schrie einer gerade und brachte kaum die Worte aus seinem betrunkenen Mund: »Nimm das auf! Sonst dreht der Sauhund hinterher alles so, wie er's braucht! Wir müssen das festhalten! Beweise! Beweise!«

»... und wenn ich euch das sssage!«, lallte Will und deutete mit dem Zeigefinger auf die Kamera: »Weiber sinn ... dumm! S...könnt ihr jjedersseit schrifffftlich haben! Unn das, was ich euch gesagt habe ... alles ... alles schrifftlich, weils ... schttimmt!«

»Ey, Alter«, sagte ein anderer, der noch einigermaßen nüchtern zu sein schien. »Du bist als Romance Scammer unterwegs? Warum? Du hast doch genügend Kohle!«

»Warum? Warum?«, brabbelte Will. »Weil ... Weiber DUMM sind! Weil sie's nich wert sinn! Schreib, du bist Schauspieler ... oder ... Firmenbesitzer ... was weiß ich ... un dann ...« er hickste heftig. »...un dann ...nennst du sssie drei mal pretty angel ... und sschon fallen die um ... fallen die um ...«

Er rülpste laut und hielt sich an einer Kommode fest. »Die ham nix im Hirn ... ham die...« Wieder torkelte er gefährlich, fing sich gerade so und nahm einen kräftigen Schluck aus der Flasche.

»Die kriegst du alle ...«, lallte er. »Auf Dauer kriegst du alle! Die fressen dir aus der Hand für ein paar Koseworte ... Hey, Darling ...!« Seine Stimme hob sich in Falsetthöhe. »Hello pretty angel ... du bist mein Sonnenschein ... dein Lllächeln versssssaubert mir den Tag ... echt, Männer, die stehn auf so ne Schschcheissse ... und dann ... dann ...«

Immer wieder wankte Will aus dem Bild, der Handybesitzer hatte Mühe, ihn zu verfolgen, er war wohl selbst nicht mehr sehr nüchtern, der Film war komplett verwackelt.

»Hey Babe«, lallte Will derweil weiter in Falsett: » ... seit ich dein Bild auf FB gesssssehen hab, kann ich nich mehr schlafen ... du gehst mir .... nich ausm Sssinn ... und die Tröten ... die glauben das!«

Wieder rülpste er lautstark und setzte voller Verachtung hinzu: »Wisst ihr warum? Weil ... das ... das iss Genetik ... Genetik is das. Bio... Biologie ... die können nich anders ... Frauen machen nur eins ... die suchen sich einen Versssorger ... verstehste... die wollen einen mit Kohle ... weil ... früher ... da ging der Mann auf die Jagd ... und sie ... sie hatte die Kinder ... sitzt auf ihrm fetten Arsch ...in ner Höhle ... und wartet auf Beute, versteht ihr? Biologie okay? Da können die nich raus ... die müssen sich einen sssuchen, der sie ernährt ... darauf sinn die alle aus ... allle, sach ich euch ... das hat sich ... in die Gene... *ein-ge - schweißt* ... kannste nix machen ... un desshalb ... desshalb ...funzt das bei JEDER ... wir sinn die Spinnenmännchen ... versteht ihr ... versteht ihr...?«

»Nu mal langsam«, meldete sich ein weiterer Typ, der sich eher unbehaglich zu fühlen schien: »Alle? Da übertreibst du aber mächtig!«

»Alle, Freundchen!«, hickste Will. »Ich ...« Er stolperte und wäre um ein Haar der Länge nach hingeschlagen. »...ich ... trete den Beweis an ... sucht mir eine aus! Egal, welche! Ich knack die alle ... alle knack ich die ... ihr werdet sehen ...!«

Er ließ sich in einen Sessel plumpsen und stürzte in einem Zug die restlichen drei Zentimeter aus der Flasche hinunter.

Ein großes Geschrei hub an und eine anschließende Diskussion, in der sich die Anwesenden lachend und unflätige Witze reißend aufschaukelten, Facebook aufriefen, sich über die Fotos hermachten und wenig schmeichelhafte Kommentare über Frauen abgaben.

»Schalt dein Ding mal aus, Ron, und komm her«, hörte Anna jemanden sagen. Patsch, Teil 1 war zu Ende.

Sie saß mit kaltem Schweiß am Rücken auf ihrem Stuhl und ihre Augen erblickten weiter unten die Fortsetzung. Obwohl es schrecklich wehtat, obwohl sie doch schon genug gesehen hatte, klickte sie noch einmal auf Play.

Es wurde fleißig weiter diskutiert.
»Alter, wie schaffst du es, dass dein Name sauber bleibt? Dein Bild ist doch auf FB! Du hast eine Riesenfirma ... die können dich doch googeln!«
Das Handy schwenkte auf Will, der gerade vergeblich versuchte, sich in seinem Suff eine Zigarette anzuzünden. »WEIBER SINN DUMM!«, lallte er. »Fuck ... das Scheißding ... das Fffeuerzeuch ... Die sinn dumm ... glaubt mir das ... wisst ihr, was die googeln? Den Namen!« Er brach in besoffenes Gelächter aus. »Die ... googeln tatsächlich meinen NAMEN!«
Die anderen sahen ihn interessiert an.
»Die googeln ... *Davy Jones*!«
»Is übrigens nich mein einziger acc... hicks ... count ... nich mein einziger ... hab fünfzehn ... versteht ihr ... fünfssehn Iden... Iden ...di ...Idendi...«
»Fünfzehn verschiedene Profile? Alter, Mann! Du hast sie doch nicht mehr alle!«
»Aber hier... da bist du doch mit deinem Foto drin!«, rief ein anderer. »... die können doch das Bild googeln!«
»Iss nich mein Bild«, nuschelte Will. »Nur am Anfang ... manchmal ... da stell ich eins von mir rein ... weil ... da beißen die meisten ... aber dann ... aber ... dann setz ich ... das da ein.«
Er zeigte mit dem Finger auf den Monitor und er schwankte so sehr, dass es den Anschein hatte, er fiele in den Bildschirm. »Bin nich ich.... issn ... brasilianischer Schauspieler, sieht fast so aus wie ich. Aber der hat braune Augen. Ich grüne. Fällt den Tussen nich auf. Und wenn, sssage ich immer, iss Camera settings ... Darling ... verstehste ... camera...setting ...«
»Ey, du bist genial! Das heißt, wenn sie das Bild bei Google-Suche eingeben, kommt das von dem Schauspieler?«
»Yyyeppp! Sch...schlaues Kind. Aber ...« Will hob den Zeigefinger, wankte wieder gefährlich, fing sich gerade so und deutete erneut in die Kamera: »... aber ... Leute ... ich bin noch schlauer ... weil ... weil, *wenn* ... wenn ... eine der Tussen ... also, wwwenn mal eine so clever wär un würd ... Bildsuche machen und fffi ...« er hickste heftig. »... fffindet mein echtes Proffffil ... was unwahrscheinlich isss ... wisst ihr ...«

Er brach in hysterisches Gelächter aus, er war so besoffen, dass er nichts mehr von seiner Umgebung mitbekam. »... dann sssag ich einfach ... da hat doch so ein blöder ... böser ... fieser Romance Scammer glatt mein Prof... Profffilbild geklaut!«

Die anderen johlten laut auf und klopften sich auf die Schenkel.

»Genial, Bruder! Echt genial!«, schrie einer.

Unter viel Gebrüll und lautem Gelächter stürzten sie sich auf Facebook und wählten Frauen aus – Will durfte nicht mitentscheiden. Die Namen wurden auf Zettel geschrieben und er zog drei davon aus dem Sektkühler, in dem sie das schon angetaute Eis gelassen hatten – die Zettel waren klatschnass. Laut lasen sie die Namen der Frauen vor. Der zweite, den sie zogen, war:

Anna Fries.

Im letzten Abschnitt des Videos wurden die Bedingungen festgehalten, die nach Paragrafen geordnet, schriftlich in einem Post zusammengefasst waren:

Er hatte für drei Frauen ein Jahr Zeit.

Er musste jede dazu bringen, ihn zu daten und mit ihm zu schlafen, wobei letzteres großzügig als Option gehandelt wurde.

Will: »Ey, Leute, alles, was recht iss ... ich vögel doch nich jede!«

Aber Will musste zweifelsfrei dafür sorgen, dass sie dazu bereit wäre.

Jede der Frauen musste er dazu bringen, 3000 Euro an ihn zu überweisen.

Jede, ihm eine Liebeserklärung zu machen, ob kurz oder lang, war egal, aber er musste es schriftlich haben oder auf Video – mit dem Wortlaut »Ich liebe dich«.

Preisgeld: 50000 Euro.

Anna war unendlich schlecht und ihre Augen blind vor Tränen. Sie scrollte nach unten und las die Kommentare. Vielleicht in der Hoffnung, doch noch etwas Erlösendes zu finden?

Will: Endrunde! Jungs! Die letzte ist dran!

Gruppe: Kommst voran?

Will: Fuck! Die ist so hartgesotten! Bis ich mit der mal einen Chat kriege!

Will: So! Erste Unterhaltungen gestartet. Leute, ich knacke das Mäuschen schneller als ihr meint!

Will: Dann habe ich das gesamte Projekt in vier Monaten gepackt!

Gruppe: Beweise! Nichts anderes zählt!

Will: Klaro. Habe ich voll begriffen! Siehe unten!!!

Ein Foto.

Eine Frau in Unterwäsche auf einem Sessel. Sie zierte sich sichtlich, hatte auch einige Kilos zu viel, lächelte verkrampft, sah verbraucht aus, ihre Augenlider waren nach unten gezogen und sie hatte starke Nasalfalten. Ihr Haar war unnatürlich schwarz gefärbt und ihr Mund so blutrot wie ihre Unterwäsche. Darunter eine Kanonade an Kommentaren:

Will: Voila! Braut Nr. 1: Das Foto auf FB war zwanzig Jahre alt! Die Bettnummer hab ich ausgelassen – aber wie ihr seht: Sie war bereit dazu. (Ich will die Situation nicht ausnutzen, Babe ... gib uns noch etwas Zeit, okay?) Lach! Die wartet heute noch! Uaah ... echt gruselig! Ich sag ja: Weiber sind **eitel** und dumm!!!

Gruppe: Und was ist mit dem Geld? Hat sie überwiesen?

Will: Die vollen 3000 Euro. Hat gerade mal einen Tag gedauert.

Es folgte ein Bankauszug, von dem er die Kontonummer schwarz übermalt, aber den Namen der Frau fett umrandet hatte.

Will: Glaubt ihr es jetzt? Spinnenweiber! War schon immer so, wird immer so bleiben!

Will: Und ich möchte betonen: Hat gerade mal vier Wochen gedauert, bis die sich mir an den Hals geworfen hat!

Gruppe: Beeindruckend!

Gruppe: Nee ... also bleibt mal realistisch! So eine hat Probleme, überhaupt jemanden zu finden und wenn da einer wie Will auftaucht ... ich bitte euch ... das ist nicht beeindruckend, das war leichtes Spiel!

Gruppe: Egal. Er hat die Bedingungen erfüllt.

Gruppe: Wie lang gibst du dir für Braut Nummer 2 und 3?

Will: Ich mach erst die dritte, die zweite zickt wie blöde

Will: Bingo! Hab die nächste am Haken. Sieht besser aus. Hoffe, die Fotos sind nicht mit Photoshop bearbeitet. Außerdem ist die verheiratet.

Gruppe: Schlechte Karten.

Will: Wer sagt das? Geht oft schneller.

Gruppe: Aber ihr Mann sieht doch gut aus! Ist das ihr Mann auf dem Foto?

Will: Ja, ist er.

Gruppe: Hast du schon ein Date?

Will: Gebe mir sechs Wochen – mit Endszenario.

Gruppe: Fuck! Macht Lust auf Hochzeit und Co!

Gruppe: Und? Wie kommst du voran?

Will: Leute, was soll ich sagen: Schon beim ersten Date war sie sehr bemüht, mir zu sagen, dass ihr Mann EIGENTLICH ganz okay ist ... da wusste ich schon, was los ist. Verstehste, die wollte nicht den Eindruck erwecken, dass sie ihren Mann nicht liebt, aber mich wollte sie natürlich auch, hehehehe, also konnte sie mir nicht verkaufen, zu 100% glücklich verheiratet sein. Ist sie eh nicht. Ist niemand. Melde mich!

Will: Und patsch! Hier ist sie! Ihr Foto war doch bearbeitet. Hat auch keine Schminke geholfen. Körper ganz okay. Hab sie mal durchgenudelt. War nix Besonderes. Oh, Baby, dein Mann hat dich immer ... ich nur eine Nacht ... schluchz.

Gruppe: Fuck, Will ...! Im wahrsten Sinne ...!

Gruppe: Die hat sich ficken lassen? Echt jetzt?

Will: Jungs! Seht es ein! Legt schon mal zusammen! Übrigens, hier ihre Überweisung an mich: 3000 Euro. Sagte ich es schon? Weiber sind käuflich – und verlogen. Wer von euch war das, der gesagt hat, Frauen betrügen ihre Männer nicht? Na, wer?

Gruppe: Oh, Mann, das ist ja echt frustrierend.

Will: That's it. – Scheidung vorprogrammiert – glaubt ihr's mir jetzt? Die Verheirateten sind am einfachsten zu knacken! Der Alte daheim bringt nix und alles ersäuft in Routine ... die wollen unbedingt, dass sie jemand Pretty angel und Darling und Sweetie nennt – alles Tussen, die sich selbst überschätzen und meinen, sie würden noch was reißen.

Gruppe: Wie lange gibst du dir für die letzte?

Will: Zwei Monate – ab jetzt. Ne blöde Zicke! Wenn die so aussieht, wie auf dem Foto dürfte sie ziemlich begehrt sein, null FB-Erfahrung, voll naiv. Egal. Wenn meine Prognose stimmt, habe ich in sechs Monaten das geschafft, wovon ihr behauptet habt, dass ich es nie schaffe! Es lebe Davy Jones!

Es folgten mehrere Kommentare, in denen sie Will nach seinem Fortschritt fragten, aber Will vertröstete sie mit schönen Worten.

Gruppe: Deine zwei Monate sind um, Davy Jones. Was macht die dritte?

Will: Ist ein bisschen schwieriger. Außerdem klemmt das Business etwas ... muss mich erst mal um andere Sachen kümmern. Melde mich.

Gruppe: Was geht? Drei Monate sind um, Meister! Bohrung erfolgt?

Will: Ey, Leute, die Chats mit der sind ... seltsam! Ne Esoterik-Tröte! Was habt ihr mir da ausgesucht! Muss so tun, als berührt mich der Mist. Echt ätzend.

Will: Dabei hat die mir am besten von allen gefallen ... ist aber wahrscheinlich eh ein altes Foto.

Gruppe: Vierter Monat! Hey, Davy Jones ... man hört gar nix? Insgesamt sind schon fünf um! Oder sechs? Hast dein Waterloo gefunden?

Will: Geduld, Leute.

Gruppe: Wie war das mit den zwei Monaten? Inzwischen sind insgesamt fast sechs um!

Will: bin an der aber erst seit vier Monaten dran! Drei auf einmal geht nicht! Hab vielleicht noch nen Job??? Muss ich zeitversetzt machen.

Gruppe: Ha, Will, das hört sich ja fast schon nach Rechtfertigung an!

Will: Halt du bloß mal die Klappe, du Arsch! Kriegst doch selber nichts auf die Reihe! Und – ich möchte betonen: habe zwei in Rekordzeit geknackt! Also: einfach mal die Fresse halten!«

Will: Na, also! Geht doch! Wir chatten. Demnächst sogar mit Stimme. Mann, die kostet vielleicht Nerven! Und Zeit!

Will: Stimme ist gut. Die erste süße Stimme übrigens. Die anderen waren ja Reibeisen und Mickey Mouse!

Gruppe: Und? Ist sie so flach, wie du befürchtet hast?

Will: Naja, Doppel-D ist was anderes. So kleine Körbchen hatte ich noch nie. Da reicht ein kleiner Finger (verzweifelter Smiley) Fingerhut!

...

Gruppe: Hey, Alter, was ist los? Letzter Kommentar ist ne Weile her! Wir warten auf ein Nacktfoto!

Gruppe: Sag bloß, du hast sie nicht gepackt? Hängst du?

Will: Ey, Jungs, das braucht ein bisschen länger. Ist ne Hartgesottene aus dem Schwarzwald. Fehlt bloß noch, dass sie nen Bollenhut aufhat, wenn wir uns treffen. Ist verheiratet. Erzählt mir was von zusammenstehen in guten wie in schlechten Tagen und bis das der Tod euch scheidet. Echte Scheiße. Und die meint das auch noch ernst! Das Foto ist bestimmt uralt! Die muss 80 sein!

Wochen später:

Gruppe: Dude! Immer noch nichts? Lach! Funktionieren die 1001 Loveletters aus dem Internet nicht mehr? Und dein »Hey, Babe«!?

Gruppe: Will? Wo steckst du? Du hast dich verpflichtet, Bericht zu erstatten! Gehört zu unserer Abmachung!

Gruppe: Immer noch nichts? Halloho!!

Gruppe: Er hängt, Kinder! Er will's nur nicht zugeben!

Gruppe: Gibst du auf?

Will: Jungs, ganz kurz, hab viel zu tun: Hab sie gedatet, geh mit ihr in Urlaub. Ich bin dran, ich knack die schon, keine Sorge.

Zwei Stunden später:

Will: Und für die ganz Blinden unter euch, ich meine, die Zweifler: Das wird mein Doppel- und Dreifachdeal! Mit der tüte ich das Riesengeschäft bei Wang ein. Sie ist nämlich meine ›Freundin‹!!! Er hat bemängelt, dass ich keine feste Beziehung habe ... das Ding läuft wie geschmiert!

Ein heftig mit den Augenbrauen zuckender Smiley dahinter.

Will: Und damit es jeder kapiert: Wenn das Ding zu Ende ist, bekomme ich 50000 Euro von euch ... hab ne tolle (!) Urlaubsbegleitung ... und mache mit Wang das Geschäft meines Lebens! ICH BIN DER CRACK!!! Seht es ein! Doppelt und dreifach gewonnen! Und natürlich die 6000 Euro von den anderen beiden Tröten.

Gruppe: Das darf nicht wahr sein!

Gruppe: Du Sauhund!

Gruppe: Wie machst du das nur?

Gruppe: Mal langsam, Leute, noch hat er sie nicht. Weder das Geschäft, noch das Püppchen. Noch die 3000 Euro. Wir warten auf Beweise, William!

Sechs Tage vergingen, bis die nächste Anfrage von der Gruppe kam.

Gruppe: Hey, du abgefuckter Romance Scammer! Wie steht's?

Gruppe: Ey, wisst ihr was? Will hat sie nicht mehr alle. Er hat die Präsidentensuite im Ephelia gebucht, um sie rumzukriegen! Die Nacht 5000 Euro plus dem üblichen Scheiß! Mal sieben, ergibt allein schon 35000 Euro.

Gruppe: Seit wann macht es Will wegen Geld. Der will gewinnen. Das ist sein Ding.

Und überhaupt: Wenn er von uns die 50 kriegt, haben wir ihm einen echt geilen Urlaub bezahlt.

***

Vollkommen versteinert saß Anna vor dem Rechner. Sämtliches Blut war ihr aus dem Gesicht gewichen. Noch hielt der Schock den größten Schmerz ab. Noch war Betäubung das vorrangigste Empfinden. Und als ob Aktivität sie vor dem Wahnsinn bewahrte, rief sie Google auf.

Ihre Finger waren kalt, sehr kalt. Ihr Herz tiefgefroren. Aber ihr Kopf reagierte inzwischen systematisch und klar. Sie gab den Begriff ›Romance Scammer‹ ein.

Als sie den Wikipedia-Eintrag las, wäre sie fast in Tränen ausgebrochen:

»*Mit dem englischsprachigen Begriff* **Romance Scam** *(oder auch:* **Love Scam***) wird eine Form des Internetbetrugs bezeichnet, bei der gefälschte Profile ... dazu benutzt werden, den Opfern Verliebtheit vorzugaukeln mit dem Ziel eine finanzielle Zuwendung zu erschleichen. ... Mit diesen Profilen kontaktieren sie Singles und geben in der Regel vor, sich spontan verliebt zu haben. Hat ein potenzielles Opfer angebissen, kommt es zu langwierigen Mail-Korrespondenzen, Telefonaten und Liebesbriefen, ehe in der dritten Phase meist ein Besuch versprochen wird ...* **

Anna wurde schwarz vor Augen, aber sie schaffte es, einen weiteren Artikel anzuklicken.

Polizei-Berater, Love Scamming

Ein kurzer Chat oder eine nette Mail von einem Unbekannten – das so genannte **Love-** *oder* **Romance-Scamming** *fängt harmlos an.*

Die Scammer suchen **auf Online-Partnerbörsen oder in sozialen Netzwerken** *wie Myspace oder Facebook nach Opfern ... Um sich beim potenziellen*

Opfer interessant zu machen, legen sich die Scammer **ungewöhnliche Lebensgeschichten** *zu – und sie hinterlassen immer einen seriösen Eindruck.
...die* **Bilder sind allerdings gestohlen.** *Und auch wenn der »Neue« vorgibt, in Amerika oder im europäischen Ausland zu leben, so sitzt er wahrscheinlich in Westafrika ...*

Blind starrten Annas Augen auf die unzähligen Seiten im Netz, die vor Love Scammern warnten. Alle wollten Geld. Nur William hatte auch Sex gewollt. Sie war auf ein besonders bösartiges Exemplar dieser Spezies hereingefallen, auf eine Edelhure, hatte sich für ein paar »Hey Babes« und »Darlings« prostituiert. Der Tag in Hamburg, überhaupt die Tatsache, dass sie sich getroffen hatten, dieser Urlaub auf den Seychellen ... all das war nicht typisch für Love Scammer. Nur der Zweck war der gleiche und seine Absicht ... Wills Intention, aus der heraus er das getan hatte, schmerzte so höllisch, dass sie dachte, ihr Herz müsse zerspringen.

Ein Begriff, den sie auch in den Kommentaren gelesen hatte, fiel ihr ins Auge: 1001 Loveletters.

Sie klickte auch diese Seite an – und fand viele der Texte, die Will ihr geschrieben hatte, vorgefertigt und fein säuberlich aufgereiht. Will hatte 08/15 Briefe kopiert. Es waren nicht seine Worte gewesen.

Wenn auch einiges des Profils »Love Scammer« nicht auf William zutraf, so doch das meiste.

Den K.o.-Haken holte sie sich, als sie einem Link folgte, der sie auf eine weitere Facebook-Seite mit dem Namen ›Trickbetrüger im Internet‹ lotste.

Zig Frauen hatten dort Profilbilder von Love Scammern hinterlegt und berichteten darüber, wie sich diese Männer – und auch Frauen – Geld, Ausweise und Daten erschlichen hatten.

Anna scrollte die Fotos der Scammer durch, fühlte kalten, unangenehmen Schweiß an ihrem Körper.

Und da war er.

Davy Jones. Sein Foto. Und darunter viele, viele wütende Kommentare.

Er hatte zig Frauen um ihr Geld betrogen, zig Frauen mit seinen pretty angels umworben und sie um Geld und ihr Herz gebracht.

Anna bekam keine Luft mehr. Sie war einem Betrüger aufgesessen! Und hatte sogar mit ihm geschlafen! In ihr war tiefschwarze Nacht. Sie schlug den Laptop zu und die Hände vor ihr Gesicht, als sie sich vergegenwärtigte, vor welchem Scherbenhaufen sie stand:

Er hatte sie nach Strich und Faden betrogen, ausgenutzt und verarscht. Er hatte zu keiner Zeit auf ihr Foto reagiert. Auf ihr sexy Lächeln. Das war der Grund, warum er nie wirklich etwas von ihr hatte wissen wollen! Er hatte sich totgelacht über ihre emotionalen Mails! Sie war nichts als eine zufällig gezogene Herausforderung gewesen. Gegenstand einer perversen Wette! Eine Möglichkeit 50000 Euro zu verdienen, einen saftigen Deal mit Mr. Wang einzufahren! Er hatte sie nur hierher gelotst, damit sie seine Freundin spielte! Und hatte für all das auch noch Sex bekommen!

Sie brach vor dem Rechner zusammen. Das war zu viel! Das war zu viel! Ihr Herz war nicht mehr da. Sie spürte es nicht mehr. Es war tot. In ihrem Kopf drehten sich die Gedanken im Kreis: Er hatte nur eine Wette gewinnen wollen. Er hatte sie nie gewollt.

Alles in ihr war eisig. Sie fror trotz der Sonne, die durch das Zimmer flutete. Die Tränen, die in ihre Augen hochgestiegen waren, blieben dort haften wie Eiskugeln. Ihr Hals war eine einzige Eisenklammer. Alle Wärme schien fort zu sein.

Anna stand auf und packte ihre Sachen.

***

»Oh, nein, nein, nein ... lass das nicht wahr sein, lass das ... oh mein Gott ...!«
Entsetzt starrte Will auf die gerade herein gekommene Nachricht und sein Magen sackte ins Bodenlose:

»Will, du weißt, ich war immer dein Freund gewesen. Ich habe mich so gefreut, dass du wieder Verbindung mit mir aufgenommen hast. Und noch mehr habe ich mich gefreut, dass du eine neue Lebenseinstellung gewonnen hast – scheinbar. Ich habe allerdings nicht im Ansatz geahnt, was für ein guter Schauspieler und Lügner du bist! Ich bin einfach fassungslos, was du mit deinen Freunden machst, wie wenig dir Freundschaft wert ist.

Ron hat mich nichtsahnend deiner geheimen Piraten-Gruppe bei FB hinzugefügt. Du kannst dir denken, was ich vom Inhalt halte. Ich schäme mich, schäme mich zutiefst, dass ich dich bei dieser Schweinerei auch noch unterstützt habe. Womit haben diese Frauen das verdient? Und besonders Anna ... ehrlich, William, es zerreißt mir das Herz! All deine Lügen ... es ist so widerlich – ich finde keine Worte für das, was du da treibst. Ich kündige dir hiermit in aller Form und für immer die Freundschaft. Diesmal kannst du dich zum Teufel scheren! Ruf mich nie wieder an.

Fairerweise habe ich auch Anna in diese geheime Gruppe eingeladen. Und ich hoffe, sie hat den Account schon geöffnet.
Phil

Mit einem Schrei sprang William auf, blind für alles um ihn herum. Blind für die offenen Münder, die aufgerissenen, verwunderten Augen, die auf ihn gerichtet waren. Sein Blick ging unwillkürlich zu Wang und blieb dort haften. Seine Augen waren so voller Schmerz und Panik, dass Wang zurückzuckte.

»Mr. Sanders ...?«

»Verzeihung ... Mr. Wang ... es tut mir leid ... ich muss ... ich muss weg ...!«

William stürzte aus der Tür, rannte durch die Halle, rammte sämtliche Leute um, die ihm im Weg standen, nahm die Stufen, weil er es nicht ertragen hätte, auf den Lift zu warten, hetzte im Affentempo die Treppen hoch, stand keuchend vor der Zimmertür, seine Hand, die die Karte hielt, zitterte wie verrückt, die Tür öffnete sich nicht, dreimal nicht, er wurde beinahe wahnsinnig, bis endlich die Diode grün aufleuchtete und er fast ins Zimmer fiel.

Es war leer. Die Schränke waren ausgeräumt. Anna war fort.

William fiel auf die Knie und schlug die Hände ins Gesicht.

»Nein!«, heulte er auf. »Nein! Anna ... Anna ... bitte ... bitte ...« Ihm versagte die Stimme.

Dann sank er in dem leeren Zimmer in sich zusammen und weinte, wie er noch nie in seinem Leben geweint hatte.

Sie hatte die Kommentare gelesen. Sie hatte alles gelesen.

Anna war fort. Er hatte sie verloren.

***

Will wollte nur noch eines: in den nächsten Flieger steigen, Anna hinterher. Das war ein so dringender Impuls, dass er es in dem Hotelzimmer fast nicht mehr aushielt. Aber er musste die Verträge unterschreiben! Was würde Wang sagen!

Er versuchte, sie anzurufen. Sie ging nicht ran. Er setzte sich an den Rechner und beauftragte seinen persönlichen Assistenten, den schnellsten Rückflug, den er auftreiben könne, zu buchen und ausfindig zu machen, mit welcher Maschine sie flog.

Die Wartezeit war quälend lange. Doch endlich schrieb er ihm, dass der nächstmögliche Abflug erst um 22.00 Uhr war – sie konnte noch nicht am Flughafen sein. Wo war sie dann? Wo sollte er suchen? Er würde die Verträge unterschreiben und sofort gehen. Wang hin oder her. Aber ... er hatte nicht die geringste Ahnung, wie er das jemals wieder geradebiegen konnte! Er hatte alles zerstört, alles kaputtgemacht ... weil er ein so verdammtes Arschloch war!

Und nun gewann das, was Anna so oft zu ihm gesagt hatte, umso mehr an Bedeutung. Dass alles im Leben zurückkam. Wie wichtig es war, ein guter Mensch zu sein.

Er war kein guter Mensch gewesen. Und damit hatte er auch ihre Ideale zerstört. Sie hatte so sehr an das Gute geglaubt, sie hatte eine so unverrückbare Liebe zu dieser Welt gehabt – und ... sie hatte ihn geliebt! Sie hatte ihn geliebt! Sie war der erste Mensch gewesen, von dem er auch geliebt werden wollte! Oh, mein Gott ... und er hatte das vernichtet! Er hatte ihre Liebe vernichtet, seine Liebe vernichtet ... in Gedanken sah er sie nach Hause kommen, zu ihren Kindern ... wie würde sie ihnen gegenüberstehen? Was würde sie ihnen in ihrem Schmerz mitgeben? Was würden die wiederum ihren Kindern mitgeben? Das Misstrauen und die Enttäuschung, die er ihr zugefügt hatte? Er schlug die Hände vor dem Gesicht zusammen.

Das, was er getan hatte, war so weitreichend – über Generationen hinweg.

»...es ist so wichtig, Will, ein guter Mensch sein zu wollen ...«

Er hatte die Liebe seines Lebens gefunden – und alles vertan.

Will weinte. Er fühlte, dass er nicht das geringste Recht hatte, auch nur die kleinste Forderung an sie zu stellen. Er konnte sie noch nicht einmal bitten, mit ihm zu reden. Er wusste nicht, wie er ihr überhaupt jemals wieder unter die Augen treten sollte. Sein Herz schmerzte unendlich und er fühlte sich so scheußlich wie nie in seinem Leben zuvor.

Apathisch lag er auf dem Bett, die Zeiger der Uhr rückten dem Abend-Event entgegen. Seine Augen richteten sich auf die Minibar und er stand auf, um sie systematisch leer zu saufen. Betäubung. Dem Schmerz entrinnen. Das war das Einzige, was noch ging. Dann würde er eben, so, wie er es früher oft getan hatte, besoffen zur Unterschrift kommen!

Doch mit einem Mal kam ihm Wangs Blick in den Sinn und aus irgendeinem Grund gab ihm das Kraft. Wang war ein anständiger Mensch. Er hatte so einen Auftritt nicht verdient.

Will stürzte in tiefste Verzweiflung und Panik und die beiden Gefühle stritten so heftig in ihm, dass er einfach auf dem Bett liegen blieb – bis es fast zu spät war.

In Gedanken resümierte er diese herrlichen Tage mit Anna, hörte er ihre Stimme in seinem Kopf:

»Ich glaube, ich habe mich ganz schrecklich in dich verliebt, Davy Jones.«

»Du kannst nicht immer ausreißen, Will. Irgendwann musst du dich allem stellen. Und je eher du es tust, umso besser.«

Und dieser Regentag, als sie sich so oft geliebt hatten, als sie ihm übers Haar gestrichen und gesagt hatte:

»Will ..., ich liebe dich.«

Tränen fluteten aus seinen Augen. Ich liebe dich ... oh, mein Gott, warum nur hatte er das versaut? Unter unmenschlicher Anstrengung duschte er, rasierte sich, machte sich zurecht. Immer wieder tropften Tränen aus seinen Augen. Als er den Schrank öffnete, um den Smoking herauszuholen, hing am Bügel daneben das fliederfarbene Abendkleid. Sie hatte es nicht mitgenommen.

Seine Hände griffen danach, sein Gesicht vergrub sich im leichten Stoff. Ein ganz leichter Duft nach Anna entströmte dem Kleid. In Williams Augen schossen die Tränen erneut in einer Intensität nach oben, die ihn schier umwarf. Dann raffte er sich auf, hängte das Kleid zurück, spülte sich die Augen mit kaltem Wasser und schlich wie ein geprügelter Hund aus dem Zimmer. Der Abschluss war ihm egal. Er ging nur, weil er Wang nicht verärgern wollte. Weil er anständig sein wollte. Er wünschte, er wäre es früher gewesen.

***

Ein milder Abend, ein Sichelmond am Himmel, Kellner mit Champagner auf silbernen Tabletts, lauschige Musik, festlich gekleidete Menschen, lachende Gesichter, der Pool, der blühende Garten mit Millionen von Lichtern geschmückt ... William hatte kein Auge für die Schönheit seiner Umgebung. Er wollte die Unterschrift, das Foto für die Presse hinter sich bringen und ins nächste Taxi springen.

»Wo ist denn Ihre reizende Freundin?«

Wang stand vor ihm, ein Champagnerglas in der Hand. Sein Blick war unvermutet kalt. So kalt, dass Will erschrak.

»Sie ...« Will räusperte sich, er erkannte seine eigene Stimme kaum wieder. »Sie fühlt sich nicht wohl ... sie lässt sich entschuldigen.«

»Ist das wieder eine Ihrer Lügen?«, fuhr ihn Wang an und Will wurde bleich. Was wusste er? Wang sah die Frage in Wills Gesicht und beantwortete sie zischend:

»Meinen Sie, ich bin dumm? Ich habe Sie gewarnt! Ich habe Ihnen gesagt, ich verlasse mich nicht auf die Aussagen von jemandem, der nachweislich schon mehrfach falschgespielt hat! Ich habe Nachforschungen angestellt!«

»Nachforschungen?«, stammelte William und ihm wurde schlecht. »Was für Nachforschungen?«

»Was Sie sonst so treiben, wenn Sie sich nicht mit Erdöl und Gas beschäftigen«, biss Wang zurück. »Und das, was ich herausgefunden habe, das ... das ist weniger als erbärmlich, Mr. Sanders. Sie haben gesagt, Anna Fries sei Ihre Freundin! Nur, um den Vertrag zu bekommen? Wie weit gehen Sie noch!? Sie haben nicht nur mich betrogen!«

»Nein, Mr. Wang, ich schwöre ...«

»Was ist ein Schwur von Ihnen wert?« Wangs Augen glühten in unendlicher Verachtung und Wut und Will zuckte zurück, unfähig zu antworten. Was hätte er auch sagen sollen?

»Mr. Sanders«, fauchte Wang. »Ich sage nur: Geheime Gruppe. Piraten! Sie sind ein verdammter Romance Scammer, Sie betrügen gutgläubige Frauen! Und Sie haben Miss Anna betrogen – nach Strich und Faden! So, dass es schlimmer nicht geht!«

»Nein, Mr. Wang. Das hat er nicht.«

Wills Herz raste in seinem Brustkorb in einem solchen Sturzflug nach unten, dass er unwillkürlich schwankte. Verstört fühlte er, wie eine zarte Hand sich in die seine schob und sie beruhigend drückte. Er war fassungslos, wagte kaum zu atmen, hatte Angst, aufzuwachen, zu erkennen, es war ein Traum ... aber da war ihr Parfüm in der Luft, er roch sie, spürte sie, oh, mein Gott, sie hielt seine Hand! Sie war da! Anna war ... *da*! Es war so unbegreiflich, dass er in den ersten Sekunden fest davon überzeugt war, zu halluzinieren.

»Er hat mich nicht betrogen«, hörte er Anna sagen. »Wie kommen Sie darauf?« Wills Herz vollführte Purzelbäume, sein Kopf war leer – er konnte nicht glauben, was er hörte. Langsam, ganz langsam, als könne er sie mit einer zu schnellen Bewegung vertreiben, wandte er sich zu ihr um.

Da stand sie. Ihre Augen waren wie die seinen verräterisch feucht, ihre Hand zitterte in der seinen, aber - sie war tatsächlich da. In dem traumhaften Kleid. Nein, *sie* war traumhaft, *sie* war es, die dem Kleid dem Zauber gab. Sie sah so wunderschön aus! Ihre Augen funkelten in einem überirdischen Licht, ihr welliges, durch die Sonne aufgehelltes Haar, das sie eigentlich für den Anlass hatte hochstecken wollen, fiel in sanften Wellen über die gebräunten Schultern. Will starrte sie an wie einen Geist und seine Liebe für sie schoss so gewaltig nach oben wie das Wasser in seine Augen. Mühsam beherrschte er sich, drängte er die Tränen zurück. Seine Hand schloss sich fest um die ihre und er atmete schwer. Sein Herz klopfte wie wahnsinnig. Anna! Sie war da! Sie war da! Das war der einzige Gedanke, der Platz in seinem Kopf hatte, der einzige Gedanke, der wie ein Wirbelsturm darin herumfegte.

Wangs Augen schossen misstrauisch zwischen ihnen hin und her, seine Lippen waren verkniffen. Anna sah ihn ruhig an.

»Er hat Sie nicht betrogen?«, zischte Wang. »Miss Anna, es tut mir sehr leid, aber ich fürchte, ich muss Ihnen die Augen öffnen. Es ...«

»Sie müssen mir die Augen nicht öffnen, Mr. Wang«, unterbrach ihn Anna und sie wirkte unendlich still, obwohl sie doch redete. »Ich sehe alles ganz klar. Ich möchte umgekehrt die Ihren öffnen. Ich möchte Ihnen sagen, dass William ein guter Mensch ist. Das weiß ich so sicher, wie ich hier stehe.«

Sie zitterte leicht. Will hatte einen so dicken Kloß in seinem Hals, dass er nicht verhindern konnte, dass eine Träne seine Wange entlanglief. Seine Lippen, sein ganzer Unterkiefer begann zu zucken. Annas Hand schloss sich fester um seine Finger und sie stellte sich noch näher zu ihm, wie, um ihn zu schützen, während Wang sie ungläubig anstarrte.

»Ich weiß Bescheid, Mr. Wang. Ich fürchte, ich kann es Ihnen heute Abend nicht in aller Vollständigkeit erklären. Dazu ist die Situation zwischen Will und mir zu ... zu intim. Das ... verstehen Sie sicher.«

Sie brach ab. In Will war Aufruhr. Es war, als wäre er in ihr. Er konnte so deutlich spüren, dass sie mit ihrem eigenen Schmerz kämpfte, dass es sie fast zerriss – und doch stand sie hier und hielt seine Hand. Unter Qualen versuchte er, sich zu beherrschen, um nicht in Tränen auszubrechen. Er schämte sich, er schämte sich so sehr, wie er sich noch nie in seinem Leben geschämt hatte. Beide standen sie vor Wang in einem so dichten Gefühlschaos, dass ihre Emotionen wie ein Transparent greifbar in der Luft standen.

Anna senkte den Blick, fasste sich und richtete dann ihre Augen wieder auf Wang.

»Anna, was bringt Sie dazu, so zu handeln?«, fragte der leise.

»Die feste Überzeugung, dass William alle Liebe dieser Welt verdient. Und der Wunsch, dass Sie das Gute in ihm genauso sehen, wie ich es tue, Mr. Wang.«

»Aber Miss Anna ...!«, rief er entrüstet. »Es hat doch alles seine Grenzen! Ich meine ...«

»Mr. Wang«, unterbrach sie ihn fest. »Sie haben erst gestern zu mir gesagt: Es ist nicht gut, Trauer und Wut in die Welt zu schicken. Sie haben auch gesagt: An Liebe und das Gute zu glauben, obwohl die Dinge im Außen etwas Gegenteiliges zu sagen scheinen, ist alles andere als leicht. Es ist die schwerste Übung überhaupt. Es ist die Übung, an der die ganze Menschheit scheitert. Fast die ganze.«

Wang zuckte zurück und seine Augen fingen an zu glitzern.

»Wenn wir nicht nach unseren Worten handeln, was sind sie dann wert?«, fügte Anna leise hinzu, als Wang sich immer noch nicht regte.

»Anna!«, stieß Will hervor. »Ich ... Anna ...«

»Schschsch ...«, machte sie. Dann stellte sie sich auf die Zehenspitzen und küsste ihn sanft auf die Wange. »Es ist gut, Will.«

Will atmete schwer, unfähig, etwas zu tun, voller Drang etwas zu tun. Aber Anna sah auf Wang, der verständnislos und unsicher, was er von all dem halten sollte, die Antwort in ihren Augen suchte.

»Machen wir die Welt ein bisschen besser, Mr. Wang«, sagte Anna leise und mit einem kleinen Lächeln. »Indem wir an das Gute glauben. Indem wir an Liebe glauben ... und daran, dass Liebe tatsächlich etwas ändern kann. Ich weiß sicher, dass Will Sie nicht enttäuschen wird. Sie werden in ihm den fairsten Vertragspartner überhaupt haben.«

Noch immer stand Wang bewegungslos.

»Sie scheinen sehr überzeugt zu sein«, sagte er schließlich säuerlich.

»Nein«, antwortete sie und lächelte ihn an. »...ich *bin* überzeugt.«

Sie schlang ihren Arm um Will und schmiegte sich an ihn.

Wang gab sich sichtlich einen Ruck. Noch einmal zögerte er, dann aber kam ein warmes Leuchten in seine Augen und er lächelte zurück.

»Gut ... dann ... für eine bessere Welt, Miss Anna.«

Sie nickte stumm, ihre Augen wurden feucht vor Dankbarkeit. Forschend suchte You Wang nach weiteren Erklärungen in ihrem Gesicht und wandte sich schließlich an Will:

»Mr. Sanders ... folgen Sie mir bitte. Wir unterzeichnen.«

***

In Wills Herzen herrschte absolutes Chaos. Es jubelte in wilder Hoffnung, es floss über vor Dankbarkeit, es starb vor Furcht, das alles könne nicht wahr sein. Er hatte darauf bestanden, dass Anna bei der Vertragsunterzeichnung dabei war, weil er Angst hatte, sie würde nicht mehr da sein, wenn er aus dem Konferenzraum käme. Schweigend war sie mitgegangen und er hatte ihre Hand erst losgelassen, als er sie zum Unterschreiben brauchte. Sie hatte gewartet, bis die gefühlt hundert Unterschriften geleistet worden waren, hatte neben ihm gestanden, ab und zu seinen Rücken gestreichelt. Will wurde einen Hauch ruhiger.

Er nahm sie danach in die Arme, drückte seine heiße Wange an die ihre, sie flüsterte »Herzlichen Glückwunsch« in sein Ohr, bevor sie wieder auseinandergerissen wurden, weil Wang und Will für die Presse posieren mussten, Hände schüttelten, Glückwünsche anderer entgegennahmen.

Champagner wurde ausgeschenkt, angestoßen, Small Talk gemacht, sie wurden in den Garten gebeten. Draußen brannte ein gigantisches Feuerwerk ab und Anna stand neben Will, der fest den Arm um sie gelegt hatte. Beide beobachteten sie die kurzfristige Pracht am Himmel, bis nur noch Rauch übrig war.

Dann löste Anna Wills Arm von ihren Schultern und sah ihn an.

»Ich muss jetzt gehen, Will«, sagte sie leise und Wills Gesichtszüge entgleisten.

»Anna, nein, bitte ...«, krächzte er. »Nein! Tu mir das nicht an! Bitte bleib! Bitte ... Anna ... lass uns reden ... bitte ...!«

Er wollte sie festhalten, aber sie drehte sich auf dem Absatz um und lief Richtung Ausgang.

Will stürzte ihr hinterher. Sie war klein und wendig und kam schneller durch die Massen als er.

»Anna!«, rief er über die Köpfe hinweg. »Anna, bitte, geh nicht! Bitte!«

Er klang so verzweifelt, dass sich alle nach ihm umdrehten, aber Will war das herzlich egal.

Am Hoteleingang hatte er sie endlich eingeholt. Anna gab einem bereits wartenden Taxifahrer ein Zeichen. Dann wandte sie sich Will zu.

»Anna ...«, stammelte er. »... bitte hör mir zu ... bitte gib mir die Chance, alles zu erklären, zu bereinigen ...«

»Will«, sagte sie und ihre Zunge lag wie Blei in ihrem Mund. »Ich habe alles verstanden, was es zu verstehen gibt. Ich habe dir versprochen, bei der Gala anwesend zu sein – und ich war anwesend. Mehr will ich nicht tun.«

»Was ... was heißt das? Anna! Du hast gesagt, wir reden!«

»Nein, Will, wir reden nicht.« Auch sie war am Ende ihrer Kräfte, mühsam unterdrückte sie ihre Tränen, als sie fortfuhr: »Ich habe das auch nicht gesagt. Ich nehme jetzt dieses Taxi. Es bringt mich zum Flughafen. In einer Stunde bin ich auf dem Weg nach Deutschland.«

Damit stieg sie ein und wollte die Tür zuschlagen. Um ihre Kehle war ein enges Drahtgeflecht, es fiel ihr schwer zu sprechen. Und, nun, da sie niemandem mehr etwas vorspielen musste, waren ihre Augen ein See voller Trauer und Schmerz.

William zerriss es das Herz, das zu sehen. Es zerriss ihm das Herz, der Verursacher dieses Schmerzes zu sein.

»Anna!«, sagte er heiser und verhinderte, dass sie die Tür zuschlug. »Bitte! Geh nicht! Anna! Du verstehst nicht! Bitte ... gib mir die Chance, es zu erklären ... bitte! Du kannst es sonst nicht verstehen ... du kannst es nicht verstehen!«

Er hielt die Tür fest, seine Augen bohrten sich flehend und aufgelöst in die ihren. Sie sah zurück, die Tränen, die sie in den letzten Stunden zurückgehalten hatte, übten gewaltigen Druck auf ihre Augen aus. Die Innenränder wurden rot, das Wasser lief über.

»William«, sagte sie heiser. »Ich möchte, dass *du* etwas verstehst: Ich will nie wieder etwas von dir hören oder sehen.«

Zum dritten Mal an diesem Tag sank sein Herz in die Tiefsee. Seine Hände glitten von der Tür. Anna schlug sie zu. Das Taxi fuhr los.

»Anna!«, schrie er in tiefster Verzweiflung. »Komm zurück! Anna!«

Aber Anna war fort. Diesmal endgültig.

***

Will liefen die Tränen über das Gesicht. Es war ihm egal, dass die Leute sich anstupsten und auf ihn deuteten. Es fing an zu regnen und die fetten Tropfen mischten sich mit dem Wasser in seinem Gesicht. Seine Schultern sackten nach unten, doch dann sah er sich wild um. Er musste ihr hinterher! Er brauchte ein Taxi! Doch als er sich hektisch umdrehte, stand Wang wie eine Säule vor ihm. Will prallte zurück.

»Sie ist nicht Ihre Freundin«, konstatierte Wang ruhig. »Sie ist es nie gewesen.«

»Doch«, flüsterte Will heiser. »Für ein paar Tage war sie meine wunderbare Freundin. Ich hatte ein paar Tage lang das vollkommene Glück.«

Wangs Blick bohrte sich forschend in Wills rotgeweinte Augen. Will rechnete mit allem. Dass er den Deal rückgängig machte, dass er ihn beschimpfte, rauswarf – es war ihm alles egal und fast ergeben senkte er den Kopf. Seine Körper machte Bewegungen in die andere Richtung, weg von Wang, hin zu Anna. Er brauchte ein Taxi! Mit rastlosen Augen wandte er sich Wang zu und öffnete den Mund.

»Mein Lieber«, blockte Wang ihn ab und hob die Hand. Wills Worte blieben ihm im Hals stecken. »Ich habe Vertrauen zu Miss Anna. Und ihre kleine Freundin hat mit einem furchtbar recht: In jedem Menschen steckt etwas Gutes. Und von Ihnen hat sie sogar mehrmals gesagt, dass Sie ein guter Mensch sind.«

Unwillkürlich schoss Will die Szene in den Sinn, als sich ihre Hand von hinten in die seine geschoben und sie zu ihm gestanden hatte, obwohl sie von seiner Niederträchtigkeit gewusst hatte. Die Tränen stürzten nun ungehemmt aus seinen Augen. Er konnte nicht ein Wort zu Wang sagen, er konnte es noch nicht einmal ertragen, ihn anzuschauen.

»Kommen Sie mit mir, Will«, sagte Wang und seine Stimme war warm. Er nahm ihn am Arm und dirigierte ihn Richtung Eingang. »Ich möchte Ihnen etwas zeigen.«

Widerstrebend ließ sich William von Wang ins Innere führen. Anna war fort. Er fühlte nur noch Schmerz. Die ganze Welt war Schmerz. Es war schon mal so gewesen. Und er hatte sich geschworen, es nie mehr erleben zu müssen. Er wollte nur noch, dass das aufhörte. Diesmal wünschte er wirklich, er wäre Davy Jones und könnte sich diese entsetzliche Qual, sein Herz, einfach aus den Rippen schneiden.

Anna war fort.

***

Will folgte Mr. Wang wie betäubt ins Innere des Hotels, obwohl alles in ihm danach schrie, Anna einzuholen, ihr alles zu erklären zu wollen. Aber die Wahrheit war: Es gab nichts zu erklären. Er *hatte* all das getan, was sie herausgefunden hatte, wenn sich auch die Dinge im Laufe der Entwicklung grundlegend geändert hatten. Aber warum sollte sie ihm das glauben? Andererseits: Sie musste es ihm glauben! Ihre Beziehung war einfach zu tief, zu echt, das, was sie erlebt hatten, zu intensiv gewesen! Diese letzte Nacht! Wieder zuckten all seine Muskeln Richtung Ausgang. Aber Wang zog ihn in die Gegenrichtung und sagte:

»Nein, das bringt nichts. Kommen Sie mit, William.«

»Mr. Wang, bitte ... ich muss ...«

Wang blieb stehen. Noch immer hielt er Wills Arm, als wüsste er, dass der ihm davonlief, sobald er losließ.

»Mr. Wang ... ich ... ich muss zu Anna! Ich muss das klären ...ich ...«

»Nein, William. Es gibt nur eines, was Sie jetzt tun müssen«, konterte Wang. »Und das ist: Innehalten.«

Will registrierte erst sehr viel später, dass er ihn mit seinem Vornamen angesprochen hatte, während Wang fortfuhr: »Sie stecken zu sehr in alten Mustern. Wenn Sie jetzt gehen, wiederholen Sie nur alles. Und dann kommt das Gleiche heraus wie sonst auch. Kommen Sie mit mir. Es wird jetzt nicht leicht für Sie, aber ich fürchte, da müssen Sie durch.«

Wangs Wortwahl, in Mustern gefangen zu sein, die ihn zu falschen Reaktionen hinrissen, Worte, die auch Anna gebraucht hatte, führte dazu, dass er die Hand an seinem Arm duldete, eine Hand, die ihn zielsicher Richtung Lift dirigierte und den Button für das Penthouse drückte.

Wang ließ Will erst los, als die Türen sich schlossen und sie in das oberste Stockwerk fuhren.

Stumm registrierte Will den Sog des Lifts auf seinen Magen. Er fühlte sich hundsmiserabel, ein Zustand, der Erinnerungen hervorrief ... diese Ohnmacht, dieses Gefühl, vom Leben hinterrücks überfallen zu werden ... es wirkte wie ein Schlüssel zu einer Schranktür, hinter der sich stapelweise Unaufgeräumtes befand, bereit, herauszufallen, sobald der Schlüssel sich drehte. Panisch drängte William das alles zurück. Wer weiß, was Wang mit ihm vorhatte! Bestimmt machte er den Deal rückgängig! Fuck, dachte er plötzlich, und wenn schon! Dann wäre er endlich frei! Und sowie er das dachte, kamen ihm Annas Worte in den Sinn: Wie schön es war, wenn man frei war von Erwartungen, Wünschen, Sehnsüchten ... aber nochmal fuck: Er sehnte sich nach ihr! Von einem Wunsch zum nächsten! Wie konnte er denn so was loslassen? Den Wunsch, mit dem Menschen zusammen zu sein, der ihm das Glück auf Erden geschenkt hatte! Und wieder stoben Fetzen ihrer Unterhaltung in ihm auf.

Kein Partner der Welt ist für dein Glück verantwortlich. Das kannst immer nur du sein. Menschen stellen sich so oft die Frage, ob sie mit jenem oder einem anderen Partner glücklich wären. Sie stellen sich die Frage, ob sie bei ihrem jetzigen Partner bleiben oder sich scheiden

lassen sollen. Und sie kennen die Antwort nicht, verharren in Untätigkeit oder entscheiden sich falsch. Weil sie die richtige Frage im Leben nicht stellen: Kannst du mit dir selbst zusammen sein? Bist du mit dir glücklich? Bist du mit dir im Reinen?«
War er mit sich im Reinen?

Nein, das war er ganz sicher nicht. Das war das Loch, das er mit seiner bisherigen Lebensweise kunstvoll überdeckt hatte und in das er jetzt kopfüber hineinfiel. Und das, was Wang ihm nun zeigte, öffnete einen doppelten Boden, durch den er noch tiefer stürzte; es riss alle Pflaster, alle Flicken, alle Verbände, mit denen er seine Wunden verdeckt hatte, unbarmherzig ab.
Da war sie. Seine Vergangenheit. Seine Rillen. Die Ergebnisse der neuronalen Muster. Die ihn zu dem gemacht hatten, was er heute war. Und ihn das erleben ließen, was er heraufbeschworen hatte.

Umbruch

Diesmal flog sie Holzklasse und es war quälend. Einmal, weil sie nicht einfach den elend langen Flug verschlafen konnte, und zweitens, weil ihr nach wie vor die Tränen über die Wangen liefen und sie auch noch dummerweise den Mittelsitz hatte.
Sie hatte sich im Taxi umgezogen, das Kleid im Koffer obenauf gelegt, sich wehmütig vom nächtlichen Mahé verabschiedet und saß nun 10000 Meter über der Erde in diesem Flugzeug, das sie fortbrachte, fort von Will. Fort von einer wunderbaren Zeit. Sie sah seine unglücklichen Augen, die sich in ihr Herz eingebrannt hatten, aber es gab kein Zurück. Es war einfach zu viel. Er hatte den Bogen überspannt.
Endlich hatte sie sich seit Jahren einmal wieder jemandem geöffnet, hatte davor schon geglaubt, niemals wieder jemanden zu finden, der an ihr Herz rührte – da tat es doppelt und dreifach weh, dass er ein so mieses Spiel mit ihr getrieben hatte.
Unwissentlich hatte Mr. Wang ihr noch einen letzten Todesstoß versetzt, als er sie bei erster Gelegenheit, verwundert und beeindruckt über den Verlauf der Ereignisse, zur Seite genommen hatte.
»Anna ... ich mochte Sie von Beginn an, aber heute Abend sind Sie zu meinem Vorbild geworden.« Er hatte seine Arme geöffnet und sie sanft umarmt.
»Das gleiche kann ich von Ihnen sagen, Mr. Wang«, hatte sie geantwortet.
»Danke, dass Sie Will trotz allem eine Chance geben.«
»Das erinnert mich ein wenig an die Handlung in Les Miserables«, sagte You Wang und lächelte sie warm an.
Sie schwieg.
»Ehrlich ... was hat Sie dazu bewogen, Miss Anna?«

Sie zögerte kurz. »Wie ich es gesagt habe ... Ihre Worte, Mr. Wang.«

Er sah sie aus seinen kleinen Augen an, sie spürte, dass er diese Antwort als nicht vollständig empfand. Erneut zögerte sie. »Ich weiß, es klingt seltsam ...«, sagte sie schließlich leise und sah an Wang vorbei, auf einen Kellner, der souverän ein volles Tablett mit Gläsern durch die Menge balancierte, bevor sie sich ihm wieder zuwandte. »... aber ... ich liebe ihn. Ich weiß, dass er ein guter Mensch ist. Ich glaube nur, dass er das selbst noch nicht weiß.«

»Sie lieben ihn?«, fragte Wang erstaunt zurück. »Obwohl Sie seine Absicht kennen? Obwohl Sie wissen, was der Grund ... ich meine, warum er mit Ihnen ...«

»Mr. Wang«, unterbrach sie ihn noch leiser. »Vielleicht hat es so angefangen. Es muss nicht so enden.«

Wang wirkte unschlüssig, sein Gesicht war starr, aber seine Augen flitzten hin und her, als ob er irgendwelchen Gedanken in seinem Hirn lauschte, die miteinander stritten. Anna sah es, aber sie wollte nicht nachfragen, sie wollte nicht noch mehr hören.

»Ich hoffe, Sie ... Sie fixieren sich nicht auf ihn«, meinte er schließlich. Anna lächelte leicht aufgrund seiner Formulierung.

»Nein, sicher nicht.«

»Und doch liegt hier seine Chance«, fuhr Wang fort. »Genau in diesem Desaster.«

Anna wollte nicken, aber mit seinen nächsten Worten riss er sie aus ihrem mühsam gestrickten Gleichgewicht.

Eigentlich war es nur eine Frage gewesen. Eine Frage, die alles, was sie sich in den letzten Stunden an Halt zurechtgezimmert hatte, in sich zusammenstürzen ließ. Sie waren während ihrer Unterhaltung nach draußen gewandelt, in den Garten, als er plötzlich stehenblieb und sie entschlossen ansah.

»Anna ... ich möchte Ihnen nicht zu nahetreten«, sagte er. »... nach allem, was Sie hinter sich haben ... und es ist ja noch nicht allzu lange her ...«

Betroffen sah sie ihn an. Was wusste er?

»«... aber nachdem Sie sich so intensiv mit dem Thema Radioaktivität beschäftigt haben ... und mit der Umwelt ... wie kommen Sie damit zurecht, dass Ihr jetziger Freund eines der größten Entsorgungsunternehmen in Europa besitzt?«

Sie brauchte eine Sekunde, um zu begreifen, was dieser Satz bedeutete. Erstarrt war sie stehen geblieben. Und noch einmal an diesem Tag war alles in ihr zusammengebrochen. In ihrem Kopf drehte es sich. Immer noch. Sie wollte nur noch weg.

***

Ungeduldig, mit schmerzendem Herzen, stand Will im riesigen Wohnzimmer der Penthouse-Suite, hatte einen Draht in der Kehle und checkte sein Handy, in der Erwartung auf Nachricht von seinem PA wegen des Fluges. Er hoffte, dass Wangs Aktion nicht zu lange dauern würde.

Der hantierte derweil mit der Fernbedienung herum, hatte auf dem großen Monitor, der fast Kinoleinwandgröße hatte, Skype aufgerufen und wählte nun einen Kontakt.

William verstand genug Chinesisch, um zu wissen, was er sagte, als die andere Person am Ende der Leitung den Anruf annahm.

»Okay. Er ist hier.«

Der Gesprächspartner blieb stumm. Will lugte auf das Profilbild, um eine Ahnung zu bekommen, aber es gab kein Foto.

»Bist du bereit, dich zu zeigen?«, fragte Wang. Eine weibliche Stimme antwortete:

»Ja, das bin ich. Danke, Onkel.«

Nun doch neugierig geworden, blickte Will auf den Monitor. Wang hatte auf das Kamerasymbol geklickt und war aus dem Radius der Linse gegangen. Will erschien halbnah auf dem Monitor rechts unten im kleinen Kasten.

Dann flammte auf dem Riesenbildschirm das Bild einer so abgemagerten, verwahrlosten Person auf, dass Will unwillkürlich die Luft einsog. Alles an ihr wirkte wie abgestorben, nur die Augen flackerten nervös, als sie Williams gewahr wurden. Ansonsten blieb sie stumm und hing wie ein Schreckgespenst im Zimmer. Die Größe des Monitors machte alles noch unheimlicher.

»Erkennen Sie sie?«, fragte Wang leise. Mit zugeschnürter Kehle schüttelte Will den Kopf.

»Das ist meine Nichte Minh«, stellte Wang ruhig vor. »Sie haben Sie vor etwa vier Jahren in Singapur getroffen, in einem meiner Hotels.«

Verständnislos blickte Will den kleinen Chinesen an.

»Das ... das muss ein Missverständnis sein«, krächzte er.

»Nein, das ist es leider nicht«, antwortete Wang und hantierte an der Tastatur seines Rechners, der mit dem Fernseher verbunden war. »Damals sah Minh nur etwas anders aus. Hier haben Sie ein Foto.«

Eine traumhaft attraktive Frau erschien auf dem Bildschirm mit vollen Wangen, einem Kussmund und schönen mandelförmigen Augen. Will traf fast der Schlag.

»Minh«, flüsterte er. »Ach du heilige Sch ... ich meine ... was ... was ist denn mit dir passiert?« Entsetzt fuhr sein Blick zu der ausgemergelten, ungepflegten Gestalt.

»Du. Du bist mir passiert!«, sagte Minh und ihre Stimme klang dünn. Sie schloss ihre Augen und sagte nichts mehr. Wang ergriff das Wort.

»Sie haben mit ihr geschlafen. Und den Eindruck erweckt, es sei etwas Ernstes. Das glaubte Minh zumindest. Wochenlang, monatelang. Sie wartete auf Sie. Als ihr klar wurde, dass sie Ihnen nichts bedeutet, hat sie krampfhaft nach Erklärungen gesucht. Und sie fand eine: Ihr Körper war schuld. Sie war zu dick. Das versucht sie seitdem zu ändern, aber inzwischen müssen wir sie zwangsernähren, sonst wäre sie wohl nicht mehr unter uns.«

Entsetzt sah Will in Minhs Augen und ihr Mund öffnete sich endlich.

»Endlich sehe ich dich wieder, Will«, flüsterte sie und ihre Augen bekamen etwas Glanz. »Ich habe so lange auf dich gewartet. Onkel You hat gesagt, er macht es möglich.«

Williams Blick ging zwischen Wang und Minh hin und her wie ein Weberschiffchen. Er fühlte sich vollkommen überfordert.

»Mein lieber William«, sagte Mr. Wang und schaltete Skype auf stumm, so dass Minh nicht mithören konnte. »Es ist nicht unbedingt Ihre Schuld, wenn Minh so leidet. Sie müsste nicht, wenn sie nicht wollte. Das ist mir klar. Aber offensichtlich hat sie sich da in etwas verrannt. So wie Sie sich wohl in etwas verrannt haben.«

»Und ... und was genau erwarten Sie jetzt?«, fragte Will. Der Kloß in seiner Kehle war um einiges angewachsen und das Gefühl der Überlastung am Anschlag.

»Nichts. Oder fast nichts. Ich habe Minh versprochen, den Kontakt zu Ihnen herzustellen. Nur ... ich hätte das nicht getan, wenn sich nicht eine Hoffnung dahinter verbirgt. Ich fürchte nämlich, der Einzige, der eine Chance hat, Minh aus dieser Lage befreien, ist der, der sie da hineingebracht hat. Also Sie. Die Ärzte haben gesagt, wenn Minh so weiter hungert, versagen ihre Nieren. Daher möchte ich Sie bitten, es wenigstens zu versuchen. Sie würden damit mir und Minhs Eltern, ihrer ganzen Familie, eine endlose Freude machen.«

Will sah in Mr. Wangs Augen und begriff, sowie der das Wort ›Freude‹ ausgesprochen hatte: Wang gab ihm die Chance der Wiedergutmachung und einmal mehr wurden seine Augen feucht.

»Okay, Mr. Wang«, flüsterte er. »Danke. Ich werde es versuchen.«

***

Als Wang das Zimmer verlassen hatte, wandte sich Will der Gestalt auf dem Monitor zu und aktivierte die Lautsprecher. Obwohl sie nicht älter als dreißig sein konnte, hatte sie graue Strähnen im Haar.

»Minh«, sagte er mit heiserer Stimme. »Ich ... es tut mir leid. Das habe ich nie gewollt.«

Sie schwieg und betrachtete ihn ausgiebig. Schließlich sagte sie:

»Du bist noch attraktiver geworden, William.«

»Ich würde gern das Gleiche von dir sagen, Minh. Du warst eine Traumfrau. Und du bist es sicher noch.«

»Ich wäre sie gern für dich«, flüsterte sie und in ihre Augen kam ein fast irrer Glanz. »Aber hast du nicht gesagt, meine Brüste seien die einer Dreizehnjährigen?«

Will wusste nicht, ob er das gesagt hatte oder nicht. Er musste es wohl, da es sich in ihr Gehirn eingegraben hatte.

»Damals hattest du wenigstens welche«, sagte er und klang schon wieder ein wenig grob. »Und sie waren sicher nicht schlecht, wenn du mich damit hast reizen können.«

Minh hob den Blick. Sie war so in ihrer Opferrolle gefangen und hatte wohl bisher nur Mitleid und gutes Zureden erlebt, dass sie empört auf Wills rüden Ton reagierte.

»Du hättest deinen Blick sehen sollen«, sagte sie weinerlich. »Dieser *Blick* und deine *Worte* ...! Und du hattest nicht eine Silbe danach für mich übrig!«

Er wollte dieses weinerliche Gesülze nicht hören und merkte, wie unfair er war – er hätte sich doch am liebsten selbst irgendwo ausgeheult! Aber die absurde Forderung, sich in seinem leidvollsten Moment mit dem Problem eines anderen beschäftigen zu müssen, zeigte doppelte Wirkung.

»Okay, Minh. Meine Worte. Was habe ich gesagt? Dass du die Brüste einer Dreizehnjährigen hast.«

»Genau das hast du gesagt!«, trumpfte sie auf und wollte mit noch weiteren Sätzen von ihm aufwarten, die sie verletzt hatten, als Will sie unterbrach:

»Und wer sagt, dass ich solche Brüste nicht schön finde?«

Abrupt schloss sie den Mund. Für eine Sekunde. Doch dann stieß sie hervor: »Dein Blick! Dein Blick hat es mir gesagt! Die Verachtung in deinem Blick!«

»Moment mal, Honey.« Schneller als gedacht, war William auf seiner alten Schiene. »Das ist deine Interpretation. Vielleicht war ich nur ... erstaunt, weil ich sonst anderes gewöhnt war. Aber ich habe mit dir geschlafen, oder? Du warst verdammt heiß.«

»Was?«

»Ja!«, herrschte Will sie an. »Du warst ein verdammt heißes Teil! Und du hast nicht gegeizt mit deinen Reizen! Das weißt du selbst! Wie hättest du mich sonst rumgekriegt? Meinst du, du hättest auch nur den Hauch einer Chance gehabt, wenn es so wäre, wie du es dir all die Jahre eingebildet hast? Denn wenn mein Blick tatsächlich voller Verachtung gewesen wäre, hätte ich mich umgedreht und dich abblitzen lassen! Habe ich aber nicht!«

Minh blieb stumm. Aber ihre Lippen zuckten.

»Das heißt ... ich habe dir gefallen?«

»Ja, verdammt noch mal! Und wie! Ich kann mich sehr gut an dich erinnern! Ich war nicht betrunken! Wir hatten ein intelligentes Gespräch und du hast mir sehr gefallen! Du warst eine verdammt geile Kratzbürste! Und nun sieh dich an, was du aus dir gemacht hast! Wegen eines Missverständnisses! Ein blödes Missverständnis! Du hast Jahre verschenkt, wegen eines Missverständnisses!«

Warum nur hatte er das Gefühl, dass seine eigenen Sätze mehr ihm galten als ihr? Welche Missverständnisse hatte er all die Jahre aufgebaut und geglaubt?

»Aber du hast dich nie gemeldet! Nicht ein Wort! Alles, was mir blieb, war dieser ... Blick!«

»Und eine unvergessliche Nacht«, erwiderte Will und verschränkte die Arme. »Ich glaube, dass du danach ganz glücklich warst.«

Innerlich fiel ihm währenddessen ein Stein in den Magen. Denn: Alles, was ihm von Anna blieb, war eine unvergessliche Woche. Würde er sich auch damit zufriedengeben müssen, so wie Minh mit der einen Nacht? Er holte tief Luft. Er hatte keine Ahnung, was er Minh sagen sollte, um sie zu trösten, weil er für sich auch keinen Trost fand.

»Oh, Will, du hattest schon immer ein gesundes Selbstbewusstsein!«, holte ihn Minh aus seinen Gedanken.

»Ja, aber warum kannst du nicht wenigstens das Schöne genießen?«, fragte er und merkte, wie sehr er Annas Worte benutzte, wie tief sie inzwischen in seinem Bewusstsein verankert – und vor allem – wie sehr sie im Leben anwendbar waren. »Dann hättest du die Erinnerung an das Schöne, statt dich über Jahre hinweg fertigzumachen! Und nicht nur das! Du machst auch ohne jedes Problem deine Familie fertig! Deinen Vater, der das ganz bestimmt nicht verdient hat! Und deine Mutter! Ich will nicht wissen, wie sie leidet, dich so sehen zu müssen! Und dein Onkel You! Du bist egoistisch in deinem Leid, Minh! Und weißt du was? Mir hat mal jemand gesagt: Wünsche machen egoistisch. Sie lassen dich am Leben vorbeilaufen, weil du nur auf sie fixiert bist. Welches Recht hast du, das zu tun, nur, weil du den Mann nicht bekommst, von dem du glaubst, er sei der Richtige?«

Minhs Mund stand inzwischen offen und Will war in einem Aufruhr, den er selten an sich erlebt hatte. Alle Weisheiten, die er jemals mit Anna diskutiert hatte, fielen wie eine Armee in sein Gehirn ein und lieferten Munition gegen Minhs Selbstmitleid. Aber gleichzeitig attackierten sie auch ihn.

»Und weil du dich in diese Idee verrennst, läufst du wahrscheinlich tagtäglich an deinem Traummann vorbei, weil deine Augen fest geschossen sind! Vielleicht ist dir dein Glück schon begegnet und du hast es nicht gespannt!«

»Du! Du bist mein Glück, William, das weiß ich so sicher, wie ich hier stehe!«

»Ach! Du bist sicher? Kannst du diese Frage nicht Gott überlassen? Statt deinem Ego?«

»Oh, verdammt!«, dachte er schockiert. »Was sag ich da nur!«

»Ähm ... William«, ließ sich auch Minh endgültig verdutzt verlauten. »Was ist denn mit dir passiert? Seit wann redest du von Gott? Warst du nicht erklärter Atheist?«

»Ja, war ich. Bis vor kurzem.« Die Gedanken purzelten nach wie vor munter in seinem Hirn umher und William spürte, dass das Gespräch mit Minh auch gewaltig etwas in ihm auslöste.

Wie ein Blitz schossen ihm mehrere Gedanken durch den Kopf, so schnell, dass er sie sortieren musste, um sie erfassen zu können. Der erste war wieder mal ein Satz von Anna: *›Alles im Leben kommt zurück, William. Das Gute wie das Schlechte ...‹*.

Hier saß er und das, was er getan hatte, kam zu ihm zurück. Er war verliebt in jemandem, der ihm keine Chance mehr geben würde. Und das Zweite lag noch tiefer und hatte mit Anna nichts zu tun. Es war das, was sie bei ihm gespürt hatte, was sie versucht hatte, aus ihm herauszulocken, aber das war so verschüttet, dass er es nur als vages Schema sah.

Und nun ... nun erzählte er Minh von Dingen, die er selbst anwenden musste! Das fiel ihm so schwer. Verdammt schwer! Denn er wollte Anna nicht aufgeben, so wie Minh ihn nicht aufgeben wollte. Er wollte genauso wenig wie Minh gesagt bekommen, dass Anna vielleicht nur eine Randerscheinung in seinem Leben und nicht die Richtige für ihn war. Er wollte nicht hören, dass er an der Liebe seines Lebens vorbeilief, weil er so auf Anna fixiert war. Weil er einfach glaubte, dass sie die Liebe seines Lebens war. Weil er es wollte. So wie Minh es eben von ihm glaubte und wollte.

Kannst du diese Frage nicht Gott überlassen? Oh, Sch ... genau das wollte er nicht! Er wollte sein Schicksal selbst in die Hand nehmen!

Er hatte keine echte Lösung für Minh. Keine schlüssige Antwort. Aber er hatte zumindest eines geschafft: Er hatte sie aufgerüttelt. In Minh war so etwas wie Leben gekommen, wenn es auch kein gutes Glimmen war, das in ihren Augen aufflackerte.

»Was ... oder wer hat das bewirkt?«, fragte sie ihn misstrauisch. »Diese Änderung ... diese andere Einstellung ...!« Er spürte die Eifersucht in ihrer Stimme.

»Minh«, seufzte er und sackte zusammen. »Das ist eine lange Geschichte. Ich erzähle sie dir – unter einer Bedingung.

»Und die wäre?«

»Dazu komme ich gleich ... aber ... wie du siehst: Ich *habe* mich geändert. Also kannst du dich auch ändern. Und als Erstes will ich, dass du etwas für dich änderst: Heute Abend isst du was. Versprichst du mir das? Und ich will, dass du das auf Video aufnimmst.«

»Ist das die Bedingung?«

»Ja, das ist sie.«

»Du glaubst also, du bist mir so wichtig, dass ich esse, nur um zu hören, was oder wer dich verändert hat?«

»Ich war dir wichtig genug, dass du dich verhunzt hast und deine ganze Familie terrorisierst! Und du hast kein Problem damit, munter mal andere anzugreifen und mir die Schuld für alles zuzuschieben! Das ist schwach, Minh und du bist keine schwache Frau. Es wird Zeit, dass du dich mal wieder auf deine Stärken besinnst! Und ja ... ich glaube, ich bin dir immer noch wichtig genug, dass du wissen willst, was mich zu dem gemacht hat, der ich war.«

»Der du warst oder der du jetzt bist?«

»Ich meine den Typen, der dich gebumst hat und dann nichts mehr von sich hat hören lassen.«

Minh schwieg eine Weile. Will fuhr sich durch sein schwarzes Haar und starrte auf den Bildschirm.

»Du isst heute Abend, verstanden? Und ich werde mir das Video anschauen. Wir können auch gemeinsam essen, wenn du willst. Per Skype. Das ist ein Angebot. Ohne dir Versprechungen machen zu wollen. Und, Minh ... sei so gut ... wasch dich.«

Minh lächelte zum ersten Mal. Es sah grauenvoll aus in diesem abgemagerten Gesicht.

»Meistens breche ich alles wieder aus. Ich will dünn sein. Wie diese Models, denen du immer hinterherschaust. Und ich wollte mir die Brüste vergrößern lassen, aber meine Eltern ...«

»Untersteh dich«, knurrte Will. »Du würdest es bereuen! Und wehe du kotzt dein Essen aus! Dann musst du das Ganze nochmal essen. Sei versichert – ich sag es Onkel You!«

Er hatte keine Ahnung, wie man mit Anorektikern umging, aber Minh lächelte wieder, nicht nur ihr Mund, auch ihre Augen, und verwundert bemerkte Will, dass ihn das freute.

»Okay, Will. Für dich. Für uns. Gehst du mit mir aus? Ich meine, so richtig? In ein schickes Restaurant? Irgendwo auf der Welt?«

»Wenn du wieder ausschaust wie ein Mensch«, erklärte er. »Und in eines deiner Designer-Teile passt. Ich habe nicht gern ein Skelett an meiner Seite.«

Diesmal lachte sie. Sie unterhielten sich noch zwanglos eine kleine Weile, dann klopfte Wang an die Tür.

»Eine Sekunde!«, rief Will ihm entgegen und wandte sich dann noch einmal Minh zu:

»Hey, Minh, bevor wir auflegen ... deine Brüste sind göttlich. Ich hoffe, du bringst sie wieder in Form.«

***

Ein paar Minuten später saß Will einsam in seiner Suite und alles stürzte wieder auf ihn ein. Sehnsucht, Schuldgefühle, Verzweiflung. Das leere Zimmer. Das unbenutzte Bett. Es schien ihm alles tot. Wie lebendig und süß es mit Anna gewesen war! Wenn sie jetzt hier wäre, würde sie ihre Arme um ihn schlingen, ihm einen Kuss auf die Wange drücken ... ihn anlächeln ... unglücklich stützte Will sein Gesicht in seine Hände. Dann sah er auf die Uhr. Anna saß schon längst im Flieger nach Deutschland und jede Sekunde vergrößerte den Abstand zwischen ihm und ihr.

Er dachte an den Verlauf des Abends. Immer wieder tauchte er ein in das Gefühl, als ihre Hand sich in die seine geschoben hatte ... und er ... oh, was hatte er nur getan! Warum nur hatte er auch noch dieses Foto von ihr hochgestellt! Er war voll auf seine alte Schiene geraten! Er hatte es tatsächlich nicht kontrollieren können.

Mit einem Loch in der Brust, Schmerz überall, lag er auf dem Bett und Tränen rannen ihm übers Gesicht. Er vermisste Anna mit jeder Faser seines Herzens, er vermisste ihre Stimme, ihre Fröhlichkeit, ihre Gespräche, ihr Lachen, ihre Küsse, ihren Körper, wusste nicht, wie er jemals ohne sie hatte leben können. Das Leben ohne Anna schien grau, alle Farbe war weg. Und er dachte daran, was sie wohl mit ihr, in ihr passiert war, als sie die Seite auf Facebook geöffnet hatte.

Er griff sich den Laptop und wollte die Gruppe aufrufen. Er würde dem jetzt sofort ein Ende machen. Das war das Mindeste, was er tun konnte.

Doch als er den Rechner aufklappte, durchzuckte ihn ein Schock: Anna! Sie hatte ihm geschrieben! Sie hatte ihm eine Nachricht geschickt! Vielleicht war ja doch nicht alles verloren!

Hastig öffnete er die Mail:

Lieber Will,

Du weißt, dass ich an das Gute in uns Menschen glaube, an Dinge wie Aufrichtigkeit, Mitgefühl, Respekt und Güte – und so weiß ich, dass du all das in dir hast. Das, was ich heute Abend zu Mr. Wang gesagt habe, habe ich nicht gesagt, weil ich dir den Deal nicht verderben wollte, sondern weil ich wirklich daran glaube. Wenn ich dir eines auf der Welt wünsche, dann, dass du all diese Eigenschaften, die Gott in dein Herz gepflanzt hat, entdeckst und sie leben kannst.

Es war eine wundervolle Zeit mit dir, mit so vielen wunderschönen Momenten – ich habe jede einzelne Sekunde mit dir genossen. Du hast mich so oft zum

Lachen gebracht, mir so oft ein Lächeln ins Gesicht gezaubert – und ich werde in Dankbarkeit an all das Schöne, was Du mir ermöglicht hast, zurückdenken, unabhängig von der Absicht, aus der heraus du es getan hast.

Leb wohl, Will, ich hoffe, du freust dich, dass du (fast) gewonnen hast.

Anna

Eine schlimmere Nachricht hätte sie ihm nicht schreiben können. Will barg sein Gesicht in das Kissen und weinte. Jede andere hätte ihn wüst beschimpft und Rache geschworen. Damit wäre er noch halbwegs zurechtgekommen. Doch dieser Edelmut war mehr, als er aushalten konnte.

Will lag schlaflos auf dem Bett und fühlte sich nur elend. Er dachte an Minh, er dachte an Anna. Er dachte an so vieles. Dann fasste er einen Entschluss: Er musste das in Ordnung bringen. Er musste sein Leben in Ordnung bringen. Vorher brauchte er Anna nicht unter die Augen zu treten.

***

Peggy holte Anna vom Flughafen ab. Sie stand in ihrem Michael-Jackson-Outfit in der Ankunftshalle und wurde natürlich von jedem angegafft. Wie immer hatte sie ihre tragbaren Bluetooth-Boxen dabei, um für Anna einen musikalischen und tänzerischen Willkommensgruß hinzulegen und sowie Anna in Sichtweite war, legte sie los.

»Dan-ge-rous!«, krähte sie und tanzte die komplizierten Schritte dazu. »The girl is so dangerous!«

Fröhlich lachend hopste sie auf Anna zu und stoppte abrupt als sie in ihr Gesicht sah.

»Ach du Scheiße«, meinte sie. »Ich glaube, ich hätte wohl eher »Farewell my summer love« einstudieren sollen...? Oder ›Gone too soon‹?«

Anna stand steif vor ihr und brachte keinen Laut heraus.

»Schätzchen, was ist passiert?«, fragte Peggy leise. Sie hatte Anna noch nie so gesehen. Immer war sie ruhig und beherrscht gewesen, immer hatte sie sich im Griff gehabt, hatte sie sich selbst in schwierigsten Situationen eine gewisse Heiterkeit bewahrt. Sie hatte es noch nie erlebt, dass Anna sich ihr an den Hals geworfen und haltlos losgeschluchzt hatte.

Peggy reagierte resolut und bestimmt und Anna war ihr dankbar dafür. Sie drückte ihr ein Taschentuch in die Hand, kaufte zwei Coffee to go, setzte sich mit Anna ins Auto, fuhr raus aus der Stadt, rein in einen Waldweg und ließ sie erzählen.

Schockiert saß sie danach im Auto.

»Oh, mein Gott«, sagte sie. »Was für eine fiese Tour! Was für ein Arschloch!«

»Ja«, schnupfte Anna. »Und ein so attraktives noch dazu!«

»Will Sanders«, murmelte Peggy. »Der Name kommt mir bekannt vor. Irgendwann habe ich mal von ihm gehört.«

»Er lässt sich ganz schwer googeln«, schnupfte Anna. »Du weißt doch: Wir haben fast nichts im Netz gefunden – außer, dass er mit einer Firma Insolvenz angemeldet hat.«

»Ja, aber ich habe mir bei unserer ersten Suche schon gedacht, dass mir der Name bekannt vorkommt ... sein Nachname zumindest ... warte mal ... das war ... als ich mein Modestudium begonnen habe ... ja ... jetzt fällt es mir wieder ein ... heißt seine Mutter Evelyn?«

»Woher soll ich das wissen?«, sagte Anna bitter. »Ich habe dir doch erzählt, dass er nichts von sich preisgegeben hat. Nicht das kleinste Bisschen.«

»Ich mach mich mal schlau«, sagte Peggy.

»Nein, Peggy, lass. Ich will nichts mehr mit ihm zu tun haben. Es hat gutgetan, das alles bei dir rauszulassen - es geht mir schon viel besser.«

Anna putzte sich die Nase und lächelte. »Und außerdem sehne ich mich unglaublich nach meinen Kleinen! Und nach unseren Wäldern und Hügeln ... und nach Papa und Mama! Und den Kuckucksuhren!«

Peggy lächelte geistesabwesend und startete den Motor. Es war klar - sie dachte noch immer über den Namen nach.

»Hast du ein Foto von ihm? Oder hast du sie schon alle gelöscht?«, wollte sie wissen.

»Nein, ich habe noch gar nichts gelöscht. Muss ich noch machen.« Anna kramte ihr Handy raus und zeigte ihr das Foto von Will im roten Poloshirt.

»Oh, fuck!«, rief Peggy und fuhr fast in den Graben. »Mit dem hätte ich auch gern Sex!«

Anna musste trotz allem lachen.

»Ja, es war ... sensationell«, sagte sie mit verträumtem Blick. Dann strahlte sie Peggy verhalten an: »Es hat unglaublich viele, wunderbare, innige Momente gegeben, Peggy. Eigentlich war es gigantisch! Und die Seychellen sind einfach der Traum!«

Sie fing an zu schwärmen und Peggy schüttelte den Kopf.

»Mann, Anna«, brummte sie. »Ich weiß nicht, was man dir noch antun muss, damit du endlich von deiner Gutmensch-Einstellung wegkommst.«

»Sag mal, spinnst du? Du willst mich von meiner Einstellung wegbringen? Warum denn?«

»Weil ... damit dir solche Sachen nicht mehr passieren?«

»Die passieren mir also nicht, wenn ich an das Böse glaube? Das ist doch Schwachsinn! Im Gegenteil! Diese Einstellung hilft mir, mit allem fertig zu

werden! Ich war fünfzehn Jahre mit dem besten Mann der Welt verheiratet! Und nun bin ich auf jemanden wie Will getroffen, der mich eben ... ausgenutzt hat. Aber nicht alles war schlecht. Ich habe die Chats mit ihm genossen, vor allem seine Mails ... und die Tage mit ihm ... ganz ehrlich, Peggy, ich hatte so viel davon. Er war süß, wirklich. Außerdem hat er mich mit Mr. Wang bekannt gemacht. Ich habe in einer Traumsuite im Ephelia gewohnt ... ich habe die Seychellen gesehen, Mahé, Praslin ... La Digue ... ich hatte ein Kleid von Armani privé an, hab Champagner getrunken, bin mit Baby-Hammerhaien geschwommen ... echt, Peggy, ich wäre undankbar, wenn ich das alles verleugnen würde! Und das mit Will ...«
Wieder lächelte sie leicht in Erinnerung an die schönen Stunden mit ihm. Peggy schüttelte verständnislos den Kopf.
»Anna, ich fürchte, dich hat es voll erwischt«, grummelte sie. »Böse Sache. Weil ... du solltest definitiv nicht so über einen Arsch denken, der seinen Freunden Nacktfotos von dir auf FB zeigt und das alles nur inszeniert, um eine perverse Wette zu gewinnen!«
»Ja«, sagte Anna traurig. »Damit hast du leider recht. Wahrscheinlich ist es das, was mich am meisten niederdrückt. Ich hätte mir gewünscht, er hätte einen besseren Charakter. Ich hätte mir gewünscht, das alles wäre echt gewesen und wir hätten eine Chance gehabt.«

Will

Er war entschlossen, etwas zu tun. Auf keinen Fall würde er kampflos aufgeben, so viel war sicher. Will öffnete sein digitales Adressbuch und machte sich an die Arbeit. Über die Jahre war ganz schön was zusammengekommen, aber er würde das regeln. Er hatte einen Plan und hoffte, er würde aufgehen. Und dann war ja da noch Minh. Sie hatte ihm ein Video geschickt, in der sie eine dünne Suppe aß und ihm vorgerechnet, wie viele Kalorien darin enthalten seien, obwohl sie doch fettreduzierte Brühe verwendet hatte.
»Du killst mich!«, hatte sie gejammert, als sie den letzten Löffel in den Mund geschoben hatte. Will hatte seine Drohung daruntergeschrieben: Untersteh dich zu kotzen! Aber von Wang hatte er erfahren, dass sie sich dann doch den Finger in den Mund gesteckt hatte. Er war wütend, aber er blieb dran, informierte sich im Netz über Anorexie und Bulimie und lernte viel dabei – auch für sich selbst. Er begann zu begreifen, wie Menschen mit diesen Dingen versuchten, ihr Leben zu richten – und wie falsch sie damit lagen. Und immer wieder zog er Parallelen zu sich selbst.
Als sie das nächste Mal Kontakt hatten, war er vorbereitet:
»Hey, Minh, wieviel musst du zunehmen, damit du in dieses Teil hier passt?«

Will hob ein rasantes Glitzerkleid hoch und hielt es in die Kamera.

»Wahnsinn! William! Wo hast du denn das her?«, kreischte Minh und ihr Lachen sah grauenvoll gespenstisch aus mit diesen hohlen Wangen.

»Egal. Gesehen und gekauft. Es ist Größe 34. Da muss ein echter Hintern rein, sonst sitzt das nicht. Wie viele Kilos brauchst du?«

»Vielleicht zehn? Oh, Schock, William, das will ich nicht! Ich will nicht zunehmen! Ich will nicht fett werden! Und schon gar nicht wegen dir!«

»Okay, dann erzähl nicht jedem, dass du wegen mir so ne Macke hast!«, fuhr er sie an. »Ich dachte, du willst mit mir essen gehen! Das war der Plan!«

»Ja«, maulte sie. »Ich weiß nicht, ob ich das noch so will. Wenn du wüsstest, was meine Freundinnen dazu sagen, dass ich SUPPE mit FETT esse!«

»Hör mal, bist du in diesen Scheißforen und WhatsApp-Gruppen, die sich gegenseitig zum Verhungern aufhetzen? So diese Dünn-dünner-tot-Dinger?«

»Naja, klar habe ich ...«

»Du gehst sofort aus diesen Gruppen raus, Minh. Nimm dein Handy, halt es vor die Linse und zeig mir, dass du dich von diesen Foren verabschiedest!«

»Warum sollte ich das tun? Das sind meine Freunde!«

»Herrgott nochmal! Minh! Das sind Geschädigte! Und du bist eine unbelehrbare Göre! Du willst ja leiden! Aber schön immer die anderen dafür verantwortlich machen! Nur nicht dich selbst!«

Oh, Mann, alles was er ihr sagte, traf auf ihn zu! Das war so grausam! Einmal mehr erkannte er, wie sehr die Welt eine Spiegelung der eigenen Gedanken war. Aber Will biss die Zähne zusammen. Er wollte sich ändern. Er wollte ein besserer Mensch werden. Anna glaubte an ihn. Wang glaubte an ihn. Und er wollte auch an sich glauben. Zum ersten Mal in seinem Leben. Und er hatte sich in den Kopf gesetzt, auch an Minh zu glauben.

Aber Minh war bockig, sie war vollkommen beratungsresistent und Will nervte das. Zu seinem Erstaunen merkte er nun aber, wie sehr ihn diese Monate mit Anna geprägt hatten. Ihre Worte – und auch der Inhalt der Bücher, die Phil ihm gegeben hatte, damit er ihr nicht ganz so blind gegenüberstand – waren in ihm, waren wie Samen auf fruchtbaren Grund gesunken und brachten damit ganz andere Gedanken in ihm zum Blühen. Und als er so ungeduldig und verständnislos auf Minhs Sturheit reagierte, hörte er, wie so oft, Annas Stimme in seinem Kopf:

›Will, du kannst für andere Menschen nur dann Verständnis aufbringen, wenn du dich selbst verstehst. Wenn du das nicht kannst, ist alles aufgesetzt. Dabei ist es egal, wo du anfängst – innen oder außen. Denn das Äußere wirkt nach innen und das Innere nach außen. Also, wenn du dir schon kein Verständnis entgegenbringen willst, dann fang bei anderen an und beziehe es auf dich!‹

Er hatte sie gefragt, was er denn bitteschön an dem Verhalten anderer verstehen sollte und sie hatte geantwortet: Dass jeder Mensch auf seine Weise glücklich werden will. Sie tun das, was sie tun, weil sie Leid vermeiden und Glück erreichen wollen. Das wollen wir alle. Das ist unsere Basis.

»Minh«, versuchte er es erneut. »Bist du glücklich?

»Nein, natürlich nicht. Wer ist das schon?«, sagte sie griesgrämig. »Niemand hat das, was er will. Scheint der Fluch unserer Welt zu sein.«

»Tut mir leid, dass ich deine Sicht nicht teile. Ich glaube inzwischen, dass es Glück gibt. Ich glaube fest daran, dass jeder Mensch Glück verdient hat. Vielleicht erreicht man es nur nicht so, wie man es sich vorstellt, und gibt dann einfach die Hoffnung auf. Vielleicht haben wir alle nur den falschen Weg gewählt.«

»Wie meinst du das?«

»Naja, weil wir alle glauben, unser Leben müsste auf eine bestimmte Weise laufen, damit wir glücklich sind. Können wir nicht auch ohne diese Bedingung glücklich sein? Könntest du mich loslassen, wärst du glücklich. Könntest du den Gedanken loslassen, dünn sein zu müssen, wärst du glücklich.«

»Das ist auch eine Bedingung«, stellte Minh ungerührt fest. »Ich werde also glücklich, wenn ich dich loslasse? Oder wieder esse?«

»Ja«, sagte Will leise. »Ja, ich glaube schon. Wenn du isst, ehrst du das Leben. Wenn du mich loslässt, siehst du wieder das, was du hast und das, wofür du dankbar sein kannst.«

Die Analogie zu seiner Situation machte ihn nicht froh und doch spürte er die Wahrheit dahinter. Wenn er Anna loslassen könnte ... wenn er sich nicht selbst die Bedingung stellen würde, sie müsse mit ihm zusammen sein ... wäre er dann glücklich? Das fühlte sich für ihn nicht richtig an, er akzeptierte das auch nicht und versuchte daher, es für Minh noch weiter auszuführen, um es selbst zu verstehen.

»Minh, du hast alles. Liebende Eltern, genügend Geld ... du hattest so viele Pläne, aber du hängst an einem Ereignis deines Lebens wie die Nadel eines Plattenspielers in einer zu tiefen Rinne.«

An dieser Stelle durchfuhr ihn ein weiterer Schock. Er befand sich auf einer Spur, die ihn unweigerlich tiefer in sein eigenes Inneres trieb. Gewaltsam drängte er das weg.

»Ja, da siehst du mal«, antwortete sie gelangweilt und besah sich ihre Fingernägel. »Das Materielle ist eben Nebensache. Ich habe nur eines nicht: die Liebe meines Lebens.«

Wieder schossen Will Antworten, die Anna ihm gegeben hatte, in den Sinn. Er verbrachte seine Nächte damit, ihre Chats durchzulesen, um ihr nah zu sein, und fand darin viele Details und Nuancen, die er in einem völlig anderen Licht sah oder nie wirklich gelesen hatte. Wie oft hatte er sich darüber aufgeregt, dass er so viel hatte schreiben müssen, aber letztlich hatte es ihn geformt. Diese Weisheiten waren in ihn hineingeflossen, hatten ihn subtil verändert. Wenn er die Chats las, brach die Sehnsucht nach Anna ungehindert auf. Und da war Minh, die die gleiche Sehnsucht nach ihm hatte.

Was sollte er Minh denn sagen? Er wollte Anna nicht loslassen. Zum ersten Mal in seinem Leben hatte er sich überhaupt eine Beziehung vorstellen können ... und nun sollte er darauf verzichten? So wie Minh auf ihn verzichten musste? Da er wusste, dass das die große Frage für sie beide war, hatte er gestern wieder in den Büchern und Chats gekramt und war auf eine Unterhaltung gestoßen, die ziemlich zu Beginn stattgefunden hatte:

»Wenn du etwas haben möchtest, solltest du es loslassen. Das bedeutet nicht, es nicht mehr zu wollen. Oder es abzulehnen. Oder dich dafür zu geißeln, dass du es willst. Nein, es bedeutet nur, es als etwas zu sehen, was du eben willst. Man kann auch etwas wollen, ohne es zu wollen. Verstehst du das?«

Er hatte es nicht verstanden, überhaupt nicht. Damals war er der Meinung gewesen, das sei überirdisch blödsinniges spirituelles Geschwätz – und entsprechend grob war seine Antwort gewesen:

»Anna, das ist der größte Bullshit aller Zeiten. Wortspielereien! Geilst du dich an so was auf?«

Sie hatte wie immer gelacht. Nie war sie ihm böse gewesen.

»Nein, es hilft mir nur im Leben zurechtzukommen. Ich kann nun mal nicht alles haben.«

»Wenn man etwas will, tut man was dafür und dann kriegt man es. Fertig.«

»Ist nicht immer so, Will. Und was tust du, wenn du mal etwas nicht bekommst?«

»Passiert mir nicht.«

»*Das* ist größte der Bullshit aller Zeiten«, hatte sie geantwortet und da war zum ersten Mal etwas in ihm hochgeflutscht, was er panisch wieder zurückgedrängt hatte.

»Will?« Minh sah ihn aus ihren Totenkopf-Augen an. »Wo bist du gerade?« Will starrte auf Minh. Er hatte noch immer keine Antwort.

»Du wirkst selbst sehr unglücklich«, konstatierte sie. Will seufzte.

»Ja, das stimmt«, antwortete er ehrlich. »Du spürst es ja.« Dann holte er tief Luft: »Minh. Ich bin ... in der gleichen Situation wie du. Ich liebe jemanden, der mich nicht liebt. Was soll ich tun?«

Minh schnappte nach Luft. Aber Will hatte instinktiv genau das gemacht, was sie aus ihrem festgefahrenen Denkmuster riss. Er hatte ihr ihr Problem zurückgegeben und sie hatte nun die Option, sich konstruktiv damit auseinanderzusetzen.

»Wer ist sie?«, fragte sie leise.

»Sie heißt Anna.«

»Und woher weißt du, dass es die Richtige ist?«

»Das spürt man.«

»Okay. Dann gestehst du mir das auch zu? Dass ich weiß, dass ich mit dir glücklich geworden wäre?«

»Wenn du mir zugestehst, dass ich ahne, dass ich nicht mit dir glücklich geworden wäre!«

Minh zuckte zurück.

»Und außerdem werfe ich nicht egoistisch mein Leben weg, nur, weil ich nicht kriege, was ich will«, fuhr William fort und ihm wurde heiß. »Ich will trotzdem versuchen, ein gutes, ein sinnvolles Leben zu führen. Mehr denn je.«

Minh blieb erst mal stumm.

»Du hast dich wirklich komplett geändert, Will«, wisperte sie schließlich. »Ich kann es kaum glauben! Du wirst dadurch nur noch begehrenswerter.«

»Können wir nicht einfach Freunde sein, Minh?«, fragte Will gequält. »Schau, das ist das, was ich dir anbieten kann. Meine beste Freundin zu sein. Eine, die mit mir ausgeht und mich versteht. Der ich alles erzählen kann. Und ich könnte dein bester Freund sein, dem du alles anvertrauen kannst. Würdest du mir den großen Gefallen tun und mit mir in diesem Abendkleid essen gehen? Ich komme nach Singapur und führe dich aus. Aber nur, wenn du zehn Kilo mehr hast und meine Freundschaft akzeptierst.«

»Ja, aber Will ...ich liebe dich. Ich will dich so sehr! Wie soll ich das jemals ändern?«

Will kaute auf seiner Lippe und plötzlich wusste er die Antwort auf ihre Frage.

»Du musst es ja nicht ändern, Minh«, sagte er leise. »Weil ... Liebe ist doch etwas Großartiges. Aber kannst du mich lieben, ohne mich zu wollen? Denn das wäre wahre Liebe.«

Er hätte am liebsten über seine eigene Antwort geweint.

»Dich lieben ohne dich zu wollen?« Minh wirkte getroffen.

»Ja, einfach ... weil Liebe etwas ist, was einen erhebt ... sie sollte nicht auf ›Besitzen-wollen‹ reduziert werden. Und vielleicht ... vielleicht ...« Er war noch immer kreuzunglücklich über das, was da aus seinem Mund kam, seine Stimme war heiser, als er vollendete: »... vielleicht erkennst du, dass du nur lieben kannst, wirklich lieben kannst, wenn du die Liebe zu dir selbst gefunden hast.«

Er hielt den Kopf gesenkt, als er das sagte. Obwohl er ahnte, dass das die Wahrheit war, machte es die Sache nicht leichter. Gar nicht leichter. Minh schwieg ebenso und in diese Stille hinein begann etwas zwischen ihnen hin und her zu schwingen, ein Band, ein plötzliches Einverständnis, ein beiderseitiges Erkennen, worum es eigentlich ging.

»Will«, sagte sie rau und aus ihrer Stimme war sämtlicher Sarkasmus gewichen. »Will ... ich ... weiß nicht recht, was ich davon halten soll.«

»Schau, Minh«, sagte er leise. »Mir hat mal jemand gesagt, dass in dem Moment, wo man sich ins Leid vergräbt, das Gehirn eine neuronale Schaltung vornimmt, sozusagen eine Autobahn baut. Eine Einbahnstraße. Du sitzt im Auto und kannst nur in eine Richtung fahren, weil du nur diesen einen Weg geschaffen hast. Und je öfter du ihn fährst, desto tiefer werden die Spuren und Rillen, desto fester halten sie dich in ihrer Bahn. Es hinterlässt Furchen im Gehirn. Aber ein Highway hat Ausfahrten! Denn was man geschaffen hat, kann man auch wieder vernichten. Wir könnten erst gar keine Rillen und Furchen entstehen lassen, dann ist es auch leicht, wieder davon abzukommen. Und das Beste ist: Wir können in unserem Gehirn neue Bahnen bauen. Das ist unsere Entscheidung. Aber in dem Moment, wo man sich ins Leid vergräbt, hat man verloren und dann passiert eines: Man fügt auch anderen Leuten Leid zu. Weil es zum Muster geworden ist. Und so fügst du deinen Eltern Leid zu, allen, die dich liebhaben und sogar deinem zukünftigen Ehemann. Der wartet auf dich und kann dich nicht finden, weil du dich versteckst.«

»Oh, Mann, Will, rede doch noch ein wenig so weiter und ich verliebe mich erst recht in dich!«

Er sah ein leichtes Lächeln in ihrem Gesicht, aber sie war ernst. Sie war ernst ohne diesen Zynismus, der bisher ihre Sätze getränkt hatte. Sie wurde offen. »Ich wollte einfach auf dich warten, William«, flüsterte sie. »Du hast mich verzaubert.«

»Aber Minh, nur mal angenommen, da gäbe es noch einen Mann, der dich glücklich macht – das kannst du gar nicht wissen ... würdest du dieser Vermutung wenigstens eine Chance geben?«

»Kannst du etwas wollen, ohne es zu wollen?«

Der Satz hackte sich in seinen Kopf und ein nicht benennbares Gefühl breitete sich in seinem Inneren aus. Eines, für das er keinen Namen fand. Aber als er sich selbst die Frage stellte: ›Könnte ich Anna lieben, ohne sie zu wollen? Ohne dass sie meine Liebe erwidert?‹, tauchte dieses Gefühl groß und mächtig wie ein Schild vor ihm auf: Es war Demut. Wenn er Anna wirklich liebte, könnte er das tun, ohne auch nur eine Forderung zu stellen. Er senkte den Kopf. Das schmeckte ihm alles gar nicht. Er seufzte, sah auf Minh.

»Wenn ich dein Partner hätte sein sollen, wäre ich frei. Aber ich liebe eine andere.«

»Du *bist* frei«, stellte Minh, die ihn beobachtet hatte, richtig. »Und hey, Will, das, was du da gerade denkst ...ich kenne das Gefühl. Echt Scheiße, oder? Aussichtslos wie das Leben.«

»Nein, das ist es nicht. Es ist nicht aussichtslos. Übernimm wieder Verantwortung für dein Leben, Minh, bitte, mir zuliebe.«

»Ähm ... dir zuliebe?«

»Ja! Weil du noch nicht so weit bist, dass du es dir zuliebe machst. Hör zu, wir machen einen Deal, einverstanden? Du nimmst zu und ich erzähle dir von Anna. Ich brauche deinen Rat. Sag mir, was ich deiner Meinung nach tun soll. Aber vorher ...«

Will biss sich auf die Lippen und in seinen Augen erschien das erste Mal seit diesem Desaster wieder sein Räuberlächeln.

»...vorher muss ich dir was beichten.«

»Beichten?«

»Ja, warum Anna mich verlassen hat.«

»Okay«, grinste Minh mit ihrem Totenkopflächeln. »Darauf freue ich mich! Gibt's auch eine Belohnung, wenn ich schon deinen Beichtvater spiele?«

»Aber sicher!«, lächelte Will. »Eine Kuckucksuhr! Und ich weiß auch schon genau, welche!«

Anna

Krisensitzung im Hause Rossberg.

»Anna ... wir haben jetzt noch genau fünf Monate. Dann will unser Käufer wissen, ob er unseren Laden bekommt oder nicht. Er ist natürlich mehr denn je daran interessiert, seit Stefan diese Sprühlackuhr gemacht hat ... aber unsere Umsätze sind immer noch nicht hoch genug, um das Risiko einzugehen ...«

»Okay«, sagte Anna resolut. »Ich weiß nicht, ob wir da nicht einem falschen Gedanken erliegen. Wir sagen immer ›... wenn die Umsätze steigen ...‹. Aber sie steigen nicht, solange wir kein Risiko eingehen.«

Herr Rossberg seufzte. »Ja, das ist schon richtig. Aber ich hatte gehofft, die Bestellungen steigen zumindest so, dass sich das Risiko minimiert.«

»Wenn wir nicht so unter Zeitdruck stehen würden!«, warf Annas Mutter ein. »Du hast ja deine Promotiontour gerade erst angefangen ... und ...«

»Asien ist angeleiert«, gab Anna zu bedenken.

»Und überlegt doch mal – nächste Woche kommt das Filmteam!«, trat Peggy nach. »Da geht doch auch was!«

»Und wie wollen wir uns da nun präsentieren?«, fragte Anna. Sie dachte an die Fotos, die sie mit Peggy geschossen hatte. Das war alles erst vier Wochen her und doch lag eine Welt dazwischen! Unwillkürlich musste sie an Will denken: ›Trau dich! Misch den Schwarzwald auf!‹

Sie lächelte leicht, als sie seinen kriegerischen Ausdruck im Kopf hatte und mit einem entschlossenen Gesichtsausdruck wandte sie sich an den Rest der Versammlung:

»Wisst ihr was? Wir gehen in die Vollen! Wie wir es schon mal besprochen haben. Ein Gesamt-Schock. Wir müssen etwas wagen!«

»Echt jetzt«, warf Lenny ein. »Die spinnen immer noch rum wegen unserer Uhren ... denkt dran – der Artikel in der Tageszeitung war der Schuss nach hinten! Obwohl wir da ganz normal angezogen waren! Wenn wir uns jetzt auch noch aufmöbeln ...«

»Hab ich dir schon immer gesagt, dass es Zeit wird, dass du dich aufmöbelst!«, krakeelte Peggy. »Aber du hörst ja nicht! Poetry Slammer! Was ist mit dem Film? Und deinem Song? Sollen deine Talente alle für die Katz sein?«

»Hör mal, Mädel, ich möble mich auf, wenn du dich aufmöbelst!«, rief Lenny und seine Augen blitzten.

»Ich bin nicht dein Mädel! Und ich *bin* aufgemöbelt! Im Gegensatz zu dir!«, fauchte Peggy und stellte sich in Positur, damit der fette Nietengürtel zur Geltung kam.

»Ich wusste, dass du keine Ahnung hast«, gab Lenny zurück. »Du bist einfach ...«

Die beiden fingen an zu streiten, wie so oft, und Anna unterbrach sie kurzerhand.

»Schluss jetzt. Wir testen das. Fertig. Bevor wir es nicht ausprobiert haben, können wir nicht sagen, ob es funktioniert. Leute, es wird gebrezelt! Macht euch hübsch!«

***

Zur Erleichterung aller wurde der Termin vom Studio noch einmal um drei Wochen verschoben. Zeit, umzudenken, meinte der eine Teil. Zeit, sich vorzubereiten, der andere.

Tatsache war: Anna steckte wieder von Kopf bis Fuß in Arbeit. Haushalt, Kinder, zwei Jobs am Hals ... sie saß bis spät in die Nacht im Büro. Aber sie konnte es drehen und wenden, wie sie wollte: Sie bekam Will nicht aus dem Kopf. Sie verdrängte ihn nur – und das wusste sie. Ihre jahrelange Praxis half ihr zwar, sie war dankbar für alles, was sie hatte erleben dürfen. Dankbar für die Anregungen, die Will ihr gegeben hatte. Sie suchte das Schöne in den Erinnerungen und übte sich darin, das Unangenehme genauso gelassen zu sehen wie das Schöne. Aber sie war nicht gewillt, seine kriminellen Ideen zu unterstützen, und wusste, sie musste ihn vergessen.

Auf ihrem FB-Account war in der Seitenleiste noch immer die Gruppe »Die Piraten« aufgelistet. Und sie war immer noch Mitglied. Will hatte die Gruppe nicht aufgelöst, wie sie es vermutet hatte. Und sie hatte sie nicht gelöscht. Sie klickte sie an.

Ihr Foto war verschwunden. Die Seite wirkte verwaist, bis auf einen einzigen Kommentar war kein weiterer dazugekommen.

Unter Wills: »Ich habe so was von gewonnen!« stand ein Satz in Großbuchstaben:

»ICH HABE NOCH FÜNF MONATE ZEIT.«

Ungläubig schüttelte sie den Kopf. Meinte er wirklich, er würde die Wette noch gewinnen? Dass sie ihm Geld überwies und er einen Beweis erbrachte, dass sie »Ich liebe dich« zu ihm gesagt hatte?

Der Typ war krank. Vollständig. Sie verbannte ihn aus ihren Gedanken. Es machte keinen Sinn.

***

»Peggy, erzähl mal, was liegt dir eigentlich auf der Seele? In all dem Tumult konnten wir gar nicht reden.«

Sie saßen seit langem mal wieder bei einem Glas Rotwein zusammen und Peggy war in einer unterirdischen Stimmung aus dem Büro gekommen.

»Dein Bruder!«, schoss es aus ihr heraus. »Der macht mich wahnsinnig! Der ist so stur! Für nichts zu haben! So eine Träne!«

»Hey, hey, mal langsam ... Lenny hat auch viel um die Ohren«, versuchte Anna sie zu beruhigen.

»Das hat jeder hier! Das ist kein Grund, so beratungsresistent zu sein!«

»Hör auf, ihn ändern zu wollen, Peggy. Du würdest das doch umgekehrt auch nicht wollen.«

»Aber er ... er ... schätzt null, was ich mache!«

»Das glaube ich nicht. Zumindest das, was du im Büro bringst, kann er nicht niedermachen.«

Peggy brach in Tränen aus. »Ja, aber dem Typen kommt man einfach nicht bei! Egal, was ich mache!«

Anna sah die weinende Peggy wie vom Donner gerührt an und begriff endlich.

»Ach, du liebe Zeit, Peggy, das ist nicht dein Ernst, oder?«

»Mein voller! Dieses Aas! Lässt mich jedes Mal abblitzen! Wie oft will er das noch bringen?«

»Okay ... wie oft hast du es schon versucht?«

»Mindestens drei Mal! Ich habe mich erniedrigt! Hab ihm doch tatsächlich ›I just can't stop loving you‹ vorgesungen ... und ... ›Baby be mine‹ ... und der Fatzke ... kapiert *gar nichts*! Der hat vielleicht Probleme!«

»Ach, Peg«, lächelte Anna und legte den Arm um ihre Freundin. »Vielleicht hat er einfach nur ein Problem, Michael Jackson zu küssen?«

Peggy schniefte. »Det bringt ooch nix«, berlinerte sie unglücklich.

»Das sei mal dahingestellt«, schmunzelte Anna. »Gibt nur einen Weg, das herauszufinden: Du musst es ausprobieren.«

***

In den nächsten Tagen ging Anna noch einmal den gesamten Schriftverkehr mit William durch und an der Art, wie sie es tat, merkte sie, dass sie nicht wirklich wahrhaben wollte nur eine Trophäe für ihn gewesen zu sein. Sie versuchte, in der Entwicklung ihrer Chats mehr zu finden, was letztlich gewesen war.

Seine ersten Messages auf Facebook, als sie noch gedacht hatte, dass er doch so profan und penetrant war – da hatte er es mit seiner gängigen Methode versucht, die wohl bei den meisten Frauen punktete.

Dann waren seine ersten Mails gekommen – Texte, aus dem Internet, er hatte sie nicht selbst geschrieben. Auch das hatte bei ihr nicht funktioniert. Aber nachdem sie ihn aus ihrer Freundesliste geworfen hatte, war er endlich tiefer gegangen.

Seine Mails ... die sie so gern gelesen hatte ... die waren doch echt? Sie gab Sätze davon in die Google-Suchleiste ein – und konnte dafür keine vorgefertigten Texte finden. Er musste sie also tatsächlich selbst verfasst haben! Ihr Herz klopfte ein wenig stärker. Denn genau diese Mails hatten ja erst das Band zwischen ihnen geknüpft ... Die waren so schön! Und der Urlaub auf den Seychellen ... Anna ertappte sich dabei, Schadensbegrenzung zu betreiben ... sie war sich dessen bewusst und die Gefühle stritten in ihr. Wie so oft starrte sie auf die Sprechblase in Facebook oder auf den verwaisten Viber-Account auf ihrem Handy. Sie vermisste ihn.

Doch obwohl sie seine Kontaktdaten noch nicht gelöscht hatte, hatte er ihr nicht mehr geschrieben. Nicht einen Buchstaben. Das verletzte sie zutiefst und bestätigte, dass seine Tränen am letzten Abend ebenso unecht gewesen waren wie alles andere auch. Warum hatte er geweint? Wegen Wang? Wegen seinem Deal? Wegen seiner blöden Wette?

Anna biss sich auf die Lippen. Sie musste sich jetzt um das Geschäft kümmern. Der Termin mit der Fernsehregisseurin stand an ... Mr. Wang hatte ihr eine Liste mit Kontakten zukommen lassen, damit sie in Asien Fuß fassen konnte.

Die Promotion-Tour musste fortgesetzt ... und ja, auch die Kosmetiklinie wollte noch fertiggestellt werden.

Anna trat einen Schritt zurück und schaute sich ihren Schmerz an. Da stand er und winkte mit seinen schwarzen Tentakeln, bereit, sie ins Bodenlose zu stürzen, bereit, sie zu verschlingen. Aufmerksam betrachtete sie ihn. Woraus bestand dieser Schmerz? Ihr Ego war verletzt. Es hatte doch tatsächlich gemeint, sie sei etwas Besonderes für ihn. Anna ging tief in ihr Herz, schloss die Augen und sah ihre Gedanken vorbeischweben. Sie sah deutlich und klar, dass es nur Gedanken waren, die Gefühle hervorriefen. Sie übte sich darin, keinem davon anzuhaften. Keinem dieser Gedanken nachzulaufen. Nach einer Zeit spürte sie in ihrem Inneren einen sanften Switch und ihr war, als wäre sie direkt in ihrem Herzen gelandet. Es war ruhig dort und schön. Es war wie auf einer sonnigen Lichtung, warm und hell, vollkommen unbelastet vom Auf und Ab dieser Welt. Anna verankerte sich darin. Badete in dieser Empfindung, schöpfte Kraft daraus, sah weiterhin ihre Gedanken rund um die Geschehnisse auf- und abwogen. Aber sie war in ihrer Mitte und vollkommen unbeeinflusst. Sie blieb einige Zeit in dieser Stille und tankte auf. Dann sandte sie Liebe an alle, die sie kannte – und besonders an Will.

Mit einem leichten Lächeln kam sie aus ihrer Meditation.

Es gab meterhoch Arbeit und dankbar stürzte sie sich hinein.

***

Wenn sie aus dem Bürofenster schaute, konnte sie auf einen kleinen Park sehen. Eigentlich war es kein Park, nur eine Raseninsel, ein paar Bäume, ein Brunnen und zwei Bänke. Gelegenheit für Mütter, sich hinzusetzen und ihre Kinderwagen zu schaukeln. Doch diesmal saß ein Mann dort. Er saß da und las ein Buch. Er saß, als hätte er alle Zeit der Welt. Sie hatte ihn schon am frühen Nachmittag entdeckt. Es war ein sonniger Spätherbsttag, Anna wollte mit ihren Kindern Drachen steigen lassen, packte ihre Sachen zusammen und machte etwas früher Schluss. Als sie aus dem Büro trat und in die Nachmittagssonne blinzelte, stand der Mann auf, klappte sein Buch zu und kam vorsichtig auf sie zu.

»Hallo Anna«, sagte er. »Bitte verzeihen Sie, dass ich Sie mit Ihrem Vornamen anspreche ...«

»Kennen wir uns?«, fragte sie reserviert und trat einen winzigen Schritt zurück.

»Mehr oder weniger«, antwortete der Mann. »Ich ... bin ... war ein Freund von William.«

Ihr Herz sackte ein paar Stockwerke tiefer.

»War?«, fragte sie und konnte nicht verhindern, dass dieses Herz in ihrem Bauch unangenehm klopfte.

»Ja ... war. Weil ... aufgrund der Ereignisse habe ich ihm die Freundschaft gekündigt ...«

»Okay«, sagte sie und ihr schwante, wer er war. Doch er hatte einen weiteren Schock für sie parat.

»Ich bin derjenige, der Ihnen die meisten E-Mails im Namen von William geschrieben hat«, fuhr der Mann fort und Annas Herz machte erneut einen gewaltigen Satz. Die Mails ... die hatte Will also auch nicht selbst geschrieben? Dann erinnerte sie sich daran, wie oft sie sich über den so schnell wechselnden Stil gewundert hatte. Das war also die Erklärung! Ihre Augen verdüsterten sich und sie merkte, wie sehr diese Mails ihr Anker und ihre Hoffnung gewesen waren. Zerstört! Sie stammten von einem anderen! Der noch dazu den gesamten Schriftverkehr kannte! Wie makaber wurde das Ganze noch?

Der Mann streckte ihr unterdessen die Hand hin:

»Phillip Reuter – ich denke, Sie können meinen Namen zuordnen.«

»Ja«, sagte Anna mit zugeschnürter Kehle. »Das kann ich.«

Sie starrte ihm in die Augen. Blaue, klare, ehrliche Augen. Augen, die mehr wussten als sie. Die Will kannten ... die sie kannten ... ihr Hirn schaltete ab. Unvermittelt machte sie auf dem Absatz kehrt und lief weg.

»Anna!«, rief ihr Phil leise hinterher. »Bitte laufen Sie nicht weg!«

Aber Anna hörte nicht auf ihn. Sie riss aus – vor weiteren Infos, die sie nicht hören, die sie nicht verkraften konnte. Will hatte die Mails nicht selbst geschrieben! In wen hatte sie sich eigentlich verliebt? In seine Worte? In seine Person? Hatte sie auf den Seychellen nicht gehofft, in ähnliche Unterhaltungen zu gleiten, wie sie es schriftlich getan hatten?

Zu Hause angekommen, atmete sie tief ein und lehnte sich gegen die Haustür. Lea und Tim rasten auf sie zu und sie schlang die Arme um die beiden.

Sie spürte, sie hatte all das doch noch nicht hinter sich gelassen ... es wurde auch immer mehr statt weniger. Noch immer wurden Steine in den Teich geworfen und Schlamm aufgewühlt.

Alles, was sie tröstete, war, zu meditieren und mit den Kindern Christian zu besuchen. Sie tat es öfter denn je. Die Kinder freute es und ihr half das meistens. Aber nicht immer.

***

»Anna, verzeihen Sie, dass ich Sie so überfallen habe. Ich hätte behutsamer vorgehen sollen. Ich glaube, ich kann Ihnen einiges erzählen, was Ihnen helfen würde. Aber bitte nehmen Sie sich alle Zeit der Welt. Sie entscheiden, wann

Sie so weit sind und ob Sie das überhaupt möchten. Ich habe Will in der besten Absicht assistiert und bin in diese unschöne Sache genauso blind hineingerutscht wie Sie.

Es ist mir ein Bedürfnis, mich persönlich bei Ihnen aus tiefstem Herzen für dieses Schmierentheater zu entschuldigen und würde mich sehr freuen, wenn Sie mir Gelegenheit dazu geben würden.

Herzlichst,

Ihr Phil Reuter.«

Sie löschte die Mail. Holte sie wieder aus dem Papierkorb. Löschte sie erneut. Starrte auf den Bildschirm. Schließlich verschob sie sie in den Ordner »zu beantworten«, klappte den Deckel des Laptops zu, ein bisschen heftiger als angebracht war, und beschloss, mit ihren Kindern zu spielen.

***

»Mr. Wang! Wie schön, Ihre Stimme zu hören!«

»Ganz meinerseits, Miss Anna. Wie geht es Ihnen?«

»Gut, vielen Dank. Ich hoffe, Sie haben meinen Brief bekommen.«

»Natürlich! Sie hätten sich nicht entschuldigen müssen, dass Sie so schnell gegangen sind ... das kann ich sehr gut nachvollziehen.«

»Woher haben Sie es eigentlich gewusst?«, fragte sie leise. »Die Sache mit Facebook ... das, was William getan hat?«

»Tja, um ehrlich zu sein ... es gab jemanden in der Gruppe, der geplappert hat. Und mich in die Gruppe eingeladen hat. Insofern ...«

»Oh,«, machte Anna und wurde rot. Dann hatte er auch das Nacktfoto von ihr gesehen! Sie schwiegen eine Weile und schließlich sagte sie: »Dann ... dann möchte ich Ihnen ganz besonders danken, dass Sie Will noch eine Chance gegeben haben, Mr. Wang. Das ist sehr edelmütig von Ihnen.«

»*Sie* haben ihm die Chance gegeben, Anna«, antwortete Wang. »Nicht ich. Ich hätte ihn an diesem Abend zum Teufel gejagt.«

Sie biss sich auf die Lippe. Wollte fragen, ob Will diese Chance nutzte, was er machte, wo er war, wie es ihm ging ... aber sie verkniff es sich. Der neuesten Erkenntnisse eingedenk hatte sie nicht unbedingt Lust darauf.

»Aber warum ich anrufe ...«, fuhr Mr. Wang fort. »Ich möchte im Frühling nächsten Jahres eine Deutschland-Messe in Singapur veranstalten – und alles Deutschland-Typische dort aufbauen. Ich habe schon Mercedes und BMW, einen schwäbischen Koch und viele andere deutsche Firmen dafür gewinnen können ... und ich hoffe, dass Sie mit ihren Kuckucksuhren auch dabei sein werden!«

»Aber ja, Mr. Wang! Es ist mir eine Ehre! Sagen Sie mir, wie Sie sich das vorstellen und ich komme!«

»Nicht nur Sie! Ihre ganze Familie! Ich möchte, dass ein Uhrenbauer dort ist ... und Ihre Frau Mutter, die doch die Uhren bemalt ... und wenn Sie mögen, können Sie auch gerne Ihre Kinder mitbringen. Ich habe die Idee, dass wir Malkurse anbieten und außerdem werden wir auch einen Kindergarten haben ...«

Er besprach mit ihr Details und sagte ihr, dass er noch einige neue Geschäftskontakte für sie auf die Messe eingeladen habe.

»Dort können Sie dann in Ruhe mit ihnen reden », erklärte er. »Und Ihren Markt in Asien aufbauen.«

Anna bedankte sich tausend Mal, bevor sie auflegte. Ihr Herz hüpfte in ihrer Brust, dann sprang sie auf und übermittelte der Familie die frohe Botschaft.

***

Es war kalt draußen, die Tage kurz, es wurde schnell dunkel. Anna hatte ihre Kinder ins Bett gebracht und saß noch vor dem Laptop. Peggy war hier, machte gerade eine Flasche Rotwein für sie beide auf, während Anna sich die Fotos anschaute, die sie in ihren grellen Outfits gemacht hatten.

»Oh, Mann, Peggy, die sind schon scharf«, murmelte sie und wie immer kam ihr Will dabei in den Sinn. Sie vermisste ihn. Sie vermisste tatsächlich seine blöden »pretty angels« und seine so unverblümte, unverschämte Gegenwart. Kein Chatfenster, das aufpoppte, keine Mail, die sie nervte ... obwohl sie noch immer nichts gelöscht hatte. Er schien spurlos verschwunden. Ziellos klickte sie auf eine der früheren Unterhaltungen.

»I cross my fingers for you! Und denk dran: Sei frech! Trau dich was!«

Peggy kam mit zwei Gläsern Wein auf sie zu und Anna wischte schnell über das Mousepad, um den Chat zu verdecken und die Fotos wieder hervorzuholen. Peggy sah ihr über die Schulter.

»Fuck, was waren wir da betrunken!«, lachte sie. »Gott sei Dank sieht man das auf den Fotos nicht!«

»Ja, ohne Alk hätten wir uns das wohl gar nie getraut!«, bestätigte Anna lächelnd, das Foto mit Peggy in ihrem roten Abendkleid und der Uhr auf der Hüfte betrachtend. Wieso war sie gerade auf diese Zeile in ihren Chats geraten. ›Sei frech!‹

»Ob wir das online stellen sollen?«, murmelte sie mehr zu sich als zu Peggy.

»Häh?«

»Wir könnten es online stellen«. Anna drehte sich zu Peggy um. »Was meinst du? Du sagst doch immer, wir sollen uns was trauen! Würdest du dieses Bild von dir auf Facebook veröffentlichen?«

»Ey, du stellst Fragen! Auf jeden Fall! Hau rein! Aber nur, wenn du deinen Knackarsch in Leder auch reinhängst!«

»Echt? Du wärst einverstanden? Hey, Peggy!« Anna war wieder mal elektrisiert. »Wie wäre es, wenn wir eine Werbekampagne machen? Mit allem Drum und Dran? Instagram ... Videoclips ... los, lass uns wahrmachen, über was wir die ganze Zeit nur reden!«

»Du hast doch noch gar nichts getrunken!«, rief Peggy erstaunt. »Was ist denn mit dir auf einmal los?«

»Keine Ahnung. Sex sells, oder? Ich hab's satt, dauernd nur zu grübeln. Lass uns was tun!«

Unter viel Gelächter und Gekicher suchten sie eine Reihe von Fotos aus, holten die Papierschnipsel mit den damals zusammenfantasierten Überschriften heraus und machten anrüchige, zweideutige Texte daraus.

»Und deine Eltern?«, fragte Peggy, als sie vor dem Laptop saßen, das erste Foto hochgeladen war und sie nur noch auf ›Veröffentlichen‹ klicken mussten. »Willst du sie nicht vorher fragen?«

»Es ist meine Firma«, antwortete Anna trotzig.

Klick. Das Bild mit Peggy im roten Abendkleid war online.

$$***$$

Phil ließ nicht locker. Er war ähnlich hartnäckig wie Will, aber auf eine feinere, höfliche Art. Bei jedem Satz von ihm spürte Anna, dass er unbedingt verhindern wollte, sie zu verletzen. Aber sie hatte vorerst die Nase voll von Männern.

Schließlich traf sie sich mit ihm – eigentlich nur, um ihm klarzumachen, dass sie mit allem, was Will betraf, nichts mehr zu tun haben wolle. Trotzdem hatte sie in letzter Sekunde ihren Laptop mitgenommen und bat ihn nun, ihr zu sagen, welcher Text aus seiner Feder stammte. Phil deutete auf die Mails, die ihr am meisten bedeutet hatten. Sie biss sich auf die Lippen.

»Wenn er mit Ihnen gechattet hat, war ich teilweise per Team Viewer zugeschaltet«, beichtete er. »...und wenn Will nicht mehr weiter wusste, hab ich einfach übernommen.«

»Auch während der Chats?«, fragte sie ungläubig. Er nickte.

»Okay, das erklärt so einiges.« Ihre Kehle war wie zugeschnürt. Warum belastete sie das immer noch so sehr?

»Es tut mir so schrecklich leid«, sagte Phil. »Ich glaubte wirklich, er hat sich ernsthaft verliebt und als er mir Ihr Foto auf FB zeigte, war ich begeistert ... Sie waren so gar nicht die Frau, die er sich sonst aussuchte. Eigentlich hätte ich da schon hellhörig werden müssen.«

»Welche Frauen hat er sich denn sonst so ausgesucht?«

Sie bemühte sich, beiläufig zu wirken.

»Naja, sie hatten immer große Brüste, viele Kurven ... Betthäschen eben. Er hatte nie eine ernste Beziehung. Er wollte nie eine.«

»Okay ... und ... woher kennen Sie Will? Er hat mir gar nichts von sich erzählt ... da hätte *ich* eigentlich hellhörig werden sollen.«

»Naja, er erzählt niemandem was von sich. Und schon gar keiner Frau. Ich habe ihn im Internat kennengelernt. Wir waren beide in einer Boarding School in England. Er war oft in den Ferien bei uns ... wir haben zusammen studiert ... Will ist immer wieder in meinem Leben aufgetaucht. Wir kennen uns seit über zwanzig Jahren.«

»Und ... seine Eltern? Wo kommt er her?«

»Anna«, sagte Phil und biss sich auf die Lippen. »Will stammt aus einem guten Elternhaus. Aber was das angeht, hielt er sich selbst mir gegenüber bedeckt. Es hat sehr, sehr lange gedauert, bis er mal ein bisschen was preisgegeben hat ... bis ich zumindest einen Teil seines Lebens erfahren habe. Das hat er mir unter dem Siegel der Verschwiegenheit erzählt und ich möchte mich nach wie vor daran halten, auch, wenn ich ihm die Freundschaft gekündigt habe. Was ich Ihnen aber bestätigen kann, ist, dass William total verkorkst ist. Wie verkorkst, ist mir und Ihnen in den letzten Wochen deutlich bewusst geworden. Eine Zeitlang dachte ich, er kriegt die Kurve, aber inzwischen wissen wir ja, dass das Gegenteil passiert ist. Er ist total abgedriftet. Er hat kein Gefühl für Moral oder sonstige Werte.«

In Anna sträubte sich etwas gegen diese Beurteilung und sie öffnete den Mund, um Will zu verteidigen. Dann aber merkte sie, dass sich das wie das Gerede einer unbelehrbaren, in ihrem Ego gekränkten Frau anhören musste.

»Aber er war zwanzig Jahre lang Ihr Freund. So falsch kann er nicht gewesen sein. Sie hatten bestimmt auch gute Erlebnisse«, hakte sie nach. »Weichen Sie mir aus?«

»Ein bisschen«, gab er zu und lächelte sie an. »Das mit Will ist ... eine lange Geschichte. Eine sehr lange. Zu lang für diesen Abend.«

Anna sah ihn an. Sie wusste, was er wollte. Er wollte sich wieder mit ihr treffen, der Blick aus seinen Augen sprach Bände. Er hatte sie im Laufe der Chats kennengelernt, wusste, wie sie tickte, welche Meinungen sie vertrat ... durch diese Mails, in denen sie immer das Gefühl gehabt hatte, mit Will auf einer

Wellenlänge zu liegen ... Resonanz zu spüren ... es war Phil gewesen, mit dem sie kommuniziert hatte, nicht Will.

Sie betrachtete ihn nachdenklich. Im Gegensatz zu William hatte er keinen gefährlichen Piratenblick. Phils Augen waren schlicht offen und ehrlich und sie erinnerte sich daran, dass der Inhalt seiner Mails sie begeistert hatte. Er war kein Pirat, nein, eher genau das Gegenteil davon – er war der gutaussehende Harvard-Absolventen-Typ, hatte ein schmales, aristokratisches Gesicht, braunes, nach hinten gekämmtes Haar, in dem die ersten grauen Fäden zu sehen waren, die ersten leichten Geheimratsecken, wenig Bartwuchs. Er war von sehr schlanker Gestalt, belesen und klug und hatte überdies als Wirtschaftsjournalist einen interessanten Job. Phil ... ja, Phil erinnerte sie sehr an Christian. Diese zurückhaltende, einfühlsame Art ... Er wirkte geradlinig und – er war charmant.

Phil starrte zurück, seine Lippen zuckten. Anna wusste, was das bedeutete.

Aber es war alles noch zu frisch – das war ihnen beiden klar. Und doch –Phils Verständnis tat ihr gut.

***

Als sie von diesem Treffen nach Hause kam, saß sie noch lange allein in ihrem kleinen Wohnzimmer. Dann klappte sie entschlossen den Laptop auf.

Obwohl Will sich nicht mehr gemeldet hatte, war er immer noch präsent in ihrem Leben. Und mit einem Mal wollte sie das nicht mehr. Sie wollte ihre Ruhe wiederhaben, ihr Gleichgewicht. Sie wollte nicht zulassen, dass jemand wie William – ein elender Love Scammer! – ihr seelisches Gleichgewicht raubte.

War doch die Sache mit Christian schon genug gewesen! Sie hatte Jahre gebraucht, um sich wieder auf jemanden einzulassen ... und dann das! Die Trennung von Christian hatte bei weitem nicht so viel Zerrissenheit hervorgerufen wie die Episode mit Will.

Missmutig nahm sie das zur Kenntnis. Missmutig stellte sie fest, dass sie alle Hände voll zu tun hatte, ihre eigenen Glaubenssätze aufrechtzuerhalten. Keine Anhaftung an negative Gedanken. Sie wusste, sie musste sich genau darum kümmern, aber es fehlte einfach an Zeit, ihre Tage waren so voll.

Alles, was sie tun konnte, war, Wills Gegenwart endlich aus ihrem Leben zu entfernen. Das, wovor sie bisher aus irgendeinem Grund zurückgescheut war. Sie war ehrlich: Sie hatte gehofft, er würde sich wenigstens noch einmal melden.

Aber heute Abend ... nach dem Treffen mit Phil ... dessen ehrliche, blaue Augen in ihrem Kopf, war es soweit.

Sie löschte Will aus ihren Viber-und Skype-Account, löschte ihn auf Facebook, blockierte ihn auf allen Accounts, eliminierte ihre privaten E-Mail-Adressen, legte sich neue zu, cancelte seine Fotos, sämtlichen Schriftverkehr, den sie jemals gehabt hatten und hängte das Armani-Kleid heraus, um es endlich an Edith zu schicken. Das hätte sie ohnehin schon längst tun sollen.

***

Am nächsten Tag brachte sie das Kleid zur Post.

»Liebe Edith«, schrieb sie dazu. »Leider sehe ich mich außerstande, das Kleid persönlich vorbeizubringen. Das mit unserem langen Kaffee holen wir irgendwann mal nach. Tausend Dank, dass du mir dieses schöne Kleid geliehen hast!«

Edith war es gewesen, bei der sie sich erkundigt hatte, ob sie gefahrlos mit William reisen könne und Edith hatte sie mehr als beruhigt. Aber nachdem sich die Lage nun so darstellte, wusste Anna nicht, was sie von ihr halten sollte. Wie viel hatte sie gewusst?

Zwei Tage später brachte der Postbote das Paket zurück. Verwundert nahm Anna es im Empfang. Hatte sie es falsch adressiert? Aber nein ... da stand ihre Adresse neu aufgeklebt auf dem Päckchen. Sie öffnete es – auf dem Kleid lag ein Brief von Edith:

»Liebe Anna, das Kleid gehört dir. Will hat es von Beginn an gekauft. Er wollte dir das nicht sagen, weil er wusste, dass du es nicht annehmen würdest. Ich hoffe, du behältst es, auch, wenn die Dinge nun anders scheinen. Aber ich möchte dich bitten, den Kaffee mit mir bald möglich zu machen. Bitte, Anna, es gibt etwas, was du wissen musst. Etwas, was es dir sicher leichter macht, zu verstehen.«

Platsch. Der nächste Stein war im Wasser und wühlte erneut die Oberfläche auf, brachte Schlamm und Dreck nach oben, machte das Bild unklar.

Unschlüssig starrte Anna auf das Kleid im Paket.

Schließlich beschloss sie, Edith anzurufen.

»Schätzchen!«, rief sie. »Ich bin so froh, dass du dich meldest! Wie geht es dir?«

»Es geht mir gut, Edith, danke. Aber ich wollte dich fragen, ob du das Kleid nicht doch weiterverkaufen möchtest. Ich will es hier nicht haben.«

Am anderen Ende der Leitung war es still.

»Anna«, sagte Edith schließlich »Will war bei mir ... und ...«

Anna versetzte es einen Schock, ihr wurde heiß. Es war jetzt, nach vier Wochen, das erste Mal, dass sie wieder etwas von ihm hörte.

»Na, dann«, sagte sie rau, »weißt du ja alles.«

»Ja, ich weiß alles. Aber du weißt nicht alles.«

»Ich will es auch nicht wissen.«

»Herzchen, ich kann dich verstehen, aber du kennst nicht seine Vergangenheit.«

»Edith, man kann nicht alles mit der Vergangenheit entschuldigen. Er ist ein erwachsener Mann. Er hat wie jeder andere die Möglichkeit, seine Vergangenheit zu überdenken und die Dinge zu lösen. Es ist nicht so, dass ich nicht versucht hätte, an ihn heranzukommen ... aber er hat total abgeblockt!«

»Ja, aber du weißt besser als ich, dass man manchmal in Mustern steckt ... oft ist es so, dass man sie noch nicht mal als Muster erkennt. Und es war doch nicht so viel Z.. «

»Edith, der Punkt ist: Selbst, wenn ich verstehe, warum er es getan hat, ändert das nichts daran, *dass* er es getan hat. Und dass ich ihn deswegen nicht mehr sehen will.«

»Aber er leidet! Er leidet so sehr! Ich kann dir gar nicht sagen, wie sehr er alles bereut ... und dein Verständnis würde ihm helfen«.

»Das weiß ich nicht. Vielleicht würde es ihm nur glauben lassen, dass er um den Lernprozess herumkommt.«

»Anna...« Edith zögerte. »Niemand kann wissen, ob es Sinn hat, zu reden. Noch nicht einmal er. Aber ich weiß, dass er noch nie so am Boden zerstört war wie jetzt. Und glaube mir, ich kenne seine dunkelsten Tage. Ich weiß, wovon ich rede. Bitte hör ihn an.«

»Nein«, sagte Anna und verstand sich selbst nicht mehr. Sie war doch sonst nicht so hart! Sie hatte bisher doch allen und jedem eine Chance gegeben! Auch Edith schluckte.

»Bist du sicher?«

»Ja«, sagte Anna heiser. »Ich bin sicher. Sag ihm, er soll mich in Ruhe lassen.«

Winter

Am nächsten Tag saß Anna mit einer frischen Tasse Kaffee in ihrem Büro und rief Facebook auf. Der Kaffee prustete aus ihrem Mund und sie verschluckte sich am Rest. Laut hustend saß sie mit tränenden Augen vor dem Monitor, versuchte mit einem Tuch den Kaffee von der Tastatur zu tupfen und konnte kaum fassen, was sie da sah. Das Foto von Peggy hatte Tausende von Likes bekommen, zig Kommentare waren daruntergeschrieben und in der Seitenleiste standen mindestens dreißig bis vierzig Anfragen, nebst entsprechenden Fragen, ob man die Uhr direkt über Facebook bestellen könne.

»Geile Geschenkidee!«

»Endlich mal was Originelles!«

»Da muss man erst mal draufkommen! Macht ihr auch Einzelanfertigungen?«

»Peggy, Peggy, Peggy!«, schrie Anna. »Komm her! Lenny! Mama! Papa! Schaut euch das an! Schaut euch das an!«

»Boah!«, rief Lenny, der als Erster da war, und seine Augen glitten bewundernd über das Foto. »Wer ist das denn? Oh, Scheiße, die hat ja eine unserer Uhren auf'm Arsch! Häh? Wie ist die denn an eine Uhr von uns gekommen?«

Inzwischen waren alle um den Monitor versammelt.

»Ach, du meine Güte!«, stieß Herr Rossberg hervor. »Das ist ja ... das ist ja ...«

»Wow, Peggy, du siehst super aus! Wann habt ihr denn das gemacht?«, ließ sich Frau Rossberg vernehmen.

»Peggy? Das ist Peggy?«, stammelte Lenny und wich ein paar Schritte zurück. »Niemals! Das ist ein Model!«

»YEAH!«, schrie Peggy, machte ihre Dancemoves und sang: »Who is it? ... It's just another part of me ... heehee!«

Sie drückte auf den Button ihres Smartphones und Michael dröhnte wie so oft durch den Raum.

»Papa hast du gesehen?«, schrie Anna gegen die Musik an. »Wir haben fünfunddreißig Bestellungen über Facebook! Wenn die das ernst meinen ... auf euch kommen Überstunden zu!«

»Genau«, rief Peggy und riss die Arme hoch. »Das war nämlich der erste Streich! Und der zweite folgt zugleich! Weihnachten kann kommen! HEEHEE!«

»Und wie sieht das nächste Bild aus?«, wollte Frau Rossberg wissen und alle sogen die Luft ein, als Peggy es ihnen zeigte: Anna in ihrem Lederoutfit, den Fuß im High Heel auf der gläsernen Kuckucksuhr, einen kriegerischen, aufmüpfigen Ausdruck im Gesicht und drunter der Slogan: »Ich will Kuckuck!«

Am nächsten Tag hatten sich die Bestellungen verdoppelt.

In der kleinen Firma brach das Chaos aus. Anna verschob erneut den Rest ihrer Tour, worüber sie froh war, sie wollte nicht dauernd von den Kindern weg. Stattdessen führten sie Bewerbergespräche, stellten Leute ein, mieteten Räume an und – bauten Uhren. Die Tage wurden lang und länger. Bis das neue Personal anfing und eingearbeitet war, würden mindestens drei Monate vergehen. Weihnachten kam ... und dann mussten sie auch noch die Messe in Singapur vorbereiten!

Sie liefen alle auf Hochtouren – und arbeiteten. Aber es war ein absolut positiver Stress und die Kinder liefen in der betriebsamen Energie einfach mit. Machten ihre Hausaufgaben bei Anna und Peggy im Büro und waren in jeder Hinsicht live dabei. Peggy und Anna beschlossen, jede Woche bis kurz vor Weihnachten ein anderes Foto einzusetzen. Das Geschäft boomte und Anna konnte nicht umhin, dankbar an William zu denken. Das Foto im roten Poloshirt war das Einzige, das sie nicht gelöscht hatte und sie betrachtete es ab und zu. Sein Räubergrinsen ... seine fordernden Augen. Im Prinzip hatte sie diesen Erfolg ihm zu verdanken. Aber sie hatte sich entschlossen, nichts mehr mit ihm zu tun haben zu wollen – und dabei wollte sie es auch belassen.

***

Phil schlich sich in ihr Leben mit einer behutsamen Beharrlichkeit, von der sie anfangs noch nicht wusste, ob sie das wollte. Als er sie das zweite Mal zum Essen einlud, fragte er sie:
»Möchtest du, dass ich dir etwas von Will erzähle?«
»Nein«, antwortete sie. »Ich möchte, dass du etwas von dir erzählst.«
Phil lächelte, seine Augen glommen auf in einem warmen Licht. Er erzählte. Sein Lebenslauf war glatt und ohne Knotenpunkte.
»Und was ist mit Frauen?«, wollte sie wissen. »Das hast du bis jetzt schön ausgeklammert.«
»Ja, so wie du deine Beziehungen«, erklärte er und sah sie fest an.
»Da gibt es nicht so viel zu erzählen.«
»Anna«, sagte er und beugte sich vor. »Ich weiß Bescheid. Ich bin Journalist und im Gegensatz zu Will habe ich meine Hausaufgaben gemacht. Ich habe sie aber nicht wegen Will gemacht.«
Anna zuckte zusammen. »Dann ... weißt du ja alles«, sagte sie leise und wandte den Kopf ab.
»Ja ... so in etwa ... ich meine ... so etwas tut weh. Es tut mir so leid, Anna.«
»Lass gut sein. Ich bin nicht die Einzige, die so etwas erleben muss. Wie war es bei dir?«
»Als es mit mir und Melissa auseinanderging, dachte ich auch, meine Welt bricht zusammen. Gott sei Dank hatten wir keine Kinder. Das ist dann etwas einfacher. Ich denke, deine Situation ist ...«
»Naja«, unterbrach sie versonnen. »Kommt darauf an, wie man es ihnen beibringt ... und du und Melissa ... seit wann seid ihr getrennt?«
»Seit Jahren schon. Es hat nicht so lange gehalten. Sie war auch Williams Traumfrau und der Grund, warum wir uns lange nicht gesprochen haben.«
»Ihr wart beide in die gleiche Frau verliebt?«
»Yepp. Aber wie gesagt ... Will ist ... beziehungsunfähig. Das hat Melissa frühzeitig erkannt – und sich für mich entschieden. Aber damals habe ich auch einen Fehler gemacht, den ich sehr bereue. Ich habe Melissa ohne Wills Einverständnis einen Teil seiner Vergangenheit erzählt. Will hat mir das sehr übel genommen.«

Anna wusste nicht, warum, aber sie störte sich sehr an dem Wort >beziehungsunfähig<, obschon sie wusste, dass es durchaus auf Will passte. Allein diese Wette! Aber ... Phil hatte auch erwähnt, dass Will keiner Frau jemals etwas über sich erzählt hatte ... deswegen? Weil er auf leidvolle Weise erlebt hatte, wie Frauen auf die Wahrheit reagierten? Er hatte es ja durch Phil und Melissa live mitbekommen!

»Kann ich mir vorstellen«, antwortete sie ein wenig abwesend. »War nicht ganz fair von dir.«

»Ja ... das stimmt. Deswegen will ich den Fehler auch nicht wiederholen. Es ... es ist schwierig mit ihm. Er ist wirklich ... ich meine, er hat unglaublich viele Vorzüge, aber beziehungstechnisch ist das echt problematisch ... ich habe mich immer gewundert, warum er sich nie wirklich für dich interessiert hat. Ich meine, er hätte doch alles herausfinden können, aber ... es war ihm egal. Er wollte ja nur ...«

Anna zuckte zusammen. Phils Worte taten weh – weil sie stimmten. Will hatte sich nicht für sie interessiert. Er hatte nur eine Wette gewinnen wollen. Sie schluckte.

»Und danach gab es keine Frauen für dich?«, lenkte sie vom Thema ab. »Ich meine, du hast gesagt, ihr seid schon seit Jahren auseinander ...«

»Doch, natürlich gab es Frauen, aber keine feste Beziehung. Es gab lange keine Frau, die mich so angesprochen hat wie du, Anna.«

Wieder dieser Blick von ihm. Anna spürte, sie war noch lange nicht so weit, aber trotzdem war Phils Gegenwart tröstlich und so ließ sie seine Nähe immer öfter zu. Er war ganz offenkundig ein Gentleman, ihre Unterhaltungen gehaltvoll, weil er sich wie sie mit verschiedenen Philosophien beschäftigte. Beide interessierten sie sich für menschliches Verhalten und Bücher, die voller Studien darüber waren. Phil verstand immer, was sie meinte – er war meistens mit ihr einer Meinung, weil er die gleichen Auffassungen vom Leben hatte. Überhaupt war er der komplette Gegensatz zu William: Er war eher still und besonnen und die Abende mit ihm leicht und ungezwungen. Er hatte ein ausgesprochenes Feingefühl und er ging nie zu früh zu weit. Anna spürte schnell, dass sie ihm vertrauen konnte und atmete insgeheim auf. Er war wie eine sanfte Brise nach dem Wirbelsturm namens Will und der turbulenten Zeit auf den Seychellen.

Ja, Phil schlich sich in ihr Leben. Unauffällig, unaufdringlich, leise. Er schickte Blumen mit süßen Karten und originellen Sprüchen drauf, war Weltmeister darin, urige Lokalitäten mit ausgezeichnetem Essen zu finden, schrieb ihr witzige Mails und organisierte VIP-Karten und Logenplätze für ausgebuchte Events, weil er als Journalist immer an VIP-Karten kam.

Gemeinsam besuchten sie, so wie es Annas Zeit zuließ, Konzerte, gingen ins Theater oder ins Kino. Phil war eine Oase und Anna genoss seine so ruhige, selbstverständliche Gegenwart immer mehr.

Und doch lag sie so manche Nacht im Bett und dachte an Will. Fragte sich, wo er war. Was er tat. Wie es ihm ging. Noch immer gab es – außer Ediths Aussage – kein Lebenszeichen von ihm. *Er leidet, Anna. Er leidet sehr.*

Sie drehte sich auf die andere Seite. Es war vorbei. Endgültig. Doch die Stimme in ihrem Kopf sagte: Es ist so schade, dass es vorbei ist. Und dann: Nein, es ist gut, dass es vorbei ist.

Doch mit den Wochen geriet die verrückte Zeit mit Will immer mehr in den Hintergrund, mumifizierte sich und wurde allmählich zu einem Gegenstand in ihrer Erinnerung. Etwas, an dem man vorbeilief, weil es so selbstverständlich war und man es gar nicht mehr wahrnahm.

***

»Fuck! Alter! Ist das dein Ernst? Du verarschst mich gerade, oder?«

»Nein«, sagte Will säuerlich. »Ich habe doch extra gesagt, mach dich auf was gefasst.«

»Aber das ... das schlägt echt dem Fass den Boden aus! Du bist ein *Love Scammer*?«

»Ich war einer.«

»Warum, Will?« Diesmal sah ihn Minh ernst und interessiert an. Sie war von ihren eigenen Problemen vollkommen abgelenkt. »Was ist der Grund? Geld kann es ja nicht sein.«

William presste die Lippen zusammen.

»Wie viel hast du zugenommen, Honey?«

»Drei Kilo. Oder zweieinhalb.«

»Das ist zu wenig für die Antwort auf diese Frage. Es kommt doch Weihnachten! Da gibt es hoffentlich Ente? Die Messe in Singapur ist in gut drei Monaten! Es fehlen noch acht Kilo!«

»Aber meine Eltern sind jetzt schon glücklich!«

»Fein! Freust du dich, dass sie glücklich sind?«

»Ja«, antwortete sie und ihre Augen wurden plötzlich feucht. »Es freut mich. Wirklich. Meine Mutter hat sogar geweint vor Freude, als ich mit ihnen gegessen habe. Und danach nicht auf die Toilette bin. Sie konnte es kaum fassen.«

»Wie schön, dass du solche Eltern hast, Minh.«

»Du hast recht, Will«, sagte sie leise. »Ich ... das hat mich wirklich beschämt ... die Freude meiner Mama. Die Augen von meinem Papa. Sie ... sie haben sich nach dem Essen umarmt - und geweint. Ich ... war so undankbar und selbstsüchtig. So langsam kann ich das erkennen.« Und dann fügte sie hinzu: »Danke, Will.«

»Dank deinem Onkel You«, knurrte Will. Er war müde, der Tag war hart gewesen, obschon er seine Arbeit dringend brauchte, um sich ablenken zu können. Aber er hielt sein Versprechen, sich um Minh zu kümmern, und sie redeten mindestens viermal die Woche miteinander. Es war teilweise anstrengend und Will bereitete sich immer darauf vor. Er hatte sich angewöhnt, abends im Bett noch in den Büchern von Phil - und in eigenen, die er dazu gekauft hatte - zu schmökern, Texte nachzulesen und immer und immer wieder die Chats mit Anna zu durchstöbern. Dann brachte er den Inhalt bei Minh an und gewann damit auch für sich ein tieferes Verständnis von den Dingen. Und Minh ging es wie Will: Sie hörte seine Ansichten wieder und wieder, sie hatten so oft miteinander diskutiert und philosophiert, sich angeschrien und sogar miteinander geweint. Das alles begann Früchte zu tragen.

»Wie weit bist du mit deiner Frauen-Liste, Will?«, wollte Minh wissen.

»Ich habe erst fünf abgearbeitet. Dauert ein bisschen, weil ich das alles alleine machen muss, das kann ich meinem PA nicht geben und ich mag solche Arbeiten wie Überweisungen raussuchen, gar nicht.«

»Kann ich nachvollziehen«, lachte Minh. »Aber ich habe mir Gedanken wegen Anna gemacht.«

»Du hast dir Gedanken wegen Anna gemacht?«

»Klar. Sie ist sehr hübsch. Ich habe ihr Profilbild auf FB gesehen. Sieht sie wirklich so aus?«

»Nein. Sie ist in Wirklichkeit noch hübscher.«

Minh gab es einen kleinen Stich, aber das war schnell vorüber, wie sie verwundert feststellte.

»Ich finde, du solltest ihr schreiben«, sagte Minh. »Ich meine, ich weiß, wie das bei mir war, als du einfach aus meinem Leben verschwunden bist ohne ein Wort. Es wäre mir erheblich leichter gefallen, wenn ich eine Erklärung gehabt hätte.«

»Minh, das dachte ich auch. Aber ich habe es am Anfang nicht gewagt. Ich wollte ihr nicht einfach so unter die Augen treten. Außerdem hat sie klar gesagt, sie will nie mehr etwas von mir hören oder sehen. Dann habe ich vorsichtig über Edith anfragen lassen. Es kam ein klares Nein. Und sie hat mich überall blockiert. Ich kann ihr keine Mail schreiben, sie nicht anrufen ... und solange ich hier nicht klar Schiff gemacht habe, will ich es auch gar nicht.«

»Ich finde trotzdem, du solltest ihr schreiben. Du hast doch ihre Adresse. Die kann sie nicht blockieren. Schreib ihr Briefe. Schreib ihr, was du empfindest.«

Will schaute Minh unschlüssig an. »Ich will nicht wieder die aufdringliche Tour. Ich muss ihren Wunsch respektieren, meinst du nicht?«

»Hm ...«. Auch Minh schwieg eine Weile und dachte nach. Dann sagte sie: »Du musst sie ja nicht bedrängen. Wenn du Briefe schreibst, dann nur, um sie wissen zu lassen, wie sehr es dir leidtut. Du hast gesagt, man kann Dinge tun, ohne etwas zu erwarten. Kannst du einen Brief schreiben, ohne eine Antwort zu wollen? Das wäre doch ein Anfang, nicht?«

Will musste unwillkürlich lächeln. »Du verinnerlichst diese Weisheiten wohl schneller als ich«, schmunzelte er. »Vielleicht können Frauen das besser?«

»Ja, vielleicht«, lächelte sie zurück. »Ich hätte jedenfalls von dir erst recht geglaubt, dass du das absolute Arschloch bist, wenn ich nach einer solchen Aktion noch nicht einmal einen Versuch von dir erlebt hätte, dich zu entschuldigen. Was soll sie denn denken?«

»Vielleicht hast du recht, Minh, aber ich bin nicht gut im Schreiben.«

»Ich kann dir helfen, wenn du willst.«

»Nein, das hatten wir schon mal. Aber danke fürs Angebot. Diesmal mache ich das alleine. Ich werde eben üben. Danke für den Tipp.«

Sie sprachen oft miteinander, über so vieles und es war gehaltvoll. Es änderte sie beide.

***

Es war der Samstag vor dem zweiten Advent, als Anna den Schritt tat und Phil zum ersten Mal zu sich zum Kaffee einlud. Draußen schneite es leicht und es war klirrend kalt. Sie hatte den kleinen Ofen angeheizt, den Tisch gedeckt und hantierte gerade mit dem Tee, als er klingelte.

»Lea, Schätzchen, mach mal auf!«, rief sie ins Esszimmer. Sie hörte die Schritte ihrer Tochter, stellte die Kanne aufs Stövchen, wischte sich die Hände am Geschirrtuch und ging zur Tür, gerade noch rechtzeitig, um zu sehen, wie Lea die Tür wieder zuschlug. Breitbeinig stand sie davor und hatte sich zu ihrer Mutter umgedreht.

»Da steht ein Mann vor der Tür«, sagte sie.

»Ja, ich weiß. Ich habe ihn zum Kaffee eingeladen«, sagte Anna und runzelte die Stirn.

»Den hat Papa aber noch nicht gesehen!«

»Das wird er noch«, versprach Anna und lächelte. »Es ist kalt draußen, komm, wir lassen ihn rein.«

»Nein! Erst muss er zu Papa!«

»Lea, spinnst du jetzt? Er ist unser Gast!«

Anna eilte zur Tür und öffnete sie. Phil stand draußen, Blumen und Geschenke in der Hand, und machte ein verdutztes Gesicht.

»Hallo, Anna«, sagte er. »Hab ich was falsch gemacht?«

»Nein, um Gottes willen! Sorry ... aber du bist der erste Mann seit ... jetzt komm erst mal ins Warme!«

Als er ins Zimmer trat, wandte sich Phil als erstes an Lea.

»Hi, Lea«, sagte er. »Ich bin Phil. Ich hoffe, du hast nichts dagegen, wenn ich mit deiner Mama einen Kaffee trinke?«

Lea sah ihn an und normalisierte sich sichtlich. »Nein«, sagte sie gnädig. »Kaffee trinken ist okay. Kannst du machen.«

Timmi kam ins Zimmer gestürmt und entspannte die Situation noch mehr.

»Ui!«, schrie er. »Du hast uns was mitgebracht!«

»Ja, ich hoffe, es gefällt euch«, lächelte Phil. »Ich habe keine Ahnung, was Kinder in eurem Alter mögen. Aber ich hoffe, ich finde das mit der Zeit noch raus.«

Die Kinder saßen brav mit am Tisch, aßen ihr Stück Kuchen und verkrümelten sich dann wieder in ihr Zimmer.

»Na, der Anfang war doch schon mal nicht schlecht, oder?«, grinste Anna und Phil lachte erleichtert.

»Ja, ich war ehrlich gesagt diesmal wegen deiner Kinder aufgeregter als wegen dir.«

Wie immer unterhielten sie sich zwanglos, Anna erzählte Phil, dass sie bald in ein eigenes Haus ziehen würde, da die Wohnung nur als Übergangslösung diente, und bald waren sie in das Thema Immobilien vertieft. Die Art, wie er mit ihr darüber sprach, machte klar, dass er – jetzt schon – von einer Zukunft und einer gemeinsamen Bleibe mit ihr träumte.

Annas Herz war in Aufruhr.

Es war schon dunkel, als Anna ihn zum Abschied kurz umarmte. Aber diesmal hielt er sie fest. Drückte sie an sich, nahm ihr Gesicht zart in seine Hände und küsste sie sanft, sehr sanft auf den Mund. Anna ließ es zu, aber sie erwiderte den Kuss nicht sehr intensiv.

Fragend sah er sie an und sie flüsterte: »Es ist zu früh, Phil. Ich kann einfach noch nicht. Aber ... ich ...«

Sie fand keine passenden Worte, befreite sich aus seinem Griff und lehnte sich an die Tür.

»Ich warte, Anna«, sagte Phil leise. »Ich verstehe das.«

Erleichtert lächelte sie ihn an, winkte ihm nach und ging dann zum Briefkasten, um die Post herauszuholen. Ein einzelner Brief lag darin und ihr Herz machte einen Salto.

Er war von William.

Der erste Impuls war: Kuvert aufreißen und lesen! Sofort! Der zweite: Sei vernünftig! Denk nach!

Mit steifen Schritten – der Brief brannte in ihrer Hand – ging sie in die Küche, schrieb auf den Umschlag ›zurück an den Absender‹, lief zum Briefkasten um die Ecke und warf ihn ein.

Sie wollte nichts von Will in ihrem Haus haben.

Aber sie wusste, es war nur die Angst, den Brief doch noch zu öffnen, wenn er bis zum Morgen auf ihrem Tresen liegen würde.

***

Die Fotosession punktete weiterhin und Bestellungen trudelten ein. Mittlerweile schien ihre Fangemeinde auf Facebook gespannt auf das nächste Foto zu warten und Peggy und sie überlegten sich neue Motive.

Das Fernsehteam kam und war hin und weg von der kleinen Firma mit den aufmüpfigen Ideen in dem uralten Haus und vor allem aber von ihnen als Künstlerfamilie. Ihre Idee, sich außergewöhnlich zu präsentieren, kam voll an. So zogen sich alle um und als sie wieder in dem kleinen, chaotischen Büro auftauchten und sich malerisch im Zimmer verteilten, bekam der Fotograf leuchtende Augen.

Es war einfach eine grandiose Zusammenstellung. Herr Rossberg klassisch in Jeans und weißem Hemd, Annas Mutter in der Tracht ohne Hut, den trug dafür Anna zu ihrem Lederoutfit – aber die größte Überraschung war Lenny.

Nach einem großen Gekeife und einem handfesten Streit wegen Lennys Outfit, dem wieder mal alle hatten beiwohnen müssen, hatten Peggy und Lenny sich endlich darauf geeinigt, gemeinsam loszuziehen. Aber weder er noch sie hatten verraten, was bei ihrer Einkaufstour herausgekommen war. Das einzige sofort Ersichtliche war sein neuer Haarschnitt gewesen. Er trug jetzt einen Undercut, der ihm super stand und seine schönen Augen betonte, nachdem er seine Haare vollständig aus dem Gesicht hatte, statt sie halblang und wirr herunterhängen zu lassen. Zur Überraschung aller hatte er sich für einen Anzug mit Weste entschieden, was ihn männlicher, erwachsener und unglaublich attraktiv machte.

»Lenny«, ächzte seine Mutter, als er durch die Tür kam. »Du siehst ... so anders aus!«

»Das war der Plan«, antwortete er, mit Seitenblick auf Peggy, die wie immer als Michael Jackson auf dem Schreibtisch saß, mit den Schnallenstiefel-bestückten Beinen wippte und ihre Sonnenbrille zurechtrückte.

In dieser Konstellation posierten sie vor dem Kameramann: eine traditionelle Schwarzwaldfrau, der Evergreen mit Jeans und Hemd, der verruchte Vamp und der junge Geschäftsmann. Es war alles vertreten. So wie bei den Uhren.

Sie hatten viel Spaß bei den Aufnahmen, die teilweise auch im Wald inmitten der weißen Pracht stattfanden. Sie hängten die Uhren an eine Baumgruppe und stellten sich darunter, fanden witzige Positionen und zeigten dem Kamerateam am Schluss die Bilder, die sie im Moment auf Facebook posteten.

»Mailen Sie sie mir mal zu?«, fragte die Regisseurin. »Wenn es irgendwie möglich ist, setzen wir die ein!«

Anna war nach dieser Session total angestachelt. Sie erfand neue Überschriften und es flutschte nur so. Sofort setzte sie alle ihre Ideen auf Facebook um: Das Familienfoto im Wald. Die Uhren in den Bäumen. Der Slogan: *Crazy Clocks, Crazy Schwarzwald, Crazy for Kuckuck, Crazy for you! Bist du anders? Kauf dir ne Kuckucksuhr!*

Der Text machte nicht viel Sinn, aber sie hatte sich einen angetrunken und mutig drückte sie auf veröffentlichen. So! Andere posteten auch allen möglichen Müll!

Wie so oft glitt ihr Blick auf die Sprechblase ... verdammt, Anna! Du hast ihn doch gelöscht! Was soll das!?

Aus purem Trotz suchte sie ein besonders frivoles Foto aus der Session mit Peggy heraus. Es zeigte sie auf dem Rücken liegend, vom Kopf aus fotografiert, ihre Brüste hochgedrückt von der Korsage, ihr Blick in die Kamera, die Kuckucksuhr, um die sie die Arme geschlungen hatte, war direkt auf dem Ausschnitt platziert. Das Bild war frech, weil ihre kleinen Brüste mehr zur Geltung kamen als die Uhr. Anna zögerte. Dann schaute sie wieder auf die Sprechblase. Nothing.

Und in dieser Leere, in diesem Moment des irrsinnigen, blödsinnigen Hoffens schwappte die Sehnsucht nach Will in einem so gewaltigen Strom in ihr hoch, dass ihr Hirn aussetzte. Sie klickte die Sicherheitseinstellungen an und hob die Blockierung auf. Dann ging sie zurück zur Startseite, starrte ihr Weinglas an, das zu einem Drittel gefüllt war, goss es voll, trank es zur Hälfte leer, schaute wieder auf das Foto, postete es und schrieb darunter:

»Hey, W., Kuckuck kann auch frech!«

Niemand außer ihm würde wissen, was gemeint war. Und sie würde wissen, ob er ihr noch folgte.

Noch bevor sie sich schlafen legte, überkam sie heftige Reue und sie machte alles wieder rückgängig. Phil würde auch wissen, wer gemeint war! Und ... dieses Foto hatte selbst Peggy als zu gewagt aussortiert! Sie nahm es wieder runter.

Doch im Bett, ihr Kopf enthemmt vom Alkohol, kamen ihr die Nächte in der Präsidentensuite ins Gedächtnis. Dieses erste Mal mit ihm ... der Morgen danach am Frühstückstisch ... der Regentag, als sie sich unendlich oft geliebt hatten ... ihr Unterleib brannte, ihre Brustwarzen stellten sich auf, sie krümmte sich leicht zusammen, umarmte ihr Kissen, bohrte ihr Gesicht hinein. Und plötzlich wusste sie durch ihre Trunkenheit hindurch mit absoluter Sicherheit: Das war von Will nicht gespielt gewesen. Das hatte er wirklich gefühlt. Sie erinnerte sich an seinen Blick nach seinem Orgasmus auf dem Stuhl, diesen so verwunderten, kindlichen Blick, fühlte seine unvermutet leicht rundlichen Wangen unter ihren Fingern, als er sich das erste Mal glattrasiert hatte, die fast jungenhaften Züge, die Wärme in seinen Augen. Die Art, wie er zuletzt: »Hey, Babe, ich liebe dich«, gesagt hatte.

»William«, flüsterte sie. »Es war so schön mit dir. Es ist so schade, dass du beschlossen hast, das Arschloch zu spielen. So schade.«

Er leidet, Anna. Er leidet sehr.

Sie drehte sich mit offenen Augen auf den Rücken. Dachte an den Brief, den er ihr geschickt hatte. Dann kam es ihr wie ein Blitz:

Sie liebte diesen Mann. Sie konnte es nicht ändern. Sie liebte ihn. Sie wollte nicht mit ihm zusammen sein, weil er so tickte, wie er tickte. Und nach ihren Maßstäben tickte er völlig falsch. Dennoch: Es waren traumhafte Tage gewesen. Er war ein fantastischer Liebhaber, er war süß und erfrischend gewesen. Sie lächelte. Diese Liebe vor sich selbst zuzugeben, schaffte endlich Frieden in ihrem Herzen. Sie erwartete nichts von ihm und genoss einfach nur das warme Gefühl, das sie so sättigend durchströmte. Das war so schön! Und es war völlig ausreichend. Mehr als ausreichend! Es war so viel! Tief atmete sie ein.

Ihr Seelenfriede war wieder da. Sie musste William nicht haben, um ihn zu lieben. Und er musste sie nicht lieben, damit sie glücklich war.

»Okay, Will«, sagte sie leise in die nächtliche Stille ihres Zimmers. »Es ist alles gut. Auch ohne dich. Ich wünsche dir alles Glück der Welt.«

Endlich hatte sie ihr Gleichgewicht wieder. Und sie würde sich dieses nicht mehr nehmen lassen. Einmal war genug.

Mit diesem Gedanken schlief sie ein.

Am nächsten Tag hatte sie einen gewaltigen Kater und konnte so manche Gedanken, die sie in dieser Nacht gedacht hatte, nicht mehr so ganz nachvollziehen. Aber sie erinnerte sich daran und ahnte: So falsch waren die nicht gewesen.

***

Will öffnete Facebook und sein Blick wanderte automatisch zu der Sprechblase rechts oben.

Er wusste, es war sinnlos. Aber irgendeine irrationale Regung ließ ihn jedes Mal hoffen, dass Anna ihm eine Nachricht geschrieben hatte. Die Ernüchterung kam schnell: Sie hatte ihn nach wie vor auf allen Ebenen blockiert. Edith hatte ihm gesagt, dass sie zu nichts mehr bereit war. Sie hatte noch nicht einmal das Kleid behalten. Hatte es Edith zurückgeschickt. Ihr gesagt, sie solle es für einen guten Zweck verkaufen.

Und Phil ... auch hier herrschte Funkstille. Seine Freundschaft verloren zu haben, tat William unendlich weh, dennoch war er innerlich ruhig. Er konnte ihn mehr als verstehen.

Kurz nach dem Desaster, das er fabriziert hatte, hatte er sich zu sehr geschämt, aber jetzt fühlte er sich geläutert und fand den Mut, wieder mit ihm in Kontakt zu treten.

Er schrieb ihn auf FB an. Aber auch Phil hatte ihn blockiert, nicht nur auf FB, auch via Mail kam er nicht mehr an ihn heran. Etwas mutlos klickte Will auf Annas Geschäfts-Seite.

Ein Vamp begrüßte ihn. Seine Augen weiteten sich. Da war ... Anna auf dem Rücken liegend ... in Lederklamotten, die schlanken Beine an die Wand gelehnt, eine ihrer Uhren auf dem Brustansatz, ein schwarzumrandeter, verheißungsvoller Blick in die Kamera. Sein Blick sog sich an ihren Augen fest. Dann las er den Kommentar unter dem Bild und ein glühender Strahl fuhr durch seinen gesamten Körper: »Hey, W.! Kuckuck kann auch frech!«

William lachte leise. »Oh, Anna«, flüsterte er. »Ich liebe dich.«

Er schloss Facebook und zum ersten Mal seit Wochen fühlte er Hoffnung in seinem Herzen, konnte er ruhig schlafen. Doch nach ein paar Stunden schoss er wieder hoch und dachte. »Ich muss das Foto runterladen!«

Er stand auf, von Unruhe getrieben, aber Foto wie Kommentar waren verschwunden. Es war, als hätte er nur halluziniert.

**

Die Regisseurin rief sie an und fragte, ob sie einverstanden sei, ihre Fotos an ein einschlägiges Magazin weiterzuleiten, das eine Reportage, basierend auf dem Fernsehbericht über sie bringen wollte.

Es lief. Sie mussten nicht mehr viel für Aufträge tun. Sie mussten nur noch dafür sorgen, dass die Menge bearbeitet werden konnte. Anna hatte lieber diese Probleme als die mit dem Umsatz. Sie hatten kompetentes Personal gefunden und so ließ der Stress auch hier ein wenig nach. Sie plante inzwischen größer.

Es gab noch den amerikanischen Markt und mit Mr. Wang hatte sie eine verlässliche und hilfreiche Kontaktperson gefunden.

Die Familie unterschrieb die Verträge bei der Bank, sagte dem Käufer ab, der plötzlich alle Zeit der Welt hatte und sie wissen ließ, sie könnten jederzeit, wenn sie sich es doch anders überlegten, auf ihn zukommen – was Herrn Rossberg Augen erst rund und dann schmal werden ließen.
»So ein Sauhund!!«, sagte er. »Der hat mit uns gespielt!«
»Das ist legitim«, erklärte Anna. »Wir hätten es vielleicht genauso gemacht!«
Aber sie freuten sich, dass es so gut lief, und alle saßen mit einem Lächeln bei der Arbeit. Selbst Peggy und Lenny gaben Ruhe.
Anna genoss es sehr, dass die Entscheidung mit der Firma endlich gefallen war und sie ohne diesen Druck arbeiten konnte. Sie flog nach Paris, stellte ihre Verpackungsideen für die Kosmetiklinie vor und erntete auch dafür viel Beifall. Und als sie nach Hause kam, lag eine Message von Phil im Briefkasten, der sie ins Theater einlud. Weihnachten verging, das neue Jahr stand vor der Tür. Es war Phil, der um Mitternacht mit einer Flasche Schampus bei ihr auftauchte, als die Kinder schon im Bett waren. Phil, mit dem sie das Feuerwerk am Himmel bewunderte, das neue Jahr begrüßte und mit dem sie einen scheuen Neujahrskuss tauschte.
Die Welt wurde wieder rund. Darauf konzentrierte sie sich.

Singapur

Und wieder lag ein Umschlag im Briefkasten, ein größerer, dickerer und ohne Absender diesmal, aber Anna ahnte, er war von Will. Sie riss das DIN-A5-Kuvert auf und drei Briefumschläge fielen heraus. Zwei Briefe, die sie zurückgeschickt hatte und ein neuer dazu. Anna musste unwillkürlich lächeln. Will und seine Hartnäckigkeit! Sie war versucht, die Briefe zu öffnen, aber dann fiel ihr Blick auf ihr Smartphone, auf dem sie ein Foto von sich und Phil als Sperrbildschirm hatte. Entschlossen packte sie Briefe in ein neues Kuvert, schrieb die Adresse ab und gab es in die Post.

✳✳✳

»Minh! Was wiegst du?«
»Ich habe fünf Kilo mehr drauf!«
»Das ist super, Honey, schaffst du die zehn bis Singapur?«
»Ich strenge mich an, Will. Was macht deine Anna?«

»Sie hat neulich ein Foto von sich gepostet mit einem Kommentar an mich darunter. Minh, meinst du, das bedeutet was?«

»Klar bedeutet das was. Sie denkt an dich. Warum sonst hätte sie einen Kommentar daruntergeschrieben?«

»Aber zwei Stunden später war das Foto wieder weg!«

Minh grinste. »Dann denkt sie erst recht an dich, Will, so viel ist mal sicher.«

»Und? Was soll ich jetzt tun? Meine Briefe schickt sie zurück.«

»Dranbleiben. Noch ist alles offen. So lange kannst du dranbleiben.«

»Und, Minh, hast du nachgedacht? Ich meine, was rätst du mir?«

Sie wusste, dass er die Frage für sie beide gestellt hatte.

»Wenn sie nein sagt, musst du das akzeptieren, Will«, sagte Minh leise. »Genau wie ich.«

Um Wills Lippen zuckte es.

»Aber Will«, sagte Minh. »Bei dir ist es doch noch nicht raus. Bei mir schon!«

»Bei dir auch nicht, Minh!«, sagte Will. »Ich will unbedingt auf deine Hochzeit eingeladen werden!«

Minh lachte. »Okay! Und du wirst mein Trauzeuge – versprichst du mir das?«

»Das kann ich dir versprechen, meine Kleine. Unbedingt!« Will grinste sie an.

»Beste Freundin! Das tut echt gut!«

»Bester Freund! Ja, fühlt sich klasse an!«

***

Will war vergraben in seine Arbeit, er war auf den Baustellen, kümmerte sich um seine Firmen, hatte Meetings, jettete in der Welt umher – und übte sich im Briefeschreiben. Inzwischen war daraus ein Ritual geworden und irgendwann fing er an, Fotos von den Orten zu machen, an denen er war, und dazu zu schreiben, was ihm dabei durch den Kopf ging, was er Anna an diesem Ort gerne gezeigt hätte. Aber er beschrieb auch, wie er ihre wachsende Beziehung auf Facebook empfunden hatte, was das mit ihm gemacht hatte, versuchte linkisch, ihr seine Gefühle zu vermitteln. Es war wie ein Tagebuch, das in Vergangenheit und Gegenwart spielte.

Doch mit konsequenter Regelmäßigkeit schickte sie seine Briefe ungeöffnet zurück. Will dachte an Minhs Worte. *Sie ist verletzt, Will, und es ist erst drei Monate her. Und du schreibst ihr erst seit einem. Gib ihr Zeit.*

Aber inzwischen war noch mehr Zeit ins Land gegangen. Will war verzweifelt und überlegte, ob er nicht einfach zu ihr fahren sollte. Diese Briefschreiberei ging ihm auf die Nerven. Er wollte reden! Er wollte sie sehen! Wenn sie sich gegenüberstünden, hätte er eher eine Chance, dessen war er sich sicher.

Sein Handy klingelte und gedankenverloren nahm er das Gespräch an. Mr. Wang war dran.

»William!«, begrüßte er ihn. »Ich wollte nur anrufen, um ein paar Details wegen des neuen Standorts zu besprechen ... haben Sie Zeit?«

»Klar, Mr. Wang, schießen Sie los.«

Sie wickelten das Geschäftliche ab und Wang fragte:

»Haben Sie an Ihren Messestand in Singapur gedacht?«

»Ja, das läuft, ich habe alles in Auftrag gegeben.«

»Aber Sie werden doch persönlich anwesend sein?«

»Muss ich! Ich habe Minh versprochen, mit ihr essen zu gehen. Sie will bis dahin ihre zehn Kilo geschafft haben.«

»Das ist so grandios von Ihnen, Will«, sagte Wang und seine Stimme klang warm. Will freute sich darüber. »Sie können sich nicht vorstellen, wie dankbar Minhs Eltern Ihnen sind. Sie werden sich persönlich bei Ihnen erkenntlich zeigen, wenn Sie in Singapur sind und ich darf Ihnen jetzt schon eine Einladung von Minhs Eltern übermitteln.«

»Oh, herzlichen Dank – ich freue mich«, sagte Will, obwohl er nicht unbedingt Lust darauf hatte. Ihm war mehr nach ein paar freien Stunden zumute nach all der Rennerei in den letzten Monaten. Aber die nächsten Ansagen von Wang ließen eine Hitzewelle in ihm aufsteigen:

»Haben Sie mal wieder etwas von Anna gehört?«, fragte ihn Wang.

»Nein, Mr. Wang. Nicht ein Wort«, antwortete William leise.

»Nennen Sie mich You«, sagte da Wang und versetzte Will damit den ultimativen Schock. Das war ... mehr als ein Ritterschlag! Es bewegte ihn zutiefst. So sehr, dass ihm die Worte fehlten.

»Danke ... You«, sagte er schließlich heiser. »Ich ... das bedeutet mir sehr viel.«

»Sie mir inzwischen auch, Will. Und Sie wissen, dass auch Anna nach Singapur kommt?«

»Anna? Kommt nach Singapur?«

»Ja, sie und ihre Familie haben einen Stand dort. Ich hoffe, Sie können sich aussprechen.«

***

Es bedurfte ziemlich umfangreicher Organisation, einen Messestand in Singapur auf die Beine zu stellen. Sie stellten Unmengen an Materialien zusammen, verpackten Uhren und diskutierten mit der Fluggesellschaft. Annas Eltern und Lenny waren die Hauptfiguren auf der Messe und würden die gesamten zwei Wochen bleiben. Peggy war die Einzige, die nicht mitflog, sie würde den Laden zuhause schmeißen. Die Kinder hatten nur eine Woche

Ferien, die Anna um ein paar Tage hatte verlängern können, aber danach mussten sie mit ihr wieder zurückfliegen. Mr. Wang hatte ihr gesagt, dass es ein Kinderprogramm geben würde, aber Anna mochte ihre Kinder nicht irgendwo abgeben und erst am Abend wieder abholen. So stellten sie ihr eigenes Programm zusammen, in denen sie nur stundenweise weg sein würden. Und selbst Phil flog mit. Freudestrahlend hatte er ihr erklärt, dass er darum gebeten habe, diese Messe als Journalist begleiten zu dürfen – er war überhaupt erst durch Anna informiert worden, dass es sie gab. Er würde später kommen und noch zwei Tage für Interviews bleiben, wenn Anna schon wieder zurückmusste.

»Viel Zeit werden wir ohnehin nicht haben«, sagte sie zu ihm. »Es wird sicher stressig. Ich muss eine Menge Leute treffen, die Mr. Wang für mich kontaktiert hat.«

»Ich habe ja auch zu tun«, erwiderte er und strich ihr über die Wange. »Ein Kaffee zwischendrin geht bestimmt mal. Und hoffentlich ein Abendessen mit dir! Kommt Wills Kumpel eigentlich auch? Den hätte ich gern mal interviewt!«

»Wills Kumpel?«, fragte Anna. »Wer soll das sein? Du meinst aber nicht Mr. Wang?«

»Nein, den habe ich als Initiator ohnehin auf meiner Liste ganz oben. Stellst du mich vor?«

»Ja, klar, das ist doch kein Thema ... aber wen meinst du mit Wills Kumpel?«

»Na, Stefan!« Und als sie immer noch verständnislos guckte, weil der Groschen noch nicht gefallen war: »Stefan Strumbel! Sein Sprühdosen-Kumpel!«

»Sein ... Sprühdosen ... ähm ... warte mal ... Stefan und Will kennen sich?«

»Hast du das nicht gewusst?«, fragte Phil erstaunt. »Die beiden haben nachts um die Wette gesprüht ... Stefan haben sie ja auch ein paar Mal erwischt. Ich dachte, das hätte Will dir gesagt?«

»Nein, hat er nicht«, antwortete Anna. Sie war danach ganz still. Phil bohrte nach, aber sie verschloss sich.

Am liebsten wäre sie zu Hause geblieben. Ein paar Tage Ruhe! Mal allein sein! Danach sehnte sie sich.

Und wieder kam Post von Will. Fast jede Woche schickte er seine Briefe, die inzwischen zum Päckchen angewachsen waren. Anna starrte auf die Umsatzzahlen auf ihrem Monitor, auf das Plakat mit Karl Lagerfeld und Stefan Strumbels Sprühlackuhr, das an der Wand neben ihr im Büro hing, und drehte das Päckchen in ihrer Hand hin und her.

Schließlich legte sie es auf das Fensterbrett, um es später mit nach Hause zu nehmen.

∗∗∗

Abends saß sie auf ihrem Bett und zog die Briefe heraus. Sie lagen in einer festen Schachtel, Will hatte sie mit einem ledernen Band umschlungen ... und die Briefe nummeriert. Es waren inzwischen elf Kuverts. Zögernd öffnete sie den ersten Brief.

»Liebe Anna,
wunderst du dich, dass ich Briefe schreibe? Ich wundere mich darüber. Ich konnte es nie und bevor du es von jemand anderem erfährst: Ich habe damals, als wir gechattet haben, einen Freund um Hilfe gebeten. Du warst so eloquent und so anspruchsvoll und Schreiben ist nicht mein Ding. Also hat er mir assistiert. Manchmal hat er Mails geschrieben, von denen ich nichts wusste – das hat mich geärgert und ich habe ihm gesagt, er soll das lassen. Ich wollte nur, dass er mir Ratschläge gibt, was ich überhaupt auf deine Zeilen antworten soll. Und er gab mir deshalb auch Bücher, in die ich mich eingelesen habe. Natürlich denkst du jetzt, das habe ich nur getan, um die Wette zu gewinnen. Anfangs war das auch so. Aber all das Zeug, über das wir uns unterhalten haben, die Bücher, deine Worte, fingen an mich zu beeinflussen. Und so habe ich angefangen, mich zu ändern. Oder etwas in mir hat angefangen, mich zu ändern. Du könntest das bestimmt besser ausdrücken.
Als ich neulich in Asien unterwegs war, habe ich doch tatsächlich Bekanntschaft mit einem Rinpoche gemacht. Das hätte dir gefallen! Der Typ war beeindruckend. Aus heiterem Himmel bat er mich, ihm meine Geschichte zu erzählen. Wie das alles so war. Und danach hat er ... gelacht! Er hat mir auf die Schulter geklopft und mir eine Erzählung mitgegeben. So richtig auf Pergament und mit Lederband umwickelt. Sie ist ins Englische übersetzt worden und sie trifft so ziemlich das, was ich eigentlich sagen will. Ich habe sie dir beigelegt.
Ansonsten übe ich mich nicht nur im Schreiben. Ich will alles lernen, um dir nahe zu sein. Ich bemühe mich. Denn du bedeutest mir alles.
Bitte lies die Geschichte. Und bitte denke darüber nach, noch einmal mit mir Kontakt aufzunehmen. Nur, um ein paar Dinge persönlich klarstellen zu können. Und mich entschuldigen zu können. Du ahnst nicht, wie ich mich darüber freuen würde.
In tiefer Liebe, Dein Will

Annas Finger zitterten und die Blätter, die sie hielt, zitterten mit. Sie schob das zweite über das erste und las die Überschrift:
»Der Räuber und die Prinzessin«

Sie wollte anfangen zu lesen, aber Timmi weinte, weil er sich gestoßen hatte, und sie lief zu ihm. Danach rief ihre Mutter an, um letzte Details für die Reise zu erfragen. Anna war müde und wollte die Geschichte bei klarem Bewusstsein lesen und so beschloss sie, das am nächsten Tag zu tun.

Aber auch der war voller Abreise-Hektik und Vorbereitungen. Sie vergaß es, nahm aber fünf der Briefe von Will auf die Reise mit. Während des Fluges würde sie genug Zeit haben. Aber die Kinder waren unruhig, ihr Vater saß neben ihr, es gab einfach nicht die richtige Atmosphäre und Ruhe zum Lesen und so verschob sie das Ganze noch einmal auf ihre Rückkehr.

***

»Minh! Wie sieht es aus?«

»Gelten 9,5 Kilo auch?«

»Gilt! Herzlichen Glückwunsch, Honey! Ich bin megastolz auf dich!«

Minh lachte. »Und wie komme ich jetzt an das Kleid?«

»Das ist das geringste Problem! Wohin soll ich es schicken?«

Sie nannte eine Adresse. »Und wo treffen wir uns?«

»Hm ... ich kann erst gegen Ende der Woche kommen, aber ich habe einen Stand auf der Messe ... übrigens Anna ist auch dort! You hat es mir gesagt!«

»Oh mein Gott!«, kreischte Minh und wedelte mit ihren Händen vor ihrem inzwischen wieder volleren Gesicht umher. »Wir brauchen einen Plan! Ein Plan muss her!«

»Minh! Warte! Ich habe noch eine gute Nachricht: Sie hat zum ersten Mal meine Briefe nicht zurückgeschickt! Sie hat sie seit zehn Tagen!«

»Das muss nichts heißen. Vielleicht hatte sie nur keine Zeit. Ich meine, so ein Messestand kostet immens Arbeit.«

»Stimmt schon. Trotzdem ... es sind drei Sekunden ›zurück an den Absender‹ draufzuschreiben und es in die Geschäftspost zu geben. Ich hab's im Urin, dass sie angefangen hat zu lesen!«

»Auch das heißt nicht, dass sie mit fliegenden Fahnen zu dir zurückkehrt.«

»Mensch, Minh, du Pessimistin! Man wird ja wohl noch träumen dürfen!«

»Träum weiter, Will«, schmunzelte sie. »Und schick mir dieses geile Kleid. Vielleicht habe ich dann wieder Chancen bei dir!«

»Minh!«

»Man wird ja wohl noch träumen dürfen!«

»Du bist eine echte Ratte, das will ich dir mal sagen«, knurrte Will, aber er musste lächeln. Minh hatte es wieder mal auf den Punkt gebracht. Auch wenn der ihm nicht schmeckte.

***

Die Rossbergs flogen ab und es war von Beginn an purer Stress. Der Flug war Stress, die Ankunft war Stress, der Aufbau war Stress, selbst die Kinder machten Stress. Bis sie sich überhaupt auf dem riesigen Messegelände zurechtfanden, alles angeliefert und am richtigen Platz war, die Werkstatt stand und eingerichtet war, die Kuckucksuhren hingen, die Beschreibungen, Prospekte, Flyer, Plakate, die sie angefertigt hatten, ausgelegt waren, vergingen Stunden und es dauerte länger als erwartet.

Schon am ersten Tag fielen sie, gefordert vom Jetlag und dem langen Flug, todmüde ins Bett. Die Nächte waren kurz, denn von Beginn an waren sie zwanzig Stunden am Tag eingespannt und schliefen in Hotelzimmern ohne Fenster, was Annas Vater fast wahnsinnig machte. Und auch die Bäder waren gewöhnungsbedürftig. Das Klo befand sich in der Dusche und man musste sich sehr genau überlegen, ob man erst duschen oder erst aufs Klo wollte.

»Das halte ich keine drei Tage hier aus«, jammerte Herr Rossberg, aber Singapur war voll – es gab keine Ausweichmöglichkeit, und so waren sie froh, nur zum Schlafen in diese Käfige zu müssen.

Am Stand selbst tummelten sich ab acht Uhr morgens Massen von Menschen, bestaunten die Uhren, quietschten, wenn der Kuckuck rauskam, und stellten viele Fragen, die sie geduldig beantworteten. Herr Rossberg und Lenny erklärten die Laufwerke, die verschiedenen Uhrenarten, erzählten die Geschichte der Kuckucksuhren, stellten das neue Design vor, während Frau Rossberg live historische Schilderuhren bemalte und zusätzlich Malkurse für Kinder gab, an denen auch Lea und Tim teilnahmen.

Wie versprochen machte Mr. Wang Anna mit den entsprechenden Leuten bekannt und sie konnte etliche vielversprechende Gespräche führen. Sie sammelte Visitenkarten ein und besuchte auch die anderen Stände, um Ideen und Anregungen zu bekommen. Es war so seltsam, in Singapur zu sein und lauter deutsche Marken um sich zu haben. Selbst einen schwäbischen Sternekoch hatte Wang einfliegen lassen, der nun Spätzle, Maultaschen und andere Spezialitäten zubereitete. Vom Stadtstaat selbst sah sie gar nichts. Schon nach vier Tagen fühlte sie sich von den Menschenmassen gestresst, vom vielen Reden ohnehin, das ja so gar nicht ihr Ding war, und dann fingen auch noch die Kinder zu quengeln an. Ihnen war langweilig, die meisten der hier angebotenen Kinderanimationen waren ihnen abgrundtief fremd, so dass sie mehr am Kuckucksuhrstand und an Annas Bein hingen. Anna atmete auf, als auf ihrer Kontaktliste nur noch zwei Namen standen und der Tag der Abreise für sie gekommen war.

An ihrem letzten Spätnachmittag wurden allerdings Trampolin-Springen und anschließend ein Kinderzirkus angeboten und das war endlich mal etwas, was auch Lea und Tim mochten. Anna brachte sie hin, sah glücklich zu, wie sie auf dem Sprungtuch ihre Kunststückchen drehten und bewunderte eine kleine Chinesin, die wohl Kunstturnerin war und die die Kinder mit großen Augen bei zweifachen Saltos und mehrfachen Flickflacks bestaunten. Sie würde die Kinder in drei Stunden wieder abholen und dann mit ihnen zum Flughafen fahren. Endlich war ein großer Teil an Stress damit für sie vorbei! Sie sehnte sich sehr nach der ruhigen Natur des Schwarzwaldes.

Beruhigt machte sie sich auf den Weg zu ihrem Geschäftstermin mit einem Asiaten, der einen speziellen Internethandel hatte und ihre Uhren in sein Sortiment aufnehmen wollte. Das Gespräch verlief bombastisch und zu Annas großer Freude orderte er gleich mehrere hundert Stück, weil er davon ausging, dass die Leute ihm die Uhren aus der Hand reißen würden.

Anna war überglücklich, sie besiegelten den Auftrag gleich an Ort und Stelle und sie schwebte Richtung eigenem Messestand, um ihre Eltern mit dieser guten Nachricht zu überraschen. Unterwegs fiel ihr ein, Champagner zu kaufen, damit sie gebührend auf dieses Ereignis anstoßen konnten, und sie hielt an einem Moet-Chandon-Stand, kaufte eine Flasche und ließ sich Gläser dazu geben.

Gutgelaunt nahm sie die Sachen entgegen und wollte sich auf den Rückweg machen, als sie am Ende des langen, langen Tresens eine Gestalt erblickte. Ihr Herz setzte für einen Schlag aus. War das Will?

Ihr wurde ganz schwach in den Knien und sie dachte an den Brief, den sie geöffnet, an die Geschichte vom Räuber und der Prinzessin, die sie noch immer nicht gelesen hatte. War er es? Ja, er war es. Eindeutig. Sie wagte sich näher hin. Oh, mein Gott, ja ... Will! Er war hier!

Er sah besser aus denn je, lehnte lässig in einem dunklen Anzug und dunklem Hemd ohne Krawatte gegen eine der Säulen, hatte die Arme verschränkt und schien auf jemanden zu warten. Und plötzlich kam Bewegung in ihn. Er stieß sich von der Säule ab und blickte in ihre Richtung. Hatte er sie gesehen? Wie sollte sie sich verhalten? Sein Mund fing breit an zu lächeln, sein charmantes Räuberlächeln, das sie so liebte. Unwillkürlich lächelte sie mit und da öffnete er weit seine Arme, so einladend, dass Anna automatisch einen Schritt nach vorne ging, um sich den Bruchteil einer Sekunde später abrupt zu bremsen. Von schräg hinten kam eine goldene Gestalt in ihre Richtung. Sie trug Wahnsinnsschuhe mit Wahnsinnsabsätzen, die ihre ohnehin langen Wahnsinnsbeine unglaublich zur Geltung brachten. Allein das war schon ein Anblick. Aber die Gesamterscheinung warf Anna um. Sie trug ein goldenes Minikleid, das trotz der auffälligen Farbe nicht kitschig, sondern höchst edel wirkte und einen fantastischen Kontrast zu ihrem pechschwarzen, glatten Haar bildete, das sich um ein perfektes Gesicht wand. Eine Puppe! Ein Model! Ein Traum! Eine Wahnsinnsfrau in einem Wahnsinnskleid mit einer Wahnsinns-Ausstrahlung! Sie lief direkt auf den Moet-Chandon-Stand zu - wohin hätte so jemand auch sonst gehen sollen? Zu so jemandem passte Champagner wie ... wie eine Kuckucksuhr zu Anna! Mit unangemessen stark klopfenden Herzen verfolgte Anna, wie diese Frau die Aufmerksamkeit aller Männer in der Halle auf sich zog, wie die goldene Gestalt sich dem Tresen näherte, wie sie zielsicher auf Will zusteuerte, direkt in dessen offene Arme hinein, wie sie sich drückten und Will mit leuchtenden Augen auf sie herabsah, seine Lippen sich bewegten... sagte er »Hey Babe!« zu ihr? Anna sah wie im Rausch, wie er die Goldgestalt ein wenig von sich hielt, um sie besser betrachten zu können, er ihre Hand nahm und sie einmal um sich selbst drehen ließ. Wieder sagte er etwas, lachte und umarmte sie erneut.

Anna wich das Blut aus dem Gesicht. Sie drehte sich um, suchte die nächste Toilette auf, stellte die fünf Gläser und die Flasche, die sie in einer Tüte bei sich hatte, auf den Boden und hockte sich auf die Kloschüssel.

Es traf sie. Mehr, als sie wollte. Und sie hatte geglaubt, er könne ihr nie mehr ihr Gleichgewicht rauben! Er hatte es in der Sekunde geschafft, in der sie ihn nach diesen verdammten fünf Monaten wiedergesehen hatte! Zu ihrem Entsetzen wallten Tränen hoch und sie verbarg ihr Gesicht in ihren Händen. Eine goldene Gestalt. Die passte so viel besser zu jemandem wie Will als Anna aus dem Schwarzwald.

***

»Minh!«, rief Will und breitete seine Arme aus. »Herzlichen Glückwunsch! Wow, du siehst so toll aus!«

Minh lachte und flog in seine Arme.

»Ach, Will, ich muss aufpassen, dass ich mich nicht wieder in dich verliebe! Sonst fängt der ganze Zirkus von vorne an! Fuck! Wie machst du das nur? Du hast so eine geile Ausstrahlung!«

»Und du erst! Du siehst traumhaft aus! Mein Gott, ich hatte ganz vergessen, wie schön du bist!«

Er nahm sie an die Hand und sie drehte sich an seinem Finger um sich selbst. »Das Kleid ist so scharf, Will, danke! Du hast meinen Geschmack voll getroffen!«

»Bin froh, dass es dir passt!«, erwiderte Will und sie lachten sich an und umarmten sich erneut. Doch inmitten dieser Umarmung verkrampfte sich Will.

»Oh, Scheiße«, krächzte er und ließ Minh auf der Stelle los. »Minh! Da war Anna!«

Panisch sah er sie an. Sie sah erschrocken zurück. »Da war Anna! Sie hat uns gesehen! Weiß der Geier, was sie jetzt denkt!«

»Wo ist sie? Das können wir doch richtigstellen!«

Sie liefen beide in die Richtung, aber Anna war nicht mehr zu sehen.

Wills Herz klopfte wie verrückt. Das durfte nicht wahr sein! Es war Minh, die ihn beruhigte.

»Wir suchen ihren Stand ... sie hat doch einen Stand hier! Dann klären wir alles!«

Will nickte, aber er war nicht beruhigt. Irgendetwas sagte ihm, dass es so einfach nicht werden würde. Es dauerte eine halbe Stunde, bis sie endlich die kleine nachempfundene Kuckucksuhr-Werkstatt gefunden hatten. Anna stand weiter hinten und unterhielt sich mit jemandem, ihrem Vater, vermutete er, und sein Herz schlug noch heftiger gegen die Rippen. Sie hatten Sektgläser in der Hand, eine Flasche Champagner stand auf einer Werkbank und eben stellte Anna ihr Glas ab, ihre Augen suchten die Flasche, fanden sie und sie goss ein fünftes Glas voll und hielt es einer Person hin, die von hinten an den Stand gekommen war. Aber dann trat die Person etwas vor und Wills Magen sackte in die Kniekehlen. Phil! Das war Phil! Was bedeutete das? Warum stand er bei Anna?

Das durfte nicht sein! Nein, unmöglich! Nicht schon wieder, nicht schon wieder! Seine Kiefer mahlten aufeinander und ihm wurde schwindlig. Phil hatte das Glas entgegengenommen, hob Annas Kinn mit dem Finger an und hauchte ihr einen Kuss auf den Mund.

Will taumelte zurück, stieß gegen Minh, die stützend ihren Arm um ihn legte. »Will«, sagte sie leise. »Wer ist der Mann?«

Als Will ihr seinen Blick zuwandte, erschrak sie. Sein Blick war blind. Er sah sie gar nicht. Und doch war er voll. Voller Schmerz, voller Wut, voller Ohnmacht. Sie hatte Will noch nie so gesehen.

Instinktiv packte sie ihn an der Hand und zog ihn fort. In diesem Zustand konnte er mit niemandem reden – und schon gar nicht etwas richtigstellen. Wobei das wohl jetzt ohnehin wenig Sinn hatte.

»Wo hast du gebucht?«, fragte sie ihn, als sie in einem Taxi saßen. Will nannte ihr eine Adresse, er war immer noch nicht anwesend, starrte vor sich hin, vergraben in schwarze Gedanken. In seinem Kopf war etwas passiert, war ein Schalter umgelegt, das war deutlich zu spüren und Minh betrachtete ihn besorgt.

Er stieg aus, als das Taxi hielt, bezahlte mechanisch, aber es war Minh, die dem Kellner den Namen nannte, Will zu ihrem Tisch bugsierte und die Aperitifs bestellte.

»Will«, sagte sie beunruhigt, als der Kellner die Getränke gebracht hatte. Sie mussten hier keine Speisen auswählen. Es gab immer nur ein Menu, das aus acht bis zehn Gängen bestand. Wie sie die allerdings durchstehen sollten, wusste Minh gerade gar nicht. »Sag was, Will.«

Langsam kam er zu sich, als ob er das Ereignis endlich realisiert hätte und sein Blick wandte sich ihr langsam zu, wurde wacher, aber diese ohnmächtige Wut stand immer noch darin.

»Sorry, Minh«, sagte er und räusperte sich. »Das ... das ist doch dein Abend. Ich ...«

Er verstummte und sie legte begütigend ihre Hand auf die seine.

»Das können wir nachholen«, sagte sie. »Jetzt brauchen wir einen Plan.«

Endlich schien er ganz aus seiner Versenkung aufzutauchen. Er seufzte tief und sagte mutlos:

»Lass, Minh. Es gibt keinen, es wäre alles für die Katz.«

»Hey, ist das der Will, der nie aufgibt? Dem nichts verrückt genug ist und dem die Welt schon immer egal war?«

»Ja, das sollte sie wieder sein, du hast recht. Mit dieser Einstellung bin ich deutlich besser gefahren.«

Sie schwieg. Das war nicht das, was sie hatte bezwecken wollen.

»Dieser Mann da bei Anna«, wagte sie sich vor. »Wer war das?«

Will lugte auf das Glas, das der Kellner vor ihm abgestellt hatte.

»Du kennst mich«, lächelte er und nahm den doppelten Whisky hoch. »Auf dich, Minh! Du bist wirklich eine beste Freundin.«

Er kippte den Whisky hinunter, winkte dem Ober. Minh schob ihm demonstrativ ein Glas Wasser hin, was Will mit einem eigentümlichen und aggressiven Blick beantwortete.

Minh schluckte. Will sah einfach zu gut aus, um nur eine beste Freundin sein zu wollen, aber die Gespräche mit ihm hatten sie nicht unberührt gelassen. Auch bei ihr war einiges hängengeblieben und last but not least war die Kehrtwende, zu der sie sich entschlossen hatte, von so vielen positiven Reaktionen begleitet gewesen – angefangen von der Freude ihrer Eltern, den Komplimenten, die sie massenhaft erhalten hatte, ihrem erwachten Lebenswillen, dem Blick auf die Fülle um sie herum bis hin zu einer höheren Sicht der Dinge. Wills Beharrlichkeit, seine Bemühungen, seine Fehler wiedergutzumachen, mit ihr zu sprechen, aber vor allem seine Offenheit hatten sie unendlich gerührt. Allein dafür wollte sie seine Freundin sein, wenn sie schon nicht mehr sein konnte.

»Also, wer war das?«, hakte sie nach.

»Mein ehemals bester Freund Phil. Ich war mit ihm im Internat und er hat mir schon mal eine Frau, die mir wichtig war, weggeschnappt. Auf die ganz fiese Tour.«

»Was meinst du damit?«

»Er hat ihr von meiner Vergangenheit erzählt.«

Minh schwieg. Wills Blick war noch immer dunkel und sie hatte Angst, dass sich noch mehr negative Gefühle dazu gesellten.

»Und ... er ... sie ... sind nicht mehr zusammen?«

»Nein!«, fauchte Will. »Er wollte sie haben, nur, um festzustellen, dass er es mit ihr nicht aushielt.«

»Warum hast du sie danach nicht angegraben?«

»Kein Interesse mehr.«

»Dann war es ja gut, dass nicht du den Fehler gemacht hast.«

»Dafür habe ich andere gemacht.«

Minh lächelte. »Ja, das stimmt. Und wie ist das jetzt mit Anna? Willst du es nicht klären?«

»Ja, wie denn?«, rief er ärgerlich. »Sie hat mich auf allen Kanälen blockiert! Sie will nicht mit mir reden! Und er auch nicht! Überhaupt! Sie ist mit Phil zusammen!«

Seine Schultern sackten nach unten, seine Augen glühten. »Das war's dann wohl«, murmelte er mehr zu sich als zu ihr und Minh konnte fast den Klick in seinem Kopf hören, der die Gleise auf die alte Lebensweise, auf vertraute Muster stellte. Sie packte ihn hart am Handgelenk mit einer für ihre zierliche Gestalt erstaunlichen Kraft.

»Oh nein, Will«, sagte sie und bohrte ihren schwarzen Blick in seine Augen. »Du hast das alles nicht durchgemacht, um jetzt den halben Weg wieder zurückzulaufen. Wir finden eine Lösung, ganz sicher.«

Will lächelte sie gequält an, aber er erinnerte sich daran, dass er ihr Gastgeber war und besann sich auf seine Pflichten. Er wechselte das Thema und fragte sie nach ihren Zukunftsplänen. Minh zögerte kurz, dann antwortete sie. Sie ahnte, er musste erst mal weg von diesem Schmerz. Sie kamen ins Gespräch und der Abend gewann ein wenig an Fahrt – solange sie das Thema Anna vermieden. Zwischen dem vierten und fünften Gang entschuldigte sich Minh und verschwand in die luxuriösen Toilettenräume. Sie biss sich auf die Lippen, dann rief sie Onkel You an und schilderte ihm, was geschehen war.

Als sie wieder zum Tisch kam, sagte Will:

»Minh, nimmst du es mir übel, wenn ich die Einladung deiner Eltern ausschlage? Ich fühle mich wirklich nicht danach.«

»Kein Ding«, antwortete sie. »Ich hätte auch keine Lust drauf. Am Ende wollen sie dich noch als Schwiegersohn ... wenn du dann nein sagst, fällt die ganze Familie in Anorexie vor Kummer.«

Er lächelte gequält.

»Ist schon blöd, was wir Menschen alles machen, nur um dem Leid auszuweichen, nicht? Vor allen Dingen ist es so hirnrissig, zu versuchen, Leiden mit Leiden zu vermeiden – das ist nur eine der Erkenntnisse, seit ich mit dir ins Gespräch gekommen bin.«

Will antwortete nicht.

»Das ist übrigens genau das, was du gerade vorhast, Will«, sagte Minh ernst. »Aber es hat schon mal nicht funktioniert.«

»Es war zumindest ein besseres Gefühl als das hier jetzt«, antwortete er bissig. Seine Augen wurden kalt und Minh sah es mit Besorgnis.

Fast schweigend aßen sie sich durch die letzten zwei Gänge und Will tat es leid um die düstere Stimmung, mit der er Minh konfrontierte.

»Wir wiederholen das, Minh, ich verspreche es«, sagte er reumütig. »Das hast du nicht verdient, dass ich hier mit einer so miesen Laune sitze.«

»Das ist okay, Will«, antwortete sie. »Aber ich will dir nur sagen, in dir brodelt es gewaltig, das spüre ich bis hierher. Du musst dich darum kümmern, sonst holt es dich ein.«

Annas Worte. Es holte ihn ein. Einfach alles! Er konnte, er wollte das nicht mehr hören! Will war kurz davor zu platzen, als eine Stimme ihn aus seiner Wut holte:

»Will! Wie schön, Sie zu sehen! Und Minh! Du siehst ja bezaubernd aus!«

Herausgerissen aus seinen Gedanken hob Will erstaunt den Blick.

Wang stand vor ihnen und grinste von einer Backe zur anderen. Minh war noch nie so froh gewesen, ihren Onkel zu sehen.

»Onkel You!«, rief sie. »Du hier? Woher wusstest du ...«

»Will hat mal erwähnt, dass er hier mit dir essen wird, wenn du dein Gewicht wiederhast – ich habe es mir gemerkt«, lächelte You und lenkte dann seine Augen auf Will.

»Wie geht es Ihnen?«

»Danke, gut ... You«, antwortete Will und musste ein wenig lächeln. »Ist immer noch sehr ungewohnt für mich, Sie beim Vornamen zu nennen.«

»Konnten Sie Anna treffen?«, fragte You und setzte sich ungezwungen zu ihnen an den Tisch.

»Nein, ich denke, das hat sich erledigt.«

»Weil sie abgereist ist?«

»Ist sie das?«

»Ja, heute war ihr letzter Tag. Nur ihre Eltern und ihr Bruder sind noch hier.«

»Okay.«

»Und morgen habe ich ein Interview mit diesem Wirtschaftsjournalisten, Phil Reuter, kennen Sie ihn?«

Will wurde wachsam. »Ja, ich kenne ihn.«

Er registrierte, dass Anna ohne Phil abgereist war, aber das bedeutete ja nichts. Sie hatte ihn geküsst. Das bedeutete was.

»Anna ist wirklich eine erstaunliche Frau, finden Sie nicht?« You lächelte unschuldig. »Ich kann mich noch gut an das Gespräch mit ihr am Abend nach der Vertragsunterzeichnung erinnern.«

Will schoss die Röte ins Gesicht. Dieser Abend hatte sein Leben verändert. You sah ihm geradewegs in die Augen.

»Ich habe sie gefragt, warum sie zurückgekommen ist. Obwohl sie doch alles wusste.«

»Was? Du wusstest das auch?«, mischte Minh sich ein. »Im Ernst? Was hat sie geantwortet?«

You warf ihr einen Seitenblick zu, um sich dann gleich wieder auf Will zu konzentrieren. Der saß wie eingefroren auf seinem Platz und sein Blick ging misstrauisch zwischen Minh und You hin und her. Hatte Minh das arrangiert?

»Für mich war es unvorstellbar«, erinnerte sich You. »... sie hat sich durch diese Facebook-Seite gewühlt und stand trotzdem hinter Ihnen ... ehrlich - ich habe es nicht verstanden. Wollen Sie wissen, was sie mir antwortete?«

»Sie tut es für eine bessere Welt?«, sagte Will bissig.

»Nein, sie sagte zu mir: Mr. Wang, vielleicht hat es so angefangen. Aber es muss nicht so enden.«

Will zuckte kurz. Ansonsten blieb er unbeweglich.

»Und als ich sie nochmal nach dem Warum fragte, sagte sie: Ich liebe ihn. Trotz allem ... ich liebe ihn. Ich weiß wirklich, dass er ein guter Mensch ist. Ich glaube nur, dass er das nicht weiß.«

»Oh, Mann«, stöhnte Minh. »So eine Antwort wäre mir nie eingefallen!«

»You«, sagte Will hölzern. »Es ist sehr freundlich von Ihnen, mir das zu sagen. Aber die Dinge haben sich geändert.«

»Meinen Sie, dass Charaktere wie Anna so schnell ihre Meinung ändern, Will? Glauben Sie das wirklich? Sie hat gesagt: Ich liebe ihn. Anna lügt nicht. Glauben Sie wirklich, sie hätte das gesagt, wenn sie es nicht gemeint hätte?«

Will schluckte.

»Aber You ... was soll ich denn machen? Was raten Sie mir?«

»Kämpf um sie!«, rief Minh kriegerisch. »Das wollen wir Frauen! Das lieben wir! Wir lieben Ritter an unserer Seite!«

Beide Männer mussten aufgrund ihres Enthusiasmus schmunzeln.

»Das ist keine schlechte Idee«, bestätigte You.

»Und wenn ich den Kampf verliere?«

»Na, der Spruch ist alt, dass du schon verloren hast, wenn du es nicht wenigstens versuchst!«, krähte Minh ungefragt schon wieder dazwischen.

You lachte. »So ist es. Wenn Sie es genügend versucht haben und sie immer noch ihre Ruhe will, müssen Sie das akzeptieren. Aber vorher ... vorher haben Sie doch volle Starterlaubnis! Fliegen Sie!«

Unwillkürlich entfuhr Will ein leichtes Lachen, aber in seinen Augen standen Tränen, als er die beiden Asiaten so vor sich sah, bemüht, ihm zu helfen, bemüht, ihm in seinem Leid beizustehen. Und einmal mehr merkte er, wie Mitgefühl, echtes Mitgefühl, die Menschen und damit die Welt verändern konnte.

Er machte sich startklar. Er würde sich all dem stellen müssen, dem er bisher erfolgreich ausgewichen war. Er allein wusste, das würde die schwierigste Reise seines Lebens werden. Die Reise zu sich selbst.

Und Anna war der Schlüssel. Der Eintritt. Sein Ticket. Sein Sesam-öffne-dich.

Schwarzwald

Einmal schon hatte Anna die Blockierung auf FB für ihn aufgehoben, wenn auch nur für Stunden. Will saß in der Wartehalle im Flughafen und checkte, ob er Glück hatte. Nein. Nichts. Er war noch immer blockiert. Seine Finger klickten hierhin und dorthin, gaben den Namen von Phil in die Suchleiste ein. Auch der hatte ihn ja gesperrt, aber als er diesmal dessen Profil aufrief, merkte er, dass Phils Account wieder für ihn offen war.

Warum, das erkannte er, sowie er in dessen Chronik sah. Es war eine klare Kampfansage von Phil:

Wills Herz sackte im freien Fall nach unten, sowie das neueste Chronik-Foto ihn ansprang: Anna und Phil. Sie standen zusammen, mit einem Glas Sekt in der Hand und lächelten in die Kamera. Nächstes Foto: Anna und Phil beim Wandern. Drittes Foto: Anna und Phil im Theater.

Sie wirkten glücklich. Anna und Phil.

Etwas in Williams Gehirn setzte aus. Seine Augen scannten den Kommentar unter dem Bild: »Theater... ein gutes Stück ... und eine hinreißende Frau ... ich bin ein Glückspilz!«

»Du!«, fauchte William unversehens vor seinem Laptop. »Du kannst so eine Frau nicht glücklich machen! Du machst Frauen nicht glücklich! Weil du es nicht *kannst*!«

Wütend klappte er den Deckel runter. Seine Augen glühten, er dachte an You, an dessen Worte und war schier verzweifelt.

***

Er fuhr die ganze Nacht durch, er war angetrunken, aber niemand hielt ihn an. Er fuhr zu schnell, hielt mit einem starr auf die Straße gehefteten Blick seine 250 km/h, wo immer er nur konnte. Erst die Kurven im Schwarzwald bremsten seine Geschwindigkeit. Die von dicht stehenden Bäumen intensivierte Dunkelheit hier warf ihn um, die Außentemperaturanzeige war in diesen Höhen auf Schnee- und Eisgrenze gefallen und er fuhr, nüchterner geworden, endlich vorsichtiger. Irgendwo am Waldrand hielt er an und umklammerte das Lenkrad. Schließlich stieg er aus. Er wollte in einem klaren Zustand mit ihr reden. Ein scharfer Wind blies ihm eisige Luft ins Gesicht und machte ihn wach.

Ihm wurde sehr deutlich bewusst, dass er Anna seit fünf Monaten nicht gesprochen hatte und er keine Ahnung hatte, wie sie nach all den Ereignissen auf ihn reagieren würde. Tief atmete er die frische, kalte Luft ein. Sein Blick hob sich zum sternenübersäten Himmel und wohl zum ersten Mal seit über fünfunddreißig Jahren sprach er ein Gebet. Dann setzte er sich wieder ins Auto und seine Sinne konzentrierten sich auf die Stimme des Navis, die ihn näher und näher zu Anna brachte. Der Wald wirkte verwunschen – überhaupt fühlte sich alles gerade furchtbar irreal an und die Angst vor ihrer Zurückweisung wuchs mit jedem Meter, den er sich ihr näherte. Das, was ihn vorwärtstrieb, war das Foto in seinem Kopf. Anna und Phil. Anna und Phil ...

»Sie haben Ihr Ziel erreicht«. Nüchtern informierte ihn die Computerstimme, dass er tatsächlich vor ihrer Haustür stand.

Mit wackligen Beinen stieg Will aus. Es war Licht im Haus. Hinter den Fenstern sah er Gestalten hin und her gehen. Wieder atmete er tief ein. Dann legte er seinen Finger auf den Klingelknopf.

»... keine Ahnung ...«, hörte er Anna drinnen sagen. »...ist bestimmt Peggy.«

Sie öffnete die Tür und alles Blut wich ihr aus dem Gesicht, als sie gewahr wurde, wer da vor ihr stand. Beide starrten sie sich an, keiner von ihnen brachte ein Wort hervor. Es fing an zu regnen. Dicke Tropfen fielen auf Will, aber sie bat ihn nicht herein. Sein Herz sank nach unten.

»Anna«, sagte er heiser. »Ich weiß, es ist lange her. Es ist viel passiert. Wir haben ... wir haben nie ... nie darüber geredet ... und ich ...«

»Es ist auch nicht nötig, dass wir reden«, unterbrach sie ihn ruhig. Ihr Herz war in Aufruhr, es klopfte wild und heftig und sie war innerlich nicht einen Bruchteil so gelassen, wie sie sich nach außen gab. Die Asiatin war in ihrem Kopf und Annas Augen waren nicht freundlich. Zum ersten Mal nicht. Will registrierte das und sein Blick sank schmerzlich in den ihren.

»Anna, bitte lass mich erkl ...«

»Nein, Will. Es hat keinen Sinn.«

»Doch. Reden macht immer Sinn, Anna. Du hast mal zu mir gesagt, dass man die Dinge regeln muss ... wiedergutmachen muss ...«

»Du musst nichts gut machen, Will«, schnitt sie ihm erneut das Wort ab. »Es *ist* alles gut.«

Damit schlug sie ihm die Tür vor der Nase zu und lehnte sich schwer atmend dagegen. Will! Er war da draußen! Nur ein paar Zentimeter von ihr entfernt! Du kannst ihn doch nicht im Regen stehen lassen! Er soll gehen! Soll er doch zu seiner Asiatin! Warum ist er überhaupt hier? Die Gedanken wirbelten in ihrem Kopf, da klingelte es wieder.

»Anna!«, rief er leise durch die Tür und sie konnte hören, dass seine Stimme wackelte. »Bitte, lass uns reden!«

Inzwischen regnete es in Strömen. Aber er ging nicht. Er klingelte. Er klopfte. Anna rannte in ihr Schlafzimmer, schlug die Tür hinter sich zu und bedeckte ihr Gesicht mit ihren Händen. Sie zwang sich, ruhig zu werden, aber sie schaffte es erst, als ihr klar wurde, dass sie nach den Kindern schauen musste. Aufgelöst setzte sie sich wieder zu ihnen ins Wohnzimmer.

»Anna!«, schrie Will und hämmerte gegen die Tür. »Anna, mach auf! Bitte!«

Lea zuckte zusammen und auch Timmi schaute längst nicht mehr auf den Bildschirm.

Anna hatte sein Bild vor Augen, wie er wartete ... die Faust auf dem Holz verweilend, das Gesicht nach unten gerichtet, das vom Regen durchnässte lockige, schwarze Haar ... wie er auf Antwort wartete ... auf das Öffnen der Tür, auf eine Chance.

»Mama, wer ist das?«, fragte Lea erschrocken.

»Jemand, der mit mir sprechen will. Aber ich nicht mit ihm«, antwortete Anna mit zusammengepressten Lippen. »Er geht gleich.«

»Anna!« Wieder klopfte seine Faust gegen das Holz. Nicht mehr wild schlagend wie vorhin, sondern geordnet fast – und in jedem Schlag lag Verzweiflung. »Anna! Bitte! Bitte mach die Tür auf! Bitte!«

»Mama!«, sagte Lea verwundert und sah ihre Mutter vorwurfsvoll an. Anna schaute nicht zurück, sie starrte geradeaus. Auf den Bildschirm.

Das Schlagen endete. Aber sie wusste, er war noch da. Sie waren verbunden – durch trennende Mauern und Holz hindurch. Und obwohl das Klopfen, Klingeln und Rufen aufgehört hatte, wurde die Verbindung nicht schwächer, sondern dichter. Sie wurde so dicht, dass selbst die Kinder es spürten, Anna es nicht mehr aushielt und schließlich aufstand.

Langsam, zögerlich ging sie zur Tür, streckte den Arm aus, drückte die Klinke nach unten. Ein Windstoß fegte Kälte und Regen durch die Öffnung.

William richtete sich auf. Das Wasser rann ihm in Strömen über das Gesicht. Seine Augen waren rot, der Wind hatte einzelne nasse Strähnen in sein Gesicht geklebt, seine Lippen zuckten, sein Blick war wild und hoffnungsvoll, verzweifelt und entschlossen.

Ihr Blick blieb an diesen zuckenden Lippen hängen, dann hob er sich zu seinen Augen. Sie öffnete den Mund, doch bevor sie auch nur einen Satz sagen konnte, machte er einen Schritt nach vorne, riss sie in seine Arme und presste sie schwer atmend an sich.

Ihr T-Shirt sog sich voll mit Wasser, sie spürte seine nassen Jeans an ihren Jogginghosen, fühlte, wie er sie durchtränkte, wie das Wasser erst kühlte und dann seine Körperwärme durchdrang.

Sein Herz pochte an ihrem Körper, sein Atem ging stoßweise und er hielt sie fest, als hätte er Angst, sie würde davonfliegen, wenn er sie freigäbe. Anna wurde schwach in den Knien.

»Will«, sagte sie mühsam. Sie konnte kaum sprechen, so sehr presste er sie an sich. Und, oh, verdammt, es tat so gut ... seine Arme um ihren Körper, sie spürte seine Männlichkeit, seine Verletzlichkeit, seine Verzweiflung ... sie durfte sich nicht davon einlullen lassen!

»Will«, flüsterte sie erstickt. »... bitte ... lass mich los.«

»Anna, ich kann nicht ... ich will dich nicht loslassen ... bitte ...« Er brach ab, sein Griff wurde ein klein wenig lockerer, sein Mund presste sich in ihr Haar.

»Du musst gehen«, drängte sie. »Es hat keinen Sinn. Du musst gehen!«

»Nein, schick mich nicht fort. Bitte. Anna ... bitte ...« Er schluchzte, hielt sie immer noch an sich gepresst, aber sie hatte mit ihren Händen seine Handgelenke umfasst.

»Will. Geh!«, flüsterte sie. »Geh! Ich will dich hier nicht sehen. Ich will dich nie mehr sehen! Es ist besser so, glaub mir!«

»Anna ...« Seine Arme wurden schwach, verloren mit ihren Worten ihre Kraft. Sie löste sich von ihm. »Bitte, Will«, sagte sie leise. »Wir haben uns nichts zu sagen.«

Damit schloss sie erneut die Tür.

Will stand im eisigen Regen. Er hatte sich schon mal so verzweifelt gefühlt wie in diesem Moment. Er hatte es schon mal erlebt, dass eine Tür für immer zuging. Damals hatte er die falsche Entscheidung getroffen. Noch immer lief Wasser in Strömen an ihm herab. Aus den Augen, aus dem Himmel. Damals... ja, da hatte er es schlicht nicht besser gewusst. Diesmal würde er es durchstehen. Diesmal würde er die Kraft haben. Er biss die Zähne zusammen, setzte sich auf die Stufen vor Annas Haustür und lehnte den Rücken ans Geländer. Stumm zog er die dünne Jacke fester um seinen Körper. Er würde nicht gehen, bevor sie ihm nicht die Chance zum Reden gegeben hatte.

»Mama, der Mann sitzt immer noch vor der Tür.« Lea rüttelte an Annas Hand und wollte sie zur Tür ziehen.

»Ja, ich weiß, Schätzchen. Aber er soll nicht hereinkommen. Das habe ich ihm schon gesagt.«

»Aber er ist ganz nass, Mama! Es regnet doch draußen! Und es ist kalt!«

»Er hat Geld. Er kann sich ein Hotel suchen. Das wird er auch gleich machen, okay?«

»Aber er will doch zu dir!«

»Aber ich möchte nicht zu ihm.«

»Warum nicht?«

»Weil ... weißt du, ich kenne ihn ... und er ... er...«

Es klingelte wieder. Seit eineinhalb Stunden saß er nun schon draußen auf der Stufe, stand ab und zu auf, klingelte und setzte sich wieder hin.

Lea sah ihre Mama mit vorwurfsvollem Blick an.

»Papa hätte den Mann nie da draußen sitzen lassen«, sagte sie sauer. Damit stand sie auf und stapfte entschlossen Richtung Tür. Anna sah ihr fassungslos nach, dann schoss sie hoch, um vor Lea an der Tür zu sein.

»Lea! Nein!«, rief sie und wollte nach ihr greifen. Doch Lea hatte die Klinke schon heruntergedrückt und die Tür geöffnet.

»Komm rein«, sagte sie zu William. »Schnell! Es ist kalt!«

Der starrte wortlos, erstaunt, auf das kleine Mädchen. Lea schaute auf ihn herab, da er ja saß und reichte ihm ihre kleine Hand. Instinktiv griff er danach, aber als er die Kinderhand in der seinen fühlte, passierte etwas mit ihm. Seine Augen verzogen sich schmerzlich, sein Blick änderte sich und stumme Tränen liefen die ohnehin nassen Wangen hinunter. Er sah zu Anna, er war kräftemäßig am Ende. Sie spürte, wie er ihr Einverständnis suchte – und es nicht fand. Leas Blick wanderte von Anna zu Will. Von Will zu Anna. Mit gerunzelter Stirn und einem weiteren missbilligenden Blick an ihre Mutter zog sie an Wills Hand, bis er stand und führte ihn an Anna vorbei in die Diele.

»Zieh die Schuhe aus«, kommandierte sie. »Du bist total nass! Mama! Du musst dem Mann einen Tee kochen! Der wird sonst krank!«

»Lea!«, rief Anna leise und verstört. Sie stand an die Tür gepresst wie eine Salzsäule. »Warum tust du das? Ich möchte das nicht!« Und zu Will gewandt, sagte sie: »Will, es gibt eine kleine Pension weiter unten an der ...«

»Nein, Anna«, unterbrach Will sie heiser. »Gib mir eine Chance. Lass uns reden. Selbst ... selbst, wenn es ein letztes Mal wäre.«

Anna schüttelte den Kopf.

»Mama!«, schimpfte Lea und sie wirkte richtig wütend. »Was soll das? Du hast gesagt, jeder verdient eine Chance! Mach ihm einen Tee!«

Auch Timmi kam angerannt und stoppte abrupt vor dem nassen Will.

»Hey, Kumpel«, sagte Will zu ihm »Was geht ab?« Timmi strahlte ihn an.

»Hey, Mann!«, antwortete er. »Du machst eine Pfütze ins Haus.«

Annas Schultern sackten resigniert nach unten.

»Hast du Sachen zum Wechseln dabei?«, fragte sie Will.

»Im Auto«.

»Dann hol sie.«

Sie machte die Tür weit auf und ging ins Haus. »Lea, mein Schatz, hol die dicke Decke und die Wärmflasche. Und du, Timmi, bring noch ein bisschen Holz für den Ofen. Ich mache den Tee ... und euch einen Kakao ... und dann müsst ihr uns ein bisschen alleine lassen, okay?«

»Okay, Mama«, sagte Lea und grinste zufrieden. »Ich bringe Timmi ins Bett.«

Anna verstand das nicht. Aber sie hatte auch keine Zeit, ihre Tochter zu fragen. Das würde sie morgen tun.

***

Als Will wieder nach drinnen kam, hatte sie ein Tablett mit Tassen zurechtgemacht und stellte gerade Stövchen und Kanne darauf. Mit dem Kopf deutete sie nach links.

»Da drüben ist das Bad. Zieh dich um. Du kannst auch duschen, damit du wieder warm wirst. Und häng die nassen Sachen über die Heizung.«

Sie hantierte mit dem Teegeschirr und sah ihn nicht an. Will blieb einfach im Zimmer stehen, bis sie sich schließlich gezwungen sah, ihre Augen zu ihm zu heben.

»Danke, Anna«, sagte er still. Sie lächelte leicht.

»Hast du Hunger?«

»Ja, aber das ist jetzt nicht wichtig.«

Aber Anna hatte schon den Topf mit dem übrig gebliebenen Mittagessen auf den Herd gezogen und die Platte eingeschaltet.

»Geh dich umziehen«, sagte sie. »Du machst mir das ganze Zimmer nass!«

Er ging ins Bad, duschte, zog sich trockene, warme Sachen an. Als er wiederkam, trug er Jogginghosen und ein lockeres T-Shirt. Anna hatte eine Suppenschale und Brot auf den kleinen Couchtisch vor den Ofen gestellt und platzierte Will so, dass er das Feuer im Rücken hatte. Aromatischer, heißer Tee dampfte aus zwei schönen Porzellanbechern, sie legte eine Decke über seine Beine, die Wärmflasche an seine Füße, setzte sich auf den flauschigen Teppich und lehnte ihren Rücken gegen die Couch. Will tat es ihr nach und rutschte von der Couch auf den Boden. Er nahm ein paar Schlucke von dem heißen Tee, von der Suppe aß er kaum etwas.

Anna konnte geradezu fühlen, wie verkrampft sein Magen war, und Mitgefühl durchströmte sie. Zum ersten Mal lächelte sie ihn warm und offen an.

»Es ist gut, Will, iss die Suppe«, sagte sie. »Mach dich erst mal locker. Ich fresse dich nicht.«

Er lächelte leicht und sie lächelte zurück. Er hatte abgenommen, sein Gesicht wirkte kantiger, zumal er wieder den Drei-Tage-Bart trug, den sie so an ihm liebte. Es war erstaunlich, wie sehr Will dieses Zimmer füllte, wie er jeden Raum füllte, wie präsent er war. Insgesamt wirkte er unglaublich vital, wie ein Sturm ... ein Räuber eben. Ihr Lächeln vertiefte sich, als sie ihn beobachtete.

»Du siehst wie immer gut aus«, sagte sie. »Wie geht es dir?«

»Im Moment besser als in den Monaten zuvor«, antwortete er. »Danke, Anna. Ich weiß, es fällt dir nicht leicht, mich hier reinzulassen. Ich weiß, ich habe es eigentlich nicht verdient.«

»Schon gut, Will. Ich glaube, du hast recht. Wir sollten reden und das Ding endgültig vom Tisch schaffen, damit jeder von uns wieder sein Leben leben kann.«

Er schluckte, aber in seinen Augen fing es an zu glitzern. Anna sah es.

»Hey, du Pirat«, sagte sie leise. »Bilde dir bloß nichts ein! Was hast du vor?«

»Gar nichts, Anna. Wirklich nur mit dir reden.«

»Ich kenne diesen Blick. Wenn ich dich auch nur eine Woche erlebt habe ... aber die war gehaltvoll.«

»Ja, das war sie. Es war die beste Woche in meinem bisherigen Leben.«

Sie schwieg auf diese Ansage und beobachtete ihn weiter. Er sah erschöpft aus. Die Wärme des Feuers und das heiße Essen taten ihr Übriges dazu. Seine Augen waren klein vor Müdigkeit und er unterdrückte ein Gähnen.

»Wo kommst du her?«, fragte sie. »Bist du von Singapur direkt hierhergefahren?«

»Yepp.«

»Wo bist du gelandet?«

»Hamburg.«

»Von Hamburg nonstop hierher? Und vorher der Flug? Bist du wahnsinnig?«

»Ja. Bin ich. War ich schon immer. Ich wollte keine Zeit verlieren.«

Abrupt stand sie auf. Verdutzt folgte ihr William mit den Augen. Sie ging aus dem Zimmer und kam mit Decken und Kissen zurück.

»Du schläfst erst mal«, kommandierte sie und fing an, die Couch mit dem Bettzeug zu bestücken. »Ich möchte, dass du ausgeruht bist, wenn wir reden.«

Will war glücklich. Er war wirklich sehr müde, Flug, Jetlag, der Alkohol, die Fahrt, die lange Wartezeit im Regen und nicht zuletzt die Anspannung hatten ihn fertiggemacht, aber er hätte das alles für ein Gespräch mit ihr überwunden. Aber so ... so war es noch schöner. Er war in Annas Nähe und er hatte mindestens einen ganzen Tag mit ihr noch vor sich.

»Guter Plan«, murmelte er. »Aber trotzdem ... vorher noch ... Anna ... die Frau, mit der du mich gesehen hast ... das ist eine gute Freundin von mir. Eine echte Freundin ... wirklich.«

»Wir reden morgen, Will, okay?«

»Okay. Dann ... dann lege ich mich hin?«

»Ja, kein Ding, mach nur«, sagte sie und nahm die Suppenschale in die Hand, um sie zur Spüle zu tragen. Er wusste, dass sie ihn in Singapur gesehen hatte? Als sie kurz danach das Teetablett vom Couchtisch wegräumte, war er schon eingeschlafen. Nachdenklich betrachtete sie ihn. Wenn er schlief, sah er aus wie ein Kind. Wie ein verlorener, verwaister kleiner Junge. Behutsam, um keinen Lärm zu machen, stellte sie das Tablett wieder ab, setzte sich zu ihm auf die Kante, legte in einer instinktiven, mütterlichen Bewegung ihre Hand auf seine Stirn und ließ sie dort liegen. In Wills Gesicht stahl sich ein winziges Lächeln, kaum wahrnehmbar, aber ihr war, als atme er innerlich aus, als bräche ein Stückchen von seiner Grundspannung ab, als könne er endlich tiefer sinken.

Ehe Anna überhaupt nur nachdenken konnte, hatte sie ihm einen Kuss auf die Stirn gehaucht – und dann noch einen auf den Mund.

***

Er schlief bis in den späten Nachmittag hinein. Timmi und Lea kamen immer wieder zur Couch und bestaunten ihn, als sei er ein seltenes Tier.

»Ist er krank?«, fragte Lea. »Weil er so lange schläft?«

»Naja, ein bisschen, glaube ich«, sagte Anna und strich ihr übers Haar. »Wir konnten gestern nicht reden, weil er so müde war. Ich fürchte, du musst heute was mit Tim unternehmen, damit wir Zeit haben.«

»Mach ich!«, sagte Lea. »Wir könnten ihm einen Kuchen backen!«

»Bitte? Seit wann willst du für fremde Männer einen Kuchen backen?«

»Er sieht aber nicht fremd aus«, erklärte Lea und drehte sich um. »Er mag bestimmt Schokoladenkuchen!«

Anna schüttelte verständnislos lächelnd den Kopf, aber aus einer Laune heraus buk sie tatsächlich den Kuchen – hauptsächlich wegen der Kinder, sagte sie sich. Und bereitete für alle eine Pasta vor.

***

»Hey, Anna, ich bin Minh. Bitte adden Sie mich. Ich bin eine gute Freundin von Will und You Wangs Nichte. Ich weiß, dass Will zu Ihnen wollte und möchte nur von Ihnen wissen, ob er gut angekommen ist.«

Das asiatische Modelgesicht war auf Facebook und sprach sie an. Zögerlich tippte Anna eine Antwort:

»Ja, er ist hier. Er schläft gerade.«

Als hätte sie die ganze Zeit auf Reaktion gelauert, kam Minhs Antwort sofort.

»Passen Sie gut auf ihn auf, Anna. Er liebt Sie sehr. Und er ist ein wirklich guter Mensch. Er ist einer der besten Menschen, die ich kenne. Er ist der beste Freund, den ich je hatte.«

***

Die Tage waren noch immer kurz, der Winter in diesen Höhen des Schwarzwalds noch lange nicht vorbei, der Frühling tat sich schwer. Der Regen hatte zwar aufgehört, aber es war nasskalt und windig draußen, kein Wetter zum Rausgehen, und so waren die Kinder zu Hause, als Will aufwachte und verschlafen an die Zimmerdecke blinzelte. Appetitanregende, heimelige Gerüche zogen durch die kleine Wohnung und an sein Ohr drangen Kinderstimmen. Sein verschlafenes Gehirn brauchte mindestens zwei Minuten, um sich zu orientieren. Tim entdeckte als Erstes, dass er wach war, anscheinend hatten er und Lea abwechselnd Wache geschoben.

»Der Mann ist wach!«, rief er und raste zu Anna in die Küche. Die trocknete sich mit einem Geschirrtuch die Hände, kam ins Wohnzimmer und lächelte Will an.

»Guten Morgen, Will«, sagte sie. »Oder guten Abend ... gut geschlafen? Ach ja ... diese zwei Räuber hier sind Lea und Tim ... du hast sie ja gestern schon kennengelernt.«

Sie drückte die beiden voller Liebe an sich und Will schnürte es die Kehle zu.

»Hey, Lea«, sagte er. »Danke, dass du mich reingelassen hast. Finde ich riesig. Und Tim – deine Mom hat mir schon viel von dir erzählt. Von euch beiden. Irgendwie kenne ich euch schon ein bisschen ... was riecht hier so gut?«

Sein Haar war total verstrubbelt und er sah noch komplett verträumt aus. Anna hatte ihn so noch nie gesehen. Und sie hätte auch nicht erwartet, dass er so ungezwungen mit den Kindern reden würde. Spontan nahm ihn Tim an die Hand, um ihn in die Küche zu ziehen.

»Schokokuchen!«, rief er, während Lea ihm unmissverständlich klarmachte, dass er es ihr zu verdanken habe, dass es den gab. Will schmunzelte.

»Hey, Babe«, sagte er zu Lea und trieb Anna damit ein Lächeln ins Gesicht. »Das ist grandios! Ich glaube, ich habe seit Jahrzehnten keinen selbstgebackenen Schokokuchen mehr gegessen.«

»Magst du ein Stück?«, fragte Lea ihn.

»Ich habe auch Pasta vorbereitet«, sagte Anna »Ist doch schon Zeit fürs Abendessen – den Schokokuchen gibt's zum Nachtisch ... Lea, Tim, seid so gut, deckt einen schönen Tisch für unseren Gast. Und du, Will, kannst das Bad benutzen.«

Will sah die drei an und konnte nicht fassen, dass er so aufgenommen wurde. Er fühlte sich in der kleinen Wohnung so wohl wie schon lange nicht mehr.

Sie aßen zusammen Nudeln und Salat, Anna hatte Rotwein in bauchige Gläser gefüllt, sie hatten Kerzen auf dem Tisch und zwischen den Kindern und Will entspann sich zu ihrer Überraschung eine Unterhaltung, die ihr oft ein Schmunzeln entlockte. Tim erzählte ihm, dass er die Marvel-Helden liebe und Will sagte:

»Alter, das ist ja echt geil ... welchen findest du am besten? Mein Favorit ist auf jeden Fall Iron Man, dann Batmann ... und danach Spiderman ...«

Tims Augen fingen an zu leuchten, Will stieg voll auf das Thema ein und sie tauchten beide innerhalb von Sekunden in die Bewertung der einzelnen Superhelden ein. Mit Lea kam er fast noch besser zurecht. Er nannte sie Sweetheart oder Honey, worüber sie sich schieflachte – sie fand ihn wohl einfach nur witzig, vor allem, weil er über Barbiepuppen herzog und diese auf eine Weise lächerlich machte, dass Lea aus dem Lachen nicht herauskam. Mit glänzenden Augen sahen die zwei ihn an und redeten ohne Punkt und Komma drauflos.

Anna blieb mehr oder weniger stumm. Als sie gegessen hatten, schickte sie die Kinder ins Bad und Will half ihr den Tisch abzuräumen. Sie stellten alles in die Spülmaschine, machten die Küche sauber, jeder Handgriff brachte sie ihrem ausstehenden Gespräch näher. Die Zeit lief und sie spürten es beide. Sie wurden stiller, statt gesprächiger, und als die Kinder in ihrem Zimmer und sie mit Tee im Wohnzimmer waren, wieder auf dem Teppich und den Rücken an die Couch gelehnt, schwiegen sie sich die ersten Minuten an.

»Wie geht es dir, Anna«, fragte er schließlich.

»Es geht mir gut, Will«, sagte sie und blickte ihm voll in die Augen. »Und ich möchte auch, dass das so bleibt.«

Er nickte. Wieder verfielen sie in Schweigen. Verzweifelt suchte er einen Anfang und Anna spürte es. Auch sie war in Aufruhr, kämpfte mit sich – und traf dann eine Entscheidung. Ihr Blick löste sich von den tanzenden Flammen und wandte sich ihm zu.

»Will, ich glaube, es ist an der Zeit, dir meinen Mann vorzustellen.«
Will schluckte. Ihr Gesicht sah aus wie in Porzellan gemeißelt, schön in seiner Starrheit. Er wusste, dieses Vorhaben kostete sie Überwindung – so wie ihn.
»Okay, Babe«, sagte er. »Ich komme überallhin mit. Auch zu deinem Mann.«
»Gut. Dann hol deine Jacke«, forderte sie ihn auf. »Wir müssen ein Stück fahren.«
Sie nahm ihre Autoschlüssel und einen dicken Sweater vom Haken. Lea war ins Zimmer gekommen und sah zwischen ihnen beiden hin und her.
»Lea, mein Schatz, du hast es ja gehört ... wir besuchen Papa. Achtest du auf Tim?«
Lea nickte. »Ich hab was für Papi gemalt! Sag liebe Grüße und gib ihm einen Kuss von mir und Timmi«, sagte sie. »Und sag ihm, dass ich ihn liebhabe.«
Will sah ihr nach, wie sie aus dem Zimmer lief und ein zusammengefaltetes Blatt mit einer Zeichnung holte. Sie wirkte ganz gelassen, als wäre es das Normalste der Welt, dass ein fremder Mann und ihre Mutter ihren von ihnen getrennt lebenden Daddy um neun Uhr nachts besuchten.
Anna steckte Leas Zeichnung in eine Klarsichtfolie. Stumm setzten sie sich in Annas kleines Auto. Sie fuhr lange durch die nahezu schwarze, hügelige Landschaft. Ab und an tauchte der Mond zwischen den Spitzen der Bäume auf und beleuchtete diffus die Straßen. Aber statt in ein Wohngebiet zu fahren, fuhr Anna immer weiter in den Wald hinein. Will sah ein paar Mal zu ihr hin. Nach einer Zeit gab es keine Laternen mehr. Die Nacht war stockdunkel. Die Bäume standen dicht, der Wind pfiff durch sie hindurch und bewegte die nadeligen Wipfel. Anna fuhr in einen kleinen Flurbereinigungsweg, bog in kaum befahrbare Straßen ein und Will kam es vor, als habe sie die Orientierung verloren. Schließlich brach er das Schweigen:
»Ähm ... dein Mann wohnt im Wald?«
»Ja, William. Er wohnt seit Jahren schon im Wald. Es war sein Wunsch.«
Sie hielt an einer kleinen Lichtung, schaltete die Taschenlampe an ihrem Handy ein, nahm William an die Hand und stapfte mit ihm durch die dichten Baumreihen. William war so glücklich darüber, ihre Hand in der seinen zu spüren, dass er sich gar nichts weiter fragte. Schließlich verharrte sie still vor einem Baum, legte Leas Bild auf den Boden und beschwerte es mit einem Stein. Verständnislos schaute er auf ihren Rücken, der nach unten ging und sich wieder hob, als sie sich aufrichtete. Da entdeckte er das Schild. Es hing über ihrem Kopf, ein kleines, unscheinbares Holzschild, und auf ihm eingekerbt stand: Christian Fries. Will erstarrte.
Anna stützte eine Hand gegen den Stamm. Ihr Kopf senkte sich nach unten.

»Hey, Christian«, flüsterte sie. »Liebe Grüße von Lea und Timmi. Sie lieben dich, das weißt du ja. Und ich ... ich liebe dich auch. Ich liebe dich bis in alle Ewigkeit und ich will, dass du das weißt.«

Sie stoppte kurz, dann fuhr sie fort: »Ich habe dir heute jemanden mitgebracht. Er heißt Will.«

Ein Windhauch strich durch das Laubwerk, wie eine Reaktion, wie ein Abtasten. William fühlte die Luft an seinem Körper und erschauerte. Er stand dicht hinter ihr und sah, wie ihre Tränen auf das Laub unter ihr tropften.

»Anna...«, sagte er mit rauer Stimme und seine Kehle schnürte sich zu.

Sie drehte sich zu ihm um, lehnte ihren Rücken gegen den Baum und sah ihn mit nassen Augen an.

»Das ist ein Friedwald, Will«, flüsterte sie. »Mein Christian ist tot. Er ist nicht mehr da. Er hat uns vor knapp drei Jahren verlassen.«

Will war unfähig, etwas zu sagen. Anna stand da an den Baumstamm gelehnt, als hole sie sich von ihm Kraft für ihre nächsten Worte. Kraft von ihrem verstorbenen Ehemann, den sie nach wie vor über alles liebte, das war deutlich zu spüren, und es war eine so klare, so reine, so unverletzliche Liebe, dass Will die Tränen nur so über die Wangen liefen.

»Ich habe dir erzählt, dass Christian perfekt war«, flüsterte sie. »Er war es wirklich. Er war mein Mann, mein Liebhaber, mein Freund, mein Mentor, mein Kind ... er war einfach alles für mich ... ich habe nichts vermisst ... er war schlicht ... vollkommen.«

Will blieb stumm. Das war Annas Part. Es gab nichts zu sagen. Ihr Blick hob sich zu ihm.

»Willst du wissen, warum er gestorben ist?«, fragte sie ihn. Will schaute in ihre Augen und schon ihr Schmerz warf ihn um, aber ihre nächsten Worte verursachten eine Havarie in seinem Gehirn.

»Er ist gestorben, weil er für dich gearbeitet hat«, flüsterte sie. »Weil du als sein Arbeitgeber nicht verantwortlich genug warst. Weil du ihn diesen tödlichen Staub hast einatmen lassen. Er war Ingenieur in einer Entsorgungsfirma für Erdölrohre. In deiner Firma. Man sagte ihm, wenn er den Posten annimmt, könnte er seine Karriere um einiges verkürzen. Und o ja ... sie wurde verkürzt! Er hat der Firmenleitung so viele Gesuche geschrieben. Er hat sie so oft auf die Gefahr hingewiesen. Aber du hast nicht reagiert. Er ist an Lungen- und Knochenkrebs erkrankt, Will. Die Ärzte gaben ihm nach der Diagnose zwischen einem und sechs Monate. Es bestand nicht die geringste Chance auf Heilung. Die Metastasen haben sich explosionsartig in ihm gestreut. Und selbst, wenn sie das nicht getan hätten ... Knochenkrebs ist unheilbar. Er hatte keine Chance. Unsere Familie hatte keine Chance. Und er wusste es.«

Ihre Tränen liefen stumm die Wangen hinunter, aber Will konnte sich nicht rühren, nicht einen Millimeter. Er war vollkommen erstarrt. Vollkommen leer und jedes Wort von ihr war furchtbare Qual.

Annas Blick ging zur Seite. »Eines Tages kam er nach Hause und hat mir eröffnet, dass er gehen will. Dass er es den Kindern und mir nicht antun will, ihn dahinsiechen zu sehen. Er wollte in die Schweiz, um bewusst zu sterben. Er hatte keine Lebenserwartung mehr. Er hatte nur noch die Erwartung, in Würde zu sterben und seinen Kindern die Hoffnung auf ein besseres Leben mitzugeben. Es war für ihn selbst nicht so schlimm zu sterben ... und er wusste auch, dass ich es verkraften könnte ... aber seine Kinder so bald loslassen zu müssen ... sie nicht aufwachsen zu sehen ... das war für ihn ... das war für uns alle ... das war ...«

Sie brach in Tränen aus und hielt ihre Hände vors Gesicht. Aber Will wusste genau, dass er der Letzte war, der sie jetzt anfassen durfte. Sein Herz schmerzte, wie es noch nie geschmerzt hatte und rührte zudem an eine Stelle, die etwas Grauenvolles in ihm hervorholte. Er fühlte Panik, aber er musste sie unterdrücken ... er hatte gedacht ... damals auf der Party bei Wang ... das wäre das Schlimmste gewesen ... aber das hier ... das hier war kaum verkraftbar. Er konnte nur eines tun: Er musste es sich anhören. Bis zum Ende.

»Er hatte Schmerzen, Will«, flüsterte sie und sah ihm in die Augen. »Unendliche Schmerzen. Und er wollte nicht mit Schmerzmitteln und ihren Nebenwirkungen durch die Tage vegetieren. Wir erklärten es den Kindern. Wir bereiteten sie darauf vor ... es war nicht leicht, es gab anfangs viele Tränen, aber ... sie waren einfach wunderbar. Eigentlich waren sie es, die Kinder, die uns Kraft gaben. Die uns den Tod als etwas Natürliches ansehen ließen. Sie sind so fest davon überzeugt, dass sie ihren Papa wiedersehen werden. In einem anderen Leben. In einer anderen Form. Es ist für sie so natürlich, das zu glauben.

Aber für mich ... für mich war es schwer. Du überlegst dir, wie viel Zeit du noch hast, ihn zu streicheln, wie oft du noch seine Haut berühren darfst, sein Gesicht ... wie viele Male du noch seine Augen aufleuchten siehst, wenn er dich anschaut ... Es ist alles endlich – und das machte jede einzelne Geste so wertvoll. Der Tod hat allem, was wir taten, Gewicht verliehen. Verstehst du? Nichts war mehr selbstverständlich. Wir haben einfach alles als ein Wunder angesehen. Jedes Mal, wenn er uns anlächelte, jedes Mal, wenn er einen Witz riss, wenn er glücklich schien, wenn ihm etwas schmeckte ... wenn er Lea etwas aus einem Buch vorlas ... mit Timmi Lego spielte ... alles war etwas Besonderes und wertvoll. Es gab nichts Banales mehr. All die Kleinigkeiten, über die man so achtlos hinwegsieht, über die sich viele sogar aufregen – für uns waren es Kostbarkeiten ... Kostbarkeiten, die wir wie Juwelen in einer Schatztruhe sammelten, weil wir wussten ... es ist nicht ewig, es ist nicht von Dauer ... es wird bald vorbei sein ... verstehst du jetzt, warum es für mich lächerlich ist, sich über fehlenden Erfolg oder Banalitäten wie die Brustgröße aufzuregen? Einem Mann auf Facebook gefallen zu wollen, den man noch nicht einmal kennt? Was hätte ich dafür gegeben, mit Christian alt werden zu können! Ich hätte jede Runzel und jede Falte an ihm geliebt. Und er an mir. Das ist so viel mehr als irgendwelche Scheiß-Komplimente!«

Ihr tränennasser Blick ging von seinen Augen weg zur Seite.

»Wir waren bei ihm. Die Kinder und ich. Und als es dann so weit war ... haben die Kinder ... sie haben gelächelt, Will. Sie haben Christian angelächelt, sie haben ihm alles Gute gewünscht ... haben ihm gesagt, dass sie sich freuen ihn wiederzusehen ... es war ... es war ...«

Sie brach ab. Will stand vor ihr und sein Herz brach buchstäblich auseinander. Es tat so schrecklich weh! Er hielt es kaum mehr aus.

»Du hättest es verhindern können, Will«, flüsterte sie. »Aber du hast es nicht. Ich wusste nicht, dass die Firma, für die Christian gearbeitet hat, dir gehört. Wang hat es mir gesagt. Er hat mir erzählt, dass du all deine Firmen über Strohmänner leitest, so dass du als Inhaber schwer identifizierbar bist. Er hat es mir gesagt, an dem Tag, als ich das mit Facebook und deiner abartigen Wette herausgefunden hatte. War das schon schlimm genug für mich ... aber dieser Satz von Wang war der ultimative Kinnhaken.«

Sie sah ihn nicht an, ihr Blick war auf die Bäume gerichtet, ihr Rücken an den Stamm gelehnt.

»Du weißt«, flüsterte sie. »... ich habe mich nach Christian auf niemanden mehr eingelassen ... ich wollte nicht ... konnte nicht ... du warst der Erste, der mein Herz bewegt hat ... du weißt, wie schwer es mir gefallen ist, mich zu öffnen, dir zu vertrauen... und ausgerechnet du ... ausgerechnet du .... nach allem, was wir erlebt haben ... ich dachte ... es war für dich etwas genauso Besonderes wie für mich ... ich dachte ...«

Wieder brach sie ab, presste die Augen zusammen und die Hände vors Gesicht.

»Anna ... es *ist* für mich etwas Besonderes«, sagte Will heiser und von Tränen geschüttelt. »Von Beginn an warst du das. Und im Laufe unserer Beziehung wurdest du das immer mehr.«

Er war vollkommen am Boden zerstört, konnte nicht fassen, was er da soeben gehört hatte. Er hatte den Tod ihres Mannes verschuldet! Und da stand sie und redete mit ihm! Hatte ihn aufgenommen! Seine Knie wurden weich, gehörten ihm nicht mehr, gehorchten ihm nicht mehr, sanken auf das nasse, weiche Laub unter dem Baum. Er brach in Tränen aus.

»Oh, mein Gott, verzeih mir, Christian«, flüsterte er heiser. »Verzeih mir, Anna! Ich ... ich ...«

Es gab keine Worte für das, was er empfand. Nicht ein einziges. Annas leise Stimme drang an sein Ohr:
»Du bist nicht schuld an seinem Tod, Will. Weißt du, Will, Christian hat gesagt, manchmal ist es einfach für jemanden Zeit, zu gehen. Und er fühlte, dass diese Zeit für ihn gekommen war. Er wusste, dass er mit der Krankheit nicht zu kämpfen brauchte. Dass Kampf es nicht besser machen würde. Er hat zu mir gesagt: Ich will nach Hause. Er wollte sterben. Und so oft habe ich mir gedacht, dass du vielleicht nur die Rolle der Erfüllung gespielt hast. Und da alles im Leben einen Sinn macht – so mag vielleicht auch Christians Tod einen Sinn für dich haben: Dass du mich getroffen hast. Dass du deine Verantwortlichkeit aus dieser Perspektive kennenlernst. Ich bin mir sicher, wenn es für mich und die Kinder besser gewesen wäre, dass Christian bleibt, dann hätte Gott uns diesen Weg ermöglicht. Aber aus irgendeinem Grund gab es keinen. Wenn Christians Tod aber viele andere Menschenleben rettet, hätte alles einen Sinn. Vielleicht ist es aber auch so, dass seine Seele woanders gebraucht wird – ich weiß es nicht. Ich weiß nur: Es *ist* so. Er *hat* uns verlassen. Musste seine Kinder verlassen ... und ... Will ... ich vermisse ihn.«
Ein Tränenstrom schüttelte sie. »Ich vermisse ihn! Du kannst dir nicht vorstellen, wie sehr ich ihn manchmal vermisse. Wir waren so glücklich!«
Will kniete vor ihr, vor dem Baum, vor Christian, sein Kopf neigte sich nach unten, sein Körper krümmte sich vor Weinen. Er wusste nicht, wie er ihr jemals wieder in die Augen schauen konnte. Es war zu viel. Zu viel. Für sie wie für ihn. Sein Herz stach. Das war das Ende. Sie würde nie mit ihm zusammen sein wollen!
Der Tod – er hatte ihn verursacht. Er war schuld! Er hatte so viel Unglück gebracht. Schon immer! Er war schuld!
»Nein«, flüsterte Anna, die ahnte, was ihn umtrieb. »Ich sagte doch, du bist nicht schuld. Es hat alles seinen Sinn. Wir müssen ihn nur finden. *Wir* geben den Dingen einen Sinn, niemand sonst.«
Aber Will weinte unaufhaltsam. Er weinte und weinte und weinte. Er konnte nicht aufhören. Sie war es, die ihn unter dem Arm fasste und hochzog, die ihn, halb bewusstlos wie er war, den Weg entlangschleifte, ins Auto setzte, ihn anschnallte, nach Hause fuhr, den Gurt wieder löste, ihn aus dem Auto hievte, durch die Haustür schleppte. Sie sah die Kinder, obwohl es doch so spät war, zusammen auf der Couch sitzen und bugsierte ihn daher in ihr Schlafzimmer. William war geistig nicht anwesend. Die Tränen strömten wie Bindfäden aus seinen Augen – es war ihm anzusehen, dass er sich dagegen wehrte und nicht konnte. Er kauerte sich auf dem Bett zusammen wie ein Embryo, zitterte, fror, sein Körper schüttelte sich vom Weinen und einer Kälte, die von innen kam.

Mit großen Augen stand Lea vor ihm und blickte fragend zu ihrer Mutter hoch. Auch Timmi war gekommen und bestaunte den weinenden Mann im Bett seiner Mutter.

»Mama, was hat der Mann?«, fragte Timmi verwundert.

»Sein Herz tut ihm weh, Tim. Ich glaube, wir müssen es heilen.«

Spontan legte Timmi sein Patschhändchen auf die Bettdecke, seine runden Augen waren voller Mitgefühl, aber Will bekam nichts mit.

»Hat Papa ihn geschimpft?«, fragte Lea leise.

»Nein, Lea, gar nicht. Du weißt doch, dass Papa das nie tun würde.«

Will weinte unentwegt. Die Tränen liefen und liefen und Anna schickte die Kinder ins Bett. Dann zündete sie eine Kerze an, setzte sie sich zu Will auf die Bettkante und zwang ihn, sie anzusehen.

»Du weinst nicht nur wegen mir«, sagte sie leise. »Du weinst wegen dir. Du hast dein Herz schon vor langer Zeit in eine Truhe gesteckt, Davy Jones. Sag mir, was geschehen ist. Es wird Zeit.«

***

Mit einem gequälten Blick gab er sein Einverständnis. Aber er war müde, unendlich müde. Er schlief ein und Anna setzte sich zu ihren Kindern, redete mit ihnen, regelte alles so, dass sie untergebracht und versorgt waren und sie für William drei Tage Zeit hatte. Sie sprach auch Phil eine Nachricht auf Band. Beunruhigt rief der sofort zurück, aber sie ging nicht ran, schob den Gedanken an ihn bewusst weg. Sie würde sich wieder mit dem Thema beschäftigen, wenn diese drei Tage um waren. Auch Edith hatte sich gemeldet und um sofortigen Rückruf gebeten. Sie schickte eine kurze Nachricht, dass sie später zurückrufen würde. Anna war voll auf Will konzentriert.

***

Will wachte auf in einem Bett, das nicht seines war, das aber schrecklich vertraut roch. Es roch nach zu Hause. Es roch nach Familie, nach Schokoladenkuchen und Essen. Er bohrte sein Gesicht in das Kissen, sich instinktiv weigernd aufzuwachen und in die Realität einzutauchen. Zu Hause ... was war das? Heimat! Was war das? Er hatte schon längst keine mehr.

Doch dann kamen die Erinnerungen wieder, die Schuldgefühle, die Unsicherheit, die Belastung – und sein Herz wurde schwer. Der gestrige Abend ... der Friedwald ... Annas Worte ... unwillkürlich setzte er sich auf. Er konnte nicht hier bleiben. Jetzt wusste er, dass er sie verloren hatte. Er konnte ihr seine

Gegenwart nicht zumuten! Nie hätte er gedacht, dass er sich noch schlechter fühlen konnte als in den letzten Monaten.

Die Tür öffnete sich einen Spalt und Anna lugte herein, sah, dass er wach war und setzte sich zu ihm an die Bettkante. Wie schon auf den Seychellen nahm sie mit beiden Händen die seine und streichelte sanft über seinen Handrücken.

»Wie geht es dir, Will?«

Ihre Freundlichkeit setzte ihm einen Kloß im Hals. Er schluckte.

»Anna«, flüsterte er und sah sie gequält an. »Ich wusste das nicht. Ich schwöre, ich habe das nicht gewusst. Ich wäre sonst nie einfach so gekommen ... ich hätte dich nie auf diese Weise überfallen ...«

»Das sei mal dahingestellt«, lächelte sie. »Ich fürchte, du hättest dann erst recht nicht Halt gemacht.«

»Aber Anna ... wie kannst du ... wie schaffst du es ... ich meine ... ich habe den Tod deines Mannes verschuldet ... und ich liege ... ich liege in deinem Bett!«

»Ja, und wir haben etwas vor, Will. Diesmal solltest du nicht ausreißen. Über alles andere reden wir später, okay?« Sie stand auf. »Ich mache dir ein Frühstück und ... Bad ist frei!«

Warm lächelte sie ihn an.

Sein Blick sprach Bände. Er war verlegen, er schämte sich, er war so voller Schuldgefühle, dass sie noch einmal zu ihm zurückkam und erneut seine Hand ergriff.

»Will«, begann sie und suchte nach den richtigen Worten. »Leid ist die Öffnung, durch die du alles erkennen kannst. Es geht nicht darum, sich schuldig zu fühlen. Es geht immer darum, die Situationen zu nutzen, um die Dinge besser zu machen. Das wirklich Schlimme wäre, wenn du sie nicht besser machen wolltest. Aber du willst doch. Und das sehe ich. Das ist das Entscheidende.«

Und als sie sich erneut zum Gehen wandte, sagte er so leise, dass sie es kaum hören konnte:

»Danke, Anna.«

Beautiful live

»Was kommt dir in den Sinn, wenn du an deine Kindheit denkst?«, fragte sie ihn.

»Blumen«, antwortete er zu ihrer Überraschung. »Blauer Himmel, blühende Wiesen, weiße Wolken, rotkarierte Picknick-Decken und meine Mutter in ihrem geblümten Pettycoat-Kleid. Sorglosigkeit, die Leichtigkeit des Lebens. Meine Mam kannte so viele schöne Plätze und ich glaube, wir haben sie alle aufgesucht. Wir waren so oft draußen, sie hat mir vorgelesen, mit mir gespielt

... sie war für jeden Blödsinn zu haben. Für mich war meine Mutter die schönste Frau auf der Welt. Ihr Haar war wie deines, vielleicht ein wenig dunkler und auch nicht so lang. Und sie war immer fröhlich – auch wie du.«
»Und dein Vater? Hast du von ihm das schwarze Haar und dein Piraten-Aussehen? Wie war er?«
William lächelte wehmütig. »Ja, das schwarze Haar habe ich von ihm. Die Gesichtszüge eher von meiner Mutter. Und ... wie er war ... damals war er einfach nur mein Dad. Ein Kavalier der alten Schule, so mit Tür aufhalten, Frauen in den Mantel helfen... Er hatte eine sehr feine Art an sich und er war, wie ich, wie viele, wie eigentlich alle, total verrückt nach meiner Mutter. Sie hat uns allen den Kopf verdreht.«
»Du bist Einzelkind?«
»Ja, bin ich. Ich war sozusagen der Kronprinz. Wir führten ein privilegiertes Leben. Ich wuchs in einem großen Anwesen mit Garten auf, mein Vater war angesehener Geschäftsmann, er hatte mehrere Firmen und agierte weltweit. Trotzdem war er mehr der konventionelle Typ, sehr vorsichtig, während meine Mutter die verrückte Nudel war, die immer alles anders machte, die nach ihrem Bauchgefühl ging und ihn zu Aktionen überredete, die er ohne sie nie gewagt hätte. Er verließ sich immer auf ihren sechsten Sinn. Meine Mutter war einfach ... mutig ... unkompliziert und spritzig ... sie war ... naja ...« Er lächelte in Erinnerung an sie und sein Lächeln war so schön, so voller Liebe und Trauer, dass es Anna ans Herz ging.
»Um es so zu sagen«, setzte Will neu an. »Spontaneität war ihr zweiter Vorname und der erste war Heiterkeit und gute Laune.«
Er lächelte wieder, verlor sich in seinen Gedanken und Anna war froh, dass seine Kindheit so schön gewesen war, dass es eine Grundlage gab, auf die er zurückgreifen konnte.
»Und sie war so ... verrückt! Unabhängig von der Meinung anderer. Ich weiß noch, wie sie einmal auf einer Charity-Gala einen Tanz-Marathon hinlegte, um möglichst viel Geld in die Kasse zu bekommen. In meiner Grundschule hat sie Casting- und Talentshows veranstaltet, als es so etwas noch lange nicht gab, um Leute auf talentierte Kinder aufmerksam zu machen ... sie hat sich immer etwas Ungewöhnliches einfallen lassen. Wenn es ihr in den Sinn kam, setzte sie mich einfach in ihr Cabrio, schrieb mir eine Entschuldigung für die Schule und fuhr mit mir nach Italien zum Eis essen.«
Er lachte leise, den Blick in die Vergangenheit gerichtet. »... oder diese Kindergartenaufführung, in der ich was vortrug. Es war mein Geburtstag und selbstverständlich wollte sie zur Vorstellung kommen. Aber sie saß nicht im Publikum. Ich konnte sie nicht ausfindig machen. Ich war megaenttäuscht, dass sie nicht da war. Doch bevor die Show losging, sprang sie wie ein Clown

aus einem Karton heraus, der auf der Bühne stand, ein Bündel Wunderkerzen in der Hand und rief: »Hast du wirklich geglaubt, ich komme nicht? Happy Birthday, mein Kleiner!« Dann brachte sie das Publikum dazu, ein Ständchen für mich zu singen und lachte sich halb tot dabei.«

Anna schmunzelte. Jetzt wusste sie, woher Will seine verrückte Ader hatte. Konventionell wie sein Vater war er ja nun gar nicht - da war er ganz nach seiner Mutter geraten!

Will legte sich auf die Seite und fuhr verträumt mit einem Finger über Annas Arm.

»Ja, Mam war einzigartig. Sie hat dauernd solche Dinger gebracht. Und Daddy ... Daddy war ein angesehener Mann. Sein Name stand in vielen Zeitungen. Er betrieb eine Art Publicity für sich selbst, weil ihm das wichtig war. Er wollte dieses Ansehen ... und du weißt, so etwas prägt ein Kind sehr. Daneben gab es meine Mutter, der ihr Image vollkommen egal war. Die sich einen feuchten Kehricht darum kümmerte, was die Leute von ihr dachten, die tat, was ihr in den Sinn kam. Ich war hin- und hergerissen zwischen diesen beiden Extremen, wobei mir die Einstellung meiner Mutter eher behagte, einfach, weil sie freier klang, weil sie so ... nach Spaß roch und nach Lebenslust ... so wie sie eben auch war. Ich war mit ihr so sehr verbunden ... so sehr. Sie hat eigentlich immer gelacht. Es gab nichts, was sie aufregte, und die Leute mochten sie. Ich habe meinen Vater oft sagen hören, dass sie sein Glückskeks sei, sein Schutzengel und sein Maskottchen ... jedenfalls liefen seine Firmen gut. Wir waren eine glückliche Familie, hatten keine Geldsorgen, es war alles rund.«

Er stoppte an der Stelle und Anna schwieg. Sie lagen im Bett, obwohl das eigentlich unvernünftig war, so dicht bei ihm zu liegen, aber es hatte sich einfach so ergeben. Sie hatte ihn nach dem Frühstück, das er eher wortkarg eingenommen hatte, auf dem Bett gefunden und sich einfach neben ihm ausgestreckt.

Anna wartete. Er drehte sich auf den Rücken, seine Augen starrten an die Decke.

»Was ist passiert?«, hakte sie sanft nach.

Mit einem tiefen Atemzug tauchte Will vollends ein ... in Erinnerungen an eine längst vergangene Zeit, die trotzdem noch immer präsent war.

**

Will war ein fröhlicher, aufgeschlossener, unerschrockener Lausbub. Immer zu Streichen aufgelegt und schon im Kindergarten oft der Anführer. Er war smart, hatte eine schnelle Auffassungsgabe und ein tolles Leben. Seine Mutter verhätschelte ihn, liebte ihn, drückte ihm während des Tages viele Küsse auf seine rundlichen Wangen und wenn sie ihn zu Bett brachte, lag sie noch lange bei ihm, las ihm vor, schmuste mit ihm, bis er eingeschlafen war. Sein Leben war toll, jeden Morgen, wenn er aufwachte, erwartete er vom Leben ein Abenteuer.

Aber eines Tages war irgendetwas anders. Er konnte nicht benennen, was es war. Plötzlich erschien ihm das Lächeln seiner Mutter weniger strahlend. Plötzlich kam ihm sein Vater belastet vor. Das kannte Will von ihm – es war nicht so ungewöhnlich. Ungewöhnlich aber war, dass seine Mama ihn diesmal nicht aufheiterte, ihn nicht knuffte und zum Lachen brachte, wie er es von ihr kannte.

Will wurde unruhig. Seine Mutter war nicht wie sonst. Sie lachte nicht mehr auf die Weise, wie er es gewohnt war. Sie brachte keine Ideen mehr, wie man das Leben aufpeppen konnte. Sie hatte weniger Zeit für ihn und dafür immer öfter eine Falte zwischen den Augenbrauen. Aber wenn Will sie fragte, was los sei, antwortete sie stets, dass alles okay wäre, alles bestens, mein Schatz, mach dir keine Sorgen.

Aber Will machte sich Sorgen. Er vermisste seine Mutter, so, wie sie immer gewesen war. Er vermisste die Fröhlichkeit und die Sorglosigkeit. Auch sein Vater hielt sich bedeckt. Keiner redete mit ihm und das machte ihn wahnsinnig. Stirnrunzelnd studierte seine Mutter ständig irgendwelche Zettel, telefonierte lange und viel, und wenn sie ihn kommen sah, ging sie von ihm weg, in ein anderes Zimmer, schloss die Tür, schloss ihn aus. Das hatte sie vorher nie gemacht. Sie waren immer eins gewesen. So oft hatte sie ihn während eines Telefonats angelächelt und ihn einfach auf den Schoß genommen.

Aber wenn er sie fragte, antwortete sie stets, es sei alles bestens, alles in Ordnung mein Engel, es ist alles gut. Aber der kleine Will ahnte, dass dem nicht so war.

Die Falte zwischen ihren Augenbrauen verschwand nicht, sie grub sich ein, und manchmal saß sie einfach nur im Garten oder auf dem Küchenstuhl und starrte vor sich hin. Meist hatte sie diese Zettel in der Hand. Es war, als läge mit einem Mal ein Schatten über ihnen, er spürte es, aber niemand bestätigte es. Jeder sagte, er bilde sich das nur ein.

Auch sein Vater schien innerhalb von Wochen um Jahre gealtert zu sein, die Stirnfurchen verließen ihn nicht mehr, die Mundwinkel hingen nach unten, überhaupt wurde nicht mehr gelacht in seinem Zuhause.

Dann begann eine Phase, in der seine Mutter oft weg war und es war anders als die Geschäftsreisen, die sie ab und an unternommen hatte. Solange er im Kindergarten gewesen war, hatte sie ihn einfach mitgenommen. Jetzt war er in die Schule gekommen, er durfte nicht einfach fehlen, aber sie war auch viel mehr weg als früher. Manchmal drei Tage am Stück. Manchmal eine ganze

Woche. Aus heiterem Himmel stellte ihm sein Vater eine unterkühlte Nanny vor. Seine Mutter sei beschäftigt ... sie könne sich nicht mehr in dem Maße um ihn kümmern. Er sei ja auch schon groß. Will verstand das alles nicht. Er brauchte keine Nanny, die ihm das Mittagessen hinstellte und mit ihm Hausaufgaben machen wollte! Er fing jetzt schon an zu rebellieren.

Wenn seine Mutter von solchen Reisen zurückkam, sah sie erschöpft und müde aus. Überhaupt achtete sie nicht mehr so akkurat auf sich, wie sie es sonst getan hatte. Ihr Haar war oft zerzaust, sie schminkte sich kaum noch und ihre Augen hatten den Glanz verloren.

Doch stets bekam William zur Antwort, dass alles bestens sei, alles gut, und wenn der Abend kam und seine Mutter da war, war er gewillt, das zu glauben, denn sie war fürsorglicher und lieber denn je. Sie stürzte geradezu auf ihn zu, wenn er nach der Schule nach Hause kam, herzte ihn umso heftiger, spielte mit ihm, obwohl sie sichtlich müde war, legte sich zu ihm ins Bett und Will schmiegte dann selig seinen Kopf an ihre weiche Brust. Das war das, was er am meisten liebte. Ihr Duft, der aus dem Ausschnitt strömte, die weiche Haut, die Fülle, das Polster, das ihm versprach, er würde immer weich fallen. Seine Mutter presste ihn an sich, küsste ihn, das Gesicht, seine Hände, seinen kleinen Bauch, doch ihre Liebkosungen hatten etwas Verzweifeltes an sich und das ließ ihn wieder unruhig werden. Er versuchte, sich auf das Positive zu konzentrieren ... sie hielt ihn doch, streichelte ihn, sagte ihm, dass sie ihn liebe ... es war doch alles in Ordnung! Jeder sagte ihm das!

Wenn sie meinte, dass er eingeschlafen war, hörte er sie unentwegt flüstern: »Ich lasse dich nicht im Stich, mein Kleiner, hörst du? Mami lässt dich nicht im Stich. Ich lasse dich nicht im Stich ... es wird alles gut. Es wird alles gut.«

Sie sagte es immer wieder. Es klang wie ein Mantra und mit dieser Beschwörung, die eher verstörend denn tröstlich auf ihn wirkte, packte der kleine Will ihre Hand und sank in den Schlaf.

Manchmal schlief sie vor ihm ein und wenn er aufwachte, hörte und spürte er ihren Atem an seinem Ohr. Das beruhigte ihn und er zwang sich, den Erwachsenen zu glauben, die immer betonten, es sei alles in Ordnung. Es *war* alles in Ordnung. Sie sagten es doch. Also musste es wahr sein. Er wollte, dass es wahr war. Doch die Sorgenfalten seines Vaters schienen doppelt so tief zu sein wie zuvor und seine Mutter wirkte immer zerstreuter ... von niemandem kam ein Hinweis. Es ist alles in Ordnung, Will. Geh spielen.

Niemand bereitete ihn auf das Kommende vor, obwohl sie wussten, dass es passieren würde.

Will war gerade in die zweite Klasse gekommen und von den absolut untypisch verlaufenen Sommerferien völlig verunsichert. Kein Urlaub. Keine Fahrten zum Gardasee, keine fröhliche Mutter, die mit ihm picknicken gegangen war oder ihm Schokoküsse ins Gesicht schmierte.

Will hatte das Gefühl, bei seiner Mutter sein zu müssen, wenn er in der Schule war. Er hatte das Gefühl, dass sie ihn brauchte. Aber er hatte keine Wahl, er musste in die Schule und er saß im Unterricht wie auf Kohlen.

Der Tag kam, als Will sich von der Schule auf den Heimweg machte, in ein Haus, in dem die Stimmung schlicht unterirdisch war.

Die Nanny brache ihm stumm sein Essen. Sie stellte nicht wie sonst ihre stereotypen Fragen, die keine Antwort verlangten, noch nicht einmal, ob er Nachtisch wollte. Sie wirkte fahrig und verklemmt.

Nach den Hausaufgaben wartete Will auf seine Mutter, sie hatte versprochen zu kommen, sie hatte versprochen, heute mit ihm ins Kino zu gehen. Er horchte auf die vertrauten Geräusche des sich drehenden Schlüssels, auf das Klappen der Haustür, ihre Schritte im Flur, ihre Stimme, die seinen Namen rief.

Sie kam nicht.

Die Nanny blieb länger als sonst. Aber sie sagte kein Wort und wenn Will sie fragte, wo seine Mutter sei, antwortete sie, sie wisse es nicht.

Doch endlich hörte Will die ersehnten Geräusche: Ein Schlüssel, der sich drehte, eine Haustür, die ins Schloss fiel, Schritte auf dem Granit. Schwer und dumpf.

Sein Vater war nach Hause gekommen und Will, der mit Karacho zur Tür gerannt war, stoppte mitten im Lauf. Die Stirn seines Vaters, sein ganzes Gesicht war vollständig zerfurcht und seine Augen waren rot.

Er warf einen fast abwesenden Blick auf William, die Stirn furchte sich noch mehr.

»Komm mit, Sohn. Wir haben zu reden«, sagte er.

Williams Herz klopfte wie verrückt, als er seinem Vater ins Wohnzimmer folgte, der sich dort einen dreifachen Whisky einschenkte, sich in einen Sessel fallen ließ und die Hälfte des Alkohols in sich hineinschüttete.

»Papa!«, rief Will. »Wo ist Mama! Warum ist sie nicht mit gekommen?«

»Sohn«, sagte sein Vater und sein Gesicht verzog sich zu einer Grimasse. Will registrierte, dass er ihn ab diesem Moment nur noch mit diesem Wort ansprach, kaum mehr mit seinem Namen. Er war ab diesem Tag für seinen Vater nur noch der »Sohn«, als sei er eine Funktion und nicht eine Person.

»Deine Mutter ist gestorben.«

Damit vergrub er sein Gesicht in seine Hände und weinte, vollkommen absorbiert in sein eigenes Leid.

In Will stürzte etwas nach unten und zog ihn in die Tiefe. Sein Kopf war leer, seine Sinne verwirrt. Gestorben? Was bedeutete das? Sein Herz setzte aus und schlug danach nicht mehr im normalen, gewohnten Rhythmus weiter, sondern in einem seltsamen, fast fremd anmutenden Takt. Das war nicht sein Herz, das da schlug. Das war das Herz eines anderen! Und ... sein Vater weinte! Er hatte ihn noch nie weinen sehen! Es war für ihn schrecklich, das zu erleben, es bedeutete Schwäche, es bedeutete, dass er mit den Dingen, die passierten, nicht klarkam. Wo war Mama? Warum war sie nicht hier? Warum übernahm sie nicht wie sonst das Kommando und sagte seinem Vater, was zu tun sei?

Zutiefst verwirrt näherte sich der Kleine seinem Daddy. Er war betrunken, er roch nach Alkohol, seine Augen waren rot und in seinem Schmerz stieß er den Kleinen von sich.

William war geschockt. Er fasste das alles nicht. Seine Mutter ... wo war sie? Er konnte das nicht glauben, wollte es nicht glauben. Nein, sie war nicht tot! Sie war nicht tot!

Sein Herz raste. Er stand vor seinem Vater wie eine Salzsäule, aber weil der so weinte, legte er sein Händchen auf dessen Arm. Und wieder schüttelte sein Vater ihn ab. Mehr noch, als sei die Berührung des Jungen schmerzhaft, herrschte er ihn so laut an, dass Will die Spucketröpfchen ins Gesicht sprühten: »Ich ... ich kann jetzt nich... versteh doch ... kann jess nich ... kann nich ... geh in dein Sssimmmer! Hörs du? Geh einfach weg ... geh weg ...!«

In Will saß der Schock so tief, dass die Betäubung einfach alles erfasste und unwillkürlich erhob sich in ihm das Mantra, das seine Mama ihm nächtelang ins Ohr geflüstert hatte, mit lauter, betörender Stimme: »Ich lasse dich nicht im Stich, mein Kleiner. Ich lasse dich niemals im Stich, niemals. Ich lasse dich nicht im Stich! Es wird alles gut.«

Er wollte schreien: »Das ist nicht wahr! Das ist nicht wahr! Du lügst! Ihr habt gesagt, es ist alles in Ordnung! Mama hat gesagt, sie lässt mich nicht im Stich! Sie lässt mich nicht im Stich!«

Aber sein Vater schüttete den Rest des Whiskys in seinen Rachen, schenkte nach, trank erneut und blickte mit wunden, rotgeäderten Augen auf seinen Sohn.

»Sohn«, lallte er. »Geh ins Bett. Die Nanny bringt dich ins Bett. Lass mich allein.«

Und tatsächlich tauchte wie gerufen die Nanny auf, wollte seine Hand greifen und mit ihm ins Bad gehen.

»Wir putzen jetzt schön die Zähne«, sagte sie. Sie war eine ältliche, unsensible Frau, mehr Putzhilfe als Nanny, und sie hatte keine Ahnung, wie sie mit der Situation umgehen sollte. Niemand in diesen vier Wänden wusste das.

»Nein!«, schrie Will und schüttelte ihre Hand ab. »Nein! Ich will zu Mama! Sie hat gesagt, sie kommt wieder! Ich will zu Mama!«

»Sohn! Der Tag war hart genug! Versschwwwinde! Ich kann nich mehr! Hörs du? Ich kann nich mehr... Herrgott ... jetzt schaffen Sie doch endlich das Kind weg!«

Die Nanny packte Will am Arm und zerrte ihn ins Bad. Aber Will war außer sich und fing an zu toben. Er schleuderte die Zahnbürste gegen die Wand, den Becher hinterher, er schrie, er wolle zu seiner Mama, die Nanny versuchte ihn zu beruhigen, wurde schnell laut, war schnell überfordert – und klatsch! Ehe er es sich versah, hatte sie ihm eine Ohrfeige verpasst. Will schrie noch lauter. Der Vater, angelockt von dem Lärm, kam ins Bad, schmerzerfüllt, verzweifelt, hoffnungslos betrunken und instinktiv ein Ventil für seine Qual suchend. Mit einer Wut, die er selbst nicht verstand, schrie er Will an:

»Verdamm noch mal! Du biss nich der einzige, der sie vermisst! Halt endlich den Rand und mach es mir nicht noch schwerer!«

»Ich will zu Mama!«, schrie Will. »Ich will zu Mama! Ich will zu Mama!«

»Herrgott, halt endlich den Mund!«, schrie sein Vater und schlug zu. Er traf mit seiner Hand Wills Hinterteil, aber er hatte so fest zugeschlagen, dass der Kleine hinfiel und noch lauter weinte.

»Mir tut es da weh!«, heulte er und hielt sich die Hand auf sein Herz. »Mir tut es da weh!«

Die Nanny ergriff die Initiative, wenigstens war sie so schlau zu erkennen, dass sein Vater in diesen Minuten unzurechnungsfähig war. Unsanft zerrte sie Will hoch, zog den strampelnden Jungen in sein Zimmer, zwang ihn aufs Bett und sagte beschwörend:

»Du musst jetzt schlafen, Will, morgen ist alles wieder gut. Schlaf, Will. Morgen ist ein neuer Tag. Morgen ist alles wieder gut.«

Es blieb ihm nichts anderes übrig, als es einfach zu glauben, weil er es glauben wollte. Weil er sonst die Nacht nicht überlebt hätte. Morgen ist alles wieder gut. Sein Hirn hackte ihm die Nachricht in die Synapsen, schufen eine Bahn, die ihn in den Schlaf gleiten ließ: Morgen ist alles, alles gut. Morgen ist sie wieder da.

Es gab niemanden, der ihm auch nur im Ansatz etwas erklärte. So verharrte er in dem Zustand, den er innegehabt hatte, bevor er die Nachricht erhalten hatte: Er wartete auf sie. Denn die Einzige, die ihm das alles erklären konnte, war seine Mutter.

Sie hatte ihm gesagt, sie würde ihn nie, nie, nie im Stich lassen. Seine Mutter hatte noch nie gelogen. Niemals hatte sie das getan.

Will saß in seinem Zimmer und wartete. Sie würde kommen, dessen war er gewiss. Sie würde seine Hand nehmen, mit ihm ins Bad tanzen, ihm in gespielter Heftigkeit mit dem Waschlappen im Gesicht herumrubbeln, ihm mit

Niveacreme fünf Punkte auf das Gesicht machen ... Punkt ... Punkt ... Komma ... Strich ... fertig ist das Mondgesicht! Um ihm dann wieder lachend die Punkte auf seiner Haut zu verreiben, bis das Weiße verschwunden und das Fett in seine Haut eingedrungen war, so wie sie untrennbar Bestandteil seines Lebens, seiner Seele war. Sie würde ihn verschmitzt angrinsen und ihn fragen, ob er Lust habe, mit ihr nach Amsterdam zu fahren, statt in die Schule zu gehen. Sie würde abends wie so oft neben ihm im Bett liegen, ihren Arm um ihn schlingen, ihn an sich ziehen und sein Ohr küssen, seine Wange, seine Nase, sein Haar.

Aber niemand kam. Er blieb allein in seinem Zimmer. Es wurde dunkel. Es wurde einsam. Es wurde still.

Zum ersten Mal in seinem Leben hatte Will Angst. Vor was, wusste er nicht. Es war einfach Angst. Aber noch immer wartete er. Das Warten ... das war seine Hoffnung. Die Nanny ... sie hatte gesagt, morgen sei alles wieder gut.

***

»Aber ... nichts war gut«, erzählte Will mit monotoner Stimme weiter. »Gar nichts.«

Annas Kiefer pressten sich aufeinander. Sie hatte unwillkürlich ihren Arm um ihn geschlungen und drückte ihn sanft an sich. In ihren Augen standen Tränen. »Wie alt warst du da, Will?«, fragte sie leise.

»Ich war zwischen sieben und acht«, antwortete er. »Und ich sah zum ersten Mal in aller Klarheit, wie schwach mein Vater in Wirklichkeit war. Er war unfähig, ohne meine Mutter zu überleben. Er konnte mich ohne sie noch nicht einmal lieben. Es war, als ob das Verbindungsglied zwischen uns nicht mehr da war – und so fühlte er auch keine Bindung zu mir. Er hatte wohl sein Leben lang nur die Liebe zu meiner Mutter gespürt und sie dringend gebraucht. Als sie weg war, brach alles weg. Einfach alles.«

»Hattest du keine Verwandten, die sich um dich gekümmert haben?«, fragte sie bebend.

»Doch, die Schwester meines Vaters. Sie ... sie kam ... sie kam ... zur ... zur ...«

»Beerdigung ...?«, half Anna und erwischte unwillkürlich mit diesem Wort einen Triggerpunkt, denn Will krümmte sich zusammen und hielt die Hände vor sein Gesicht. Er saß lange in dieser Stellung und als Anna versuchte, seine Hände zu lösen, waren sie wie festzementiert. Sein Gesicht hatte sich zu einer schmerzerfüllten Grimasse verzogen.

»Will, erzähl's mir ... ich weiß, es tut weh«, flüsterte sie. »Aber vielleicht tut es nur noch diesmal weh ... nur noch einmal ... erzähl es mir, Will.«

***

Die Zeit nach diesem Tag war die längste seines Lebens.

Will fürchtete sich zum ersten Mal vor dem Morgen, wollte nicht aufstehen. Er saß in seinem Bett, rieb sich die Augen und hoffte von ganzem Herzen, dass er geträumt haben möge. Barfuß, noch im Schlafanzug lief er in die Küche. Die Nanny saß Kaffee trinkend am Tisch.

»Willst du was essen?«, fragte sie ihn. Aber Will schüttelte den Kopf. Er wollte zu seiner Mutter, aber niemand erfüllte ihm diesen Wunsch.

Sein Vater schüttete sich die nächsten Tage systematisch zu und war nicht ansprechbar. Die Nanny versorgte ihn. Stellte ihm Essen hin, räumte die Teller wieder ab. Er musste nicht in die Schule. Verwandte kamen. Der Bruder seines Vaters mit seiner Frau, aber William erfasste nicht wirklich, was das bedeutete, weil sie mit seinem Vater, aber nicht mit ihm sprachen. Sein Vater war voller Gram, unfähig, angemessen zu reagieren. Er sah nur seinen eigenen Schmerz und konnte nicht nachvollziehen, was im Herzen eines Kindes vorgehen musste, dem man eine solche Nachricht so brutal hinklatschte und das man dann auch noch schlug.

Zwei Tage später kam seine Tante – die er auch nicht wirklich kannte, die ihm fremd war und er ihr ebenso. Aber sie übernahm zumindest teilweise die Funktion seiner Mutter: Sie regelte alles.

Sie telefonierte mit einem Bestattungsunternehmen, mit dem Pfarrer, der Zeitung, den Versicherungen ... erledigte die Formalitäten. Es gab viel, um das es sich zu kümmern galt.

Sie hatte Will kurz umarmt, aber da sie kinderlos war und auch keine großartige Beziehung zu ihm hatte, stürzte sie sich lieber in die Organisation. Beide, Vater und Tante, überließen Will der Nanny, was hieß: Er war mutterseelenallein. Er saß Stunden in seinem Zimmer und die Situation wurde immer surrealer. Er glaubte sie immer weniger. Gleich würde die Tür aufgehen und seine Mama hereinkommen, strahlend wie immer, ihn spitzbübisch anlachen und ihn fragen:

»Hast du es tatsächlich geglaubt, ich komme nicht? Los, wir gehen ins Kino!« Das waren die Tagträume, in die er sich flüchtete, weil er irgendetwas tun musste, um damit fertigzuwerden. In diesem Zustand ließen sie ihn tagelang hängen.

Er bekam nur zu den Mahlzeiten Menschen zu Gesicht, seinen Vater, seine Tante, seinen Onkel und dessen Frau, die sich am Tisch über Dinge unterhielten, die er nicht verstand. Er wurde nach dem Frühstück in sein Zimmer geschickt. Er wurde nach dem Mittagessen in sein Zimmer geschickt. Er wurde nach dem Abendessen in sein Zimmer geschickt – und wenn seine

Tante ins Bett gegangen war, gab sich sein Vater jeden Abend vollständig die Kante.

Wills Herz wurde nach fünf solchen sich völlig gleichenden Tagen panisch. Wenn er aufwachte, verspürte er als erste Regung Angst und in ihm baute sich eine Spannung auf, die er kaum noch aushielt.

Doch dann, endlich! Eine Änderung! Es kam Bewegung in die Sache! Seine Tante kam und steckte ihn in einen festlichen, schwarzen Anzug. Sein Vater kam und nahm ihn an die Hand. Er war um Jahre gealtert, die Augen klein, die Tränensäcke dick, sein Gang schlurfend und kraftlos. Will hatte das Gefühl, er müsse ihn stützen. Aber auch er sah festlich aus.

Sie fuhren zur Kirche, viele, viele Leute waren da. So viele Leute, dass es aussah wie eine Party. Und es gab auch viele Blumen und alle waren schick angezogen. Die Sonne schien und dort stand der Pfarrer, der freundlich lächelte und vollkommen unbelastet war. Wills Herz tat einen Satz und in seinem Hirn wurden seine Tagträume Realität. Es war eine Party! Seine Mutter hatte sich wieder mal etwas Besonderes einfallen lassen! Mit schwitzenden Händen ging er mit seinem Vater in die Kirche und setzte sich in die vorderste Reihe. Der Pfarrer stellte sich an die Kanzel und erzählte etwas von einem Samenkorn und andere Dinge, die am ungeduldigen Will vorbeirauschten. Er war beschäftigt, herauszufinden, was seine Mutter wohl vorhatte: Ein Holzkasten war aufgebaut, viele Blumen waren um diesen Kasten herum drapiert und ein Foto von seiner Mutter stand neben diesem Gebilde. Wills Herz klopfte unversehens. Jetzt! Jetzt würde er sie wiedersehen! Da war ihr Bild! Auf einer Staffelei! Sie hatte eine grandiose Show vorbereitet! Sie wollte ihn überraschen! Gleich würde Musik ertönen und gleich würde sie hier hereintanzen und irgendetwas Verrücktes tun! Wie bei seiner Aufführung im Kindergarten, wie bei der Hochzeit, auf der sie mal gewesen waren! Sie würde wie eine Akrobatin mit Feuerwerk aus diesem Kasten herausspringen und eine Vorstellung geben! Und tatsächlich, es ertönte Musik, wenn sie auch nicht so fröhlich war, wie Will es erwartet hatte. Und tatsächlich, die Leute standen alle auf. Und tatsächlich ... der Pfarrer blickte Wills Vater fragend an und der nickte.

Und da ... der Deckel ging auf! Da lag seine Mama! In voller Pracht! In ihrem Lieblingskleid, das mit den großen Mohnblumen drauf und ihr Gesicht war so friedlich, so wunderschön – unbeschreiblich schön! Sie hatte ein leichtes Lächeln im Gesicht, ihre Hände waren gefaltet und Will war umso mehr überzeugt, dass sie gleich einen Riesenzauber veranstalten würde. Und da ... sie hatte ihm ganz leicht zugezwinkert! Ganz sicher!

Erleichtert lächelte er.

»Willst du sie berühren?«, fragte seine Tante. Will schüttelte den Kopf. Er würde warten, bis sie von alleine wieder die Arme um ihn schlang.

Er konnte es kaum erwarten, bis die Gäste an ihr vorbeigelaufen waren, die sie alle in diesem Kasten sehen wollten. Und endlich hatte der letzte sie bestaunt und zu seiner Verblüffung wurde der Deckel wieder geschlossen. Will machte sich Sorgen, ob sie da drin genügend Luft bekam, aber er vertraute seiner Mama. Sie hatte bisher immer alles richtig gemacht. Er hatte gewusst, sie ließ ihn nicht im Stich! Sein Herz klopfte unregelmäßig und heftig. Seine Tante hatte ihn an der einen, sein Vater an der anderen Hand, so gingen sie einen Weg entlang, vier Männern hinterher, die den Holzkasten trugen.

Was dann geschah, überforderte Will in einem Maße, dass er diesen Tag so gut er konnte aus seinem Leben ausblendete.

Da war ein Loch, ein großes Loch. Ein großer Haufen Erde daneben, als habe jemand diese Grube gerade erst ausgehoben. Sie sah so seltsam aus und als Will panisch überlegte, was daran denn so seltsam war, schoss ihm durch den Kopf, dass das Loch die gleiche Form wie der Kasten hatte, den die vier Männer nun an Seilen langsam in diese tiefe Öffnung hinunterließen. Tiefer und tiefer ... bis er ganz unten war.

Wills Herz machte einen gewaltigen Satz. Doch noch immer stand er wie erstarrt, hörte, wie der Pfarrer irgendetwas sagte ... Erde zu Erde ... Staub zu Staub ... erlöse uns Herr und die deinen ... sei barmherzig ... er registrierte, wie der Pfarrer ein Löffelchen Erde auf den Sarg warf, sah, wie sein Vater dasselbe tat, eine Rose hinterher, weinend vor dem Loch in die Knie ging und nicht mehr aufstand. Die Tante nötigte ihn zur Seite, sodass auch andere Gäste vortreten konnten. Sein Vater vergrub das Gesicht in die Hände und schluchzte.

Will sah das alles wie in einem Film ablaufen ... jeder Gast warf eine Schaufel Erde auf den Kasten und auf einmal wurde ihm in voller Klarheit bewusst, dass sie seine Mutter begruben. Aber sie lebte doch noch! Er hatte sie doch gesehen, sie lebte doch noch! Sie wollte doch nur ein Kunststück vorführen! Sie kam da nicht mehr raus, wenn sie noch mehr Erde hineinwerfen würden! Und da! Schon wieder einer! Der warf besonders viel Erde in den Schacht! Panisch lugte er auf den immer größeren Haufen, der auf dem Holz lag – sie würde den Deckel nicht mehr aufdrücken können!

Will riss sich von der Hand seiner Tante los und schrie:

»Hört auf! Hört doch endlich auf! Sie kriegt doch keine Luft mehr! Sie kriegt keine Luft mehr!! Hört auf! Ihr sollt aufhören!«

Er steigerte sich in einen Schreikrampf hinein, wurde immer wilder, je fester seine Tante ihn festzuhalten versuchte, zerrte und zog an der Hand, die Leute sahen ihn fassungslos und verstört an, aber viele weinten, so viele weinten, als sie das sahen, als sie seine Schreie hörten und in ihren Augen war eine Trauer und ein Schmerz, der Will ansprang wie ein Rudel Wölfe, wild und erbarmungslos, weil er endlich, endlich zu begreifen begann, dass das kein Spiel war, kein Kunststück, keine Vorführung … es war das Leben ohne Happy End. Und doch wehrte sich etwas in ihm so vehement, dass er hysterisch wurde und immer lauter schrie:

»Lasst sie da raus! Macht den Kasten auf! Ich will zu meiner Mama! Ich will zu meiner Mama!«

Sein Vater war aufgestanden, unendliche Wut in seinem Gesicht, stand vor dem kleinen Will, herrschte ihn an, er solle sich benehmen … und Will verstand die Wut nicht, verstand nicht, was er denn falsch gemacht hatte, warum sein Vater das alles zuließ, was es denn da zu benehmen gab und trat ihm gegen das Schienbein, als der ihn zu bändigen versuchte. Sein Vater packte ihn an beiden Armen und hielt sie so fest, wie er nur konnte. Aber Will strampelte und schrie, sah sich instinktiv nach Hilfe um, registrierte, wie hinter ihm die Leute in entsetztes Weinen ausbrachen und manche den Kopf an die Schulter eines anderen lehnten. Er sah, wie eine Frau mit nassgeweinten Wangen und verzweifelten Rufen auf den Lippen versuchte, sich durch die Menge zu drängen. Wirre, klare Bruchstücke, die ihm eine Realität bescheinigten, die er nicht wahrhaben wollte. Er spürte nicht den Schmerz der harten Hände seines Vaters auf den Oberarmen, hörte nicht, wie der ihn anschrie, so dass Speichel seine Wangen benetzte, merkte nicht, wie seine Tante ihn von hinten festzuhalten versuchte. Er war fokussiert auf diese schwere Erde in diesem Loch, verzweifelte, dass seine Mutter da unten war, dass sie den Deckel nicht würde aufmachen können, dass sie erstickte und alle nur zusahen.

»Ich will zu meiner Mama!«, schrie er grell und wie wahnsinnig wieder und wieder und in seiner Panik entwickelte er eine so gewaltige Kraft, dass er sich aus dem Griff der beiden Erwachsenen befreien konnte. Die Sekunde, in der er keine Begrenzung mehr verspürte, war schlicht göttlich. Er war frei! Er war frei! Er konnte zu seiner Mama! Er konnte sie befreien! Will rannte auf das Grab zu und sprang hinein.

»Mama!«, schrie er. »Mama! Ich befreie dich! Ich hole dich da raus!«

Wie wild begann er mit seinen kleinen Händen die Erde vom Deckel zu fegen, aber die Grube war so eng, der Sarg passte genau hinein, es gab rechts und links kaum einen Zentimeter, er hätte seitlich Platz gebraucht, um die Erde wegzubekommen, um den Deckel zu öffnen. In der Sekunde, als er erkannte, dass er es nicht schaffen konnte, durchfuhr ihn der nächste gewaltige Schock. »Mama!«, heulte er auf in unsagbarem Schmerz und schrie wie ein abgestochenes Tier. »Mama! Mama! Komm da raus! Du musst den Deckel aufmachen! *Du* musst ihn aufmachen! Ich kann ihn nicht aufmachen! Ich kann ihn nicht aufmachen! Mama! Drück den Deckel hoch! Komm raus! Komm raus! Komm raus!«

Er kniete auf dem Sarg, buddelte mit seinen Händen die Erde weg und die unwiderrufliche Wahrheit, dass das hier alles real war, dass es kein Trick war, schoss in sein Hirn, aber er verweigerte sich der Wahrheit noch immer und er schrie und schrie und schrie. Vergeblich, nutzlos, sinnlos.

Starke Arme packten ihn, zogen das strampelnde, verrotzte Kind nach oben, zerrten an seiner Jacke, rissen sie ihm vom Leib. Will wehrte sich wie ein Wilder, Ellbogen, Finger, Knie landeten in seinem Gesicht. Überall an seinem Körper spürte er Hände, so viele Menschen hielten ihn fest, seine Beine, seine Arme, pressten seinen Brustkorb zusammen ... es tat alles furchtbar weh, aber er begrüßte den Schmerz, provozierte ihn sogar, trat gegen Schienbeine, schlug zu, wo er nur konnte, denn das alles war nichts gegen den Schmerz in ihm drin. Leute um ihn herum riefen und schrien und weinten. Fetzen von schockierten, entsetzten, nassen Gesichtern brannten sich in seine Netzhaut. Will tobte wie ein Wahnsinniger, doch schließlich hielten drei Männer seinen Arm, sein Hemdsärmel wurde nach oben gerissen, er spürte einen schmerzhaften Stich ... und dann wurde es Nacht.

Tiefe, unendliche, alles verschlingende, selige Nacht.

Will wollte nie wieder aufwachen. Seine Mama war tot. Sie war tot. Sie war gegangen, ohne ein Wort zu ihm zu sagen. Sie hatte gelogen.

Sie hatte ihn doch im Stich gelassen.

***

Anna liefen die Tränen herunter wie Wasser aus einer Felsquelle. Sie hielt Will umschlungen, der so offensichtlich in diesem damaligen Horror festsaß, als sei er noch der achtjährige Will, der nicht begriff, was passiert war, der aus seinem bisherigen Leben in einer Weise herausgerissen worden war, dass er jeden Halt verlor.

Wie ein kleiner Junge lag er mit angewinkelten Knien in ihrem Bett und presste die Fäuste gegen seine Augen, nach all den Jahren noch immer intuitiv bestrebt, das alles nicht sehen zu müssen.

Anna konnte nicht mehr tun als ihn halten und im Wirrwarr der aufgebrochenen Gefühle neue Impulse platzieren, in der Hoffnung, sie mögen die alten Muster, die sich in ihn eingegraben hatten, auflösen und ersetzen.

Immer wieder drückte sie ihn an sich und wiederholte unaufhörlich:

»Will, deine Mama hat dich nicht im Stich gelassen. Sie konnte nur nicht anders. Sie ist hier. Sie war es die ganze Zeit über ... du hast sie nur nicht gespürt ... Sie ist hier, sie ist hier ... glaub mir ...«

Sie erwartete keine Antwort, instinktiv nutzte sie einfach Wills zweiten Zusammenbruch und betete, dass es Wirkung zeigen möge, hoffte, dass er sich ganz öffnen und sich seines Zustandes nicht schämen würde, aber er tat genau das. Viel zu schnell versuchte er, sich wieder zu fangen, fing an, sich für seine Tränen zu entschuldigen, drehte sich weg von ihr.

Diese Geste schmerzte sie mehr als sie sollte. Aufgelöst saß sie neben ihm und wusste nicht, was tun.

Vorsichtig versuchte sie, seine verkrampfte Stellung zu lösen. Aber Wills Tränenstrom war viel zu abrupt versiegt. Er lag auf dem Bett, als sei er eingefroren und blickte starr geradeaus. Sein Geist war verloren in der Vergangenheit. Behutsam zog sie die Decke über seinen zitternden Körper, küsste ihn auf die Stirn, streichelte ihn, legte ihre Wange an die seine.

»Sie hat dich nicht im Stich gelassen, Will«, wiederholte sie fest.

»Doch, hat sie«, sagte Will heiser. »Sie hat mir nichts gesagt. Sie hat mich einfach ins Messer laufen lassen. Immer hat sie gesagt, es sei alles gut. Aber nichts war gut! Gar nichts!«

Anna schwieg. Sie ahnte, es war noch lange nicht zu Ende.

Aber Will legte sich auf die Seite und sagte kein Wort mehr. Sie verstand. Er konnte nicht. Der Gedanke, dass da noch etwas war, was das Bisherige überstieg, entsetzte sie. Sie wollte ihn nicht alleine lassen, hatte aber doch das Gefühl, dass eine Unterbrechung etwas bewirken würde.

»Will, ich mache uns einen Tee«, flüsterte sie.

So stand sie auf und setzte mit zitternden Händen Teewasser auf. Ihr Handy vibrierte und sie sah drauf, um sicherzugehen, dass es nicht Peggy wegen der Kinder war.

Aber es war Edith. Sie hatte sechsundzwanzigmal bei ihr angerufen, drei Sprachnachrichten und fünf Text-Messages hinterlassen.

$$***$$

Bis das Teewasser kochte, hatte Anna, immer mit Blick auf Will, die Sprachnachrichten abgehört. Eine panische Edith, die sie so noch nie erlebt hatte, drang an ihr Ohr.

»Anna, weißt du, wo Will ist? Ich weiß, du willst mit ihm nichts mehr zu tun haben, aber er war bei mir ... und er war in keinem guten Zustand. Ich mache mir Sorgen. Bitte sag mir, wenn du was weißt.«

»Anna – bitte melde dich!«

Auch die Text-Nachrichten waren in dieser Manier geschrieben. Anna stand in der Diele, Teewasser und Will im Augenwinkel und rief Edith zurück.

»Anna!« Edith schrie es fast. »Anna, weißt du, wo Will ist? Ich komme um vor Sorge! Er war bei mir, er war total betrunken und ist danach mit dem Auto gefahren! Ich konnte ihn nicht aufhalten ... ich habe ihn unter keiner seiner Nummern mehr erreicht! Ich habe schon in jedem Krankenhaus angerufen und ...«

Sie weinte fast.

»Edith, beruhig dich«, konnte Anna endlich einwerfen. »Er ist bei mir. Wir ...«

»Oh, mein Gott! Gott sei Dank! Gott sei Dank!«, kreischte sie hysterisch. »Er ist bei dir! Ach, Anna, was für ein Segen!«

»Edith, das bedeutet gar nichts. Ich meine, ich will damit nicht sagen, dass ...«

»Darum geht es doch überhaupt gar nicht!«, rief Edith noch immer in Panik. »Ich bin froh, dass er sich nicht um einen Baum gewickelt hat! Wie geht es ihm?«

»Naja«, sagte Anna mit zittriger Stimme. »Gerade nicht gut. Gar nicht gut.«

Die Art, wie sie es sagte, verschloss Edith für drei Sekunden den Mund. »Was ist los, Anna?«, fragte sie dann.

Unversehens brach Anna in Tränen aus, als sie daran dachte, was dieser kleine Junge hatte erleben müssen. »Edith, es ist so schrecklich«, schluchzte sie. »Und ich glaube, ich habe einen Riesenfehler gemacht ... er hat mir erzählt, wie er seine Mutter verloren hat ... und ich blöde Kuh habe ihn vorher zu meinem verstorbenen Mann geführt ... ich ...«

»Du bist Witwe?«

»Ja! Aber das mit Christian ist so völlig anders abgelaufen ... und Will ... das ist ...«

»Anna«, sagte Edith und ihre Stimme klang mit einem Mal wieder resolut. »Hat er dir das mit der Beerdigung erzählt? Freiwillig?«

»Naja ... nicht ganz ... wie ich schon sagte. Auslöser war, dass ich ihm das mit meinem Mann erzählt habe ... und da ist er zusammengebrochen ... Edith, das ist so furchtbar ...!«

»Okay«, sagte Edith und verstummte erneut. Anna wollte sich verteidigen: »Weißt du, vielleicht kann er dieses Trauma durchbrechen, dadurch, dass er es erzählt hat, dass es mal raus ist ...«

»Schätzchen«, seufzte Edith. »Das mit Will ist nicht so einfach. Weil ... es ist nicht sein einziges Trauma. Aber ich bin mir nicht sicher, ob das gut ist, wenn Will dir den Rest erzählt ... beziehungsweise ob er das kann. Ich war damals mehr oder weniger live dabei. Kann ich kommen? Du hast da was angeleiert, was wir zu Ende führen sollten. Und ich glaube, es ist besser, wir machen das zu zweit.«

»Gern, Edith«, sagte Anna erleichtert. »Wenn es dir nichts ausmacht, auf der Couch zu schlafen ... ich kann dir aber auch ein Hotelzimmer besorgen.«

»Das regeln wir, wenn ich da bin«, sagte Edith. »Ich buche mir einen Flug nach Zürich und nehme mir einen Mietwagen zu dir.«

Will lag noch immer in seiner Starre, als Anna mit dem Tablett ins Zimmer kam. Sie brachte ihn dazu, den heißen Tee in Mini-Schlucken zu trinken, was ihn ein bisschen entspannte. Aber sie mutmaßte, es war wohl eher die Fürsorge, die er in seinem verwirrten Kopf mit der seiner Mutter gleichsetzte. Wie lange war es her, dass sich jemand um ihn gekümmert hatte? Wie war sein Leben danach verlaufen? Was war mit seinem Vater?

Eines war klar: Will würde heute nichts mehr von sich geben. Er stand nur einmal auf, um ins Bad zu gehen und Anna hätte ein Königreich dafür gegeben, um zu wissen, was in seinem Kopf vor sich ging.

Alles, was sie tun konnte, war, sich wie eine Mutter zu verhalten. Sie legte sich zu ihm, ihren Arm über seinen Brustkorb, zog ihn an sich und gab ihm ihre Körperwärme. Dazwischen setzte sie ihre Gedanken wie Mantras, sagte ihm, dass es einen Sinn gab, dass er es nur erkennen müsse ... und immer wieder, dass seine Mutter ihn nicht im Stich gelassen hatte, dass er nicht alleine war.

Nach etwa zwei Stunden entspannte er endlich ein bisschen. Seine Beine streckten sich unter der Decke aus und er atmete nicht mehr so sprunghaft. Aber immer wieder schreckte er nachts hoch, immer wieder musste sie ihn beruhigen und noch immer hatte sie das Gefühl, dass er geistig weggetreten war.

Sie sehnte Ediths Ankunft herbei. Sie wollte den Rest der Geschichte hören und vor allem wollte sie Will wieder lächeln sehen. Sein dreckiges, charmantes, siegesbewusstes Räuberlächeln. Und irgendwo wollte sie, dass sie es war, die er so anlächeln würde. Und niemanden sonst.

***

Erst in den frühen Morgenstunden wurde er ruhiger. Anna war vollkommen erschöpft von der unruhigen Nacht, aber endlich schien er tief und fest zu schlafen. Sie betrachtete ihn, wie er so dalag und eine Welle von Zärtlichkeit überkam sie. Seine Ausstrahlung, obwohl nun so verletzlich, erreichte sie umso mehr, so wie damals beim ersten Date in Hamburg und während der sonnigen Tage auf den Seychellen. Sie fühlte sich schlicht zu ihm hingezogen, hatte das Bedürfnis ihn zu berühren und ihm nah zu sein. So legte sie den Kopf auf seine Schulter und als sie die Augen schloss, hatte sie das Bild des kleinen achtjährigen Will vor sich, der so verzweifelt seine Mutter aus dem Sarg hatte befreien wollen, und in ihr kam eine Ahnung hoch, wie ohnmächtig er sich wohl sein Leben lang gefühlt haben mochte. Wie sehr dieser Grundgedanke, seine Mutter habe ihm im Stich gelassen, eine fatalistische, unmoralische Einstellung hervorgerufen hatte. Es war ja ohnehin alles egal.

»Oh, mein Gott, Will«, flüsterte sie und drückte ihn noch fester an sich. Innerhalb der nächsten Minute war auch sie eingeschlafen.

***

Sie wachte auf, weil er sie sanft streichelte. Er lag auf dem Rücken, sein Blick war nachdenklich an die Decke gerichtet und Anna lag wie immer halb auf ihm drauf. Sie spürte seine Hand, die ihre Wirbelsäule auf und abfuhr und schmiegte sich schlaftrunken dichter an ihn. Wills Hand legte sich ganz auf ihren Rücken und sie spürte seine Lippen auf ihrem Haar. Der gestrige Tag hatte sie beide nicht unverändert gelassen. Wills Mut und seine Hartnäckigkeit, mit der er sein Leben wieder in den Griff zu bekommen versuchte, rührte sie bis in die Tiefen ihrer Seele. Damit hatte er sie bei Facebook gewonnen, damit gewann er sie jetzt. Unwillkürlich rückte sie nach oben und küsste ihn auf die Wange.

»Guten Morgen, Will«, murmelte sie. Will antwortete nicht. Anna schob sich noch ein wenig höher, stützte sich auf und sah ihm in die Augen. Ernst sah er zurück und all seine Gefühle sprangen ihr ungefiltert entgegen. Alles, was er nicht zu sagen wagte. Seine Sehnsucht, seine Liebe, seine Dankbarkeit, seine Unsicherheit, seine Angst. Angst, vor dem, was noch kam. Angst, sich zu öffnen, weil er befürchtete, sie damit zu verlieren. Mit seinen Augen sagte er ihr, dass er, hier bei ihr, alles in die Waagschale warf, ohne zu wissen, ob es Sinn machte.

Ihre Augen verdunkelten sich und jeder las im Blick des anderen.

»Denk nicht nach«, flüsterte sie. »Es ist gut, dass wir das tun. Es ist sehr gut ... niemand kann wissen, was danach sein wird.«

Er nickte verhalten und seine Liebe zu ihr wehte wie ein sanfter Wind zwischen ihnen. Ihre Lippen zuckten. Dann stupste sie ihn leicht an der Nase, um sie beide aus dieser melancholischen Stimmung zu holen.

»Frühstück?«

»Mit dir immer.«

Er lächelte leicht, half ihr beim Tischdecken, aber es fiel kaum ein Wort zwischen ihnen. Er aß appetitlos, wirkte rastlos ... und unsicher, etwas, was Anna so gar nicht an ihm kannte. Als sie ihm Kaffee nachschenkte, sagte sie: »Edith hat angerufen.« Sie warf ihm einen kurzen Blick zu. »Sie kommt am Nachmittag.«

»Edith ...« Seine Stimme klang heiser. »Sie hat sich wohl Sorgen gemacht.«

»Ja, das hat sie.«

Er kaute auf seiner Unterlippe, es war klar: Er war sich nicht sicher, ob er es gut fand, dass sie kam.

»Möchtest du lieber mit mir alleine weitermachen?«, fragte Anna.

»Ich weiß nicht.« Er hustete.

An seiner Reaktion erkannte sie, dass er sich noch immer in einem Schwebezustand befand. Der Will, den sie kannte, hätte klar gewusst, was er wollte. Fahrig fuhr er mit der Hand über sein Gesicht. Es war gerötet und kleine Schweißperlen standen auf seiner Oberlippe. Trotz der Tatsache, dass er einen dicken Sweater anhatte, fröstelte er. Beunruhigt stand Anna auf und legte ihre Hand auf seine Stirn.

»Will, du hast Fieber. Du gehst jetzt sofort wieder ins Bett.«

Sie ergriff die Initiative, verfrachtete ihn mit einer Wärmflasche zurück ins Bett, brachte ihm Tee, setzte sich so lange zu ihm, bis er wenigstens die Hälfte getrunken hatte und stopfte dann die Decke sorgfältig um ihn herum. Will trieben diese Gesten Tränen in die Augen, aber er hielt sie geschlossen, es wurde nur leicht feucht an seinen Wimpern. Anna konnte die Sehnsucht nach seiner Mutter nur erahnen – am Zucken seiner Mundwinkel, den leicht zusammengekniffenen Lidern. Sanft hauchte sie ihm einen Kuss auf die Stirn.

»Schlaf, mein Großer«, sagte sie. »Wir bleiben einfach spontan. Ich bin da.«

Doch als sie gehen wollte, packte er sie an der Hand.

»Anna«, flüsterte er. »Ich will weitermachen. Ich will es hinter mir haben ... und ich will es dir selbst erzählen. Sag Edith, sie soll nicht kommen.«

»Alles, was du willst, Will«, sagte sie warm und als eine kleine Träne den Weg durch seine geschlossenen Lider schaffte, konnte sie nicht anders als die Arme fest um ihn zu schlingen und ihre Wange an die seine zu drücken. Er sah so schutzlos aus, so verloren und hilflos, und sie hätte so gern Worte des Trostes gefunden. Aber sie wusste – es gab keine. Er war noch immer in der Vergangenheit gefangen und diese Schwingung war einfach hier, stand im Raum. Sie mussten das alles im Gesamtbild lösen.

∗∗∗

Ihre Eltern und Lenny waren zurück und kamen mit Peggy auf einen Sprung vorbei. Anna erklärte ihnen die Situation, erzählte ihnen zum ersten Mal von den Seychellen, von Will und wie sie sich kennengelernt hatten.

Ihre Mutter sah sie vielsagend an, aber ihr Mund blieb stumm. Und ihr Vater sprach das aus, was alle dachten:

»Anna, das ist nicht in drei Tagen geregelt. Dafür wirst du wohl ein bisschen mehr Zeit brauchen.«

»Ja«, antwortete Anna und hätte sie küssen mögen für ihr klares Verständnis. »Ich rede mit Lea und Tim, ob sie noch ein paar Tage bei euch bleiben.« Aber die beiden waren auf eine erstaunliche Weise kooperativ.

»Das kommt, weil du ihn so lange im Regen sitzen lassen hast«, schimpfte Lea zu ihrer Überraschung. »Du hättest ihn gleich reinlassen sollen!«

»Aber Lea ... du wolltest auch nicht, dass Phil gleich reinkommt!«

»Aber das ist doch jetzt ein anderer!«, erklärte Lea in ihrer kindlichen Logik. »Das ist doch der, der bei Papa war!«

»Machst du Will wieder gesund?«, erkundigte sich Timmi in Annas Erstaunen hinein. »Ich will ihm meine Karten zeigen ... und meinen Lieblingsbaum.«

Peggy grinste: »Das lässt ja tief blicken! Der hat deine Kinder bestochen! Ganz sicher! Aber mach mal, Anna. Der Laden läuft, wir haben es im Griff.«

Sie zwinkerte Lenny zu, der eine heftige Antwort formulierte und bumms – eine Sekunde später füllte wieder ein saftiger Schlagabtausch das Zimmer.

Anna lächelte und umarmte sie alle. Sie hatte für Will alle Zeit der Welt.

$$***$$

Edith war schon unterwegs, sie hatte ihre Ankunft nicht mehr verhindern können, aber sie telefonierte mit ihr und Edith sagte:

»Ich bleibe ein paar Tage. Wenn du mich brauchst, weißt du, wo ich bin.«

Annas Vater hatte Edith vom Flughafen abgeholt, bei ihr abgeliefert und solange Will schlief, tranken sie eine Tasse Kaffee zusammen.

»Er hat niemals mehr darüber geredet«, sagte Edith leise, als Anna sie über den Verlauf des gestrigen Tages informierte. »Diese Beerdigung ... sie hat Schlagzeilen gemacht. Glaub mir, das war das Schrecklichste, was ich in meinem Leben miterlebt habe. Das tobende Kind, der unfähige, hilflose Vater, die vielen Leute, das Geschrei ... es artete in eine Schlägerei aus. Es war einfach grauenhaft. Pietätlos. Ich versuchte, an Will heranzukommen. Aber Wills Vater mochte mich nicht, um nicht zu sagen, dass er mich hasste.«

»Er hat dich gehasst? Warum? Woher hast du die Familie gekannt?«, fragte Anna.

»Ich war eine sehr enge Freundin seiner Mutter.«

»Wie hieß Wills Mama eigentlich?«

Ediths Blick ging in die Ferne. Sie antwortete nicht gleich, eine tiefe Schwingung kam auf und Anna schwante etwas. Als Edith dann leise und mit Wehmut antwortete:

»Sie hieß Patrizia ... aber jeder nannte sie Patty«, war es ihr klar.

»Oh, Edith ... du ... du hast sie geliebt, nicht wahr?«, sagte Anna leise. »Ich meine, nicht nur als Freundin ... es war mehr...«

Edith blickte ihr voll in die Augen. »Ja«, flüsterte sie. »Patty war die Liebe meines Lebens und als sie starb und ich auf dieser entsetzlichen Beerdigung war, zerriss es mir mehrfach das Herz. Einmal wegen Will ...« Sie brach ab, schluckte und brauchte ein paar Sekunden, bevor sie weitersprechen konnte. »... und dann wegen Patty. Sie war eine wundervolle Frau. Einfach wundervoll ... sie war meine liebste Kundin, sie hatte immer ein Lächeln in den Augen, immer einen Witz auf den Lippen, immer Unsinn im Kopf. Sie war so ganz anders als diese konservativen Leute, die sonst bei mir einkauften. Und sie hatte echt was drauf. Sie war nicht einfach ein Frauchen am Arm ihres Mannes. Eher war es so, dass ihr Mann ein Hündchen an ihrer Leine war. Aber sie hat nie ein Wort darüber verloren. Nie. Sie war einfach ein feiner Mensch.«
Ediths Augen blickten in die Vergangenheit.
»Immer, wenn ich ein Kleid für sie aussuchte, wenn ich ihr hineinhalf, es absteckte, wenn ich ihren Körper berührte, hat es mir Millionen Ameisen über den Körper gejagt. Patty wusste, was los war, und sie hat es mir nie übelgenommen. Ab und zu hat sie mich geküsst. Aber sie hatte einen so hohen Ehrenkodex ... sie hätte ihren Egon nie betrogen. Sie wusste, dass er sie brauchte. Ohne sie war er einfach nichts. Aber ... er ... er hat das zwischen uns gespürt und war eifersüchtig. Wills Vater und ich ... naja, es war Animosität auf den ersten Blick. Für ihn war ich eine Bedrohung. Als ich an der Beerdigung versuchte, zu Will vorzudringen, schlug Egon nach mir ... es war ein solches Handgemenge, es war eher ein Gewaltakt als eine Beisetzung.«
»Woran ist Patty gestorben?«, fragte Anna. »Und warum hat man Will nichts...«
»Sie hatte Knochenkrebs.«
Der Satz fuhr Anna wie eine Peitsche ins Gesicht und sie wurde schlagartig bleich. Edith stutzte.
»Was ist?«, wollte sie beunruhigt wissen.
»Mein Mann ... Christian«, wisperte Anna. »... er ist auch an Knochenkrebs gestorben.«
Ediths Augen wurden groß.
»Edith«, drängte Anna, »hatte Wills Vater eine Entsorgungsfirma für Erdölrohre?«
»Ja«, erwiderte Edith erstaunt. »Er hatte sie, als Patty noch lebte ... und Patty hat dort gearbeitet, wie sie überhaupt die meisten seiner Firmen geführt hat ... nicht er ... er konnte gar nichts! Er war unfähig!«
Ihre Augen verfolgten verständnislos und fragend Anna, die heftig ihren Stuhl zurückgeschoben hatte und wie ein Tiger im Zimmer auf und ablief. Was für ein Trauma hatte sie da bei Will nur ausgelöst! Und wie sich das Schicksal hier verwob – es war so viel, dass sie es gar nicht gleich erfassen konnte. Mit verwirrten Augen sah sie Edith an.

»Du hast gesagt ... er hatte die Firma, als Patty noch lebte. Heißt das, er hat sie danach verkauft?«

»Ach«, seufzte Edith. »Wenn es doch nur so gewesen wäre ... leider ist alles viel komplizierter.«

Anna ließ sich auf den Stuhl fallen. Jedes Lächeln war aus ihrem Gesicht gewichen. Hier waren zu viele Zufälle am Werk, als dass man sie noch Zufälle nennen konnte. Sie konnte nur eines machen: zuhören. Sie wollte alles wissen. Einfach alles. Und hatte sie sich vorher monatelang dagegen gewehrt, spürte sie nun den heftigen Drang, endlich zu erfahren, was das Schicksal mit ihr vorhatte. Ein Drang, der ihr klarmachte, dass die Zeit reif war, die Zusammenhänge zu erkennen und dem Schicksal zu vertrauen.

***

Will wachte am Nachmittag auf. Er war geschwächt, aber er bestand darauf weiterzumachen. Diesmal war auch Anna in Aufruhr, aber sie bemühte sich um Ruhe. Sie saßen vor dem Kaminfeuer und sie hatte es ihm so gemütlich und warm wie nur irgend möglich gemacht. Duftkerzen sandten ein sanftes Licht in den Raum, der Tee dampfte in den hübschen Porzellanbechern, sie hatte Will die Brust mit einer Bronchialcreme eingerieben und eine Decke um Beine und Oberkörper gelegt. Obwohl er gesundheitlich nicht ganz auf der Höhe war, dampfte seine Männlichkeit in diesem Raum mehr als der Tee und Anna schluckte. Es war unglaublich, was für eine Anziehung er auf sie ausübte. Sie drängte den Gedanken weg und atmete tief durch.

Als Will noch geschlafen hatte, hatte sie eine Stunde lang meditiert, sich auf ihr Inneres konzentriert, auf die Quelle, die Kraft in ihr. Sie würde sie brauchen.

»An was erinnerst du dich, als du aus der Sedierung aufgewacht bist?«, knüpfte sie an seine letzten Sätze an. »Weißt du das noch?«

»Ja, noch sehr genau«, antwortete er und klang bitter. »Ich hatte damals viel Zeit darüber nachzudenken. Aber alle Gedanken taten weh. Und so wünschte ich mir oft diesen narkotischen Zustand zurück. Er war so traumlos, so frei von allem, frei von jeder Empfindung. Damals kam mir oft der Gedanke, dass alle Gefühle, die der Mensch so hat, so ... bindend sind. Spürst du Schmerz, willst du, dass er vergeht. Spürst du Freude, willst du, dass sie bleibt. Beides klingt anstrengend und nicht richtig ... verstehst du, was ich meine?«

»Ja«, sagte sie lächelnd. »Ja, das verstehe ich völlig. Das ist eine hohe Wahrheit, Will. Und du hast das als Achtjähriger gedacht?«

»Ja, und noch so einiges dazu«, sagte er und wirkte verächtlich. »Nicht unbedingt Hilfreiches.«

»Hm. Letztlich ist alles hilfreich, auch, wenn sich das jetzt komisch anhört ... wir dröseln es auf ... wirst sehen ... es gibt immer eine Lösung. Bist du bereit, weiterzumachen?«

Er nickte. Sie wartete. Nichts kam.

»Na, los, Will!«

Will stockte. Er setzte an und brachte nichts hervor. Er versuchte es wieder, aber es kamen nur einzelne Laute, die sinnlos im Raum verebbten. Anna beobachtete ihn. Dann setzte sie sich dicht vor ihn.

»Du musst dich für gar nichts schämen, Will«, sagte sie ernst und sah ihm fest in die Augen. »Ich werde dir nichts übelnehmen, dich nicht verurteilen ... es kann dir nichts passieren.«

Aber Wills Augen sagten ihr, dass er ihr nicht glaubte. Anna setzte sich wieder zurück.

»Wag es trotzdem, Will«, sagte sie ruhig. »Wir sind bis hierher gekommen. Du kannst weitergehen. Und du *musst* da durch. Nur du kannst das tun.«

»Ich weiß nicht, was du über mich denkst, wenn ich dir alles erzähle«, flüsterte er und senkte den Kopf. »Es hat lange nichts gegeben, was mir so wichtig war wie du.«

»Will ...«, sie zögerte. »Ich will dir hier nichts versprechen, weil ich das nicht kann. Nicht unter diesen Umständen und nicht zu diesem Zeitpunkt. Ich weiß, dass du dir wünschst, wir wären zusammen. Das ist etwas, worüber wir uns später Gedanken machen sollten. Tatsache ist: Ich könnte nicht mit dir zusammen sein, bevor das gelöst ist. Du kannst also nichts verlieren. Du verlierst mich eher, wenn du nicht offen bist.«

Er nickte. Aber es fiel ihm verdammt schwer weiterzumachen.

Ugly life

Dunkle, schwarze Nacht. Erlösende Ruhe. Warm, einhüllend, keine Gedanken – einfach nichts. Will tauchte aus diesem wonnigen Zustand auf und sank, bevor die Erinnerung kam, glücklich zurück in dieses samtige Nirwana.

Die Sedierung wirkte einen vollen Tag, der ihm wie eine Sekunde vorkam. Als er endlich wieder zu sich kam, hatte er noch immer den Geruch der frischen Erde in der Nase, befand sich in dem grausigen Szenario der Beerdigung und begriff nur sehr langsam, dass er in einem Bett lag, dass nicht seines war. Eine Tür ging auf, eine Krankenschwester kam herein. Er war im Krankenhaus! Die kurze Hoffnung, er hätte einen Unfall und einen Albtraum gehabt, schwand in der Sekunde, in der er der Schwester in die Augen sah und sie ihm sagte, dass sie seinen Vater anrufen würde, damit der ihn abhole.

Egon Sanders hatte keine Worte für seinen Sohn. Er war innerhalb der letzten Wochen ein vergrämter, verbitterter Mann geworden, der nur sein eigenes Leid sah und kein Mitgefühl entwickeln konnte. Weder für sich noch für sein Kind. Für Will war es das Schlimmste, zu erkennen, dass er nicht nur seine Mutter, sondern auch seinen Vater verloren hatte.

Er kam nach Hause zu einem apathischen Mann, der sich jeden Tag betrank, der seine Geschäfte schleifen ließ, den nichts mehr interessierte.

Die Nanny gab es noch. Die Nanny, die ihm das Essen hinstellte und es wieder abräumte. Die, wie sein Vater, sich vor jeder emotionalen Verantwortung fürchtete und ihr konsequent auswich. Das war das, was Will letztlich lernte: Qual und Pein mussten betäubt und ausgeblendet werden. Niemand wollte das wissen, niemand sich damit auseinandersetzen.

Er war vollkommen allein mit seinem Verlustgefühl und seinem Schmerz. Seine Welt war zerstört, aber er musste sich irgendwie darin zurechtfinden, er lebte ja noch. Er dachte über das Leben und über den Tod nach, kam nur zu oft zu dem Schluss, dass der Tod doch besser war als Leben, wenn es nur das hier zu bieten hatte.

Er wurde versorgt, er bekam Essen, er hatte ein Dach über dem Kopf. Er war ein Körper, den man ernährte und aufbewahrte, sonst nichts. Mit aller Macht versuchte er sich bemerkbar zu machen, aber nichts, nichts, nichts machte Sinn. Gleichgültigkeit umhüllte ihn wie lähmender Nebel.

Will hatte keine Chance. Zu Hause wurden ihm weder Grenzen noch Werte vermittelt, niemand hatte an ihm Interesse, von Liebe ganz zu schweigen. Er tat das, was alle Kinder tun, wenn sie sich nach Fürsorge und Zuwendung sehnen: Er winkte mit dem Zaunpfahl. Er wurde auffällig, bestahl Lehrer und Schüler, warf Steine in Schaufenster, verwüstete sein Zimmer, trat die Nanny, warf ihr Essen auf den Boden, er tat einfach alles, um klarzumachen, dass es ihn noch gab. Es dauerte nicht lange, bis er als schwer erziehbar eingestuft wurde. Niemand kam mit ihm zurecht.

Sein Vater raffte sich irgendwann wieder zu seinen Geschäften auf, aber er war hilflos ohne Patty. Im Grunde waren beide, William und er, abhängig von ihr gewesen. Vielleicht hatte sie deswegen gehen müssen? Doch für diese Erkenntnis war Will viel zu jung und Egon Sanders nutzte die Situation nicht, um daran zu wachsen, sondern versuchte es einfach mit dem gleichen Lebensrezept: Er hielt Ausschau nach jemandem, der ihm die Verantwortung abnahm.

Er hatte neue Freunde gefunden, die ihn nicht positiv beeinflussten. Freunde, die sich in fragwürdigen Kreisen mit fragwürdigen Frauenzimmern herumtrieben. Plötzlich spielte Sex im Leben von Wills Vater wieder eine große Rolle, als ob er Trost darin suchte. Vor allem aber suchte er Ablenkung. Patty war gerade mal ein halbes Jahr unter der Erde, als er sich kopfüber entschied, sich wieder zu binden. Weil er nicht alleine sein konnte. Weil er jemanden brauchte, der den Ton angab. Weil er Verantwortung weit von sich schob. Ebenso unsensibel, wie er Will vom Tod seiner Mutter unterrichtet hatte, konfrontierte er ihn mit einer neuen Frau. Er brachte es fertig, dem kleinen Will, der noch voll im Drama steckte, eine vollbusige Blondine stolz als seine neue Mutter vorzustellen. Sie hätten in Las Vegas geheiratet. Und jedem, wirklich jedem war klar, was Evelyn wirklich wollte. Sie war ein billiges Flittchen, das sich einen willensschwachen Mann geangelt hatte, um an sein Vermögen zu kommen.

In Will stürzte eine ganze Lawine nach unten, als er Evelyn das erste Mal sah. Sie war so weit weg von dem, was seine Mutter ausgemacht hatte, und er hasste sie vom ersten Moment an. Ihm war, als hätte diese neue Beziehung erst recht den Tod seiner Mutter besiegelt und sein kleines Herz verkrustete noch mehr. Sein Vater nannte ihn »Sohn«, sie nannte ihn »das Kind« und machte ihm von Beginn an klar, dass er störte.

»Ksch! Geh weg! Ich will dich hier nicht sehen! Ksch!«

Sie behandelte ihn wie ein lästiges Haustier, das durchgefüttert werden musste. Weder wollte sie, dass er Freunde einlud, noch, dass er zu Freunden ging, weil sie ihn dann wieder hätte abholen müssen – das war ihr zu viel Aufwand. Ihr war außer ihr selbst alles zu viel Aufwand.

In Wills Augen stahl sich Hass. Fortan boykottierte er alles, was nur möglich war. Sein Rezept zum Überleben hieß Rebellion. Aber sein Vater schaute nur zu und seiner neuen Frau war es herzlich egal, was er machte. Seine Taten prallten an ihnen ab wie Wasser auf einer Regenhaut – Gelegenheit für Will, sich zu steigern, bis sie ihm androhten, er käme in ein Heim für schwer erziehbare Kinder.

Zu dieser Zeit war William wohl das einsamste Kind unter der Sonne.

Wills Stimme war rau geworden. In seinen Augen stand der Hass von damals, als er weitererzählte:

»Verzeih mir, Anna, ich weiß, ich bin bitter ... aber Evelyn ... sie war die selbstsüchtigste Person, die man sich vorstellen kann, unsensibel für alles, was nicht mit ihr zusammenhing und ... obendrein war sie dumm. Sie kam aus der Gosse und wollte die große Dame spielen, aber alles was sie konnte, war das Geld meines Vaters ausgeben. Sie plante Reisen und Hauskäufe und ließ sich Kataloge von Agenturen kommen, die englische Butler vermittelten. Schon nach einem Jahr fing mein Vater an zu schwitzen und immer öfter stritten sie sich, schrien sich an und wurden sogar manchmal gewalttätig. Sie schlug ihn, er schlug zurück. Mein Vater war kein Kavalier mehr. Er versuchte ihr klarzumachen, dass sie nicht bedenkenlos sein Geld ausgeben könne, aber letztendlich endeten diese Gespräche allesamt damit, dass sie ihre Brüste und ihre Vagina auspackte und dann doch bekam, was sie wollte.«

In Wills Blick lag so viel Verachtung, dass der ganze Raum davon schwang. In beißendem Ton machte er weiter:

»Er hatte sie tatsächlich in seine Unternehmen einführen wollen ... es hatte mit Mama funktioniert, da meinte er, es funktioniere mit ihr auch! Er war genauso dumm! Aber eingebildet wie sie war, stürzte sie sich in Geschäfte, von denen sie keine Ahnung hatte. Egon hatte die Hoffnung, Evelyn könne sich entwickeln, sich ändern – und diese Hoffnung erfüllte sich. Sie änderte sich. Sie wurde noch schlimmer.

Sie brachte Egon dazu, ein Haus in der Stadt zu kaufen, das sie komplett weiß einrichtete und blasiert »Das weiße Haus« nannte. Sie bestand auf einem Butler, den sie »Henry«, französisch ausgesprochen, nannte, obwohl er Oskar hieß, wollte Zimmermädchen und Köchin, erzählte meinem Vater, dass sie durchaus sparen könne und kündigte der Nanny. Sie kleidete sich teuer und geschmacklos ein und flog in der Weltgeschichte umher. Vernichtete Vaters Geld, ohne mit der Wimper zu zucken. Und redete ständig davon, wie anstrengend es sei, ein Kind zu haben.«

»Aber was hast du gemacht?«, fragte Anna betroffen. »Ich meine, wie hast du deine Tage verbracht?«

»Ich habe gelesen. Manchmal hat sich Oskar mit mir unterhalten. Ich habe mich mit der Haustechnik beschäftigt. Was letztlich hilfreich war. Hab ferngesehen. Kam auf seltsame Gedanken – all die kranken und kriminellen Charaktere, die du da auf dem Bildschirm siehst ... und was die so tun ...«

Er lächelte gequält. »Gott sei Dank gab es auch Heldenfiguren ... aber ich war mit acht schon sarkastisch. Die Helden mussten sich so schinden, und für das Gute zu kämpfen – nie schien es sich zu lohnen. Das Böse stand immer wieder auf. Ja ... was hab ich sonst so gemacht ... Evelyns Schmuck ins Klo geworfen und Vaters Anzüge zerschnitten, mein Zimmer verwüstet. Bin abends aus dem Fenster geklettert, hab Scheiben eingeworfen, Mülltonnen umgestoßen, Blumen ausgerissen. Ich bin einfach nach der Schule zu Klassenkameraden mit nach Hause gegangen und die Eltern der Kinder waren perplex, weil mich keiner abholte. Logisch, es merkte ja auch keiner, dass ich weg war. Die Leute wollten das natürlich nicht. Außerdem war ich ihnen zu wild. Ich will nicht wissen, welche Ausstrahlung ich damals hatte. Niemand wollte mich.«

Annas Lippen zuckten bei dieser Ansage. Sie beobachtete ihn. Auf seiner Oberlippe und der Stirn sammelten sich wieder Schweißperlen, seine Wangenknochen waren unnatürlich gerötet, seine Stimme wurde heiser. Sie gab unauffällig etwas Thymianhonig in seinen Tee, schenkte ihm nach, unschlüssig, ob sie abbrechen sollte. Es ging ihm nicht gut, aber sie wollte ihn jetzt nicht stoppen – und hoffte von Herzen, dass diese Qual endlich ein Ende fand ... dass seine Geschichte endlich eine positivere Wendung nahm. Sie lehnte sich zurück und seine Worte malten sein Leben in ihren Kopf. Sie erlebte die Geschichte des kleinen Will live mit.

***

Will war das Kind im weißen Haus mit der sterilen Einrichtung, selbst sein Zimmer bestand nur aus weißen Würfeln – und genauso steril war sein Herz. Als er in eine höhere Schule wechseln sollte, wurde alles noch schlimmer. Sein ganzes Sein bestand aus Wut und Frust und da Schüchternheit seinem Wesen fremd war, musste er diese Wut ausleben.

Es verging kaum ein Tag, an dem er in der Schule nicht irgendwelchen Ärger machte. Er war einfach völlig haltlos, völlig allein und hatte keine Vorbilder. Will hatte die Revolution im Blick, war wund an Leib und Seele und da er innerlich so verletzt war, konnte er nur das nach außen tragen: Er wollte andere verletzen, er wollte sie weinen sehen, er wollte ihnen schaden.

Es gab wenig, sehr wenige Momente, die ihn an die Liebe in seinem Herzen erinnerten, eine Liebe, die mit jedem Tag mehr und mehr nach unten sank, bis sie zu einem fremden, unvertrauten Gefühl wurde. Und doch gab es sie. Diese kleinen Begebenheiten, in denen das Leben, oder eine mitfühlende Instanz, ihm Schwimmreifen zuwarf, schmerzhafte Lebensretter, aus Liebe gemacht, die ihn aus der Tiefe holten und kurz nach Luft schnappen ließen.

Einen dieser Momente erlebte er, als er mit Evelyn Ediths Bekleidungsgeschäft aufsuchte und sie naserümpfend von einem Ständer zum anderen ging. Ediths Tempel, wo seine Mama so oft eingekauft hatte, Edith, die immer so gestrahlt hatte, wenn sie sie beide gesehen hatte, Edith, die an der Beerdigung versucht hatte, zu ihm durchzudringen. Sie sah ihm wissend, verstehend in die Augen und es war der erste Blick seit langem, der sein Herz bewegte, der aber auch die Qual aufrührte, die er so sorgfältig zuzuschütten versuchte. Doch Edith zeigte ihm, dass sie ihn vollständig verstand. Sie weigerte sich, Evelyn zu bedienen und setzte sich mit ihm in ihr Büro.

»Will, mein kleiner Räuber ... komm her ... ich habe etwas für dich.«

Und Edith hatte eine Truhe ... ein kleines Schatzkästchen, das den rebellischen und auf Ärger ausgerichteten Will schlagartig still werden ließ. Es war ein Kästchen, in dem sie Dinge von Patty aufbewahrt hatte. Fotos von ihr und Will, die er noch nie gesehen hatte. Fotos von glücklichen, sorglosen Tagen, Fotos, die ihm klarmachten, wie groß die Schere zwischen damals und heute war. Will verbot es sich zu weinen. Stumm saß er vor der Kiste und nahm die

Bilder in die Hand. Edith erklärte sie ihm ... da hat deine Mama dieses orange Kleid angezogen und du hast gesagt, sie sähe aus wie eine Apfelsine ... weißt du noch? Und hier ... da hast du versucht, Knöpfe auf einen langen Faden zu fädeln ... und das hier ... ja, das ist mein Lieblingsbild ... deine Mama und du im Partnerlook ...

Will hielt das Foto in seinen zitternden kleinen Händen. Mama ... und er auf ihrem Schoß. Ihr schönes, weißes Dekolletee sah so weich und kuschlig aus und die rundliche Wange des kleinen Jungen lag sanft auf dieser Brust. Wills Blick sog sich daran fest. Und mit einem Mal schoss die Sehnsucht in einem so gewaltigen Strahl nach oben, dass die Tränen trotz aller Beherrschung durch die fest zusammengepressten Augen flossen. Behutsam zog Edith ihn an ihren mageren Körper und strich ihm übers Haar. Und Will weinte. Er durfte ein bisschen weinen, ein wenig Druck ablassen, ein wenig Trost fühlen. Mit zitternden Händen suchte er weiter in der Kiste und fand ein Herz, das er auf einen Briefbogen gemalt hatte, als er bei einer Kleiderprobe auf seine Mama gewartet hatte. Das Herz war rosa und Patty hatte damals mit ihrem knallroten Lippenstift einen Kuss mittendrauf gedrückt. Patty und Will hatten das Blatt liegenlassen – Edith hatte es all die Jahre aufgehoben.

Mit bebenden Lippen strich Will über die Konturen des Kussmundes, den Lippen seiner Mutter. Es war ein Stück greifbare Liebe. Aber sie war vorbei. Unwiderruflich und für immer. Und das hier ... das hier war nur ein kleines Echo. Das schmerzhafte Fossil einer Liebe, die es nicht mehr gab. Es nützte letztendlich nicht viel.

Evelyns grelle Stimme drang durch die dünne Tür des Büros:
»Wo ist das Balg!? Hier finde ich nichts! Saftladen! Wir gehen!«

Diese letzten Begebenheiten erzählte Will stockend, abgehackt. Es war, als hätte er innerlich das Wasser abgedreht, und nur der Rest, der sich noch in der Leitung befand, kam tröpfelnd heraus. Seine Sätze wurden kürzer, bis schließlich gar nichts mehr kam.

Anna schwieg eine Weile mit ihm. Sie waren noch nicht zu dem vorgedrungen, was er eigentlich hatte erzählen wollen. Vorsichtig rutschte sie zu ihm hin, legte wie so oft ihre Hand auf seine Stirn. Er schwitzte, aber er hatte nur leichtes Fieber.

»Ich kann dich jetzt nicht schonen«, flüsterte sie. »Will, du musst da durch. Hinterher geht es dir besser.«

Verzweifelt und unglücklich sah er sie an. »Ich werde dich verlieren, Honey«, flüsterte er zurück und strich ihr sanft über die Wange. »Und das will ich nicht.«

»Wag es trotzdem«, sagte sie. »Bitte. Nicht für mich oder für uns. Nur für dich.«

Sie sah, wie sein Herz klopfte, sah die Ader an seinem Hals pulsieren – und hätte ihn am liebsten genau dahin geküsst. Aber das sagte sie ihm nicht. Bedachtsam setzte sie sich wieder ein Stückchen weiter weg.

Er atmete schwer. »Anna ... ich ...« Er brach ab.

»Will, fang an«, sagte sie sanft, aber bestimmt. »Erzähl, wie du es erlebt hast. Was du gefühlt hast. Ich will alles wissen. Einfach alles, okay? Jedes kleinste Detail.«

Er blickte sie an. Ihre Augen ließen keinen Widerspruch zu. Wieder senkte er den Kopf.

»Okay ... ich erzähle es dir ... wie ich es empfunden habe. Wie ich es teilweise heute noch empfinde.«

»Und lass nichts aus, Will.«

»Nein, Babe«, sagte er. »Okay. Dann gehe ich das Risiko ein. Ich ... ich bin eben nicht Phil und es ist besser, du weißt es.«

Wieder machte er eine Pause, dann nahm er einen tiefen Atemzug, drehte sein Gesicht von ihr weg – und begann.

***

Inzwischen war Will elf Jahre alt und hatte es ins Gymnasium geschafft. An Intelligenz fehlte es nicht, aber sein Ruf war ihm vorausgeeilt. Er hatte, was ungewöhnlich war, schon in der Grundschule zweimal die Schule gewechselt und kaum eines der Gymnasien im Umkreis wollte ihn aufnehmen. Und sowie die Schule begonnen hatte, machte Will seinem Ruf auch schon alle Ehre – die Aussicht, von der Schule zu fliegen, bevor Weihnachten kam, war hoch. Er legte es darauf an und es war ein sinnlos freies und verzweifeltes Gefühl, zu wissen, er konnte tun, was er wollte – es würde nie irgendetwas besser machen. Evelyn bestimmte mit ihrer Exaltiertheit sein Leben und er hasste sie von ganzem Herzen. Aber gleichzeitig sehnte er sich immens nach ein bisschen Wärme und Liebe. Kein Lehrer, kein Bekannter, kein Freund fing ihn auf. Es gab schlicht keine Adresse, an die er sich wenden konnte. Die ersten Jahre nach dem Tod seiner Mutter schwamm Will in einer diffusen Suppe aus Hass, Hoffnungslosigkeit, Sehnsucht und Zerstörungswut.

Sein Vater Egon war ebenso verzweifelt. Nachdem jeder Versuch, Evelyn in seine Geschäfte einzubringen, gescheitert war, war ihm klar, dass er die falsche Frau geheiratet hatte. Und Will wurde von den Gesichtszügen her seiner Mutter immer ähnlicher. Er hatte ihren Mund, ihre Nase, ihre Augen – vielleicht war es das, was seinen Vater zur Besinnung brachte. Vielleicht war es aber auch einfach die Tatsache, dass er sein Muster nicht ändern konnte und jemanden wollte, der die Geschicke seiner Firmen lenkte.

Er sah den Jungen an und etwas regte sich in ihm. Und als von der Schule wieder mal eine Mitteilung und Androhung auf Schulverweis auf seinen Schreibtisch flatterte, nahm er das zum Anlass, zum ersten Mal, seit seine Frau verstorben war, mit seinem Sohn zu reden.

Will kam bockig zu ihm ins Zimmer, bereit zum Kampf, bereit, etwas Aufwieglerisches zu tun, aber zu seiner Überraschung schimpfte ihn sein Vater nicht, sondern begann ein unbeholfenes, scheues Gespräch. Will war perplex, dass er nicht gemaßregelt wurde, sein Vater war perplex, dass sein Kind positiv auf seine Annäherung reagierte. Er taute auf und sah auf einmal klar, dass es ja Will war, der all seine Firmen erben würde – nicht Evelyn. Will war sein Sohn, sein Nachfolger, und neuer Lebensmut durchströmte ihn.

Der kleine Junge nahm das mit feinen Sinnen auf, öffnete sich noch mehr und das Gespräch wurde besser und besser. Als dann Egon Will auf den Schoß nahm, sein Unternehmenskonstrukt auf ein Blatt Papier malte und ihm versprach, ihm alle Firmen zu zeigen, lächelte Will zum ersten Mal seit langer Zeit. Dieses Lächeln wärmte beiden das Herz und spann feine Bande zwischen ihnen.

Will wusste nicht, wie ihm geschah. Sein Vater redete mit ihm! Nicht nur an diesem Tag! Auch an den folgenden Tagen! Und er machte sein Versprechen wahr, fuhr mit ihm in die nahe gelegenen Firmen, nahm ihn an die Hand, ging mit ihm durch große Gebäude mit lauten Maschinen, erklärte ihm, was produziert wurde – und stellte ihn als seinen Sohn vor! Wills Herz meldete sich zurück, es fing wieder an zu leben und er stellte seinem Vater Fragen über Fragen, was wiederum diesen beglückte.

Es wurde besser. Will konnte es nicht fassen, als sich eines Abends die Tür zu seinem Zimmer öffnete und sein Vater hereinkam. Er war noch immer ungeschickt, stand manchmal nur herum, sagte ein paar Worte und ging wieder. Aber er kam immer wieder, strich ihm über den Arm, fuhr ihm manchmal übers Haar, erkundigte sich nach der Schule.

Es waren kleine Gesten, linkisch, aber ehrlich – und mit immenser Wirkung.

Im Laufe der nächsten Wochen näherten sich Vater und Sohn vorsichtig einander an. Es gab für beide Seiten wieder etwas, wofür es sich zu leben lohnte.

Doch Evelyn konnte es nicht ertragen, nicht die erste Geige zu spielen, Es hatte ihr sehr in die Karten gespielt, dass Will so ein Tunichtgut war. Sie erkannte, was Egon plötzlich in dem Kleinen sah – seinen Erben – und sie tat alles, um Will von seinem Vater fernzuhalten.

Unmissverständlich machte sie ihrem Mann klar, dass Will schlecht in der Schule sei und er die Nachmittage nicht in irgendwelchen Firmen verbringen könne. Sie erweckte den Eindruck, an Wills schulischen Leistungen interessiert zu sein und redete davon, ihn in ein Internat zu stecken, da wäre er doch »versorgt«.

Wills Herz klopfte, als er sie bei einem der seltenen, gemeinsamen Abendessen davon reden hörte. Er kapierte schnell, dass seine Noten eine Barriere zwischen ihm und seinen Vater waren, begann sich anzustrengen und verbesserte sich in kürzester Zeit. Die Lehrer waren erstaunt und froh, dass er im Unterricht mitmachte statt störte, und Will überkam eine erste Ahnung, wie sehr er sich mit seinem Widerstand selbst schadete – und wie gut es tat, wenn man Leistung brachte. Aber so einfach machte es ihm das Leben nicht.

Evelyn, die wie Egon dem Alkohol mehr zusprach, als gesund war, brach immer häufiger einen Streit vom Zaun, sowie ihr Mann von der Arbeit kam, und das führte dazu, dass dieser kein großes Bedürfnis verspürte, nach Hause zu kommen, viele Geschäftsreisen unternahm und somit die noch schwachen Bande zwischen ihm und seinem Sohn wieder ausdünnte.

Wieder einmal wartete Will. Diesmal auf seinen Vater. Er wartete, dass er ihn wieder an die Hand nahm, wegführte aus diesem Haus, in die Firmen, dorthin, wo er etwas war: Vaters Sohn. Ein zukünftiger Chef! Doch Egon war auf der Flucht, während Evelyn immer ausschweifender wurde.

Ihr nächster Spleen, unbedingt eine eigene Mode-Marke aufbauen zu wollen, kostete Egon den letzten Nerv, aber schließlich ließ er sich zähneknirschend darauf ein, einfach in der Hoffnung, dass sie dann endlich ernsthaft mit etwas beschäftigt sein würde und – sollte sie die richtigen Leute einkaufen – Erfolg haben könnte.

Evelyn stürzte sie sich mit einem Übereifer und einer Wichtigtuerei in das Geschehen, dass jeder, der mit ihr zu tun hatte, hinter vorgehaltener Hand über sie lachte. Sie, deren Zimmer auf dem Dorf über einem Misthaufen gewesen war, die an grobschlächtige, kugelbauchige Männer Bier in einer Wirtschaft ausgeschenkt hatte, kam nun mit berühmten Menschen zusammen, mit Top-Models, Musikern, Schauspielern ... und sie benahm sich schlicht daneben. Sie war peinlich und schrill und drehte fast durch, als sie sich in einem Boulevard-Blatt Seite an Seite mit einem Promi abgebildet sah. Der Kommentar darunter war zweideutig, aber das störte sie nicht, eher vertrat sie die Auffassung, sie sei nun so prominent, dass sie für einen Entführer eine lohnenswerte Geisel darstelle und sie fortan einen Bodyguard brauche. Doch das Unfassbare geschah: Egon legte zum ersten Mal sein Veto ein und nicht nur das. Er weigerte sich, weiter für ihr Business zu zahlen, weil sie nichts auf die Beine brachte.

Evelyn spuckte Gift und Galle, als selbst ihre Sexkünste Egon nicht umstimmen konnten. Die Stimmung im Haus wurde unerträglich und Egon tat das, was er gewohnt war: Er riss aus. Er kam nur selten nach Hause und wenn, dann spätnachts, betrunken und müde. Er hatte keine Zeit für Will und in dessen kleinen Herzen machte sich wieder Schwärze breit.

In Evelyn tobte indes ein Rausch, in den sie sich jeden Tag mehr hineinsteigerte – je mehr sie spürte, dass Egon ihr entglitt, desto mehr wollte sie karrieremäßig den Durchbruch. Ihre Bekanntschaften wurden immer obskurer. Sie brachte flippige, überspannte Egomanen ins Haus. Künstler, die den ganzen Abend über ihre Werke und ihr Genie redeten, Musiker, die bekifft auf dem Sofa rumhingen und später die Teppiche vollkotzten, Mode-Ikonen, die es schafften, ein langes Abendkleid zu tragen und trotzdem nackt zu sein. Sie geriet an Schaumschläger und Möchtegerne, wie sie ja selbst einer war, warf sich Designerdrogen ein und verlor immer mehr den Bezug zur Realität. Es gab tagelanges Gekreische im Haus, weil sie nicht zu dieser oder jener Szene-Party eingeladen worden war, nicht über den roten Teppich hier oder da laufen konnte und sie verlegte sich alsbald darauf, diejenigen zu bestechen, die ihr dazu Eintritt verschaffen konnten. Um ihre Mode publik zu machen, lud sie ein Model nach dem anderen ein und bequatschte sie, bei der nächsten Gala ein Kleid aus ihrer Kollektion zu tragen.

Will war elf und er hatte drei Jahre Verzweiflung hinter sich. Er sehnte sich schrecklich nach etwas Zuwendung und Liebe und das Loch, das sein Vater wieder aufgerissen hatte, als es so aussah, als würde er es füllen, tat weh wie eine entzündete Wunde. Der Hass, der während dieser allzu kurzen Vater-Sohn-Episode zu einem Schwelen heruntergeglommen war, loderte erneut hoch und mit ihm die Wut. Will wurde auffälliger denn je, sah keinen Sinn im Leben, außer dem, sich irgendwie zu spüren. Irgendjemandem wichtig zu sein.

An jenem Tag hatte Evelyn wieder mal einen Gast im weißen Haus. Es gab Mittagessen, einen ihrer dämlichen Gourmet-Lunches, von denen kein Mensch satt wurde, aber Will setzte sich an den Tisch. Sonst saß er allein in der Küche, aber er wusste vom Butler, dass Evelyn jemanden eingeladen hatte und hoffte, ihr in die Suppe spucken zu können. Das war bei Evelyns Gästen einigermaßen schwer, weil die meisten ohnehin durchgeknallt waren, aber Wills Fantasie war dadurch umso mehr gefordert.

Um die Lage zu peilen, war er etwas früher in den weißen Essraum gekommen, hatte sich umgesehen und an den großen, weißen Tisch gesetzt. Der Gast war – wie so oft – ein Model, eine große, rothaarige Frau mit einer unglaublich weißen Haut. Die beiden Frauen standen noch an der Bar, warfen sich was ein und tranken Schampus, den Henry formvollendet über den Tresen reichte.

Von Beginn an war die Atmosphäre schwül und seltsam. Sie war dicht aufgeladen mit Druck ... und Sex. Das Model hatte eine extrem weiße Haut, ein extrem schönes, pralles Dekolletee – wie Wills Mutter – und sein Blick klebte an ihr, sowie sie das Zimmer betrat.

Die Frauen bemerkten den Jungen nicht, sie waren mit sich selbst beschäftigt und Evelyn benahm sich wie immer überspannt und albern. Diese Rothaarige war ein angesagtes Model und Evelyn wollte unbedingt erreichen, dass sie an der nächsten Filmpremiere, die von einschlägigen Magazinen gecovert werden würde, ein Kleid von ihr trug. Dafür war sie bereit, alles zu tun, einfach alles und hatte auch schon mit Reportern geredet, dass nur ja erwähnt werden würde, dass das Top-Model dieser Tage *ihr* Kleid trug.

Will gab es nicht. Die beiden Frauen kippten den Schampus runter wie Wasser und die Rote scannte Evelyns Körper von oben bis unten. Mit sensiblen Sinnen nahm Will diese lüsterne Atmosphäre auf, nahm wahr, wie Evelyn den Blick des Models auf ihren Brüsten, auf ihrem Mund, auf ihrem Hintern genoss, merkte, wie erregt die beiden allein davon wurden, wie auch Evelyns Augen durch den Stoff des dünnen Kleides der Rothaarigen zu dringen versuchten. Die Rote trug keinen BH und ihr Ausschnitt hing so tief, dass ab und an die rosa Warze herausblitzte. Evelyns Hand zuckte ein paar Mal, als wolle sie genau dorthin greifen.

Die Atmosphäre im Esszimmer lud sich spürbar auf und Will war ungewollt fasziniert. Wie angenagelt saß er auf seinem Stuhl, still und unauffällig, und beobachtete das Balzverhalten der beiden Frauen. Seine Augen ruhten auf dem weißen Brustansatz der Rothaarigen, auf dieser Fülle, die sich in einer weichen Wölbung nach oben drückte und seine Kehle verstopfte sich.

Zu seiner Erleichterung stieß Henry die Tür auf, ein Tablett in seinen Händen, und unterbrach für einen Moment das wollüstige Theater. Die Frauen warfen sich einen heißen Blick zu, setzten sich an den Tisch, während ein Teller vor ihnen abgestellt wurde und Henry Soße darüber träufelte. Sowie er gegangen war, hauchte Evelyn:

»Deine Haut passt wunderbar in dieses Ambiente.«

Lasziv legte die Rothaarige ihren Zeigefinger auf den ohnehin großen Ausschnitt und zog den Stoff nach unten. Eine pralle, apfelförmige Brust quoll über den Stoff und die rosafarbene Brustwarze war steif. Ihre Lippen darüber waren feucht und leicht geöffnet.

Evelyn sog die Luft ein. Ihr Blick hing wie gebannt am Busen des Models, an ihrem Mund, an ihren Fingern, die die rosa Warze umkreisten.

»Du bist dran«, raunte sie Evelyn zu und schob ihre Brust noch ein wenig vor. »Na, los, zeig mir, was du hast!«

Evelyn legte das Silberbesteck auf den Teller, zog den Reißverschluss ihrer Jacke auf und ihr ebenso satter Busen presste sich, von verführerischen Spitzen umschlossen, aus der Öffnung. Sie zog das Körbchen des BHs nach unten und ihre Brust drang nach vorne, als schnappe sie nach Luft. Die Rote lehnte sich zurück und betrachtete das Fleisch, das aus der Jacke hing, legte ihre Hand auf die eigene Brust und massierte sie, ohne die Augen von Evelyns Oberweite zu nehmen. Und je länger ihre gegenseitigen Blicke auf der nackten Haut mit den steifen Warzen ruhten, desto geiler wurden sie beide.

»Die zweite«, krächzte die Rote. »Zeig mir beide, du Luder ... du Schlampe ...« Sie zwickte sich in ihre Knospe, was ihnen unisono ein Stöhnen entrang und Will hing mitten im Geschehen. Sex durchdrang die Luft wie etwas Greifbares, er spürte, was die beiden spürten, er beobachtete nicht nur, er war Teilnehmer. Diese Brüste, diese Blicke ... er war nicht angeekelt, im Gegenteil, es weckte Sehnsucht, nach dieser Weichheit, nach dieser Fülle ... es war wie eine Erinnerung, ein Wink, ein Zeichen.

Will war vollkommen überwältigt und sah zu, wie Evelyn keuchend ihre zweite Brust aus dem Spitzenkörbchen befreite. Sie tauchte ihren Finger in die Rieslingsauce und strich damit eine ihrer Brustwarzen ein.

»Willst du sie?«, hauchte sie. »Hast du Hunger? Los, nimm sie ... nimm sie dir ...!«

Die Finger der Roten schlugen den Stoff ihres Wickelrockes zurück, glitten zwischen ihre Beine, während ihr Blick unverwandt auf Evelyns Brüste gerichtet blieb. Sie fing an zu stöhnen, ihr Becken rotierte auf dem Stuhl und während sie sich rieb, bewegten sich ihre Brüste in verführerischem Rhythmus mit, ihre Lippen waren feucht und offen und Will spürte ihre Erregung als wäre es seine.

Ein lautes Räuspern von Henry, der eigentlich Oskar hieß, stoppte sie. Wieder stand er mit einem Tablett an der Tür und sein Blick war nicht auf die Frauen, sondern auf Will gerichtet. Genervt schloss Evelyn die Augen, dann stieß sie heftig ihren Stuhl zurück.

»Henry!«, fauchte sie. »Servieren Sie das Essen später! Raus!«

Kaum war der Butler verschwunden, trat sie auf die Rothaarige, die ebenfalls aufgestanden war, zu, riss deren Ausschnitt nach unten, krallte ihre Finger um deren Busen und nahm gierig die Warze in den Mund. Hechelnd bog die Rote den Kopf zurück und packte Evelyns Kopf mit beiden Händen.

»Leg dich hin ... hierhin ... auf den Tisch ... los ...!«, keuchte Evelyn. »Möchtest du noch mehr von der Rieslingsoße? Ich gebe sie dir ... ich schmiere sie dir genau – dahin!«

Evelyns Hand griff zwischen die Beine der Roten, stieß sie gegen den Tisch, fegte mit der Hand die Schüssel mit der Soße und das Brot zur Seite – da bemerkten sie endlich das Kind.

»Scheiße! Was tut der denn hier?«

»Oh, nein«, keifte Evelyn wütend. »Schon wieder dieses Balg! Ksch! Geh weg! Geh in dein Zimmer! Na, los, ksch! Du störst!«

Will stand auf, sein Herz klopfte, aber das Model starrte ihn an, musterte ihn und er war unfähig seinen Blick von ihrem halbverdeckten Busen abzuwenden.

»Er ist hübsch«, sagte sie langsam. »Sehr hübsch, sogar.«

Mit süffisantem Lächeln nahm sie wahr, worauf Wills Augen ruhten und in die ihren kam ein Glitzern.

»Komm her, mein Kleiner«, gurrte sie. »Ich hab was Schönes für dich.«

***

Anna zuckte zusammen. Unbeweglich saß sie vor dem Couchtisch, dann wandte sich ihr Blick wie in Zeitlupe ungläubig Will zu.

Der sah sie nicht an. Er starrte aufs Feuer, das schon fast erstorben war. Seine Stimme war nur noch ein heiseres Flüstern.

»Ich weiß nicht, wie lange es her war, dass mich jemand Kleiner genannt hatte. Ich weiß nicht, wie lange es her war, dass mich jemand gewollt hatte. Und dieser Busen ... er machte mich an. Er ließ etwas in mir aufbrechen, das stärker war als ich. Ich wollte mich an ihn schmiegen, ich wollte diese Weichheit spüren, ich ... ich war wie ferngesteuert ... ich ging zu ihr. Evelyn sah weg. Sie tat so, als müsse sie dringend irgendwohin und die Rote führte mich in Evelyns Schlafzimmer, schloss die Tür ab. Und dann gab sie mir Befehle. Die ich ausführte. Weil ich diesen Busen anfassen wollte. Weil ich diese Wärme spüren wollte. Weil ich mich unendlich nach Kontakt sehnte. Sie wand sich unter mir, anscheinend machte ich die Dinge richtig, und das gab mir ein ... ein so mächtiges Gefühl. Ja, ich dachte, ich hätte Gewalt über sie. Ich dachte, tatsächlich ... dachte tatsächlich, sie liebte mich. Sie kam immer wieder. Evelyn sah weiterhin weg. Ich belauschte so einige Streitgespräche zwischen ihnen, weil Laura noch immer kein Kleid von Evelyn getragen hatte und es ihr immer wieder versprach. Evelyn war so hinter ihrer Karriere her, dass sie es jedes Mal glauben wollte. Und ich war so hinter ein bisschen Zuneigung her, dass ich glauben wollte, ich bedeutete dieser Frau etwas.

Und doch war es nie so, wie ich es mir erträumte. Ich strengte mich an, aber wenn sie ihre Befriedigung hatte, drängte sie mich weg. Dann sah sie mich an, als wäre ich ein ekliges Tier und dieser Blick ... dieser Blick ... er hat sich mir eingeprägt ... eingeprägt ... der Blick dieser Frauen, die dich benutzen. Jedes Mal, wenn ich bei ihr war, glaubte ich, endlich das zu finden, wonach ich suchte. Dabei wusste ich noch nicht einmal, was das wirklich war.«

Er brach ab und drehte sich noch mehr weg von Anna. Sie sah ihn nur noch von schräg hinten, ein Blickkontakt war unmöglich. Seine Stimme unendlich bitter.

»Laura machte Evelyn klar, dass sie sich schon längst schuldig gemacht hätte und dass sie sie verpfeifen würde ... und die bekam Angst. Sie saß in der Falle, aber sie kam nicht eine Sekunde auf die Idee, mich da rauszuholen. Eher nutzte sie die Situation für sich. Sie drohte auch mir. Sie würde es meinem Vater sagen, er würde mich enterben. In meinem Kopf war nur noch ... nur noch ... Angst und Unsicherheit. Die Ahnung, dass ich hier völlig verarscht wurde. Dass nichts von dem, was die Erwachsenen sagten, wahr war. Dass jeder alles nur zu seinem Nutzen machte.«

Wieder schwieg er und in Annas Hals war ein ungeheurer Druck. Sie konnte es nicht fassen. In ihren Augen standen Tränen und sie versuchte, sich zu sammeln, um die Kraft zu haben, ihm beizustehen. Seine Lippen waren zusammengepresst, seine Augen glühten und er war eingehüllt in eine noch immer empfundene Ohnmacht und eine Wut, die immer dichter zu werden schien. Auch war seine Stimme kein Flüstern mehr. Sie wurde lauter und beißender.

»Die Rote kam regelmäßig. Ich hätte mich weigern können, aber ich schaffte es nicht. Ich konnte nicht. Ich war ... schwach! Ich war ein dummer Junge! Jedes Mal, wenn sie sich auszog, wenn sie mir sagte, wie sie es haben wollte, hoffte ich, etwas zu finden, was mich nicht so leer zurückließ. Aber sie ließ sich von mir befriedigen, ging ins Bad und verschwand. Oder schickte mich weg. Manchmal schrie sie mich sogar an. Geh weg! Hau ab! Ich kapierte das nicht. Ich dachte immer, ich mache etwas falsch. Heute weiß ich, sie stand unter Drogen.«

Er fuhr sich übers Gesicht, unwillig, aber es waren keine Tränen, die er abwischte. Sein Ton war inzwischen barsch und hart geworden.

»Und dann brachte sie andere Frauen mit«, erzählte er. »Geile Dinger. Schamlos. Sie brachten mir alles bei. Alles. Sie kannten keine Tabus. So. Jetzt weißt du, warum ich ein so guter Liebhaber bin. Ich hatte gute Lehrer und ich habe früh angefangen.«

»Oh, mein Gott, nein!«, entfuhr es Anna. Entsetzt hielt sie sich die Hand vor den Mund. Ihre Augen waren schreckgeweitet, ihr Herz klopfte.

»Oh, mein Gott, doch!«, herrschte Will sie an und seine Augen waren ein tiefer Abgrund. »Ich war ihr *Toyboy*! Sie haben mich benutzt! Ich war für sie nichts weiter als ein Gerät, das sie an ihre Brüste und Vaginas legten! Ich wurde da angesetzt, wo es am meisten Lust brachte!«

Anna blieb die Luft weg.

»Und Evelyn hat alles zugelassen! Weil sie hoffte, dass es ihrer Karriere nützte! Ich kann dir gar nicht sagen, wie lange das ging ... ich machte immer mit ... es war ein Ding zwischen Hoffen und Ekel, zwischen Hass, Erniedrigung und diesem Sehnen nach einem Glück, das sich nie einstellte. Sie gaben mir Alk und warfen mir Pillen ein. Ich habe keine Ahnung, was ich in diesem Zustand alles gemacht habe. Ich fühlte nur den Rausch – und der ließ mich vergessen. Ich fühlte, wie die Frauen sich unter mir wanden, wenn ich tat, was sie wollten. Für einen Moment glaubte ich, sie im Griff zu haben. Ich kann dir das schale Gefühl danach nicht beschreiben. Das Gefühl, alles absolut falsch zu machen, das dreckigste Wesen unter der Sonne zu sein, ohne mich daraus befreien zu können. Ich begann, mich selbst zu verachten. Evelyn begann mich zu erpressen ... sie würde es meinem Vater sagen, er würde mich enterben ... ich befand mich in diesem Gefühlschaos und unter einem gewaltigen Druck ... und ich war ... war unfähig ... unfähig, nein zu sagen, unfähig, mich zu lösen. unfähig wie mein Vater. Jedes Mal, wenn es passierte, wurde es mir mehr bewusst. Ich wollte es, weil die weiche Haut so schön war, weil irgendetwas Blödes, Unlogisches in mir glaubte, das würde mir meine Mama ersetzen. Scheißgefühle! Ich lernte, mich vor ihnen zu fürchten!«

Er brach ab, die Augen dunkel vor böser Erinnerung, das Gesicht rot vor Scham und dieser inneren Wut, die ihn wohl seitdem nie mehr verlassen hatte. Anna war restlos erschüttert und ihr Herz schmerzte, als hätte sie es selbst erlebt.

»Dann kam der Tag, da hatten sie einen Mann dabei – und das war der Break. Ich bekam Angst. Der Mann sah ... er sah brutal aus und ich sah, wie er ins Haus kam ... ich stand oben an der Treppe und ich wusste – in diesem Moment wusste ich einfach, ich muss verschwinden und zwar so schnell wie möglich. Ich rannte in mein Zimmer und warf ein paar Sachen in den Rucksack, durchstöberte mein Zimmer nach etwas Essbarem, weil ich nicht in die Küche konnte – sonst hätten sie mich entdeckt. Ich hatte im Bücherregal noch einige Schokoriegel ... und bei der Suche nach ihnen fiel mir Ediths Zettel in die Hand. Das rosa Herz mit dem Kuss meiner Mutter darauf – es war wie ein Zeichen. Ich weiß noch, wie ich weinte, als ich es sah. Es war, als risse ein Vorhang auf und ich sah klar auf diese dekadente, verdorbene Gesellschaft, von der ich ein Teil geworden war. Sie waren dreckig – und ich war es auch. Als alle im Wohnzimmer waren und sich in Stimmung brachten, ging meine Zimmertür auf und Oskar kam herein. Er hatte erkannt, was Sache war, er hob mich aus dem Fenster, rief ein Taxi und verhalf mir zur Flucht.«

Annas Herz klopfte noch immer laut und heftig. Ihr Gesicht war zu keiner Regung fähig. Will wandte sich ihr zu, blickte ihr voll ins Gesicht und zischte sie, durchtränkt von dieser alten, hochgiftigen Emotion, wütend an:

»Verstehst du jetzt? Ich war nichts als ein elender, dreckiger Lustbefriediger! Willst du wissen, wie sie mich genannt haben? Ich war ihr *Satisfyer*! Ich war eine Funktion! Genau, wie ich für meinen Vater eine Funktion war! Ich war kein Mensch! Warum sollte ich mich wie einer verhalten? Und wenn du es ganz genau wissen willst: Ja, ich hasse Frauen! Ich hasse sie! Sie benutzen dich! Sie wollen dein Geld! Deine Stellung! Deinen Körper! Ich habe es wieder und wieder erlebt! Diese Facebook-Geschichte ... sie ging los, weil ich einem Freund beweisen wollte, dass es so war ... und alle, alle Frauen sind darauf angesprungen! Ein interessanter Beruf, ein halbwegs gutaussehender Mann, ein paar Koseworte ... und sie meinen, sie haben jemanden gefunden, der ihnen den Arsch abwischt! Sie haben mir alle ihr Geld geschickt! Und mein größter Spaß war, ihre gekränkten Kommentare zu lesen! Meine größte Freude die Verletzung in ihren Augen, wenn ich sie fallenließ! Ich hasse sie, diese dummen, geldgeilen Fotzen, die nur an sich denken! Ich hasse sie! Ich hasse sie! Ich hasse sie!«

Er sprang auf die Füße und schrie Anna an, schrie endlich diese uralte Wut nach draußen mit tiefdunklen, glühenden Augen und einer Spannung im Körper, die kurz vorm Platzen stand. Anna hielt stand, sah ihm in die Augen. Sie stand symbolisch für alle Frauen dieser Welt, die ihn missbraucht hatten. Er steigerte sich in eine unendliche Raserei hinein, sein Blick war voll von den alten Demütigungen, voll von einem Schmerz, der ihr die Luft zum Atmen nahm und sie wagte nicht, ihn anzufassen. Bebend stand sie auf, stellte sich ihm gegenüber.

»Und ... und du musstest dich rächen, nicht wahr, Will?«, forderte sie ihn mit zitternden Lippen weiter auf. »Du willst dich an ihnen rächen ... deshalb hast du ...«

»Oh ja!«, schrie er und ballte die Fäuste. »Ich will mich an ihnen rächen! An diesen blöden, dummen, feisten Weibern! Und ich bereue nichts! Nichts! Sie haben es alle verdient! Alle haben sie es verdient! Ich habe es ihnen heimgezahlt! Wenn ich mal eine Beziehung hatte, dann war die größte Befriedigung, sie danach zum Teufel jagen zu können! Niemand hat mich je mehr weggeschickt! Niemand mehr benutzt! Niemand! Ich war es, der ihnen weh tat – nicht sie mir!«

Will war heiser. Er sah in Annas Gesicht und seine Augen bekamen einen fast wahnsinnigen Ausdruck.

»Du glaubst mir nicht?« Er trat einen Schritt auf sie zu, die Fäuste fest geballt. »Du glaubst mir nicht?«

»Doch, Will ... ich glaube dir ... ich ...«

»Das mit Facebook ... über Facebook habe ich mir mein Geld wieder geholt ... verstehst du? Du siehst, es funktioniert ... ich habe recht ... ich habe nur mein Geld wiedergeholt!«

»Welches Geld, Will?«

Er starrte sie böse an. »Mein Geld!«

»Dein Geld. Hat es dich glücklich gemacht, Will?«

»Ja, verdammt noch mal!«, schrie er und seine Stimme überschlug sich, weil er heiser war. »Ja! Ich habe mich gefreut! Ich habe mich unendlich gefreut!«

Anna wusste, sie musste jetzt klar bleiben, musste ihm helfen, das umzudrehen ... musste ihn aus diesem Wahnsinn herausholen.

»Will ... was hast du dir geschworen in dieser Nacht?«

»Was ich mir geschworen ...?« Er hielt kurz inne, seine Augen blickten noch immer wie irrsinnig, dann biss er die Zähne zusammen und zischte: »Ich habe mir geschworen, nie mehr eine Frau an mich ranzulassen! Nie mehr! Wenn, dann würde ich den Spieß umdrehen ... dann würde ich die Frauen benutzen! Niemals würde ich es zulassen, dass eine von ihnen Macht über mich hat!«

»Was noch?«, flüsterte sie. »Das war nicht alles!«

»Nein, das ist nicht alles! Ich wusste ab diesem Moment, dass Menschen lügen, dass alle nur auf ihren Vorteil bedacht sind ... dass es nur darum geht, zu gewinnen, sonst gehst du unter ... du gehst unter ... ich habe es doch gesehen! Ich habe mir geschworen, nie mehr zu verlieren, verstehst du? Nie mehr! Nie mehr!«

»Aber ... Will ... du hattest das rosa Herz ... wohin hat es dich gebracht? Wohin bist du gegangen in dieser Nacht? Du bist entkommen, vergiss das nicht! Du hast es beendet! Du bist nicht schwach ... du warst stark! Du bist gegangen!«

Wild sah er sie an. Seine Unterlippe war vorgeschoben und für einen kurzen Moment dachte sie, er würde sie schlagen. Dann aber sackten seine Schultern nach unten.

»Wo bist du hin in dieser Nacht?«, flüsterte sie und hoffte von Herzen, dass es nun etwas Positives gab, einen Strohhalm, eine Insel, auf der er endlich hatte ausruhen können.

»Ich bin zu Edith«, sagte er tonlos, aber atmete noch heftig. »Ihre Adresse stand auf dem Briefbogen. Oskar hat mich ins Taxi gesetzt und ich hoffte, sie würde da sein. Ich hatte nur ihre Geschäftsadresse. Und diesmal, wenigstens einmal, hatte ich Glück. Sie arbeitete an diesem Tag länger und sie war da. Sie nahm mich auf.«

An seiner starren Haltung erkannte Anna, dass das noch nicht die Lösung für ihn gewesen sein konnte. Mit angehaltenem Atem stand sie ihm gegenüber und hatte Probleme, mit ihrem eigenen Schock fertig zu werden. Will setzte sich auf die Couch. Schweiß stand auf seiner Stirn und er fröstelte. Beunruhigt registrierte sie das. Vorsichtig und mit einem gewissen Abstand setzte sie sich neben ihn.

»Wurde es besser?«, fragte sie leise.

»Aber klar! Natürlich! Es wurde besser! Und wie!«, bellte er und sie zuckte zurück. Tiefer Hass verdunkelte seine Augen. »Ich habe Edith alles erzählt.

Niemandem sonst. Sie wollte Evelyn anzeigen, Oskar wollte das auch, aber dann wäre alles aufgeflogen und mein Vater wäre erledigt gewesen. Und ich genauso. Damals habe ich das nicht begriffen. Aber Edith dachte weiter. Sie wollte mir zumindest die Firmen erhalten. Sie hat Oskar gebeten, vorerst den Mund zu halten. Die Geschichte wäre wohl unweigerlich in die Schlagzeilen gekommen ... das Kind, das von seiner Stiefmutter und ihren Freundinnen missbraucht worden war ... nicht förderlich für meine Zukunft. Aber ich konnte das Wort Zukunft damals nicht hören ... ich wollte keine. Edith musste meinem Vater Bescheid geben, wo ich war. Sie durfte mich nicht einfach bei sich behalten. Sie rief ihn an. Er kam. Sie erzählte. Mein Vater hat uns nicht geglaubt.«

»*Was?*«

»Er hat uns nicht geglaubt, weil er es nicht wollte. Weil das seiner Welt ein weiteres Problem hinzugefügt hätte, das er nicht lösen wollte. Alle dachten nur an sich. Nur an sich. Ich war allen egal.«

»Nein, Will. Du warst Edith nicht egal«, sagte Anna mit Tränen in den Augen. »Du warst Oskar nicht egal, deiner Mutter nicht egal ...«

Es klang schrecklich schwach angesichts der Fakten und Will warf ihr einen entsprechenden Blick zu.

»Tatsache war, er verlangte, dass ich mit ihm zurückging.«

»Oh, nein, Will, bitte nicht«, stöhnte Anna. »Oh, bitte nicht!«

»Edith ging als Antwort zum Telefon und ließ sich das Jugendamt geben. Mein Vater riss ihr den Hörer aus der Hand und sie wurde zur Furie. Sie sagte, sie würde anrufen, sobald er hier raus wäre, sie rufe die Presse an, sie würde das alles öffentlich machen ... »

Will stützte, vollkommen resigniert und mit einem Mal erschöpft von diesem Drama, seinen Kopf in die Hände.

»Ich mach es kurz, okay? Edith hat meinen Vater erpresst und sie einigten sich darauf, dass ich in ein Internat käme, ein privilegiertes, damit ich danach entsprechende Chancen für ein Studium hätte – unter der Bedingung, dass sich Edith von mir fernhielt. Mein Vater hasste sie ab diesem Moment wohl von ganzem Herzen. Aber ich war nur dankbar, dass ich nicht mehr ins weiße Haus musste. Ich blieb bei Edith bis zu meiner Abreise. Dann kam ich nach England in ein Internat.«

»Aber dann warst du doch schon wieder allein!«, sagte Anna gequält und an der Grenze ihrer Aufnahmefähigkeit.

»Nein«, sagte William und seine Stimme versagte ihm immer öfter. »Ich war endlich nicht mehr allein. Plötzlich war ich unter Menschen. Plötzlich hatte ich Lehrer, die sich um mich kümmerten. Lehrer, die es gut mit mir meinten. Im Internat hatte ich zum ersten Mal Freunde. Es hat gedauert. Ich war eben verbaut. Edith schrieb mir, hielt die Verbindung, das konnte ja keiner verhindern ... die Ferien verbrachte ich bei Freunden oder feierte Weihnachten mit dem übriggebliebenen Personal der Schule ... ich kehrte nie mehr ins weiße Haus zurück. Es war die normalste Zeit in meinem Leben.«

Anna weinte.

»Oh, Will«, schniefte sie und legte endlich ihren Arm um ihn. »Will ...«

»Ich hatte meinen ersten, besten Freund, Phil. Und bei ihm und seiner Familie war ich oft. Sehr oft. Ich wurde fast ein Familienmitglied, wir waren richtig dicke Freunde und Phil tat mir gut. Er stand zu mir. Ich habe so etwas noch nie erlebt und seine Einstellung, auch die seiner Familie, färbte auf mich ab. Er hatte diese Bilderbuch-Eltern, er hatte alles, was ich nicht hatte. Und er ... er selbst war ehrgeizig, fleißig, hatte Werte, all den Mist, den du auch angesprochen hast, als wir uns das erste Mal auf Facebook unterhalten hatten. Es beeindruckte mich – weil es so anders war als das, was mir mein Vater vorgelebt hatte. Und es erinnerte mich an Mama. Sie hatte ihre Arbeiten auch immer akkurat gemacht. Sie war konsequent und zuverlässig gewesen und endlich hatte ich Vorbilder, die mich vorwärtsbrachten. Ich hatte brauchbare Noten und dachte darüber nach, etwas aus meinem Leben zu machen. Tja ... es waren ... geruhsame Jahre und ab und zu besuchte mich sogar mein Vater. Er sah nicht gut aus, aber er sagte, er freue sich, wenn ich das Abitur habe ... und dass er jede Menge Arbeit für mich in seinen Firmen hätte. Wir sprachen über mögliche Studiengänge ... aber zwischen uns blieb immer eine Barriere. Er hatte mir nie beigestanden, er hatte Evelyn geglaubt und das hatte mich mehr getroffen, als mir bewusst war. Er war immer fahrig, nie wirklich da ... aber immerhin, ich war sein Erbe. Ich hatte noch zwei Jahre bis zum Abitur, dann wollte ich auf eine Elite-Uni gehen, in seinen Firmen Praktikum machen, sie sukzessive übernehmen. Ich konnte es kaum erwarten, einfach, weil ich wusste, dass ich das besser konnte als er.

Aber eines Tages rief mich der Direktor zu sich und eröffnete mir, dass mein Vater seit einem Jahr die Gebühren nicht mehr bezahlte und er mich deswegen nicht mehr auf der Schule lassen könne. Er hätte meinen Vater mehrfach angeschrieben und der hätte nicht geantwortet. Mir wurde nahegelegt, das Abitur in einem öffentlichen Gymnasium zu machen. Ich rief ihn an, erreichte ihn nicht, sprach ihm eine Nachricht auf Band. Er meldete sich nicht. Dann rief mich zwei Tage später Edith an. Sie sagte, sie würde am nächsten Tag da sein und ich hörte an ihrer Stimme, dass sie mit schlechten Nachrichten kommen würde. Tja, und so war's auch.

Mit den Jahren waren die Umsätze der Firmen systematisch nach unten gegangen, während Evelyn Geld, das schon längst nicht mehr da war, in einer Geschwindigkeit durchgebracht hatte, dass meinem Vater die Luft ausgegangen war. Mein Anruf, warum er die Gebühren nicht bezahlt hatte, war wohl der Auslöser gewesen. Er hatte sich in dieser Nacht von der Brücke gestürzt. Er war gegangen ohne ein Wort.«

Anna schloss die Augen und presste die Lippen zusammen. Ihr war schwindlig. »Er ist wie meine Mutter – einfach verschwunden. Sie sind ... einfach ... weg. Ich war ihnen nichts wert. Noch nicht einmal ein Wort des Abschieds.«

Die Stimmung im Raum war inzwischen vollkommen durchdrungen von seiner Verbitterung, der Brutalität an Ereignissen, und sie war so massiv, dass Anna meinte, ihr Kopf müsse platzen. Stumm saß sie neben Will auf der Couch.

»Und Evelyn?«, wagte sie nach einer Zeit leise zu fragen.

»Evelyn ...« Wills Augen glommen noch einmal auf vor Hass. »... die hatte die Jahre, die ich im Internat war, genutzt, alle Vermögenswerte auf sich überschreiben zu lassen. Sie hatte die Firmengebäude, den Fuhrpark, das weiße Haus ... alles.«

»Moment mal«, warf Anna entrüstet ein und nahm den Arm von seiner Schulter. »Es gibt doch ein Erbschaftsrecht! Du hast doch Anspruch auf einen Pflichtteil, selbst, wenn du enterbt wärst!«

»Ja, nur ... da war nichts mehr. Das war selbst Evelyn nicht klar gewesen. Sie war so dumm! Jahrelang hatte sie Geld verschleudert und wunderte sich nun, dass nichts mehr da war! Alles kam in die Konkursmasse, um die Schulden zu decken. Und selbst das reichte nicht aus. Ich musste die Erbschaft ausschlagen, sonst wäre ich wohl einer der am höchsten verschuldeten 16-Jährigen gewesen. Evelyn hatte mich um alles gebracht. Auch um meinen Vater. Und das Schlimmste war: Sie hatte das Sorgerecht für mich – ich war noch nicht volljährig.«

»Oh, mein Gott!«, flüsterte Anna.

»Bin abgehauen«, berichtete Will mit rauer Stimme. »Hab ein paar Jahre auf der Straße gelebt. Edith wusste nicht, wo ich war. Niemand wusste es. Hab alle Verbindungen abgebrochen, mich in Deutschland herumgetrieben. Bin wieder in mein altes Muster verfallen, hab gestohlen ... bin in Waldhütten eingebrochen, hab dort so lange wie möglich gelebt. Wollte auswandern ... nur ... ich hatte ja nichts. Ab und zu habe ich Phil besucht, wenn es mich in seine Gegend getrieben hat. Er hat mir gut zugeredet, seine Eltern wollten mir helfen, aber ich war für nichts zugänglich. Als ich achtzehn war, heuerte ich auf einem Schiff an und bin zum ersten Mal mit der Erdölbranche in Berührung gekommen. Aber das Leben auf See war nicht meins. Ich ... naja, ich war damals ziemlich am Ende.«

Er sah in Annas gequältes Gesicht. »Zu viel?«, fragte er lakonisch. Inzwischen war er völlig heiser, seine Stimme kaum noch verständlich und sie wusste, er konnte nicht mehr.

»Ja«, flüsterte sie. »Zu viel für ein Kind. Zu viel für dich.«

Er antwortete endlich mit einem Blick, der sie hoffen ließ. Hoffen, dass diese Lebensbeichte etwas verändert hatte, weil ein warmer Glanz in seine Augen kam. Doch eine Sekunde später schon vertrieb Mutlosigkeit diesen Hauch an Hoffnung und er wandte den Blick wieder ab.

»Will, du bist vollkommen erschöpft«, sagte sie. »Und dein Pullover ist total durchgeschwitzt!«

Er erwiderte nichts.

»Du musst ins Bett und aus diesem nassen Zeug raus.«

Er wollte etwas sagen, fing aber an zu husten und erneut tastete sie besorgt nach seiner Stirn. Diesmal war sie glühend heiß und Anna reagierte resolut, diktierte ihn ins Bad, ließ ihn sich kurz abduschen, ein frisches T-Shirt anziehen und ins Bett legen Er fiel in einen unruhigen Schlaf. Sie rieb ihm die Brust mit der Salbe ein, legte kühle Wickel auf seine Stirn und rief ihre Mutter an, die immer einen zusätzlichen Rat und jede Menge Hausmittel in petto hatte.

Innerhalb der nächsten zwei Stunden hatte Will das Bettzeug klatschnass geschwitzt und sie wechselten die Laken, legten Handtücher unter seinen Körper, machten Wadenwickel, flößten ihm Globuli und Tee ein. Will bekam kaum etwas davon mit. Immer wieder zog Anna die Bettdecke über seine Schultern, immer wieder strampelte er sie weg. Doch endlich wurde er etwas ruhiger und beide, Anna und ihre Mutter, betrachteten ihn.

»Er sieht aus wie ein Kind«, flüsterte Frau Rossberg. »... wenn er schläft.«

Anna nickte zärtlich und ihrer Mutter entging der Ausdruck auf dem Gesicht ihrer Tochter nicht.

»Was ist mit Phil?«, fragte sie leise.

»Ich weiß nicht«, antwortete Anna. »Ich kann jetzt nicht darüber nachdenken. Die letzten Tage waren einfach zu heftig. Du kannst dir nicht vorstellen ... Mama, was Will ... es ist ...«

Sie legte ihren Kopf auf die Schulter ihrer Mutter und weinte hemmungslos.

***

Will schlief. Die drei Frauen wechselten sich mit der Krankenwache ab und Anna war froh, ihre Kinder zu sehen, schloss sie lange in die Arme und rief auch endlich Phil an.

»Phil, wie geht es dir?«, fragte sie.

»Das frage ich dich, Anna«, antwortete er und sie hörte Angst in seiner Stimme.

»Ich ... ich bin durcheinander«, gab sie ehrlich zu. »Will hat mir so viel erzählt ... und wir sind noch nicht einmal bis zum Ende gekommen, weil er krank geworden ist.«

»Er hat von seiner Familie erzählt?«

»Ja, von seiner Kindheit. Ich glaube, es sind Dinge dabei, von denen auch du nichts weißt.«

»Fang an.«

»Nein, Phil, das kann ich nicht. Das muss Will entscheiden.«

»Anna ... es hat was mit dir gemacht ... ich meine, dass er dir das alles erzählt hat.«

»Ja, Phil, das hat es, das kann ich nicht leugnen.« Sie biss sich auf die Lippen. »Es ... es ist auch für mich sehr schwer. Dass ich das alles weiß. Dass er hier ist. Und dass es dich gibt.«

»Oh, Anna ...«, sagte Phil und seine Stimme war flehend. »Lass seine Geschichte nicht zwischen uns treten. Ich weiß, wir waren noch nicht richtig zusammen, aber wir waren auf einem so guten Weg!«

Anna schwieg eine Weile. Dann antwortete sie:

»Ich bin durcheinander, Phil. Ich muss das Ganze erst sich setzen lassen. Bitte ... ich brauche einfach Zeit. Es nimmt mich mehr mit, als du denkst.«

»Ja«, sagte Phil und klang traurig. »Das ist genau das, was mir Angst macht. Aber ich gebe dir natürlich Zeit. Nimm sie dir. Und melde dich, wenn du so weit bist.«

Anna legte auf. Phil war ein so anständiger, liebevoller und feinfühliger Mensch. Ihr Herz floss über, wenn sie an ihn dachte. Mit ihm ... mit ihm hätte sie Ruhe. Mit ihm würde ihr Lebensschiff sicher und komplikationslos durchs Leben gleiten.

***

Edith saß an ihrem Bett und hielt Wills Hand. Zwei Tage waren vergangen und endlich schwitzte er nicht mehr so sehr. Seine Wangen waren eingefallen, weil er nichts gegessen hatte. Sie hatten lediglich dafür sorgen können, dass er genug trank. Er schlief zum ersten Mal ruhig und tief und sie wussten, er war übern Berg.

Anna machte Kaffee und rief Edith in die Küche.

»Du musst müde sein«, sagte sie. »Du sitzt schon seit Stunden bei ihm.«

»Das macht mich nicht müde«, lächelte Edith. »Ich liebe den Jungen. Aber du siehst müde aus.«

»Naja ... Wills Leben war kein Zuckerschlecken ... ich meine, man hängt da voll mit drin ...«

»Ja, ein Zuckerschlecken war es nicht. Angesichts dessen, was er dann doch noch aus seinem Leben gemacht hat, könnte er stolz auf sich sein.«

»Was hat er denn aus seinem Leben gemacht?«, fragte Anna. »Als ich ihn kennenlernte, hat er den Eindruck erweckt, er bräuchte dringend den Deal mit Wang, um zu überleben.«

»Nein, Will hat sich gewaltig etabliert – er hat die Gene seiner Mutter. Gott sei Dank.«

»Erzähl du mir den Rest«, bat Anna. »Ich habe so das Gefühl, dass er nicht mehr mit dem Thema anfangen sollte, wenn er das Fieber überwunden hat.«

»Ja, das ist eine gute Idee «, sagte Edith. »Ich habe mich ohnehin gewundert, dass er dir das alles gesagt hat ... das mit dem Missbrauch ...« Sie verstummte.

»Ich bin so froh, dass er den Mut hatte«, sagte Anna leise. »Ich bewundere ihn dafür.«

»Wie weit seid ihr gekommen?«

»Bis zu dem Punkt, als sein Vater Selbstmord beging und du es ihm sagen musstest. Er sagte mir, dass er abgehauen sei ...«

»Oh ... okay«, seufzte Edith. »Noch ein dunkles Kapitel in seinem Leben.«

»Was? Noch eines?« Anna hieb ihre Stirn gegen die Tischkante. »Echt, Edith«, stöhnte sie. »Wieviel kann ein Mensch aushalten?«

Edith erzählt

»Ich habe alles getan, um ihn aufzuspüren, die Polizei wusste Bescheid, aber allein da zeigte sich schon Wills Intelligenz. Sie haben nie auch nur einen Hinweis bekommen, wo er sein könnte. Die Monate vergingen und Will blieb unauffindbar. Keine Ahnung, wie er das geschafft hat, aber ich starb natürlich vor Sorge. Als dann mehr als zwei Jahre um waren, wurde ich mutlos.

Nie werde ich den Abend vergessen, als ich etwas früher nach Hause ging. Es war Weihnachtszeit, überall blinkten kleine Lichter, die in die Reling der Schiffe und in die Zweige der Bäume genestelt waren. Es hatte die Tage geschneit und der Schnee war liegengeblieben, veränderte die Welt. Ich weiß noch, wie ich stehenblieb und in das Laternenlicht sah. Dicke weiße Flocken kamen vom Himmel herunter. Es sah so schön aus, diese grauen, dunklen Wolken, die luftigen Flocken ... Aber es war kalt und ich wollte so schnell wie möglich nach Hause. An diesem Abend war auf dem Jungfernstieg besonders viel los. Vorweihnachtszeit. Rummel, Buden, Touristen, Bettler, Musikanten, so viele Menschen, das Gedüdel von Popsongs, Weihnachtsliedern, Leierkästen, Stimmen, Lachen ... Aber plötzlich war mir, als ob jemand meinen Namen gerufen hätte. Ich drehte mich um, konnte aber niemanden ausmachen, der winkte oder nach mir Ausschau hielt. Und doch blieb ich stehen, ich weiß nicht, warum. Ich horchte in diese Geräuschkulisse hinein ... kennst du das? Ich war so sicher, dass ich mich nicht getäuscht hatte ... und so ging ich ein paar Schritte zurück. Es waren so viele Menschen hier, mein Blick schweifte über den Stieg – und blieb an einer Gestalt auf einer schmutzigen Decke hängen. Ein Bettler, wie so viele hier saßen, aber er hatte weder eine Mütze, noch einen Becher aufgestellt. Er wirkte gar nicht so, als ob er bettelte. Er saß einfach da und starrte vor sich hin. Es war etwas vollkommen Ergebenes an seiner Haltung, etwas vollkommen Hoffnungsloses. Mein Herz fing an zu klopfen und mit jedem Schritt wusste ich sicher: Es war William. Ich stürzte auf ihn zu und hockte mich vor ihn hin. Er sah mir eine Sekunde in die Augen, dann senkte er den Kopf und fing an zu weinen. Ich zog ihn hoch, er war furchtbar geschwächt, seine Rippen stachen durch den dünnen Pulli, er fror. Ich wollte gar nicht wissen, wann er das letzte Mal etwas gegessen hatte, ich weiß nur, er war vollkommen am Ende.«

Edith zog die Nase hoch und nestelte ein Taschentuch aus der Packung.

»Wir gingen zu mir nach Hause, da brach er mir auf dem Flur zusammen. Ich rief einen befreundeten Arzt an, der ihm Infusionen und was nicht alles verabreichte, und die nächsten Wochen verbrachten wir damit, ihn aufzupäppeln. Er war wortkarg, sagte kaum was. Und in seinen Augen stand eine Hoffnungslosigkeit, die mir Angst machte. Es war der Blick, den ich an Patty gesehen hatte, als man ihr die Diagnose übermittelt hatte. Es war der Blick, den sein Vater gehabt haben musste, als er von der Brücke gesprungen war. William war genau an diesem Punkt. Er hatte unterbewusst das übernommen, was seine Eltern ihm vorgelebt hatten.«

Bebend umklammerte Anna ihre Tasse. Ediths Blick streifte sie.

»Er war zurückgekommen, um zu sterben, Anna. Das las ich deutlich in seinem Gesicht. Er hatte keine Zukunft, keinen Plan ... keine Hoffnung. Ein 19-jähriger Bursche. Missbraucht, traumatisiert, ohne ein Familienmitglied. Und alles, was ich hatte, war ein Umschlag von seiner Mutter, von dem ich hoffte, dass er ...«

»Du hattest einen Umschlag von seiner Mutter?« Anna sah auf.

»Ja, sie hatte mir gesagt, ich solle ihm das Kuvert geben, sobald William achtzehn war – und keine Sekunde früher. Das war ihr sehr wichtig. Sie hat es wieder und wieder betont. Ich hatte also warten müssen. Das Problem war nur, dass Will mit siebzehn abgehauen war und ich ja nicht wusste, wo er war. Und jetzt war er hier und ich hatte keine Ahnung, was in dem Umschlag war! Glaub mir, ich war tausend Mal versucht, den Umschlag aufzumachen, einfach, um dem Jungen weiteren Horror zu ersparen!«

Betroffen lehnte sich Anna zurück.

»Und was stand nun in dem Brief? War es überhaupt ein Brief?«

»Nein ... Brief kann man das nicht nennen. Es war ein persönliches Testament, in dem Patty William eine Scheune vermachte.«

»Okay. Eine Scheune«, sagte Anna enttäuscht. »Und kein persönliches Wort von ihr?«

»Nein, nicht wirklich.«

»Was heißt das? Warum überschreibt sie ihm eine Scheune? Warum hat sie nicht Williams Zukunft gesichert, wenn sie schon wusste, dass sie gehen muss? Und warum hat sie es ihm nicht gesagt? Das mit ihrer Krankheit? Was um Himmels Willen muss Will dabei empfunden haben, wenn sie ihm von all dem Vermögen gerade mal eine *Scheune* überlässt? Und abgesehen davon: Er hat doch bestimmt auf ein paar persönliche Worte gehofft!«

Anna reagierte echauffierter als sie wollte. Wills Bericht hatte sie sehr mitgenommen – wie musste es dann ihm erst ergehen?

»Oh, wow ...«, machte Edith auf Annas Ausbruch. »Das sind viele Fragen .... und ja, das stimmt ... er hat den Umschlag dreimal durchsucht nach einem Zettel, einem kleinen Brief ... irgendwas ... aber es war nur eine Notiz an der Eigentumsurkunde mit einer Briefklammer befestigt. Darauf stand. Vertrau mir, Will. Denk an die Fahrten zum Gardasee!«

»Hm«, sagte Anna verdrießlich. »Das ... das dürfte ihn kaum getröstet haben.«

»Nein, er war genau wie du enttäuscht, aber er zeigte es nicht, Enttäuschungen waren ihm ja nun nicht fremd. Er sagte, er würde sich die Scheune anschauen, er sei es gewöhnt, in Scheunen zu leben. Wir fuhren also hin – sie stand auf dem Land, weit hinter Berlin in der Pampa, aber sie war überraschend groß und stabil, die Tore intakt. Sie stand hinter einem kleinen Wäldchen, von der Straße aus nicht einsehbar und dahinter freies Feld. Mit den Jahren war sie von hüfthohen Brennnesseln so zugewuchert, dass wir mit erhobenen Armen zum Tor gehen mussten. Im Umschlag war ein Schlüssel, aber wir konnten das Tor wegen des hochgewachsenen Gestrüpps kaum öffnen. Wir hätten eine Sense mitnehmen sollen! So gut wir konnten, trampelten wir Gras und Unkraut nieder und bekamen das Tor gerade so weit auf, dass wir durchschlüpfen konnten. Und dann standen wir in dieser dämmrigen Scheune. Meine Augen gewöhnten sich nur langsam an die veränderten Lichtverhältnisse, daher erkannte ich zu Beginn nur Massen von Büchern, alte Gartengeräte, Schilder, Regale, Tücher, die über Gegenstände gehängt waren, zentimeterdicker Staub und Spinnweben überall. Es sah aus wie eine Lagerhalle für Möbel, die rechts und links an der Wand aufgereiht waren. William ging durch den Mittelgang und zog ein Tuch von einem der Gegenstände. Es war ein Auto. Angerostet, kaputt, teilweise zerlegt. Aber in William bewegte sich etwas, als er den Wagen sah, und aufgeregt zog er das Laken ganz ab. Zum Vorschein kam ein Ferrari Dino. Er zog an den nächsten Tüchern und fand einen BMW 507 ... eine ganze

Phalanx von alten Maseratis ... einen Ghibli, einen Spider, einen Sebring, einen GT 3500, einen Mistral... und auf der Gegenseite standen ein Lamborghini Miura, etliche Astons ... drei Jaguar E-Types ... ein Iso Grifo ... ein Flügeltürer ... uns gingen die Augen über und William flippte fast aus. Da stand ein Vermögen! Die Autos waren teilweise Schrott, aber so selten, dass man selbst für den Schrott horrende Summen bekam! Es war der größte Scheunenfund in der Geschichte der Autosammler. Patty hatte eine Vorliebe für Autos gehabt, speziell für einen eisblauen E-Type, mit dem ist sie oft gefahren – mit Will an den Gardasee, in die Schweiz ... sie hatte das Auto geliebt! Egon hatte mit den Jahren auf ihr Geheiß etliche Wagen zusammengekauft. Teilweise reparaturbedürftig, teilweise sehr gut erhalten. Der Plan war, sie irgendwann mal zu restaurieren, also hatten sie sie einfach in dieser Scheune geparkt – aber nun, zwanzig, dreißig Jahre nach dem Kauf, waren die Dinger ein Vermögen wert. Und es war Pattys einziges, privates Vermögen gewesen, das sie komplett auf Will überschrieben hatte. Aber sie hatte Angst, dass Egon nach ihrem Tod nicht zurechtkommen würde und sie wollte, dass Will etwas nur für sich hatte. So bestimmte sie, dass Will diese Urkunde erst bekommen sollte, wenn er achtzehn war. Dann konnte ihm das keiner mehr nehmen. Will ließ die Autos schätzen und das Gutachten verursachte ihm fast einen Herzinfarkt. Er verkaufte nur fünf davon. Allein die brachten ihm mehrere Millionen und das Geld reichte aus, ihm seine Existenz zu sichern. Er ergriff seine Chance, machte sein Abitur, studierte und baute sukzessive seine Firmen auf.
Aber die Ereignisse blieben dennoch an ihm haften. Sein Vater war mit seinem Selbstmord in die Schlagzeilen gekommen. Evelyn war nicht nur mit Drogen erwischt worden – ihre sogenannten Freunde hatten sie ohne mit der Wimper zu zucken ans Messer geliefert und nach Absitzen einer Haftstrafe rutschte sie vollends ab. Ein Jahr nach dem Scheunenfund rief die Polizei bei Will an. Sie baten ihn, eine Leiche zu identifizieren. Es war Evelyn. Sie hatte sich mit verunreinigtem Zeug abgeschossen.«
»Oh mein Gott«, flüsterte Anna.
»William hatte sich damals so einige Dinge geschworen, unter anderem, seinen Namen nie in die Schlagzeilen kommen zu lassen. Zwei der alten Firmen kaufte er zurück, aber die eine war so marode, dass er Insolvenz anmeldete, die andere hat er, glaube ich, noch. Aber er baute sich ein absolut neues Firmenkonstrukt auf, und zwar so, dass er als Firmeninhaber nicht ersichtlich war. Niemand weiß, was er eigentlich besitzt. Viele Firmen hat er mit CEO gekauft. Er leitet sie nicht wirklich, er besitzt sie nur. Vermutlich will er verhindern, dass Frauen ihn wegen seines Geldes anmachen. Ich meine, er sieht gut aus ... und wenn dann ein Mann auch noch Geld hat, ist es leicht, ihn zu lieben. Das Traurige ist – er hatte nie eine echte Beziehung. Ich fürchte, er hatte immer nur Sex.«

Anna atmete aus. Sie war so froh, dass es diesen Lichtblick in Wills Leben gegeben und dass er ihn genutzt hatte.

Sie hörten ein Geräusch und gingen beide zu Will ans Bett. Er schlief noch.

»Er sieht friedlicher aus«, flüsterte Edith. »Ich weiß nicht, ob ich ihn überhaupt jemals in diesem Zustand gesehen habe. Er war immer ruhe- und rastlos.«

»Hoffen wir, dass er die Vergangenheit loslassen kann. Edith.«

»Ich bin froh, dass er bei dir ist«, sagte Edith. »Ohne dich hätte er das nie gewagt.«

Anna schwieg. Es gab so vieles zu bedenken. Es war noch so vieles unklar.

Edith blieb noch ein Weilchen, damit Anna zu ihren Kindern konnte. Als sie wiederkam, schlief Will immer noch. Es war ein gutes Zeichen.

Endlich.

Christian

Edith ging ins Hotel, Anna hatte Lea und Tim zu Bett gebracht, und es war neun Uhr abends, als Will endlich aufwachte. Sie hörte kleine Geräusche, das Rascheln der Bettdecke, Husten, das Klacken des Glases, das auf den Nachttisch gestellt wurde. Leise öffnete sie die Tür und lehnte sich gegen den Rahmen. Will saß im Bett, die Beine angezogen, den Wecker in der Hand. Fraglos versuchte er gerade, sich zu orientieren. Dann erblickte er Anna. Sein Blick war tief und voller Gefühl.

»Wie lange war ich weg?«, fragte er.

»Zwei Tage«, antwortete sie. »Du hast drei Bettwäschen durchgeschwitzt!« Sie kam näher, legte ihre Hand prüfend auf seine Stirn. »Wie geht es dir?«

»Besser«, erwiderte er. Er war unsicher, Anna wollte ihm die Verlegenheit nehmen und sagte: »Ich habe eine Suppe auf dem Herd. Meinst du, du kannst was essen? Das wäre super! Du hast ganz schön abgenommen!«

Sie lächelte ihn an und er lächelte zurück. Es war ein scheues Lächeln – die Veränderung in ihm war deutlich, aber noch wacklig, und sie spürte, wie er versuchte, sich zu finden.

»Ja, ich habe Hunger«, antwortete er. »Suppe wäre prima.«

Sie stand auf. »Na, dann! Geh ins Bad – ich bringe sie dir ans Bett.«

»Nein, das musst du doch nicht ... ich kann am Tisch essen.«

»Du bleibst im Bett«, kommandierte sie. »Du bist immer noch durchgeschwitzt. Vielleicht fühlst du dich gut genug, um zu duschen.«

Er grinste sie dankbar an, und in diesem Lächeln kam zum ersten Mal wieder leicht seine Räubernatur zum Vorschein, was Anna unglaublich freute. Sie schaltete den Herd an, bezog das Bett neu, schüttelte die Kissen auf, lüftete durch und bereitete ein Tablett vor mit Tee, Suppe, Brot und einer kleinen Vase mit einer Blume drin.

Als er im Bett lag, rieb sie ihn ein, stopfte ein Kissen in seinen Rücken und holte das Tablett.

»Anna, du musst mich doch nicht so verwöhnen ... ich ...«

»Doch«, widersprach sie. »Ich glaube, genau das brauchst du jetzt.«

»Wusste gar nicht, dass du so eine resolute Ader hast.«

»Wusste gar nicht, dass du das noch gar nicht mitbekommen hast!«

Diesmal lachte er in alter Manier, was sie geradezu glücklich machte.

Er aß die Suppe, ein wenig Brot, trank den Tee, sie brachte das Tablett zurück und kam dann nochmal ans Bett.

»Anna, wo schläfst du?«, wollte er wissen.

»Im Moment auf der Couch. Die Kinder sind ab heute wieder hier.«

Er kaute auf seiner Lippe. »Danke«, sagte er schließlich. »Tausend Dank, Anna.«

Sie setzte sich wie so oft an die Bettkante und nahm seine Hand. »Will, du weißt, wir sind noch nicht fertig. Du hast die Dinge erzählt, aber sie sind noch nicht gelöst.«

»Und wie löse ich sie?«

»Würdest du weiter mit mir reden?«

»Immer! Sofort!«

Sie lachte. Dann aber wurde sie ernst. »Würdest auch mit mir über den Tod reden? Den Tod deiner Eltern?«

Er hatte eine witzige Erwiderung auf den Lippen gehabt, die ihm mit ihren letzten Worten in der Kehle steckenblieb.

»Siehst du ...«, sagte Anna. »... du bist noch lange nicht durch. Ich möchte, dass du ohne Bedauern, ohne Schmerz und ohne jedes Verlustgefühl über das Erlebte reden kannst. Über deinen Vater, über deine Mutter – und über Evelyn.«

»Evelyn!«, spuckte er aus. »Niemals! Sie hat mein Leben zerstört!«

»Das hat sie nicht«, antwortete Anna. »Sie hat es dir nicht leicht gemacht, aber sie hat es nicht zerstört.«

Stumm und trotzig sah er sie an. Er war gegensätzlicher Meinung, so viel war klar.

»Das klären wir später«, bestimmte sie. »Morgen. Du bist noch geschwächt und am besten ist es, du schläfst noch mal.«

»Ich kann nicht mehr schlafen. Ich habe zwei Tage geschlafen!«

»Dann gebe ich dir was zu lesen. Nach einer Stunde bist du müde.«

Er presste die Lippen zusammen und schaute unschlüssig auf die Bettdecke. »Anna ... ich ...«

Tausend Fragen waren in seinem Kopf und er brachte keine heraus. Aber die Schwingung zwischen ihnen war so stark, so lebendig, dass Anna jede einzelne hörte.

Wie denkst du über mich? Was ist mit Phil? Wie geht es jetzt weiter? Was fühlst du für mich? Lass mich nicht allein!

Das letzte war so dringlich und wieder sah er so verloren und schutzbedürftig aus. Er wollte all das nicht sagen, weil er sie nicht nerven wollte, das spürte sie und eine Welle von Zärtlichkeit überkam sie. Sie hob seine Hand, die sie noch in der ihren hielt, an ihre Lippen und küsste sie.

»Frag nicht, Will, noch nicht. Schlaf, das ist das Beste, was du jetzt tun kannst.«

Als sie aufstehen und gehen wollte, hielt er sie fest.

»Schlaf nicht auf der Couch, Anna«, murmelte er. »Egal, was nach diesen Tagen kommt. Aber bitte schlaf heute Nacht nicht auf der Couch.«

Ihre Augen versanken ineinander. Annas Knie wurden weich. Dann aber lächelte sie.

»Okay«, meinte sie. »In der festen Annahme, dass du für mehr als Kuscheln noch zu schwach bist ...«

»Wenn du neben mir liegst, garantiere ich für nichts«, grinste er. »Nein, keine Angst, ich bleibe brav.«

»Gut ... dann ... okay ... ich meine, die Kinder sind ja wieder hier ... und ...«

»Kein Stress, Anna, komm einfach.«

Das hörte sich so einladend an und auch seine Körperwärme, die zu ihr herüberwehte, als er das zweite Kissen, das sie hinter seinen Rücken gestopft hatte, für sie neben sich legte, wirkte hypnotisch auf sie. Sie schaute aus dem Fenster. Draußen stürmte es, noch immer war es sehr kalt. Und hier zu liegen ... in dem warmen Bett ... mit Will ...

»Ich ... ich muss noch ein paar Sachen erledigen«, murmelte sie und verließ das Zimmer. Sie räumte die Küche auf, sah nach den Kindern und ging dann ins Bad. Mit einem kurzen Gedanken an Phil kam sie zurück. Will hatte das Licht schon gelöscht. Vorsichtig streckte sie sich neben ihm aus. Die Wärme seines Körpers übertrug sich auf sie, hüllte sie ein und wie er es so oft auf den Seychellen gemacht hatte, zog er sie an sich, drückte seinen Mund auf ihr Haar und atmete aus.

»Das beste Gefühl der Welt«, wisperte er. »Dich zu spüren.«

Sie kuschelte sich an ihn. »Ja«, flüsterte sie. »Es fühlt sich wirklich verdammt gut an.«

Damit schliefen sie ein.

Anna wachte auf und blinzelte in eine grelle Frühlingssonne, die direkt zum Fenster hereinschien. Verschlafen sah sie auf die Uhr. Es war Wochenende, sie hatten Zeit und sie beschloss, frische Brötchen und Croissants zu holen und einen leckeren Frühstückstisch für alle zu decken.

Leise stand sie auf, zog den Vorhang vor die Sonne. Will schlief noch. Sie schaute zu den Kindern ins Zimmer, die schon wach waren und gab ihnen Bescheid.

Eine halbe Stunde später war sie zurück und sah, dass Lea den Tisch gedeckt hatte. Sie hörte Stimmen aus ihrem Schlafzimmer und als sie vorsichtig die angelehnte Tür aufstieß, bot sich ihr ein zauberhaftes Bild. Tim und Lea saßen bei Will auf dem Bett. Tim hatte seine Lego Marvel Super Heroes darauf ausgebreitet und diskutierte mit Will fachkundig über deren spezielle Fähigkeiten, während Lea gegen Wills Beine lehnte, ein Buch las und ab und an echt weibliche Kommentare zum Gespräch der Männer einwarf.

»Am dümmsten ist Captain America«, ließ sich Will vernehmen. Er machte nicht auf Kinderniveau, er redete völlig normal mit Tim. »Weißt du ... das ist so'n Fatzke mit Superbody ... Supergesicht ... superbrav und obendrein blöde Sprechhülsen ... echt typisch amerikanisch ... voll unrealistisch!«

»Wie die Barbiepuppen!«, warf Lea ein.

»Genau! Ich hoffe, du hast keine von diesen affigen Perfekt-Maß-Dingern«, sagte Will. »Ich finde am krassesten Iron Man, oder? Der hat wenigstens Humor!«

»Iron Man!«, rief Timmi begeistert. »Der ist voll cool! Mama erlaubt mir nicht, die Filme zu sehen ... aber Peter hat den ersten Teil, bei dem hab ich den geguckt ... das darfst du der Mama aber nicht verraten!«

»Ehrenwort, Bruder, von mir erfährt sie nichts«, versprach Will. »Hast du schon Avengers gesehen? Da kommt ne geile Stelle, wo Iron Man den Super-Ami voll auflaufen lässt ...«

Anna machte sich leise vom Acker und lächelte. Es war ein schönes Bild und doch warf es einen Schatten über ihr Gesicht. Dann straffte sie sich, rief Edith an und lud sie zum Frühstück ein. Dank der Kinder wurde es eine fröhliche Runde und Tim kletterte irgendwann auf Wills Schoß. Sein starker Arm umschloss den kleinen Körper und als wäre es das Natürlichste auf der Welt drückte er ihm, wie er es bei Anna oft getan hatte, seinen Mund aufs Blondhaar. Es geschah ganz automatisch, ganz beiläufig und doch machte es in Anna und Will gleichzeitig ›Klick‹ und sie sahen sich an. Der kleine Junge auf Wills Schoß. Der kleine Junge, der er mal gewesen war. Sein Arm zog Tim sanft ein wenig fester an sich. Der kleine Junge. In ihm. Er war immer noch da.

Als die Kinder zum Spielen nach draußen gingen, saßen die Erwachsenen noch am Tisch.

»Edith hat mir gestern von dem Scheunenfund erzählt«, sagte Anna. »Ich habe mich so für dich gefreut, Will. Siehst du, deine Mutter hat dich doch nicht im Stich gelassen!«

»Ja«, antwortete Will nachdenklich. »Damit hat sie mir mein Leben gerettet.« Er schwieg und wieder schwangen seine Gedanken im Raum.

»Will«, ließ sich Edith betroffen vernehmen. »Hast du das jemals geglaubt? Dass Patty dich im Stich gelassen hat?«

Ihre Lippen zuckten.

»Naja ... schon«, gab er zu. »Die ganzen Jahre. Komm schon, Edith, wie wäre es dir denn ergangen? Sie wusste, wie es ihr ging ... und nicht ein Wort für mich? Sie hätte doch Zeit gehabt, mir ...«

»Zeit?«, unterbrach Edith entrüstet. »Sie ist an einem Aneurysma gestorben, Will. Sie hatte keine Zeit! Nicht eine Sekunde!«

»Aneurysma? Sie ... sie hatte doch Krebs!«

»Ja, das auch, aber die Chemo war nicht ganz erfolglos«, erklärte Edith, völlig entgeistert, dass er das nicht wusste. »Hat dir das nie jemand gesagt? Sie *dachte*, sie hätte noch Zeit ... sie wollte mit dir darüber reden. Sie wollte dich vorbereiten, was glaubst du denn? Nie hätte sie dich so ins Messer laufen lassen! Wie konntest du das nur eine Sekunde lang von ihr denken!«

»Aber Edith ... ein Aneurysma?« Will war geschockt. »Nein, das habe ich nicht gewusst«, sagte er dann leise. »Das habe ich nicht gewusst.«

»Sie wollte dir alles überschreiben, Will, so dass für dich gesorgt war, so dass Egon es nicht kaputtmachen konnte. Aber sie hatte wirklich keine Zeit mehr.«

»Sie hatte keine Zeit mehr«, murmelte Will, stieß den Stuhl zurück und stellte sich ans Fenster, als sei ihm der Raum plötzlich zu eng geworden. Die Stille, die sich nach diesen Worten im Raum ausdehnte, war gesättigt von so vielen Empfindungen und Gedanken.

»Ich war die Nacht vorher bei ihr gewesen«, berichtete Edith in diese Stille hinein. »Sie hatten ihr Schmerzmittel gegeben, sie war nicht richtig da. Aber ich glaube, sie ahnte etwas, denn plötzlich griff sie in die Schublade und holte den Umschlag heraus. Und immer wieder sagte sie, du sollst dich an die Fahrten zum Gardasee erinnern. Und dass ich dir den Umschlag erst mit achtzehn geben dürfte. Ich glaube, das sagte sie drei Mal hintereinander.«

»Die Fahrten zum Gardasee.«

»Ähm, Will«, meldete sich Anna. »Ihr seid mit einem der E-Types gefahren?«

»Ja, dem eisblauen.«

»Hast du den noch?«

»Den habe ich nicht verkauft.« Will lächelte wehmütig. »Das kann ich nicht. Ich habe ihn aber auch nie mehr angeschaut ... oder benutzt.«

»Das solltest du aber«, sagte Anna. »Ich meine, wenn sie das so oft erwähnt hat … ich weiß nicht, aber habt ihr nicht das Gefühl, dass da vielleicht noch etwas für Will sein könnte?«

Will wandte sich ihr zu und in seinen Augen stand seine Antwort: Er wollte nicht wieder enttäuscht werden.

Will war noch schwach auf den Beinen und sie steckte ihn wieder ins Bett, widmete sich an diesem Nachmittag endlich mal wieder dem Geschäft und berichtete ihrer Familie nebst Peggy vom bisherigen Verlauf. Zum ersten Mal, seit sie hier war, war Peggy nicht im MJ-Outfit ins Büro gekommen.

»Krasser Typ«, ließ Lenny sich vernehmen und nahm Peggy in den Arm. »Und wie geht es jetzt weiter?«

Anna starrte Lenny und Peggy an.

»Ähm … sagt mal … hab ich die Tage irgendetwas verpasst?«

»Na, und ob!«, krähte Peggy. »Nicht nur die letzten Tage! Nachdem die Promotion-Tour ständig ausfiel, konnten wir ja nicht reden … und dann warst du ja dicke beschäftigt! Schau mal hier!«

Sie drehte den Monitor Richtung Anna.

Ein Ultraschallfoto war zu sehen. Anna verschlug es die Sprache und ihr Blick ging zwischen Peggy und Lenny fassungslos hin und her.

»Ähm …«, brachte sie hervor. »Das … das bedeutet jetzt aber nicht das, was ich glaube, dass es …«

»Hey, Anna, du wirst doch wohl wissen, was ein Ultraschallbild bedeutet! Das ist kein Magengeschwür!«, rief Peggy und freute sich diebisch über Annas Gesicht.

»Schwesterherz«, grinste Lenny. »Das, was du immer wolltest. Ich habe endlich eine Frau gefunden, die zu mir passt.«

Annas Mund stand ganz weit offen. Ihr Finger zeigte auf das Ultraschallbild.

»Und Peggy … du … heißt das jetzt … ich meine …«

»Nein! Es ist auch kein Gallenstein! Sag mir brav nach, Anna: Ich werde Tante!«, krakeelte Peggy. »Was glaubst du, bringt mich sonst dazu, auf meine MJ-Klamotten zu verzichten? Aber ein schwangerer Michael Jackson … das geht nicht. Das sehe selbst ich ein.«

»Oh mein Gott!«, kreischte Anna. »Ihr … seid … zusammen … und … ihr … bekommt ein Kind?«

»Yepp«, ließ sich Lenny vernehmen.

»Oh du lieber Himmel!«, kreischte Anna wieder. »Herzlichen Glückwunsch! Lenny! Peggy! Ich … ich bin … überwältigt!«

Die ganze Familie lachte über die gelungene Überraschung.

»Und in zwei Monaten wird geheiratet!«, rief Peggy. »Bin megagespannt, wen du dazu einlädst!«

Anna sackte auf einen Stuhl. Nach all den Erlebnissen der letzten Wochen war das das absolute Highlight.

»Leute«, sagte sie. »Wo bleibt der Schampus? Ich brauche jetzt dringend was zu trinken!«

Sie feierten bis in den Abend und Anna war so froh, dass es wieder etwas zu feiern gab.

***

Facebook. Eine Nachricht von Minh.

»Danke für die Freundschaftsannahme ... wie geht es Will? Ist er noch bei dir?«

»Ja, er ist noch hier. Noch ein bisschen wacklig. Wir brauchen noch Zeit.«

»Darf ich dich fragen, wie du zu ihm stehst? Ich weiß, das ist sehr intim ... aber Will ist mir einfach wichtig. Und ich weiß, dass du ihm wichtig bist.«

»Minh ... das ist alles nicht so einfach. Die letzten Tage waren heftig. Auch Will braucht Zeit.«

»Okay. Klar. Verstehe ich.«

»Du siehst übrigens toll aus, Minh. Das Kleid auf der Messe war der Hammer.«

»Das hat mir Will geschenkt, er hat einen unglaublichen Geschmack und ein Händchen für so was.«

»Er hat dir ein Kleid geschenkt?«

Bevor sie überlegen konnte, hatte sie die Worte schon abgeschickt und bereute es in der nächsten Sekunde. Minh, Weib, das sie war, deutete sie auch komplett richtig.

»Er hat mir mit diesem Kleid mein Leben gerettet, nachdem ich gerade dabei war, es zu zerstören.«

»???«

»Naja, ich litt unter Anorexie. Ich war in ihn verliebt und meinte, ich könnte ohne ihn nicht leben. Aber er hat mich da rausgeboxt. Er hat mit mir gesprochen, viermal die Woche. Ich musste immer mit ihm essen via Skype. Bis zur Messe sollte ich zehn Kilo zunehmen – das war der Grund, warum wir uns getroffen haben. Ich habe es geschafft. Und das Kleid und ein Essen mit ihm war die Belohnung.«

Es kam keine Antwort von Anna. Minh schrieb weiter.

»Er war vollkommen anders als früher. Er hat mit Weisheiten aufgewartet, die ich nie bei ihm vermutet hätte. Das hast alles du bewirkt, Anna. Du hast also auch einen Anteil daran, dass es mir wieder gut geht. Und daher möchte ich mich bedanken.«

»Nein, Minh, das ist doch allein dein Verdienst. Du hättest auch beschließen können, anders zu handeln.«

»Ja, letztlich war es meine Entscheidung. Aber angestoßen wurde das Ganze einfach von deiner Einstellung, ein guter Mensch sein und nobel handeln zu wollen. Und damit ist eine Kettenreaktion in Gang gesetzt worden.«

»Wenn du das so sehen willst ...« Anna schickte einen Smiley hinterher.

»Ja. Ich sehe es so. Es fasziniert mich. Es steckt mehr dahinter, als es im ersten Moment scheint.«

»Das hört sich gut an, Minh.«

»Wie ... geht es jetzt weiter mit Will ... und dir?«

»Ich weiß es nicht. Wie gesagt, ist zu früh, um darüber zu reden.«

»Anna«, schrieb Minh. »Er liebt dich so sehr. Wenn es auch nur den Hauch einer Chance gibt, dass du ihn auch liebst, er wäre der glücklichste Mensch auf der Welt.«

Sie setzte hinzu: »Und ich auch. Hätte nie gedacht, dass ich das mal schreibe. Und obwohl ich ihn nicht haben kann, fühlt es sich gut an.«

»Vielleicht ist es noch nicht raus, ob ihr beide zusammenkommt.«

»Warum schreibst du das? Wenn ich eines in den letzten Monaten gelernt habe, dann, dass Liebe etwas anderes ist, als man gemeinhin denkt. Dass wir alle im Prinzip nur Egoisten sind, wenn wir möchten, dass ein anderer uns liebt. Will hat mich gefragt: Kannst du mich lieben, ohne mich zu wollen? Irgendwie verleiht mir das mehr Würde als Leid. Und das ist wieder ein gutes Gefühl. Ich möchte betonen, dass ich Will liebe. Auf meine Art. Und weil ich das tue, wünsche ich ihm alles Glück der Welt. Ich wünschte mir, er wäre mit dir zusammen.«

Anna schluckte, als sie das las.

»Minh, es ehrt dich sehr, so zu denken.«

»Was steht zwischen dir und Will?«

»Seine Geschichte, Minh. Das, was er erlebt hat.«

»Das ist jetzt aber nicht dein Ernst! Das sagst ausgerechnet du? Bist wohl schon mit diesem anderen Typen zusammen? Der ihm schon mal eine ausgespannt hat? Der passt nicht zu dir! Überhaupt nicht!«

Minh fuhr ihre Krallen aus und Anna musste lachen.

»Es ist nicht so wie du denkst! Bitte gib mir auch noch ein wenig Zeit!«

»Hast du Lust, mich zu treffen, wenn du das nächste Mal nach Asien kommst?«

»Unbedingt, Minh«, lächelte Anna. »Ich bringe dir auch eine besonders schöne Kuckucksuhr mit und ich weiß auch schon genau, welche!«

»Ja, Will hat mir ohnehin eine als Belohnung versprochen! Und er wusste auch schon genau, welche!«

»Oh ... okay! Dann lass dich überraschen, Minh!«

Damit meldete sie sich ab. Sie musste nachdenken. Sie war noch nie in ihrem Leben so unschlüssig gewesen. Gedankenverloren saß sie am Rechner. Dann traf sie eine Entscheidung.

***

Die Kinder waren im Bett. Will saß, einen Tee in der Hand, auf der Couch.

»Echt gemütlich hier«, sagte er.

»Ja, aber ich ziehe bald um«, sagte Anna. »Es war nur eine Notlösung und es ist zu klein. Die Kinder müssen in einem Zimmer schlafen ... Lea ist zwölf ... da geht das gar nicht mehr.«

»Wo ziehst du hin?«

»Oben am Hügel gibt es ein Haus mit einem wunderbaren Ausblick und großen Terrassen ... das leiste ich mir!«

»Wow ... das ... klingt gut.«

Aber sie wusste, dass er auf andere Pläne hoffte, darauf hoffte, dass sie ihn in ihre Pläne mit einbezog. Wieder brannten ihm viele Fragen auf der Zunge. Sie saß ihm gegenüber auf dem Sessel und knetete ihre Hände.

»Will«, begann sie. »Es fehlt noch ein Kapitel. Ich möchte dir von Christian erzählen. Meinem Mann. Du weißt, dass ich ihn nach wie vor liebe.«

»Was heißt das?«, fragte er. »Dass du dich mit keinem anderen mehr einlässt? Aber was ist mit Phil?«

»Nein, ich hatte mich doch schon auf dich eingelassen!«, antwortete sie, ohne auf die zweite Frage einzugehen. »Das soll dir zeigen, dass Liebe nicht stirbt. Wieso sollte ich ihn nicht mehr lieben, nur, weil sein Körper nicht mehr da ist?«

»Aber Anna ... was ich unbedingt wissen muss: Wie ... wie denkst du über mich? Ich bin der Mann, der seinen Tod verschuldet hat! Ich muss diese Firma schließen!«

»Das musst du nicht, Will. Das solltest du noch nicht einmal.«

»Aber jeden Tag arbeiten da Menschen, die ich dieser Gefahr aussetze! Warum habe ich nur genau diese Firma zurückgekauft? Ausgerechnet!«

»Ganz einfach, Will«, sagte sie. »Damit wir beide uns kennenlernen. Und wir haben uns unter Umständen kennengelernt, die einfach göttlich sind. Wie jeder Umstand, so quälend er auch im ersten Moment sein mag, göttlich ist. Denn nach all dem, was passiert ist, wirst du etwas ändern, das weiß ich sicher. Hättest du die Firma nicht gekauft, würden noch viel mehr Menschenleben draufgehen. Noch mehr Familien unglücklich werden.«

»Für dich greifen alle Zahnräder immer ineinander, was?«, sagte er.

»Das ist das Spiel«, antwortete sie. »Mit immer neuen Chancen. Aber jetzt möchte ich dir von meinem Mann erzählen. Ich möchte dir berichten, wie er gestorben ist. Wie das für die Kinder war. Und für mich.«
William schluckte so hart, dass es hörbar war.
»Okay, Babe«, sagte er leise. »Ich werde zuhören.«

***

Anna streckte sich neben ihm auf dem Teppich aus und blickte an die Decke. Sie merkte nicht, wie William sie mit seinen Augen verschlang, sein Blick an ihrem Gesicht hing, an ihren Lippen, die zuckten, bevor sie zu erzählen begann, an ihrem grünblauen Blick, der sich ihm zuwandte, ohne jeden Groll, ohne Urteil, ohne jeden Vorwurf, nur mit dem Wunsch, ihm zu helfen. Er wusste, sie erzählte das nicht, um ihn zu beschämen. Er konnte das kaum fassen. Konnte nicht fassen, dass es so etwas gab und Liebe wallte in einem so gewaltigen Ausbruch in ihm hoch, dass sie in Form von physischer Hitze nach außen trat, sie umfing, ihr Wärme schickte, so deutlich, dass sie sich zu ihm auf die Seite drehte und kurz die Augen schloss.
»Oh, Will«, murmelte sie. »Das ist schön.«
Wie immer erstaunt, wie sensibel sie auf seine Gedanken und Gefühle reagierte, legte er unwillkürlich seine Hand auf ihre Hüfte und sie ließ es zu. Er zog sie an sich, sie rollte sich, auf seinem Arm liegend, zurück auf den Rücken und begann.
»Christian kam eines Tages nach Hause. Er war beim Arzt gewesen, weil er ständig so müde war und wir dachten, vielleicht ist es Eisenmangel ... er hat sein Blut untersuchen lassen und wir wollten eigentlich nur ein kleines Blutbild haben, aber der Arzt hat aus irgendeinem Grund ein großes vom Labor geordert ... und ja, da kam es heraus. Er hatte Knochenkrebs. Aggressiv. Das war schon schlimm genug, aber da er auch über Schmerzen im Brustkorb klagte, machten sie eine Kernspintomografie und die Metastasen in seiner Lunge wurden entdeckt. Es waren viele. Und sie streuten schnell. So schnell, dass die Ärzte nur noch die Hände hoben. Natürlich rieten sie zur Chemo, aber sie machten ihm keine großen Hoffnungen. Der optimistischste unter ihnen gab ihm drei Monate.«
Sie schluckte. Ihre Augen verdunkelten sich und ihre Stimme wurde sehr leise.
»Mit dieser Diagnose kam er nach Hause. Zu mir. Zu den Kindern. Es war unser Hochzeitstag. Ich hatte ein besonderes Essen gekocht, den Tisch schön gedeckt, Kerzen angezündet ... eine Flasche Champagner geöffnet. Und Christian hatte für jeden von uns Geschenke dabei. Lea bekam den Bastelkoffer, den sie sich zu Weihnachten gewünscht hatte ... im April ... Timmi

das Batman-Kostüm und die entsprechende Ausrüstung dazu ... die *volle* Ausrüstung ... und mir schenkte er ein offenes Herz an einer Kette, ein geschwungenes Herz, das von Diamanten umrahmt war. Ich hatte es mal beim Schaufensterbummeln bewundert ... und es war viel, viel zu teuer für uns. Als er es mir um den Hals legte, habe ich geweint. Ich wusste, es stimmt was nicht. Wir brachten die Kinder ins Bett ... da hat er es mir gesagt und ich bin im ersten Moment einfach nur zusammengebrochen. Ich wollte nicht glauben, dass er uns verlassen musste, dass unsere Zeit so kurz sein sollte, dass ich ihn nur noch ein paar Wochen, wenn überhaupt berühren, spüren und lieben durfte. Es war so schrecklich für mich und natürlich bäumte ich mich dagegen auf. Ich wollte es nicht wahrhaben, bin ins Internet gegangen, habe mich schlau gemacht, mich über klassische wie alternative Behandlungsmethoden eingelesen, aber Christian stoppte das ziemlich bald. Er ... er sagte zu mir: ›Anna, wenn ich das Gefühl hätte, ich sollte länger bei euch bleiben, würde ich all das machen. Aber ich habe das tiefe Empfinden, dass etwas anderes auf uns wartet. Auf dich und auf mich. Ich kann es dir nicht wirklich erklären, aber du weißt, wie wir über den Tod denken. Er ist die Tür zu etwas Neuem, vor dem wir nur Angst haben, weil wir voraussetzen, es sei etwas Schreckliches ... aber für mich war der Tod das nie. Er ist es auch jetzt nicht. Ich fürchte mich nicht. Und du solltest das auch nicht tun. Es wartet etwas anderes auf uns. Auf dich und auf mich.‹ Es war schwer für mich, Will. Wir hatten tatsächlich oft über den Tod geredet. Darüber, wie wichtig es ist, im Leben Gutes zu tun, seinen Charakter zu feilen, Mitgefühl zu entwickeln, Blockaden zu lösen, weil das Einzige, was wir ins nächste Leben mitnehmen, diese Errungenschaften sein werden. Kein Geld, kein Ruhm, nicht Anerkennung von anderen oder gar Stolz auf unseren Körper, keine Anhäufung materieller Dinge ... ja, man redet so oft darüber, man nickt zustimmend ... aber was es wirklich bedeutet, merkt man erst, wenn man mit der Situation konfrontiert wird. So oft denkt man, es wäre doch noch so viel Zeit, sich zu ändern, Positives zu entwickeln und Negatives abzubauen, aber das stimmt nicht. Denn jeder Tag, an dem man nicht versucht, freundlich zu sein oder Liebe zu kultivieren, ist ein verlorener Tag. Er kommt nie mehr zurück. Das wurde mir grausam bewusst.

Christian war schonungslos. Er hat weder mich noch die Kinder geschont. Wir hatten auch keine Zeit, denn es konnte jeden Tag zu Ende sein. Und so bereiteten wir die Kinder auf sein Gehen vor. Wir benutzten keine Euphemismen oder Analogien ... wir versuchten ihnen unsere Sicht der Dinge so klar wie möglich zu vermitteln, weil wir spürten, dass das die einzige Chance für sie ist, damit zurechtzukommen.

Seltsamerweise bekamen die Kinder, als wir es ihnen sagten, keinen Schrei- oder Heulkrampf. Sie nahmen es ganz ruhig auf und stellten Fragen. Fragen wie: »Wo gehst du dann hin, Papa?« und »Kommst du wieder?«.

Ich selbst fand es unglaublich schwer, den Kindern all das zu erklären, weil ich selber damit kämpfte. Es war alles so abstrakt, aber Christian fand irgendwie die richtigen Worte. Oder, um es besser auszudrücken: Es war die Art, wie er es tat. Ich habe ihn so oft beobachtet, wenn er mit den Kindern im Bett lag und offen mit ihnen redete. Er ... er hatte ein Leuchten im Gesicht, wenn er vom Tod sprach, er strahlte so viel Zuversicht und Freude aus, dass sie ihm völlig vertrauten. Natürlich haben sie auch geweint. Aber er erzählte ihnen, dass etwas in uns ist, das unsterblich ist, dass dieses Etwas in ihm ist, in mir, in Lea und Tim ... und dass es das ist, was uns verbindet. Und dass wir deswegen auch nie wirklich getrennt wären. Er machte ihnen klar, dass er gar nicht sterben könne, sondern dass er im Prinzip nur den Körper wechsele, so wie man ein Kleidungsstück wechselt. Dass er sie liebe und dass diese Liebe immer da sei. Dass er sie wiedersehen werde. Und das vermittelte er ihnen mit einer solchen Überzeugung, dass es in den Kindern keinen Zweifel gab. Sie spürten, dass er keine Angst hatte, dass es etwas vollkommen Natürliches war. Sie fragten ihn, wie und wo sie ihn wiedersehen würden und ob er dann wieder ihr Papa wäre. Und er antwortete, das wisse er alles nicht, aber sie würden es spüren, wenn es so weit wäre. Oh, ich beobachtete ihn so oft, wenn er bei den Kindern lag, wenn er sie auf dem Schoß hatte, sie umarmte und aus ihm drang neben dem Abschiedsschmerz eine solche Freude, ein solches Glück, dass mir eines Tages schlagartig klar wurde: Er wollte gehen. Unsere Zeit war um. Ich hatte einen traumhaften Mann kennengelernt, der mir zwei wunderbare Kinder geschenkt hatte. Und unsere Zeit war um. Das war das, womit ich anfangs nicht zurechtkam. Ich wollte ihn nicht hergeben. Ich wollte mit ihm alt werden, wollte die Runzeln in seinem Gesicht entstehen sehen, wollte mitbekommen, wenn er seine erste Lesebrille aufsetzen würde, wollte ihn als Opa erleben, der seine Enkelkinder verwöhnt. All das war uns nicht vergönnt – und ich war diejenige, die in Groll und Wut verfiel, weil ich ihn so liebte, weil es noch so viel gab, was ich mit ihm erleben wollte. Aber irgendwie schaffte es Christian, den Kindern den Tod so zu vermitteln, wie er ihn empfand: als etwas Wunderbares. Er machte ihnen klar, wie wichtig es ist, jeden Tag zu genießen, jeden Tag Freude zu empfinden, zu lachen, freundlich zu jemandem zu sein. Und langsam, mit jeder Wiederholung von ihm, ergriffen seine Worte auch von mir Besitz. Ich begann es zu akzeptieren. Und da sagte er zu mir: ›Anna, wenn ich gegangen bin, möchte ich, dass du dein Leben genießt. Dass du nicht lange fragst, wenn sich etwas richtig anfühlt. Genieß es und trau dich.‹

Christian betonte so oft, dass der Tod unser bester Freund ist. Von Geburt an. Denn was Menschen oft vergessen, ist, dass ihre Zeit im Prinzip rückwärts läuft, sobald sie auf der Welt sind. Jede Sekunde läuft der Tod mit und jede Sekunde haben wir Gelegenheit, die Liebe zu leben. Er erklärte den Kindern, dass das Wichtigste auf der Welt sei, diese Liebe in sich zu entdecken. Er deutete auf ihre kleinen Herzen und fragte sie, ob sie denn die Liebe darin spüren könnten, zum Beispiel die Liebe für ihr Haustier, für ihre Spielsachen, die sie so gerne mochten, für ihre Mama, ihren Papa. Und sie nickten und lächelten und er sagte ihnen, dass diese Liebe niemals stirbt, weil sie von innen kommt. Sie hat im Grunde nichts mit den Sachen und Menschen zu tun, denen wir sie entgegenbringen. Irgendwo, so erklärte er ihnen, muss sie doch entstehen, diese Liebe. Sie entsteht nicht, weil es etwas im Außen gibt, das man liebt, sondern, weil wir aus ihr gemacht sind und dann die Liebe auf andere übertragen können. In euren Herzen, so sagte er, lodert eine riesige, unerschöpfliche Quelle. Und wenn ich nicht mehr da bin, ist diese Liebe, diese Quelle immer noch da. Wieder und wieder erklärte er, dass sie auf diese Quelle immer zugreifen können, dass diese sie niemals im Stich lassen würde. Dass in ihnen alles zu finden sei. Aller Friede, alles Glück, einfach alles. Ich weiß nicht, warum, aber sie verstanden es. Sie verstanden es schneller als ich, sodass sie sogar mich trösteten, wenn ich Christian streichelte und mir die Tränen kamen, weil ich wusste, ich kann das nicht mehr oft tun ... die Tage sind gezählt. Aber hier merkte ich, wie recht Christian mit seinen Worten hatte.

Der Tod erhebt alles, er taucht alles in ein intensiveres Licht. Er macht alles schöner. Er lässt dich die wunderbaren Seiten am Leben sehen. Jede Arbeit ist plötzlich etwas Besonderes, jedes Ding, das dich vorher geärgert hat, gewinnt mit einem Mal eine andere Bedeutung. Manchmal meinte ich, erst die Tatsache, dass es den Tod gibt, lässt dich leben, lässt dich das Leben schätzen. Du erkennst, was vergänglich ist und was ewig währt, und du fängst automatisch an, dich dem zuzuwenden, was ewig ist. Dein Herz, deine Seele. Habe ich mich tatsächlich jemals wegen meines Busens gegrämt? Wegen eines Bauchansatzes oder der Tatsache, dass ich nicht den Erfolg hatte, den ich wollte?

Ich finde inzwischen auch, dass der Tod dein bester Freund ist, denn er macht dir klar, dass du dich jeden Tag auf ihn vorbereiten solltest. Er macht dir klar, dass du vielleicht nur noch diesen Tag und diese Gelegenheit hast, jemandem Liebe statt Hass zu schicken. Es heißt, dass du alle geistigen, spirituellen Errungenschaften mit dir nimmst und im nächsten Leben wieder da anfängst, wo du in diesem aufgehört hast. Es heißt, dass das, was du zum Zeitpunkt deines Todes denkst oder sagst, Gewicht hat. Deine Wünsche, deine Ziele für das nächste Leben, deine Verdienste und das, was du noch lösen musst. Und du kannst jeden Tag, der dir geschenkt wird, dafür nutzen, Ballast loszuwerden,

glücklich zu sein, Freude zu empfinden, Zufriedenheit, tiefen Frieden ... Es ist so sinnlos, böse zu sein oder gierig oder dich zu grämen, weil du etwas nicht hast. Das alles bringt der Tod in die richtige Relation und so erhebt er dich im Grunde mehr als das Leben, denn der Tod lässt eine gewaltige Liebe in dir entstehen. Und du erkennst, dass du eigentlich nur deswegen auf die Welt gekommen bist. Dass du dir dieses Leben ausgesucht, hast, damit du genau das lösen kannst, was dich am Erleben dieser Liebe hemmt. Und irgendwann kommt der Punkt, an dem du erkennst, dass das Leben nur eine Geschichte ist, die du erfunden hast. Eine, die dir die Lösung von Blockaden überhaupt erst ermöglicht. Das Leben ist eine Analogie, ein Gleichnis, das dich verstehen lässt, wer du wirklich bist. Das dir hilft, den Schatz in dir zu finden.«
Anna verstummte.
Die Kerze flackerte in ihrem ziselierten Gehäuse. Sie war die einzige Lichtquelle in diesem Raum. Sie lagen auf dem Teppich, Will hatte sich hochgezogen, den Rücken an die Couch gelehnt und damit die Kerze zum Flackern gebracht.
»Es hat einige Zeit gedauert, bis ich es so sehen konnte«, erzählte Anna. »Aber irgendwann ergriff Dankbarkeit mein Herz. Dankbarkeit für diese schönen Jahre mit Chris. Er sagte so oft: ›Anna, es wäre nicht passiert, wenn Gott nicht noch etwas anderes mit uns vorhätte.‹ Er kämpfte nicht, er war die Ruhe in Person. Er ließ sich nur etwas gegen die Schmerzen geben – und reservierte sich einen Platz in der Schweiz, weil er in Würde sterben wollte. Weil er ganz bewusst Abschied nehmen wollte.«
Sie stockte erneut. Eine Weile kam nichts mehr aus ihrem Mund. William wagte kaum zu atmen. Sie sah so schön aus in ihrem Ausdruck voller Akzeptanz und Liebe. Er konnte den Blick nicht von ihr wenden. Ihr ganzes Sein strömte Trost aus und er wusste, sie erzählte die Geschichte nur für ihn, damit er mit dem Tod seiner Mutter, der fünfunddreißig Jahre zurücklag, besser fertigwerden konnte. Ehe er es verhindern konnte, füllten sich seine Augen mit Tränen und wieder überkam ihn eine so große Liebe für sie, eine so gewaltige Liebe, dass er zum ersten Mal ihren Ursprung spürte. Dieser Quell lag so tief in seinem Inneren, dass er unwillkürlich mit der Hand an sein Herz griff. Und er spürte auch, wie unsterblich diese Liebe war, wie schön in sich, wie vollendet, wie klar und wie rein. Er spürte zum ersten Mal, dass diese Liebe nicht an Anna gebunden war. Dass er auch lieben konnte, wenn sie nicht mit ihm zusammen sein wollte. Er konnte ihr lediglich seine Liebe schenken. Mehr war nicht zu tun.
Sie war die Frau, mit der er sein Leben verbringen wollte, ja, aber wenn sie sich anders entscheiden würde, würde er sie nicht weniger lieben. Er erhaschte eine Ahnung von wahrer Liebe. Wahre Liebe ist selbstlos. Sie fordert nichts. Er

begriff, dass er glücklich sein konnte, auch ohne sie zu haben. Das alles spürte er mit einer Gewalt, die ihn schwach machte, die ihn durchströmte, die sämtlichen Widerstand aus ihm spülte und viele schwarze Gedanken dazu. Und plötzlich wusste er: Er würde alles für Anna tun. Er wollte, dass sie glücklich war, und wenn sie das ohne ihn war, dann würde er ihr nicht im Weg stehen. Zum ersten Mal verstand er, dass wahre Liebe unabhängig machte. Und welch ein Wunder es war, wenn zwei Menschen in Liebe zusammen sein konnten, in Liebe alterten und alles miteinander teilten. Das war keine Selbstverständlichkeit. Ganz und gar nicht. In ihm wurde es ruhig. Sacht nahm er ihre Hand.

Anna hatte die Augen geschlossen. Ihre Geschichte war noch nicht zu Ende.

Sterben

Es war soweit. Ein letztes Mal schlug Christian die Bettdecke in seinem Zuhause zurück, putzte sich zum letzten Mal die Zähne in dem kleinen Bad, saß zum letzten Mal in der Küche, auf der Eckbank, zusammen mit seinen Kindern, mit Anna, seiner geliebten Frau.

Ein letztes Mal setzte er sich ins Auto, startete ein letztes Mal eine große Fahrt. Von Hamburg nach Zürich. Es gab so viele kleine, letzte Male in diesen Wochen ... und speziell in diesen letzten zwei Tagen.

»Die Tage vorher waren schlimm«, flüsterte Anna. »Zu wissen, die Endgültigkeit rückt immer näher. Diese Fahrt in die Schweiz. Die Ankunft im Hotel. Das Gespräch mit den Beratern. Kurz davor habe ich ihn beschworen, sich das Ganze noch mal zu überlegen, alle Therapien, die es gibt, zu machen, nur um ein paar Wochen Aufschub zu bekommen. Ich wusste, es war Unsinn ... und er wusste es auch.«

Will sah ihr in die Augen, wie sie so mit verträumtem, in die Vergangenheit gerichtetem Blick auf dem Teppich lag und zwischen ihnen breitete sich plötzlich eine erhabene Stimmung aus, etwas Hohes schwang im Raum, etwas überirdisch Schönes.

»Es war irgendwie ... Urlaubsfeeling und ... Abschiedsstimmung«, flüsterte sie. »Es war Sommer. Und wir fühlten uns, als ob wir von einer Jahreszeit in die nächste gehen würden. Wir waren in der Schweiz, die Alpen im Hintergrund, die Kinder am Badesee. Christian hatte Schmerzen, einige Knochen waren zusammengebrochen, aber er zeigte es nicht. Er weigerte sich, zu viele Schmerzmittel zu schlucken, weil er sich nicht betäuben wollte. Er wollte einfach ganz bewusst Abschied nehmen, wollte nicht, dass die Kinder ihn an Apparate und Schläuche angeschlossen sahen, unfähig, zu sprechen, unfähig, ihnen noch etwas zu sagen, und er selbst hilflos und betäubt. Er hatte das klare

Empfinden, dass sie dann das Thema Tod in den falschen Hals und Angst bekommen würden. Meine Eltern und Chris Vater waren mit dabei und passten auf die Kinder auf.«

Sie verstummte, lehnte sich an die Couch, in ihren Augen schwammen Tränen.

»Ich will nicht den Eindruck erwecken, es hätte mir nichts ausgemacht«, wisperte sie. »Diese letzten Erlebnisse und Gesten, etwas so Profanes wie Händehalten, Wasser, das auf deine Haut spritzt, Kinderlachen, die Lippen eines dich liebenden Menschen, die dich berühren ... oh es war so schmerzhaft schön. Es war so verdammt schön! Es war einfach ...«

Sie brach ab und presste ihre Lippen zusammen.

»Ich weiß nicht, wie andere es empfinden«, flüsterte Anna. »Aber als sich Christian am Badesee von den Kindern verabschiedete, als er sie an sein Herz drückte, sie ihn küssten, ihre Ärmchen um ihn legten und ihm alles Gute wünschten ... als er ihnen sagte, er freue sich so, sie wiederzusehen, und sie ihn ein letztes Mal streichelten und ihm nachwinkten ... als sie so dastanden, Hand in Hand, meine zwei Kleinen, und ihre Großeltern sie dann ablenkten ... da wusste ich, er hatte sich richtig entschieden.«

Wieder blieb ihr die Stimme weg.

»Es war so erhaben, Will«, flüsterte sie kaum hörbar. »Es war ... heilig. Es war, als ginge er jetzt schon ins Licht. Er stand im Sonnenuntergang und winkte ihnen zu. Sie haben ihn als glücklichen, ausgeglichenen Menschen in Erinnerung. Dann nahm er mich an die Hand. Wir liefen unsere letzten Meter zusammen. Gingen in das Haus, in das Zimmer ... er legte sich auf das Bett und nahm die Magentropfen, die ihn auf das letzte Medikament vorbereiteten. Nun hatte er nur noch eine halbe Stunde. Hatte ich noch eine halbe Stunde. Eine allerletzte halbe Stunde mit dem besten Mann der Welt. Es war die schönste halbe Stunde in meinem Leben. Er hat mir in jeder Sekunde, mit jeder Geste, mit jedem Wort, mit jedem Blick versichert, dass er mich liebt, und seine Liebe war so stark, dass ich es fast nicht mehr aushielt. Ich habe geweint, obwohl ich mir vorgenommen habe, es nicht zu tun. Aber wie immer und wie so oft in meinem Leben hat er mich getröstet. Er hat zu mir gesagt: ›Anna, ich will, dass du dein Leben genießt. Dass du nicht lange fragst, wenn dir etwas richtig erscheint. Tu es einfach. Wir hatten eine so wunderbare Zeit und ich danke dir dafür‹. Ich sagte ihm dasselbe. Dass es so traumhaft schön mit ihm war, dass ich ihn nie vergessen werde ... dass ich ihn immer lieben werde ... ich dachte, ich breche in Panik aus, aber ... aber mit einem Mal wurde ich ruhig. Mit einem Mal packte mich etwas – wie eine warme Decke, ein intensives Urvertrauen, das mir jede Angst nahm. Obwohl es nur noch fünf Minuten waren, bis er das Natriumpentobarbital trinken würde. Die letzten fünf Minuten mit ihm. Plötzlich führte uns etwas, umgab uns etwas. Etwas so

Tröstendes und ... ja ... Göttliches. Wir schwebten in unserer Liebe, wie in einer Wolke, die uns trug. Etwas Unendliches, Heiliges breitete sich aus, als wir so dasaßen, Hand in Hand, vereint in dieser Liebe und wir spürten beide, wie übergreifend das war, dass dies uns weiter verbinden würde, auch, wenn sein Körper nicht mehr da war. Da ... nahm er den Becher in die Hand. Er beugte sich noch ein letztes Mal zu mir und flüsterte: ›Ich liebe dich, Anna. ›Vergiss nie, dass du an jedem Morgen, an dem du aufstehst, alles hast, was du brauchst. Geh mit diesem Vertrauen in deinen Tag und in dein Leben. Du hast alles, was du brauchst. Immer‹.

Dann setzte er den Becher an, trank ihn leer, lächelte mich noch einmal an. Seine letzten Gedanken galten nicht ihm, sondern uns. Er hauchte noch einmal: *Ich liebe euch*, dann schloss er die Augen für immer. Es war vorbei.«

Ungehindert liefen Anna die Tränen über die Wangen.

»Ich bin so dankbar, dass ich ihm begegnet bin«, flüsterte sie. »Und ich will auch nicht so tun, dass es danach leicht war. Ich vermisste ihn. Ich tue es manchmal heute noch. Auch die Kinder ... sie haben genauso getrauert und geweint, als die Realität uns mit dieser Endgültigkeit erschlug. Wir haben uns diese Zeit der Trauer gegönnt, aber wir sind nicht darin versunken. Christian hat uns gesagt, dass das Leben ein Abenteuer ist und so viel für uns bereithält. Er hat jedem von uns eingeschärft, die Augen offenzuhalten. Und irgendwann kam der Moment, da überkam uns alle ein göttlicher Friede. Wenn wir von Christian redeten, konnten wir das immer mit einem Lächeln tun, wir waren glücklich ... hört sich das komisch an? Ich kann es nicht ändern. Es war einfach so. Und das Leben ... ja, das gewann eine völlig andere Qualität. Sein Tod, überhaupt, dass es den Tod gibt, dass wir uns seiner bewusst waren, adelte alles.«

Anna seufzte leise und drehte sich auf die Seite. Zu Will. Sanft wischte sie ihm die Tränen ab. Will blieb stumm. Es gab nichts zu sagen.

Still gingen sie ins Bett.

Aber in dieser Nacht hielt Will Anna fest im Arm. Er konnte nicht schlafen. In ihm war alles durcheinander, alles aufgewühlt. Er wusste, er würde eine Weile brauchen, um das alles zu sortieren.

Und doch war sein Herz zum ersten Mal, seit er sich bewusst erinnern konnte, weit und offen und er wünschte sich nichts sehnlicher, als hierbleiben zu können, in dieser Miniwohnung, bei den Kindern und Anna.

***

Sie verbrachten noch einen Tag zusammen. Edith, Anna, Will und die Kinder. Sie liefen die Hügel hinauf, das Wetter war zum ersten Mal seit Tagen wieder schön und Will schleuderte den vor Begeisterung quiekenden Timmi durch die Luft.

Anna stellte Will ihren Eltern als denjenigen vor, der die Sache mit den Uhren ins Rollen gebracht hatte und Frau Rossberg nahm ihre Tochter danach zur Seite und flüsterte:

»Mit dem wäre ich auch gern auf einer Insel!«

Anna lächelte leicht. In ihr war alles genauso chaotisch wie in Will. Es war eine komische Zwischenphase für sie beide. Was nun weiter geschehen sollte – darüber hatten sie nicht gesprochen. Will wollte zur Scheune fahren und sie wusste, dass er sie bitten würde, mitzukommen. Aber sie hatte fünf Nachrichten von einem sehr beunruhigten Phil auf ihrem Display und sie durfte ihn nicht so lange in der Ungewissheit hängenlassen. Das Problem war nur: Sie war selbst sehr unsicher. Die Tage mit Will hatten auch bei ihr mehr an die Oberfläche geschwemmt als ihr lieb war.

Sie brauchte dringend eine Pause.

Will spürte Annas Unsicherheit und hoffte von Herzen, dass das für ihn sprach. Er war versucht, mit Phil Kontakt aufzunehmen, aber unterließ es, weil er wusste – das war Annas Part. Gedankenverloren trocknete er das inzwischen wieder länger gewordene Haar und öffnete die Tür. Stimmen drangen an sein Ohr. Edith war hier, sie wollte heute abreisen und stand in der kleinen Wohnung, um sich zu verabschieden. Anna drückte sie fest.

»Wie geht es jetzt weiter mit Will?«, fragte sie Anna gerade. »... und dir?«

Will verharrte und machte die Tür vorsichtig etwas weiter auf.

»Edith ... das ist nicht so leicht ...«, antwortete Anna mit einem nervösen Blick über ihre Schulter. »Aber ich glaube nicht, dass ich die Richtige für Will bin ... gerade nach dem, was er mir erzählt hat.«

Will fühlte sich, als hätte ihm jemand einen Tritt in den Magen verpasst und sein Herz sackte im Sturzflug nach unten, während er zusah, wie Ediths Lächeln abrupt aus ihrem Gesicht schwand.

Er hatte es gewusst. Es war ein Fehler gewesen, ihr alles zu erzählen.

***

Als Anna in ihr Schlafzimmer ging, um nach Will zu schauen, packte er.

»Hey, Will«, sagte sie erstaunt. »Du willst doch nicht etwa schon gehen?«

»Doch«, antwortete er, ohne aufzuschauen. »Ich glaube, es hat keinen Sinn, weiter hier zu bleiben.«

»Will! Was ist los!?«

Er drehte sich um und Anna wusste, er hatte gehört, was sie zu Edith gesagt hatte. Er war tief verletzt und verstört und sie ging spontan auf ihn zu und umarmte ihn.

»Will«, sagte sie und drückte ihre Wange an seinen Hals. »Das ... das ist nicht so, wie du denkst.«

»Aber ich hatte recht«, antwortete er und schob sie weg. »Ich hatte recht! Ich hätte es dir nicht erzählen sollen! Ich wusste, dass ich dich damit verliere!«

»Nein, nicht damit, Will«, widersprach sie. »Auf gar keinen Fall. Du müsstest mich inzwischen besser kennen! Ich bin glücklich, dass du mir das alles anvertraut hast!«

»Sorry, Babe, von Glück kann ich gerade gar nichts spüren«, antwortete er bissiger, als er wollte.

»Hey, Will«, sagte sie leise. »Sei nicht undankbar.«

Seine Schultern sackten nach unten. Er holte tief Luft und atmete wieder aus.

»Tut mir leid, Anna, aber ich ... ich ...«

»Will, das ist alles noch in Aufruhr ... bei dir ... und bei mir ... gib uns Zeit. Gib mir Zeit! Und du bist auch noch nicht fertig mit all dem! Das muss sich setzen!«

»Sei ehrlich, Anna! Steht nun meine Geschichte zwischen uns oder nicht? Oder ist es Phil?«

Sie sah ihn mit gequältem Blick an.

»Es ... es ist kompliziert, Will. Ich ... ja, natürlich, da ist auch Phil. Ich muss das erst klären, das verstehst du doch. Und überhaupt ... die Tage waren auch für mich nicht ohne ... ich brauche einfach ... ein bisschen Abstand ... ich muss mir über einiges klar werden ... ich ... es ...« Sie brach ab, biss sich auf die Lippen.

Will schwieg ebenso. Auch er war total aufgewühlt. Anna fasste sich als erste.

»Hör zu, Will. Ich verspreche dir, dass ich dir alles sage, was mir jetzt gerade durch den Kopf geht, damit du es verstehen kannst. Aber ich will es dir nicht jetzt sagen. Erst gehst du eine Woche zu meinem Freund. Gib uns noch ein wenig Zeit. Und dann reden wir. Okay?«

Sie hatte Will das Versprechen abgerungen, dass er zu einem ihr bekannten Therapeuten ging, dem sie sehr vertraute, und Will hatte zugesagt.

»Das heißt, es ist noch nicht zu spät? Zu spät für mich?«

»Nein, Will«, lächelte sie. »Das ist es ganz und gar nicht.«

»Okay, dann ...« Er nahm seine Tasche hoch und drehte sich mit einer heftigen Bewegung zu ihr um. Seine Augen bohrten sich in die ihren.

»Ich vertraue dir«, sagte er leise. »Wirklich, Anna.«

Sie spürte seine Angst, dass es wieder anders kommen könnte als gedacht, wie damals, als er so lange geglaubt hatte, seine Mutter käme wieder.

»Ja, vertrau mir«, flüsterte sie. »Ich sage dir alles, wenn ich so weit bin. Und vor allem: Vertrau dem Leben.«

Er nickte und ging zur Haustür. Sie stand mit verschränkten Armen am Türrahmen und sah ihm nach. Er drehte sich noch einmal um. Ihre Augen trafen aufeinander. Die ihren waren zwei tiefe Seen.

»Hey, Babe«, sagte sie und ihre Stimme klang rau. »Geh noch nicht. Bleib diese Nacht noch bei mir.«

***

Am nächsten Tag war er dann weg. Anna vermisste ihn in der Sekunde, in der er das Haus verließ. Sie genoss es zwar, mit ihren Kindern mal wieder alleine zu sein, und doch war es seltsam leer ohne ihn.

Auf ihrem Schreibtisch stapelte sich die Arbeit und Peggy war froh, dass sie ihr endlich wieder unter die Arme griff.

»Jetzt, wo ich schwanger bin«, sagte sie. »Uiuiui, Mann, ich war noch nie schwanger ... aber der Miki hat so wunderbare Kinderlieder komponiert ... ich muss ständig heulen, wenn ich die höre!«

Sie brabbelte in einem fort vor sich hin und war einfach glücklich. Es tat so gut, die beiden zu sehen, Lenny und Peggy, wie sie miteinander turtelten und sich nach wie vor verbal fetzten.

» ...natürlich bin ich kompliziert, ich bin es aber auch wert!«, rief Peggy gerade. »Und ich finde, jeder verdient Respekt! Und mancher verdient ihn beigebracht zu bekommen!«

»Hey, Peggy, ich bin nicht respektlos! Schon gar nicht dir gegenüber! Und schon gar nicht mit meinem Kind in deinem Bauch!«

»Dein Kind in meinem ...?«, Peggy brach ab. »Also weeßte .... wenn du so weitermachst, dann wird unsere Beziehung wie »Pretty Woman« rückwärts gucken: Glückliches Pärchen trennt sich und sie wird Prostituierte.«

Lenny lachte und schmatzte ihr hörbar einen Kuss auf die Lippen. Ja, es war schön, die beiden glücklich zu sehen. Der Alltag hatte Anna wieder schnell wieder im Griff.

***

Die Tage vergingen.

Anna vermisste Will.

In geradezu nostalgischer Stimmung rief sie eines Abends die Trickbetrüger-Seite auf Facebook auf und scrollte bis zu seinem Foto: Die meisten bösen Kommentare waren verschwunden. Dafür waren andere daruntergeschrieben:

»Ihr glaubt es nicht, aber ich hatte heute eine Überweisung von 3000 Euro auf meinem Konto! Er hat das Geld zurückgezahlt! Ich habe mich tatsächlich in ihm getäuscht!«

»Bei mir lag das Geld im Briefkasten – mit einer Rose drauf und dem Vermerk, dass es ihm leidtue, dass ich so lange habe warten müssen!«

Und eine Frau schrieb: »Es gibt noch Gott auf dieser Welt! Ich hatte ihm wirklich mein letztes Geld gegeben und konnte nun einige Rechnungen nicht bezahlen. Mein Sohn hatte eine teure Zahn-OP, die Kasse hat nicht alles übernommen. Ich war wirklich am Ende, die Bank hat mir nichts mehr gegeben – da kam aus heiterem Himmel die Überweisung! Zuerst dachte ich, das sei ein Versehen ... weil ich die Firma nicht kenne, die mir das überwiesen hat. Aber in der Betreffzeile stand: *Hey, Honey. Danke, dass du mir geholfen hast.* Ich bin so glücklich!«

Anna lächelte und schaute aufs Datum. Die Kommentare waren lange vor seinem Aufenthalt hier geschrieben worden. Sie hoffte, dass auch er sie gelesen hatte.

Frühling

Will fuhr die weite Strecke vom Schwarzwald nach Hamburg und hatte viel Zeit zum Nachdenken. Während der Fahrt schon führte er Gespräche mit verschiedenen CEOs und bereitete sie auf sein Kommen vor. Er hatte viel vor, es gab viel zu tun und zum ersten Mal seit langem überlegte er sich, was er denn Sinnvolles mit seinem Leben anfangen könne – auch ohne Anna. Ihre Worte, mit einem guten Gefühl von dieser Erde gehen zu wollen, hatten sich in ihm eingenistet und der dringlichste Termin war der mit seiner Entsorgungsfirma.

Er schlief eine Nacht in seinem Appartement, das wie stets verwaist und leer aussah – er wusste noch nicht einmal, wann er es zuletzt benutzt hatte – und wehmütig dachte er an Annas gemütliche kleine Wohnung und an ihre zwei süßen Kinder. Obwohl er nur eine Woche dort gewesen war, vermisste er Timmis Minihände schon jetzt. Es war, als gäbe ihm der Kleine seine Kindheit wieder.

Am nächsten Tag machte er sich auf nach Berlin. Er hatte Anna versprochen, einen Freund von ihr aufzusuchen, der mit ihm alles nochmal auf professionelle Weise durchgehen würde. Das nahm eine weitere Woche in Anspruch – danach war alles offen.

Es gab viel Arbeit, in die er sich vergraben konnte, die Zeit würde ihm sicher nicht lang werden, aber er wünschte sich trotzdem, Anna würde sich bald entscheiden. Er wollte Klarheit.

Die Sessions mit Annas Freund Joe fanden jeweils am Vormittag statt – für den Nachmittag empfahl er Will, für sich zu bleiben, zu niemandem Kontakt aufzunehmen und die Zeit für Spaziergänge und fürs Verarbeiten zu nutzen.

Er brauchte Ruhe, um die letzten Ereignisse sinken zu lassen, das war auch Will klar.

Am dritten Nachmittag setzte er sich ins Auto und nahm Kurs auf die Scheune. Das Land, durch das er fuhr, war flach und grün. Es war weit und leer. Will begrüßte das. Nie hätte er geglaubt, das Alleinsein so zu genießen, ja, es sogar zu brauchen. Und er merkte, wie er sich dadurch endlich selbst näherkam und mit allem langsam Frieden schließen konnte. Er lächelte leicht, während der Wagen über die Straßen glitt. Selbst, wenn Anna sich für Phil entscheiden würde, war sein Leben ein besseres als vorher. Er spürte, dass er keine Tussen mehr anziehen würde, weil dieses Muster in ihm gelöst war. Zum ersten Mal vertraute er dem Schicksal, gab die Kontrolle auf und war bereit, dem Leben eine echte Chance zu geben, ohne sich an Dinge oder Personen zu klammern.

»Okay, Babe«, murmelte er im Auto vor sich hin. »Ich liebe dich. Das bleibt. Aber vielleicht werde ich auch ohne dich glücklich.«

Und wieder einmal wurde ihm klar, dass das die Lösung war. Liebe per se. Liebe für sich. Nicht fordernd, nicht jammernd, nicht an Bedingungen geknüpft. Er wusste aber auch: Das war ein Moment. Ein Moment, in dem er in der Lage war, so zu fühlen. Aber er hatte es jetzt schon ein paar Mal geschafft. Er würde sich an diesen Gedanken, an diese Erkenntnis immer wieder erinnern, so dass er dahin immer wieder zurückkehren konnte. Und je öfter er das tat, desto mehr würde er sich darin verankern.

Tief atmete er ein. Er war am Ziel. Er stand vor der Scheune.

***

Anna hatte das Päckchen mit Wills Briefen fast vergessen. Ihr Kopf war voll mit Dingen, die geklärt und erledigt werden mussten. Und da war auch noch Phil, der geduldig die Woche abgewartet hatte. Sie rief ihn an und verabredete sich mit ihm. Sie ordnete ihren Terminkalender neu, organisierte ihr Geschäft und plante ihre Tage mit festen Zeiten für ihre Kinder, denen sie unendlich dankbar war, dass sie der Situation so viel Verständnis entgegengebracht hatten.

Als sie sie abends ins Bett brachte, fragte Tim:

»Wann kommt Will wieder?«

»Ich weiß nicht, ob er wiederkommt, Tim«, antwortete sie.

»Was?«, rief er entrüstet. »Warum nicht?«

»Weil wir noch nicht wissen ... weil William sehr viel zu tun hat ... und wir erst mal ...«

»Du wolltest doch sein Herz heil machen«, maulte er. »Dann mach es ganz heil!« Er drehte sich weg und zog die Decke über seinen Kopf.

»Tim, das ist nicht so einfach«, versuchte Anna zu erklären, aber Tim blieb unter der Decke.

Unschlüssig sah Anna zu ihrer Tochter, die im Bett gegenüberlag und den kurzen Dialog natürlich mitgehört hatte.

»Was denkst du?«, fragte sie sie.

»Ich mag Will, Mama. Er ist cool. Und lieb.«

»Und Phil?«

»Den mag ich auch. Aber anders.«

Seufzend nahm Anna das Päckchen, drückte Lea einen Kuss auf die Stirn und ging zu Bett.

Obwohl sie frische Bettwäsche aufgezogen hatte, roch alles noch nach Will. Ihre Hand griff nach seinem zweiten Brief. Die Geschichte mit dem Räuber und der Prinzessin legte sie bewusst nach hinten, die wollte sie sich für den Schluss aufheben.

Wills zweiter Brief begann damit, dass er ihr versicherte, diesen selbst geschrieben zu haben.

»... die Worte mögen dir unbeholfen vorkommen, aber ich übe. Ich bin nicht Phil und werde auch nie so eloquent sein wie er. Aber ich möchte zumindest in der Lage sein, dir zu schreiben, was ich fühle. Mit meinen eigenen Worten. ... und ich ersetze jede negative Aussage durch eine positive ... ich kultiviere das, was du mir immer geraten hast: eine gute Wortwahl, eine freundliche Ausdrucksweise, das, was ich auch machen musste, um die Wette zu gewinnen. Ja, das, was letztlich in mich eingedrungen ist und mich verändert hat ...«

Der Brief war noch einigermaßen holprig, nur stellenweise, wenn er sich für diese Wette entschuldigte, wenn er darüber schrieb, wie leid ihm das alles tue, schrieb er flüssig und mit Feuer. Doch schon der nächste Brief war ein Fortschritt, er hatte sich die Bücher gekauft, die sie auf den Seychellen erwähnt hatte, sie gelesen, und teilte ihr nun seine Ansicht darüber mit ... wie immer sehr ungeschminkt, was sie aber gerade auch so an ihm mochte: »*Vollkommener Quark, wenn du mich fragst ... der Typ theoretisiert nur rum!*«, teilweise aber sehr fundiert.

Mit jedem Brief merkte sie, wie er lernte, seine Gedanken und seine Gefühle mitzuteilen, und seine Anstrengung – und wie so oft seine Hartnäckigkeit – rührte sie zutiefst.

Im vierten Brief beschrieb er, wie der Tag in Hamburg sein Leben verändert hatte.

»Diese Sekunden, in denen du auf mich zukamst. Dein Lächeln, deine ausgebreiteten Arme, deine Augen ... ich war vollkommen überwältigt. Es war wirklich einer der glücklichsten Momente in meinem Leben, obwohl ich das nicht gleich erkannte. Du warst so herrlich ungezwungen! Alles mit dir war so leicht! Weißt du noch, wie wir auf der Straße getanzt haben? Anna, ich kann diese Wette nicht verurteilen, denn ohne sie hätte ich dich nie gefunden. Und ohne sie wäre ich nie an dir drangeblieben! Mein Beuteschema war ein völlig anderes. Du hast mal auf den Seychellen zu mir gesagt, dass man durch seine Muster immer wieder die gleichen Situationen und Personen anzieht, und statt die Situation zu verurteilen, solle man eher das Muster erkennen, das dem zugrunde liegt. Wegen dieses Musters habe ich immer die falschen Frauen gewählt – und meine Meinung über Frauen selbstredend bestätigt bekommen. Aber diese Wette, so unschön die Absicht auch war, hat das durchbrochen. Ich habe mich schon in Hamburg unendlich in dich verliebt. Ja, du bist meine große Liebe. Das, was als fiese Wette anfing, die drei Worte, die ich nur in der Absicht äußerte, dich herumzukriegen, wurden an diesem Tag in Hamburg ungewollt wahr. Es gab danach keinen Tag mehr, an dem ich nicht an dich gedacht habe. Und die Tage auf den Seychellen ... Anna ... diese Tage auf den Seychellen ...«

Er übte. Mit jedem Brief wollte er besser werden, wollte er sich verändern, befasste er sich mit Gedanken, die er vorher nie gehabt hatte, setzte er Zitate oder Abschnitte aus Büchern ein, die ihn beschäftigten ... mit jedem Brief wollte er sie zurück. Es trieb ihr die Tränen in die Augen.

Anna las sechs seiner Briefe, besah sich die Fotos, die er gemacht hatte, dann löschte sie das Licht, legte sich auf den Rücken und dachte an Will ... und an Phil.

Sie fühlte sich völlig zerrissen.

∗∗∗

Inzwischen gab es einen stets gemähten Weg zur Scheune, den Rest des Ackerlandes ließ Will bewusst verwildern, damit niemand groß aufmerksam wurde. Außerdem hatte die Scheune inzwischen ein Alarmsystem und er hatte einen ehrbaren Arbeiter aus einer der Firmen, die seinem Vater damals gehört hatten, gefunden, der einmal in der Woche nachsah, ob alles in Ordnung war. Es war ein langweiliger Job, Gott sei Dank, und der Typ hatte selbst keine Ahnung, was diese Autos wert waren.

Will schaltete die Alarmanlage aus und öffnete das schwere Tor. Eine Minute später stand er im diffusen Licht der Scheune, deren schmale Oberlichter nur spärlich Sonne einließen. Er sah Staub in einem Sonnenstrahl tanzen und die Erinnerung an seine Mutter ergriff ihn. War sie hier? Sah sie ihn, wie er langsam auf den mit einer Stoffhaube abgedeckten, eisblauen Jaguar zuging? Es war über fünfunddreißig Jahre her, seit er ihn angefasst, seit er in ihm gesessen hatte. Er zog die Schutzhaube ab und strich über den gut erhaltenen Lack.

Dann setzte er sich auf den Beifahrersitz und schloss die Augen. Er roch ihr Parfüm. Er sah sie neben sich. Er sah ihre blitzenden Augen, ihr strahlendes Lachen, fühlte ihre Lebenslust.

»Hey, Mama«, flüsterte er. »Es tut mir leid, was ich all die Jahre geglaubt habe. Ich vermisse dich. Ich hätte dir so gern Anna vorgestellt.«

Lange saß er so, dann öffnete er die Augen wieder und sein Blick fiel auf den Fußraum. Eine vergessene Auto-Quartett-Karte lag auf dem Teppich. Er hob sie hoch. Darauf war ein Maserati Gibhli zu sehen. Seine Mutter hatte alle interessanten Autos gekannt und mit Leidenschaft Quartett mit ihm gespielt. Er öffnete das Handschuhfach, das Bordbuch lag darin, sonst nichts. Akribisch durchsuchte er das gesamte Auto, sah unter und neben den Sitzen nach, im Kofferraum, im Motorraum ... an allen möglichen Stellen ... und er fand: nichts. Schließlich ließ er sich frustriert wieder auf den Beifahrersitz fallen und hoffte, das sei kein schlechtes Omen für seine Zukunft.

Da fiel sein Blick auf die Klappe des Handschuhfachs, auf den die Sonne einen letzten Strahl schickte. Glitzernde Partikel reflektierten das Licht und als Will genauer hinsah, erkannte er die Umrisse von Lippen. Hatte seine Mutter den Deckel des Handschuhfachs geküsst? War sie hier gesessen, so wie er jetzt? Vor fünfunddreißig Jahren? Er sah genauer hin ... ja, das waren ... Lippenstiftkonturen! Wie auf der Zeichnung, die er bei Edith gefunden hatte. Und wie damals fuhr sein Finger zart über die verblichenen Spuren seiner Mutter. Er öffnete das Fach erneut. Nahm das Bordbuch nochmals heraus, tastete die Innenräume des kleinen Fachs aus. Nichts. Er wollte das dünne Wartungsheft wieder zurücklegen, als es ihm herunterfiel und er beim Aufheben einen weiteren Kussmund auf der Rückseite des Heftes entdeckte. Er schlug es auf. Sein Herz setzte für einen Schlag aus, als er registrierte, dass die Ränder, jeder freie Zentimeter des Heftes mit ihrer Handschrift bedeckt waren. Botschaften einer Mutter an ihren kleinen Sohn. Sein Blick reiste in die Vergangenheit, sah sie, wie sie verzweifelt in diesem Wagen gesessen war, eingehüllt in die Stille der Halle, wie sie ihren Gedanken, ihrer Angst, ihrer Liebe freien Lauf gelassen und dafür jeden Millimeter des Buches genutzt hatte. Wills Augen rasterten über die vollgeschriebenen Ränder. Jedes Wort schleuderte ihm ihre Verzweiflung und ihre Hoffnung entgegen, jeder Buchstabe war eine Liebesbekundung an ihn. Mein kleiner Will, mein süßer kleiner Will. Du bist mein Ein und Alles, du bist mein Schatz, mein Engel, mein Leben. Ich werde es schaffen. Ich lasse dich nicht allein. Ich liebe dich über alles. Ich will dich nicht verlassen, ich bleibe bei dir, ich liebe dich, ich liebe dich, ich liebe dich ...

Mit zugeschnürter Kehle schlug Will Seite um Seite um – Seite um Seite hatte sie ihre Liebe dokumentiert. Da stieß er auf ein zusammengefaltetes Blatt, so fest in die Mitte gesteckt, dass es nicht hatte herausfallen können. Und darauf stand: »Für meinen kleinen, über alles geliebten William.«

Der Kloß, der, seitdem er das Heft aufgeklappt hatte, in seiner Kehle steckte, wurde größer.

Draußen ging der Tag zu Ende, die Sonne war fast untergegangen. In der Scheune wurde es dunkel. Er schaltete die Taschenlampe des Handys ein und hielt sie auf das Blatt.

***

»Hey, Phil.«

»Hey, Anna.«

Seine blauen Augen blickten sie vorsichtig fragend an, versuchten in ihrem Gesicht, in ihrer Körperhaltung zu lesen. Sie senkte den Blick.

»Phil«, begann sie. »Es gibt da etwas, was ich dir sagen muss.«

»Oh, bitte nicht«, flüsterte er. »Bitte sag nicht, wovon ich glaube, dass du es sagen willst.«

»Ich glaube nicht, dass du weißt, was ich sagen will«, antwortete sie mit einem Lächeln.

Phil war nicht beruhigt.

»Komm, setz dich zu mir«, sagte sie und klopfte auf die freie Fläche der Bank. »Ich werde dir sagen, wie ich denke, und du kannst dir dann deine eigene Meinung bilden.«

***

Patrizias Zeilen waren ein einziges Liebesgeständnis an ihren Sohn. Man konnte es nicht wirklich Brief nennen – es begann mit verzweifelten Suggestionen, mit Beschwörungen an Gott, an sich selbst, durchzuhalten und ihrem kleinen achtjährigen Sohn die Zukunft zu sichern.

»Gott, du kannst nicht wollen, dass ich ihn in diesem Alter alleine lasse! Er ist ein so gutes Kind, so lieb, so süß ... Egon ist nicht in der Lage, sich um ihn zu kümmern. Das war er nie und wird er auch nie sein. Er kann sich noch nicht mal um seine Firmen kümmern. Alles, was Egon kann, ist, mich zu lieben und dafür bin ich dankbar, das ermöglicht mir so viel. Du darfst mich noch nicht zu dir nehmen, Will braucht mich doch. Er braucht mich sehr, das spüre ich jeden Tag, wenn ich diese schrecklichen Medikamente genommen habe und zu ihm nach Hause komme.

Oh, mein kleiner Will, wenn ich dir nur irgendwie sagen könnte, wie sehr ich dich liebe! Ich spüre eine so tiefe Verbundenheit zu dir, viel tiefer als zu Egon, ich kann dir gar nicht klarmachen, wie das für mich ist, mit dieser Krankheit ... aber ich will dich zumindest vorbereiten ... wenn diese Behandlung vorbei ist und ich wieder ein bisschen zu Kräften gekommen bin, werde ich es dir sagen und ich bete zu Gott, dass ich die richtigen Worte finde. Diese Liebe zu dir ist so stark. Ich will dich nicht verlieren, ich will nicht gehen! Ich will dich aufwachsen sehen, eifersüchtig sein auf die Frau, die du für dein Leben wählst, will dich heiraten sehen, will dein Kind in meinen Armen wiegen, so wie ich dich in den Armen wiegte. Ich will all das mit dir erleben und habe wenig Hoffnung, dass es so sein wird. Alles, was ich hoffen kann, ist, dass ich noch etwas mehr Zeit habe, dass es nicht so schnell geht, dass du meine Liebe spürst und erkennst, dass Liebe das Wichtigste ist, was ich dir auf deinen Lebensweg mitgeben kann, das Einzige, wofür es sich zu leben lohnt. Ich möchte dir sagen, dass das, was ich für dich empfinde, ewig ist. Und das weiß ich so genau, weil diese Liebe mir gerade im Moment viel näher ist als meine Angst. Ja, das ist das Seltsame daran – ich spüre die Liebe mehr, als ich will, mit einer Gewalt, einer Kraft, die mich erschreckt. Ich schreibe Unsinn, durcheinander, aber trotzdem habe ich das Gefühl, schnell schreiben zu müssen, bevor der Kopf einsetzt und alles kaputtmacht. Plötzlich habe ich Angst, dass ich keine Zeit mehr habe, dir zu sagen, was los ist, dass meine Uhr vielleicht schneller abläuft als geplant.

Mein kleiner, süßer Will, mein über alles geliebtes Kind. Wie gern würde ich jetzt mit dir zum Gardasee fahren und Eis essen! Wie wünschte ich mir, du würdest jetzt neben mir sitzen und mich anlächeln! Mit deinem so süßen, verschmitzten Räuberlächeln! Du wirst mal ein großer Charmeur, dessen bin ich mir gewiss. Achte die Frauen, die deinen Weg begleiten. Achte die Frau, die du heiratest.

Oh, lieber Gott, gib mir die Zeit, mich anständig zu verabschieden ...«

Die Tränen rannen Will unaufhörlich über das Gesicht. Ihre Gedanken waren nur bei ihm gewesen, nur bei ihm. Und er hatte fünfunddreißig Jahre seines Lebens geglaubt, sie habe ihn im Stich gelassen.

Er saß lange in diesem Wagen. Es war inzwischen stockdunkel geworden und er hatte die Taschenlampe längst ausgeschaltet. Seine Lippen schmeckten nach Salz und Will war müde von allem. Von den Tagen im Schwarzwald, von all dem Drama, der Verzweiflung dieser Jahre, der Verzweiflung seiner Mutter, er war selbst seiner Tränen müde.

Ausgepumpt saß er in dem Cabrio, vollkommen leer. Er war auf dem Grund seines Leidens angekommen, er befand sich im Vakuum – da blitzte eine Sekunde kristallscharfer Klarheit in sein Gehirn. Eine Sekunde voller Licht.

Eine Sekunde, die alles erhellte, alles erklärte, die ihn wissen ließ, wie er dieses Leid vermeiden konnte.

Und in diesem Moment ließ er Anna los.

Er spürte in dieser Sekunde, die sich zu einer Ewigkeit zu dehnen schien, so deutlich, dass jegliche Anhaftung Schmerz verursachte, dass es tatsächlich möglich war, ein Leben ohne Erwartung zu leben, ja, dass er ohne dieses Habenwollen das Leben in vollen Zügen genießen konnte, einfach, weil er die Dinge nicht unter dem Knüppel seines Egos sah, sondern in der vorhandenen Fülle. Er spürte, dass sein Glück nicht davon abhing, jemanden an seiner Seite zu haben, den er liebte, sondern davon, *dass* er liebte. Er fühlte die starke Liebe seiner Mutter, er fühlte Annas Liebe, selbst die unbeholfene Liebe seines Vaters ... das alles war Liebe. Er sah Liebe selbst in den negativen Dingen des Lebens, die ihn zu eben dieser Liebe in sich getrieben hatten. Liebe umgab ihn. Vollständig und ganz.

Will horchte in sich hinein.

Er verstand plötzlich, warum Anna ihn um Zeit gebeten hatte. Sie befanden sich alle in einer Umbruchsituation ... und in einer solchen sollte man keine Entscheidungen treffen. Der Turm war eingestürzt, die Trümmer staubten noch, die Sicht war noch unklar – er musste warten.

Zurückgelehnt saß Will in dem Auto, das so viele Erinnerungen barg, und lauschte seinem Atem. Der Atem trug ihn ... trug ihn in eine andere Dimension. Und hier, in dieser kalten Scheune, ausgelaugt von den emotionalen Geschehnissen der letzten Zeit, tauchte er plötzlich mühelos bis auf den Grund seiner Seele, tief in sein Herz. Und fand dort tiefen, heilenden Frieden.

Lange verweilte er darin. Es war ein vollkommener ruhiger, seliger Zustand. Es war, als ob er darin auftankte. Er sah keine Bilder, es war auch nicht alles schwarz und selbst Gedanken waren noch da. Sie schwebten wie Seifenblasen im Raum und er betrachtete sie teilnahmslos.

Und da begriff er: Irgendwann hatte er eine dieser Seifenblasen gepackt und sie für seine Wirklichkeit erklärt. Sie hatte platzen müssen. Alle mussten sie platzen. Der wahre Zustand war das, was er jetzt fühlte.

Ein kleiner Ruck ging durch ihn. Dann, als ob sich ein Ventil öffnete, strömte Freude und Liebe in sein Bewusstsein, durchdrang jede Zelle, sättigte sie mit Licht, ließ ihn wahre Lebendigkeit spüren.

Will seufzte tief auf und lehnte den Kopf zurück.

»Mama«, flüsterte er. »Ihr alle. Danke.«

***

Am liebsten hätte er hier übernachtet. Ihm war nicht kalt und der selige Zustand, in dem er sich befand, so göttlich, dass er nicht auftauchen wollte. Aber plötzlich hörte er ein knirschendes Geräusch, die Tore öffneten sich. Jemand griff zum Schalter und flutete den Raum mit grellem Neonlicht.

»Ist da jemand?«, hörte er eine Stimme beunruhigt rufen. Es war Gregor Altmann, der die Halle wartete.

Will stieg aus und schlug die Beifahrertür zu. Ihm war ein wenig schwindlig und er befand sich noch immer in diesem offenen, durchlässigen Zustand.

»Wer da?«, hörte er die alarmiert scharfe Stimme von Gregor und Will sah, wie dieser reflexartig zum Pfefferspray und dem Telefon griff, das seitlich vom Tor angebracht war.

»Gregor!«, rief er und räusperte sich verlegen. Seine Stimme war ja geradezu piepsig! »Ich bin's! William!«

»Ach, Herr Sanders, Gottlob ... ich dachte schon ...«

Erleichtert kam Gregor näher, sprach Sätze, die Will nicht wirklich mitbekam, weil er noch versuchte, sich zu sammeln.

»... wollen Sie das Auto verkaufen, weil Sie es angeschaut haben?«

Diese letzte Frage drang nur deshalb in Wills Bewusstsein, weil Gregor inzwischen direkt vor ihm stand und ihm die Hand hinhielt. William ergriff sie und schüttelte sie kräftig.

»Nein ... nein«, antwortete er auf Gregors Frage. »Dieses Auto werde ich wohl nie verkaufen.«

»Ja, es war das Lieblingsauto Ihrer Frau Mutter«, lächelte Gregor. »Sie kam oft damit in die Firma gefahren. Wir haben uns immer gefreut, wenn sie da war.«

Will schluckte. Er führte seine Firmen komplett anders. Er hatte sich nie groß um sie gekümmert, nur zweimal im Jahr in der Aufsichtsratssitzung wurden Bilanzen diskutiert.

»Wie lange hast du für sie gearbeitet?«, fragte er leise und war sich nicht bewusst, dass er ins du abrutschte. Gregor störte sich nicht daran. Sein einfacher Charakter nahm das Subtile, die hohe Schwingung wahr, die in der Halle schwebte, und er reagierte nur darauf.

»Fünfundzwanzig Jahre«, antwortete er. »Dann wurden die Firmen zerschlagen.«

Will nickte stumm.

»Ihre Frau Mutter war eine so ungewöhnliche Frau«, erzählte Gregor unaufgefordert weiter. »So fein. Und nie arrogant. Sie hat immer den Menschen in uns gesehen, nie den Arbeiter. Wir waren alle wild darauf, für sie etwas zu leisten. Sie hat es immer geschafft, uns klarzumachen, dass wir die Firma sind. Das ist in den heutigen Unternehmen ja ganz anders. Es menschelt nicht mehr.«

»Erzähl mir ein bisschen«, sagte Will leise. »Erzähl mir, was dir gefallen hat. Erzähl mir, wie sie die Firma geleitet hat.«

»Aber ich war doch nur ein einfacher Handwerker«, entgegnete Gregor verlegen. »Da müssten Sie doch eher ehemalige Geschäftsführer fragen ...«

»Nein, ich will es von dir wissen. Du warst nicht nur ein einfacher Handwerker, Gregor. Du warst die Basis. Und damit steht und fällt alles. Also ... wenn du ein bisschen Zeit hast ...«

»Ja, dann ...« Gregor schob seine Mütze ein wenig zurück und kratzte sich am Kopf. »Es ist Abendbrotzeit. Möchten Sie mitkommen? Meine Olle macht Brotzeit und Tee, aber wenn Ihnen das nichts ausmacht ...«

»Danke, Gregor«, lächelte Will. »Ich komme gern mit. Und ... übrigens ... ich heiße Will.«

Will absolvierte seine Sessions bei Joe, die den Frieden in ihm verankerten, und es war so heilsam, dass er versprach, wiederzukommen. Er merkte, wie er langsam über all das hinwegkam, widmete sich wieder seiner Arbeit, ging die Änderungen an, die er sich vorgenommen hatte und verkniff es sich, an Anna zu schreiben.

Diesmal war sie am Zug. Sie wussten das beide.

***

Anna suchte Davy Jones in Facebook. Und fand ihn nicht. Der Account war gelöscht worden. Sie ging auf die »Piratenseite«, die noch immer bestand und zu der sie immer noch Zugang hatte.

Aber außer einigen säuerlichen Kommentaren, dass das Wettjahr fast um war und die Mitglieder wissen wollten, wie das Endergebnis ausschaute, war nichts Neues dazugekommen. Nur ein kleiner Kommentar von Will: ›Ich melde mich, Jungs‹.

Sämtliche Fotos waren gelöscht worden.

Anna runzelte die Stirn. Sie tippte William Sanders in die Suchleiste, aber auch darunter war er nicht zu finden. Er hatte sich wohl von Facebook verabschiedet. Aber sie hatte ja noch seine Nummer.

***

Will wartete zwei Wochen. Dann endlich kam eine Viber-Nachricht von ihr:

»Hey, Babe«, schrieb sie. »How are you?«

Sein Herz machte einen Satz. Er lächelte und tippte zurück:

»Hello pretty angel, hast du dich entschieden?«

»Will, vorher muss ich dich sprechen.«

»Sag mir, wann und wo!«

»Hättest du was dagegen, wenn wir uns in deiner Scheune treffen?«

»Nein, Babe, ich kann mir keinen besseren Ort vorstellen – egal, wie die Sache ausgeht.«

»Gut, okay. Ich werde da sein. Schick mir einfach die Adresse.«

»Ist schwer zu finden. Wir können uns in Berlin treffen und zusammen hinfahren.«

»Nein, ich möchte, dass jeder von uns sein Auto hat. Aber ich kann dir ab Berlin hinterher fahren.«

Warum wollte sie das so? Der einzige Grund war, dass sie nicht mit ihm in einem Auto sitzen wollte, nachdem sie ihm eine Abfuhr erteilt hatte. Will schluckte.

»Okay, Babe«, schrieb er desillusioniert zurück. »Wie du willst.«

Das Leben ist wertvoll

»Oh, wow!«, staunte sie, als sie die Halle betrat. Will hatte sie inzwischen mit einer Chesterfield-Sitzgruppe aufgemöbelt, einer Küche inklusive Kaffeemaschine, alten Tankstellenschildern, Zapfsäulen, einer kleinen Bar, riesigen Leinwänden an den Quermauern mit Motiven vom Gardasee aus den 50er Jahren, die das typisch italienische Lebensgefühl wiedergaben und die Oldtimer damit in eine authentische Szenerie gesetzt. Die Halle hatte Atmosphäre und Anna fühlte sich wohl, sowie sie eingetreten war.

Noch dazu standen auf dem kleinen Couchtisch Kerzen und ein Kübel Champagner. Mit leuchtenden Augen drehte sie sich zu Will um.

»Das ist ja fantastisch!«, strahlte sie. »Danke, Will! Ich glaube, es gibt nichts Schöneres, als mit dir Champagner zu trinken!«

»Das wäre eine echte Beleidigung«, entgegnete er. Er wunderte sich, dass er so ruhig bleiben konnte, nachdem er sie nun seit Wochen zum ersten Mal wiedersah. Und nachdem es noch dazu um die Entscheidung seines Lebens ging! Aber sein Herz leuchtete so von Liebe, dass er einfach nur dieses Gefühl genoss. Er genoss sie. Ihren Anblick, ihre Begeisterung, ihre Gegenwart. Und gerade lachte sie wieder so glockenhell.

»Ja, du hast recht, Will«, sagte sie. »Der Sex mit dir war einfach göttlich! Und alles andere auch!«

Sein Unterbewusstsein registrierte, dass sie in der Vergangenheitsform davon sprach, und er spürte einen Stich in seiner Herzgegend. Anna steuerte das erste der Fahrzeuge in der Halle an und betrachtete es interessiert.

»Von Oldtimern habe ich keine Ahnung«, gab sie zu.

Er ging mit ihr durch die Reihen, erklärte ihr die einzelnen Typen, ihre Herkunft, ihre Geschichte, den jeweiligen Designer, ihren Wert, ihre Besonderheit. Schließlich blieben sie vor dem eisblauen Jaguar E-Type stehen.

»Ist das das Auto, mit dem du mit deiner Mama zum Gardasee gefahren bist?«, fragte sie leise und strich zart über den Lack.

»Ja, das ist es. Und ich habe etwas darin gefunden.«

Er griff in seine Brusttasche und reichte ihr das kleine Wartungsheft. Anna schlug es auf und ihre Augen wurden feucht, sowie sie die ersten Worte las. Stumm gab sie es ihm nach einer Weile zurück und umarmte ihn spontan.

»Ich freue mich so für dich, Will«, flüsterte sie. »Es ist so schön, dass du diesen Liebesbeweis gefunden hast. Das hast du dir verdient.«

Er nickte. Das klang alles genauso, wie er befürchtet hatte.

»Okay, Honey«, sagte er ruhig. »Lass uns Tacheles reden.«

»Ja, es wird Zeit«, stimmte sie zu und ließ sich von ihm zur ledernen Chesterfield-Sitzgruppe zurückführen. Er schenkte Champagner ein und setzte sich ihr gegenüber.

Anna war nervös. Er überlegte, ob er sie überhaupt jemals nervös gesehen hatte ... ja, als sie der Konferenz beigewohnt hatte ... als sie an den Tod ihres Mannes erinnert worden war. William ließ innerlich los. Er konnte ihre Entscheidung ohnehin nicht ändern. Er lehnte sich zurück und schlug die Beine übereinander, während sie einen Anfang suchte und keinen fand.

»Schieß einfach los, Babe«, sagte er schließlich. »Nimm keine Rücksicht auf mich.«

Sie sah ihn an mit einem Blick, den er nicht deuten konnte. Aber ihm schwante Übles.

»Will«, begann sie. »Was waren das eigentlich für Zettel, die deine Mutter immer mit sich herumgeschleppt hat ... damals, als das Ganze anfing?«

Überrascht über diese Frage stockte er kurz. »Zettel? Welche ... Zettel?«, wiederholte er verständnislos. Worauf wollte sie hinaus?

»Du hast sie oft erwähnt ... als du mir erzählt hast, wie sich die Dinge bei euch zu Hause geändert hatten.«

»Oh ... ja ... ich weiß, was du meinst.« Er schwieg ein paar Sekunden.

»Es waren ihre jeweiligen Untersuchungsergebnisse«, antwortete er dann leise. »Sie hatte wohl jedes Mal die Hoffnung, ihre Werte hätten sich gebessert. Aber es war nie so.«

Anna nickte. Wieder nervös. Ihre Hände klemmten zwischen ihren Oberschenkeln. Gespannt sah er sie an.

»Okay«, begann sie wieder. »Du hast ja die kurze Unterhaltung mit Edith am Tag deiner Abreise mitgehört. Erinnerst du dich?«

»Als du sagtest, dass du glaubst, nicht die Richtige für mich zu sein ... nach allem, was ich erzählt habe.«

Sie nickte wieder. »Ja, genau das meine ich.« Sie stoppte kurz. Dann holte sie Luft. »Ich habe dich um Vertrauen gebeten, Will. Und ich will dir sagen, dass ich diese Bemerkung nicht so gemeint habe, wie du sie aufgefasst hast.«

Ihr Blick verlor sich auf dem Betonboden, ging zu ihrer Handtasche, dann zu Will. Der sah sie verständnislos an. Angespannt stieß sie Luft aus.

»Also gut, Will. Du willst sicher wissen, wie ich mich entschieden habe. Ich meine ...«

Sie wurde immer nervöser und Will beobachtete sie erstaunt. In einer spontanen Regung setzte er sich neben sie und nahm sie in die Arme.

»Was hast du, Babe?«, fragte er. »Spuck's aus. Das macht es uns beiden leichter.«

»Ja, du hast recht«, flüsterte sie an seiner Brust. »Aber ...«

Sie hob ihren Blick zu ihm.

»Ich weiß nicht, ob du dich danach für mich entscheidest.«

»Sweetie, was soll das? Warum sagst du so was?«

Sein Herz klopfte. Anna löste sich von ihm. Griff in ihre Handtasche. Holte ein Blatt hervor. Will wurde bleich.

»Anna«, sagte er heiser. »Bitte ... bitte nicht.«

»Ist nicht so schlimm, wie du denkst«, flüsterte sie zurück. »Lies es trotzdem.« Mit zitternden Fingern reichte sie ihm das zusammengefaltete DIN-A4-Blatt, das er mit ebenso bebenden Fingern entgegennahm. Er klappte es auf. Es war eine Blutuntersuchung. Ein Diagramm ... mit einem Wert, der mit einem Textmarker hervorgehoben wurde. Ein Wert, der eine ziemliche Spitze nach oben bildete und neben dem das Wort »auffällig« stand.

»Anna ... was bedeutet das?«, fragte er rau. Seine Stimme versagte ihm fast.

»Es ... es ist nichts wirklich Schlimmes, Will«, sagte sie. »Noch nicht. Man nennt es monoklonale Gammopathie. Das haben etliche Menschen. Es bedeutet, dass ein gewisses Risiko besteht, eine bösartige Krankheit zu bekommen. Eine unheilbare ...«

Will starrte sie an.

»Die Wahrscheinlichkeit ist nicht zu hoch. Strenggenommen besteht diese Unsicherheitsquote gerade in der heutigen Zeit in irgendeiner Weise wohl bei jedem Menschen. Außerdem habe ich gute Therapeuten gefunden. Ich ... ich habe Christian öfters an seinem Arbeitsplatz besucht ... weißt du ... und ... na ja ... dieser Staub ... ich habe ihn wohl auch eingeatmet. Es ist noch nichts Greifbares ... aber ... vielleicht verstehst du jetzt, warum ich davor zurückgescheut bin, mich gleich für dich zu entscheiden. Ich meine, ich kann dir das nicht zumuten! Du kannst das nicht noch einmal durchmachen! Keiner von uns weiß, was die Zukunft bringt, und auch wenn ich absolut positiv darüber denke und auf Gesundheit fokussiert bin ... ich will dir das nicht antun, Will, nicht nach allem, was du erleben musstest!«

»Babe«, sagte er und seine Lippen bebten. »Hast du gerade gesagt ... du hättest, wenn dieser Zettel nicht existieren würde, dich gleich für mich entschieden?«

»Ja, Will. Das hätte ich.« Sie sah auf. »Ich liebe dich«, flüsterte sie. »Ich kann dir gar nicht sagen, wie sehr.«

»Du ... liebst mich.« Er stieß Luft aus. »Anna, du liebst mich?«

Das jubilierende Gefühl wollte sich nicht wirklich Bahn brechen, weil er es schlicht noch nicht glauben konnte. In seinem Kopf war ziemliche Leere und so saß er wie erstarrt.

Anna beobachtete ihn. Sie wartete auf seine Antwort. Will blieb stumm. Als er nach geraumer Zeit immer noch nichts von sich gegeben hatte, sagte Anna leise:

»Will, ich kann verstehen, wenn du dieses Risiko nicht eingehen willst. Ich will dich glücklich sehen. Mit oder ohne mich.«

Er hob seinen Blick zu ihr und in seine Augen kam ein seliges Glimmen.

»Anna«, sagte er. »Du redest wieder mal Stuss. Und wenn es nur fünf Minuten wären, die ich mit dir verbringen dürfte, ich würde sie nutzen. Warst du es nicht, die gesagt hat: ›Der Tod ist es, der das Leben intensiv macht? Der dich wachmacht für die Schönheit auf dieser Welt‹?«

»Keine Ahnung, ob ich das gesagt habe«, flüsterte Anna. »Aber es klingt gut.« Sie sahen sich an.

»Anna – ich werde jeden Tag mit dir nun doppelt und dreifach genießen. Ich werde alles tun, dass es dir gut geht ... ich ...«

Seine Augen fingen an zu glänzen. »Oh, mein Gott«, flüsterte er. »Du hast dich tatsächlich für mich entschieden!«

Sie schlang ihre Arme um ihn. »Weil du so süß bist«, sagte sie glücklich und presste wie ein Kind ihr Gesicht an seine Brust. »Weil du einfach einzigartig bist, weil du ...«

Er verschloss ihr den Mund mit einem heftigen Kuss und das Glück raste durch ihre Körper wie Adrenalin. Es fühlte sich so verdammt richtig und so gut an! Seine Hände schienen überall zu sein und er küsste und herzte sie und lachte dazwischen und ihre Körper reagierten in gewohnter Intensität aufeinander, so dass sie knutschend auf der Couch lagen und das Feuer wie eh und je in ihnen brannte. Aber nach einer Weile schob Anna ihn ein bisschen von sich.

»Weißt du was?«, fragte sie mit leuchtenden Augen, als er sie, halb entkleidet freigab. Sie richtete sich auf. Ihr Haar war zerzaust, die Bluse bis zum

Bauchnabel offen. »Der Sommer kommt! Ich würde wahnsinnig gern mit dir in diesem Teil da nach Italien fahren und Eis essen!«

»Sweetie, kein Ding! Das machen wir! Und jetzt lass uns anstoßen! Heute ist ein besonderer Tag!«

»Ja, das stimmt! Ein besonderer Tag!«

Er setzte hinzu:

»In doppelter Hinsicht, Babe, denn gestern ist die Wette abgelaufen!«

»Oh, okay!« Sie grinste, nahm beide Champagnergläser in die Hand und reichte ihm seines.

»Sorry, Will, ich konnte dich nicht gewinnen lassen.«

»Hey, Babe«, sagte er. »Was soll das? Ich *habe* gewonnen.«

***

Epilog

»Bist du böse, weil ich mich für ihn entschieden habe?«

»Nein ... nicht böse. Ich kann es nur nicht verstehen. Ich weiß noch nicht einmal, ob ich es ihm gönne.«

Nach einer Weile fragte er: »Warum, Anna?«

»Weil er so viel für mich ist. Eigentlich gibt es nur einen Grund: Weil ich ihn liebe.«

»Ich war so fest davon überzeugt, dass du das auch für mich fühlst.«

»Das tust du auch. Aber das mit Will ... hm ... ich habe das Gefühl, dass du ohne mich besser zurechtkommst. Besser als Will.«

»Heißt das, du opferst dich jetzt für ihn? Das ist nicht dein Ernst, oder?«

»Nein, das heißt es nicht. Will macht mich lebendig. Es ist einfach das tiefe Empfinden, das es richtig ist.«

Phil wandte seinen Blick ab. Anna tat es weh, ihn leiden zu sehen, aber sie konnte es nicht ändern. Leise sagte sie:

»Phil, ich weiß so sicher, dass wir uns früher oder später auf die Nerven gegangen wären ... wir sind uns zu gleich.«

»Okay, Anna. Aber bitte gestatte mir, dass ich da eine etwas andere Meinung habe.«

»Klar. Trotzdem habe ich recht«

Phil sah sie mit hochgezogenen Augenbrauen an. Sie grinste.

»Und ich wüsste sogar jemanden, der ganz hervorragend zu dir passen würde.«

»Ach«, sagte er. »Du willst mich verkuppeln. Ist das nicht ein wenig geschmacklos?«

»Nein, gar nicht«, antwortete sie. »Weil ich irgendwie ahne, dass das zwischen euch funktionieren würde.«

»Zwischen wem? An wen denkst du?«

»An eine Kratzbürste. Eine ziemlich intellektuelle. Die macht dir das Leben zum Abenteuer und zündet Feuer unter deinen Hintern an – und das ist genau das, was du brauchst!«

Er sah sie fassungslos an: »Das ist nicht dein Ernst, oder?«

»Mein voller!«

»Ich bin nicht bereit, mich verkuppeln zu lassen, Anna«, sagte er rigoros. »Lass das!«

»Okay, kein Ding. Wir werden sehen, wie sich das alles noch entwickelt.«

Sie grinste und er konnte sich keinen Reim darauf machen. Wollte er auch nicht.

***

Gruppe: »Hey, Will, du Pirat! Du hast verloren und willst es nicht zugeben!«
Gruppe: »Du willst uns nur um unser Geld bringen!«
Gruppe: Es fehlen die letzten 3000 Euro und ein »Ich liebe dich!«
Gruppe: »Was ist jetzt? Drückst du dich?«
Will: »Ich melde mich, Jungs.«
Gruppe: »Also, alles was recht ist, William. Du musst Farbe bekennen. Deine Frist ist seit drei Wochen um. Wir wollen wissen, was Sache ist.«
Will: Okay, Sie hat gesagt, ich liebe dich. Sie hat kein Geld überwiesen.«
Gruppe: Fuck! Ist das wahr? Das heißt ... heißt das, was ich denke, dass das heißt?
Gruppe: YEAH! Wir haben gewonnen!
Gruppe: Oh, Mann, der Dude muss tatsächlich 50000 Euro löhnen? Wir kriegen das Geld?
Gruppe: Ist doch nur Taschengeld für den!
Gruppe: Ich fasse es nicht! Will hat verloren! Hat es das jemals gegeben? Wir haben gewonnen!
Will: Falsch, Freunde, ganz falsch. Ihr habt nur Geld bekommen. Gewonnen habe ich. Ganz sicher.
Seine Finger hatten Mühe, die Tasten zu treffen, so sehr zitterten sie, als er schrieb:
»Und vorausgesetzt, ihr benehmt euch, könnt ihr gerne zu meiner Hochzeit kommen.«

***

»Ähm, Phil, könntest du zwei Pakete mitnehmen, wenn du nach Singapur fliegst?«
»Ja, kann ich. Für Mr. Wang?«
»Nein, für seine Nichte. Aber es reicht, wenn du sie Mr. Wang gibst. Er wird sie weiterleiten.«

***

Minh saß in der exklusiven Warteecke vor dem Büro ihres Onkels und tippte eine Nachricht an Will.
Sie wollte endlich wissen, ob es schon Neuigkeiten gab und vor allem, welche! Auch Anna hatte sich noch nicht bei ihr gemeldet. Sie war noch nicht ganz fertig mit Tippen, als sie aufsah und bemerkte, wie ein Mann auf die Sitzecke

zukam. Sie stutzte und sah genauer hin. Den kannte sie doch! War das nicht der Typ, der Anna auf der Messe geküsst hatte? Wegen dem William so fertig gewesen war? Sie schaute genauer hin. Fixierte ihn. Er war es!

Wie eine Furie schoss sie hoch und stellte sich ihm breitbeinig entgegen.

»Was wollen Sie hier?«, fauchte sie ihn an.

Phil zuckte zurück. »Ähm ... ich habe einen Termin mit Mr. Wang?«, gab er zurück. Konsterniert über ihren feindseligen Ton musterte er die Frau mit den feurigen Augen da vor ihm. Aber ihr Anblick veränderte den Ausdruck in seinem Gesicht. Ein Kirschmund, klare Gesichtskonturen, große, mandelförmige Augen und ein blitzender, intelligenter Blick darin.

»Was wollen Sie bei meinem Onkel?«, zischte sie. »Petzen? Es ist alles schon gesagt! Mehr, als Sie vielleicht wissen! Dafür will ich Ihnen mal sagen, was ich davon halte, den besten Freund zu verraten! Sie ... Sie ... Kanaille!«

»Nun mal langsam!«, wehrte sich Phil schockiert und doch leicht amüsiert. »Ich habe niemanden verpetzt! Wie kommen Sie darauf! Aber wenn Sie schon Mr. Wangs Nichte sind ... ich habe was für Sie! Auch, wenn ich es gerade nicht wirklich genieße, Ihnen ein Päckchen von Will und Anna zu geben!«

»Von Will und ...« Sie stockte kurz, dann kreischte sie auf. »Du lieber Gott! Mann! Nun schießen Sie doch schon los! Wie geht es ihnen? Wie geht es Will? Ich warte seit Tagen auf eine Nachricht!«

»Hier!«, sagte Phil und drückte ihr grob das Paket in die Arme, aber in seinen Augen glitzerte es. »Da wird wohl hoffentlich ein Briefchen drin sein, sonst unterstellen Sie mir womöglich nochmal, dass ich petze, nur, weil ich Ihnen von den beiden erzähle!«

Minh schloss abrupt den Mund.

»Was ist das?«, fragte sie mit Blick auf die zwei Päckchen.

»Ihre Belohnung! Für was auch immer!«, antwortete Phil. »Aber nur das eine Päckchen. Das zweite sollen Sie später aufmachen. Wenn ich Anna richtig verstanden habe, ist eine Anleitung und Erklärung im ersten Paket.«

Minh machte sich sofort daran, das erste Paket zu öffnen.

»Erzählen Sie!«, forderte sie ihn auf. »Wie geht es Will?«

»Es geht ihm gut«, sagte Phil verdrießlich und räusperte sich. »Sehr gut sogar.«

Minh sah auf und in ihre Augen kam echte Wärme. Sie blickte Phil ein paar Sekunden in die blauen Augen und sagte:

»Ach du Scheiße. Das tut mir so leid für Sie. Ich weiß, wie Sie sich fühlen müssen.«

»Oh, nee, das auch noch«, frotzelte Phil. »Sie wissen also über mein Gefühlsleben Bescheid. Wer ist denn nun die Petze?«

Minh lachte. »Keiner! Stellen Sie sich vor: Da oben drin sitzt ein denkendes Hirn. Das war ja nun nicht allzu schwer zu erraten. Und ... es tut mir wirklich sehr leid für Sie, das war ernst gemeint.«

»Sie wirken aber nicht so. Eher freuen Sie sich für Will. Geben Sie's zu!«

»O ja, das tue ich! Wobei mir das vor wenigen Wochen nicht gelungen wäre. Ich war nämlich unsterblich in ihn verliebt. So wie Sie wohl in Anna.«

»Ach ...«, machte Phil. »Grandios. Alle stehen auf Will. Wirklich ganz hervorragend. Sehr tröstlich. Das hebt doch gleich meine Stimmung!«

»Ach ...«, äffte sie ihn nach. »Grandios. Alle stehen auf Anna. Wirklich ganz hervorragend! Sehr tröstlich! Was soll das, Mr. ... Mr. ... Petze? Sie sind doch ein erwachsener Mann!«

»Ich bin keine Petze!«, fuhr er sie an. Mann, was für eine Schnepfe war das denn!? Hoffentlich wurde er bald von der erlöst! Instinktiv sah er sich nach der Sekretärin von Mr. Wang um, aber da war niemand zu sehen, nur diese ... dieses Stachelteil hier! Dann kamen ihm plötzlich Annas Worte in den Sinn.

»Ach, du liebe Zeit«, meinte er. »Sie sind aber hoffentlich nicht die Kratzbürste?«

»Kratzbürste? Ich?«, sagte Minh unbeteiligt, während sie das Paket aufriss »Ich bin das Gegenteil von einer Kratzbürste! Ich bin ein weicher, sanfter ... Oh, mein Gott!«, schrie sie dann. »Die sieht vielleicht geil aus! Passt ja voll zu dem Kleid, das Will mir geschenkt hat!«

Sie hielt eine komplett vergoldete Kuckucksuhr in den Händen.

Phil beobachtete sie stumm und als sich ihr Blick ihm wieder zuwandte, runzelte sich ihre Stirn erneut. »Was haben Sie mit Kratzbürste gemeint?«, wollte sie wissen. »Und überhaupt ... Sie haben Anna auf der Messe geküsst ... und in ihrem Namen E-Mails geschrieben ... und dann Will verpfiffen, schämen Sie sich denn gar nicht?«

»Ob ich mich ...« Phil griff sich an die Stirn. Was für eine Pissnelke! Anna hatte sie doch nicht mehr alle, wenn sie ihn ausgerechnet mit diesem wütenden Teil hier verkuppeln wollte!

Minh hatte inzwischen den beigelegten Brief in der Hand. Genauer gesagt waren es zwei Briefe. Einer von Anna und Will. Und einer nur von Will. Sie las den ersten mit gerunzelter Stirn.

»Und?«, fragte Phil grob. »Ich hoffe, da steht wenigstens etwas drin, was mich entlastet.«

»Ähm ... ja ... sorry«, sagte Minh und schaute ihm entschuldigend in die Augen. »Ich bin wohl manchmal etwas impulsiv. Es tut mir leid. Sie sind natürlich keine Petze.«

»Na, dann.« Gespielt erleichtert atmete Phil auf und reichte ihr die Hand. »Friede?«

»Friede!«, strahlte sie und schüttelte sie kräftig. »Wie heißt du?«

»Ich bin Phil. Die Kanaille.«

»Oh, fuck. Das verfolgt mich jetzt, oder?«

»Mindestens für den Rest deines Lebens ...ähm ...«

»Minh«, sagte sie. »Ich bin Minh, die Kratzbürste.«

Sie lächelten sich an, Phils blaue Augen blitzten in die ihren und Minh wurde rot. Um ihre Verlegenheit zu verbergen, verschanzte sie sich hinter dem Brief und las die letzten Zeilen.

»Oh nein!«, rief sie dann.

»Was ist?«

»Das zweite Paket darf ich erst öffnen, wenn ich sicher bin, den Mann meines Lebens gefunden zu haben! Was ist das für ein Mist?«

Phil musste schmunzeln und dann lachen, als er sah, dass Minh begann, das zweite Paket aufzureißen.

»Ist jetzt nicht dein Ernst, oder?«, kicherte er und fühlte plötzlich, wie ihn Energie durchströmte. Diese Frau da vor ihm machte, was sie wollte! Irgendwie mochte er das.

»Und wie!«, hörte er Minh sagen, während sie die Verpackung durchwühlte.

»Na, dann hoffe ich mal, dass das kein Unglück bringt, wenn Sie das vorzeitig öffnen.«

»Ich fordere einfach mein Schicksal heraus«, erklärte Minh. »Das mit Will ist ja eh gestorben, also geh ich mal aufs Ganze! Ist ja egal!«

»Und was heißt das?«, fragte Phil neugierig.

»Das heißt, dass ich das Päckchen jetzt aufmache!«

Endlich hatte sie alles Papier abgemacht und hielt eine weitere Uhr in den Händen. Diesmal eine traditionelle Schwarzwalduhr.

Die Uhr zeigte die Vorderseite eines Holzhauses, reich geschmückt mit Blumen, Laternchen, Bäumen, Holzbänken und Kaminholz vor der Fassade, sogar ein Miniaturnamensschild war an der kleinen Eingangstür zu sehen, eine kleine Katze auf dem Holzstoß ... ein Mädel in Schwarzwaldtracht davor und ein junger Mann, der vor der Haustür stand. Es war so idyllisch und mit einer solchen Liebe zum Detail ausgearbeitet, dass einem die Tränen kamen.

»Oh, wie schön!«, rief Minh leise und hob ihren Blick zu Phils blauen Augen. Phil schluckte.

»Meinst du, die Figuren machen was, wenn der Kuckuck ruft?«, fragte sie ihn.

»Ich glaube schon«, antwortete Phil, stellte die Uhr auf den Tisch, dass die Zapfen nach unten hingen, zog die Pendel auf und drehte den Zeiger so, dass das Türchen mit dem Kuckuck aufklappte. Der Vogel erschien und in diesem Moment bewegte sich der junge Mann auf das in Schwarzwaldtracht gekleidete

Mädchen mit dem Bollenhut zu. Sein Arm, den er auf dem Rücken hielt, glitt nach vorne und in seiner Hand hielt er ein Schächtelchen mit einem Ring.

Minhs und Phils Augen trafen sich und ein warmes Glimmen, das sich bis in den Bauch fortsetzte, entstand in ihnen.

»Oh, fuck«, sagte Minh. »Eine Kratzbürste und eine Kanaille. Ob das dann mal gut geht ...?«

Verehrte Leserinnen und Leser!

Zunächst großen Dank, dass Sie das Buch gekauft und gelesen haben! Ich hoffe sehr, dass es Ihnen gefallen hat und würde mich freuen, wenn Sie sich die Mühe machen und eine Rezension bei Amazon verfassen würden. Es muss nichts Großes sein, aber eine Rezension hilft nicht nur uns Autoren - sie hilft auch anderen Lesern.
Sie können aber auch gerne über meine Facebook-Seite Kontakt mit mir aufnehmen ... oder über meine Homepage: www.subina-giuletti.de.
Ich freue mich immer über einen Austausch, Feedback, Anregungen, Wünsche, und Freundschaften!
Alles Liebe,

Ihre Subina Giuletti

Über den Wahrheitsgehalt dieses Buches

Das Wichtigste: **die Kuckucksuhren**! Ja, die gibt es wirklich, die kleine, verrückte Firma in Schonach im Schwarzwald und diese unglaublich sympathische Familie, die mir Einblick in die Welt der Kuckucksuhren gewährte. Die Firma heißt Rombach & Haas und alle Kuckucksuhren, die ich beschrieben habe, gibt es wirklich. Conny und Ingolf Haas haben die Kuckucksuhren modern gemacht und es gibt so viele wunderbare Exemplare, dass es richtig Spaß macht, sich durch die Kataloge zu wühlen! Falls jemand Lust auf ein originelles Geschenk oder Accessoires für sein Domizil hat: Hier der Link:
http://www.schwarzwaldpalast.de/RombachHaas:.:21.html?gclid=CPbM7pS cxs8CFUUq0wodizoIEg

Der Satz: »große Berge, feuchte Täler und jede Menge Wald« stammt aus der Feder von Selina Haas, Tochter von Ingolf und Conny, die tatsächlich mit ihren frischen, verrückten Ideen den Schwarzwald aufgemischt hat! Dieser Satz steht auf Plakaten und Karten und wenn ihr das mal googelt, stellt ihr fest, dass das ziemliche Kreise gezogen hat! Der Link zu ihr:
www.selina-haas.de

Und der Sohn der Familie Haas ist Enya Haas ... der tatsächlich auch Musiker, wenn auch kein Rapper, ist und wunderschöne Musik macht. So wunderschön, dass ich beim Hören seiner zweiten CD in den ersten Sekunden so inspiriert war und daraus im Zeitraffer (zwei Wochen!) das Buch »Life Chat – Sag mir, wer du bist« entstanden ist.

Stefan Strumbel: keine Frage, dass es ihn gibt! Das weiß ja jeder! Er ist ja wirklich in aller Munde, ein großartiger Künstler und seine Kunstwerke sind auf vielen Messen ausgestellt. Und natürlich ist auch wahr, dass Karl Lagerfeld die Sprühlackuhr von ihm gekauft hat! Ihr glaubt es nicht? Hier der Link:
http://www.stefanstrumbel.de

Und ja ... **William** ... den gibt es auch. Nur, dass er nicht William heißt, sondern ein Love Scammer ist, der das Profilbild von jemandem geklaut hat. Dieser William hat mich im Frühling dieses Jahres mit seinen Hey Babes und pretty angels angeschrieben ... Nun fragt ihr euch sicher, ob denn das Foto, das ich auf Facebook und auf meiner Website veröffentlicht habe, William ist? Jein. Das Foto ist gestohlen. Wahrscheinlich sitzt ein Afrikaner dahinter, der sich mit diesem hübschen Profil schmückt!

Aber ... den Typen, den gibt es natürlich! Der ist wirklich und richtig lebendig, lebt in Rio de Janeiro, heißt **Eriberto Leao** und ist ein erfolgreicher brasilianischer Schauspieler! Ihr könnt ihn gerne googeln unter seinem Namen. Rattenscharf!

Love Scammer ... ein heißes Thema. Kommt bitte nur nicht auf die Idee, dass das jemals so romantisch enden könnte wie in diesem Buch. Love oder Romance Scammer sind fiese Typen, die nur euer Geld wollen! Normalerweise scheuen sie einen sichtbaren Kontakt via Viber und Skype oder gar persönlich, klar, sie sehen ja nicht so aus wie auf dem Foto. Wenn sie das anbieten, dann sind das nur Versprechungen. Also passt auf, wenn euch einer mit pretty angel anspricht und so tut, als sei er in euch verliebt! Ich möchte hiermit auch eine klare Warnung aussprechen, die Ereignisse dieses Buches nicht für eine abwegige Hoffnung zu missbrauchen. Mehr Informationen findet ihr im Internet.

Hier einer der Links:

http://www.polizei-beratung.de/themen-und-tipps/betrug/scamming/romance-scamming.html

Peggy: Natürlich gibt es die! Sie kann perfekt so wie Michael Jackson tanzen und sie ist unterwegs für eine gute Sache: Sie sammelt Geld für die Kinderonkologie in Graz – unter anderem. Peggy ist eine tolle Frau und genau das Multitalent, das ich im Buch beschrieben habe. Das glaubt ihr auch nicht? Dann seht mal hier:

Hier der Link https://www.facebook.com/peggy.wolf.5?fref=ts

Was nicht wahr ist: Sie hatte bislang noch nichts mit Kuckucksuhren am Hut!

Wahr ist: Es gibt den Verein, der krebskranken Kindern ihren letzten Wunsch erfüllt und für den sie ebenso Geld sammelt. Er heißt **Strahlemännchen.de**

Wenn ihr ein Herz habt, dann schaut doch mal auf die Website. Es kommt bald Weihnachten, Ostern oder Pfingsten. Oder einfach ein Tag, an dem Ihr Gutes tun wollt. Vielleicht mögt ihr ja euer Scherflein für ein Kinderlachen beitragen. To make the world a better world ... !

Hier der Link: http://www.strahlemaennchen.de

Auch wahr ist: **Die Messe in Singapur!** Es gibt einen Mr. Wang (auch, wenn ich ihm aus verständlichen Gründen einen anderen Namen gegeben habe), der diese deutsche Messe in Singapur organisiert hat. Er hat in Stuttgart studiert, liebt Deutschland und Kuckucksuhren! Daher war natürlich auch ein Stand der Firma Rombach&Haas auf dieser Messe vertreten. Es gibt die Toiletten in der Dusche und die fensterlosen Hotelzimmer. Und Deutschland-begeisterte Asiaten!

Und was ist noch wahr? **Die Präsidentensuite im Ephelia Constance auf Mahè!** Ein Traum! Fotos poste ich bei Facebook! Das Ephelia ist auch ganz einfach im Internet zu finden.

Der Rest ist selbstredend erstunken und erlogen. :)

Der Räuber und die Prinzessin

In einem großen Reich lebte einmal ein Kaiser, der ein einziges Kind, eine Tochter, hatte, die ebenso schön wie klug war. Sie liebte es, am Hof ihres Vaters zu sitzen, wenn er Audienz hielt und all die Menschen zu beobachten, die kamen und gingen. Sehr früh schon war sie als weise und heiter bekannt.

Als es für sie Zeit wurde zu heiraten, trat sie mit einem sehr außergewöhnlichen und gewagten Wunsch an ihren Vater heran: Sie wollte sich ihren Mann selbst aussuchen, doch in jenen Tagen war es üblich, von den Eltern verheiratet zu werden und den Ehemann erst am Tag der Hochzeit zu sehen.

Sie sagte zu ihrem Vater: »Ich glaube daran, dass man den Charakter eines Menschen an seinem Gesicht erkennen kann. Ich habe so viele Menschen gesehen, die zu dir gekommen sind. Weise Männer, edle Botschafter bis hin zu gemeinen Kriminellen. Und es scheint mir, was immer sie in ihrem Herzen tragen, findet sich in ihrem Gesicht wieder. Ich möchte keinen Mann heiraten, den ich zuvor noch nie gesehen habe. Ich möchte meinen Mann nach dem auswählen, was ich in den Tiefen seiner Gesichtszüge erkenne.«

Ihr Vater war bestürzt, aber schließlich gab er ihrem Wunsche nach und er veranlasste Ausrufungen im gesamten Kaiserreich. Jeder Mann, der sich für geeignet erachtete, dürfe sich im Palast melden und, sollte er erwählt werden, die Prinzessin heiraten und eines Tages Kaiser werden. Es gab kaum jemanden, der nicht glaubte, geeignet zu sein!

Und doch war da jemand, der wusste, dass er keine Chance hatte. Es war ein niederträchtiger, grausam aussehender Mann mit einem harten Blick. Er war ein Dieb, ein Räuber und Betrüger und sein Gesicht war vernarbt und grimmig. Aber er war auch sehr gerissen, er hatte einen scharfen Verstand und als er die Bekanntmachung vernahm, entstand in seinem Kopf ein Plan.

Wenn er es schlau anstellte, würde er den Kaiser bis auf die letzte Münze ausrauben können! Er musste nur in den Palast hineinkommen ... und wenn der Trubel um den Bräutigam am stärksten war, würde er unauffällig verschwinden, die Schatzkammer aufsuchen und seine Taschen mit genügend Gold für den Rest seines Lebens füllen.

Es gab nur ein Problem: Sein Gesicht.

So ging er zu einem Maskenbildner und erklärte ihm, er wolle eine lebensechte, wunderschöne Maske haben, die alle edlen Tugenden wiederspiegele. Zu jener Zeit war das Modellieren von Masken eine sehr hohe Kunst in China und der Maskenbilder einer der besten und großartigsten im Land. Der Künstler sah das gewalttätige Gesicht des Räubers und bekam Angst und so legte er seine ganze Kunstfertigkeit und seine ganze Liebe, sein ganzes Können in diese Maske, nur, um ihn wieder loszuwerden. Als der Dieb zurückkam, um die

Maske zu holen, konnte er kaum glauben, was er da sah. Sie wirkte so echt! Und sie war so wunderschön! Er zog sie über sein Gesicht, das bisher bei den Menschen nur Furcht und Argwohn erweckt hatte, das sie stets dazu getrieben hatte, vor ihm Reißaus zu nehmen.

Aber als er jetzt in den Spiegel schaute, sah ihm ein Gesicht voller Güte, Freundlichkeit, Großzügigkeit und Liebe entgegen – und er hasste es vom ersten Moment an.

Hinter der Maske verzog sich das Gesicht des Räubers zu einem hinterhältigen Grinsen.

Sein Plan würde funktionieren! Und er hatte recht. Er kam mühelos in die Endrunde und war unter den Finalisten, die zum Palast gebeten wurden. Inmitten einer großen Prozession, mit

Menschen am Wegrand, die jubelten und winkten und Rosenblätter streuten, ging er mit den anderen Bewerbern Richtung Palast, die wunderschöne, noble Maske mit dem so gewinnenden Lächeln auf dem Gesicht. Die Menschen jubelten ihm zu und das war so ungewohnt für ihn! Unwillkürlich hob er seine Schultern, ging gerader, sah sich aber auch um und musterte unauffällig das Gelände. Doch plötzlich tauchten Krieger neben ihnen auf. Der Kaiser hatte aus Hochachtung vor den noblen Männern eine Eskorte mit den tapfersten und mächtigsten Kämpfern des Landes geschickt, die ihnen Geleit für das letzte Stück Weg gaben.

So sah sich der Dieb plötzlich von Kriegern umgeben, die auf ihn herab lächelten, ihm aber für keine Sekunde von der Seite wichen. Auch nicht, als sie in den Palast traten. Er konnte nicht einfach unauffällig verschwinden, wie es vorgehabt hatte! Er hatte überhaupt keine Chance!

Ehe er sich's versah, fand er sich mit den anderen Männern in der großen Halle des Palastes wieder – und die Prinzessin trat ein.

Ihr Blick fiel in der ersten Sekunde auf ihn. Und sie mochte, was sie sah. Begeistert rief sie ihrem Vater zu:

»Er! Er ist es!«

Die Leute fingen an zu jubeln, aber der Räuber schnappte hinter seiner Maske entsetzt nach Luft. »Oh, nein!«, dachte er. »Doch nicht ich! Ich will reich werden! Aber nicht heiraten! Das ist nur eine Maske! Was mache ich nur? Die Wachen werden mich sofort köpfen, wenn sie das herausfinden!«

Große Aktivität war in der Halle ausgebrochen, alle verließen den Raum und plötzlich war er allein mit der Prinzessin und ihrem Vater.

Der Schreck saß tief und er konnte sich kaum bewegen, – was die Prinzessin als Bescheidenheit und Würde auslegte.

»Nun, junger Mann«, sagte der Kaiser. »Du bist es, den meine Tochter gewählt hat. Was sagst du dazu?«

Die Gedanken rasten in seinem Kopf, ein Plan! Er brauchte einen Plan! Schnell!

»Sire«, hörte er sich sagen. »Niemals hätte ich geglaubt, auch nur in die engere Auswahl zu kommen! Geschweige denn, erwählt zu werden! Ich ... ich bin nicht darauf vorbereitet ... und es ist doch eine äußerst verantwortungsvolle Aufgabe, ein Kaiserreich zu regieren und eine Prinzessin zu heiraten ... ich glaube, ich glaube, ich muss darüber nachdenken.«

Die Prinzessin starrte ihn intensiv an. Der Räuber fing unter der Maske zu schwitzen an. Was, wenn sie ihm herunterrutschte? Er wagte es nicht, seine Hand zu heben und sie zu berühren. Hatte sie was gemerkt? Warum starrte sie ihn so intensiv an?

Die Prinzessin öffnete den Mund und sagte: »Oh, ich bin so beeindruckt von dir! Jeder andere Mann hätte sofort die Gelegenheit ergriffen ... aber du ... du bist so rechtschaffen! Ich gebe dir zwölf Monate. Ich werde auf dich warten! Wenn die Zeit um ist, komm wieder, dann sage mir wie du dich entschieden hast.“

Uff, dachte der Dieb. Das ging ja gerade nochmal gut! Und so wurde er mit vielen Glückwünschen und Dankeschöns zum Palasttor gebracht. Seine Gedanken waren nur noch auf Flucht ausgerichtet: Norden, Süden, Westen, Osten, egal! Nur weg von hier!

Aber er hatte keine Chance.

Als sich das Tor öffnete, erwartete ihn eine gewaltige Menschenmenge, die ihm zujubelte, ihn auf die Schultern nahm – er war jetzt berühmt! Er war nun der hübscheste und nobelste Mann im ganzen Königreich und jeder schaute zu ihm auf, beobachtete ihn und wollte in seiner Nähe sein.

Sein ganzes Leben hatte sich mit einem Schlag verändert.

Ab diesem Moment musste er äußerst sorgfältig darauf achten, dass nicht das kleinste böse oder auch nur harsche Wort aus seinem Mund kam. Er musste sich ständig beherrschen, damit er nicht die geringste, niederträchtige Tat beging, denn sonst würde alles auffliegen und er wäre ein toter Mann. Er musste sich jede Sekunde in seinem Leben konzentrieren.

Und was das Schlimmste war, er musste plötzlich freundlich und höflich handeln, großzügig sein und Würde zeigen – und er hatte überhaupt keine Übung darin! Aber langsam kam er in die Sache hinein und insgeheim war er schockiert, wie leicht die Leute zu täuschen waren. Sogar die Prinzessin! Ja, die Prinzessin war besonders vertrauensvoll.

Doch tagtäglich schaute er durch die Augenlöcher seiner Maske und begann etwas zu sehen, was er nie zuvor gesehen hatte.

Gesichter voller Liebe statt voller Angst. Gesichter, die ihn anlachten, die ihm mit Freundlichkeit begegneten, ihm Ehre und Respekt erwiesen ... es war erstaunlich. Und mit der Zeit begann er sich darüber zu freuen. Es ließ ihn sich gut fühlen. Und als ihn wieder mal jemand um Rat fragte, warf er ihm nicht einfach eine Bemerkung hin, sondern hielt für einen oder zwei Sekunden inne und dachte ernsthaft darüber nach, wie er helfen könnte.

Oh, das fühlte sich so gut an! Und weil es so war, tat er es immer öfter ... er begann dieses neue Leben zu mögen. Er machte seine Sache gut und doch – während all der Zeit hinter dieser Maske vergaß er nie, wer er wirklich war. Und so blieb er vorsichtig.

Schließlich waren die zwölf Monate um. Es war Zeit, zum Palast zurückzukehren. Unwillkürlich dachte er über Wege nach, sich mit Lügen und Tricks aus der Sache zu winden, aber sein Geist war es nicht mehr gewohnt, in dieser Art zu denken. Alles, was ihm in den Kopf kam, war, in den Palast zu gehen und der Prinzessin die Wahrheit zu sagen.

So machte er sich auf den Weg, wurde willkommen geheißen, bejubelt – und schließlich zur Prinzessin eskortiert.

Sie sah ihn an. Wartete auf seine Antwort. Er fiel auf seine Knie.

»Oh, Prinzessin«, sagte er. »Ich habe dich arglistig hintergangen, Ich bin nicht der von dem glaubst, dass ich es bin. Dieses Gesicht ist eine Maske, ich habe sie machen lassen, um dich zu täuschen! Ich bin ein Räuber, ein Betrüger! Ich wollte nur in den Palast kommen, um euer Gold zu stehlen! Also du siehst, Prinzessin, du kannst die Menschen nicht nach ihrem Aussehen beurteilen.«

Schweigend starrte sie ihn an. Für lange Zeit. Dann sagte sie.

»Würdest du die Maske abnehmen, so dass ich sehen kann, wer du wirklich bist? Danach kannst du gehen. Du bist frei.«

Mit zitternden Händen packte er die Maske und zog sie mit einer einzigen Bewegung herunter. Stumm sah er in ihr Gesicht. Die Prinzessin sog hörbar die Luft ein – und er senkte den Kopf. Da hörte er ihre Stimme:

»Sag mir«, fragte sie. »Warum hast du eine Maske getragen, die genauso aussieht wie dein eigenes Gesicht?

Er stutzte, wovon redete sie? Er drehte sich um und suchte einen Spiegel. Und da sah er es: Es war wahr. Sein Gesicht ... es war so schön wie das der Maske. Ein ganzes Jahr lang hatte er sich bemüht, diesem Gesicht mit seinem Verhalten, seinem Handeln und seinem Denken gerecht zu werden. Nun spiegelte sich diese Geisteshaltung in seinem Antlitz wieder.

Sein Gesicht und sein Herz waren rein geworden und so wurde der ehemalige Räuber einer der edelsten und großartigsten Herrscher, die das Land je gesehen hatte.

Ich fand diese Geschichte in einem kleinen Ashram, in einem winzigen verstaubten Buch. Sie war von irgendjemandem vom Sanskrit ins Englische übersetzt worden und sie birgt mehr Weisheit, als im ersten Moment erscheinen mag.

Danke!

Mein erster Dank gebührt an dieser Stelle der »Haasen-Familie« aus dem Schwarzwald. Ingolf und Conny Haas, mit ihren Kindern Enya und Selina, die mir so bereitwillig Einblick in ihre Firma Rombach & Haas gegeben haben. Geduldig haben sie mir alle meine Fragen beantwortet, mir ihren Betrieb gezeigt und mir die Recherchen ermöglicht. Sie sind ganz besondere Menschen, eine liebevolle, kreative und absolut herzerwärmende Künstlerfamilie. Lieber Ingolf, liebe Conny - es ist so wunderbar, Freunde wie Euch zu haben! Ohne Euch wäre dieses Buch nie entstanden!

Wer Interesse an einer Kuckucksuhr hat - hier die Adresse:

Ingolf Haas
Rombach&Haas
Sommerbergstraße 2
78136 Schonach/Black Forest, Germany
Phone: +49(0)7722-5273
info@artclock.de
www.ARTclock.de

Ein großes Dankeschön auch an Peggy, die mir erlaubt hat, ihre Figur in diesem Roman zu verwenden. Wie Sie auf den vorherigen Seiten ersehen können, tanzt sie wirklich für einen guten Zweck, näht unglaublich originalgetreue Michael-Jackson-Outfits und ist eine der hilfsbereitesten, spontansten und unternehmungslustigsten Menschen, die ich kenne!

Auch meiner lieben Manuela gebührt ein Riesendank - du bist einfach ein Goldschatz und ich wüsste gar nicht, was ich ohne dich tun sollte ohne deinen akribischen Verstand und dein Feingefühl! Danke für Deine Bereitschaft, dich ständig in dieses Buch-Getümmel zu stürzen und mir beizustehen!

Und Peter ... dir auch einen lieben Dank für Deine Mühe, dafür, dass du immer da bist und nicht einmal mit der Wimper zuckst, wenn ich dich um Hilfe bitte! Du bist einer der liebsten Menschen, die ich kenne!

Und wie immer geht mein Dank auch an meine Familie, an meine Kinder, die mich immer mit den neuesten Witzen versorgen und an meinen Mann für seine unendliche Geduld, seine Unterstützung und seine Liebe.

www.ingramcontent.com/pod-product-compliance
Lightning Source LLC
Chambersburg PA
CBHW072336090426
42741CB00012B/2812